Zu bisherigen Auflagen:

„Was mir an dem Buch von Klenger/Falk-Kalms so gefallen hat, war die didaktische Aufbereitung und die Möglichkeit, anhand eines Beispieles den kompletten Controlling-Zyklus selbst nachzuvollziehen."

Mag. Christian Tauber, SAP Österreich

Franz Klenger
Ellen Falk-Kalms

Masterkurs Kostenstellenrechnung mit SAP®

R/3® Enterprise – Mit Testbeispiel und Customizing – Für Studenten und Praktiker

Mit 141 Abbildungen

4., verbesserte und erweiterte Auflage

Bibliografische Information Der Deutschen Bibliothek
Die Deutsche Bibliothek verzeichnet diese Publikation in der Deutschen Nationalbibliografie; detaillierte bibliografische Daten sind im Internet über <http://dnb.ddb.de> abrufbar.

1. Auflage 1998
2. Auflage 1999
3. Auflage 2002
Diese Auflagen erschienen unter dem Titel „Kostenstellenrechnung mit SAP R/3®"
4., verbesserte und erweiterte Auflage Oktober 2005

Lektorat: Dr. Reinald Klockenbusch / Andrea Broßler

Der Vieweg-Verlag ist ein Unternehmen von Springer Science+Business Media.
www.vieweg-it.de

Konzeption und Layout des Umschlags: Ulrike Weigel, www.CorporateDesignGroup.de
Umschlagbild: Nina Faber de.sign, Wiesbaden

ISBN-13:978-3-8348-0026-8 e-ISBN-13:978-3-322-82035-8
DOI: 10.1007/978-3-322-82035-8

Inhalt (Kurzfassung)

Inhalt (Kurzfassung)

Inhalt

Vorwort zur 4. Auflage

Das **SAP R/3 Enterprise Release** machte eine Überarbeitung notwendig.

Für Lehrzwecke wird ab sofort als **Online-Service** der von uns in den Seminaren verwendete Bilderzyklus (sämtliche Bilder aus Kapitel 3: "Durchführung und Kommentierung des Testbeispiels" und eine Auswahl aus Kapitel 2) als PowerPoint-Präsentation zur Verfügung gestellt: http://www.wirtschaft.fh-dortmund.de/kst

Das erste Kapitel wurde auf die Studierenden konzentriert. Die Hinweise und Überlegungen für Dozenten aus der ursprünglichen Fassung des 1. Kapitels sind ebenfalls in den Online-Service übernommen worden.

Danksagungen
Michael Schunk und Ingo Winterink haben unentbehrliche Hilfestellung beim Durchtasten und den Tools zur Textverarbeitung und Präsentation geleistet.

Dortmund, im September 2005

Franz Klenger Ellen Falk-Kalms

Vorwort zur 3. Auflage

Das Konzept ist unverändert: aus eigener Kenntnis und nicht aus Verkaufsprospekten oder der Dokumentation berichten. Unsere Leser haben diesen Unterschied dankbar begrüßt.
Die 3. Auflage wurde komplett auf das **R/3-Release 4.6** umgestellt und der Tastenteil auf die neue benutzerfreundliche Oberfläche angepasst.

Danksagungen
Henning Graw und Lutz Wemhoff haben eine Rohfassung (Schruppen) des auf das R/3-Release 4.6 umgestellten Tastenteils erstellt und dabei erfahren, wie aufwendig es sein kann, „nur" auf das neue Release umzustellen. Darauf konnten die Autoren in der Feinbearbeitung (Schlichten) aufbauen.
Lidija Klimenko hat die Verzeichnisse aktualisiert.

Dortmund, im Oktober 2001

Franz Klenger Ellen Falk-Kalms

Vorwort zur 2. Auflage

„...ist dieses Buch mit seinen ausführlichen Schritt-für-Schritt-Anleitungen eine hervorragende Möglichkeit, sich dem komplexen R/3-System zu nähern", so hieß es in einer Leser-Rezension. Jedenfalls macht die freundliche Aufnahme des Buches eine weitere Auflage nötig.

Dortmund, im März 1999

Franz Klenger Ellen Falk-Kalms

Vorwort

Es sollte **ein leichtes Buch werden**. Es sollte etwas von **der Begeisterung und dem Frust** der ersten Schritte wiedergeben. Und es sollte etwas vom Lachen über die ersten **Irrwege** erhalten bleiben.

Zielgruppe
Das Buch richtet sich an alle diejenigen, die den Einstieg in die "SAP-Welt" suchen, seien es Studenten und Dozenten an **Hochschulen** und anderen Bildungseinrichtungen, seien es **SAP-Einsteiger** in Unternehmen und Unternehmensberatungen, kurz all jene, die zunächst eine Annäherung an das komplexe Gebilde der SAP-Software im **Selbststudium** suchen.

Machen und Reflektieren
Die Methode ist eine Gratwanderung: **mehr als** nur auf "auf **Wolke 7**" (Visionen, Überblicke, Stichworte, Perspektiven), aber auch **nicht nur blindes "Hacken" ins System**, obwohl ein ausführlicher Tastenteil dazugehört.

Dreifacher Nutzen

- **Einführung in die Kostenstellenrechnung** (an einem Komplettbeispiel) (unabhängig von einer Kostenrechnungsvorlesung zu lesen, aber auch gut als Ergänzung geeignet)
- **Durchblättern** (unabhängig vom System), um einen **Eindruck von der Implementierung** zu gewinnen
- **Durchtasten am System**

Customizing
Das Anpassen an die kundenspezifischen Anforderungen (SAP-Begriff: Customizing) ist nicht wie in so vielen "Musterfirmen" weggelassen, sondern **wesentlicher Bestandteil.**
Am Anfang steht ein Erfahrungsbericht (allgemein, ohne Bezug zur Kostenrechnung) über den **Einsatz der SAP-Software in der Lehre** mit vielen Tips.

Empfehlung zum Einsatz des Testbeispiels
Mit dem Testbeispiel liegt eine sorgfältig ausgearbeitete Unterlage vor, die aufgrund langjährigen praktischen Einsatzes in mehr als 15 Seminarveranstaltungen immer weiter ausgefeilt wurde.

Das Testbeispiel umfasst - bezogen auf die Kostenstellenrechnung - den gesamten Controlling-Zyklus von Planung bis Soll-/Ist-Vergleich. Die betriebswirtschaftlichen Besonderheiten (z. B. parallele Voll- und Teilkostenrechnung, mehrere Bezugsgrößen) sind in Punkt 2.2 "Nutzen des Testbeispiels" zusammengestellt.

Für Seminarleiter, die das Testbeispiel in Veranstaltungen einsetzen wollen, bzw. für Einzelpersonen und Kleingruppen, die es in Eigeninitiative am System durchtasten wollen, sind in Punkt 2.4 "Vorbereitung des Systems" entsprechende Hinweise gegeben.

Tabellenkalkulation

Das Testbeispiel wurde auch als Tabellenkalkulation durchgerechnet (4.2 Anhang: Testbeispiel als Tabellenkalkulations-Vorlage), was kein schlechter Test für die Stimmigkeit einer betriebswirtschaftlichen Konzeption ist. Der Leser kann sich in der Tabellenkalkulation schnell über den betriebswirtschaftlichen Inhalt des Testbeispiels informieren. Die betriebswirtschaftliche Standardsoftware – in unserem Fall SAP R/3 – hat aber im Gegensatz zur Tabellenkalkulation nicht primär ein Rechenexempel, sondern ein Organisationsproblem zu lösen. Worin der Unterschied besteht, dürfte durch die vorliegende Arbeit deutlich werden.

Die Arbeit ist von der Intention her wohlwollend, aber - wie es sich für eine Hochschule gehört - **nicht völlig unkritisch** gegenüber SAP.

Danksagungen

Uwe Durchfeld, Armin Gladysch und Thomas Wellner haben sich als Diplomanden ("die drei Musketiere") völlig selbständig durch das R/2-System - inzwischen schon historisch - gekämpft und Grundlagen gelegt. Günter Brinkmann kümmert sich klaglos und ohne Aufhebens um die Infrastruktur (puts, release-Wechsel). Markus Sippel und Martina Richter haben als studentische Betreuer neben Tastenvirtuosität auch Beiträge zur didaktischen Verbesserung beigesteuert. Mathias Hartmann und Jens Katzenberg haben sich bei der Zusammenführung der heterogenen Textbausteine verdient gemacht.

Nicolas hat das Projekt mit verständigem Wohlwollen begleitet.

Dortmund 1998

Franz Klenger Ellen Falk-Kalms

1 Zur Orientierung

1.1 Profil des Buches

1.2 Phasenschema

1.3 Seminarstile

1.4 Wie geht es nach dem Einstieg weiter

1. Zur Orientierung

1.1 Profil des Buches

Die betriebswirtschaftliche Anwendungssoftware von **SAP®** ist im oberen Preis-/Leistungsbereich weltweit zu einem **Standard** geworden. Vielfach betrachtet die Wirtschaftspraxis Erfahrungen mit dem SAP®-System als selbstverständliche Voraussetzung, mindestens aber als vorteilhaft.

Dieses Buch soll Ihnen als Arbeitsunterlage dienen. Sie werden am Beispiel der Kostenstellenrechnung konkrete Erfahrungen mit dem System gewinnen, indem Sie selbständig ein umfassendes Testbeispiel realisieren.

Sie werden, wenn Sie dem Vorgehen dieses Buches folgen, feststellen, dass alle Ausführungen für das geschlossene Testbeispiel detailliert nachvollziehbar dokumentiert sind.

In der Hochschulwelt passt der Kurs eher in das **Hauptstudium**. Im Bachelor/Master-System kommt sowohl eine Ansiedlung im **Bachelor**-Programm wie im **Master**-Programm in Frage.

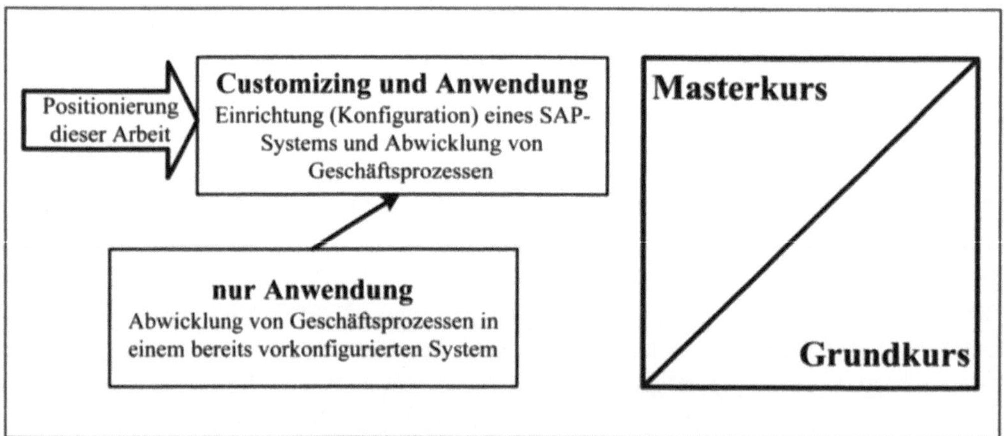

Bild 1.1/1: Positionierung des Buches

Zur schnellen Information des Lesers sind im Folgenden einige Eigenschaften des hier verfolgten Konzeptes zu einem **Profil des Buches** zusammengefasst.

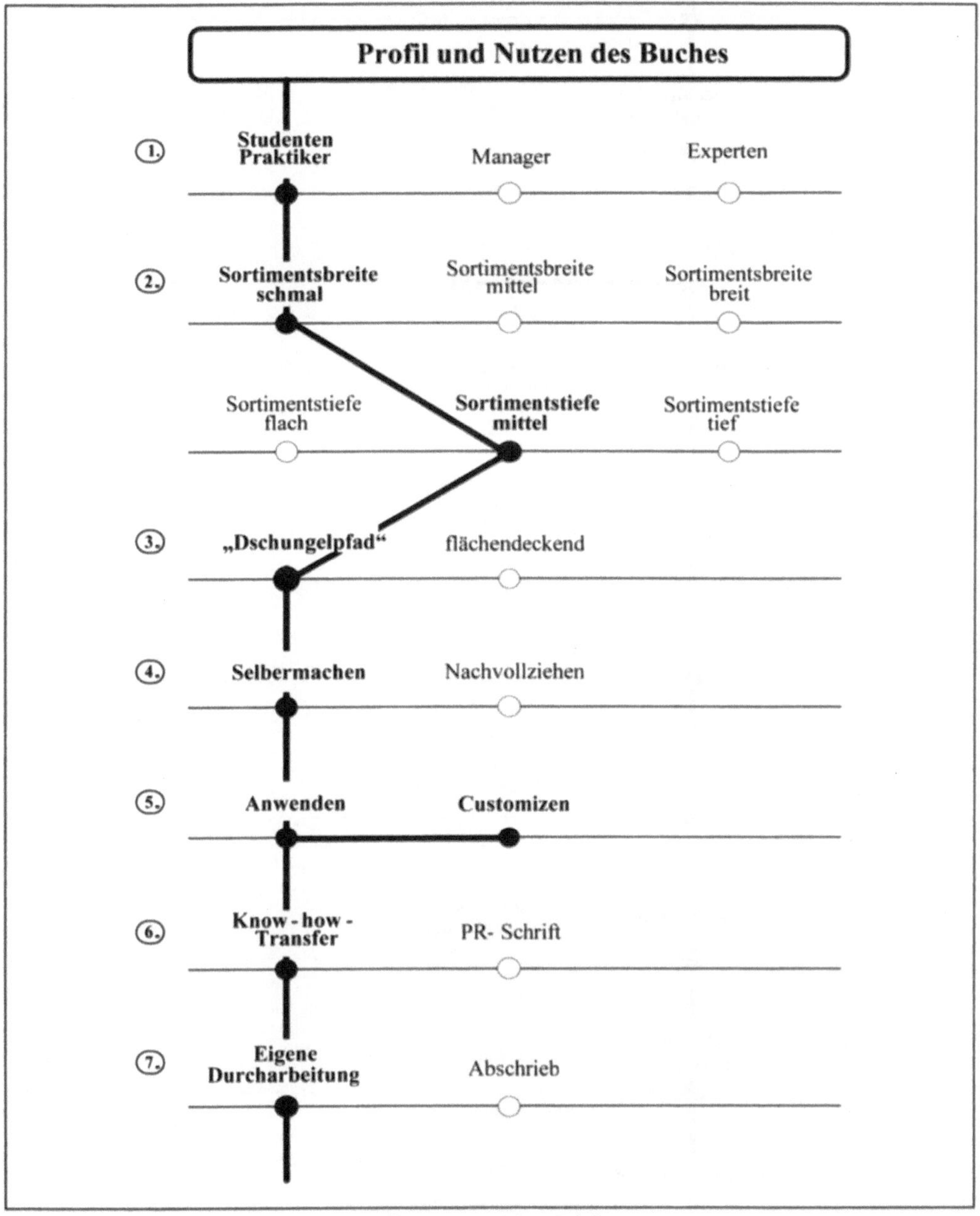

(Fortsetzung nächste Seite)

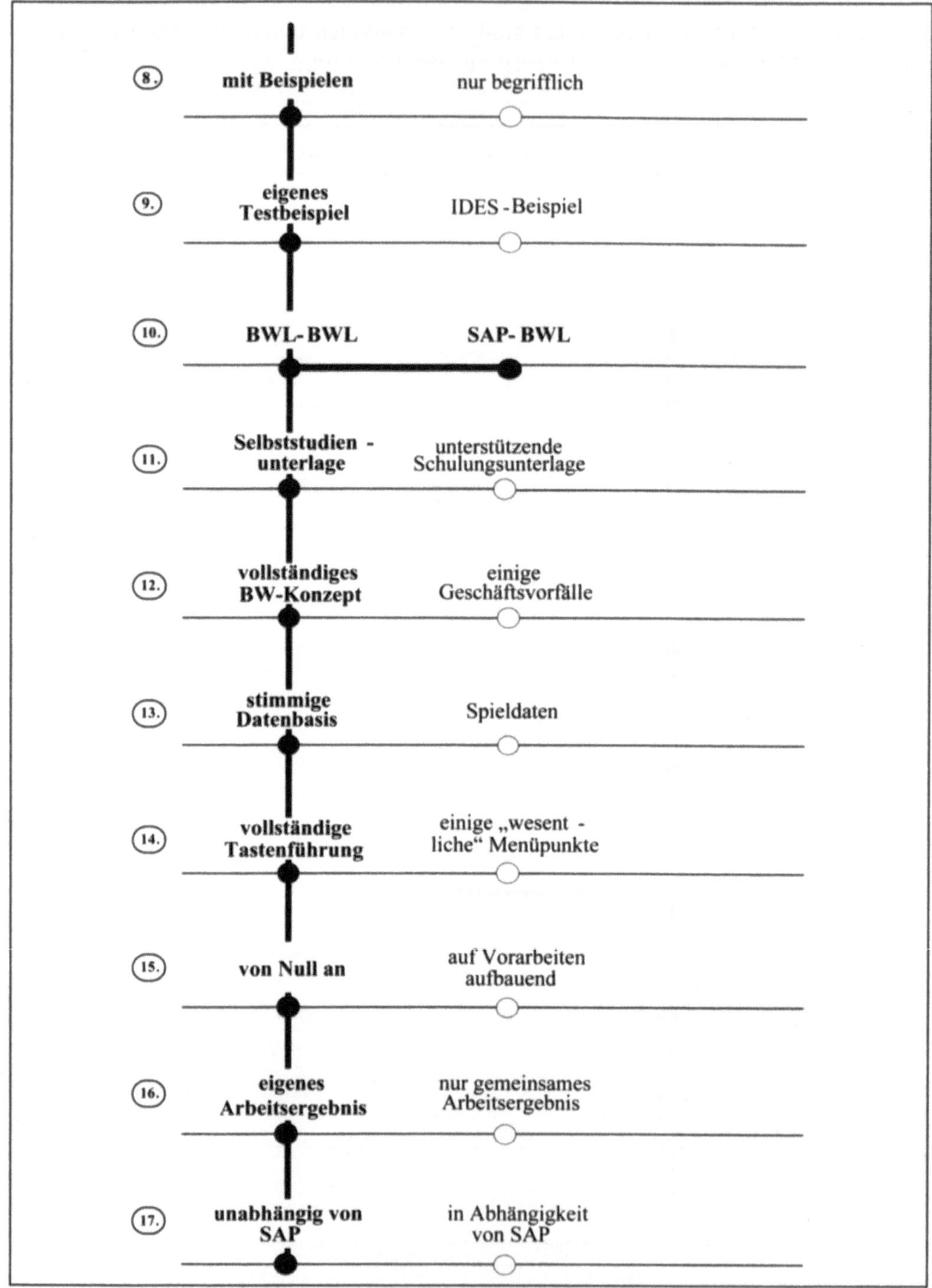

Bild 1.1/2: Profil und Nutzen des Buches

1.) Zielgruppe

Unsere Zielgruppe sind Studenten und Praktiker.

Studenten im Hauptstudium sollen an den "Stand der Technik" in Konzeption und Implementierung herangeführt werden. Vorkenntnisse in Kostenrechnung sind wünschenswert, aber nicht unbedingt erforderlich, da alle betriebswirtschaftlichen Grundlagen maßgeschneidert zugeliefert werden. Wer über diesen Hintergrund verfügt, kann sich somit schneller auf die Implementierung des Testbeispiels mit der SAP®-Software konzentrieren. Erfahrungsgemäss ist aber auch bei kostenrechnerischen Vorkenntnissen mancher Seminarteilnehmer erstaunt über so manches operationale Detail, das in der Theorie entweder nicht vorkam oder das auch vielleicht einfach nicht mehr erinnert wird.

Bei den **Praktikern** denken wir an **Mitarbeiter in Unternehmen und Unternehmensberatungen**, die mehr oder weniger auf sich gestellt, schnell und selbständig, einen Eindruck über das betriebwirtschaftliche Konzept und die wesentlichen Implementierungsschritte gewinnen wollen.

Insofern wäre das Buch auch für **Manager** von Nutzen, die einen realistischen Eindruck über den Datenbedarf und die wesentlichen Implementierungsschritte gewinnen wollen, wenn auch sicher die Zeit und Geduld für eine detaillierte Beschäftigung mit dieser Unterlage fehlt. Dieser Situation wurde durch Zwischentitel und Zusammenfassungen Rechnung getragen, die statt sequentiellem Durcharbeiten den wahlfreie Zugriff (random) und ein Durchblättern ermöglichen.

Experten, die schon alles wissen, können aus der Geschlossenheit der betriebswirtschaftlichen Argumentation und aus der Abstimmung zwischen Konzept und Implementierung vielleicht einigen Honig saugen.

2.) Sortimentsbreite und -tiefe

Dieses wichtige Kriterium ist dem Handelsmarketing entlehnt. Ein SAP®-Literaturangebot ist nach Sortimentsbreite und -tiefe einzuordnen. Die **Breite (schmal - mittel - breit)** richtet sich nach dem **Umfang der behandelten SAP®-Module. Die Tiefe (flach - mittel - tief)** richtet sich nach der **Ausführlichkeit** (Detaillierung), mit der die Inhalte dargestellt werden.

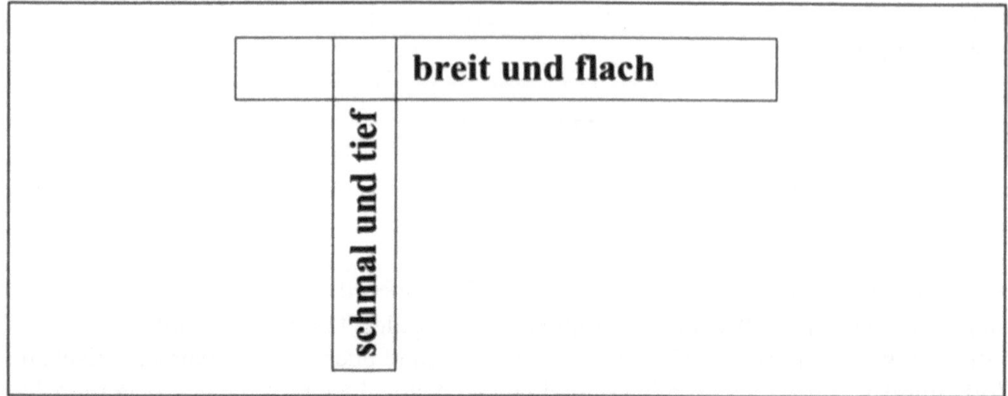

Bild 1.1/3: Sortimentsbreite und -tiefe

Die SAP®-Dokumentation ist breit und tief. Breit: alles wird behandelt. Tief: alle Details werden (im Prinzip jedenfalls) erklärt.

Der Kurs in der Funktion als Arbeitsunterlage wird als **schmal und mittel-tief** eingeordnet. **Schmal: nur Kostenstellenrechnung. Mittel-tief:** Es wird für das vorgestellte Testbeispiel eine komplette Implementierung geleistet, d. h. es wird auf **alle Details des konkreten Testbeispiels** eingegangen. Es ist aber aus gutem Grund nicht unser Ehrgeiz, über das Testbeispiel hinausgehend noch auf alle möglichen Varianten, die auch noch im SAP®-System vorhanden sind, einzugehen. Das Prinzip lautet **"Dschungelpfad"**: eine Schneise schlagen und **das betriebswirtschaftliche Ziel** erreichen, aber nicht jedem Schmetterling nachlaufen.

3.) "Dschungelpfad" oder flächendeckend

Durch den Urwald der SAP®-Software auf einem Dschungelpfad **ein betriebswirtschaftliches Ziel** (hier: Kostenstellenrechnung) **erreichen**, das ist unsere Methode. Das ist mehr, als hier und da eine Taste erläutern und am Ende erstaunt feststellen, dass das Seminar leider schon zu Ende ist und noch viel zu sagen wäre. Das ist aber auch weniger als eine flächendeckende Behandlung aller Menüpunkte des SAP®-Menüs.

4.) Nachvollziehen oder Selbermachen

Von der didaktischen Wirkung her ist das Selbermachen mit nichts zu vergleichen ("all the difference in the world"). Eine Präsentation, sei es mit Folien oder auch am System, führt schnell zur Ermüdung und wirkt "öde".

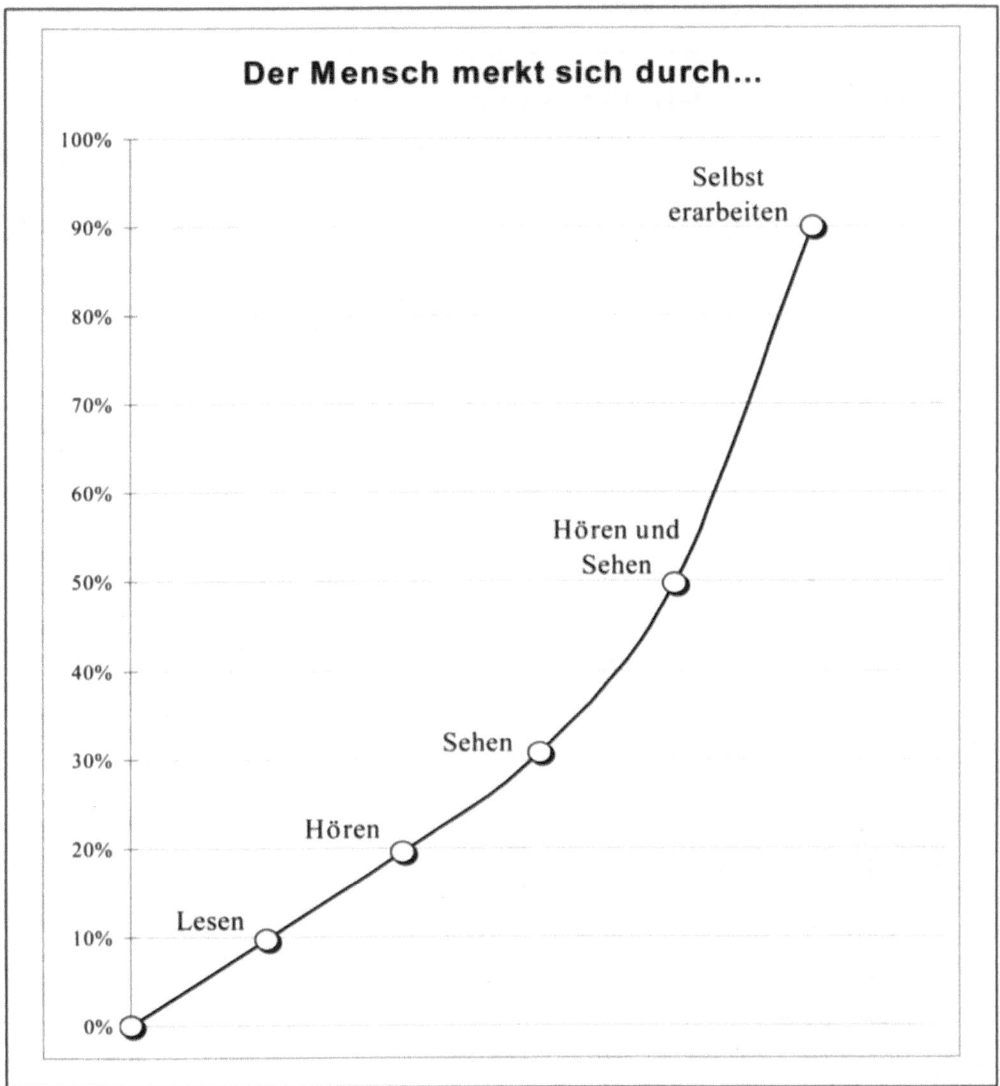

Bild 1.1/4: Nachvollziehen oder Selbermachen
(Quelle: Willing Partner International Management Consulting, Siegfried A.Willig, Ulrich Maubach, GWP media-marketing, Verlagsgruppe Handelsblatt GmbH, 1993)

5.) Nur Anwenden oder auch Customizen

Unter "Customizing" versteht SAP® die Anpassung der Standardsoftware an die Unternehmensbelange. Einem Softwareanbieter, der behaupten würde, dass seine Software für jedes Unternehmen passt, würde inzwischen nicht mehr geglaubt werden. Vielmehr muss auf die Frage, welche Anpassungsmöglichkeiten bestehen, eine vernünftige Antwort gegeben werden.

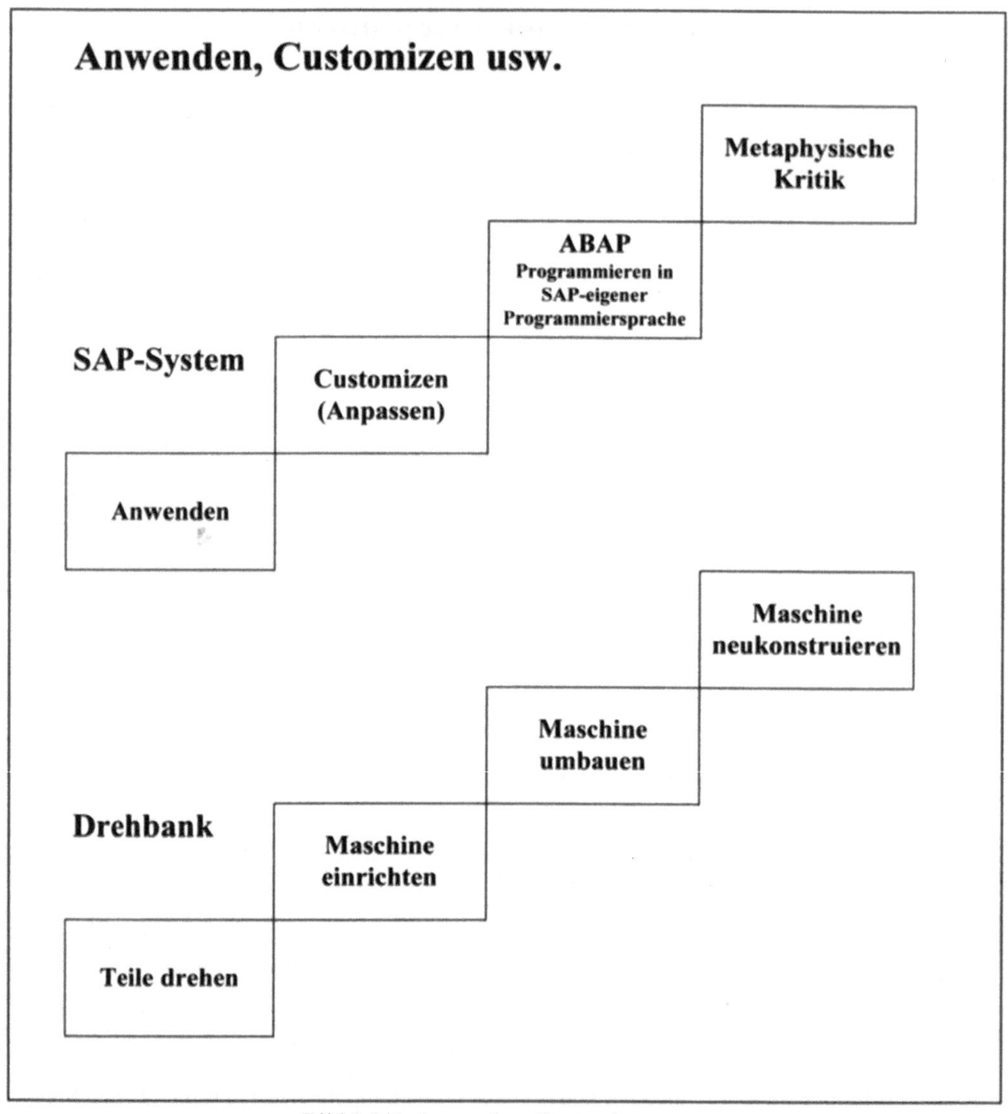

Bild 1.1/5: Anwenden, Customizen usw.

Es sind folgende Anpassungen denkbar:

- Customizing: Auswahl aus vorgedachten Alternativen durch Einstellung von Parametern
- Programmieren in der SAP®-Umgebung mit der SAP®-eigenen Programmiersprache ABAP®. Dabei kann auf die in der Standardsoftware erfassten Daten zurückgegriffen werden.
- Download auf den PC und Weiterbearbeitung in PC-basierten Paketen wie Tabellenkalkulation und Datenbank

Für die Ausbildung an Hochschulen ist es **unerlässlich**, den Anpassungsprozess des **Customizing** mit einzubeziehen. Organisatorisch macht das Customizing im Rahmen von Seminaren zwar einige Mühe, weil gelegentlich eine Blockade der Arbeitsgruppen eintritt, die nicht parallel, sondern nur nacheinander "customizen" können. Dennoch ist das Customizing für uns integraler Bestandteil einer Arbeit mit der SAP®-Software, weil man am Beispiel verstehen soll, wie sich der Softwareanbieter die Lösung des Anpassungsproblems zwischen Software einerseits und Aufgabenstellung des Unternehmens andererseits vorstellt.

6.) PR-Schrift oder Know-how-Transfer

Im alten China stand auf den Verrat des Seidengeheimnisses die Todesstrafe.

Dieses Kriterium zielt auf die Motivation der jeweiligen Autoren, **wirklich etwas mitzuteilen**. Viele Veröffentlichungen sind als Public-Relations-Schrift zu sehen. Durch sie soll dokumentiert werden, was eine Unternehmensberatung beispielsweise kann ("das können wir") und was sie gerne in einem nach Mann-Jahren zu kalkulierenden Auftrag durchzuführen in der Lage ist ("wie es geht, erzählen wir Ihnen, wenn Sie uns einen Auftrag erteilen"). Ein wesentlicher Know-how-Transfer in einem *Buch* ist in diesem Fall gar nicht beabsichtigt. Zweifellos hat auch eine PR-Schrift einen gewissen Informationsgehalt, aber der ist - wie bei einem Prospekt, der zum Kauf anreizen soll - erfahrungsgemäß nicht sehr hoch.

Nutzen (Produktversprechen) / Consumer Benefit:
Unser Kurs als Arbeitsunterlage soll auf dem schmalen Gebiet Kostenstellenrechnung und **im Rahmen eines Testbeispiels** einen **Know-how Transfer** leisten.

7.) Eigene Durcharbeitung oder Abschrieb der SAP®-Dokumentation

Da eine eigene **Durcharbeitung unvergleichlich viel mühsamer** und risikoreicher ist als der Rückgriff auf die "Autorität" der SAP®-Dokumentation, findet man sehr oft einen Ab- oder Umschrieb der SAP®-Dokumentation. Wohlgemerkt wäre eine Auseinandersetzung mit der SAP®-Dokumentation ein lohnenswertes Ziel und aller Ehren wert, weil ein so gigantisches Unterfangen wie die SAP®-Dokumentation gar nicht an allen Stellen verständlich und widerspruchsfrei sein kann.

Das "Assimilieren" statt des "Durcharbeitens" ist als Überlebenstaktik gar nicht so falsch und bedeutet nicht unbedingt immer nur Bequemlichkeit und Autoritätsgläubigkeit. Das "Durcharbeiten" stünde dem Hochschulbereich gut an und hätte den Vorteil, dass die Dinge **auf den Kern reduziert** und die vielen Redundanzen beseitigt würden.

8.) Nur begrifflich oder mit Beispielen

Ein für das Lese-Verständnis besonders wichtiges Kriterium ist die Frage, ob nur begrifflich oder ob auch **mit Beispielen** erklärt wird.

Begrifflich: Die innerbetriebliche Leistungsverrechnung erfolgt vorgangsbezogen.

Beispiel: Der Fuhrpark rechnet jede Fahrt einzeln ab.

Da die SAP®-Terminologie sehr "apart" ist, ist sie **nur verständlich, wenn sie von Beispielen begleitet ist**. Im Übrigen gilt das auch für die Betriebswirtschaftslehre, die kaum eine einheitliche Terminologie hervorgebracht hat, weil - wie aus dem Marketing bekannt - eine Tendenz zur Pseudodifferenzierung besteht und für ein und dasselbe eine Vielzahl von Me-toos hervorgebracht werden und unter anderem Namen als "Innovation" verkauft werden sollen.

9.) IDES-Beispiel oder eigenes Testbeispiel

Ein IDES-Beispiel aus dem SAP®-eigenen Ausbildungssystem (IDES = International Demonstration and Education System) hätte den Vorteil gehabt, dass man viel Arbeit hätte sparen können, weil alles schon fertig ist. Andererseits ist das auch der entscheidende Nachteil: was schon fertig ist, kann man nur nachvollziehen und man ist auf Rätselraten angewiesen, bis man verstanden hat, was sich die Entwickler der Fallstudienbeispiele vorgestellt haben. Wir verwenden aus gutem Grund daher ein **eigenes Testbeispiel,** das vollständig dokumentiert ist.

10.) Nur SAP®-Jargon oder Brücke zur allgemeinen Betriebwirtschaftslehre

Ein guter Test auf eigene Durcharbeitung ist nicht zuletzt die kritische oder unkritische Übernahme der SAP®-Begriffe, die bekanntlich mit den Begriffen der Allgemeinen Betriebswirtschaftslehre wenig bis gar nichts zu tun haben. Wenn der **Brückenschlag** zwischen beiden Welten (**SAP®-Welt und BWL-Welt**) unterbleibt, kann man ziemlich sicher auf "ein Ragout von andrer Schmaus", d. h. auf ein Gebräu aus SAP®-Doku-Elementen schließen.

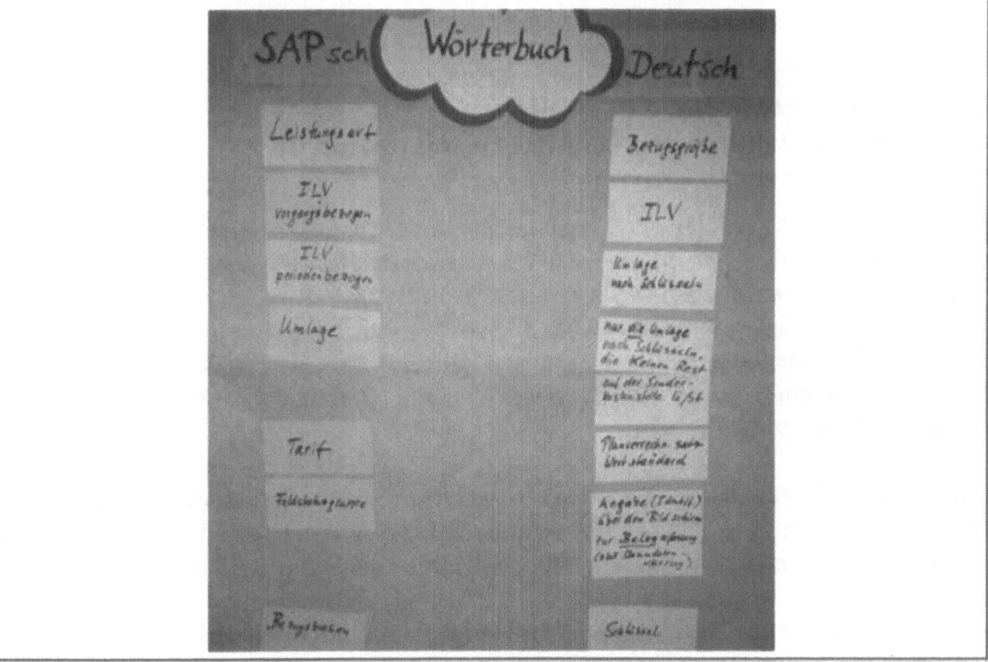

Bild 1.1/6: Übersetzung von SAP-Begriffen

11.) Unterstützende Schulungsunterlage oder Selbststudienunterlage

Viele Schulungsunterlagen sind nicht aus sich heraus verständlich, sondern bedürfen des Dozenten, der sie vermittelt. Im Mittelpunkt steht der Dozent, der als Hilfsmittel eine Schulungsunterlage einsetzt.

Schulungsunterlage und Dozent sind die beiden Schlüssel, die den Tresor öffnen.

Im Gegenteil hierzu ist dieses Buch dazu gedacht, dass die Arbeitsgruppen selbständig arbeiten können. Es bedarf nicht der Vorführung durch einen Dozenten. Das steht im Gegensatz zu Seminarveranstaltungen, in denen der "allwissende" Dozent unerlässlich ist. Allerdings ist es für die Teilnehmer erfahrungsgemäß schwierig, für einen längeren Zeitraum die Aufmerksamkeit auf eine Präsentation zu richten und darüber hinaus noch zu verstehen und im Kurzzeitgedächtnis zu behalten, was man - bei der folgenden eigenen Aktivität am System (wenn denn eine vorgesehen ist) - nun machen soll.

Die eigenständige Realisierung auf Grund **dieses Buches als Selbststudienunterlage soll den Dozenten und Präsentator in der traditionellen Form ersetzen.**

Dennoch wird weiterhin eine **Begleitung** sinnvoll sein, aber sie **hat andere Aufgaben**.

**Selbststudienunterlage heißt nicht,
dass keine Betreuung vorhanden zu sein braucht.**

Zunächst einmal ist sie stand-by, um bei den in der real-existierenen IT (früher DV, sonst hat sich wenig geändert) immer vorkommenden Systemabstürzen, Bedienungsfehlern und unvermeidlichen Missverständnissen **Hilfestellung** geben zu können. Wo man sich "im Leben" nur mit "Trial-and-Error" weiterhelfen kann (dem frustrierenden Suchen und stundenlangen Rätselraten vor dem System) sollte in einem ordentlichen Seminar (Selbststudienunterlage hin oder her) eine Betreuung zur Verfügung stehen, die **auf Anforderung** tätig wird.

Dann erfolgt die **nachbereitende Durchsprache** dessen, was man gerade am System gemacht hat, warum man es so und nicht anders gemacht hat, was die SAP®-Begriffe in der normalen Betriebswirtschaftslehre bedeuten usw.

Und schließlich ist nichts dagegen einzuwenden, dass **vorbereitend eine kleine Präsentation** durch den Dozenten stattfindet. Sie ist sogar unentbehrlich, aber sie ist nur *ein* Baustein. Dabei ist man als Teilnehmer durch das Buch davon befreit, sich panisch alles merken zu müssen. Außerdem ist man vom Mitschreiben der Aufgabenstellung entlastet.

12.) Vollständiges BW-Konzept oder einzelne mehr oder weniger (un-) zusammenhängende Geschäftsvorfälle

Es ist nicht verwunderlich, dass bei einer Software, die vornehmlich die Ablauforganisation regelt, der einzelne Geschäftsvorfall (Kunde erteilt einen Auftrag, Kunde zahlt) im Vordergrund steht. Es ist sicherlich auch interessant, einen Prozess (neudeutsch für Ablauf) entlang der Wertschöpfungskette durch das Unternehmen hindurch (d. h. in der Software) zu verfolgen.
Insofern stehen bei vielen Seminaren einzelne Geschäftsvorfälle im Vordergrund. Bezogen auf die Kostenrechnung könnten es einzelne Buchungen sein. Dennoch gehen einzelne Buchungen, auch wenn man sie durch das ganze System hindurch verfolgt, am Thema vorbei.

Im Vordergrund sollte als **Ziel** eine **betriebswirtschaftliche Auswertung** stehen, in unserem Fall die Kostenstellenrechnung.

Das betriebswirtschaftliche Konzept wurde als Tabellenkalkulation realisiert.

Die Tabellenkalkulation des Testbeispiels war schneller gelöst als die Realisierung mit der SAP®-Software. Schließlich hat eine Software wie SAP® R/3® Enterprise nicht ein Beispiel mit wenigen Daten (und seien sie noch so stimmig) zu realisieren, sondern ein Organisationsproblem zu lösen. Der Unterschied zwischen beidem (Rechnen bzw. ein Organisationsproblem lösen) soll nicht zuletzt durch dieses Buch klar werden.

13.) Stimmige Datenbasis oder Spieldaten

Sicherlich macht es sehr viel mehr Arbeit, eine **stimmige Datenbasis** zu verwenden, d. h. einen Satz von Daten, der zu einem sinnvollen betriebswirtschaftlichen Ergebnis führt. Dem Programmierer liegt demgegenüber nahe, mit einigen wenigen Spieldaten die reine Funktionsfähigkeit des Systems zu prüfen.

Wir verwenden einen **kompletten Datensatz, der ein in sich sinnvolles betriebswirtschaftliches Ergebnis ergibt.**

14.) Vollständige Tastenführung oder hin und wieder ein paar Menüpunkte und Screenshots

Wieder macht es sehr viel mehr Arbeit, die Tastenführung lückenlos zu dokumentieren, als ein paar "wesentliche" Menüpunkte anzugeben und den Rest der Neugier und dem Spieltrieb des Anwenders zu überlassen. Was sind schon wesentliche Menüpunkte, wenn man an einigen unwesentlichen scheitert und nicht weiterkommt und sich stattdessen festbeißt. Für "Trial-and-Error", das berühmt-berüchtigte stundenlange Sitzen vor und Herumprobieren am System, wird ohnehin noch Gelegenheit sein, wenn man sich tiefer in die SAP®-Welt einarbeitet.

Wir haben uns die Mühe gemacht und die **Tasten lückenlos dokumentiert**.

15.) Von Null an oder auf Vorarbeiten aufbauend

Ganz ohne Vorarbeiten sind wir zwar auch nicht ausgekommen (siehe Hinweise für den Systemadministrator), aber davon abgesehen, war es Prinzip, **dass alle wesentlichen Schritte** - Customizing und Anwendung - **von den Teilnehmern selbständig** durchgeführt werden. Das bedingt einen gewissen langen Atem. Aber es hat den entscheidenden Vorteil, dass man sich "von vorne bis hinten" in seinem Beispiel auskennt, weil man alles selber gemacht hat.

16.) Eigenes Arbeitsergebnis jeder Kleingruppe oder nur gemeinsames Arbeitsergebnis der Projektgruppe

Unser Konzept ist, die Teilnehmer in 2-er-Teams arbeiten und **jedes 2-er-Team ein komplettes Arbeitsergebnis** erzielen zu lassen.

Alternativ könnte man die Arbeit auch als Projekt organisieren, in dem jedes Team nur Teilergebnisse realisiert, die mit den Arbeitsergebnissen der anderen Gruppen koordiniert werden müssen.

17.) Unabhängig oder in Abhängigkeit von SAP®

wes Brot ich ess, des Lied ich sing

wer bezahlt, bestimmt, welche Musik gespielt wird

Auch wenn die SAP® in Eigeninteresse gehandelt haben sollte (was nicht verboten wäre), als sie die Kooperation mit den Hochschulen zum Konzept erklärt hat, so betrachten wir diese Kooperation doch als ausgesprochen weitsichtig und keineswegs selbstverständlich (man braucht nur an das Gebaren einiger anderer großer "Namen" in dieser Hinsicht zu denken).

Abzuwarten blieb, wie sich SAP® in der konkreten Arbeit verhalten würde. Denkbar war hier alles von weitgehender Gängelung bis zu größtmöglicher Freizügigkeit. Uns ist jedenfalls der "benign neglect" (gütige Nichtbeachtung) durch SAP® gut bekommen.
Die Situation einer Hochschule ist hier sicherlich (und glücklicherweise) anders zu sehen als die Situation einer Unternehmensberatung beispielsweise, die wirtschaftlich von einem Produkt abhängig ist. Wir brauchten **uns keine Rücksichtnahme** aufzuerlegen, die über die normale Höflichkeit hinausging. Auch das ist sicherlich diesem Buch zu Gute gekommen.

1.2 Phasenschema

Für die Softwareentwicklung wird - eine der wenigen methodischen Handreichungen der Wirtschaftsinformatik außer dem Erlernen einer Programmiersprache - das Phasenschema empfohlen. Ohne dies hier zu wiederholen, fragt sich, was vom Phasenschema bleibt, wenn die Software angeblich fertig gekauft wird, d. h. mit betriebswirtschaftlicher Struktur.

Es werden drei Schritte vorgeschlagen:

- BW-Konzept
- Systemanpassung (Customizing)
- Systembetrieb (Anwendung)

1. Schritt: BW-Konzept (Betriebswirtschaftliches Konzept)

Hier ist zu lernen, dass im Gegensatz zu einer Vorlesung, wo über alles und jedes gesprochen wird, jetzt eine **situative Auswahl** zu treffen ist.
Beispiel Umlageverfahren: Es gibt Stufenleiter, Anbau, Gleichungssystem usw. Welches soll aber jetzt im Unternehmen realisiert werden?

Beispiel Kostenrechnungssysteme: Es gibt Vollkosten, Teilkosten, Istkosten, Normalkosten und Plankosten. Was soll aber jetzt im Unternehmen angewendet werden? Die Antwort: Das beste und teuerste, d. h. Grenzplankostenrechnung, ist als blinde Forderung ohne Bezug zum organisatorischen Untergrund und zu den verfügbaren Ressourcen oft nicht mehr als Phantasterei.

Außerdem sind viele Fragen in einem **operationalen Detail** zu beantworten, wie sie vielleicht in der Theorie nie behandelt wurden oder wie sie vielleicht nur nicht mehr erinnert werden.
Beispiel: Sollen die Umlagen in der sendenden Kostenstelle nach variabel und fix getrennt geführt werden? Wenn ja, sollen sie in der empfangenden Kostenstelle als variabel und fix oder nur als fix eingeordnet werden?

Um sich betriebswirtschaftlich darüber klar zu werden, was man eigentlich will, ist die Durchrechnung als **Tabellenkalkulation kein schlechter Test**.
(Siehe Anhang: Testbeispiel als Tabellenkalkulations-Vorlage.)

2. Schritt: Systemanpassung (Customizing)

Prüfen, ob das betriebswirtschaftliche Konzept umsetzbar ist, d. h. ob es durch parametrische Anpassung der Software (SAP®-Begriff: Customizen) oder durch Zusatzprogrammierung (SAP-Begriff: ABAP-Programmierung) realisiert werden kann.
Wenn ja, customizen (und wenn nötig programmieren).

3. Schritt: Systembetrieb (Anwendung)

In das eingerichtete (ge-customizte) System die Periodendaten eingeben: Planung, Isterfassung.

In dem Testbeispiel werden Customizing und Anwendung im Wechsel durchgeführt.

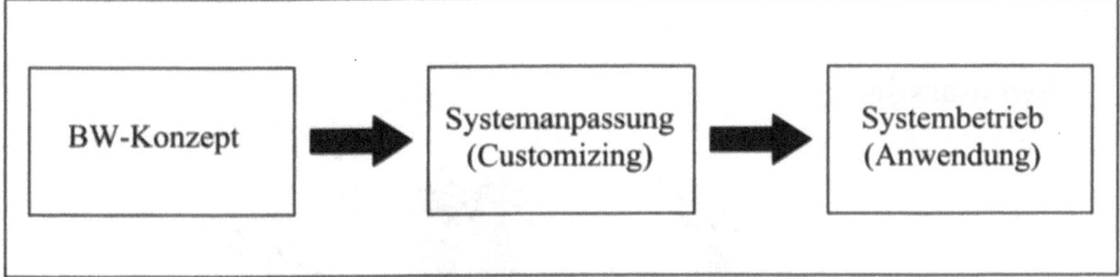

Bild 1.2/1: Phasenschema Einsatz Standard-Software

1.3 Seminarstile

Die Vermittlung einer komplexen Technologie kann auf unterschiedliche Art erfolgen. Die im Folgenden skizzierten Seminarstile haben auch bei der Einführung in die SAP®-Software ihre jeweiligen Vor- und Nachteile:

- **Selbststudium:**
  - o Der Teilnehmer erarbeitet sich den Stoff anhand einer **sorgfältig vorbereiteten Unterlage**
  - o Betreuung: stand-by
  - o Wiederholte Durchsprache

- **Traditionelle Vorführung:**
  Der Dozent führt vor, die Teilnehmer vollziehen nach

- **Sprung ins kalte Wasser:**
  In einem trial-and-error-Prozess werden im Wesentlichen durch Ausprobieren am System Erfahrungen gesammelt

In diesem Buch wird die Alternative **Selbststudium** dokumentiert.

Seminarstile

	Selbst-studium	Vorführung	Sprung ins kalte Wasser
Merkmal	- Teilnehmer-bestimmt - Teilnehmer arbeiten nach Selbststudienunterlage, - Betreuung, - Durchsprache	- Dozenten-bestimmt - Dozent ist der Star, -Teilnehmer vollziehen nach, - "Show"	- trial and error (Versuch und Irrtum) - Ausprobieren, - "Rätselraten"
Spruch	"uncle Sam wants you"	"I am the greatest"	"survival of the fittest"
Effizienz	hoch	mittel	gering
Vorbereitungs-aufwand (Dozent)	hoch	gering - mittel	gering
Härtegrad (für Teilnehmer)	1	2	3
Zeitaufwand (für Teilnehmer)	Tage	Monate	Jahre
geeignet für	Einstieg	Überblick	Projekte Diplomarbeiten
Strategie	"Dschungel-pfad"	Schweifen	Schwimmen
Bemerkung		von SAP praktiziert	that´s life
was man braucht	gute Laune	Geduld, Sitzfleisch	eiserne Härte

Bild 1.3/1: Seminarstile

Selbststudium

Der erste Erfolgsfaktor ist die Unterlage: die **Hauptarbeit** muss in diesem Fall ***vor* dem Seminar** geleistet werden und zwar durch Schaffung einer **sorgfältig ausgearbeiteten und ausgetesteten Unterlage,** die wegen der häufigen Release-Wechsel auch ständig aktualisiert werden muss. Die Qualität dieser Unterlage ist entscheidend; sie unterscheidet sich wesentlich von gängigen Schulungsunterlagen und den üblichen Handbüchern. Der Teilnehmer kann anhand unseres Buches **vollkommen selbständig arbeiten**. Schrittweise wird der Teilnehmer anhand der Unterlage sowohl durch die betriebswirtschaftliche Konzeption (konkret, im Detail) und die Handhabung des Systems geführt. Hierbei **bestimmt er seinen Arbeitsrhythmus selbst**.

Das Buch ist in Module eingeteilt (Etappenziele, Erfolgserlebnisse!).

Der zweite Erfolgsfaktor ist die **Betreuung auf Anforderung.** Auch bei der besten Unterlage lassen sich gelegentliche Mißverständnisse nicht gänzlich vermeiden. Außerdem gehören Systemabstürze, Fehlbedienungen usw. ebenfalls zur real existierenden DV.

Der dritte Erfolgsfaktor ist die phasenweise Begleitung, insbesondere durch wiederholte **Durchsprache der abgeschlossenen Module** ("zurückgelegte Stationen des Kreuzwegs"), **um den Zusammenhang herzustellen.** Metaplantafeln lassen sich hierbei hervorragend einsetzen.

In dieser Phase bietet sich auch die Gelegenheit, eine **Brücke zwischen "Allgemeiner Betriebswirtschaftslehre" und "SAP-Betriebswirtschaftslehre"** zu schlagen.

Der beschriebene Seminarstil ist zwar von der Vorbereitung her extrem arbeitsaufwendig, er hat aber den Vorteil **hoher Effizienz** und **großer Benutzerfreundlichkeit**.

Bild 1.3/2 (1): Seminarstil: Selbststudium

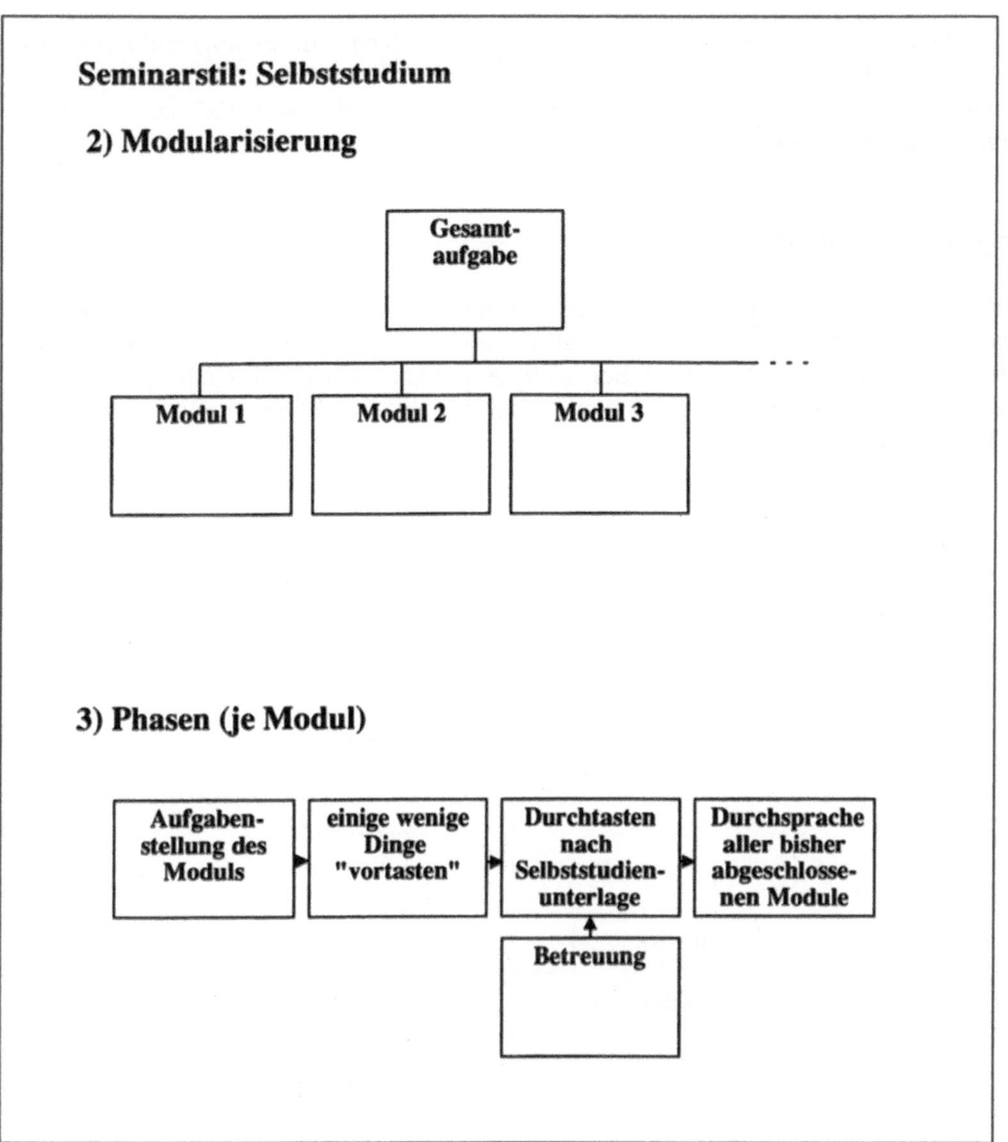

Bild 1.3/2 (2): Seminarstil: Selbststudium

Traditionelle Vorführung

Der Dozent führt vor, die Teilnehmer vollziehen nach. Dieses allgemein bekannte und weitverbreitete Verfahren (die SAP® praktiziert es in ihrem Geschäftsfeld Schulung, ebenso die Hochschulen in ihren Vorlesungen) hält von Effizienz und Vorbereitungsaufwand her eine Mittelposition.

Sprung ins kalte Wasser

Von einem Seminarstil kann man hier eigentlich nicht sprechen. Die Teilnehmer sind auf sich gestellt, sie probieren im trial-and-error-Verfahren die Reaktionen des Systems aus, ziehen die Dokumentation zu Rate und kämpfen sich irgendwie durch. Das gängige Verfahren in Pioniersituationen, bei Projekten und Diplomarbeiten bzw. Bachelor-/Master-Thesis.

1.4 Wie geht es nach dem Einstieg weiter?

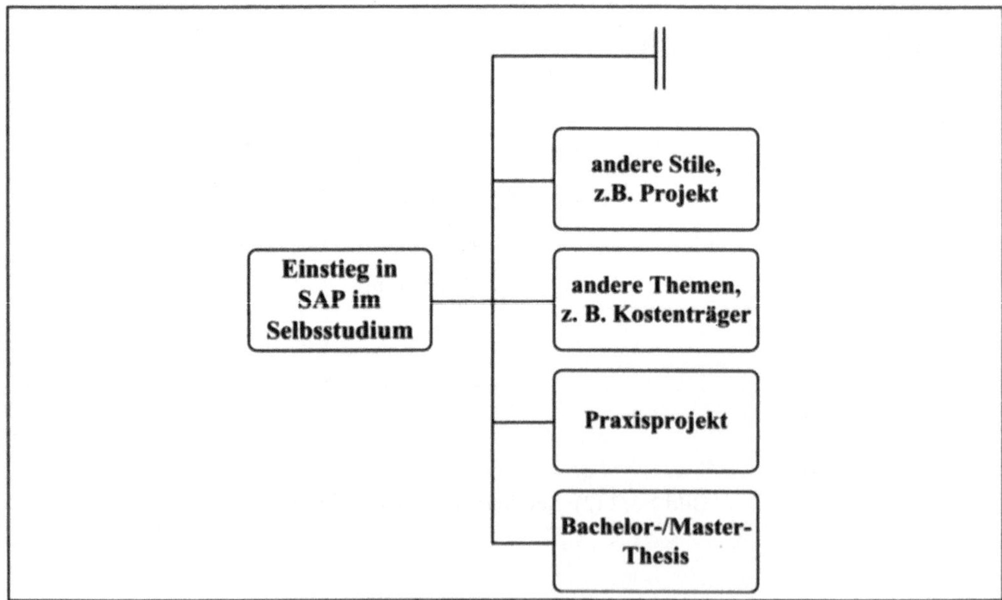

Bild 1.4/1: Wie geht es nach dem Einstieg weiter?

Nach einem Kurs wie diesem, in dem man das Thema Kostenstellenrechnung mit Hilfe einer Selbststudienunterlage durchgearbeitet hat, kann man sein erworbenes Know-how auf verschiedenen Wegen ausbauen:
Beginnen wir mit der Negativvariante, um dann zu den positiven Fortführungen überzugehen:

Nicht weiterverfolgen
Eine ehrenwerte Konsequenz nach dem SAP-Einstieg ist auch: Es war sehr interessant, die SAP-Welt einmal kennenzulernen. Diese Erfahrung möchte man keinesfalls missen. Aber man wird dies nicht weiterverfolgen.

Andere Stile
Man könnte ein **Projektseminar** anschließen, in dem die Organisation und die Infrastruktur anders sind als im abgeschlossenen Seminar.

Im Projekt macht man zwar nur Teilaufgaben, aber man erlebt die Notwendigkeit, die einzelnen Teams zu koordinieren, sich - wenn auch verdichtet - über das Gesamtprojekt zu informieren, selber über den Stand des eigenen Teilprojektes zu informieren, zeitliche Abhängigkeiten zwischen den Teams zu beachten.

Manche behaupten auch, dass man im Projekt zu einem sozialen Menschen werden kann, wenn man erlebt, dass man alleine kaum etwas in endlicher Zeit zustande bringt, sondern dass man ein Netzwerk von Helfern braucht, das man pflegen muss.

Im Projekt ist auch die Infrastruktur vergleichsweise viel schlechter als in der Selbststudienunterlage.

Das betriebswirtschaftliche Konzept existiert nur als Überschrift, z. B. Kostenstellenrechnung. Was das SAP®-System betrifft, steht natürlich keine Unterlage mit tastenweiser Führung zur Verfügung, sondern die SAP®-Dokumentation mit ihrer bekanntlich höchst heterogenen Qualität. Gefordert ist wochenlanges geduldiges Arbeiten im trial- und error-Verfahren am System.

Andere Themen
Nach dem Testbeispiel Kostenstellenrechnung kann man die Kostenstellenrechnung vertiefen oder sich einem anderen Controlling-nahen Thema wie **Kostenträgerrechnung** zuwenden. Spätestens bei diesem Thema wird die Integration als Notwendigkeit verstanden, aber auch, dass die Kostenrechnung immer erst "am Schluß" möglich ist, wenn eine aussagefähige Materialwirtschaft und Stücklisten und Arbeitspläne schon vorhanden sind. Bei einem Logistik-Thema kann ebenfalls der Integrationsaspekt sehr gut studiert werden.

Es hängt von der Persönlichkeit und der Kapazität ab, ob man sich sehr schnell zu einem Experten für ein enges Gebiet entwickelt, oder ob man sich mehr generalistisch (wir meinen nicht schwafelnd) in einem breiteren Spektrum von Anwendungen mit hinreichender aber nicht letzter Tiefe bewegt.

Praxisprojekte

Man suche sich eine Firma, die SAP® anwendet und frage nach, ob eine Teilnahme an einem Projekt möglich ist. Man stelle sich auf einen Begleitzyklus von ca. einem Jahr ein, jedenfalls deutlich mehr als die nach wenigen Monaten rechnende Kernzeit der Diplomarbeit bzw. Bachelor-/Master-Thesis.

Bachelor-/Master-Thesis

Aus den oben genannten Praxisprojekten läßt sich ohne weiteres ein Thema für die Bachelor-/Master-Thesis gewinnen. Infrage kommen die meisten SAP®-Bereiche, wenn man sich klarmacht, dass es immer um die betriebswirtschaftliche und DV-technische Konzeption geht und nicht nur um blindes Tasten-Hacken.

Der Worte sind genug gewechselt, laßt mich nun endlich Ta(s)ten sehen.

2 Kostenstellenrechnung: Vorbereitung des Testbeispiels

2.1 Betriebswirtschaftliches Konzept im Überblick

2.2 Nutzen des Testbeispiels

2.3 Vorgehensschritte im Überblick Customizing und Anwendung im Wechsel

2.4 Vorbereitung des Systems

2.5 Alternativen der Bearbeitung des Testbeispiels

2.6 Organisation der Gruppen

2.7 Musterzeitplan

2. Kostenstellenrechnung: Vorbereitung des Testbeispiels

2.1 Betriebswirtschaftliches Konzept im Überblick

Gegenstand der Arbeit ist eine **Kostenstellenrechnung** (Betriebsabrechnungsbogen) im Plan und im Ist, einschließlich Soll-Ist-Vergleich.

Im Anhang 4.2 befindet sich ein Beispiel zur Kostenstellenrechnung, das als Tabellenkalkulation komplett ausgeführt ist und das im Tastenteil (Kapitel 3) als Testbeispiel dient.

Kostenstellenrechnung im Gesamtzusammenhang der Kostenrechnung

Die Kostenrechnung wird traditionell in Kostenarten-, Kostenstellen- und Kostenträgerrechnung gegliedert entsprechend der zugeordneten Fragen:

- **welche** Kosten sind angefallen (Beispiel: Material, Personal, Energie, ...)
- **wo**, d. h. in welchen Verantwortungsbereichen sind Kosten angefallen (Beispiel: Produktion, Vertrieb, Verwaltung, ...)
- **wofür**, d. h. für welche verkaufsfähigen Produkte sind Kosten angefallen?

Diese drei Bestandteile werden jedoch zu **zwei Auswertungen** kombiniert:

- zur **Kostenstellenrechnung** (Kostenarten - Kostenstellen)

- zur **Kostenträgerrechnung** (Kalkulationszeilen - Kostenträger)
  Die Kalkulationszeilen stellen, soweit sie Einzelkosten sind, Kostenarten dar, soweit sie Gemeinkosten sind, Kostenstellenkosten.

Die Kostenstellenrechnung wird einerseits als Zwischenschritt und Vorbedingung für die Kostenträgerrechnung gebraucht, andererseits hat sie eine selbständige Bedeutung, nämlich als Kontrollinstrument für die Gemeinkosten.

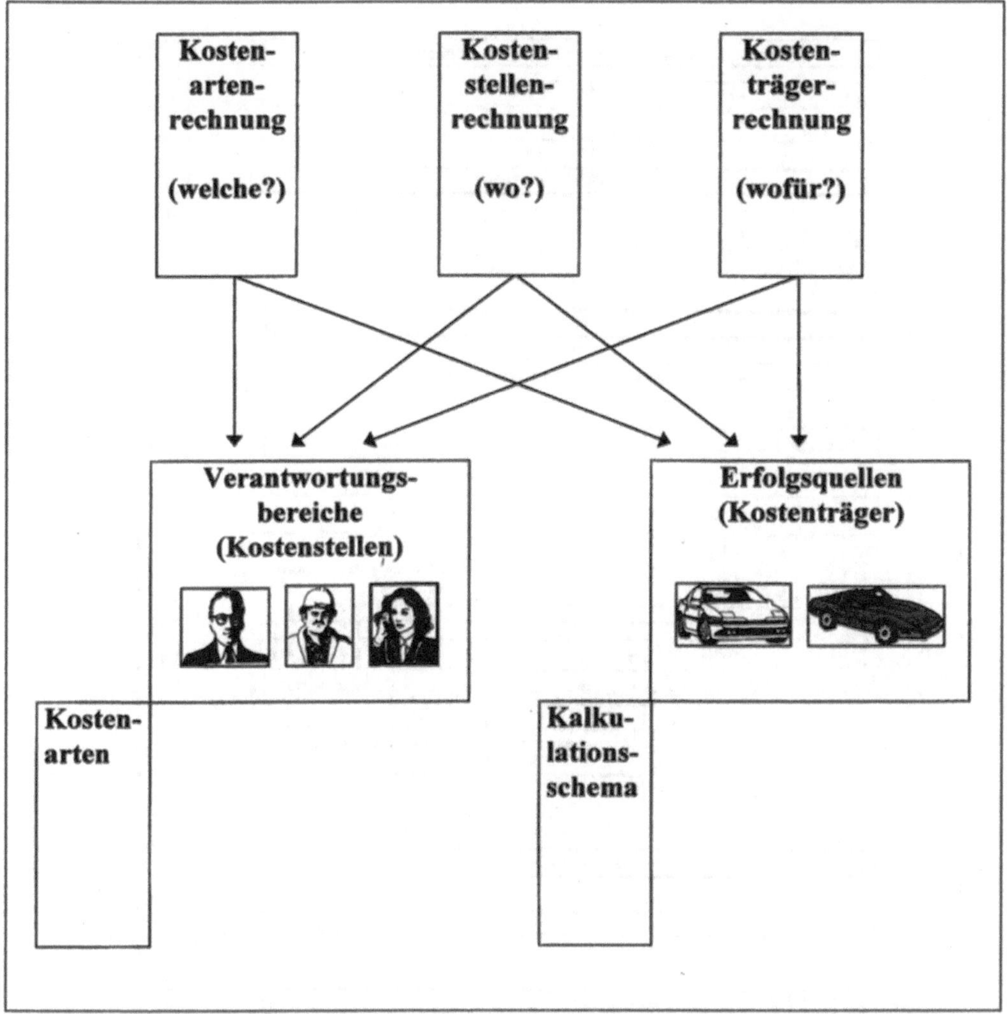

Bild 2.1/1: Bestandteile der Kostenrechnung (Quelle: Klenger, Operatives Controlling, S. 195)

Die Kostenstellenrechnung stellt bei einer Realisierung der Kostenrechnung gewöhnlich den ersten Schritt dar. Die organisatorischen Voraussetzungen sind nicht so hoch wie bei der Kostenträgerrechnung. Daher wird sie als relativ leicht realisierbares Etappenziel auf dem Weg zu einer umfassenden Kostenrechnung gesehen.

In etwas größerem Detail stellen sich die **Zusammenhänge zwischen Kostenarten-, Kostenstellen- und Kostenträgerrechnung** wie folgt dar.

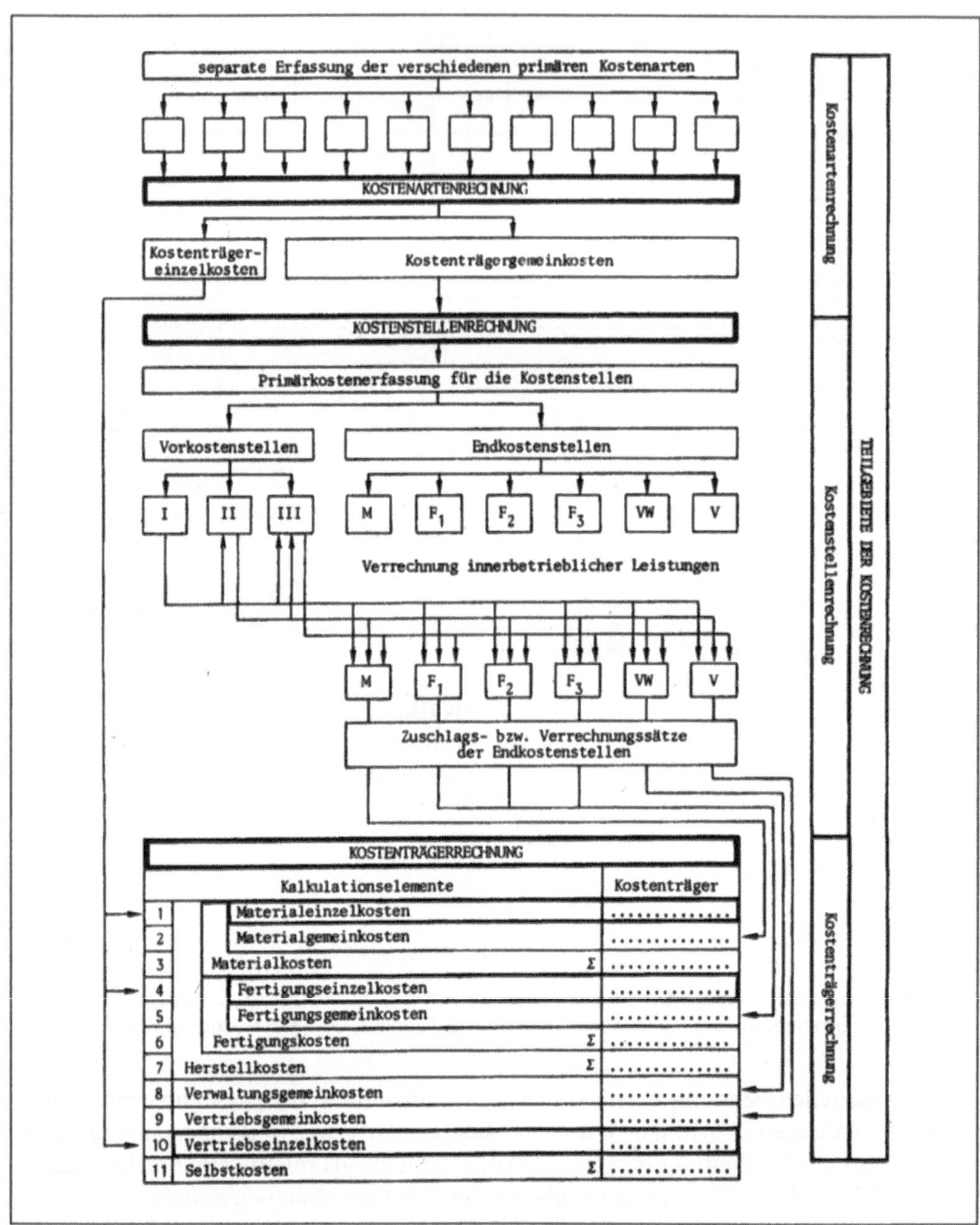

Bild 2.1/2: Überleitung vom Betriebsergebnis zur Kostenträgerrechnung (Istkostenrechnung)
(Quelle: Hummel/Männel, Kostenrechnung 1, S. 130)

Die Kostenarten werden aufgeteilt in Einzelkosten und Gemeinkosten.

Einzelkosten sind Kosten, die dem Kostenträger (Produkt) direkt zurechenbar sind (auf das Produkt kontierbar sind). Beispiele für Einzelkosten sind Fertigungsmaterial und Fertigungslohn. Da sie dem Kostenträger direkt zurechenbar sind, können sie direkt in die Kostenträgerrechnung übernommen werden und brauchen nicht durch die Kostenstellenrechnung gezogen werden.

Gemeinkosten sind hingegen Kosten, die dem Kostenträger nicht zurechenbar sind und daher wenigstens in der Kostenstellenrechnung nach Kostenstellen getrennt erfaßt werden sollten. Beispiele sind Gehaltskosten und Abschreibungen.

Merke:
Einzelkosten: auf Kostenträger kontierbar
Gemeinkosten: nicht auf Kostenträger kontierbar,
aber auf Kostenstelle kontierbar

Im nächsten Schritt werden die **Vorkostenstellen (Hilfskostenstellen) auf Hauptkostenstellen umgelegt.** Vorkostenstellen sind Kostenstellen, die nicht direkt, sondern nur indirekt an der Leistungserstellung (Kostenträger/Produkte) beteiligt sind. Beispiel: Der Fuhrpark erbringt seine Leistung (gefahrene km) für andere Kostenstellen. Diese Leistungserbringung kann verursachungsgerecht erfaßt werden. Dagegen wäre es völlig unklar, wie man die Fuhrparkkosten im Kalkulationsschema unterbringen sollte, weil es nicht erfassbar ist, wieviel km für einzelne Produkte gefahren wurden.

Man kann daher auch sagen: als Hauptkostenstellen dürfen nur *die* Kostenstellen übrig bleiben, für die eine Zeile im Kalkulationsschema existiert. Dafür ist wiederum Voraussetzung, dass zwischen den Kosten in der Kalkulationszeile und dem Kostenträger ein nachvollziehbarer Zusammenhang besteht oder wenigstens plausibel angenommen werden kann. Umgekehrt, wenn ein Zusammenhang zwischen Kostenstelle und Kostenträger nicht unterstellt werden kann, ist die Kostenstelle als Vorkostenstelle aufzufassen und auf Hauptkostenstellen vorab umzulegen, bevor die Hauptkostenstelle ihre Leistungen ins Kalkulationsschema (d. h. auf Kostenträger) abgibt.

Bei der Aufstellung der Kostenstellenstruktur ist das "Schielen" auf das Kalkulationsschema daher mindestens ebenso wichtig wie die Orientierung an den Verantwortungsbereichen laut Organigramm.

Vollständigkeitskontrolle:
Alle Hauptkostenstellen müssen eine Entsprechung als Zeile im Kalkulationsschema haben.

Da letztlich alle Kosten durch Marktpreise zu decken sind, müssen auch die Gemeinkosten in irgendeiner Form Eingang in die Kostenträgerrechnung finden, denn nur in der Kostenträgerrechnung erfolgt die Gegenüberstellung der Produktkosten zu Produktumsätzen (Produkt meint hier eine marktfähige Leistung, Produkt in diesem Sinne könnte auch eine Dienstleistung sein). Das Dilemma, dass Gemeinkosten nicht auf Kostenträger kontierbar sind, gleichwohl aber in der Kostenträgerrechnung/Kalkulation berücksichtigt werden müssen, versucht man auf unterschiedliche Weise aufzulösen. In der Vollkostenrechnung durch Vollkosten-Stundensätze und -Zuschlagssätze, in der Teilkostenrechnung durch Teilkosten-Stundensätze und Zuschlagssätze. Siehe unten Kostenrechnungssysteme.

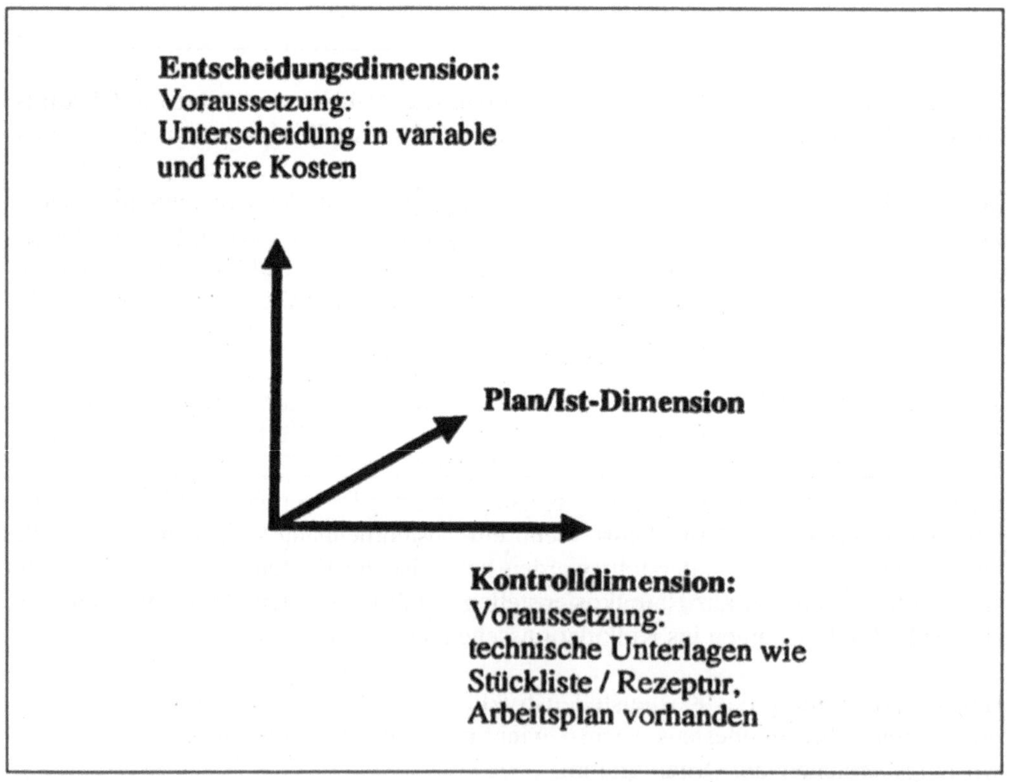

Bild 2.1/3 (1): Kostenrechnungssysteme (Quelle: Klenger, Operatives Controlling, S. 258)

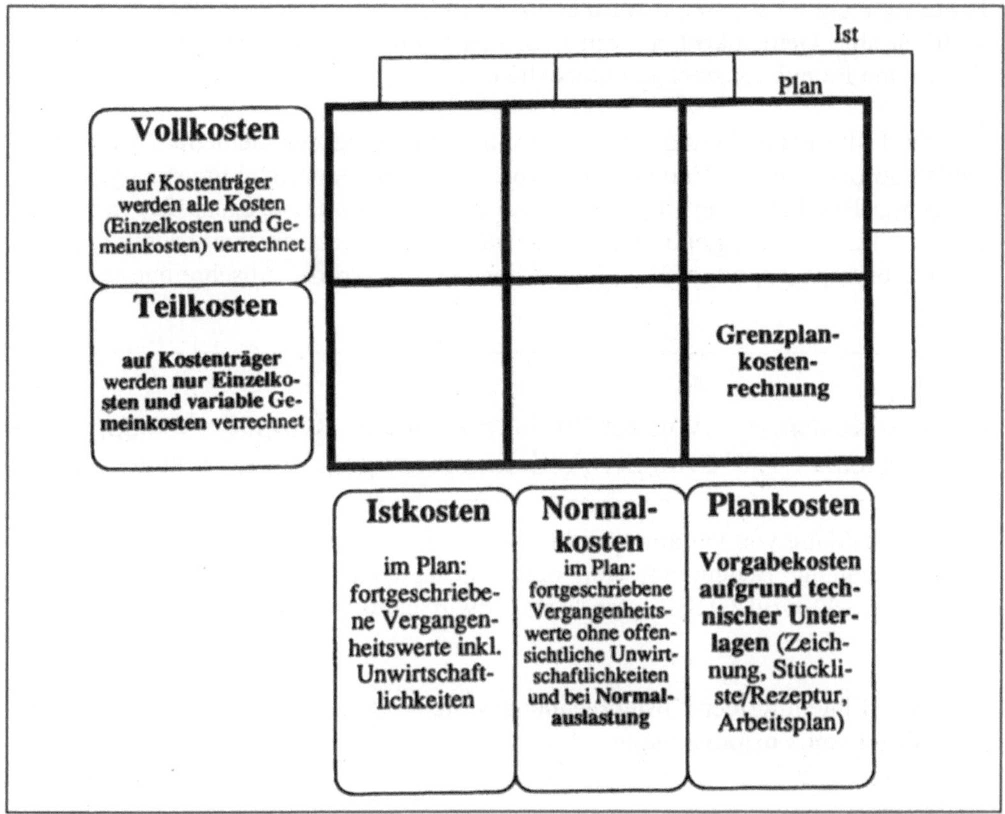

Bild 2.1/3 (2): Kostenrechnungssysteme (Quelle: Klenger, Operatives Controlling, S. 259)

Da der Aufbau der Kostenstellenrechnung auch vom realisierten Kostenrechnungssystem berührt wird, wird hier kurz auf die verschiedenen Kostenrechnungssysteme eingegangen.

Die Einteilung erfolgt einmal nach dem **Umfang der Verrechnung auf Kostenträger**:

- **Vollkosten**: auf Kostenträger werden *alle* Kosten verrechnet. Bei den Einzelkosten fällt es nicht schwer, weil sie auf Kostenträger kontierbar sind. Bei den Gemeinkosten behilft man sich mit Stundensätzen und Zuschlagssätzen auf die Einzelkosten, die die Gemeinkosten abdecken sollen.

- **Teilkosten**: auf Kostenträger werden nur Einzelkosten verrechnet, manchmal auch noch variable Gemeinkosten, weil man hier Proportionalität zwischen variablen Kosten und Produktionsmenge unterstellen kann.

  Für die Teilkostenrechnung typisch ist eine Aufteilung der Gemeinkosten in variable und fixe Anteile. Variabel sind Kosten, die mit der Produktionsmenge (Ausbringung, "Beschäftigung", Leistungsmenge, Leistungsart, Bezugsgröße) variieren, z. B. ein Teil der Energiekosten. Fixe Kosten sind Kosten, die unabhängig von der Produktionsmenge sind, z. B. Gehälter der Führungskräfte, Abschreibungen, Zinsen.

Merke:

Variable Kosten:	von der Produktionsmenge (Output) abhängig
Fixe Kosten:	von der Produktionsmenge (Output) *un*abhängig

Die Unterscheidung von variablen und fixen Anteilen der Kosten hat auch in der Kostenstellenrechnung Bedeutung, weil durch sie erst ein brauchbarer Soll-/Ist-Vergleich ermöglicht wird (siehe unter "Betriebswirtschaftliches Konzept: Soll/Ist-Vergleich").

Die weitere Einteilung der Kostenrechnungssysteme erfolgt nach dem **Ausmaß der Verwendung von Vorgabekosten**:

- **Istkosten**
- **Normalkosten**
- **Plankosten (Vorgabekosten)**

Da diese Unterscheidung auf die Kostenstellenrechnung eher geringe Auswirkungen hat, braucht hierauf nicht weiter eingegangen zu werden.

Schließlich **kann in jedem Kostenrechnungssystem geplant werden**, also ist immer zu unterscheiden zwischen

- **Plan** und
- **Ist**

In der Istkostenrechnung wird ein Plan aufgrund einer Mischung aus vergangenen Istkosten und Zukunftsinformationen entwickelt. Eine Isolierung der Unwirtschaftlichkeiten ist mangels Vorgaben in diesem System nicht systematisch möglich, worauf aber hier auch nicht weiter eingegangen werden soll.

Zusammenfassend: das vorzustellende Testbeispiel wird im System der Teilkostenrechnung erstellt, so dass ein brauchbarer Soll-/Ist-Vergleich in der Kostenstelle möglich wird.

Kostenrechnung im Datenzusammenhang

Die Kostenrechnung befindet sich datenmäßig in einem Abhängigkeitsverhältnis: sie ist auf die Zulieferung von Daten aus anderen Systemen als Vorbedingung angewiesen.

In besonderem Maß gilt dies für die Kostenträgerrechnung, aber auch die Kostenstellenrechnung ist auf **"Vorlieferanten"** angewiesen.

Im Testbeispiel ist besonders der Zusammenhang zur Finanzbuchhaltung modelliert, während die anderen Zusammenhänge durch eine Schnittstelle ersetzt werden, um das Beispiel nicht zu überfrachten.

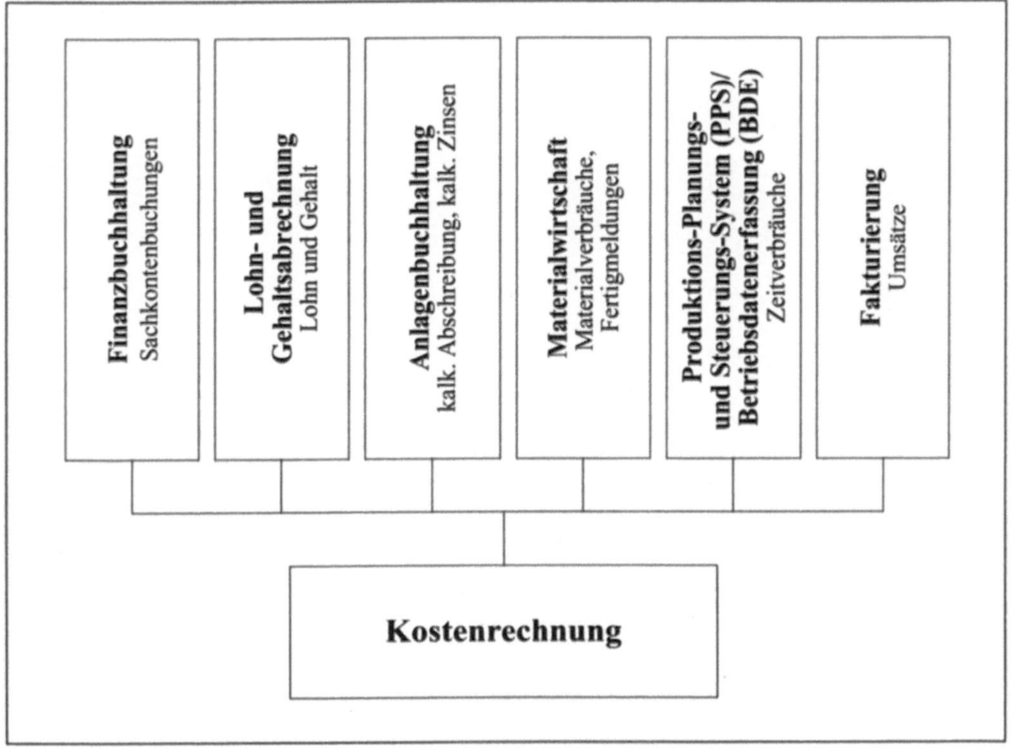

Bild 2.1/4: Vorlieferanten der Kostenrechnung

Kostenrechnung innerhalb des SAP SAP-Systems

In der Systematik der SAP-Software ist die Kostenrechnung auf CO Controlling und EC Unternehmenscontrolling verteilt.

Die traditionellen Elemente der Kostenrechnung (Kostenstellen- und Kostenträgerrechnung) sind im SAP-System auf mehrere Module verteilt:

- Controlling - Gemeinkosten-Controlling
- Controlling - Produktkosten-Controlling
- Controlling - Ergebnis- und Marktsegmentrechnung
- Unternehmenscontrolling - Profit-Center-Rechnung.

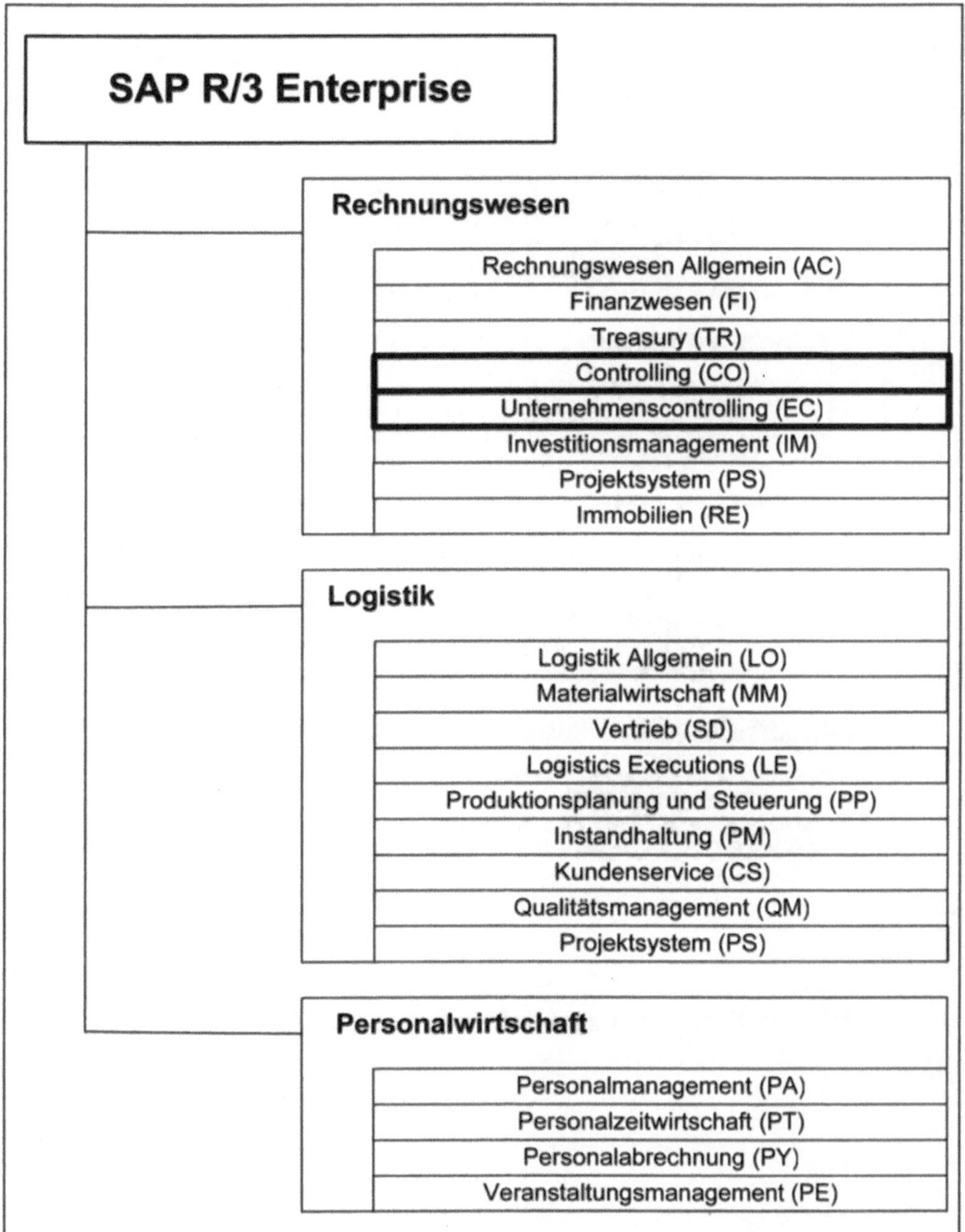

Bild 2.1/5: Anwendungsmodule des SAP-Systems

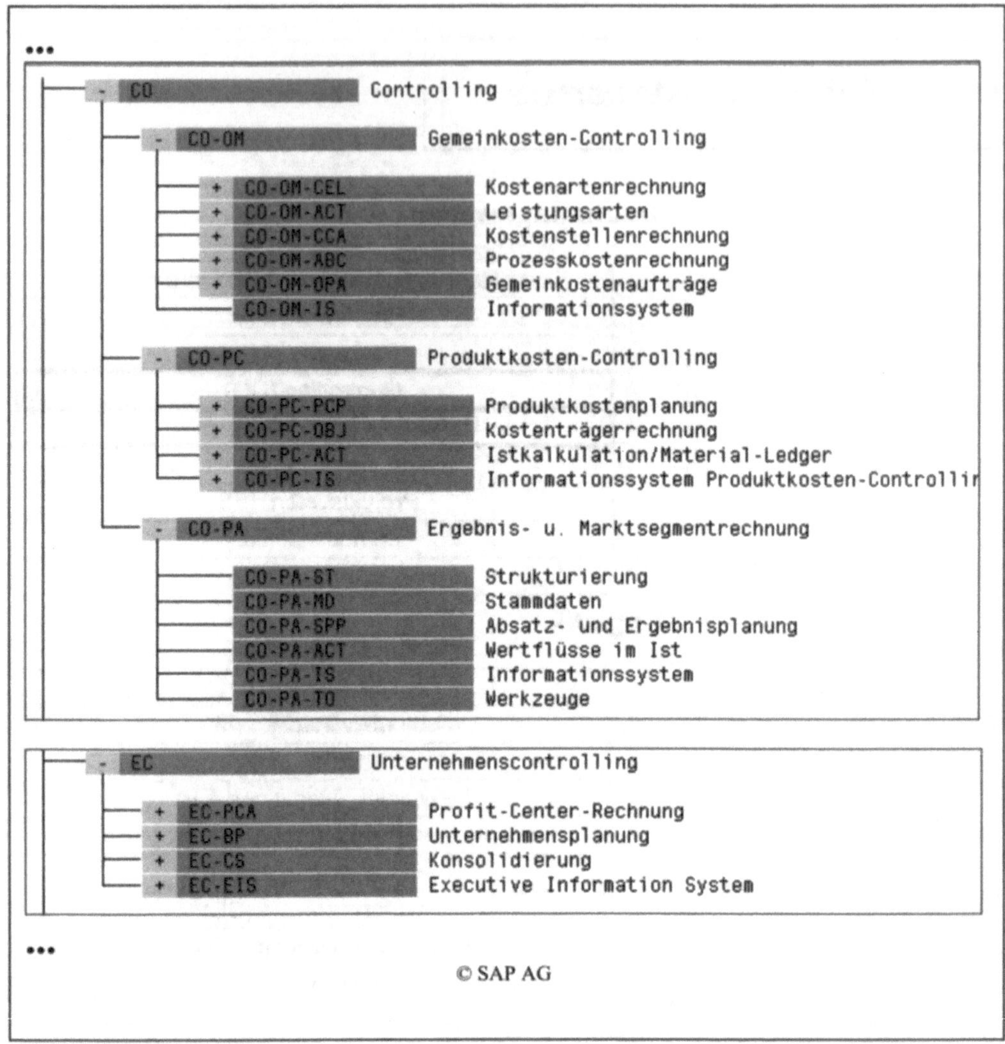

Bild 2.1/6: Kostenrechnung innerhalb des SAP-Systems (Quelle: SAPNet)

Grundschema der Kostenstellenrechnung

Die **Kostenstellenrechnung** ist in der Auswertungssicht ein **zweidimensionales Schema**, dessen Vorspalte die Kostenarten und dessen Kopfzeile die Kostenstellen aufnimmt.

Diese Grundstruktur ist auf der Seite der Kostenarten zu ergänzen, so dass sich insgesamt für die **"vertikale Dimension"** folgende Mindestgliederung ergibt:

- Primärkosten
- Bezugsgrößen
- Innerbetriebliche Leistungsverrechnung
- Kalkulationsparameter
- Abstimmung mit der Kostenträgerrechnung

Auf der Seite der Kostenstellen als **"horizontaler Dimension"** ist je Kostenstelle zu ergänzen

- Plan
- Soll/Ist
- Abweichung

Dabei ist in einer Teilkostenrechnung jeweils nach variablen und fixen Anteilen (und gesamt) zu unterscheiden.

Im übrigen sind in beiden Dimensionen für die Abrechnungsobjekte **Hierarchien** für Kostenarten, Bezugsgrößen, Kostenstellen zu bilden zum Zweck der Verdichtung.

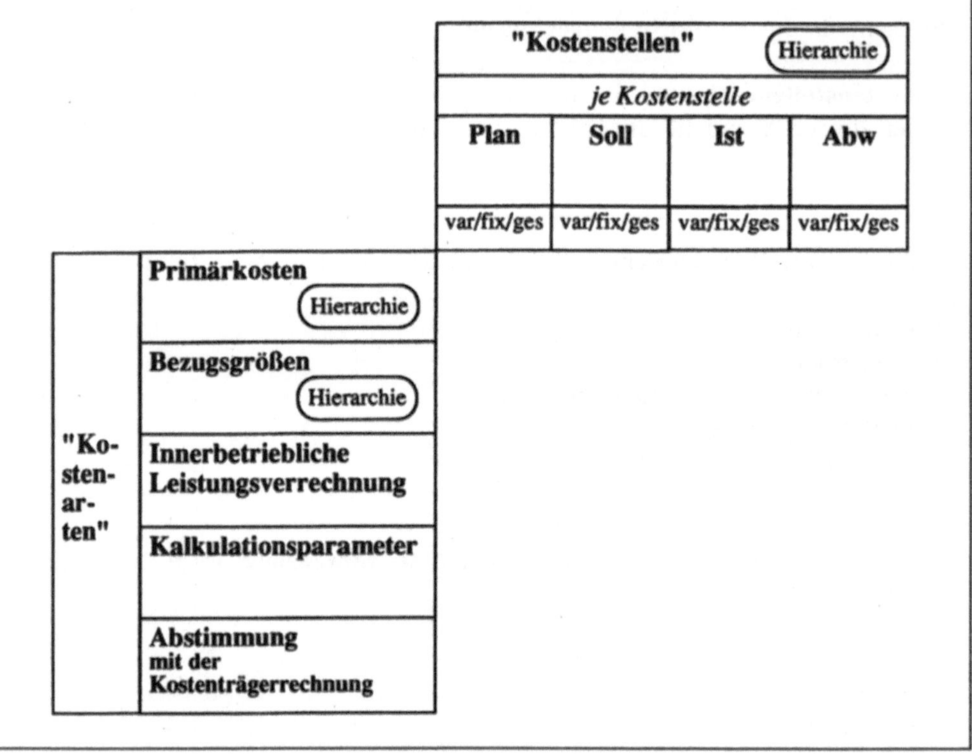

Bild 2.1/7: Grundschema der Kostenstellenrechnung

So anschaulich die tabellarische Darstellung (DIN-A4-quer) mit wenigen Kostenarten und Kostenstellen unter Weglassung des Soll-/Ist-Vergleichs in Lehrbüchern auch ist, in praxi braucht man schon für *eine* Kostenstelle mindestens ein Blatt/einen Bildschirm (meistens aber mehrere).

Die genannte Grundstruktur wird für das Testbeispiel - dem Phasenschema folgend - in zwei Teilen abgehandelt:

Unter der Überschrift "Betriebswirtschaftliches Konzept: Plan" wird die vertikale Dimension besprochen, die im Prinzip sowohl für den Plan wie für das Ist gilt.

Unter der Überschrift "Betriebswirtschaftliches Konzept: Soll-/Ist-Vergleich" sind daher folgerichtig nur solche Inhalte zu besprechen, die im Ist tatsächlich anders laufen als im Plan. Dies sind erstens die Datenquellen, die im Gegensatz zum Plan nicht auf einer verdichteten Ebene entwickelt werden, sondern durch geduldiges Verdichten von den Urbelegen her zu entwickeln sind (immer "bottom up"), zum zweiten ist der Soll-/Ist-Vergleich zu besprechen.

2.2 Nutzen des Testbeispiels

Das Testbeispiel ist so konstruiert, dass eine Reihe von typischen Besonderheiten der Kostenstellenrechnung, aber auch der SAP-Software demonstriert werden kann:

- **Customizing und Anwendung im Wechsel: bewußt wird auch die Einstellung/ Anpassung der Software - das Customizing - am Beispiel gezeigt**

  Entsprechend dem in Punkt 1.5 vertretenen Standpunkt, ist die Anpassung der Software an das betriebswirtschaftliche Problem *das* Problem der Standardsoftware. SAP bietet eine Reihe von vorgedachten betriebswirtschaftlichen Lösungen, aus denen durch parametrische Einstellung (Customizing) auszuwählen ist.

  Statt die Parametrierung (Customizing) einfach wegzulassen, wird der Customizing-Vorgang ausdrücklich einbezogen und im Wechsel mit der Anwendung ausführlich besprochen, um gerade auch einen Eindruck von den Customizing-Arbeiten zu geben, die ansonsten nur allzu gern in die black-box der vom Berater vorab zu lösenden Probleme verbannt werden.

- **Integrationsaspekt zwischen Finanzbuchhaltung und Kostenrechnung wird deutlich**

  Das wesentliche Argument für die SAP-Software ist der Integrationsaspekt: Alle Daten stehen prinzipiell für alle Anwendungen zur Verfügung. Im Testbeispiel werden Daten in der Finanzbuchhaltung erfaßt und sie stehen damit dank Integration auch für die Kostenrechnung zur Verfügung.

- **im Plan und im Ist durchgespielt: Plan ist aggregiert, während das Ist auf Belegniveau erfaßt werden muß**

  Der Unterschied zwischen Planung und Isterfassung wird deutlich. Die Planung erfolgt notwendigerweise auf einem aggregierten Niveau (z. B. pro Kostenstelle und Kostenart, aber nicht auf Belegebene), während die Isterfassung nur durch systematische Verdichtung vom Belegniveau her erfolgen kann.

- **Fall mit zwei Bezugsgrößen in ausgewählten Kostenstellen**

  Es wird durchgängig eine Aufsplittung in variable und fixe Anteile der Kosten praktiziert. Der Standardfall *einer* Bezugsgröße wird ergänzt um die Komplikationen, die sich durch zwei (allgemein mehrere) Bezugsgrößen ergeben.

- **innerbetriebliche Leistungsverrechnung: sowohl vorgangsbezogen als auch nicht-vorgangsbezogen (periodisch am Monatsende)**

  Die innerbetriebliche Leistungsverrechnung ist in der SAP-Software ausführlich modelliert. Im Testbeispiel wird insbesondere auf den Unterschied zwischen vorgangsbezogener und periodischer Verrechnung eingegangen. Bei der vorgangsbezogenen Verrechnung werden Einzelvorgänge des Leistungsaustauschs zwischen Kostenstellen erfaßt (Beispiel: Fuhrpark hat eine Fahrt für den Vertrieb durchgeführt, die diesem belastet wird).
  Wenn hingegen keine Möglichkeit zur Einzelerfassung besteht oder auf sie aus Aufwandsgründen verzichtet wird, erfolgt am Monatsende eine pauschale Belastung aufgrund von Schlüsseln (Beispiel: Arbeitsvorbereitung wird auf die Anlagen/Maschinen nach einem Schlüssel umgelegt).

- **innerbetriebliche Leistungsverrechnung: aus gutem Grund *im Ist* mit *Plan*verrechnungssätzen**

  Bei der Belastung der Leistungsempfänger mit Kosten erhebt sich die Frage, ob mit den Ist-Mengen (z. B. Anzahl km) auch Ist-Werte (km-Sätze) verrechnet werden sollen. Entgegen dem Schlichtverständnis spricht vieles für eine Anwendung der "im Plan vereinbarten Bewertungssätze" auch im Ist.

- **Arbeiten mit Verrechnungsraten für bestimmte Kostenarten wie Personalnebenkosten**

  Bei jeder Periodenrechnung besteht ein Abgrenzungsproblem. Die Buchhaltung kennt transitorische und antizipative Posten und wendet diese Technik bei der Erstellung des Jahresabschlusses an. Statt diese Technik auf die Monatsbasis zu übertragen, arbeitet die Kostenrechnung mit Verrechnungsraten, um eine Verstetigung des Aufwands zu erreichen.

- **Erfassung der Differenzen zwischen "verrechnet" und "effektiv" auf "Innenaufträgen" zwecks Abstimmung zwischen Finanzbuchhaltung und Kostenrechnung**

  Durch das oben beschriebene Abgrenzungsverfahren per Verrechnungsraten entstehen Differenzen zwischen Finanzbuchhaltung und Kostenrechnung, die jederzeit nachvollziehbar sein müssen. Diese Transparenz wird im Testbeispiel durch "Innenaufträge" hergestellt.

- **für alle Abrechnungsobjekte (Kostenarten, Kostenstellen, Bezugsgrößen) werden Hierarchien zwecks Verdichtung angelegt**

  Anders als bei Kleinstbeispielen in den Lehrbüchern ist "im Leben" grundsätzlich bei jedem Abrechnungsobjekt eine Verdichtungshierarchie festzulegen.

- **Aufsplittung der Kosten in variable und fixe Anteile für den Soll-/Ist-Vergleich**

  Eine Kostenstellenrechnung, die keine Aufsplittung der Kosten in variable und fixe Anteile verarbeiten würde, würde sich der Möglichkeit eines brauchbaren Soll-/Ist-Vergleichs begeben (der Plan-/Ist-Vergleich ist nicht mehr aussagefähig, wenn sich von Plan zu Ist die Bezugsgröße geändert hat, was der Normalfall ist). Daher wird im Testbeispiel eine Teilkostenrechnung mit fixen und variablen Kostenanteilen vorgeführt.

- **Schnittstelle zur Eigenprogrammierung in der SAP-Umgebung wird gezeigt**

  Wie läßt sich die Standardsoftware an das betriebliche Problem anpassen, das ist die Kardinalfrage jeder Standardsoftware.

  Mit dem Customzing, d. h. der parametrischen Auswahl aus vorgedachten Lösungsalternativen, ist die eine Antwort gegeben.

  Wo das Customizing versagt, besteht die Möglichkeit der Eigenprogrammierung, allerdings nicht losgelöst von den schon geleisteten Organisationsbemühungen. Daher wird gezeigt, wie man auf den Daten, die im Rahmen des Testbeispiels schon angelegt wurden, aufsetzen kann, um individuelle Auswertungen in Eigenprogrammierung zu erzeugen.

Nutzen des Testbeispiels

- **Customizing und Anwendung im Wechsel: bewußt wird auch die Einstellung /Anpassung der Software - das Customizing - am Beispiel gezeigt**
- **Integrationsaspekt zwischen Finanzbuchhaltung und Kostenrechnung wird deutlich**
- **im Plan und im Ist durchgespielt: Plan ist aggregiert, während das Ist auf Belegniveau erfaßt werden muß**
- **Fall mit zwei Bezugsgrößen in ausgewählten Kostenstellen**
- **innerbetriebliche Leistungsverrechnung: sowohl vorgangsbezogen als auch nicht-vorgangsbezogen (periodisch am Monatsende)**
- **innerbetriebliche Leistungsverrechnung: aus gutem Grund *im Ist* mit *Plan*-verrechnungssätzen**
- **Arbeiten mit Verrechnungsraten für bestimmte Kostenarten wie Personalnebenkosten**
- **Erfassung der Differenzen zwischen "verrechnet" und "effektiv" auf "Innenaufträgen" zwecks Abstimmung zwischen Finanzbuchhaltung und Kostenrechnung**
- **für alle Abrechnungsobjekte (Kostenarten, Kostenstellen, Bezugsgrößen, usw.) werden Hierarchien zwecks Verdichtung angelegt**
- **Aufsplittung der Kosten in variable und fixe Anteile für den Soll-/Ist-Vergleich**
- **Schnittstelle zur Eigenprogrammierung in der SAP-Umgebung wird gezeigt**

Bild 2.2/1: Nutzen des Testbeispiels

2.3 Vorgehensschritte im Überblick Customizing und Anwendung im Wechsel

Im Folgenden wird ein Überblick über die Vorgehensschritte gegeben, indem die Ablaufstruktur und eine Kurzbeschreibung dargestellt werden.

Es wird der Strukturierung gefolgt, in der später auch das Testbeispiel abgearbeitet wird. Die Vorgehensweise entspricht dem "Einführungsleitfaden/Implementation Guide/IMG" (siehe später), allerdings nur als Auswahl ohne Vollständigkeitsehrgeiz.

Ein tieferes Verständnis wird sich erst in der detaillierten Darstellung einstellen.

Systemeinrichtung

Modul 0: Anmelden am und Abmelden vom SAP System

Dieser Punkt ist technischer Natur und braucht daher hier nicht erläutert zu werden.

Modul 1: Customizing Organisationsstruktur Finanzbuchhaltung

Gleich zu Beginn wird der **Integrationsaspekt der Software** deutlich: die Kostenrechnung erhält ihre Daten teilweise aus der Finanzbuchhaltung, weshalb hierüber der Einstieg zu wählen ist. Sachkonten und Kreditoren, die in der Kostenrechnung datenmäßigen Eingang finden, werden in der Finanzbuchhaltung angelegt.

Es geht zunächst um **zentrale Ordnungsbegriffe der "SAP-Welt"**: bezogen auf das Gesamtsystem ist dies der **Mandant,** in der Finanzbuchhaltung der **Buchungskreis** (Modul 2); in der Kostenrechnung wird später noch der **Kostenrechnungskreis** ergänzt (Modul 4).

Modul 2: Customizing Stammdaten Finanzbuchhaltung

Es werden Einstellungen vorgenommen (**Customizing**), um später **Sachkonten und Kreditoren** eingeben zu können. Dabei geht es um den **Kontenplan** (zunächst nur eine Nummer, unter der später die Konten angelegt werden) und vor allem um den Begriff der **Kontengruppe**, über den das Bildschirmlayout und die Nummernkreise gesteuert werden.

Modul 3: Stammdaten für Haupt- und Nebenbuchhaltung anlegen

Es werden die **Stammdaten der Sachkonten** (Hauptbuchhaltung) und der **Kreditoren** (Nebenbuchhaltung) konkret eingegeben.

Modul 4: Customizing Organisationsstruktur Kostenrechnung

Für die Kostenrechnung wird ein weiterer Ordnungsbegriff der "SAP-Welt" eingeführt: der **Kostenrechnungskreis**. Er wird in die Hierarchie der anderen Ordnungsbegriffe eingeordnet.

Modul 5: Stammdaten der Kostenrechnung anlegen

Die Kostenstellenrechnung ist im Prinzip ein zweidimensionales Schema: **Kostenarten – Kostenstellen.**

Dementsprechend werden zunächst die **primären Kostenarten** als erste Dimension angelegt. Das Anlegen ist nur möglich, soweit in der Finanzbuchhaltung ein entsprechendes Aufwandskonto besteht.

In der Kostenrechnung müssen jedoch noch die **sekundären Kostenarten** ergänzt werden. Diese dienen ausschließlich der innerbetrieblichen Leistungsverrechnung und Umlage in der Kostenrechnung.

Wie zu jedem Objekt der Kostenrechnung werden auch zu den Kostenarten Hierarchien für Verdichtungszwecke angelegt.

Als zweite Dimension werden die **Kostenstellen** mit entsprechender Hierarchie angelegt.

Leistungsarten=Bezugsgrößen sind (als Leistungserbringung) je Kostenstelle zu definieren, um die Kostensplittung in variabel und fix und - ergänzt mit Leistungsaufnahmedaten - die innerbetriebliche Leistungsverrechnung (ILV) vornehmen zu können.
Bewußt ist auch der Fall von **zwei Bezugsgrößen je Kostenstelle** einbezogen worden.

Auch für Leistungsarten/Bezugsgrößen kann man Hierarchien festlegen.

In dem Testbeispiel werden für die Personalnebenkosten in der Kostenrechnung Verrechnungsraten verwendet, während in der Buchhaltung der effektive Anfall notiert wird. Die Differenzen zwischen **verrechnet und effektiv** müssen irgendwo nachvollziehbar gesammelt werden. Dies geschieht auf "Innenaufträgen für Abgrenzung".

Planung

Betriebswirtschaftliches Konzept: Plan

Es wird die Aufgabenstellung betriebswirtschaftlich erläutert, soweit sie den Plan betrifft.

Modul 6: Customizing für Planung und Istverrechnung in der Kostenrechnung

Für die Bildung von Verrechnungsraten/**Abgrenzung** für Personalnebenkosten muß das Rechenschema (Prozentzuschlag auf Basis Lohn bzw. Gehalt) festgelegt werden, das in Plan bzw. Ist anzuwenden ist.

Die **innerbetriebliche Leistungsverrechnung** wird entweder vorgangsbezogen/direkt (siehe später, Beispiel: Fuhrpark nach km-Belegen) oder **indirekt** nach Schlüsseln (Beispiel: AV nach den Gesamtstunden der empfangenden Kostenstellen Anlage A und Anlage B als Schlüssel) vorgenommen. Für diese Art der indirekten Leistungsverrechnung sind die "Sender- und Empfängerregeln" festzulegen.

Es sind **Vorgangsgruppen und Nummernkreise** anzulegen. Vorgangsgruppen klassifizieren einen Vorgang. Beispiele für Vorgangsgruppen: Planung, Istverrechnung. Auch für die Planungsvorgänge sind Nummernkreise festzulegen (für die Isterfassung von Geschäftsvorfällen/Einzeltransaktionen auf Belegen erwartet man es nicht anders; dieses Prinzip wird auch auf die Planungsvorgänge übertragen).

Modul 7: Planung

Man mache sich klar, dass die **Planung auf einem aggregierteren Niveau** erfolgt als später die Isterfassung. Es werden keine einzelnen Geschäftsvorfälle geplant, sondern nur Summen pro Kostenstelle und Kostenart.

Die **Leistungsartenplanung/Bezugsgrößenplanung** gibt pro Kostenstelle an, welcher Output (gemessen in km, Std. usw.) erbracht werden soll. Für wen diese Leistung erbracht werden soll ist - bei Hilfskostenstellen - Gegenstand der Leistungsaufnahmenplanung, siehe unten) (die Hauptkostenstellen erbringen ihre Leistung für die Kostenträger/Produkte).

Die **Primärkostenplanung** gibt die variablen und fixen Anteile der Kosten je Kostenart und Kostenstelle an, bei mehreren Leistungsarten/Bezugsgrößen muss zusätzlich je Leistungsart/Bezugsgröße geplant werden (im Testbeispiel die Kostenstelle Instandhaltung).

Für die Kostenarten, die über Verrechnungsraten (Abgrenzung) ermittelt werden, sind diese **Verrechnungsraten automatisch** zu **buchen**.

Es schließt sich die **Sekundärkostenplanung** als **Planung der innerbetrieblichen Leistungsverrechnung** an. Es werden zwei Fälle unterschieden: direkt/vorgangsbezogen (Leistungsaufnahmeplanung) (Beispiel: Fuhrpark) und indirekt/nicht-vorgangsbezogen/periodisch (Beispiel: AV).

Als letztes können die **Kalkulationsparameter** im Plan bestimmt werden: Plan-Stundensätze, Plan-Kilometersätze usw. (SAP-Begriff: Tarifermittlung).

Isterfassung

Betriebswirtschaftliches Konzept: Soll-/Ist-Vergleich

Es wird die Aufgabenstellung betriebswirtschaftlich erläutert, soweit sie den Soll-/Ist-Vergleich betrifft.

Modul 8: Customizing Istdatenerfassung in der Finanzbuchhaltung

Bevor mit dem Buchen im Ist begonnen werden kann, sind **einige organisatorische Voraussetzungen** bezüglich Belegarten, Nummernkreise für Belege, Buchungsschlüsseln, Betragsgrenzen und Buchungsperioden zu treffen.

Modul 9: Istkostenerfassung in der Finanzbuchhaltung

Es werden im Ist auf der Ebene einzelner Geschäftsvorfälle **konkrete Kreditorenrechnungen** erfaßt **und Sachkontenbuchungen** vorgenommen.

Modul 10: Istkostenverrechnung in der Kostenrechnung

Die **innerbetriebliche Leistungsverrechnung** erfolgt zum einen **vorgangsbezogen**. Es sind die einzelnen Vorgänge mit Mengengerüst und leistender sowie empfangender Kostenstelle zu erfassen und mit den Plansätzen (Tarifen) zu verrechnen.

Beispiel wäre der Fuhrpark, für den einzelne Kilometerbelege erfaßt und zum Plankilometersatz an die empfangende Kostenstelle (für die geleistet wurde) belastet werden müssen.

Für Hauptkostenstellen, die ihre Leistung an Kostenträger/Produkte abgeben und für Hilfskostenstellen, die ihre Leistung indirekt verrechnen, ist die **Leistungserstellung zu erfassen** (auch wenn die Weiterverrechnung auf Kostenträger hier nicht betrachtet wird), weil die Daten einerseits für die Ermittlung der Sollkosten (Abwandlung der variablen Plankosten im Verhältnis Istbeschäftigung zu Planbeschäftigung) benötigt werden, andererseits teilweise auch als Schlüssel für die indirekte Leistungsverrechnung (AV) dienen.

Zum anderen sind **Abgrenzungen vorzunehmen**: nämlich für Kostenarten wie Personalnebenkosten, die mit einem Verrechnungssatz auf die Periodenbasis ermittelt werden.

Schließlich gehört zu den periodischen Verrechnungen die **innerbetriebliche Leistungsverrechnung**, die **nicht vorgangsbezogen**, sondern aufgrund von Schlüsseln (Istwerte der Periode) erfolgt.

Modul 11: Auswertungen

Über den **Soll-/Ist-Vergleich** auf hohem Verdichtungsniveau hinaus sind noch **Einzelpostenberichte** möglich. Außerdem können die **Differenzen zwischen "verrechnet" und "effektiv"** auf den "Innenaufträgen" angesehen werden.
Es ist möglich, die Standardberichte im **Layout** zu **modifizieren**, schließlich können **Graphiken** angefertigt werden und es ist ein **Export in die Tabellenkalkulation Excel** möglich.

Schnittstelle für Eigenentwicklung

Modul 12: Unternehmensdatenmodell und ABAP Dictionary

Als Ausblick wird die **Schnittstelle** gezeigt, an der **eigene Anwendungen**, ausgehend von den eingegebenen Daten, aufsetzen müssen.
Während man sich bisher nur auf der Anwender-Oberfläche der Software bewegte, die im übrigen eine Blackbox darstellte, wird jetzt im Datenmodell navigiert und die **Verbindung zwischen Datenmodell und realisierten Datenbankstrukturen des ABAP Dictionary für das Beispiel** gezeigt.

Modul 13: Datenzugriff mit Open-SQL im ABAP-Report

Auf den in Modul 12 genannten Datenbankstrukturen können eigene, in der SAP-Umgebung selbst programmierte Anwendungen aufsetzen. Als Beispiel wird **"ein kleiner ABAP"** geschrieben.

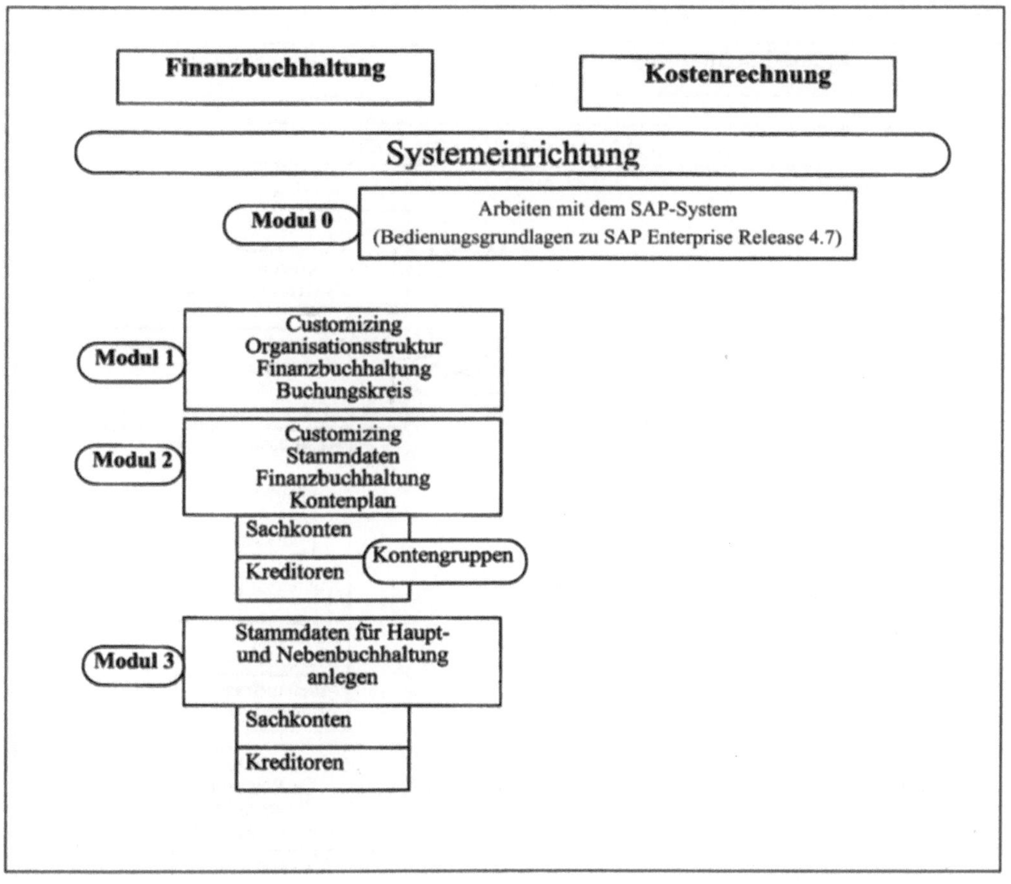

Bild 2.3/1(1): Vorgehensschritte im Überblick: Customizing und Anwendung im Wechsel

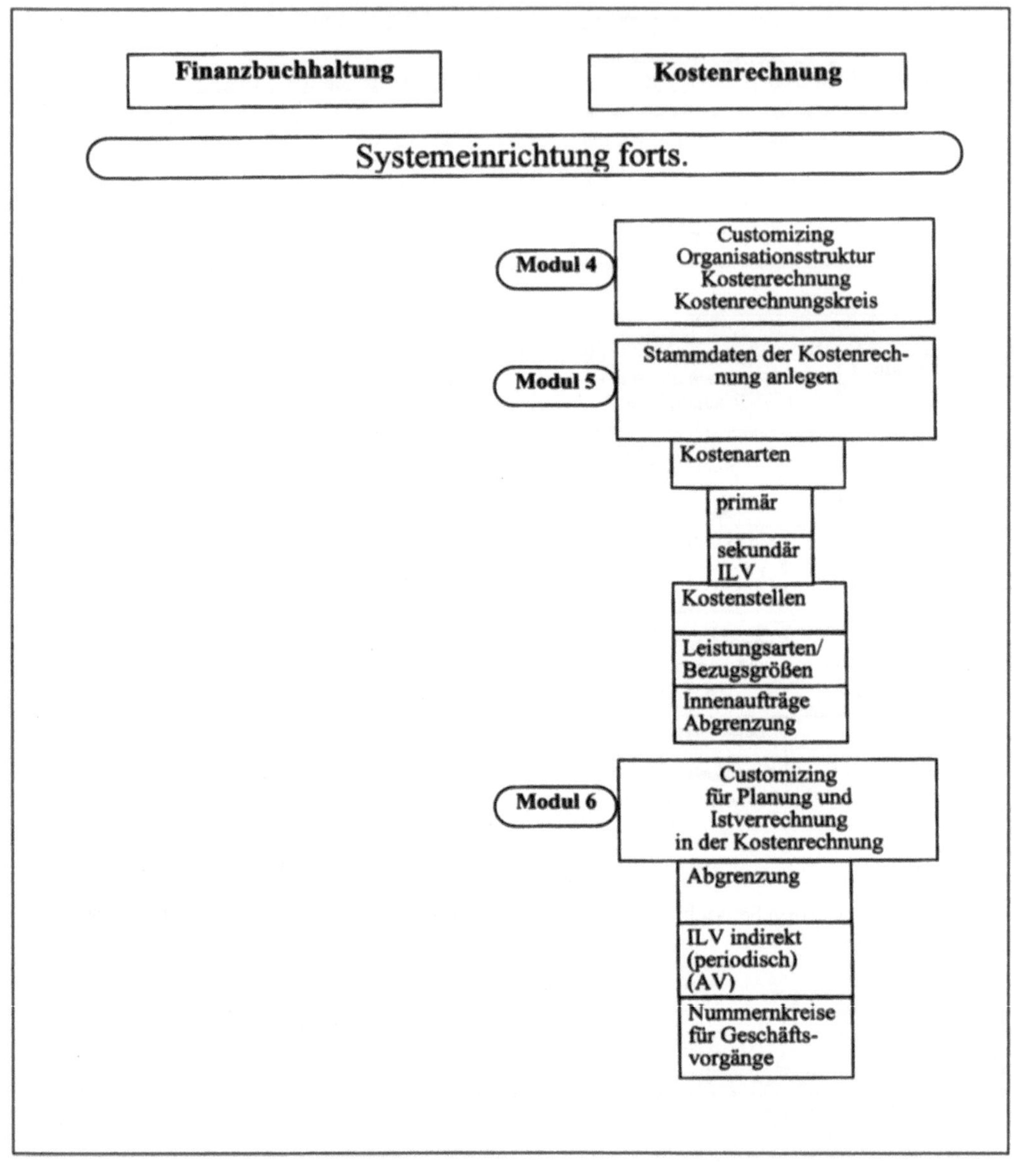

Bild 2.3/1(2): Vorgehensschritte im Überblick: Customizing und Anwendung im Wechsel

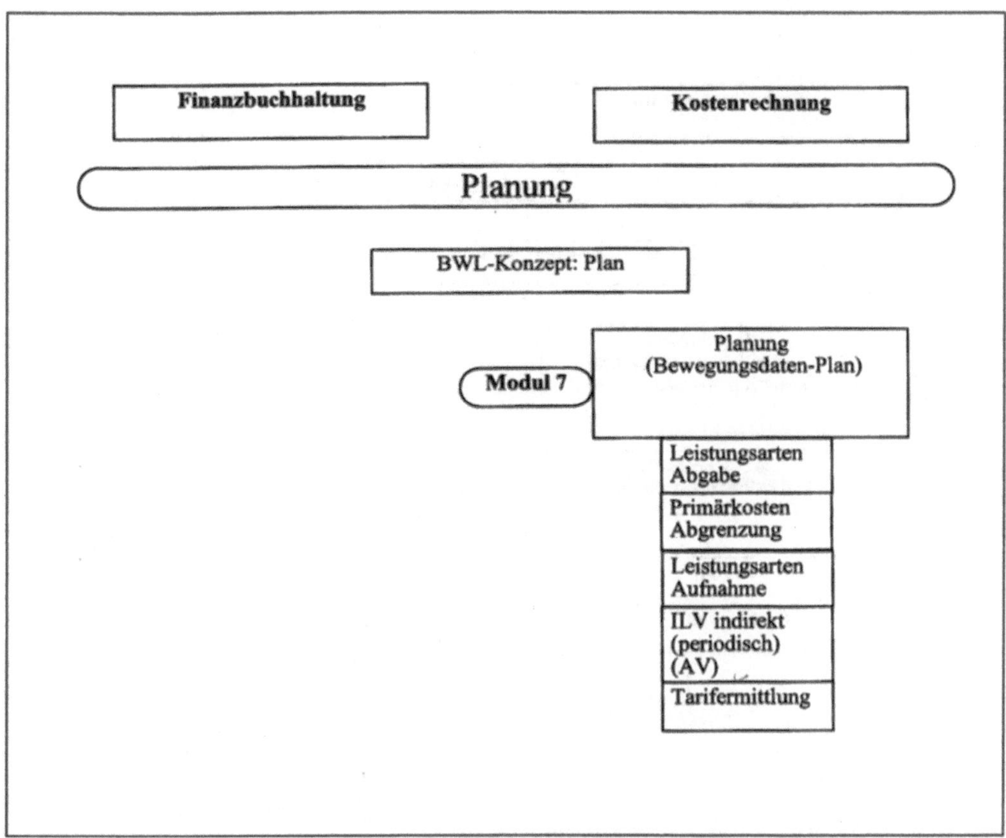

Bild 2.3/1(3): Vorgehensschritte im Überblick: Customizing und Anwendung im Wechsel

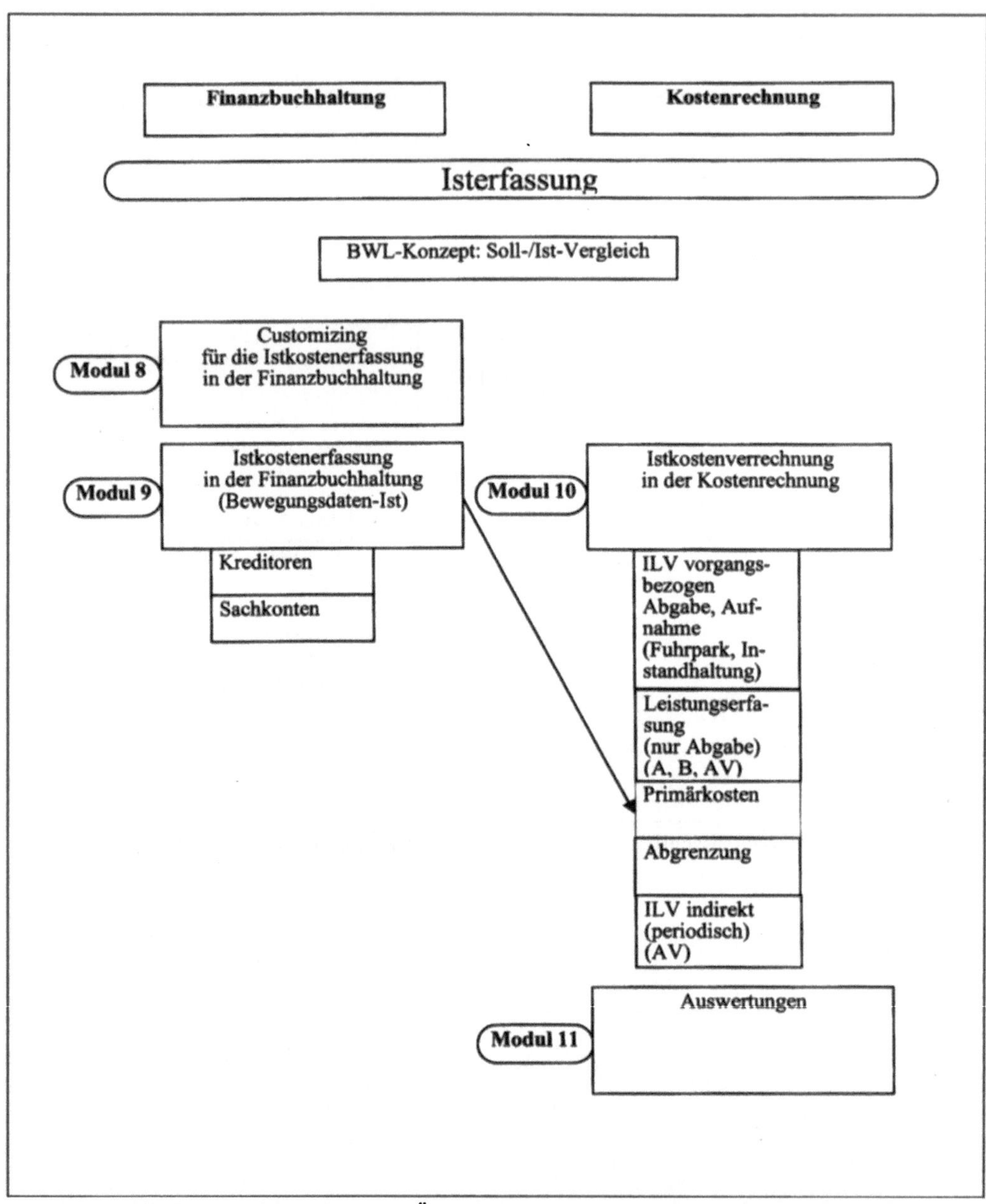

Bild 2.3/1(4): Vorgehensschritte im Überblick: Customizing und Anwendung im Wechsel

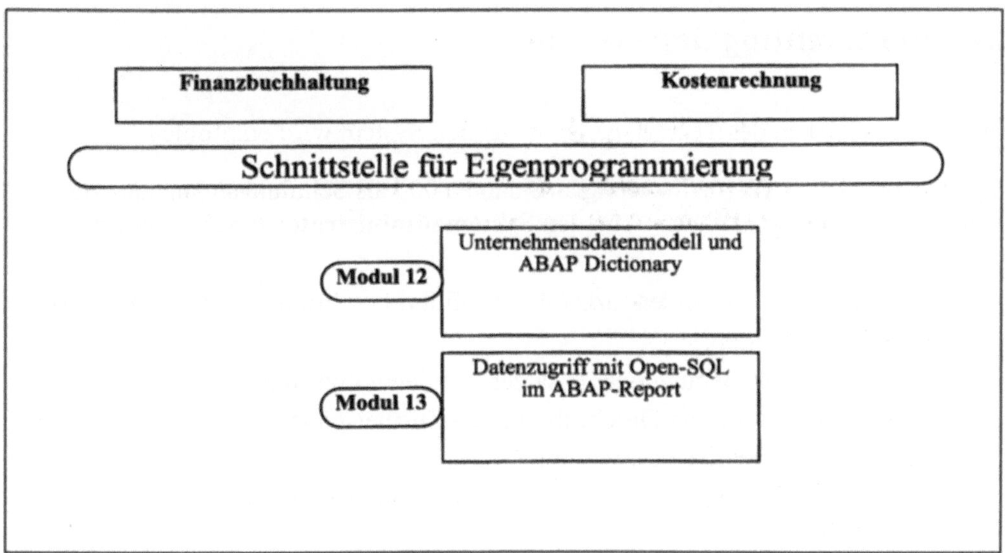

Bild 2.3/1(5): Vorgehensschritte im Überblick: Customizing und Anwendung im Wechsel

2.4 Vorbereitung des Systems

Zum Nachvollziehen des Testbeispiels im eigenen System wird empfohlen

1) eine Kopie des SAP-Auslieferungsmandanten 000 als Schulungsmandant, wie unter **4.1 Anhang: Hinweise für den Systemadministrator** beschrieben, zu erstellen
2) in dieser Kopie die folgenden, unter 4.1 detailliert beschriebenen, Customizing-Schritte durchzuführen:
   - Einrichtung von Benutzerstammsätzen mit den notwendigen Berechtigungen für die Durchführung des Testbeispiels
   - Einrichtung einer Kreditorengruppe
   - Definition eines Zuschlagsschemas für die Abgrenzung von Personalnebenkosten
   - Erstellung leicht modifizierter Kopien von SAP-Standardplanerprofilen
   - Definition einer Variante für offene Buchungsperioden

   sowie
   - Registrierung der eingerichteten Benutzer als Entwickler im SAP-OSS
3) den so "ge-customizten" Mandanten noch einmal zu kopieren und eine der beiden Kopien als "Mastermandanten" unverändert zu belassen
   (durch Kopieren des Mastermandanten und Löschen der in Modul 13 erstellten (mandantenübergreifenden) ABAP-Reports ist dann das Testbeispiel beliebig reproduzierbar)

Bitte beachten Sie, dass diese Schritte nur durch einen Systemadministrator, der über entsprechende Berechtigungen verfügt, ausgeführt werden können.

2.5 Alternativen der Bearbeitung des Testbeispiels

Auch für das Testbeispiel sind die unter 1.8 genannten **drei Alternativen** der Bearbeitung im Rahmen von Seminaren möglich:
- Selbststudium
- Traditionelle Vorführung
- Projektarbeit

1. Selbststudium: Vorgehen nach der vorliegenden Unterlage
Das Testbeispiel ist für das Durchtasten am System ausgearbeitet und kann damit im Selbststudium erarbeitet werden. Das ist sicherlich die **bevorzugte Bearbeitungsmöglichkeit**.

Ebenso sind aber alternative Bearbeitungsmöglichkeiten denkbar.

2. Traditionelle Vorführung
Auch diese Vorgehensweise ist selbstverständlich möglich. Der Dozent führt vor und kommentiert seine Demonstration. Die Teilnehmer vollziehen nach und können sich dabei aber auf eine ausgearbeitete Unterlage stützen.

3. Projektarbeit: "Sprung ins kalte Wasser"
In der Organisation als Projektarbeit wird ein wesentlich größeres Maß an eigener Konzeptions- und Sucharbeit einschließlich Vertrautwerden mit dem SAP-System im trial- and error-Verfahren verlangt.

Man kann einer Projektgruppe einfach nur das Testbeispiel als Tabellenkalkulationsvorlage (siehe entsprechenden Anhang) zur Verfügung stellen und die übrigen Unterlagen nur zur Kontrolle verwenden.

Die **Meilensteine in der Projektarbeit** könnten dann sein:

- Darstellung des **betriebswirtschaftlichen Konzepts** im Plan und Ist

  Kontrolle: es müssen Elemente der Darstellung unter "Betriebswirtschaftliches Konzept: Plan" und "Betriebswirtschaftliches Konzept: Soll-/Ist-Vergleich" entstehen

- **Modularisierung** der anstehenden Implementierungsaufgabe mit Aufteilung in **Customizing- und Anwendungsschritte**

  Kontrolle: es müssen Module analog der in dieser Arbeit vorgeschlagenen Module definiert werden

- Herausarbeitung des **Datenbedarfs** und Zusammenstellung in Eingabetabellen

  Kontrolle: es müssen Eingabetabellen analog zu den im Anhang vorgegebenen entstehen

- **Implementierung** entsprechend der erarbeiteten Modulstruktur in **Customizing- und Anwendung**sschritten

  Kontrolle: es müssen alle Arbeiten entsprechend des "Tastenteils" vorgenommen werden.

2.6 Organisation der Gruppen

(bei Arbeit im Selbststudium)

Arbeit am System:

2-er Gruppen je PC/Bildschirm, jede 2-er Gruppe arbeitet in einem eigenen Buchungskreis und erzielt unabhängig von den anderen Gruppen ein vollständiges Arbeitsergebnis.
Bei Customizing-Arbeiten auf Mandantenebene müssen die Gruppen aufeinander warten, um Kollisionen zu vermeiden.

Bild 2.6/1: Arbeiten am System (Foto: Hubert)

Betreuung auf Anforderung:

Je 10 Teilnehmer sollte eine Betreuung zur Verfügung stehen, um bei Fehlbedienung und sonstigen Irrtümern sowie Systemabstürzen Hilfestellung geben zu können.

Bild 2.6/2: Betreuung auf Anforderung (Foto: Hubert)

Durchsprache:

Die abgeschlossenen Module werden an Hand von Metaplantafeln, auf denen die wesentlichen Inhalte stichwortartig festgehalten sind, besprochen. Der Dozent agiert idealerweise als Moderator, der die Teilnehmer reden läßt. Bei unrichtigen oder zweifelhaften Statements korrigiert der Moderator nur im äußersten Notfall selbst. Statt dessen fordert er zunächst andere Teilnehmer zu einer Stellungnahme auf.

Die Durchsprache erfolgt bis zu drei Mal während des Seminars, immer wieder von vorne beginnend, um den Zusammenhang herzustellen. Selbstverständlich werden beim 2. und 3. Durchgang die bereits behandelten Inhalte nur noch in verdichteter Form besprochen.

Bild 2.6/3: Durchsprache (Foto: Hubert)

2.7 Musterzeitplan

In der Durchführung des Testbeispiels hat sich eine Verteilung auf 5 Tage bei jeweils halbtägiger Arbeit bewährt. Die Komprimierung auf weniger Tage ist nicht anzuraten, weil eine Überforderung und Ermüdung der Teilnehmer eintritt, auch wenn äußerlich die Dinge in kürzerer Zeit erledigt werden können.
Außerdem denke man an Zeitreserven für die ungeplanten Ereignisse wie Fehlbedienungen und Systemabstürze und die Fehlersuche zu deren Behebung.

5 Halbtage, z. B. Mo-Fr, jeweils vormittags

1. Tag

Modul 0 Anmelden am und Abmelden vom R/3-System
Modul 1 Customizing Organisationsstruktur Finanzbuchhaltung
Modul 2 Customizing Stammdaten Finanzbuchhaltung
Modul 3 Stammdaten für Haupt- und Nebenbuchhaltung anlegen

2. Tag

Durchsprache der Module 1-3
Betriebswirtschaftliches Konzept, 1. Teil
Modul 4 Customizing Organisationsstruktur Kostenrechnung
Modul 5 Stammdaten der Kostenrechnung anlegen

3. Tag

Durchsprache der Module 1-5
Modul 6 Customizing für Planung und Istverrechnung in der Kostenrechnung
Modul 7 Planung

4. Tag

Betriebswirtschaftliches Konzept, 2. Teil
Modul 8 Customizing für die Istdatenerfassung in der Finanzbuchhaltung
Modul 9 Istkostenerfassung in der Finanzbuchhaltung

5. Tag

Durchsprache der Module 1-9
Modul 10 Istkostenverrechnung in der Kostenrechnung
Modul 11 Auswertungen
Modul 12 Unternehmensdatenmodell und ABAP Dictionary
Modul 13 Datenzugriff mit Open-SQL im ABAP-Report

Bild 2.7/1: Musterzeitplan

3 Kostenstellenrechnung: Durchführung und Kommentierung des Testbeispiels

3.1 Systemeinrichtung

Modul 0: Anmelden am und Abmelden vom SAP-System
Modul 1: Customizing Organisationsstruktur Finanzbuchhaltung
Modul 2: Customizing Stammdaten Finanzbuchhaltung
Modul 3: Stammdaten für Haupt- und Nebenbuchhaltung anlegen
Modul 4: Customizing Organisationsstruktur Kostenrechnung
Modul 5: Stammdaten der Kostenrechung anlegen

3.2 Planung

Betriebswirtschaftliches Konzept: Plan

Modul 6: Customizing für Planung und Istverrechnung in der Kostenrechnung
Modul 7: Planung

3.3 Isterfassung

Betriebswirtschaftliches Konzept: Soll-/Ist-Vergleich

Modul 8: Customizing für die Istkostenerfassung in der Finanzbuchhaltung
Modul 9: Istkostenerfassung in der Finanzbuchhaltung
Modul 10: Istkostenverrechnung in der Kostenrechnung
Modul 11: Auswertungen

3.4 Schnittstelle für Eigenprogrammierung

Modul 12: Unternehmensdatenmodell und ABAP Dictionary
Modul 13: Datenzugriff mit Open-SQL im ABAP-Report

3. Kostenstellenrechnung: Durchführung und Kommentierung des Testbeispiels

Die Durchführung und Kommentierung ist in **Module** gegliedert, die entweder einen Customizing- oder Anwendungsschritt darstellen.

Bilder und Kommentierung
Das Modul wird jeweils eingeleitet mit Bildern, die im darauffolgenden Text kommentiert sind. Die Bilder lassen sich in Seminarveranstaltungen als Präsentationsfolien einsetzen. Am Ende der Kommentierung befindet sich unter der Überschrift „Was ist zu tun" eine Übersicht über die im folgenden Tastenteil zu erledigenden Aufgaben.

So ist es - warum ist es so?
Der kommentierende Text bemüht sich um eine **Begründung der Sachverhalte**, während die SAP-Unterlagen meist nur die Sachverhalte mitteilen (Beispiel: Der Mandant steht über dem Buchungskreis - Sachverhalt wird mitgeteilt ohne Begründung; im Gegensatz dazu: der Mandant steht über dem Buchungskreis, weil...)

Tastenteil
Jedes Modul wird mit einem ausführlichen "Tastenteil" abgeschlossen, der eine genaue Anleitung zur Umsetzung des Testbeispiels in das SAP-System gibt. Daher erübrigt es sich, vorab eine Einführung in das Handling des Systems zu geben.

Im Tastenteil wird nochmals eine knappe Kommentierung gegeben, die der Wiederholung und Zusammenfassung dient. Dadurch ist es auch möglich, mit dem Tastenteil zu beginnen und das Testbeispiel direkt am System durchzutasten.

3.1 Systemeinrichtung

Modul 0: Arbeiten mit SAP R/3 Enterprise

Wichtige Symbole und Tasten
Das nachfolgende Bild zeigt die Bedeutung der häufig benötigten Symbole für die Standardfunktionen des Systems bzw. der tastenmäßigen Entsprechungen.

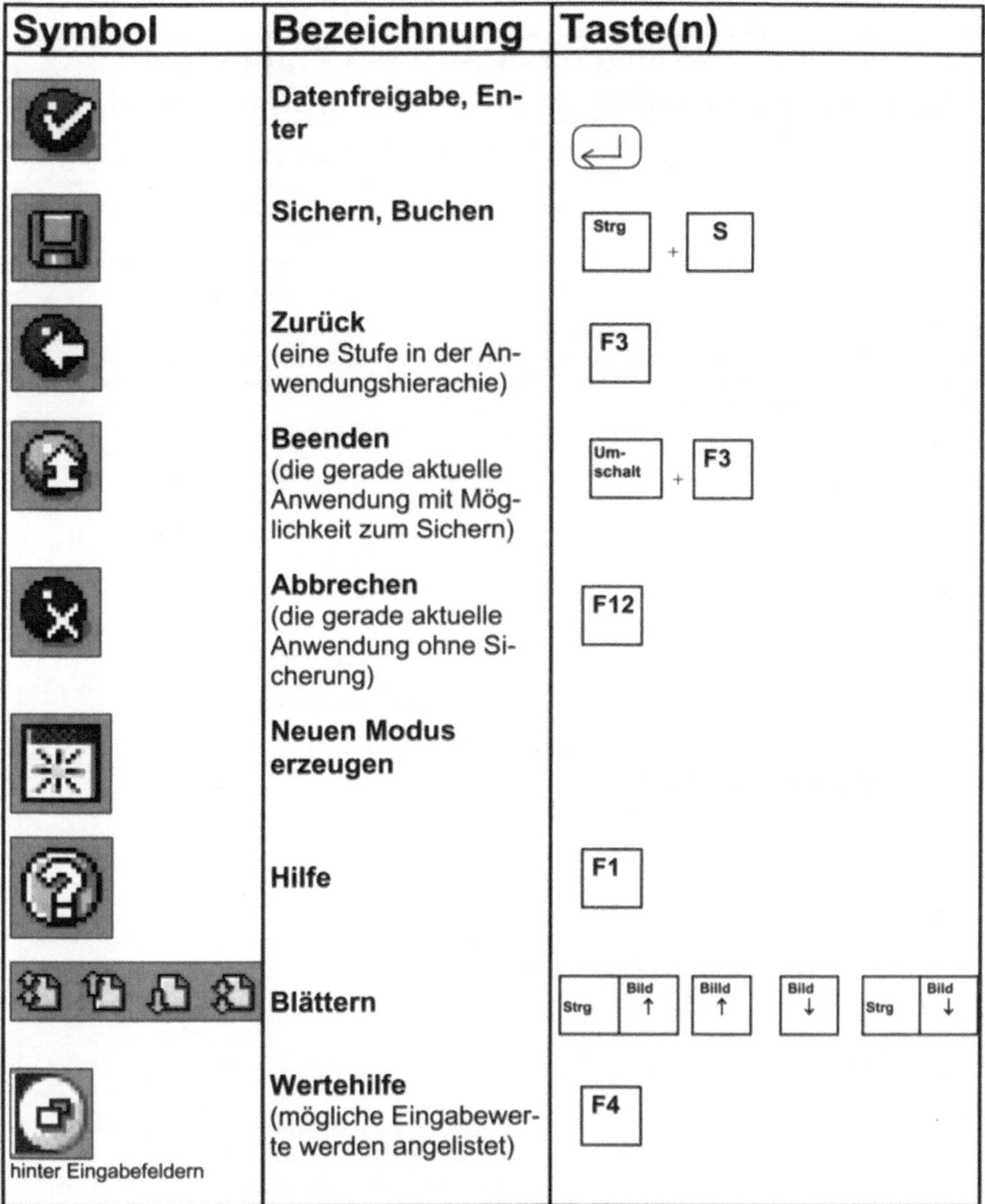

Symbol	Bezeichnung	Taste(n)
	Datenfreigabe, Enter	
	Sichern, Buchen	Strg + S
	Zurück (eine Stufe in der Anwendungshierachie)	F3
	Beenden (die gerade aktuelle Anwendung mit Möglichkeit zum Sichern)	Umschalt + F3
	Abbrechen (die gerade aktuelle Anwendung ohne Sicherung)	F12
	Neuen Modus erzeugen	
	Hilfe	F1
	Blättern	Strg Bild ↑ / Bild ↑ / Bild ↓ / Strg Bild ↓
hinter Eingabefeldern	**Wertehilfe** (mögliche Eingabewerte werden angelistet)	F4

Bild 3.1/1 (Modul 0): Symbole und Tasten für Standardfunktionen

Anzeige	Eingabe/Auswahl

Modul 0: Arbeiten mit SAP R/3 Enterprise (Bedienungsgrundlagen zu R/3 Enterprise, Rel. 4.7)

M0.1 SAP-System starten und Erstanmeldung durchführen

<table>
<tr><td></td><td>Bevor Sie sich als Benutzer am SAP-System anmelden können, müssen Sie von Ihrer Betriebssystemebene aus zunächst das Präsentationsprogramm SAP GUI starten.</td></tr>
<tr><td colspan="2">Das SAP GUI (Graphic User Interface), die grafische Benutzeroberfläche des SAP-Systems, ermöglicht dem Nutzer am PC (= Präsentationsserver der Client/Server-Architektur von R/3 Enterprise) die Kommunikation mit dem SAP R/3 Enterprise-System.</td></tr>
<tr><td>Beispiel für ein SAP Logon-Fenster:
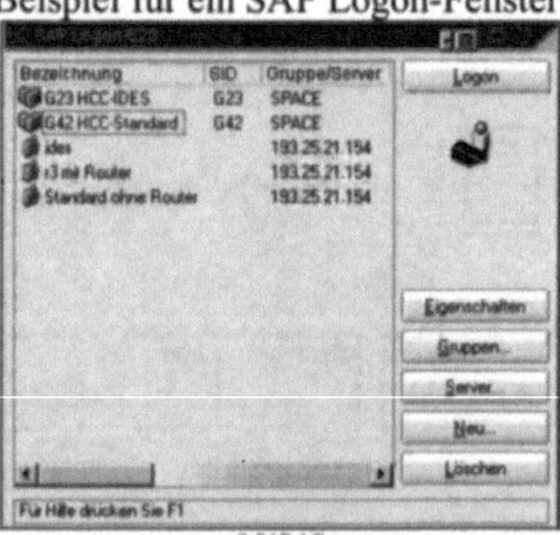

© SAP AG</td><td>Der Startaufruf des SAP GUI hängt von der Betriebssystemumgebung ab und könnte daher von dem nachfolgend Beschriebenen abweichen. Befragen Sie in diesem Fall Ihren Systemverwalter.

Wählen Sie aus dem Windows Start-Menü:
<code>Programme -</code>
<code>SAP Frontend</code>
<code>SAPlogon</code>

SAP Logon ist ein Windows-Programm, mit dem Sie sich auf Windows-PCs an SAP-Systemen anmelden können. Es zeigt eine Liste der verfügbaren SAP-Systeme an.

Wählen Sie im SAP Logon-Fenster das SAP-System, an dem Sie arbeiten wollen und klicken Sie auf
[Logon]</td></tr>
</table>

Anzeige	Eingabe/Auswahl
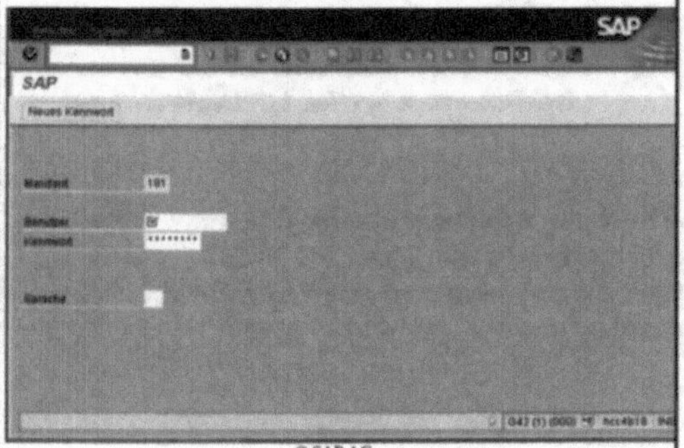 © SAP AG	SAP GUI wurde gestartet. Sie sehen den Anmeldebildschirm des SAP-Systems. Geben Sie in Feld <u>*Mandant*</u> ein: *xyz* ('*xyz*' durch **Mandantennummer** für das Testbeispiel ersetzen) Sollte Ihnen die Mandantennummer für das Testbeispiel nicht bekannt sein, so erfragen Sie diese bitte bei Ihrem Systemverwalter. Geben Sie in Feld <u>*Benutzer*</u> ein: **CO***xx* , *xx = Ihre Teilnehmernummer* (= Ihr SAP-**Benutzername** für das Testbeispiel)
	<u>Bitte beachten Sie:</u> *Dem Benutzernamen wurde hier zur Identifizierung – wie übrigens später auch bestimmten betriebswirtschaftlichen Objekten des SAP-Systems – eine **zweistellige Teilnehmernummer (xx)** angehängt. Diese kann z. B. der **PC-Nummer** des jeweiligen Teilnehmer-PCs entsprechen.* *Sollten Sie an Ihrem PC keine entsprechende Nummer vorfinden, so wenden Sie sich bitte an Ihren Kursleiter bzw. Systemverwalter .*

Anzeige	Eingabe/Auswahl
	Geben Sie in Feld *Kennwort* ein: ***sapkost*** (= **Initialkennwort** für **Erstanmeldung**)
	Das Feld Sprache ist in der Regel auf "Deutsch" voreingestellt und muss nur gefüllt werden, wenn man in einer anderen Sprache arbeiten will.
	Drücken Sie Taste ⏎ **(=Return-Taste)**
© SAP AG	Dialogfenster zur Eingabe Ihres persönlichen Kennwortes erscheint (nur bei Erstanmeldung).

Ein SAP-Kennwort muss mindestens drei und darf höchstens acht Zeichen lang sein. Es darf nicht mit einem Leerzeichen, einem ?, einem ! oder drei gleichen Zeichen beginnen und nicht "pass" oder "init" lauten.

Anzeige	Eingabe/Auswahl
	Stellen Sie den Cursor auf das Feld *Neues Kenwort*
	Geben Sie in die Eingabefelder (also **zweimal !**) ein: *persönliches Kennwort* ('*persönliches Kennwort*' durch **Ihr gewünschtes Kennwort** für weitere Anmeldungen ersetzen)
Copyright-Fenster erscheint.	⏎
Falls vorhanden, sehen Sie an dieser Stelle das Systemnachrichten-Fenster mit aktuellen Infos der Systemverwaltung.	⏎

Anzeige	Eingabe/Auswahl
Einstiegsbild "**SAP Easy Access**" mit **SAP Menü:**	

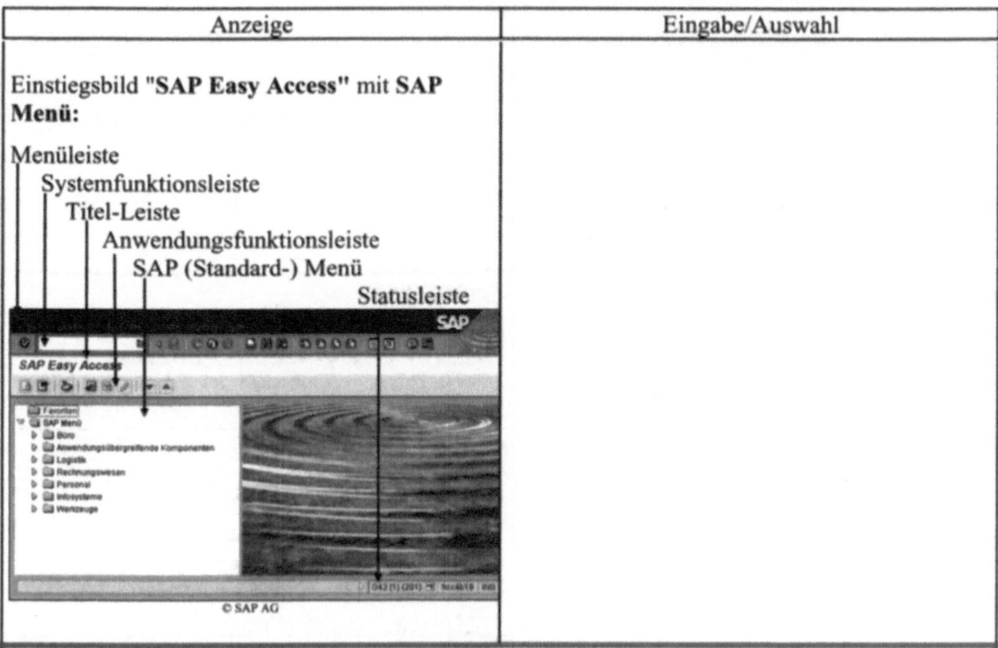

© SAP AG

SAP Easy Access **heißt (ab dem R/3-Release 4.6) das Einstiegsmenü des SAP R/3 Enterprise -Systems, das entweder als** ***SAP-Standardmenü*** **alle verfügbaren Menüs des SAP R/3 Enterprise-Systems umfassen kann und damit den Zugang zu sämtlichen Transaktionen (Anwendungen) bietet oder aber ein vom Systemverwalter eingeschränktes Menü als benutzerspezifischen Einstieg in das System anzeigt.**

Anzeige	Eingabe/Auswahl
	Sollte das angezeigte Menü von dem hier abgebildeten **SAP-Standardmenü** abweichen, so hat Ihr Systemverwalter für Sie ein spezifisches Benutzermenü definiert. Öffnen Sie in diesem Fall das SAP-Standardmenü, indem Sie aus der Menüleiste **Menü -** **SAP Menü** wählen. Dadurch werden alle verfügbaren Menüs des SAP-Systems angezeigt.

M0.2 Weiteren SAP-Modus (Bildschirm) öffnen

Anzeige	Eingabe/Auswahl
	Klicken Sie (in der Systemfunktionsleiste) auf (= Neuen Modus erzeugen)

Anzeige	Eingabe/Auswahl
	Alternativ können Sie die Funktion "Neuen Modus erzeugen" auch über die Auswahl von **Menü -** **SAP Menü** in der Menüleiste ausführen.
	Anmerkung: *In den SAP-Anwendungen werden häufig genutzte Funktionen auch als **Drucktasten** (Schaltflächen, Ikonen) in der System- und Anwendungsfunktionsleiste alternativ zur entsprechenden Menüauswahl angeboten (s. auch Tabelle "Wichtige Symbole und Tasten" in der Einführung zu diesem Modul).* *In der aktuellen Unterlage wird das Anklicken dieser Drucktasten zum Ausführen von Funktion in der Regel der entsprechenden Funktionsauswahl in der Menüleiste vorgezogen.*
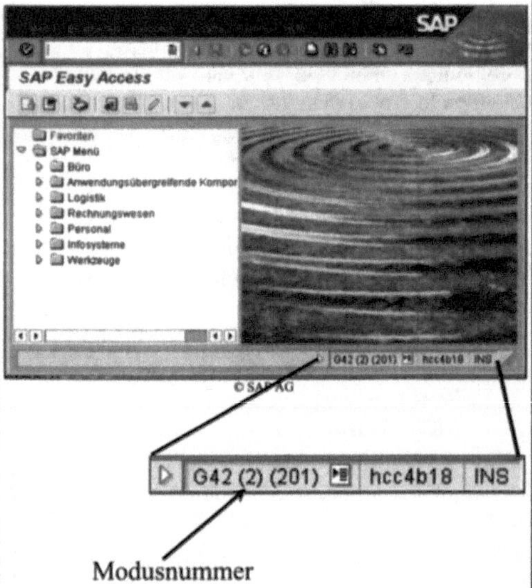 SAP Easy Access Favoriten SAP Menü Büro Anwendungsübergreifende Kompon Logistik Rechnungswesen Personal Infosysteme Werkzeuge © SAP AG G42 (2) (201) hcc4b18 INS Modusnummer	Der SAP-Einstiegsbildschirm "SAP Easy Access" erscheint in einem zusätzlichen Fenster, dem neuen Modus. Die Modusnummer (hier: 2) ist in der Statusleiste (in Klammern neben dem Systemnamen) ersichtlich.

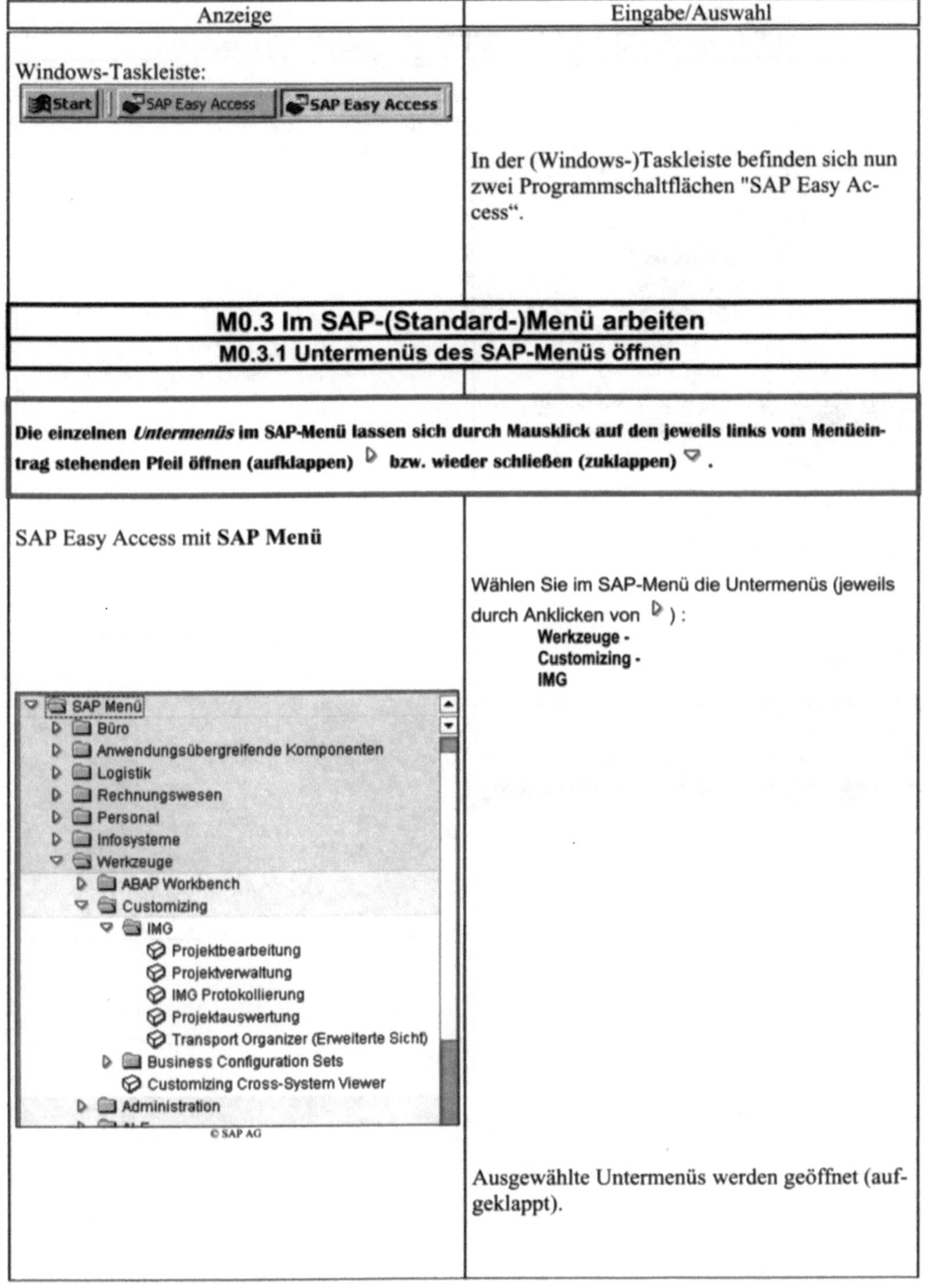

Anzeige	Eingabe/Auswahl
Windows-Taskleiste: Start | SAP Easy Access | SAP Easy Access	In der (Windows-)Taskleiste befinden sich nun zwei Programmschaltflächen "SAP Easy Access".

M0.3 Im SAP-(Standard-)Menü arbeiten

M0.3.1 Untermenüs des SAP-Menüs öffnen

Die einzelnen *Untermenüs* im SAP-Menü lassen sich durch Mausklick auf den jeweils links vom Menüeintrag stehenden Pfeil öffnen (aufklappen) ▷ bzw. wieder schließen (zuklappen) ▽ .

Anzeige	Eingabe/Auswahl
SAP Easy Access mit **SAP Menü**	Wählen Sie im SAP-Menü die Untermenüs (jeweils durch Anklicken von ▷): **Werkzeuge - Customizing - IMG**
SAP Menü Büro Anwendungsübergreifende Komponenten Logistik Rechnungswesen Personal Infosysteme Werkzeuge ABAP Workbench Customizing IMG Projektbearbeitung Projektverwaltung IMG Protokollierung Projektauswertung Transport Organizer (Erweiterte Sicht) Business Configuration Sets Customizing Cross-System Viewer Administration © SAP AG	Ausgewählte Untermenüs werden geöffnet (aufgeklappt).

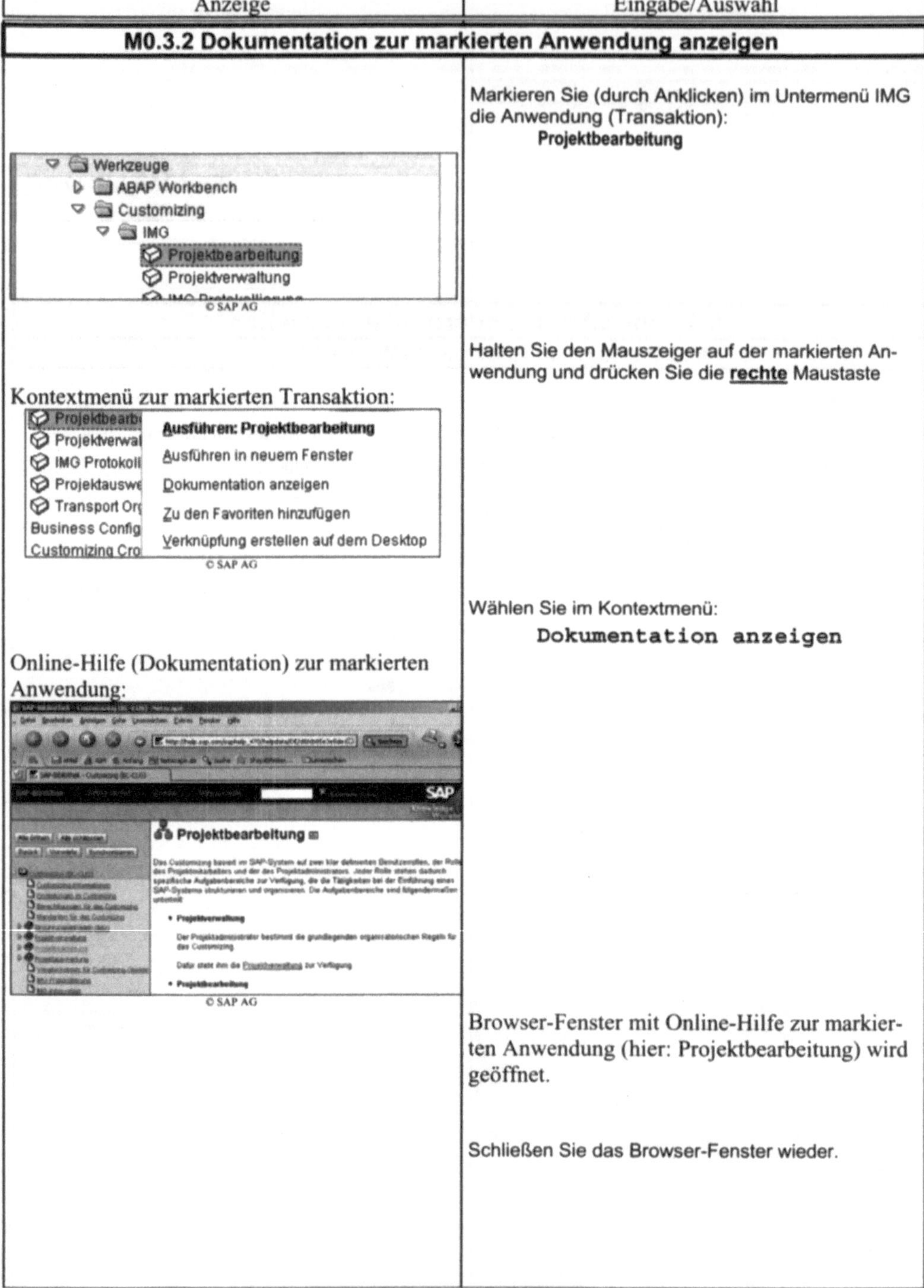

Anzeige	Eingabe/Auswahl
M0.3.2 Dokumentation zur markierten Anwendung anzeigen	
Werkzeuge ABAP Workbench Customizing IMG Projektbearbeitung Projektverwaltung © SAP AG	Markieren Sie (durch Anklicken) im Untermenü IMG die Anwendung (Transaktion): **Projektbearbeitung**
	Halten Sie den Mauszeiger auf der markierten Anwendung und drücken Sie die **rechte** Maustaste
Kontextmenü zur markierten Transaktion: Projektbearb Projektverwal IMG Protokoll Projektauswe Transport Or Business Config Customizing Cro **Ausführen: Projektbearbeitung** Ausführen in neuem Fenster Dokumentation anzeigen Zu den Favoriten hinzufügen Verknüpfung erstellen auf dem Desktop © SAP AG	
	Wählen Sie im Kontextmenü: `Dokumentation anzeigen`
Online-Hilfe (Dokumentation) zur markierten Anwendung: SAP Projektbearbeitung © SAP AG	
	Browser-Fenster mit Online-Hilfe zur markierten Anwendung (hier: Projektbearbeitung) wird geöffnet.
	Schließen Sie das Browser-Fenster wieder.

Anzeige	Eingabe/Auswahl
M0.3.3 SAP-Anwendung (Transaktion) starten	
Eine Anwendung (Transaktion) (Symbol:) kann in einem geöffneten SAP-Untermenü entweder durch Doppelklick oder Anwahl (Anklicken) plus - Taste gestartet werden.	
Bildschirm "**Customizing: Projektbearbeitung**": 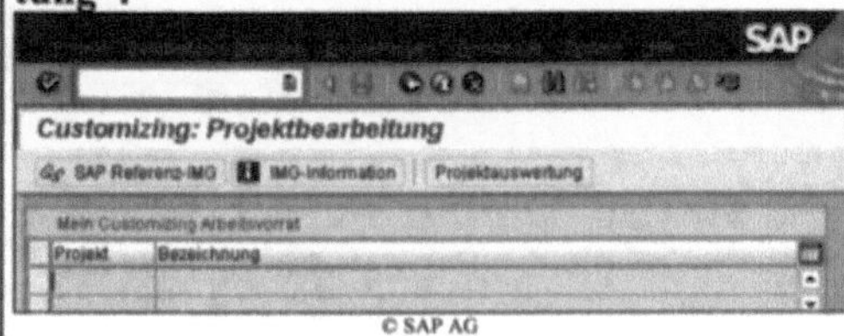 © SAP AG	Wählen Sie (durch Doppelklicken) im Untermenü IMG die Transaktion: **Projektbearbeitung** Die Transaktion wurde gestartet, der erste Anwendungsbildschirm (hier: "Customizing: Projektbearbeitung") der Transaktion ist geöffnet .
M0.3.4 Online-Hilfe zur aktuellen Anwendung starten	
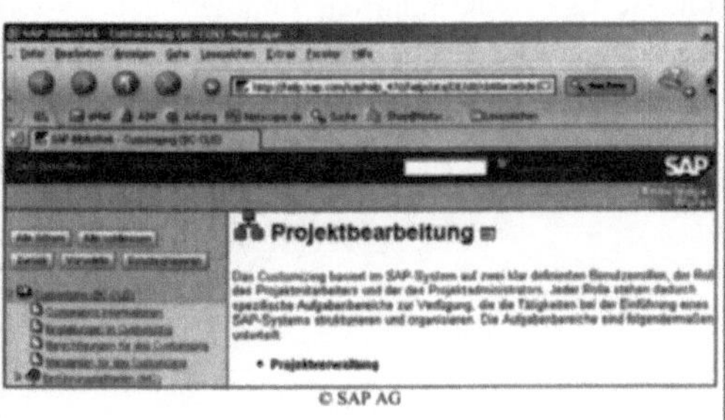 © SAP AG	Wählen Sie aus der Menüleiste: `Hilfe - Hilfe zur Anwendung` Browser-Fenster mit Online-Hilfe zum gerade aktuellen Bildschirm (zur aktuellen Anwendung) wird geöffnet (hier wieder zu Projektbearbeitung). Schließen Sie das Browser-Fenster wieder.

Anzeige	Eingabe/Auswahl

M0.4 Mit dem Einführungsleitfaden (SAP-Referenz-IMG) arbeiten

Als Werkzeug für das *Customizing* (Konfiguration, unternehmensspezifische Anpassung des SAP-Systems) liefert SAP den so genannten *Einführungsleitfaden* oder *SAP-Referenz-IMG (IMG: Implementation Guide)* aus. Über diesen sind alle Arbeitsschritte zur Einstellung sämtlicher Anwendungen samt zugehöriger Dokumentation zusammengefasst. Seine Gliederung orientiert sich an der Anwendungskomponentenhierarchie des SAP-Systems.

Für einzelne Einführungsprojekte benötigte Funktionen (z. B. für die Einführung einer einzelnen SAP-Anwendungskomponente) können als sogenannte *Projekt-IMGs*, die echte Teilmengen des sehr komplexen SAP-Referenz-IMG darstellen, zusammengefasst und generiert werden.

M0.4.1 SAP-Referenz-IMG (Einführungsleitfaden) starten

Bildschirm **"Customizing: Projektbearbeitung":**

© SAP AG

Der aktuelle Bildschirm zeigt hier unter "Mein Customizing Arbeitsvorrat" keine Projekt-IMGs an. (Dies wäre der Fall, wenn Ihrer SAP-Benutzerkennung ein Projekt zugeordnet wäre, d.h. Sie als Projektmitarbeiter eingetragen wären.)

Klicken Sie auf Schaltfläche (Drucktaste)

SAP Referenz-IMG

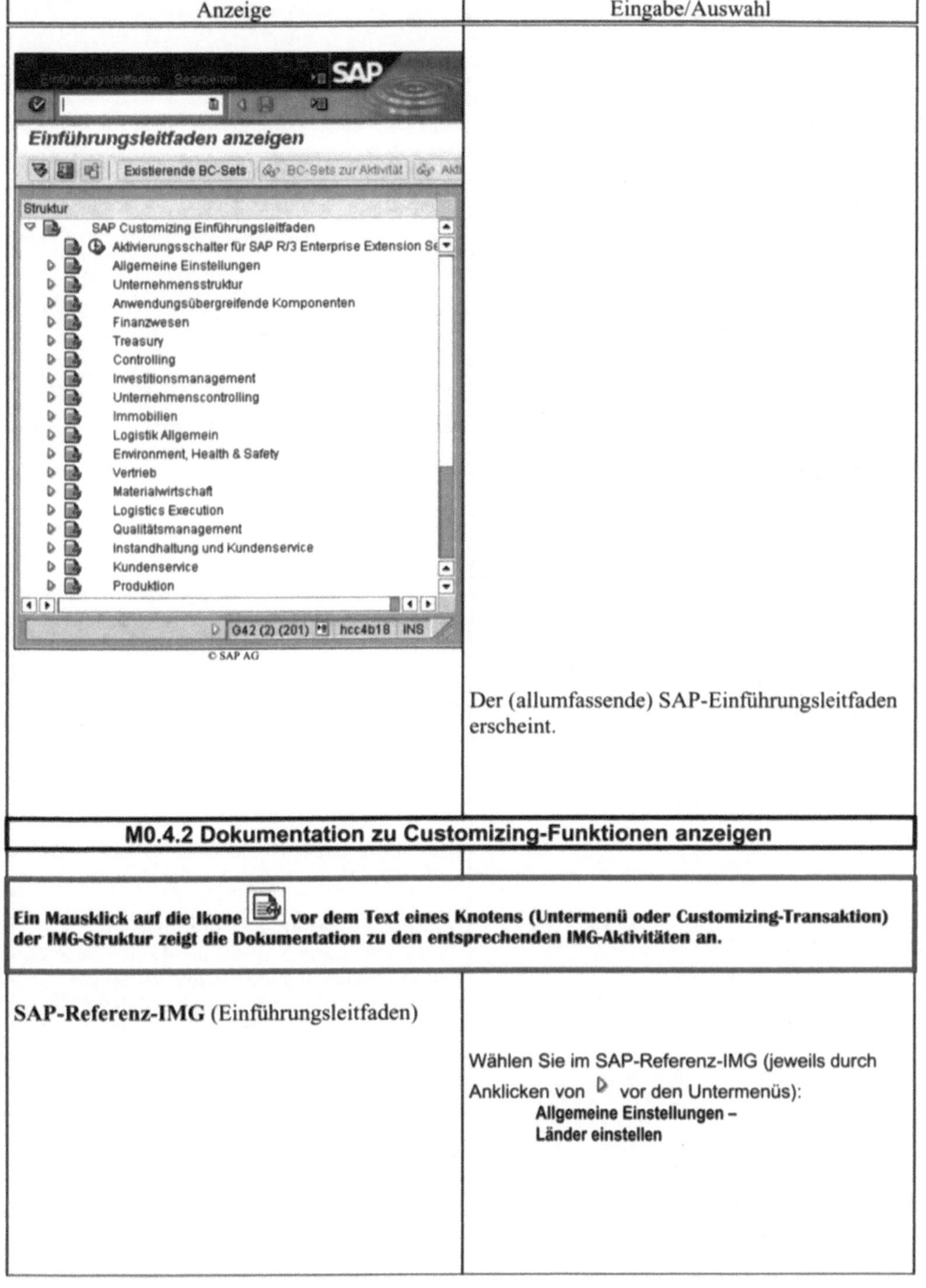

Anzeige	Eingabe/Auswahl
© SAP AG	Der (allumfassende) SAP-Einführungsleitfaden erscheint.

M0.4.2 Dokumentation zu Customizing-Funktionen anzeigen

Ein Mausklick auf die Ikone vor dem Text eines Knotens (Untermenü oder Customizing-Transaktion) der IMG-Struktur zeigt die Dokumentation zu den entsprechenden IMG-Aktivitäten an.

Anzeige	Eingabe/Auswahl
SAP-Referenz-IMG (Einführungsleitfaden)	Wählen Sie im SAP-Referenz-IMG (jeweils durch Anklicken von ▷ vor den Untermenüs): **Allgemeine Einstellungen –** **Länder einstellen**

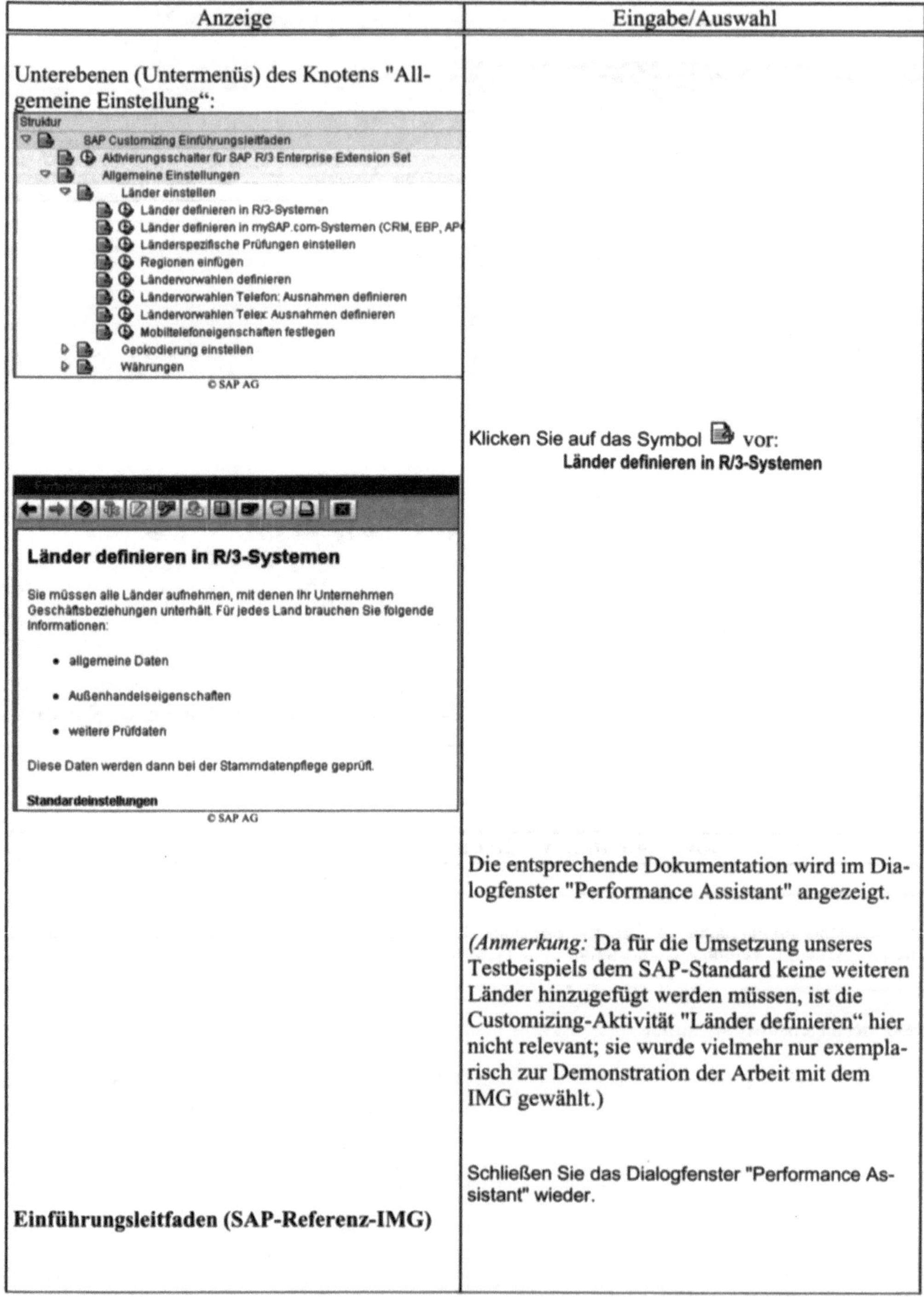

Anzeige	Eingabe/Auswahl
Unterebenen (Untermenüs) des Knotens "Allgemeine Einstellung": Struktur SAP Customizing Einführungsleitfaden Aktivierungsschalter für SAP R/3 Enterprise Extension Set Allgemeine Einstellungen Länder einstellen Länder definieren in R/3-Systemen Länder definieren in mySAP.com-Systemen (CRM, EBP, AP Länderspezifische Prüfungen einstellen Regionen einfügen Ländervorwahlen definieren Ländervorwahlen Telefon: Ausnahmen definieren Ländervorwahlen Telex: Ausnahmen definieren Mobiltelefoneigenschaften festlegen Geokodierung einstellen Währungen © SAP AG	Klicken Sie auf das Symbol vor: **Länder definieren in R/3-Systemen**
Länder definieren in R/3-Systemen Sie müssen alle Länder aufnehmen, mit denen Ihr Unternehmen Geschäftsbeziehungen unterhält. Für jedes Land brauchen Sie folgende Informationen: • allgemeine Daten • Außenhandelseigenschaften • weitere Prüfdaten Diese Daten werden dann bei der Stammdatenpflege geprüft. **Standardeinstellungen** © SAP AG	Die entsprechende Dokumentation wird im Dialogfenster "Performance Assistant" angezeigt. *(Anmerkung:* Da für die Umsetzung unseres Testbeispiels dem SAP-Standard keine weiteren Länder hinzugefügt werden müssen, ist die Customizing-Aktivität "Länder definieren" hier nicht relevant; sie wurde vielmehr nur exemplarisch zur Demonstration der Arbeit mit dem IMG gewählt.)
Einführungsleitfaden (SAP-Referenz-IMG)	Schließen Sie das Dialogfenster "Performance Assistant" wieder.

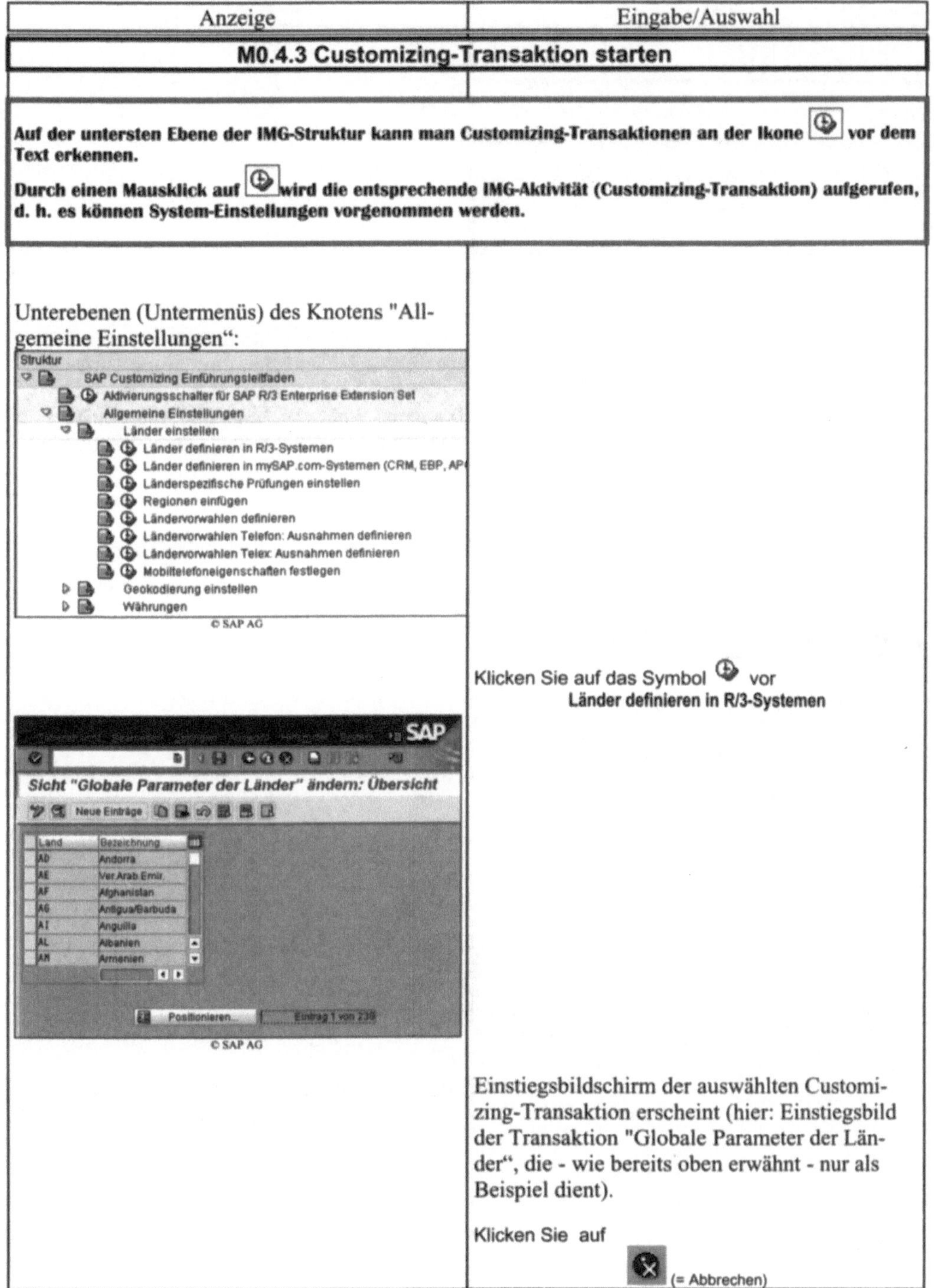

Anzeige	Eingabe/Auswahl

M0.4.3 Customizing-Transaktion starten

Auf der untersten Ebene der IMG-Struktur kann man Customizing-Transaktionen an der Ikone vor dem Text erkennen.

Durch einen Mausklick auf wird die entsprechende IMG-Aktivität (Customizing-Transaktion) aufgerufen, d. h. es können System-Einstellungen vorgenommen werden.

Anzeige	Eingabe/Auswahl
Unterebenen (Untermenüs) des Knotens "Allgemeine Einstellungen":	
Struktur SAP Customizing Einführungsleitfaden Aktivierungsschalter für SAP R/3 Enterprise Extension Set Allgemeine Einstellungen Länder einstellen Länder definieren in R/3-Systemen Länder definieren in mySAP.com-Systemen (CRM, EBP, AP Länderspezifische Prüfungen einstellen Regionen einfügen Ländervorwahlen definieren Ländervorwahlen Telefon: Ausnahmen definieren Ländervorwahlen Telex: Ausnahmen definieren Mobiltelefoneigenschaften festlegen Geokodierung einstellen Währungen © SAP AG	Klicken Sie auf das Symbol vor **Länder definieren in R/3-Systemen**
SAP Sicht "Globale Parameter der Länder" ändern: Übersicht Neue Einträge Land / Bezeichnung AD Andorra AE Ver.Arab.Emir. AF Afghanistan AG Antigua/Barbuda AI Anguilla AL Albanien AM Armenien Positionieren... Eintrag 1 von 238 © SAP AG	Einstiegsbildschirm der auswählten Customizing-Transaktion erscheint (hier: Einstiegsbild der Transaktion "Globale Parameter der Länder", die - wie bereits oben erwähnt - nur als Beispiel dient). Klicken Sie auf (= Abbrechen)

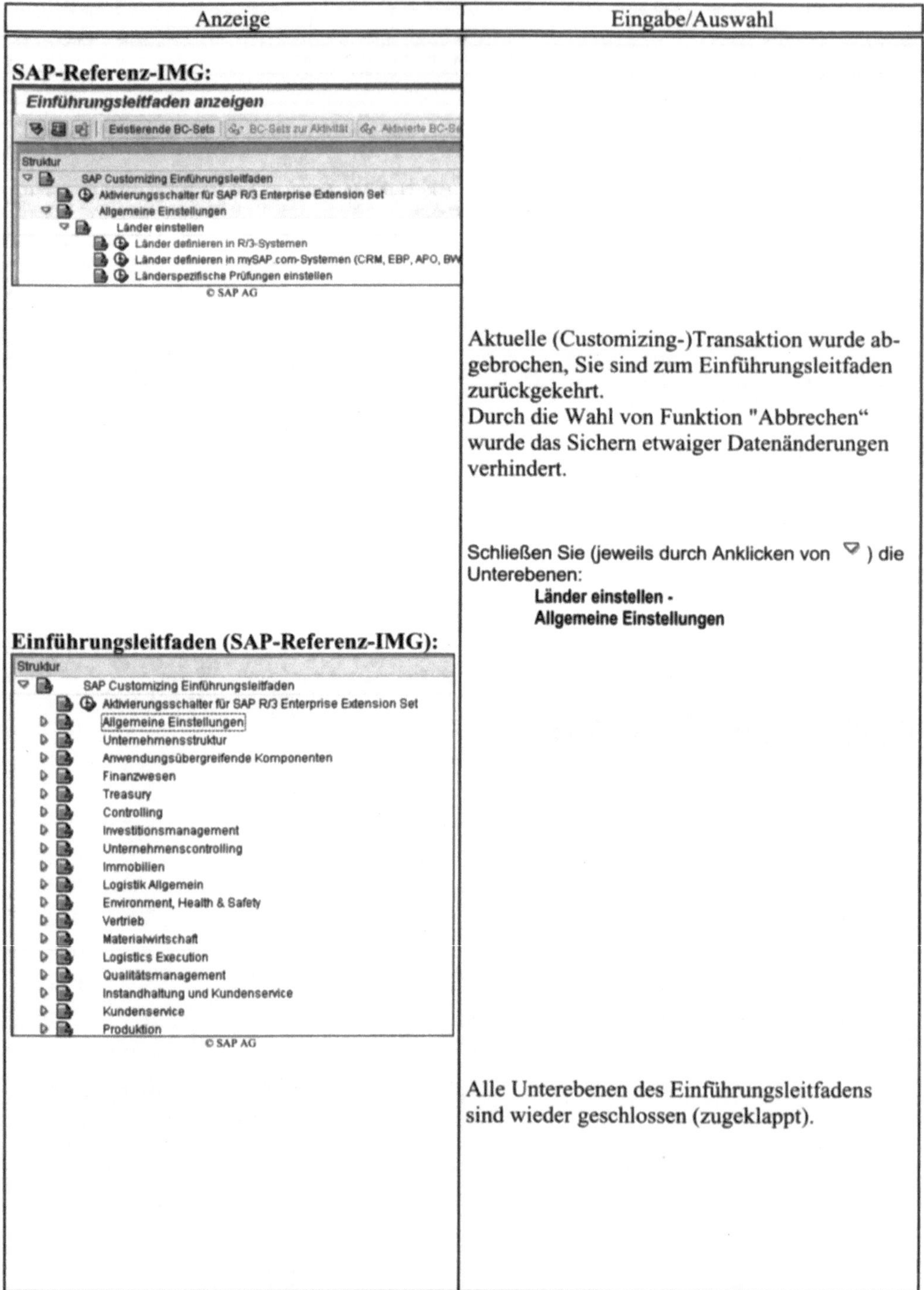

Anzeige	Eingabe/Auswahl
SAP-Referenz-IMG: © SAP AG	Aktuelle (Customizing-)Transaktion wurde abgebrochen, Sie sind zum Einführungsleitfaden zurückgekehrt. Durch die Wahl von Funktion "Abbrechen" wurde das Sichern etwaiger Datenänderungen verhindert.
	Schließen Sie (jeweils durch Anklicken von ▽) die Unterebenen: **Länder einstellen -** **Allgemeine Einstellungen**
Einführungsleitfaden (SAP-Referenz-IMG): © SAP AG	Alle Unterebenen des Einführungsleitfadens sind wieder geschlossen (zugeklappt).

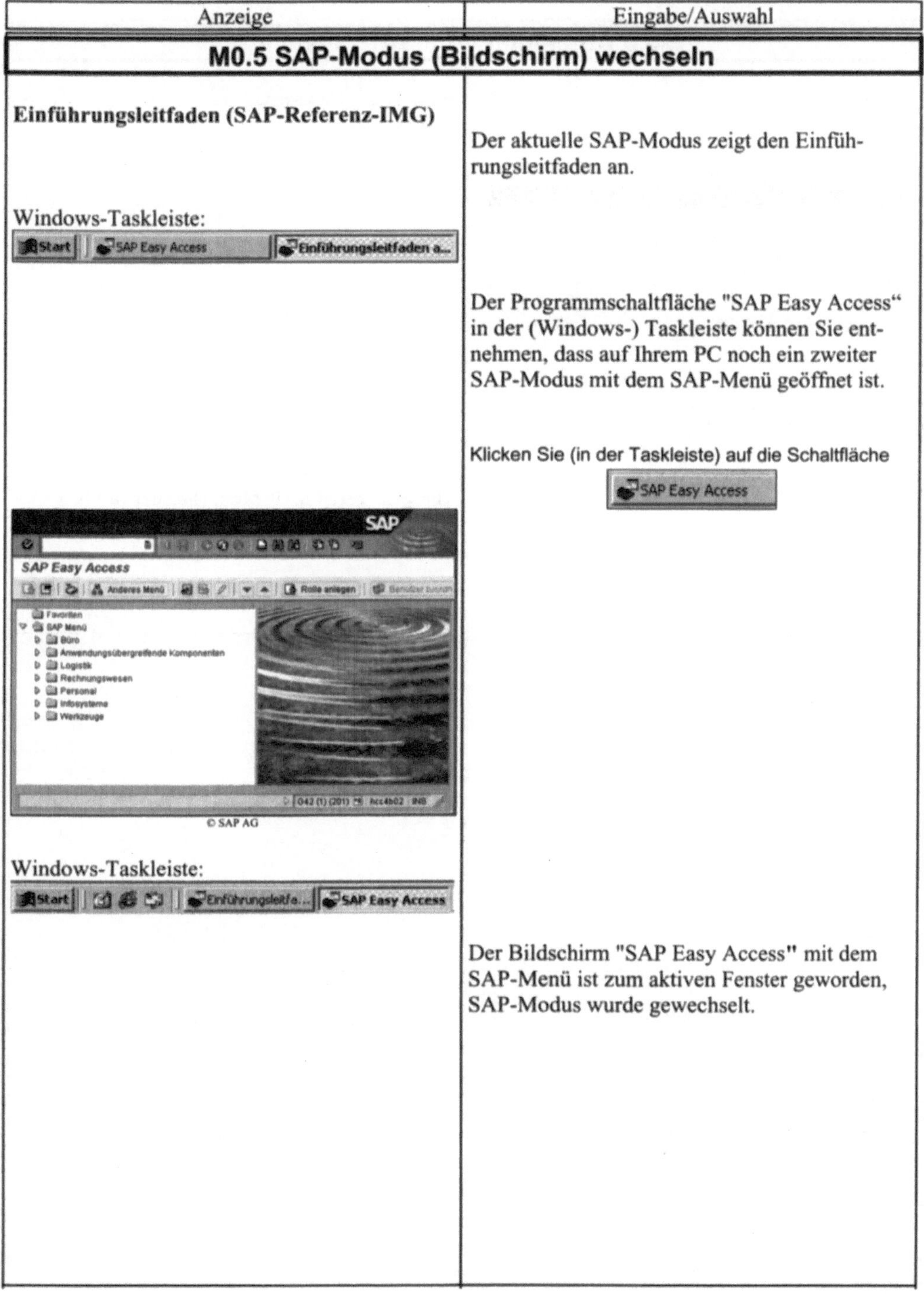

Anzeige	Eingabe/Auswahl
M0.5 SAP-Modus (Bildschirm) wechseln	
Einführungsleitfaden (SAP-Referenz-IMG)	Der aktuelle SAP-Modus zeigt den Einführungsleitfaden an.
Windows-Taskleiste:	
	Der Programmschaltfläche "SAP Easy Access" in der (Windows-) Taskleiste können Sie entnehmen, dass auf Ihrem PC noch ein zweiter SAP-Modus mit dem SAP-Menü geöffnet ist.
	Klicken Sie (in der Taskleiste) auf die Schaltfläche SAP Easy Access
© SAP AG	
Windows-Taskleiste:	
	Der Bildschirm "SAP Easy Access" mit dem SAP-Menü ist zum aktiven Fenster geworden, SAP-Modus wurde gewechselt.

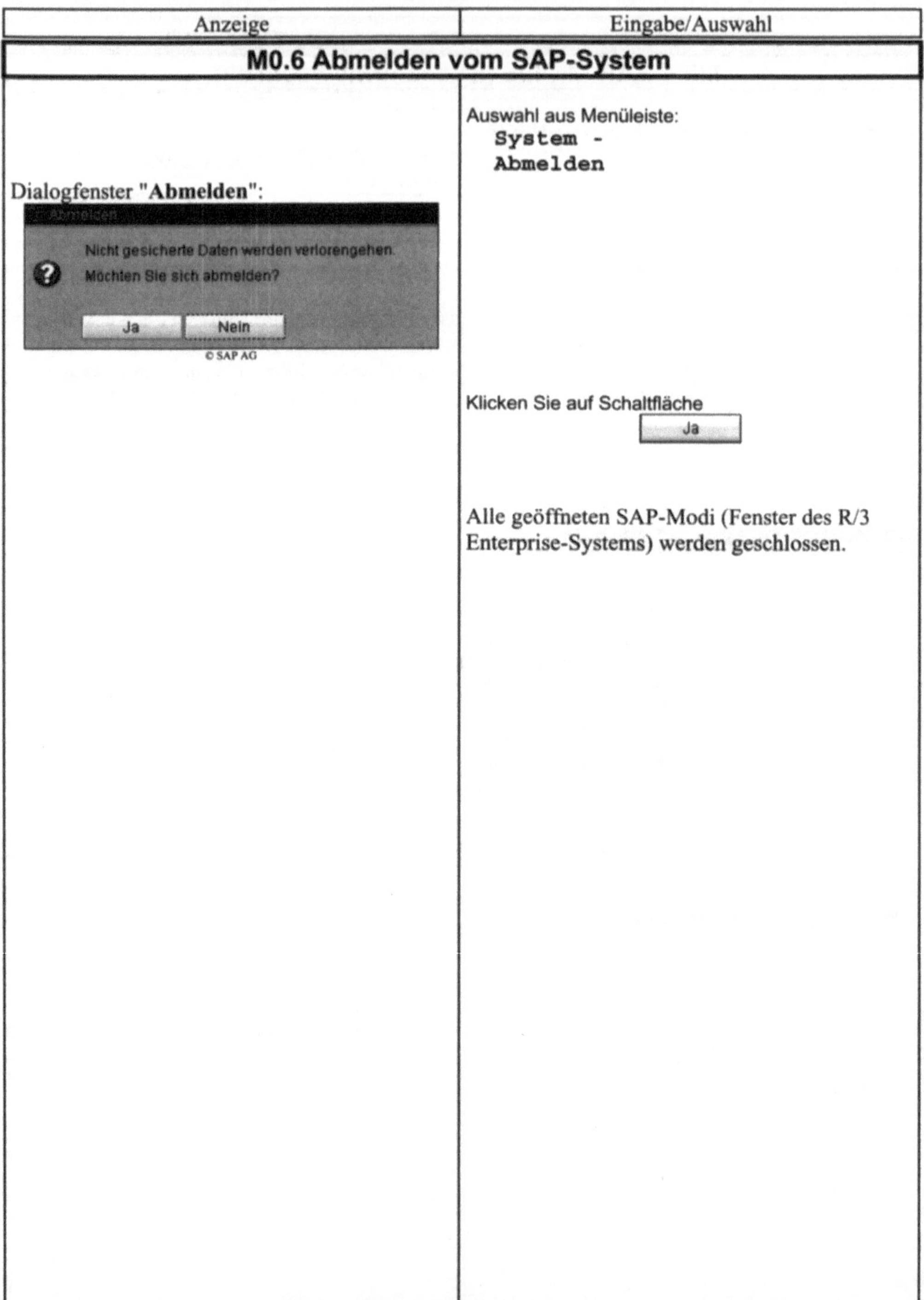

Anzeige	Eingabe/Auswahl
M0.6 Abmelden vom SAP-System	
Dialogfenster "**Abmelden**": Abmelden Nicht gesicherte Daten werden verlorengehen. Möchten Sie sich abmelden? Ja Nein © SAP AG	Auswahl aus Menüleiste: **System -** **Abmelden** Klicken Sie auf Schaltfläche Ja Alle geöffneten SAP-Modi (Fenster des R/3 Enterprise-Systems) werden geschlossen.

Modul 1: Customizing Organisationsstruktur Finanzbuchhaltung

Organisationsstrukturen im SAP-System

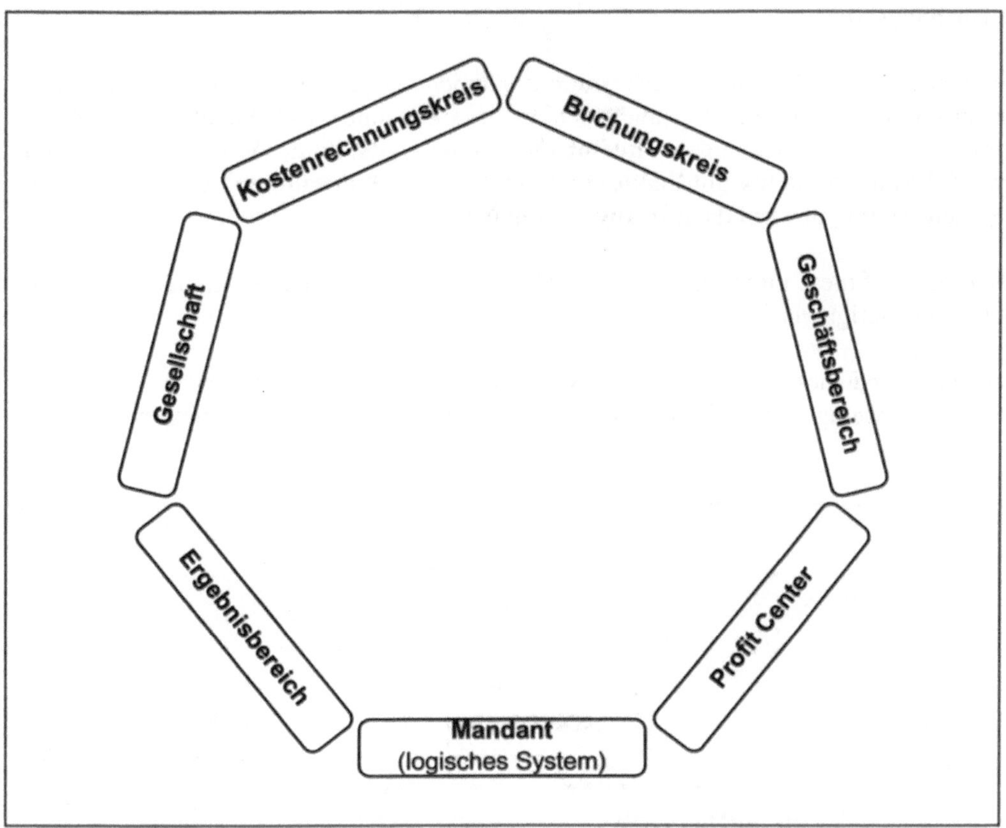

Bild 3.1/2 (Modul 1): Organisationseinheiten in Finanzbuchhaltung und Kostenrechnung

Bevor mit der Datenerfassung für Plan und Ist angefangen werden kann, ist zunächst das **System einzurichten**. Daher ist es - so sonderbar es scheinen mag - zunächst auch noch nicht erforderlich, sich im Detail mit der betriebswirtschaftlichen Aufgabenstellung (im Sinn von Kostenrechnung) zu beschäftigen.

Für den auswertungsorientierten Betriebswirt sind diese **unabdingbaren organisatorischen Voraussetzungen** zwar eine Geduldsprobe, aber sie sind unerläßlich, wenn man eine Umsetzung der betriebswirtschaftlichen Konzepte anstrebt.

Unter **Organisationsstruktur wird in der "SAP-Betriebswirtschaftslehre"** eine Strukturierung von Organisationseinheiten wie

- Mandant
- Kostenrechnungskreis
- Buchungskreis

verstanden (in der Logistik z. B. werden zusätzliche Begriffe wie Lagerort, Einkaufsorganisation gebildet, die hier aber nicht erforderlich sind). Es handelt sich um organisatorische Voraussetzungen für die Arbeit im SAP-System. Organisationsstruktur im SAP-Sinn hat nichts mit dem Organigramm als Organisationsstruktur des Unternehmens zu tun, obwohl dazu Bezüge bestehen.

Hier wird auf diese Organisationseinheiten nur insoweit eingegangen, als sie im Testbeispiel benötigt werden.

Zunächst sind diese organisatorischen Voraussetzungen zu schaffen, die - wie gesagt - noch wenig Bezug zum eigentlichen Thema Kostenstellenrechnung haben.

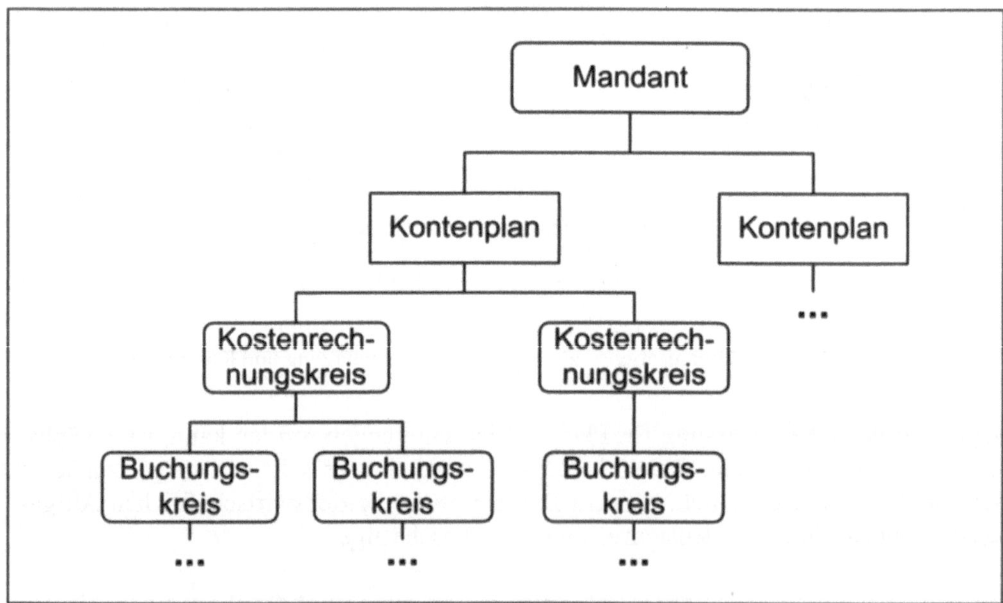

Bild 3.1/3 (Modul 1): Hierarchische Zuordnungen im SAP-System

Mandant ist der oberste Begriff in dieser Hierarchie von Abrechnungsbegriffen. Alles was auf Mandantenebene festgelegt wird, gilt damit automatisch für alle untergeordneten SAP-Abrechnungsbegriffe, insbesondere den Buchungskreis. Das ist sozusagen ein Rationalisierungsvorteil: mit der Festlegung auf Mandantenebene spart man sich, in jedem Buchungskreis immer wieder dieselben Festlegungen zu treffen.

Weil der Begriff Mandant so abstrakt ist, kann man - mit gewissen Vorbehalten - eine Entsprechung formulieren: Alles was unter dem Begriff Mandant festgelegt wird, wird mit der Abrechnung eines **Konzerns** verbunden. Die Tochtergesellschaften würden unter einem Buchungskreis abgerechnet.

Der **Buchungskreis** dient zur Abrechnung der **selbständig bilanzierenden Einheit**, d. h. einer Organisationseinheit (ob mit Rechtsform oder nicht), die einen eigenen Jahresabschluss mit Bilanz und GuV aufstellt.

Mandant und Buchungskreis stehen im Verhältnis **1:n** (einem Mandanten können mehrere Buchungskreise zugeordnet werden).

Wenn man den Konzern als Beispiel nehmen darf: ein Konzern kann mehrere Töchter haben. Deshalb steht der Mandant in dieser Hierarchie über dem Buchungskreis.

Was wird auf Mandantenebene festgelegt, was auf Buchungskreisebene?
Auf Mandantenebene wird z. B. ein Teil der Kreditorendaten wie Kreditorennummer, -adresse festgelegt (das wird später noch ausgeführt, siehe Modul 3); diese Kreditorendaten gelten somit für alle Buchungskreise des Mandanten.

Auf Mandantenebene wird des weiteren ein Verzeichnis aller Kontenpläne geführt, die in dem Mandanten zur Verfügung stehen; in diesem Verzeichnis steht die Kontenplannummer, die Bezeichnung des Kontenplans und die Länge der Sachkontennummer (die einzelnen Sachkonten hingegen sind auf Kontenplanbereich und Buchungskreisbereich verteilt).

Auf Buchungskreisebene werden hingegen beispielsweise die Sachkonten der Hauptbuchhaltung angegeben, jedenfalls deren buchungskreisspezifischer Bereich, wie z. B. das Feld Abstimmkonto. Auch das wird später ausgeführt, siehe Modul 3.

Wenn man schon das Konzernbeispiel herangezogen hat:
Hat die Mandantenbildung etwas **mit der Konzernkonsolidierung zu tun?**
Oft wird die Vermutung geäußert, dass durch die Zuordnung von Buchungskreisen/Tochtergesellschaften zu einem Mandanten/Konzern die Konsolidierung der Tochtergesellschaften zur Konzernbilanz ermöglicht würde (Konsolidierung meint

hier die Herausrechnung von Innenlieferungen und die Kürzung des Eigenkapitals der Tochter gegen den Beteiligungsansatz bei der Mutter). Das ist aber ein eher peripherer Gesichtspunkt, da die Konsolidierung nur ausnahmsweise auf Transaktionsniveau (einzelner Geschäftsvorfall) läuft, sondern in einem verdichteten Niveau in Berichtszeilen als Zusammenfassungen von Konten (die wieder Zusammenfassungen von Geschäftsvorfällen enthalten). Auch ist es naiv, sich vorzustellen, dass etwa weltweit alle Tochtergesellschaften eines Konzerns im SAP-System und dort in einem Mandanten laufen.

Vergessen wir daher lieber das Konzernbeispiel wieder (es hat als Eselsbrücke ausgedient) und halten abstrakt fest:

Der **Mandant** ist ein System, in dem alle betriebswirtschaftlichen Anwendungen integriert mit derselben Datenbasis arbeiten. Daraus folgert, dass man in einem Mandaten auch buchungskreisübergreifende Festlegungen treffen kann.

Mandant im SAP-Sinn ist also nicht allgemein-betriebswirtschaftlich (als Kunde oder Klient) zu verstehen. In der Regel werden in einer Firma mindestens ein Testmandant für Eigenentwicklung, ein Schulungsmandant und ein Produktivmandant geführt.

Warum sind **Kostenrechnungskreise über den Buchungskreisen** angesiedelt?
Unter einem Kostenrechnungskreis wird eine einheitliche Kostenrechnung betrieben. Dass eine Kostenrechnung mehrere Buchungskreise umfaßt, kann dann gewünscht sein, wenn man Umlagen von einer selbständig bilanzierenden Einheit / Buchungskreis zur anderen im Rahmen der Kostenrechnung durchführen können möchte. (Man könnte natürlich auch einen Belastungsbeleg von der einen an die andere Einheit erzeugen. Um diesen Umstand zu sparen, kann es sinnvoll sein, mehrere Buchungskreise in einer Kostenrechnung zu verarbeiten.)

Warum steht der **Kontenplan oberhalb der Kostenrechnungskreise** und damit oberhalb der Buchungskreise?
Es kann gewünscht sein, mehrere selbständig bilanzierende Einheiten / Buchungskreise nach dem gleichen Kontenplan abrechnen zu lassen. Dies leuchtet immer allen Diskutanten schnell ein, z. B. wegen der Vergleichbarkeit zwischen den Konzerngesellschaften. Eine weniger naive Vorstellung muss sich aber der Konsequenzen bewußt sein, die aus einem **einheitlichen Kontenplan** resultieren: es muss einen zentralen Kontenplanpfleger geben, der dazu noch in vielen Geschäftsfeldern der Konzerngesellschaften sachkundig ist. Bei heterogenen Geschäftsfeldern (Gießereien und Großhandel z. B. in einem Konzern) entsteht im Kontenplan ein Ballast, der von allen mitgeschleppt werden muss (im Großhandel gibt es keinen Ausschuss) und zu vergleichen gibt es auch nichts. Man diskutiere diese kurzschlüssigen Zentralisierungslö-

sungen ausführlich, bevor man sie einführt. Das SAP-System sagt nur, dass die Möglichkeit besteht, mehrere selbständig bilanzierende Einheiten nach dem gleichen Kontenplan abzurechnen. Ob das sinnvoll ist, muss geprüft werden.

Dass der **Kontenplan über dem Kostenrechnungskreis** steht, kann mit der **Notwendigkeit einer einheitlichen Kostenrechnung in getrennten Kostenrechnungskreisen** begründet werden.

Angenommen es sei die Notwendigkeit von Kostenvergleichen zwischen selbständig bilanzierenden Einheiten tatsächlich gegeben (weil vergleichbare Dinge verglichen werden sollen: Autoproduktion in Land X und in Land Y) und man habe für jede selbständig bilanzierende Einheit auch einen getrennten Kostenrechnungskreis gebildet. In diesem Fall kann die Verwendung eines einheitlichen Kontenplans für mehrere Kostenrechnungskreise sinnvoll sein und man nimmt den notwendigen Aufwand für die Vereinheitlichung (zentrale Koordinierung) bewusst in Kauf.

Da andererseits Finanzbuchhaltungs- und Kostenrechnungskonten im Kontenplan, zusammengefasst sind, steht der Kontenplan als Ganzes (mit beiden Bestandteilen: Fibu-konten und Kore-konten) über dem Kostenrechnungskreis, auch wenn vielleicht aus Sicht ausschließlich der Fibu-konten es ausreichen würde, wenn der Kontenplan zwar über dem Buchungskreis, nicht aber über dem Kostenrechnungskreis stehen würde. Der hierarchisch höherstehende Kontenteil (nämlich die Kore-konten über dem Kostenrechnungskreis) bestimmt die Hierarchiestufe des Gesamtgebildes Kontenplan (über dem Kostenrechnungskreis mit Fibu- *und* Kore-konten).

Organisationsstrukturen im Testbeispiel

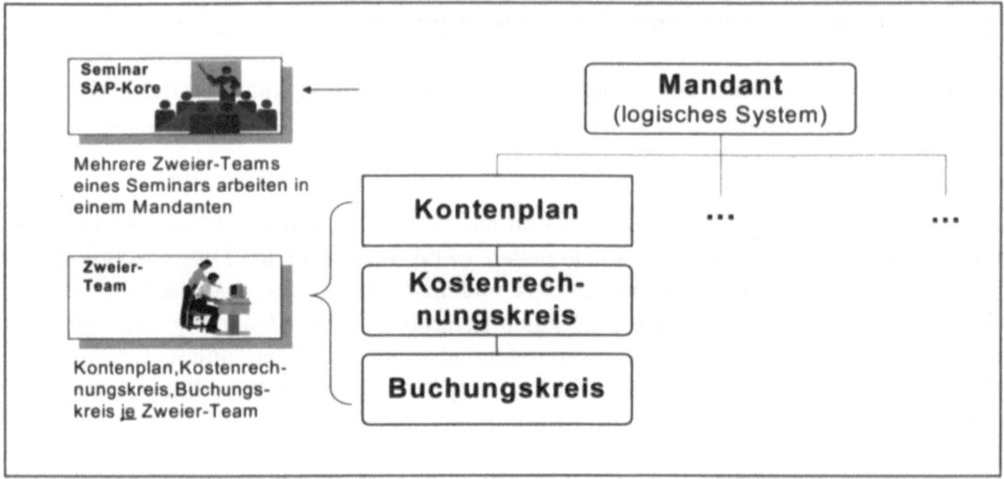

Bild 3.1/4 (Modul 1): Organisationsstrukturen im Testbeispiel

Das Testbeispiel ist so organisiert, dass 2-er-Teams das Gesamtsystem von Null an entwickeln und ihr eigenes Arbeitsergebnis erzielen können, unabhängig von den anderen Gruppen. Dadurch lernen die Teilnehmer den gesamten Umfang kennen und nicht nur Teilbereiche und sie können ihr Bearbeitungstempo unabhängig von den anderen Gruppen bestimmen.

Diese Konzeption bedingt, dass die Gruppen in "ihrem eigenen" Buchungskreis arbeiten. Idealerweise würde man auch jeder Gruppe einen Mandanten zur Verfügung stellen (keine Kollisionen beim Customizing). Dies lässt sich aber aus technischen Gründen (Speicherplatzprobleme) meistens nicht realisieren und ist auch nicht unbedingt notwendig, da sich die Kollisionen bei den Customizingarbeiten für das Testbeispiel in engen Grenzen halten.

Im konkreten Fall wird im Mandanten xyz gearbeitet (xyz steht für die Nummer des Mandanten, den der Systemadministrator für das Seminar zur Verfügung stellt).

Einführungsleitfaden (Implementation Guide, IMG)

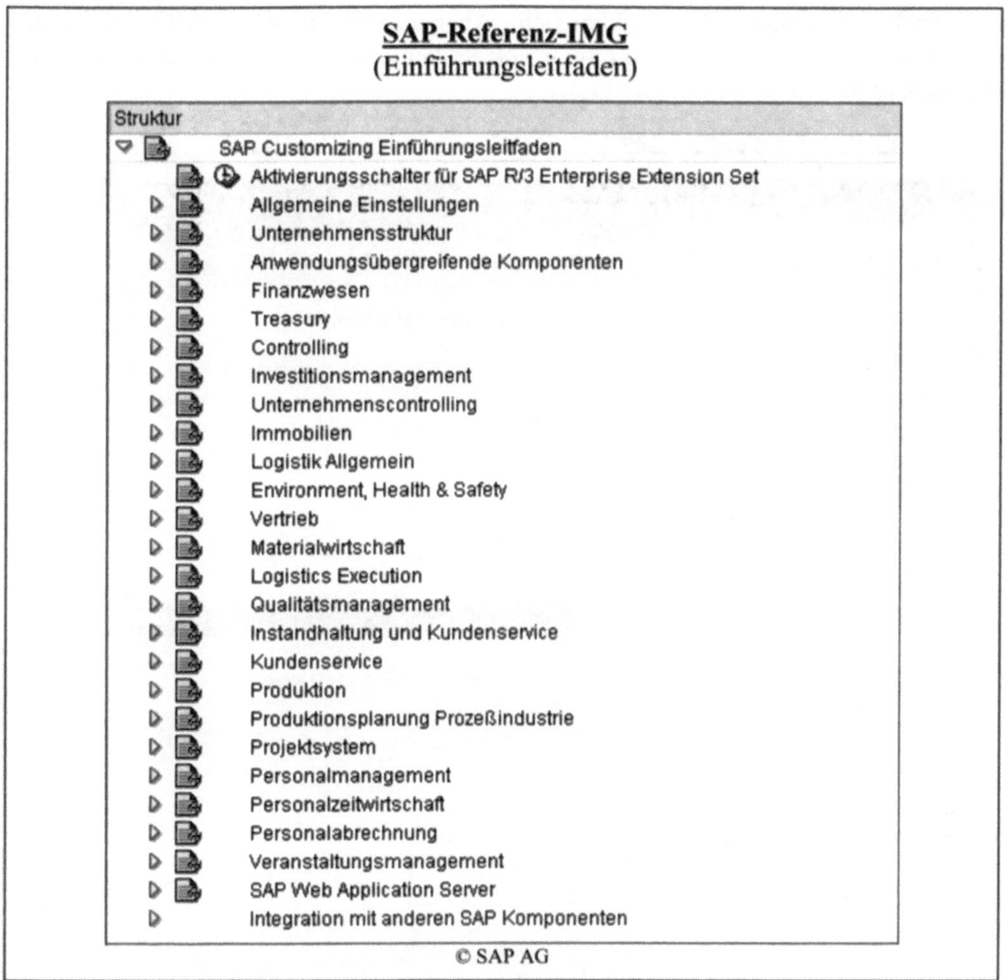

Bild 3.1/5 (Modul 1): Einführungsleitfaden: Struktur

Für das Customizing (kundenspezifische Anpassung) bei Systemeinrichtung und späteren Änderungen steht der Einführungsleitfaden (IMG) zur Verfügung. Er führt online durch **alle Funktionen für die Einrichtung des SAP-Systems** und für die laufende Einstellung nach dem Produktivstart.
Er ist nach Anwendungsbereichen (Finanzwesen, Controlling,...) gegliedert und innerhalb der Anwendungsbereiche sind die Arbeitsschritte nach der **Reihenfolge der Bearbeitung** angeordnet.

Der Euphorie, dass damit endlich eine Art komplette Checkliste für die Einführung zur Verfügung steht, folgt die Ernüchterung auf dem Fuße, wenn man die Länge dieser Checkliste mit allen Unterpunkten sieht. Aber im Prinzip ist der IMG schon eine gute Sache. Die „Reihenfolge" ist eine *grobe* Reihenfolge, die nicht ausschließt, dass man auch einmal zurückspringen muss.

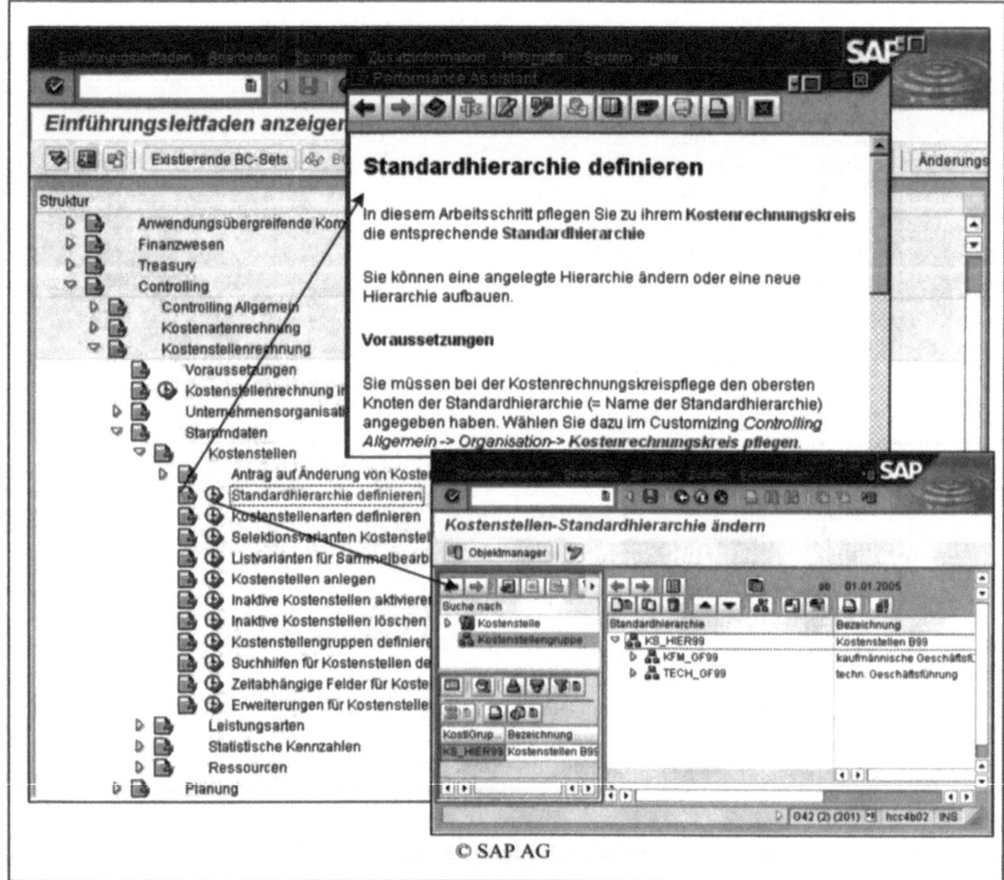

Bild 3.1/6 (Modul 1): Einführungsleitfaden: Funktionen

Aus dem Einführungsleitfaden (IMG) kann sowohl in die Dokumentation als auch ins Customizing (die Customizing-Transaktion) gesprungen werden.

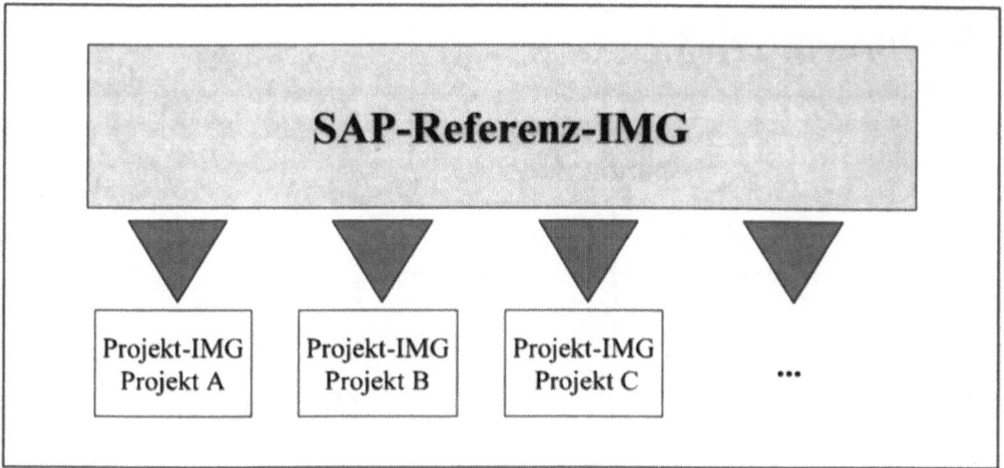

Bild 3.1/7 (Modul 1): Sichten auf den Einführungsleitfaden

Aus den Funktionen des allumfassenden SAP-Referenz-IMG kann man projektspezifische Auswahlen (Sichten) treffen und als so genannte Projekt-IMGs, die echte Teilmengen des sehr komplexen SAP-Referenz-IMGs darstellen, zusammenfassen und generieren.

Für das Testbeispiel wird im allumfassenden SAP-Referenz-IMG gearbeitet und keine spezifische Auswahl getroffen.

Was ist zu tun?

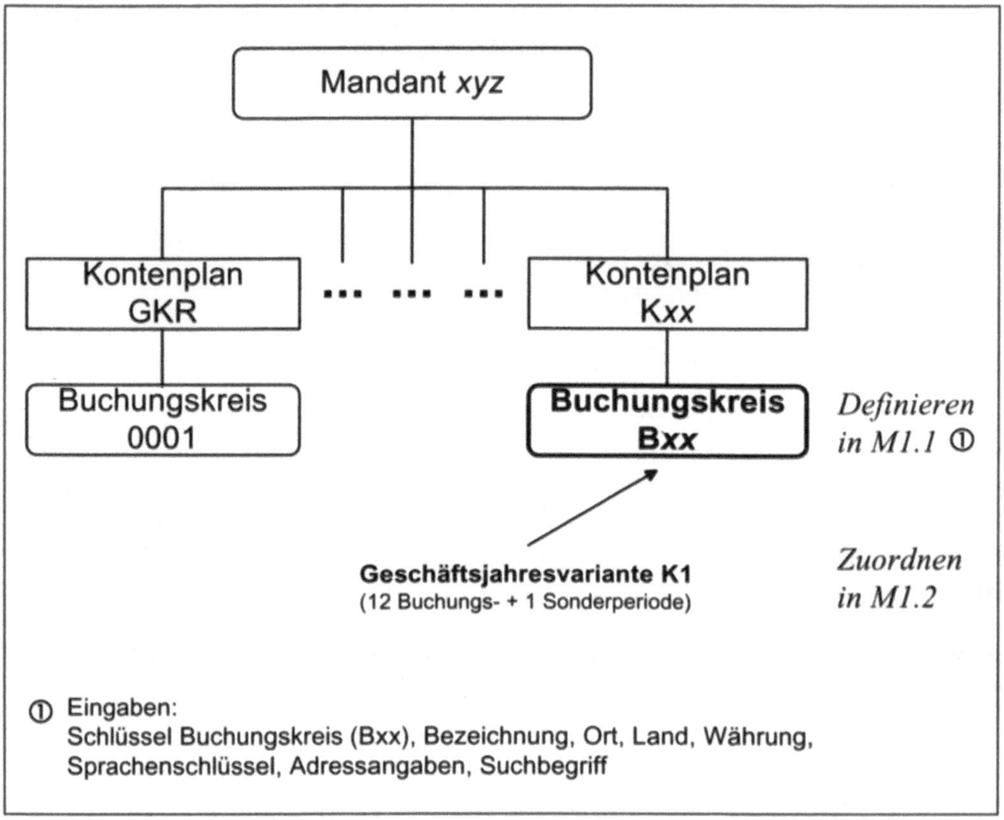

Mandant *xyz*

Kontenplan GKR ... ... Kontenplan K*xx*

Buchungskreis 0001

Buchungskreis Bxx *Definieren in M1.1* ①

Geschäftsjahresvariante K1
(12 Buchungs- + 1 Sonderperiode) *Zuordnen in M1.2*

① Eingaben:
Schlüssel Buchungskreis (Bxx), Bezeichnung, Ort, Land, Währung, Sprachenschlüssel, Adressangaben, Suchbegriff

Bild 3.1/8 (Modul 1): Überblick Modul 1

Buchungskreis anlegen
Dem Mandanten wird pro 2-er-Team ein eigener Buchungskreis zugeordnet. Dazu wird zunächst nur eine Nummer (ein Schlüssel) für den Buchungskreis vergeben, unter der später die jeweilige Gruppe ihre sämtlichen Eingaben (Buchungen) tätigen wird (zur Unterscheidung der Gruppen wurde hier eine zweistellige Nummer vergeben).

Da dies ein Customizing-Punkt ist, d. h. das System eingerichtet wird (im Gegensatz dazu: das eingerichtete System wird angewendet) erfolgt der Einstieg über den **Einführungsleitfaden (Implementation Guide, IMG)**.

Zum Buchungskreis werden Angaben über die Bezeichnung, den Firmenort, das Land, die Währung, die Sprache, Adressangaben und Suchbegriff gemacht.

Geschäftsjahresvariante ansehen und dem Buchungskreis zuordnen
Das Geschäftsjahr ist in Buchungsperioden (Monate) aufgeteilt und es kann ein vom Kalenderjahr abweichendes Geschäftsjahr gewählt werden. Diese Festlegungen sind zu treffen und dem Buchungskreis zuzuordnen.

Schon an diesem kleinen Beispiel merkt man, wie die SAP-Software aufgebaut ist: es wird eine Definition über die Geschäftsjahresvariante getroffen, aber noch losgelöst von einem Buchungskreis. Das bedeutet, dass diese Definition des Geschäftsjahres in mehreren Buchungskreisen verwendet werden könnte (man braucht das Geschäftsjahr nicht mehrmals, sondern nur einmal anlegen). Dann ist aber in einem weiteren Schritt durch Zuordnung zu einem oder mehreren Buchungskreisen zu erklären, dass die Geschäftsjahresvariante für einen bestimmten Buchungskreis gelten soll. Diese zunächst umständlich anmutende Vorgehensweise (losgelöst definieren und dann zuordnen) ist sinnvoll, um einen Baustein (wie die Geschäftsjahresvariante) öfter verwenden zu können und damit Mehrfacharbeiten und Fehler bei wiederholter Eingabe zu sparen.

Im Beispiel werden 12 Buchungsperioden mit einer Sonderperiode festgelegt. In der Sonderperiode werden nach Buchhalterart Abschlussbuchungen vorgenommen. Das können Buchungen sein, die das Gesamtjahr betreffen (z. B. Wertberichtigungen, die man nicht monatlich vornimmt, sondern nur einmal jährlich) und die daher nicht in den 12. Monat, sondern besser in die 13. bzw. Sonderperiode gehören.

Dafür wird im Testbeispiel eine von SAP auf Mandantenebene bereits vordefinierte (Standard-)Geschäftsjahresvariante benutzt.

Anzeige	Eingabe/Auswahl
Modul 1: Customizing Organisationsstruktur Finanzbuchhaltung	
	Das für das Testbeispiel notwendige Customizing erfolgt im SAP-Referenz-IMG, d. h. im Einführungsleitfaden, der die volle Funktionalität aller möglichen Customizing-Einstellungen für alle Anwendungskomponenten enthält. Hier sollen zunächst die für das Anlegen von Sachkonten- und Kreditorenstammsätzen notwendigen Einstellungen im Modul FI vorgenommen werden. Später wird dann noch das erforderliche Customizing im SAP-Modul CO (Module 4 und 6) und das Customizing für das Buchen im FI (Modul 8) erfolgen.
M1.1 Buchungskreis anlegen	
Der *Buchungskreis* stellt eine selbständige bilanzierende Einheit dar. Im Buchungskreis werden die Geschäftsvorfälle des externen betrieblichen Rechnungswesens abgebildet. Bevor das System FI (Finanzbuchhaltung) eingesetzt werden kann, muss als Mindeststruktur ein Buchungskreis vorhanden sein.	
SAP Easy Access mit **SAP Menü:** 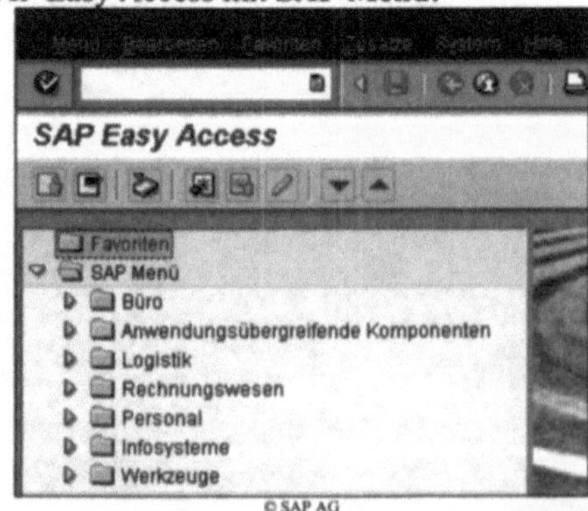 © SAP AG	Im aktuellen Mandanten sind bereits einige Buchungskreise vorhanden. Für das Testbeispiel sollen Sie jedoch (pro Gruppe bzw. PC) Ihren eigenen Buchungskreis anlegen. Starten Sie das SAP-System und melden Sie sich als Benutzer an.

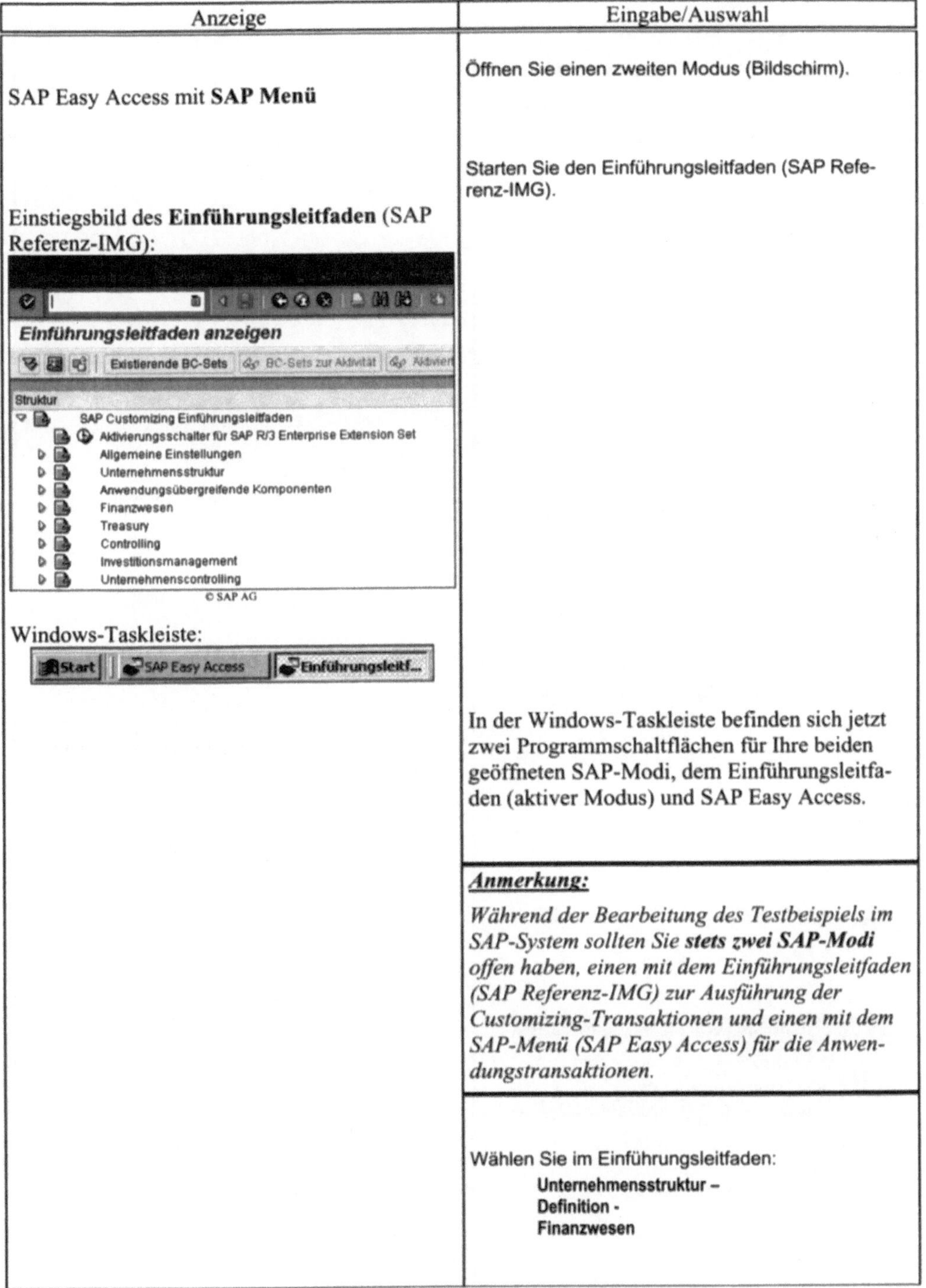

Anzeige	Eingabe/Auswahl
SAP Easy Access mit **SAP Menü**	Öffnen Sie einen zweiten Modus (Bildschirm).
Einstiegsbild des **Einführungsleitfaden** (SAP Referenz-IMG):	Starten Sie den Einführungsleitfaden (SAP Referenz-IMG).
Einführungsleitfaden anzeigen Existierende BC-Sets BC-Sets zur Aktivität Struktur SAP Customizing Einführungsleitfaden Aktivierungsschalter für SAP R/3 Enterprise Extension Set Allgemeine Einstellungen Unternehmensstruktur Anwendungsübergreifende Komponenten Finanzwesen Treasury Controlling Investitionsmanagement Unternehmenscontrolling © SAP AG	
Windows-Taskleiste: Start SAP Easy Access Einführungsleitf...	In der Windows-Taskleiste befinden sich jetzt zwei Programmschaltflächen für Ihre beiden geöffneten SAP-Modi, dem Einführungsleitfaden (aktiver Modus) und SAP Easy Access.
	Anmerkung: *Während der Bearbeitung des Testbeispiels im SAP-System sollten Sie **stets zwei SAP-Modi** offen haben, einen mit dem Einführungsleitfaden (SAP Referenz-IMG) zur Ausführung der Customizing-Transaktionen und einen mit dem SAP-Menü (SAP Easy Access) für die Anwendungstransaktionen.*
	Wählen Sie im Einführungsleitfaden: **Unternehmensstruktur –** **Definition -** **Finanzwesen**

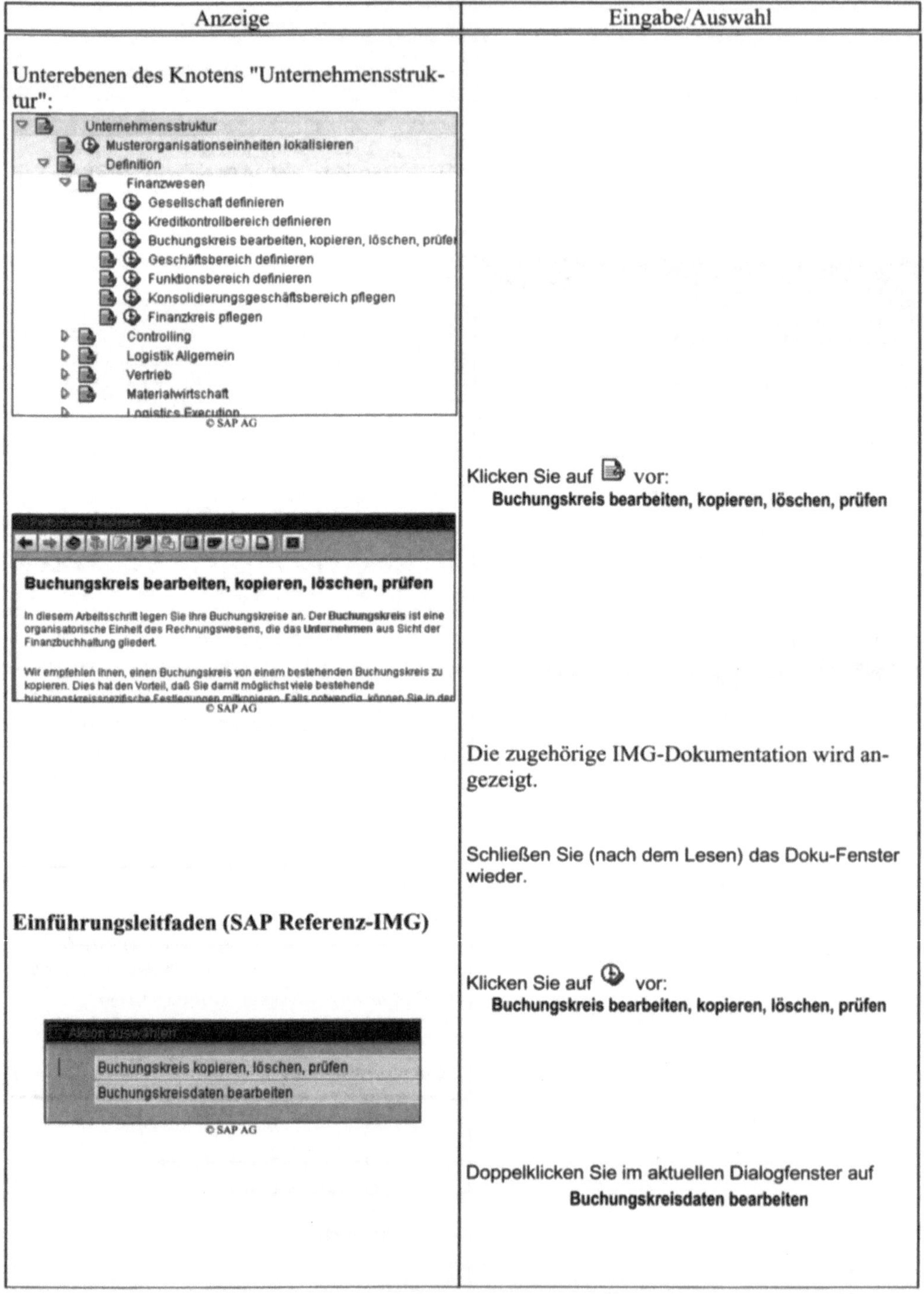

Anzeige	Eingabe/Auswahl
Unterebenen des Knotens "Unternehmensstruktur":	
Unternehmensstruktur Musterorganisationseinheiten lokalisieren Definition Finanzwesen Gesellschaft definieren Kreditkontrollbereich definieren Buchungskreis bearbeiten, kopieren, löschen, prüfe Geschäftsbereich definieren Funktionsbereich definieren Konsolidierungsgeschäftsbereich pflegen Finanzkreis pflegen Controlling Logistik Allgemein Vertrieb Materialwirtschaft © SAP AG	Klicken Sie auf vor: **Buchungskreis bearbeiten, kopieren, löschen, prüfen**
Buchungskreis bearbeiten, kopieren, löschen, prüfen In diesem Arbeitsschritt legen Sie Ihre Buchungskreise an. Der **Buchungskreis** ist eine organisatorische Einheit des Rechnungswesens, die das **Unternehmen** aus Sicht der Finanzbuchhaltung gliedert. Wir empfehlen Ihnen, einen Buchungskreis von einem bestehenden Buchungskreis zu kopieren. Dies hat den Vorteil, daß Sie damit möglichst viele bestehende © SAP AG	Die zugehörige IMG-Dokumentation wird angezeigt. Schließen Sie (nach dem Lesen) das Doku-Fenster wieder.
Einführungsleitfaden (SAP Referenz-IMG)	Klicken Sie auf vor: **Buchungskreis bearbeiten, kopieren, löschen, prüfen**
Aktion auswählen Buchungskreis kopieren, löschen, prüfen Buchungskreisdaten bearbeiten © SAP AG	Doppelklicken Sie im aktuellen Dialogfenster auf **Buchungskreisdaten bearbeiten**

Anzeige	Eingabe/Auswahl
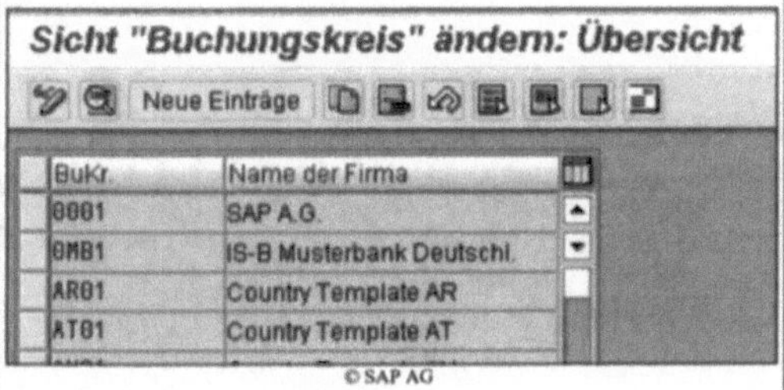 **Sicht "Buchungskreis" ändern: Übersicht** Neue Einträge BuKr. / Name der Firma 0001 SAP A.G. 0MB1 IS-B Musterbank Deutschl. AR01 Country Template AR AT01 Country Template AT © SAP AG	Klicken Sie auf Neue Einträge
Bildschirm "Neue Einträge: Detail Hinzugefügte": 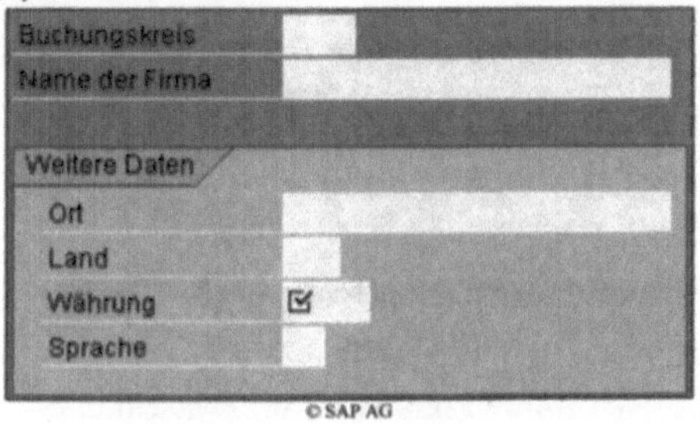 Buchungskreis Name der Firma Weitere Daten Ort Land Währung Sprache © SAP AG	Der Bildschirm enthält ein **Muss-Feld** (das Feld "Währung"), d.h. ein Feld mit Eingabepflicht.

***Muss-Felder* werden im SAP-System in der Regel durch ☑ gekennzeichnet. Eingabefelder ohne Eingabepflicht werden als *Kann-Felder* bezeichnet.**

	Eingabe: Buchungskreis: ***B**xx*, *xx = Ihre Teilnehmernummer* (= Ihr Buchungskreis für das Testbeispiel) *Name d. Firma*: ***SAP-KST** xx*, *xx = Ihre Teilnehmernummer* *Ort:* ***Dortmund*** Werteauswahl *(Land)*: Stellen Sie den Cursor auf das Eingabefeld *Land* und klicken Sie auf (= Wertehilfe)

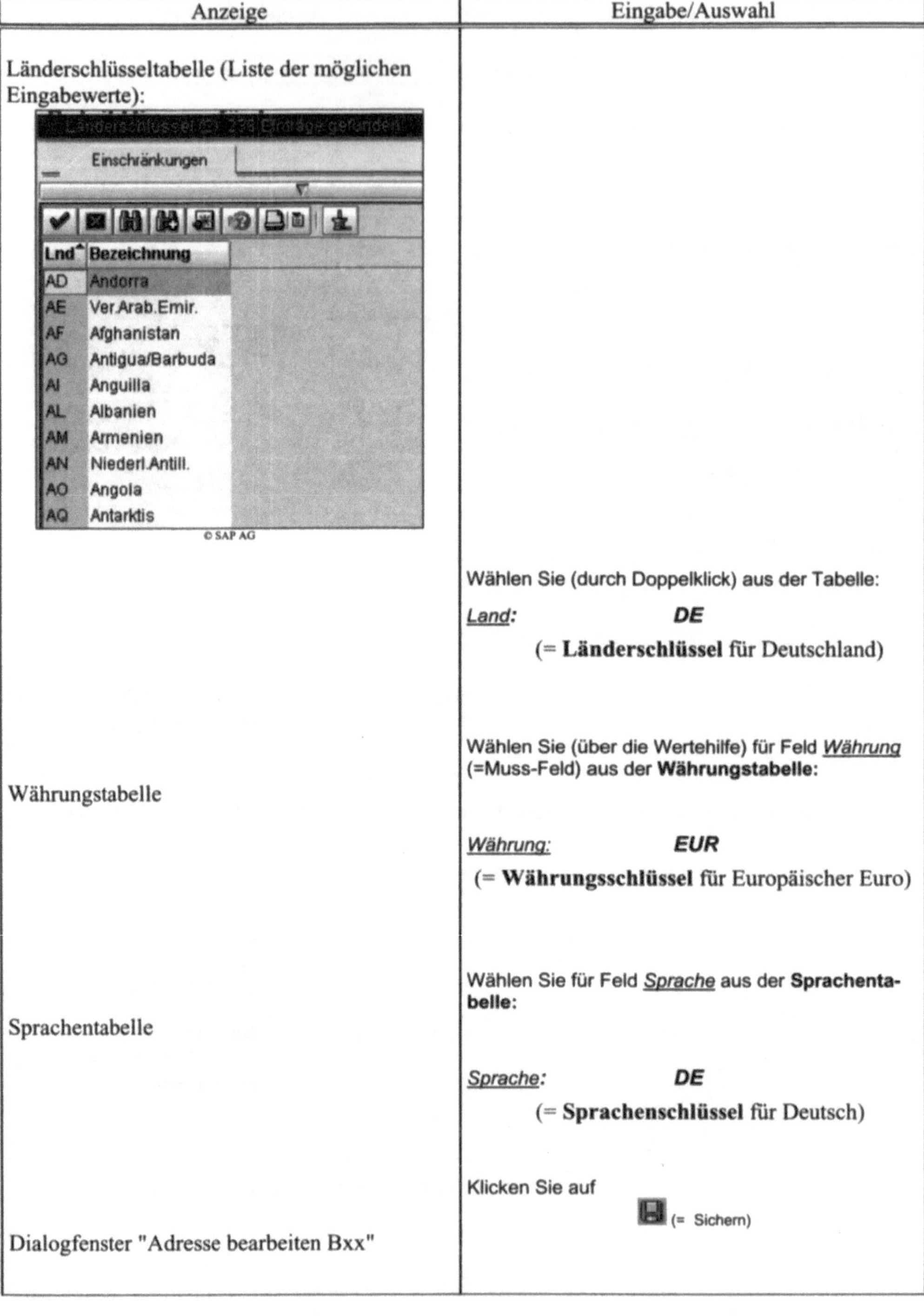

Anzeige	Eingabe/Auswahl
Länderschlüsseltabelle (Liste der möglichen Eingabewerte): Länderschlüssel (2) 238 Einträge gefunden Einschränkungen Lnd Bezeichnung AD Andorra AE Ver.Arab.Emir. AF Afghanistan AG Antigua/Barbuda AI Anguilla AL Albanien AM Armenien AN Niederl.Antill. AO Angola AQ Antarktis © SAP AG	Wählen Sie (durch Doppelklick) aus der Tabelle: *Land*: **DE** (= **Länderschlüssel** für Deutschland)
Währungstabelle	Wählen Sie (über die Wertehilfe) für Feld *Währung* (=Muss-Feld) aus der **Währungstabelle**: *Währung*: **EUR** (= **Währungsschlüssel** für Europäischer Euro)
Sprachentabelle	Wählen Sie für Feld *Sprache* aus der **Sprachentabelle**: *Sprache*: **DE** (= **Sprachenschlüssel** für Deutsch)
Dialogfenster "Adresse bearbeiten Bxx"	Klicken Sie auf (= Sichern)

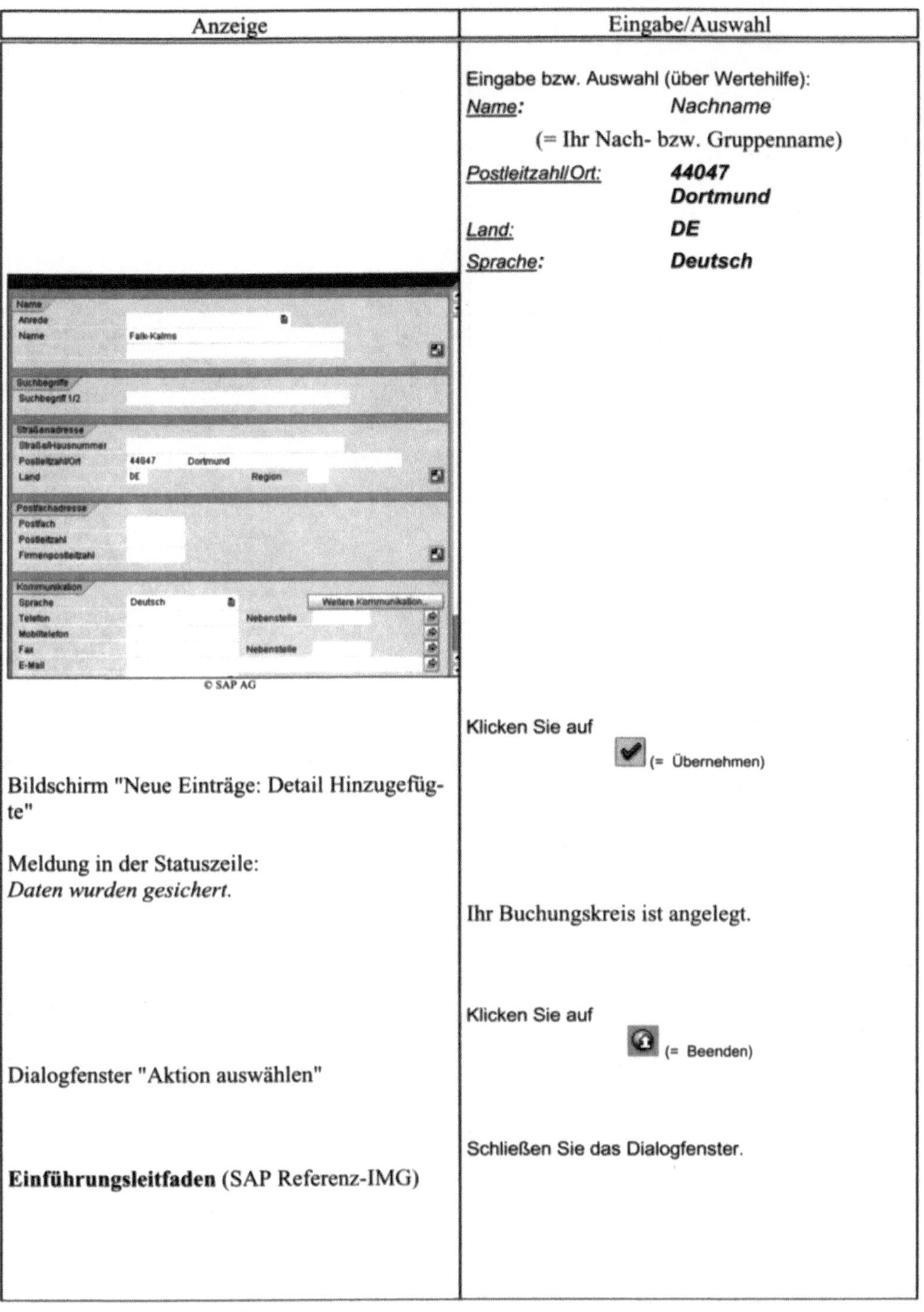

Anzeige	Eingabe/Auswahl
© SAP AG	Eingabe bzw. Auswahl (über Wertehilfe): *Name:* *Nachname* (= Ihr Nach- bzw. Gruppenname) *Postleitzahl/Ort:* ***44047 Dortmund*** *Land:* ***DE*** *Sprache:* ***Deutsch***
	Klicken Sie auf (= Übernehmen)
Bildschirm "Neue Einträge: Detail Hinzugefüg-te" Meldung in der Statuszeile: *Daten wurden gesichert.*	Ihr Buchungskreis ist angelegt.
	Klicken Sie auf (= Beenden)
Dialogfenster "Aktion auswählen"	Schließen Sie das Dialogfenster.
Einführungsleitfaden (SAP Referenz-IMG)	

Anzeige	Eingabe/Auswahl
Sämtliche Unterebenen des Knotens "Unternehmensstruktur" sind wieder verborgen.	Klicken Sie auf [▼] vor **Unternehmensstruktur**

Anzeige	Eingabe/Auswahl

M1.2 Geschäftsjahresvariante ansehen und dem Buchungskreis zuordnen

Ein *Geschäftsjahr* wird in *Buchungsperioden* gegliedert. Diese müssen im System definiert werden und dem Buchungskreis zugeordnet werden.
Bei der Definition von Geschäftsjahr und Buchungsperioden ist man nicht an Kalenderjahr oder -monat gebunden. Neben den Buchungsperioden können *Sonderperioden* für den Jahresabschluss definiert werden.

Im Mandanten existieren bereits einige Standard-Geschäftsjahresvarianten. Für das Testbeispiel soll die Standardvariante K1 verwendet werden.

<u>Geschäftsjahresvariante ansehen:</u>

Wählen Sie Einführungsleitfaden:

Finanzwesen -
Grundeinstellungen Finanzwesen -
Geschäftsjahr

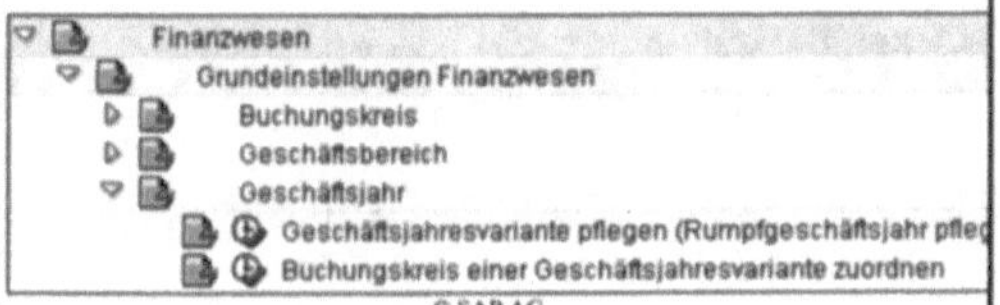

Finanzwesen
Grundeinstellungen Finanzwesen
Buchungskreis
Geschäftsbereich
Geschäftsjahr
Geschäftsjahresvariante pflegen (Rumpfgeschäftsjahr pfle
Buchungskreis einer Geschäftsjahresvariante zuordnen

Wählen Sie die Transaktion (Klicken Sie auf das Symbol vor):

Geschäftsjahresvariante pflegen ...

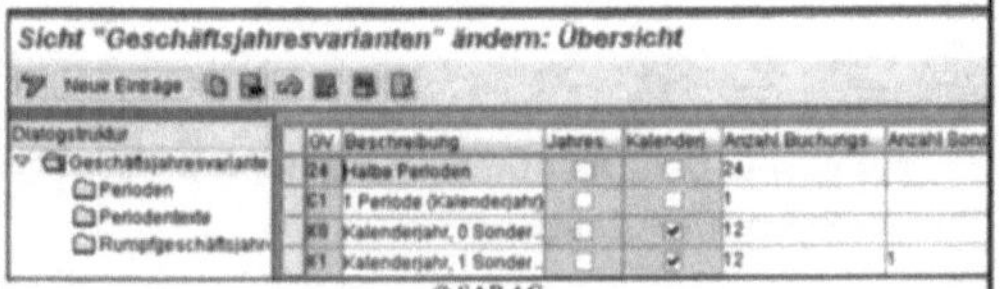

Sicht "Geschäftsjahresvarianten" ändern: Übersicht

Neue Einträge

Dialogstruktur
Geschäftsjahresvariante
Perioden
Periodentexte
Rumpfgeschäftsjahr

GV	Beschreibung	Jahres.	Kalender	Anzahl Buchungs	Anzahl Sond
24	Halbe Perioden	☐	☐	24	
C1	1 Periode (Kalenderjahr)	☐	☐	1	
K0	Kalenderjahr, 0 Sonder ...	☐	☑	12	
K1	Kalenderjahr, 1 Sonder ...	☐	☑	12	1

Bei Geschäftsjahresvariante **K1,** die für die Buchungen dieses Testbeispiels verwendet werden soll (s. u.), stimmen die Buchungsperioden mit den Monaten des Kalenderjahrs überein. Das Geschäftsjahr ist in 12 Buchungsperioden mit einer Sonderperiode für den Abschluss unterteilt.

Klicken Sie auf

(= Beenden)

Einführungsleitfaden (SAP Referenz-IMG)

<table>
<tr><th>Anzeige</th><th>Eingabe/Auswahl</th></tr>
<tr><td>Sicht "Zuordnung Bukrs -> Geschäftsjahresvariante

<table>
<tr><th>BuKr</th><th>Name der Firma</th><th>GeschJahresvariante</th><th>Beschreibung</th></tr>
<tr><td>0001</td><td>SAP A.G.</td><td>K4</td><td>Kalenderjahr, 4 Sonderpe..</td></tr>
<tr><td>AR01</td><td>Country Template AR</td><td>K4</td><td>Kalenderjahr, 4 Sonderpe..</td></tr>
<tr><td>AT01</td><td>Country Template AT</td><td>K4</td><td>Kalenderjahr, 4 Sonderpe..</td></tr>
<tr><td>AU01</td><td>Country Template AU</td><td>V6</td><td>Juli - Juni, 4 Sonderperiod</td></tr>
<tr><td>B11</td><td>SAP-Kostenrechnung...</td><td>K1</td><td>Kalenderjahr, 1 Sonderpe..</td></tr>
</table>
© SAP AG

Einführungsleitfaden (SAP Referenz-IMG)</td>
<td><u>Geschäftsjahresvariante dem Buchungskreis zuordnen:</u>

Starten Sie die Transaktion:
Buchungskreis einer Geschäftsjahresvariante zuordnen

Eingabe bzw. Auswahl ( ) hinter <u>Ihrem (!)</u> Buchungskreis Bxx:
<u>GeschJahrevariante:</u> K1

Klicken Sie auf
(= Sichern)

Daten werden gesichert, Geschäftsjahresvariante K1 Ihrem Buchungskreis zugeordnet.

Klicken Sie auf
(= Beenden)

Schließen Sie das Untermenü "Grundeinstellungen Finanzwesen" (Mausklick auf)</td></tr>
</table>

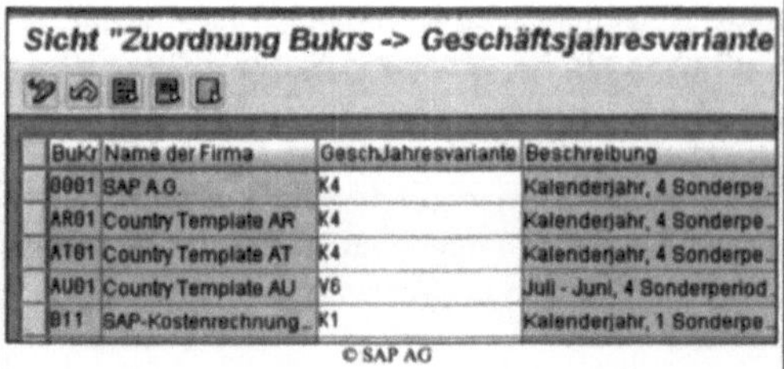

Modul 2: Customizing Stammdaten Finanzbuchhaltung

Es folgen einige Grundlagen zur **Organisation der Buchhaltung**

Stammdaten und Bewegungsdaten

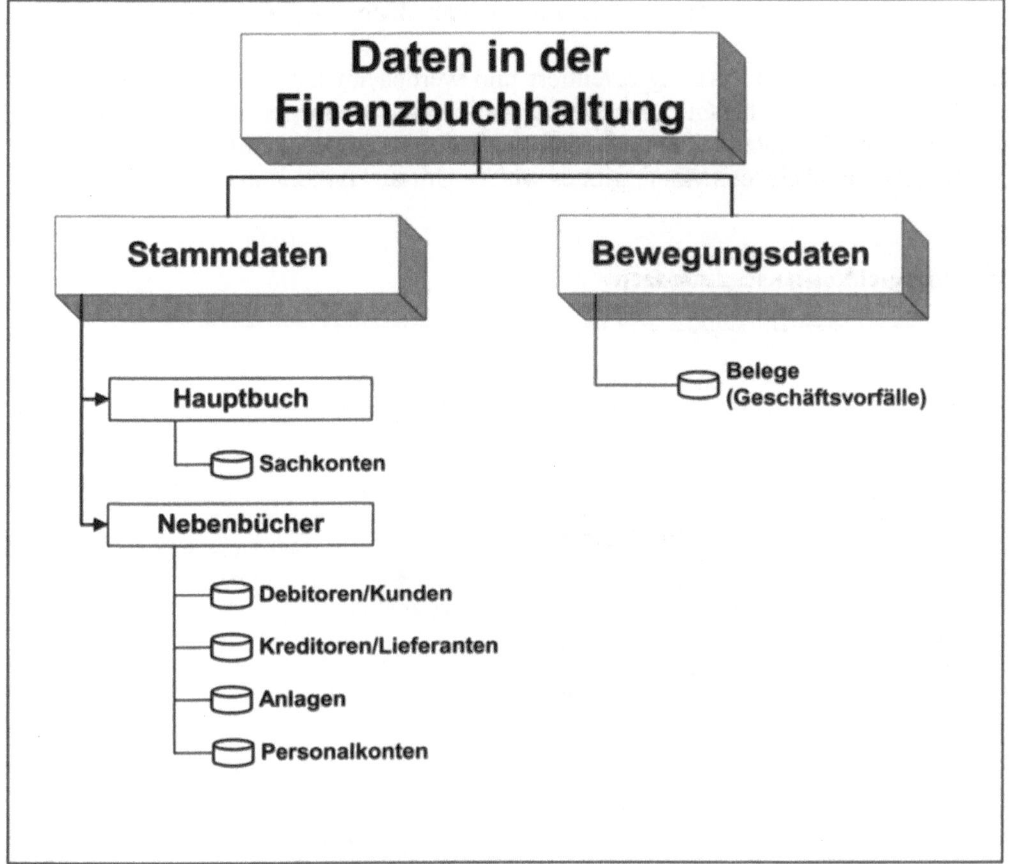

Bild 3.1/9 (Modul 2): Daten in der Buchhaltung

Aus der Gesamtheit aller Konten werden die Kundenkonten (Debitoren) und die Lieferantenkonten (Kreditoren) wegen ihrer großen Anzahl und der Besonderheiten (Zahlungsverkehr) in Nebenbuchhaltungen ausgegliedert. Ebenso die Anlagekonten und die Personalkonten der Lohn- und Gehaltsabrechnung. Der verbleibende Rest (z. B. Eigenkapitalkonten, Rückstellungskonten) einschließlich der Abstimmkonten der Nebenbuchhaltungen sind die Sachkonten.

Stammdaten werden vor Aufnahme des laufenden Betriebs angelegt. Sie haben keinen Bezug zu einer Buchungsperiode (Monat).
Beispiel: Adresse des Lieferanten/Kreditors. Die Daten gelten solange, bis sie geändert werden. Dass sich Stammdaten eher selten ändern, ist eine etwas ungenaue Sprechweise: das kann der Fall sein; wenn sie dagegen häufig geändert werden, bleiben es doch Stammdaten. Das bessere Unterscheidungsmerkmal zu den Bewegungsdaten bleibt - wie gesagt - dass kein Bezug zu einer Buchungsperiode besteht.

Bewegungsdaten sind vorgangsorientiert und werden im laufenden Betrieb permanent hinzugefügt. Sie haben einen Bezug zu einer Buchungsperiode (über das Datum), Beispiel: Umsatzbuchung bezieht sich über das Datum auf einen Monat/ein Quartal usw. Im nächstem Monat gibt es wieder Umsatzbuchungen usw.

Umfeld: Sachkontenstammdaten

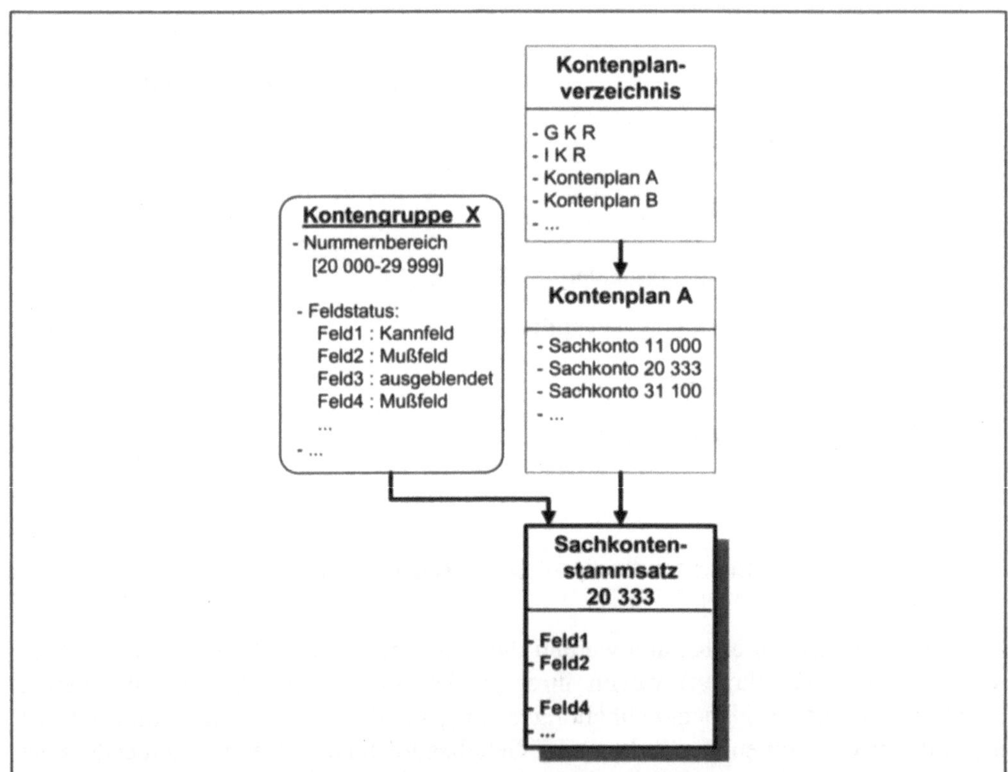

Bild 3.1/10 (Modul 2): Umfeld: Sachkontenstammdaten

Das Bild zeigt Objekte, die für das Anlegen und Verwalten von Sachkonten eine zentrale Rolle spielen:

- Kontengruppe
- Kontenplan

Beginnen wir mit dem **Kontenplan**. Das Sachkonto, d. h. seine Stammdaten haben Bezug zu einem Kontenplan. Der Kontenplan als Gesamtheit von Konten wird durch eine Kontenplannummer (Schlüssel) identifiziert, die im Kontenplanverzeichnis (Verzeichnis aller Kontenpläne eines Mandanten) eingetragen werden muss. Weitere Angaben außer der Nummer sind die Bezeichnung, die Sprache und die Länge der Sachkontennummern.

In dem Testbeispiel wird ein eigener Kontenplan verwendet (der durch Anlage der entsprechenden Konten-Stammdaten unter der Kontenplannummer entsteht).

Das Konto muss immer einer **Kontengruppe** zugeordnet werden. Mit Hilfe der Kontengruppe lassen sich Konten gruppieren.

Die Kontengruppe steuert

- erstens den Bildschirmaufbau, d. h. das äußere Erscheinungsbild der Erfassungsmasken und damit - was wichtiger ist als das Äußere der Erfassungs-maske den Umfang an Feldern, der im Sachkontenstammsatz gespeichert werden soll

- zweitens die Nummernkreise, aus denen die Nummern für die Sachkonten zu wählen sind

(beides wird noch ausgeführt, siehe unten).

Soweit die zwingenden Eingaben: zum Konto gehört zwingend ein Kontenplan, der in einem Kontenplanverzeichnis als existent deklariert wurde. Es muss außerdem zwingend eine Kontengruppe (Bildschirmaufbau, Nummernkreis) angegeben werden.

Kontengruppe

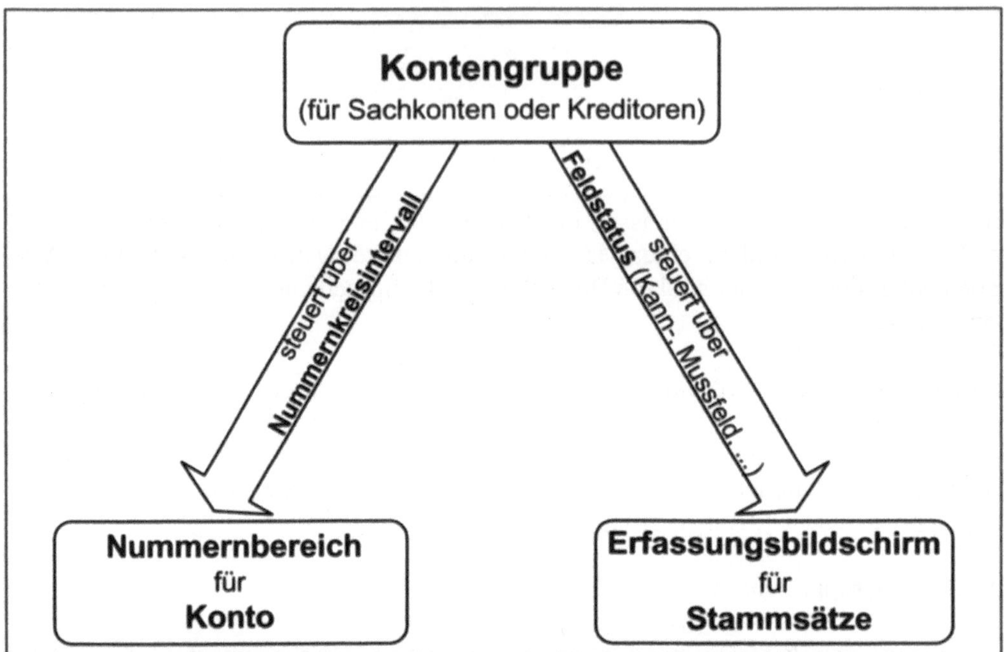

Bild 3.1/11 (Modul 2): Steuerungsfunktionen der Kontengruppe

Hier wird der SAP-Begriff **Kontengruppe** nun ausführlicher erläutert.

Der SAP-Begriff Kontengruppe regelt zunächst DV-technisch u. a. zwei Dinge:

1) den Bildschirmaufbau (das Bildschirmlayout) und damit den Satzaufbau
2) die Nummernkreise

Eine Kontengruppe wird später sowohl für Sachkonten als auch für Kreditoren benötigt. Hier erfolgt die Erörterung der Kontengruppe unabhängig davon, ob es sich später um Sachkonten oder Kreditoren handeln wird.

1) Bildschirmaufbau (das Bildschirmlayout)
Für die Kontengruppe wird pro Feld der "**Feldstatus**" festgelegt, d. h. ob das Feld **ein- bzw. ausgeblendet** werden und wenn eingeblendet, ob es ein **Kann- bzw. Muss-**Feld sein soll.

Feldstatus: ein- oder ausgeblendet,
wenn eingeblendet: Muss oder Kann

Bei der Eingabe der Sachkonten bzw. Kreditoren wird dann jeweils die Kontengruppe genannt (eingegeben), nach der die Stammdaten erfasst werden sollen.

Beispiel: Das Sachkonto Energiekosten soll angelegt werden. Nachdem die Kontennummer, die Bezeichnung und der Erfolgskontentyp (siehe unten) eingegeben sind, wird die Kontengruppe (im Testbeispiel: ALLG) eingegeben. Von jetzt an "weiß das System", nach welchem Bildschirmlayout die weiteren Eingaben erfolgen sollen.

Hinweis: wenn später bei den Eingaben auf dem Bildschirm ein Feld überraschenderweise nicht erscheinen sollte, ist beim Customizen der Bildschirmlayouts (= Definition der Kontengruppe) ein Fehler gemacht worden und man muss noch einmal ins Customizing zurückkehren.

2) Nummernkreise
Mit dem Nummernkreisintervall wird der Bereich von Nummern festgelegt, aus dem die Kontennummer genommen werden darf.
Bei externer Nummerneingabe findet eine Überprüfung statt (ist die Kontonummer nicht aus dem zulässigen Nummernbereich, erscheint eine Fehlermeldung; über die Festlegung des zulässigen Nummernbereichs ist diese Prüfung der Kontennummer erst möglich).

Bei interner Nummernvergabe wird die Nummer aus dem zulässigen Intervall genommen.
Beim Sachkonto erfolgt externe Nummerneingabe. Beim Kreditor kann die Nummer extern eingegeben oder intern vergeben werden.

Aufbau der Bildschirmbilder für das Erfassen der Sachkontenstammdaten

Es war schon gesagt worden, dass die Kontengruppe, die bei jedem Konto zwingend einzugeben ist, die Bildschirmbilder (und Nummernkreise) steuert.
Die Steuerung der Bildschirmbilder bedeutet, dass je Feld der Feldstatus festgelegt werden muss, d. h. welche Eingabefelder auf dem Bildschirm eingeblendet werden oder ausgeblendet bleiben sollen; bei den auf dem Bildschirm eingeblendeten Feldern ist anzugeben, ob die Eingabe "Muss" oder "Kann" sein soll.

Aus dem Aufbau der Bildschirmbilder folgt zwangsläufig, dass auch die Datensätze anwenderspezifisch gefüllt werden. Beispiel: im Bildschirmbild wird ein Feld ausgeblendet; damit wird auf die Erfassung dieses Feldes im Datensatz verzichtet.

Die Felder sind zu Feldgruppen zusammengefaßt (Beispiel: Feldgruppe *Kontensteuerung* bestehend aus: *Währung, Kursdifferenzschlüssel, Steuerkategorie, Abstimmkonto für Kontoart*).

Wieder könnte man den Aufbau des Erfassungsbildschirms für *jedes* Konto angeben, was aber unrationell wäre, da man für viele gleichartig aufgebaute Konten ständig die gleichen Angaben wiederholen müßte. Daher sieht das SAP System vor, dass man diese Angaben (Ein-/Ausblenden, Muss/Kann-Feld) nur für eine Kontengruppe macht. Indem man beim Konto sagt, welcher Kontengruppe es zugehören soll, werden diese Angaben dann für das jeweilige Konto übernommen.

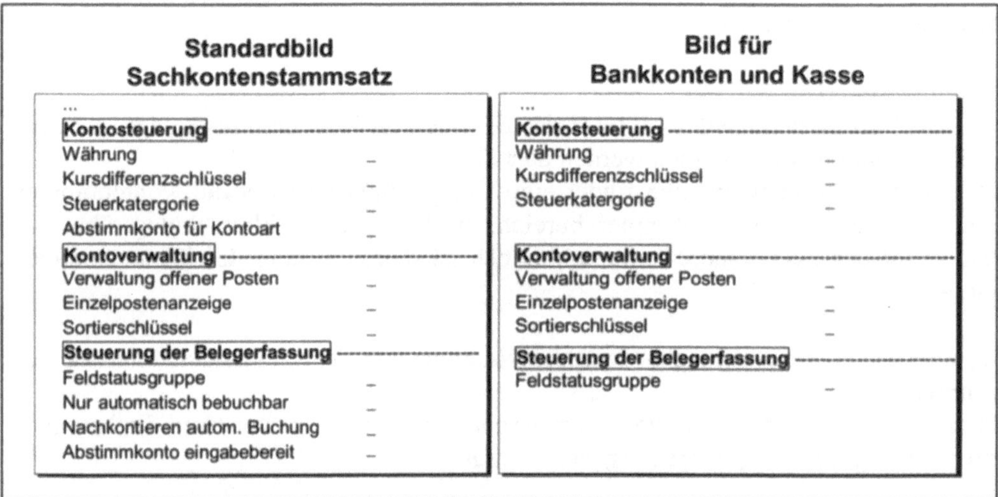

Bild 3.1/12 (Modul 2): Gestaltung der Bildschirmbilder für das Erfassen der Sachkontenstammdaten: Beispiel

In dem vorstehenden Bild soll zunächst nur das Verständnis dafür entstehen, dass aus der Vielzahl der möglichen Bildschirmfelder (Standardbild) für eine bestimmte Kontenart, Beispiel Bankkonten und Kasse, nur eine Auswahl aus dem Standardbild nötig ist, wodurch die Bilder übersichtlicher werden.

Es sei auf ein Feld namens "Feldstatusgruppe" im Standardbildschirm hingewiesen, das immer ein Mussfeld ist und damit in die Feldauswahl der Kontengruppe übernommen wird. Was es mit der Feldstatusgruppe (eine SAP-Fehlbezeichnung) auf sich hat, wird später erklärt (Angabe/Identifi-

zierung des *Buchungs*bildschirms, statt des Stammdatenbildschirms). Jedenfalls ist die Feldstatusgruppe nicht mit dem Feldstatus zu verwechseln.
Es ist immer haarscharf zu unterscheiden:
- Feldstatus (ein-/ausgeblendet, kann/muss)
- Feldgruppe (Gruppe von Feldern)
- Feldstatusgruppe (Angabe/Identifizierung des *Buchungs*bildschirms)

Feldstatusgruppe

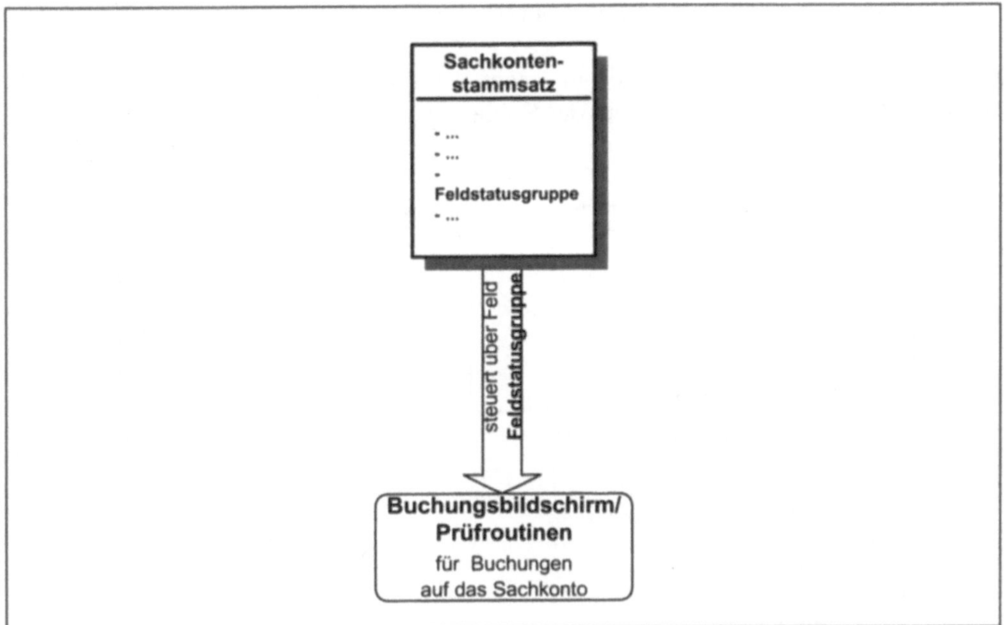

Bild 3.1/13 (Modul 2): Steuerungsfunktion der Feldstatusgruppe

Jetzt kommt eine etwas verwirrende Angelegenheit, weil die Bezeichnung **Feldstatusgruppe eher eine Fehlbezeichnung** ist. Besser würde man sagen: **Angabe über den Buchungsbildschirm** bzw. Identifizierung des Buchungsbildschirms.

Mit dem SAP-Begriff Feldstatusgruppe ist ein Feld im Bildschirmlayout des Sachkontos gemeint. Die Eintragung in diesem Feld regelt die Erfassung der *Buchungen* auf dem Konto.

Man muss unterscheiden:

- das **Sachkonto** (mit seinen Stammdaten)
  hierfür gibt es ein Bildschirmlayout (verteilt auf mehrere Bilder)
  und

- die **Buchungen** auf dem Sachkonto (über Belege)
  hier gibt es ein *anderes* Bildschirmlayout.
  Dieses Buchungs-Layout wird als Nummer im Sachkonten-Layout eingegeben und steht damit im Sachkontenstammsatz.

Die Sachkontenstammdaten werden in einem Bildschirmlayout erfasst, das ein Feld enthält, in dem das Bildschirmlayout der Buchungen geregelt wird.

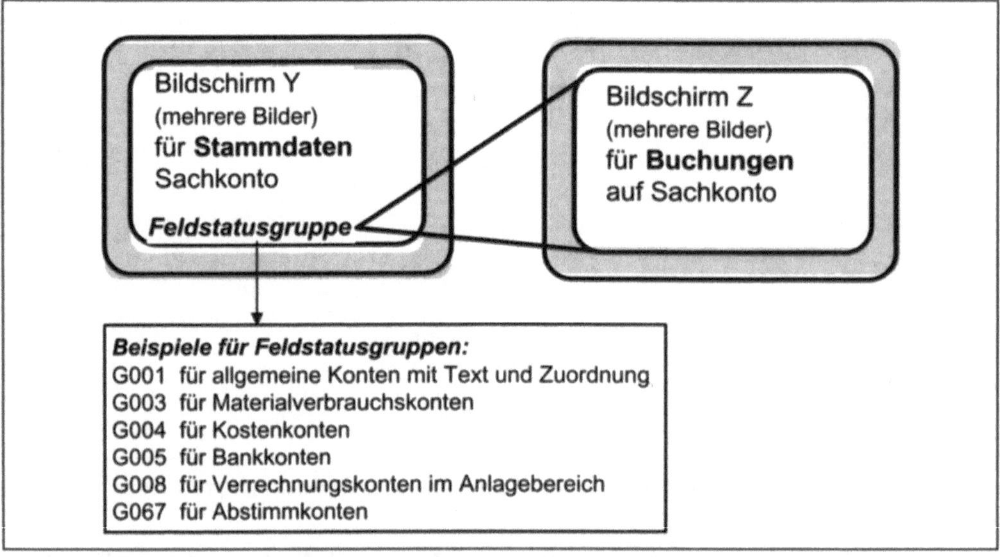

Bild 3.1/14 (Modul 2): Feldstatusgruppen

Und Abraham zeugte Isaak, und Isaak zeugte Jakob,...

Beispiel:
Sachkonto Energiekosten enthält ein Feld mit der Bezeichnung "Feldstatusgruppe". Dieses regelt, wie die *Buchungen* auf dem Energiekonto erfolgen, d. h. in welchem Bildschirmlayout (auf mehrere Bildschirme verteilt).

Warum zwei Layouts? Weil unterschiedliche Dinge erfasst werden. Im Sachkonto wird z. B. kein Belegdatum erfasst, weil die Sachkonten keinen Bezug zu einer Buchungsperiode haben, allenfalls Gültigkeitsbeginn und -ende der Stammdaten. In der Buchung ist aber ein Datum unbedingt erforderlich, um die Verbindung zur Buchungsperiode herzustellen.

Weiteres Beispiel: in den Sachkonten wird die Bezeichnung des Sachkontos erfasst. In der Buchung auf das Sachkonto hat diese Bezeichnung nichts verloren, vielmehr wird in der Buchung das zu bebuchende Konto über die Kontonummer identifiziert. Die Bezeichnung wird, wenn für Auswertungen oder Bildschirmanzeigen benötigt, aus dem Stammsatz des Sachkontos "geholt".

Noch ein Beispiel: Im Sachkontenstammsatz wird kein Soll und Haben erfasst, wohl aber in der Buchung, mit der die Konten bebucht werden.

Für das Wörterbuch SAPsch-Deutsch notieren wir:
SAPsch: Feldstatusgruppe
Deutsch: Angabe über den Buchungsbildschirm/Identifizierung des Buchungsbildschirms: (Bildschirmlayout für) Buchungen (Belegerfassung) auf dem Konto

Gestaltung der Bildschirmbilder für das Buchen auf Sachkonten

Standardbild für Buchungen auf Sachkonten

Konto
Buchungskreis _
Sollbuchung ---------------------- Position 1
. . .
Gesch.ber. -
Kostenst - KoRechKr _
Auftrag - EinkBeleg _
Projekt - Menge _
Verkaufsb - Personal - Kons.Vorg.
Valutadat - Fällig -
Zuordnung - Anl.abgang
Text -
Nächste Belegposition -----------------------

Bild für Buchungen auf Bankkonten

Konto
Buchungskreis _
Sollbuchung -------------------- Position 1
. . .
Valutadat. -
Zuordnung -
Text -
Nächste Belegposition --------------------

Bild 3.1/15 (Modul 2): Gestaltung der Bildschirmbilder für das Buchen

Auch für die Buchungsbildschirme gilt wieder, dass man je nach Kontenart (z. B. Bankkonten) eine Auswahl trifft aus den insgesamt möglichen Feldern (Standardbild)

und die Bildschirme so von Anzeigen entlastet, die *in diesem Zusammenhang* (Bankkonten) nicht erforderlich sind. Beispiel: für die Buchung auf Bankkonten ist keine Angabe über eine Kostenstelle oder einen Auftrag erforderlich.

Neue Erfassungsoberfläche

Ab dem R/3-Release 4.6 ist für alle Buchungen ein Erfassungsbildschirm geschaffen worden, der die Erfassung der Grund- oder Kopfdaten eines Belegs (Belegdatum, Buchungsdatum, Buchungskreis, Währung) und sämtlicher Belegpositionen in einem einzigen Bildschirm ermöglicht. Damit soll die Erfassung, ein chronischer Schwachpunkt der SAP-Software, benutzerfreundlicher gemacht werden:
die Belegpositionen sind damit nicht mehr über mehrere Bildschirme verteilt, sondern werden in einer Einbildtransaktion erfasst.

Die bisherigen Erfassungsbildschirme bestehen aber weiter fort (für „schwierige Fälle“, die von der neuen Erfassungsmöglichkeit nicht abgedeckt würden). Was wichtiger ist, die Logik der Feldstatusgruppen bleibt voll erhalten, auch wenn vordergründig (in dem neuen Erfassungsbildschirm) diese Feldstatusgruppen gar nicht mehr erscheinen (ein zweifelhafter Fortschritt).

Nach Eingabe der Sachkontennummer in der Belegposition prüft das System über die mit dem Sachkonto verbundene Feldstatusgruppe, ob die folgenden Eingaben den Erfordernissen der Feldstatusgruppe entsprechen. Ist dies nicht der Fall, erfolgt eine Fehleranzeige.

Dem neuen Erfassungsbildschirm vorgeschaltet bilden die **Feldstatusgruppen** und die mit ihnen **verbundenen Prüfroutinen** sozusagen einen unsichtbare Zwischenebene.

Beispiel: in einer Feldstatusgruppe sei festgelegt, dass das Abstimmkonto ein Mussfeld ist. In der neuen Erfassungsoberfläche findet sich kein Hinweis darauf, dass das Abstimmkonto ein Mussfeld ist, denn die Erfassungsoberfläche gilt auch für Konten, bei denen gar kein Abstimmkonto erforderlich ist, geschweige denn dieses ein Mussfeld ist. „Unterhalb“ der Erfassungsoberfläche laufen aber wie bisher die Prüfroutinen, die je nach Feldstatusgruppe prüfen, ob ein Mussfeld vorliegt oder nicht.

Im Testbeispiel haben wir die neue Erfassungsoberfläche genutzt und einen eigenen maßgeschneiderten Erfassungsbildschirm konstruiert.

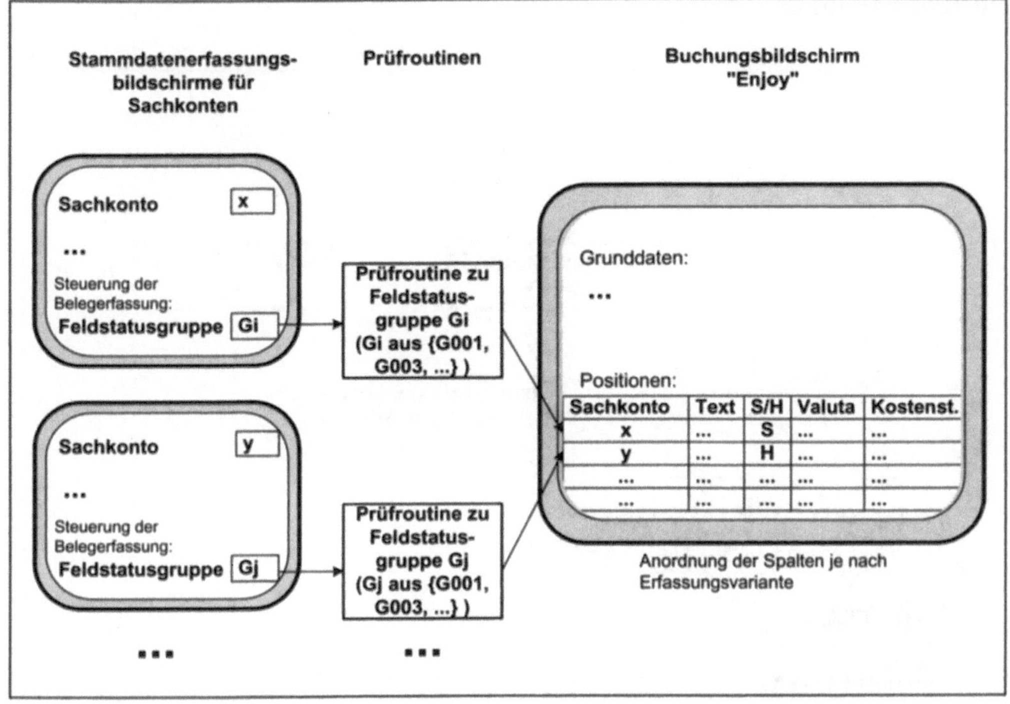

Bild 3.1/16 (Modul 2): Neuer Erfassungsbildschirm „Enjoy" (Einbildtransaktion)

Feldstatusvarianten

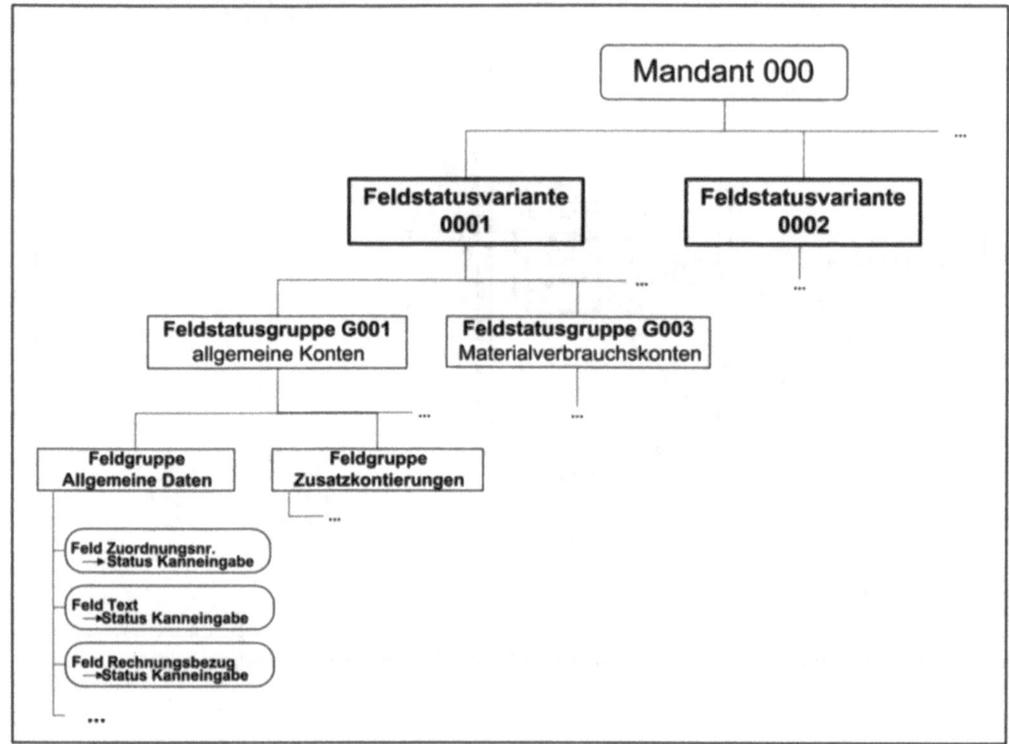

Bild 3.1/17 (Modul 2): Hierarchiestruktur der Feldstatusvarianten

Unter Feldstatusvariante versteht man eine von SAP vorgefertigte Gesamtheit von Feldstatusgruppen. Mit anderen Worten: für die Belegerfassung/Buchung ist bereits eine Anzahl von Bildschirmen bzw. Prüfroutinen vorgefertigt:

G001 für allgemeine Konten mit Text und Zuordnung
G003 für Materialverbrauchskonten
G004 für Kostenkonten
G005 für Bankkonten
G008 für Verrechnungskonten im Anlagebereich
G067 für Abstimmkonten

Auf Mandantenebene stehen – von SAP vorgefertigt – eine Reihe von Feldstatusvarianten zur Verfügung, aus denen eine auszuwählen und dem Buchungskreis zeitbezogen zuzuordnen ist (im Testbeispiel Feldstatusvariante 0001).

Umfeld der Kreditorenstammdaten

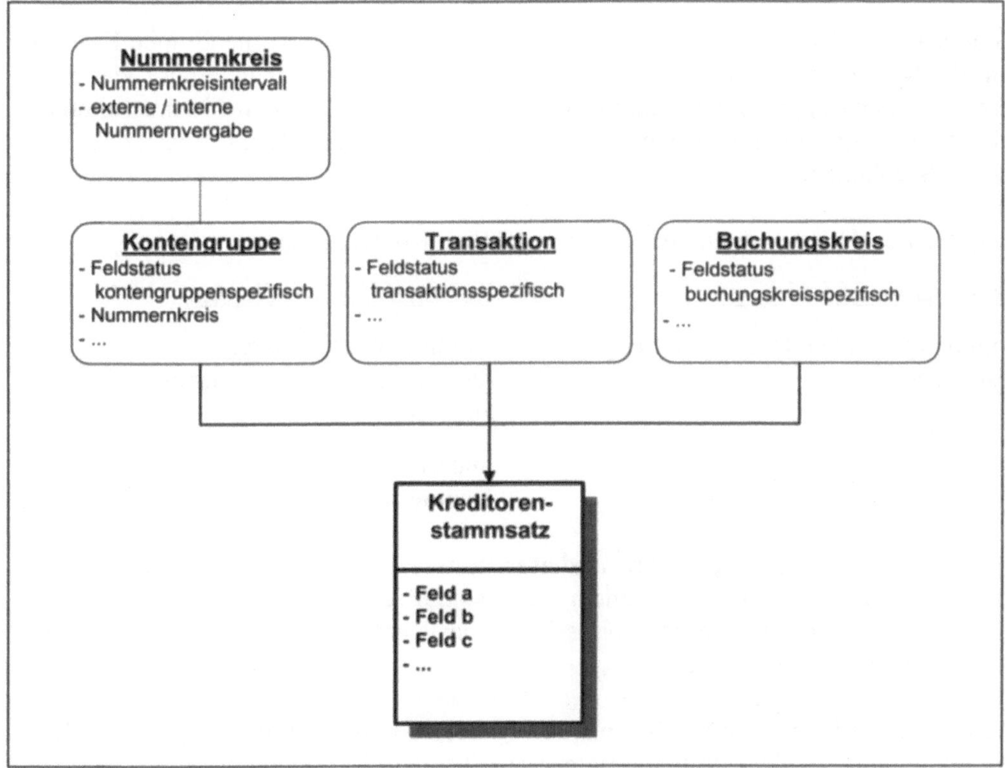

Bild 3.1/18 (Modul 2): Umfeld der Kreditorenstammdaten

Wie oben schon bei den Sachkonten zeigt dieses Bild jetzt für die Kreditoren Objekte, die für das Anlegen und Verwalten von Kreditoren eine zentrale Rolle spielen:

- Kontengruppe Kreditoren
- Feldstatus für Transaktionen
- Feldstatus für Buchungskreis

Kontengruppe Kreditoren

Bei der Anlage der Kreditorenstammdaten ist eine Kontengruppe anzugeben. Die Kontengruppe hat, ähnlich wie schon bei den Sachkonten erläutert, die Funktion, den

Erfassungsbildschirm zu gestalten (Ein-/Ausblenden, Kann-/Muss-Felder) und zulässige Nummernkreise zu definieren.

Anders als bei der Kontengruppe Sachkonten werden bei der Kontengruppe Kreditoren die Nummernkreisintervalle separat angelegt. Sie können dann einer (oder mehreren) Kontengruppe(n) Kreditoren zugeordnet werden. Bei den Nummernkreisen wird auch festgelegt, ob die Nummernvergabe extern oder intern erfolgt (zum Vergleich: Sachkonten nur extern).

Vergleich Sachkonten und Kreditoren hinsichtlich Kontengruppen:

Kontengruppe Sachkonten	Kontengruppe Kreditoren
Nummernkreis bei der Kontengruppe festzulegen	Nummernkreis separat festzulegen und Kontengruppe zuzuordnen
nur externe Nummernvergabe	interne oder externe Nummernvergabe

Ist eine Kontengruppe Kreditoren in dieser Weise definiert, kann sie beim Anlegen der Kreditoren benutzt werden, indem im ersten Bildschirm die Kontengruppe angegeben wird, so dass für die Folgebildschirme der Kontengruppe entsprechende Bildschirmaufbau angezeigt wird.

Außerdem wird (bei externer Nummernvergabe) überprüft, ob die eingegebene Kreditorennummer zu dem Nummernintervall paßt, das der Kontengruppe zugeordnet wurde (Kreditorennummer wird eingegeben, Kontengruppe wird eingegeben, es folgt die Prüfung, ob die Kreditorennummer in das Nummernintervall der Kontengruppe paßt; wenn nicht: Fehlermeldung).

Feldstatus für Transaktionen und für Buchungskreis
(kommt im Testbeispiel nicht vor)
Der Feldstatus für die Erfassungsbildschirme kann im System FI Finanzbuchhaltung zusätzlich in Abhängigkeit von der Transaktion (Bearbeitungsart) und vom Buchungskreis festgelegt werden. Unterschiedliche Feldstatusdefinitionen werden dann miteinander verknüpft; die Felder nehmen den Status an, der die höchste Priorität hat (Ausblenden>Anzeigen>Muss>Kann).

Besonderheiten der Erfolgskonten

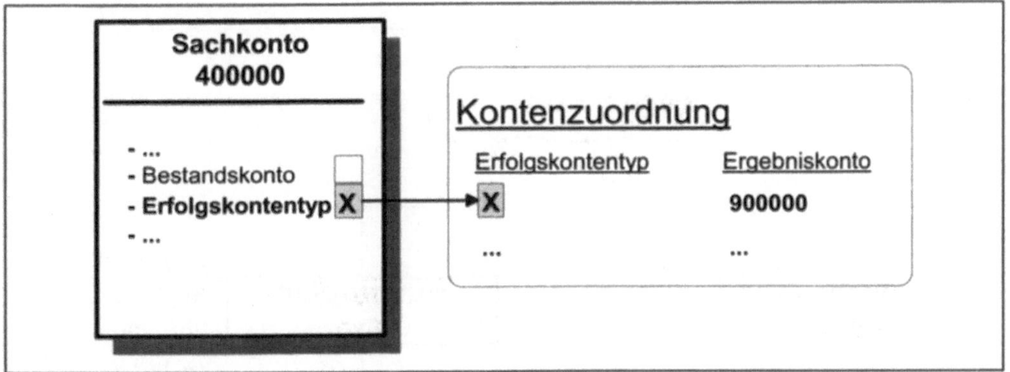

Bild 3.1/19 (Modul 2): Kontenzuordnung für den Abschluss von Erfolgskonten: Beispiel

Bei der Anlage der Sachkonten ist jeweils anzugeben, ob es sich um ein Bestandskonto oder ein Erfolgskonto handelt. Jedem Erfolgskonto muss ein Ergebniskonto zugeordnet sein. Damit ist Folgendes gemeint: zunächst ist die Unterscheidung in Bestandskonten und Erfolgskonten offensichtlich auf den Abschluss gerichtet. Bestandskonten werden in die Bilanz übernommen, Erfolgskonten werden über das Gewinn- und Verlustkonto (Ergebniskonto) abgeschlossen, dessen Saldo in das Eigenkapitalkonto (oder Unterkonten des Eigenkapitals) übertragen wird.

Auch wenn in einem Kostenrechnungs-Testbeispiel die Abschlusstechnik nicht Thema ist, wird die Angabe des Ergebniskontos verlangt, über das ein Erfolgskonto abzuschließen wäre. Die Zuordnung geschieht im Customizing über den sogenannten Erfolgskontentyp, einen Schlüssel über den in einer Kontenzuordnungstabelle das Ergebniskonto zugeordnet wird.

Im SAP-System ist die Festlegung mehrerer Ergebniskonten möglich. In diesem Fall müsste im Erfassungsbildschirm für jedes Erfolgskonto der entsprechende Erfolgskontentyp aus einer Wertetabelle selektiert werden.

Was ist zu tun?

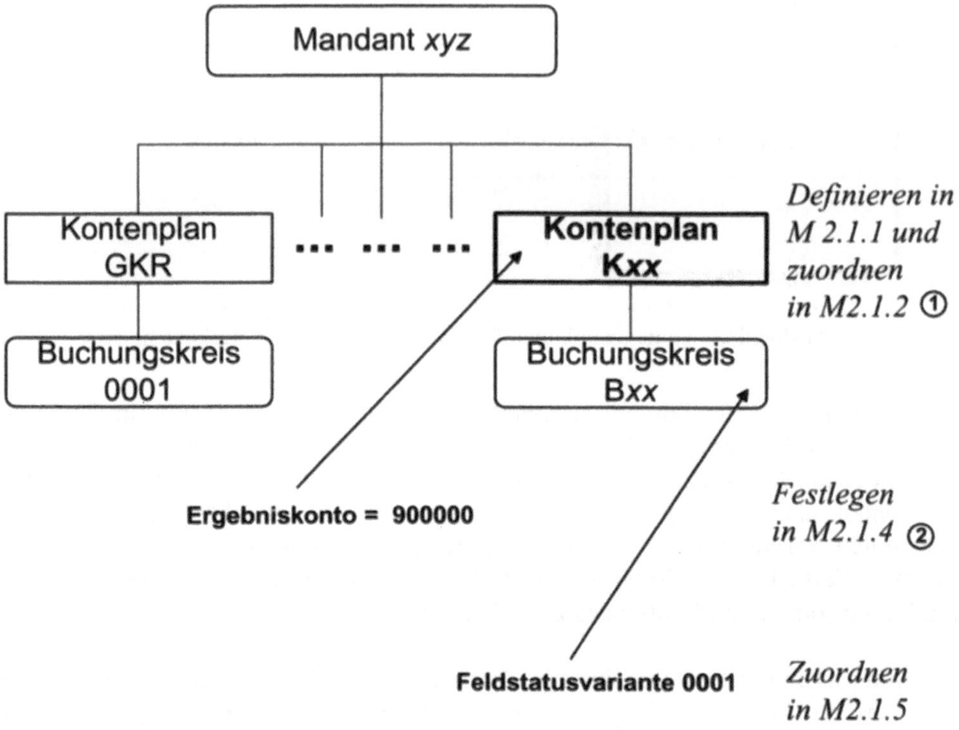

① Eingaben:
Schlüssel Kontenplan (Kxx), Bezeichnung, Pflegesprache, max. Länge der Sachkontennummern (6), 1 : 1-Beziehung Kontenplan - Buchungskreis

② Definition eines Erfolgskontentyps "X" und Kontenzuordnung "X --> 900000"

Bild 3.1/20 (Modul 2): Überblick M2.1.1, M2.1.2, M2.1.4 und M2.1.5

Kontenplan anlegen
Da der Mandant xyz eine Kopie des Auslieferungsmandanten 000 der SAP ist, enthält er die von SAP mitgelieferten Standardkontenpläne wie z. B. GKR und IKR (sowie auch einen von SAP vordefinierten Buchungskreis 0001). Wir verwenden aber einen eigenen Kontenplan.

Darunter ist zunächst nur eine Kontenplan*nummer* (Schlüssel) zu verstehen. Unter dieser Kontenplannummer werden später die Konten angelegt, so dass dann erst ein Kontenplan im betriebswirtschaftlichen Sinn als Gesamtheit von Konten entsteht.

Die Kontenplannummer wird (auf Mandantenebene) ins Kontenplanverzeichnis eingetragen. Im Kontenplanverzeichnis werden auch Angaben zur Bezeichnung, zur Sprache, zur maximalen Länge der Sachkontennummer (im Beispiel 6-stellig) gemacht.

Sodann wird dieser Kontenplan (zunächst nur die Nummer/der Schlüssel) dem Buchungskreis zugeordnet. Im Sinne der SAP-Organisationshierarchie ist dies eine Überordnung (Kontenplan steht immer über dem Buchungskreis). Da der Kontenplan im Beispiel nur *einem* Buchungskreis zugeordnet wird, besteht eine 1:1 Beziehung zwischen Kontenplan und Buchungskreis (Spezialfall der 1:n Beziehung). Da die Arbeitsgruppen "ihr" Arbeitsergebnis erzielen und den Gesamtumfang der Arbeiten kennenlernen sollen, wird darauf verzichtet, etwa für alle Buchungskreise (Gruppen) einen einheitlichen Kontenplan anzuwenden. Jede Gruppe legt "ihren" Kontenplan an (der sich inhaltlich nicht von dem der anderen Gruppen unterscheidet).

Der Kontenplan ist entsprechend der SAP-Organisationshierarchie automatisch dem Mandanten untergeordnet.

Ergebnisvortragskonto festlegen
In der entsprechenden Kontenzuordnungstabelle (= Kontenfindungstabelle für automatische Buchungen des Systems) wird unter dem Erfolgskontentyp X (= Schlüsselfeld) das Konto 900000 als Ergebniskonto für den Abschluss von Erfolgskonten eingetragen.

Feldstatusvarianten zuordnen
Die Feldstatusvariante fasst von SAP vorgefertigte Feldstatusgruppen (Buchungsbildschirme, Prüfroutinen für Buchungen) zusammen. Sie wird dem Buchungskreis zugeordnet.

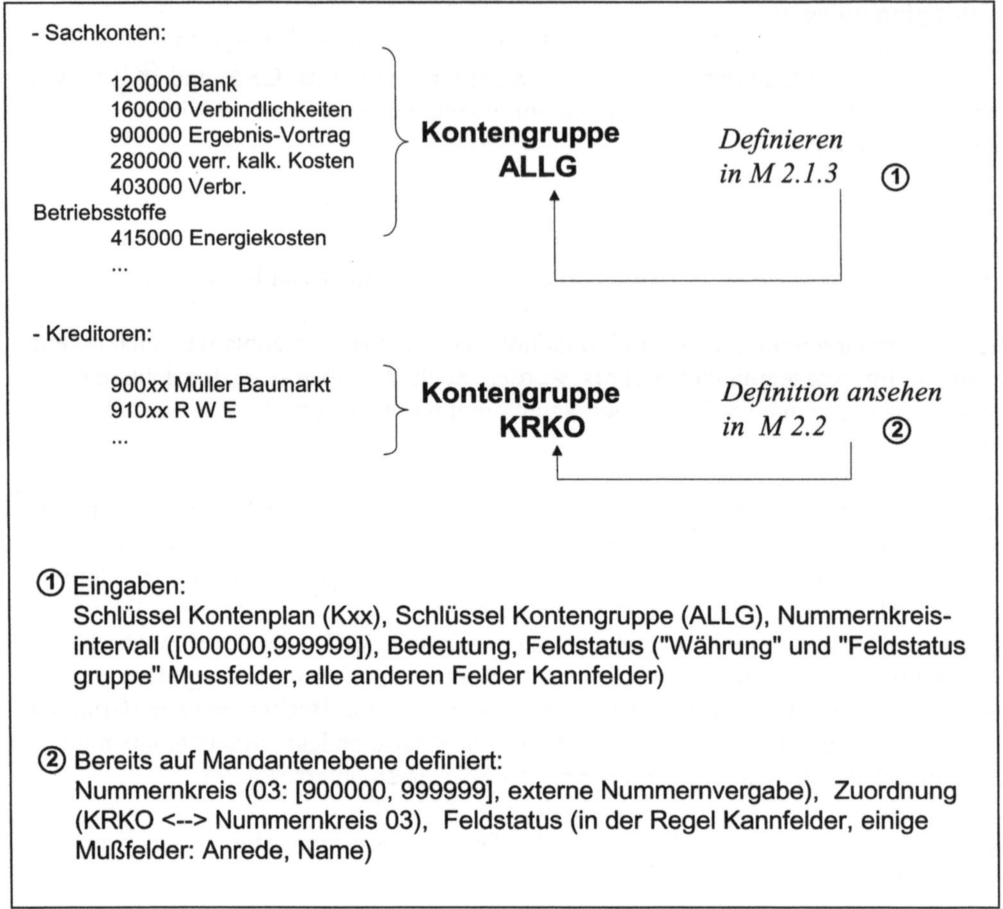

Bild 3.1/21 (Modul 2): Überblick M2.1.3 und M2.2.

Kontengruppen definieren

In dem Testbeispiel wird für die Erfassung der **Sachkonten**-Stammdaten (nur) eine Kontengruppe ALLG definiert, d. h. alle Sachkonten sollen über den gleichen Bildschirmlayout, die gleiche Erfassungsmaske erfasst werden.

Außerdem wird ein Nummernkreis festgelegt, aus dem die Sachkontennummern genommen werden sollen.

Für diese Kontengruppe sind Ein-/Ausblendungen und Kann-/Muss-Felder anzugeben.

In dem Testbeispiel wird sich darauf beschränkt, die Währung und die Feldstatusgruppe (Art des Buchungsbildschirms) zur Musseingabe zu erklären, da ohne diese Felder keine Buchungen auf die Konten möglich wären. Alle übrigen Felder behalten den Feldstatus "Kannfeld".

Ebenso ist für die Erfassung der **Kreditoren** (nur) eine Kontengruppe KRKO (vom Administrator auf Mandantenebene bereits) angelegt. Diese ist hier nur anzusehen.

Vergleich Sachkonten und Kreditoren hinsichtlich Kontengruppen:

Kontengruppe Sachkonten	Kontengruppe Kreditoren
im Testbeispiel auf Buchungskreisebene von jeder Gruppe identisch angelegt	im Testbeispiel vom Administrator auf Mandantenebene angelegt

Anzeige	Eingabe/Auswahl

Modul 2: Customizing Stammdaten Finanzbuchhaltung

M2.1 Vorbereitungen für das Anlegen von Sachkontenstammsätzen treffen

Zu jedem benötigten Sachkonto muß ein *Stammsatz* angelegt werden. Dieser enthält Informationen, die das Erfassen von Geschäftsvorfällen auf das Konto und das Verarbeiten der Buchungsdaten steuern.

Anzeige	Eingabe/Auswahl
	In den folgenden Unterpunkten werden zunächst nur die Systemfestlegungen getroffen, die für das (spätere) Anlegen von Sachkontenstammsätzen erforderlich sind.

M2.1.1 Kontenplan im Kontenplanverzeichnis eintragen

Der *Kontenplan* ist im SAP-System ein Verzeichnis aller Sachkontenstammsätze, die in einem oder mehreren Buchungskreisen benötigt werden.
Jeder Kontenplan muss zunächst in das *Kontenplanverzeichnis* des Mandanten eingetragen und dem Buchungskreis zugeordnet werden.

Anzeige	Eingabe/Auswahl
	Im Testbeispiel soll für jeden Buchungskreis ein eigener Kontenplan verwendet werden.
Einführungsleitfaden (SAP Referenz-IMG)	Wählen Sie im Einführungsleitfaden (starten Sie die Customizing-Transaktion): **Finanzwesen -** **Hauptbuchhaltung-** **Sachkonten -** **Stammdaten -** **Vorarbeiten -** **Kontenplanverzeichnis bearbeiten**
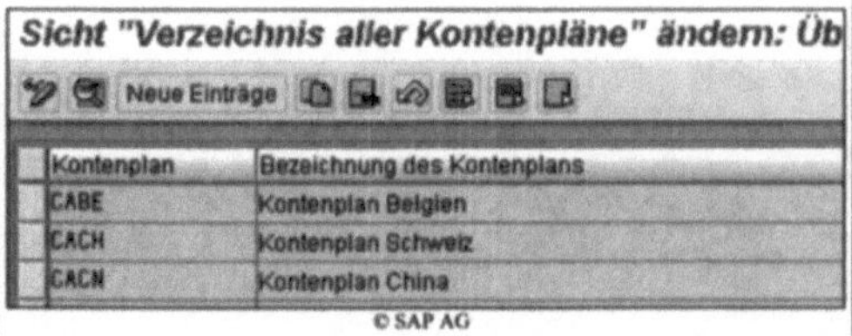 *Sicht "Verzeichnis aller Kontenpläne" ändern: Üb* Neue Einträge Kontenplan / Bezeichnung des Kontenplans CABE / Kontenplan Belgien CACH / Kontenplan Schweiz CACN / Kontenplan China © SAP AG	Klicken Sie auf Neue Einträge
Bildschirm "Neue Einträge: Detail Hinzugefügte"	

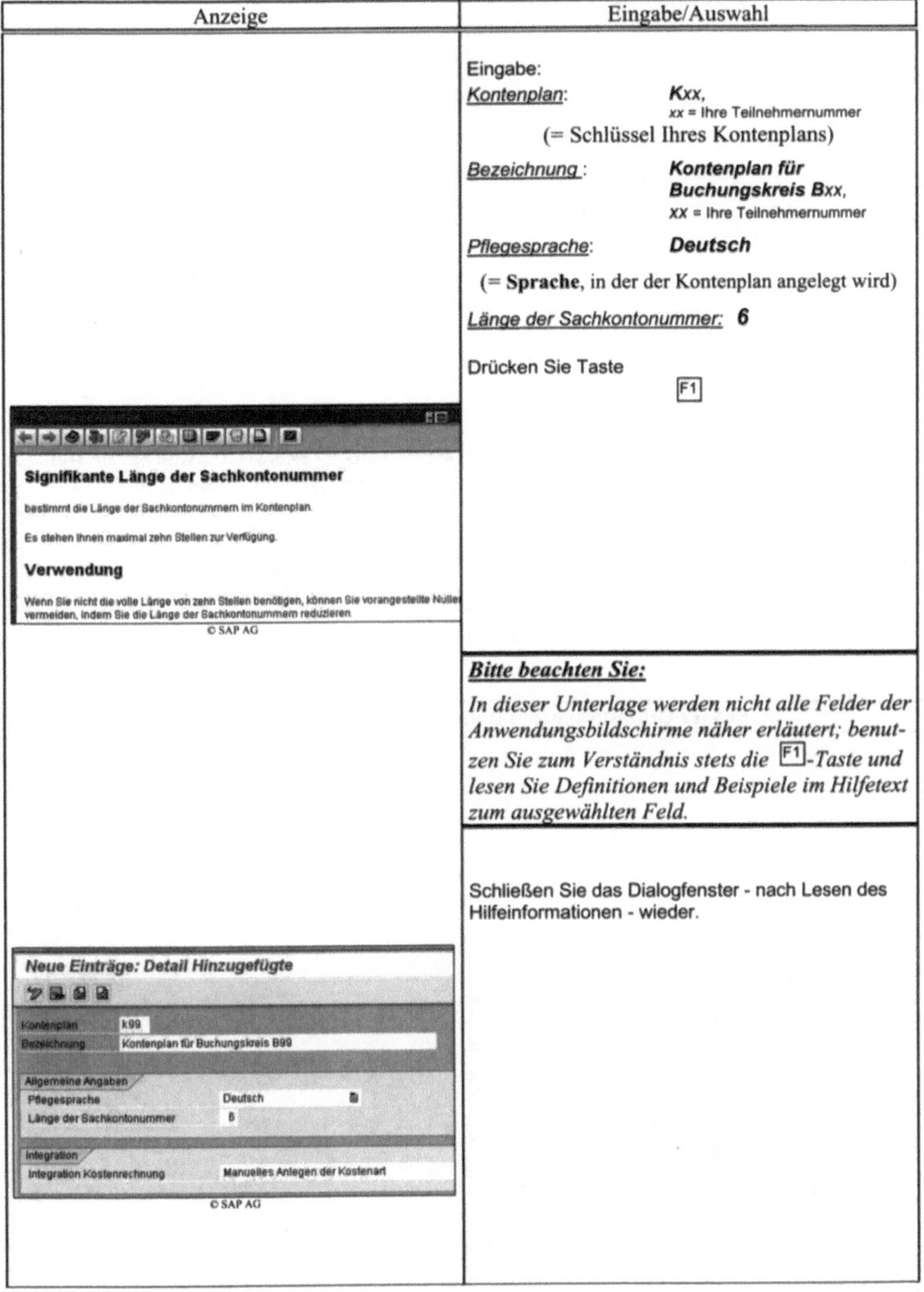

Anzeige	Eingabe/Auswahl
	Eingabe: *Kontenplan*: **Kxx**, xx = Ihre Teilnehmernummer (= Schlüssel Ihres Kontenplans) *Bezeichnung* : **Kontenplan für Buchungskreis Bxx**, XX = Ihre Teilnehmernummer *Pflegesprache*: **Deutsch** (= **Sprache**, in der der Kontenplan angelegt wird) *Länge der Sachkontonummer:* **6** Drücken Sie Taste F1
Signifikante Länge der Sachkontonummer bestimmt die Länge der Sachkontonummern im Kontenplan. Es stehen Ihnen maximal zehn Stellen zur Verfügung. **Verwendung** Wenn Sie nicht die volle Länge von zehn Stellen benötigen, können Sie vorangestellte Nullen vermeiden, indem Sie die Länge der Sachkontonummern reduzieren. © SAP AG	***Bitte beachten Sie:*** *In dieser Unterlage werden nicht alle Felder der Anwendungsbildschirme näher erläutert; benutzen Sie zum Verständnis stets die F1-Taste und lesen Sie Definitionen und Beispiele im Hilfetext zum ausgewählten Feld.*
Neue Einträge: Detail Hinzugefügte Kontenplan: k99 Bezeichnung: Kontenplan für Buchungskreis B99 Allgemeine Angaben Pflegesprache: Deutsch Länge der Sachkontonummer: 6 Integration Integration Kostenrechnung: Manuelles Anlegen der Kostenart © SAP AG	Schließen Sie das Dialogfenster - nach Lesen des Hilfeinformationen - wieder.

Anzeige	Eingabe/Auswahl
Einführungsleitfaden (SAP Referenz-IMG)	Das Feld "Integration der Kostenrechnung" enthält bereits standardmäßig den Wert "Manuelles Anlegen der Kostenart", d. h. dass das Anlegen primärer Kostenarten nicht automatisch bei Anlage des entsprechenden Sachkontos in der Finanzbuchhaltung erfolgen soll, sondern dass die Kostenarten manuell für die Kostenrechnung angelegt werden müssen. Diese Option soll auch für das Testbeispiel übernommen werden (s. auch M5.1.1). Klicken Sie auf (= Sichern) Daten werden gesichert; Ihr Kontenplan ist im Kontenplanverzeichnis eingetragen. Klicken Sie auf (= Beenden)

M2.1.2 Buchungskreis dem Kontenplan zuordnen

Wählen Sie im SAP-Referenz:

Finanzwesen -
Hauptbuchhaltung-
Sachkonten -
Stammdaten -
Vorarbeiten -
Buchungskreis einem Kontenplan zuordnen

Sicht "Zuordnung Buchungskreis -> Kontenplan"

BuKr	Name der Firma	Ort	Kontenpl.	Landesktpl
0001	SAP A.G.	Walldorf	INT	
0MB1	IS-B Musterbank Deutsc...	Walldorf	0MB1	
AR01	Country Template AR	Argentinien	INT	
AT01	Country Template AT	Austria	INT	
AU01	Country Template AU	Australia	INT	
B00	SAP-kst00	Dortmund	K11	
B11	SAP-KST11	Dortmund	K11	
B22	SAP-KST22	Dortmund	K22	
B24	SAP-KST 42	Dortmund	K24	
B99	SAP-KST 99	Dortmund		

Anzeige	Eingabe/Auswahl
Einführungsleitfaden (SAP Referenz-IMG)	Eingabe oder Auswahl (hinter Ihrem Buchungskreis Bxx): Kontenpl.: **Kxx,** xx = Ihre Teilnehmernummer (= Schlüssel Ihres Kontenplans) Klicken Sie auf (= Sichern) Daten werden gesichert. Klicken Sie auf (= Beenden) Die Transaktion wurde beendet.

M2.1.3 Kontengruppen definieren und pflegen

Die *Kontengruppe* ist eine Zusammenfassung von Eigenschaften, die das Anlegen von Sachkontenstammsätzen steuern.

Über Kontengruppen kann bestimmt werden, welche Felder beim Anlegen von Stammsätzen gefüllt werden müssen oder können, d. h. sie dienen zur kontenspezifischen Gestaltung von Bildschirmbildern für die Erfassung von Sachkontenstammdaten. Über die Kontengruppe wird außerdem der Nummernbereich für die Wahl der Sachkontonummern bestimmt.

Beim Anlegen eines Stammsatzes im Kontenplan muß eine Kontengruppe angegeben werden, d.h. man benötigt mindestens eine Kontengruppe pro Kontenplan.

Anzeige	Eingabe/Auswahl
	Kontengruppe definieren: Für das Testbeispiel soll hier nur eine Kontengruppe für alle Finanzbuchhaltungs- und Kostenrechnungskonten definiert werden. Wählen Sie im SAP-Referenz: **Finanzwesen -** **Hauptbuchhaltung-** **Sachkonten -** **Stammdaten -** **Vorarbeiten -** **Kontengruppe definieren**

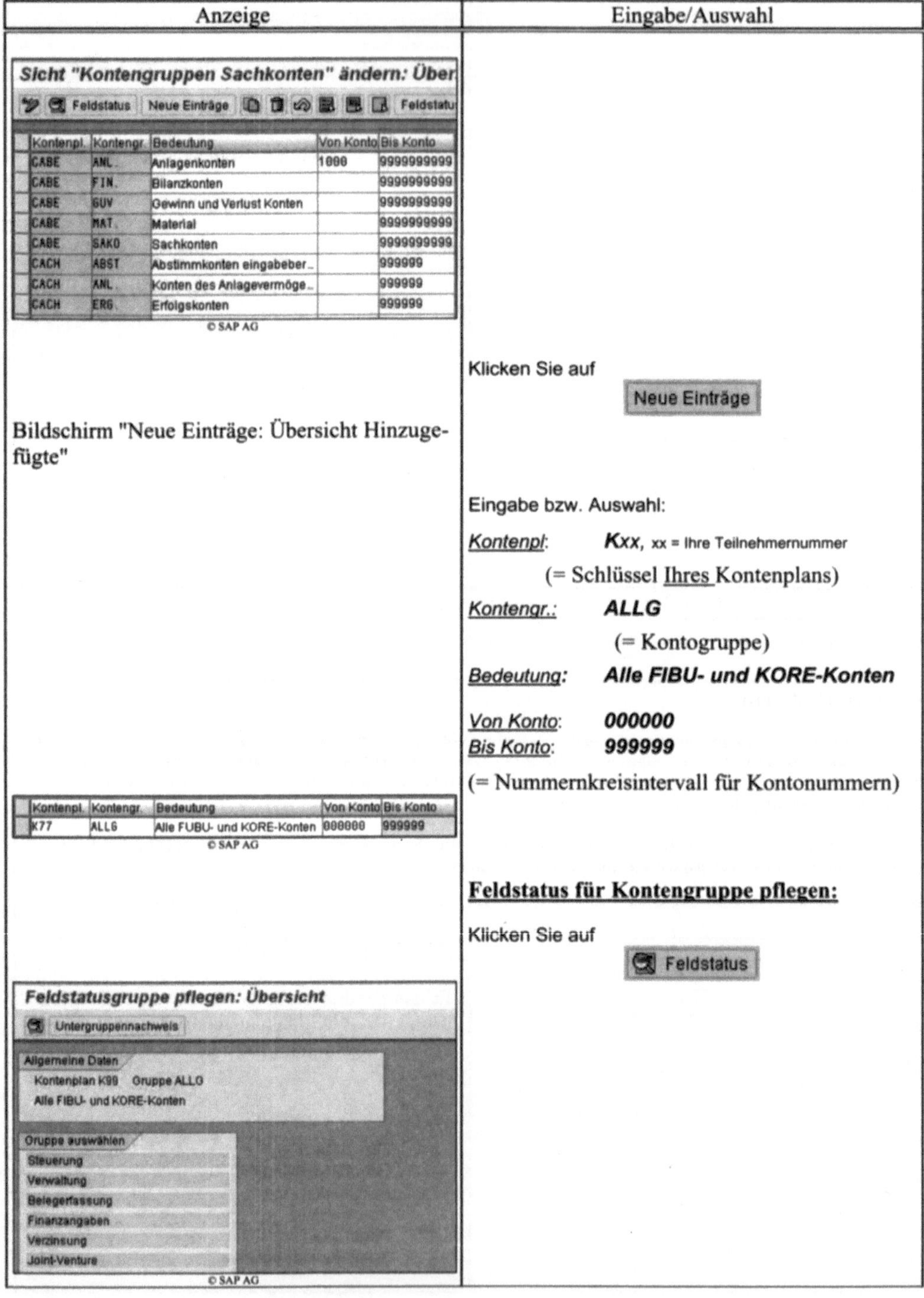

Anzeige	Eingabe/Auswahl
Sicht "Kontengruppen Sachkonten" ändern: Über Feldstatus · Neue Einträge · Feldstatu © SAP AG	
	Klicken Sie auf Neue Einträge
Bildschirm "Neue Einträge: Übersicht Hinzugefügte"	Eingabe bzw. Auswahl: Kontenpl: ***Kxx***, xx = Ihre Teilnehmernummer (= Schlüssel Ihres Kontenplans) Kontengr.: ***ALLG*** (= Kontogruppe) Bedeutung: ***Alle FIBU- und KORE-Konten*** Von Konto: ***000000*** Bis Konto: ***999999*** (= Nummernkreisintervall für Kontonummern)
© SAP AG	
	Feldstatus für Kontengruppe pflegen: Klicken Sie auf Feldstatus
Feldstatusgruppe pflegen: Übersicht Untergruppennachweis Allgemeine Daten Kontenplan K99 Gruppe ALLG Alle FIBU- und KORE-Konten Gruppe auswählen Steuerung Verwaltung Belegerfassung Finanzangaben Verzinsung Joint-Venture © SAP AG	

Kontenpl.	Kontengr.	Bedeutung	Von Konto	Bis Konto
CABE	ANL.	Anlagenkonten	1000	9999999999
CABE	FIN.	Bilanzkonten		9999999999
CABE	GUV	Gewinn und Verlust Konten		9999999999
CABE	MAT.	Material		9999999999
CABE	SAKO	Sachkonten		9999999999
CACH	ABST	Abstimmkonten eingabeber..		999999
CACH	ANL.	Konten des Anlagevermöge..		999999
CACH	ERG.	Erfolgskonten		999999

Kontenpl.	Kontengr.	Bedeutung	Von Konto	Bis Konto
K77	ALLG	Alle FUBU- und KORE-Konten	000000	999999

Anzeige	Eingabe/Auswahl
	Die Felder der Erfassungsbildschirme für Sachkontenstammdaten sind zu Gruppen zusammengefasst, so dass die Feldstatus gruppenweise gepflegt werden können. Dem aktuellen Bildschirm können die Feldgruppen der Erfassungsbildschirme für Sachkontenstammdaten der Kontengruppe ALLG entnommen werden.
	Doppelklicken Sie auf Gruppe **Steuerung**
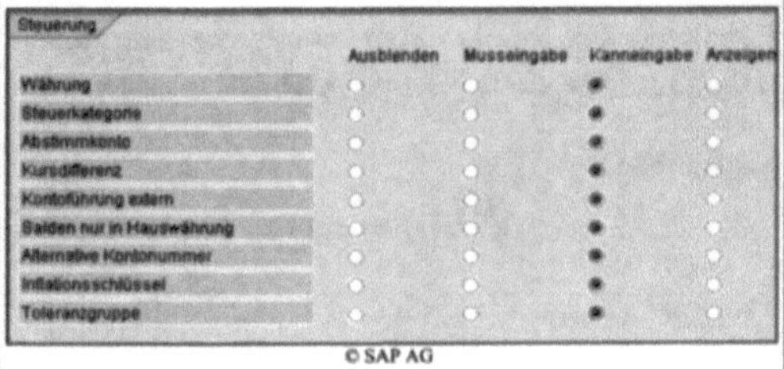 Steuerung Ausblenden Musseingabe Kanneingabe Anzeigen Währung Steuerkategorie Abstimmkonto Kursdifferenz Kontoführung extern Salden nur in Hauswährung Alternative Kontonummer Inflationsschlüssel Toleranzgruppe © SAP AG	
	Allen Feldern der Gruppe ist Feldstatus "Kanneingabe" zugeordnet.
	Setzen Sie (durch Anklicken) den Status des Feldes "Währung" auf **Musseingabe**
	Klicken Sie auf (= Nächste Gruppe)
Bildschirm "Feldstatusgruppe pflegen: Verwaltung"	Klicken Sie auf (= Nächste Gruppe)
Bildschirm "Feldstatusgruppe pflegen: Belegerfassung"	Setzen Sie den Status des Feldes "Feldstatusgruppe" auf **Musseingabe**

Die *Feldstatusgruppe* im Stammsatz eines Kontos wird benötigt, um die <u>Bildschirmbilder und Prüfroutinen für das Buchen von Belegen</u> auf das Konto zu gestalten.

Anzeige	Eingabe/Auswahl
	Die Felder "Währungsschlüssel" und "Feldstatusgruppe" wurden als Musseingabe-Felder definiert, weil diese Felder immer im Stammsatz eines Sachkontos enthalten sein müssen.
	Klicken Sie auf (= Sichern)
Bildschirm "Neue Einträge: Übersicht Hinzugefügte"	Daten werden gesichert.
	Für Ihren Kontenplan **K*xx*** gibt es nun eine Kontengruppe mit dem Namen **ALLG.**
	Klicken Sie auf (= Beenden)
Einführungsleitfaden (SAP Referenz-IMG)	Transaktion wird beendet.

M2.1.4 Ergebnisvortragskonto festlegen

Bevor Sie *Erfolgskonten* in den Kontenplan aufnehmen können, müssen Sie festlegen, auf welches Ergebnisvortragskonto der Saldo des Kontos beim Jahreswechsel ins neue Geschäftsjahr vorgetragen werden soll. Jedes Erfolgskonto wird dem Ergebnisvortragskonto über einen Schlüssel, dem sogenannten *Erfolgskontentyp*, zugeordnet.

Dies dient der automatischen Kontenfindung bei Abschlussarbeiten.

Anzeige	Eingabe/Auswahl
Einführungsleitfaden (SAP Referenz-IMG)	Im Testbeispiel wird, wie auch allgemein üblich, nur **ein** Ergebnisvortragskonto (hier: "900000 Ergebnis-Vortrag") verwendet. Die Definition eines entsprechenden Erfolgskontentyps ist hier notwendig, auch wenn Abschlussarbeiten in der Finanzbuchhaltung nicht zum Umfang des Testbeispiels gehören, da sonst kein Erfolgskonto angelegt werden könnte.

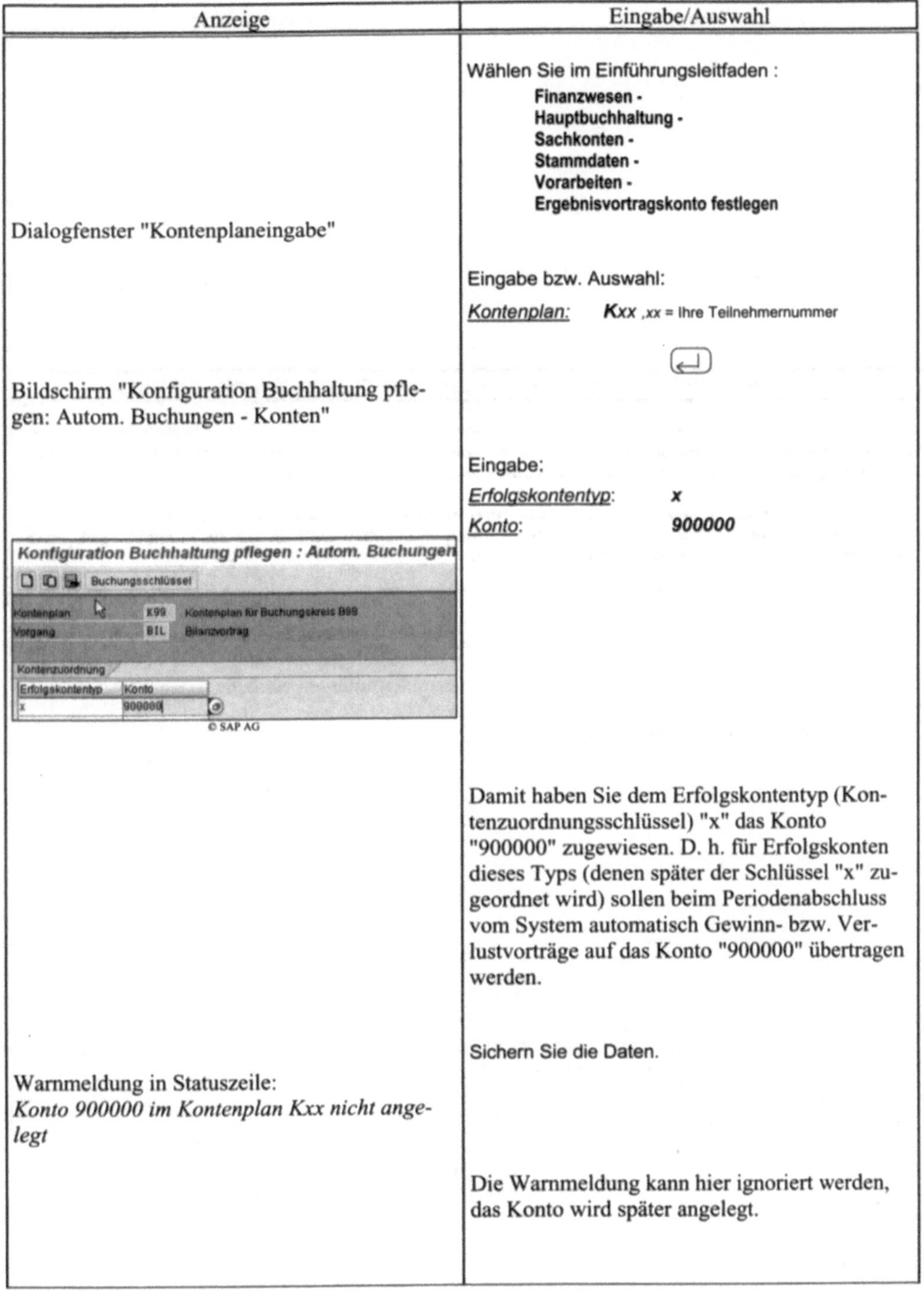

Anzeige	Eingabe/Auswahl
	Wählen Sie im Einführungsleitfaden : **Finanzwesen -** **Hauptbuchhaltung -** **Sachkonten -** **Stammdaten -** **Vorarbeiten -** **Ergebnisvortragskonto festlegen**
Dialogfenster "Kontenplaneingabe"	Eingabe bzw. Auswahl: *Kontenplan:* ***Kxx*** *,xx* = Ihre Teilnehmernummer ⏎
Bildschirm "Konfiguration Buchhaltung pflegen: Autom. Buchungen - Konten"	Eingabe: *Erfolgskontentyp*: ***x*** *Konto*: ***900000***
Konfiguration Buchhaltung pflegen : Autom. Buchungen Buchungsschlüssel Kontenplan K99 Kontenplan für Buchungskreis B99 Vorgang BIL Bilanzvortrag Kontenzuordnung Erfolgskontentyp Konto x 900000 © SAP AG	
	Damit haben Sie dem Erfolgskontentyp (Kontenzuordnungsschlüssel) "x" das Konto "900000" zugewiesen. D. h. für Erfolgskonten dieses Typs (denen später der Schlüssel "x" zugeordnet wird) sollen beim Periodenabschluss vom System automatisch Gewinn- bzw. Verlustvorträge auf das Konto "900000" übertragen werden.
	Sichern Sie die Daten.
Warnmeldung in Statuszeile: *Konto 900000 im Kontenplan Kxx nicht angelegt*	Die Warnmeldung kann hier ignoriert werden, das Konto wird später angelegt.

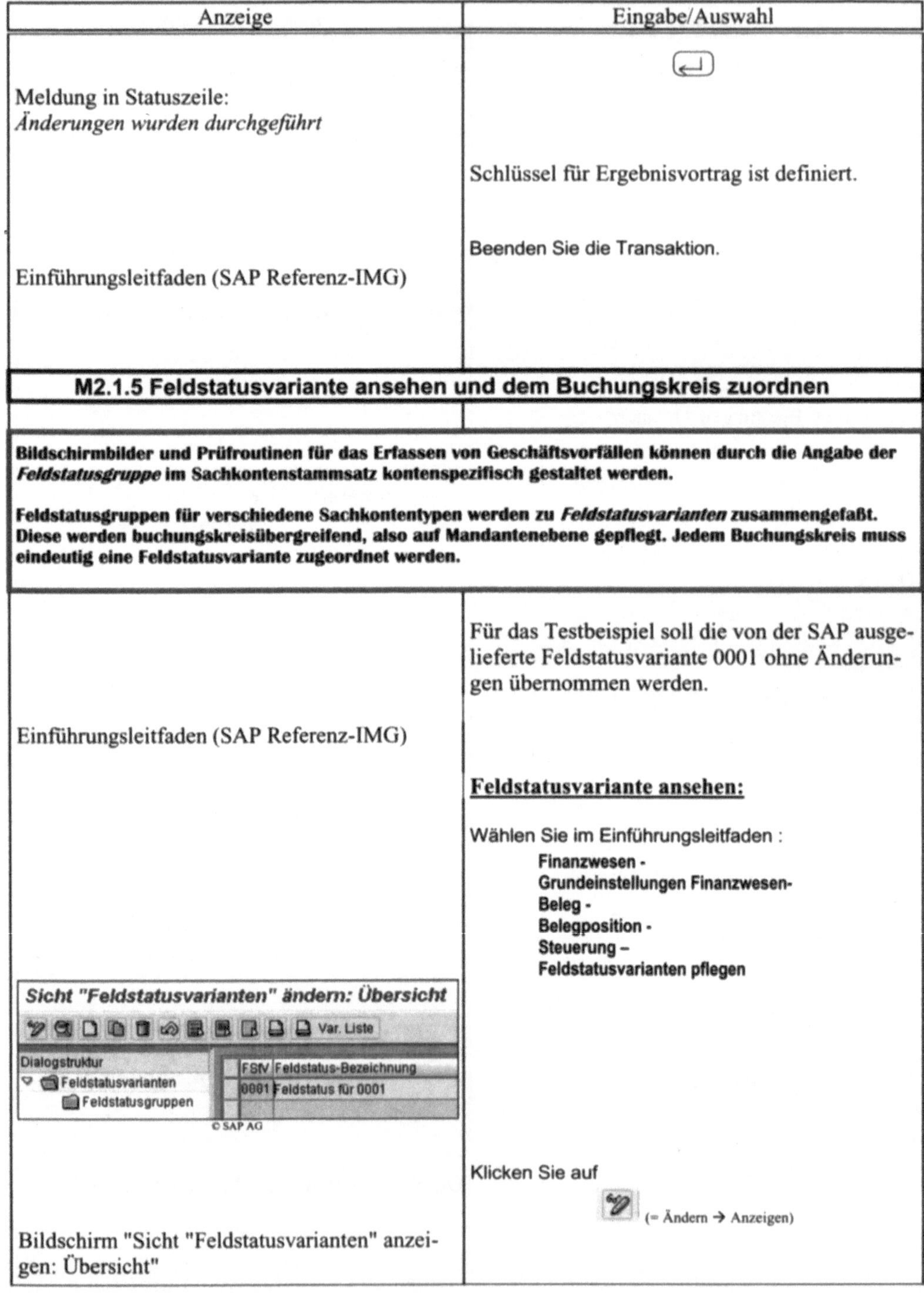

Anzeige	Eingabe/Auswahl
Meldung in Statuszeile: *Änderungen wurden durchgeführt*	⏎
	Schlüssel für Ergebnisvortrag ist definiert.
Einführungsleitfaden (SAP Referenz-IMG)	Beenden Sie die Transaktion.
M2.1.5 Feldstatusvariante ansehen und dem Buchungskreis zuordnen	
Bildschirmbilder und Prüfroutinen für das Erfassen von Geschäftsvorfällen können durch die Angabe der *Feldstatusgruppe* im Sachkontenstammsatz kontenspezifisch gestaltet werden. **Feldstatusgruppen für verschiedene Sachkontentypen werden zu *Feldstatusvarianten* zusammengefaßt. Diese werden buchungskreisübergreifend, also auf Mandantenebene gepflegt. Jedem Buchungskreis muss eindeutig eine Feldstatusvariante zugeordnet werden.**	
	Für das Testbeispiel soll die von der SAP ausgelieferte Feldstatusvariante 0001 ohne Änderungen übernommen werden.
Einführungsleitfaden (SAP Referenz-IMG)	**Feldstatusvariante ansehen:** Wählen Sie im Einführungsleitfaden : **Finanzwesen -** **Grundeinstellungen Finanzwesen-** **Beleg -** **Belegposition -** **Steuerung –** **Feldstatusvarianten pflegen**
	Klicken Sie auf (= Ändern → Anzeigen)
Bildschirm "Sicht "Feldstatusvarianten" anzeigen: Übersicht"	

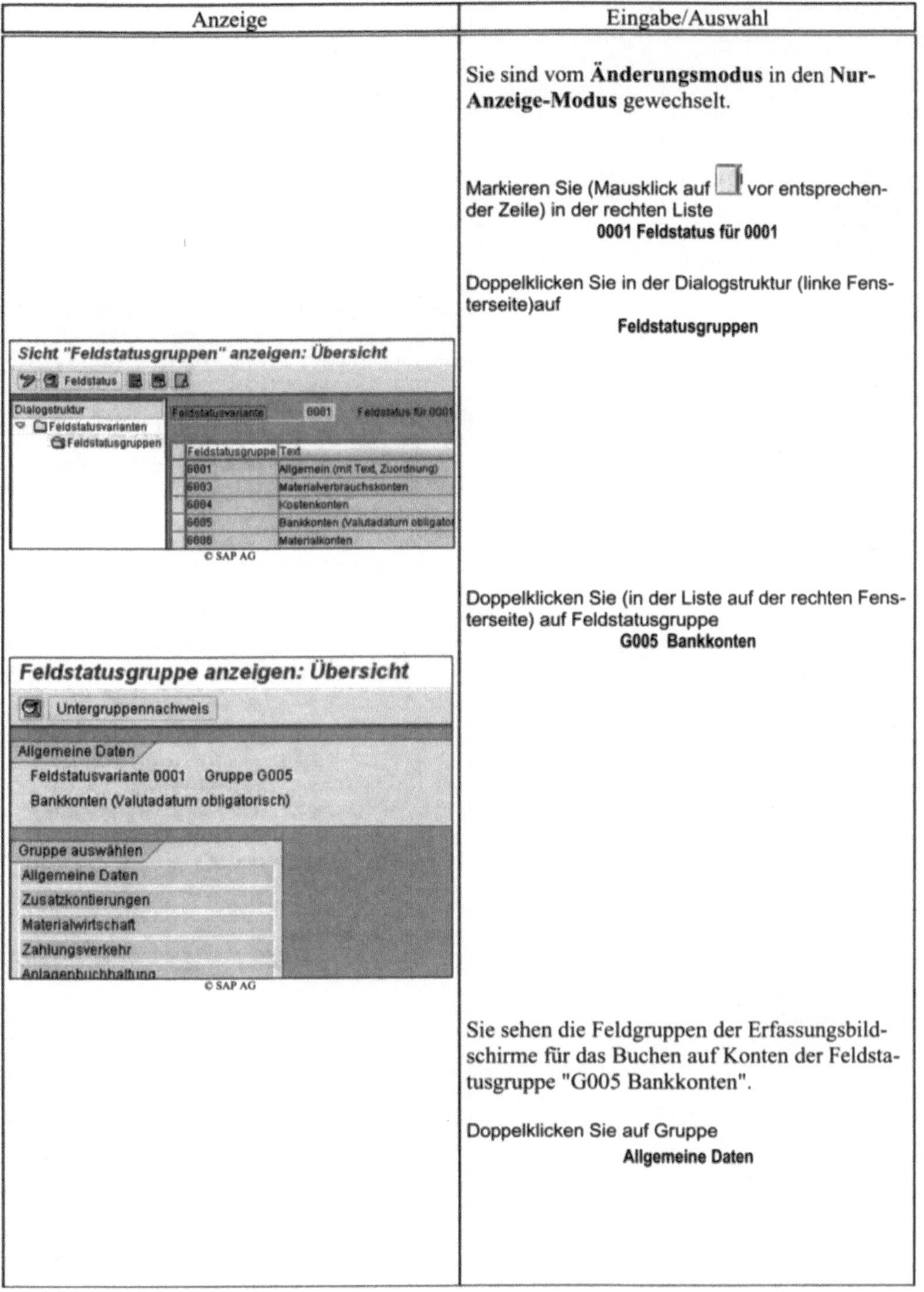

Anzeige	Eingabe/Auswahl
	Sie sind vom **Änderungsmodus** in den **Nur-Anzeige-Modus** gewechselt.
	Markieren Sie (Mausklick auf [Markierungsfeld-Symbol] vor entsprechender Zeile) in der rechten Liste **0001 Feldstatus für 0001** Doppelklicken Sie in der Dialogstruktur (linke Fensterseite)auf **Feldstatusgruppen**
Sicht "Feldstatusgruppen" anzeigen: Übersicht Feldstatus Dialogstruktur Feldstatusvarianten Feldstatusgruppen Feldstatusvariante 0001 Feldstatus für 0001 Feldstatusgruppe / Text G001 Allgemein (mit Text, Zuordnung) G003 Materialverbrauchskonten G004 Kostenkonten G005 Bankkonten (Valutadatum obligator G006 Materialkonten © SAP AG	Doppelklicken Sie (in der Liste auf der rechten Fensterseite) auf Feldstatusgruppe **G005 Bankkonten**
Feldstatusgruppe anzeigen: Übersicht Untergruppennachweis Allgemeine Daten Feldstatusvariante 0001 Gruppe G005 Bankkonten (Valutadatum obligatorisch) Gruppe auswählen Allgemeine Daten Zusatzkontierungen Materialwirtschaft Zahlungsverkehr Anlagenbuchhaltung © SAP AG	Sie sehen die Feldgruppen der Erfassungsbildschirme für das Buchen auf Konten der Feldstatusgruppe "G005 Bankkonten". Doppelklicken Sie auf Gruppe **Allgemeine Daten**

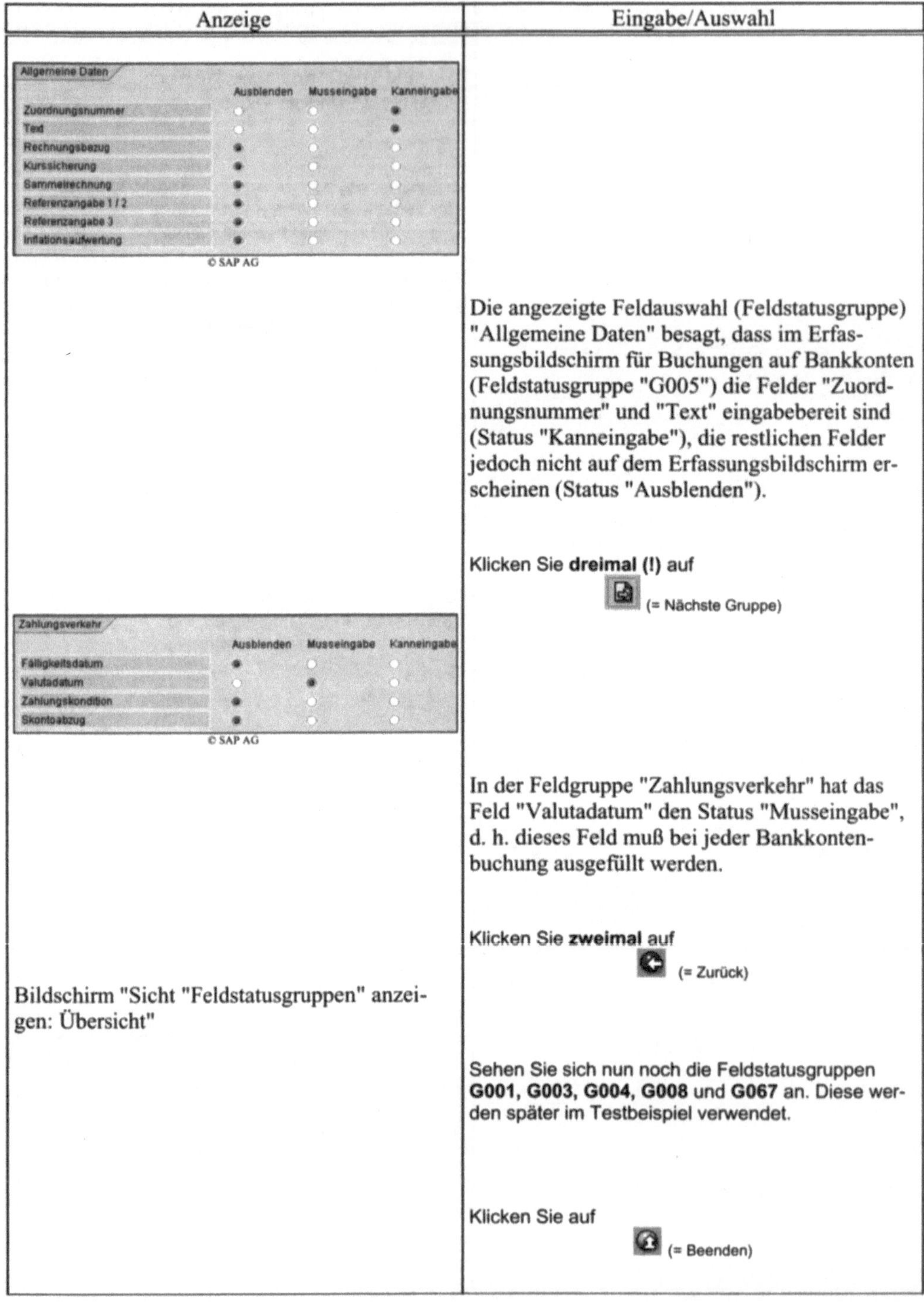

Anzeige	Eingabe/Auswahl
Allgemeine Daten (© SAP AG)	Die angezeigte Feldauswahl (Feldstatusgruppe) "Allgemeine Daten" besagt, dass im Erfassungsbildschirm für Buchungen auf Bankkonten (Feldstatusgruppe "G005") die Felder "Zuordnungsnummer" und "Text" eingabebereit sind (Status "Kanneingabe"), die restlichen Felder jedoch nicht auf dem Erfassungsbildschirm erscheinen (Status "Ausblenden").
	Klicken Sie **dreimal (!)** auf (= Nächste Gruppe)
Zahlungsverkehr (© SAP AG)	In der Feldgruppe "Zahlungsverkehr" hat das Feld "Valutadatum" den Status "Musseingabe", d. h. dieses Feld muß bei jeder Bankkontenbuchung ausgefüllt werden.
	Klicken Sie **zweimal** auf (= Zurück)
Bildschirm "Sicht "Feldstatusgruppen" anzeigen: Übersicht"	Sehen Sie sich nun noch die Feldstatusgruppen **G001, G003, G004, G008** und **G067** an. Diese werden später im Testbeispiel verwendet.
	Klicken Sie auf (= Beenden)

<table>
<tr><th>Anzeige</th><th>Eingabe/Auswahl</th></tr>
<tr><td>Einführungsleitfaden (SAP Referenz-IMG)</td><td>Transaktion wird beendet.</td></tr>
<tr><td></td><td><u>Feldstatusvariante zuordnen:</u>

Wählen Sie im Einführungsleitfaden :
Finanzwesen -
Grundeinstellungen Finanzwesen-
Beleg -
Belegposition -
Steuerung –
Buchungskreis Feldstatusvariante zuordnen</td></tr>
<tr><td>
Sicht "Zuordnung Buchungskreis -> Feldstatusvariante"<table>
<tr><th>BuKr</th><th>Name der Firma</th><th>Ort</th><th>Feldstatusvar</th></tr>
<tr><td>0001</td><td>SAP A.G.</td><td>Walldorf</td><td>0001</td></tr>
<tr><td>AR01</td><td>Country Template AR</td><td>Argentinien</td><td>0001</td></tr>
<tr><td>AT01</td><td>Country Template AT</td><td>Austria</td><td>0001</td></tr>
<tr><td>AU01</td><td>Country Template AU</td><td>Australia</td><td>0001</td></tr>
<tr><td>B11</td><td>SAP-Kostenrechnung11</td><td>Dortmund</td><td>0001</td></tr>
<tr><td>B88</td><td>SAP-KST 88</td><td>Dormund</td><td>0001</td></tr>
<tr><td>B90</td><td>SAP-KST 90</td><td>Dortmund</td><td></td></tr>
<tr><td>B99</td><td>SAP--Kostenrechnung 99</td><td>Dortmund</td><td>0001</td></tr>
</table>© SAP AG</td><td>Eingabe bzw. Auswahl (hinter <u>Ihrem</u> Buchungskreis Bxx):

<u>Feldstatusvar</u>: 0001

Klicken Sie auf
(= Sichern)

Daten werden gesichert.

Ihrem Buchungskreis ist nun die Feldstatusvariante 0001 zugeordnet.

Klicken Sie auf
(= Beenden)</td></tr>
<tr><td>Einführungsleitfaden (SAP Referenz-IMG)</td><td>Schließen Sie das Untermenü "Grundeinstellungen Finanzwesen" des Einführungsleitfadens (Mausklick auf ▽).</td></tr>
</table>

Anzeige	Eingabe/Auswahl
M2.2 Festlegungen für das Anlegen von Kreditorenstammsätzen	
	In der **Nebenbuchhaltung** sollen für das Testbeispiel lediglich einige Kreditorenstammsätze (unter M3.2) angelegt werden, um später kostenrechnungsrelevante Geschäftsvorfälle auf diesen Konten erfassen zu können.
Kreditorenstammsätze **enthalten Informationen, die für die Geschäftsbeziehung zum Kreditor benötigt werden und Daten, die das Buchen auf das Kreditorenkonto steuern.** **Da Kreditorenstammsätze (wie auch Debitorenstammsätze) zum Teil buchungskreisübergreifende Daten enthalten, also mandantenweit angelegt werden, sind die entsprechenden Systemeinstellungen für das Anlegen der Stammsätze (Anlegen von Nummernkreise und Kontengruppen) auf Mandantenebene durchzuführen.**	
	Für das Testbeispiel wurde bereits eine Kreditorenkontengruppe für alle Buchungskreise (auf der Mandantenebene) angelegt. Im Übrigen sollen die Voreinstellungen von SAP übernommen werden. In den nachfolgenden Unterpunkten werden, zum besseren Verständnis, die wichtigsten Einstellungen lediglich gezeigt.
M2.2.1 Nummernkreise	
Der ***Nummernkreis*****, legt fest:** **- den Nummernbereich, aus dem die Kontonummern für die Stammsätze zu wählen sind** **- ob die Nummern intern durch das System oder extern vergeben werden.**	
Einstiegsbildschirm "Nummernkreise Kreditor"	Wählen Sie im Einführungsleitfaden : **Finanzwesen -** **Debitoren- und Kreditorenbuchhaltung -** **Kreditorenkonten -** **Stammdaten -** **Anlegen der Kreditorenstammdaten vorbereiten -** **Nummernkreise für Kreditorenkonten anlegen** Klicken Sie auf [Intervalle] (= Intervalle anzeigen)

Anzeige	Eingabe/Auswahl

Nummernkreise für Kreditorenstammsätze:

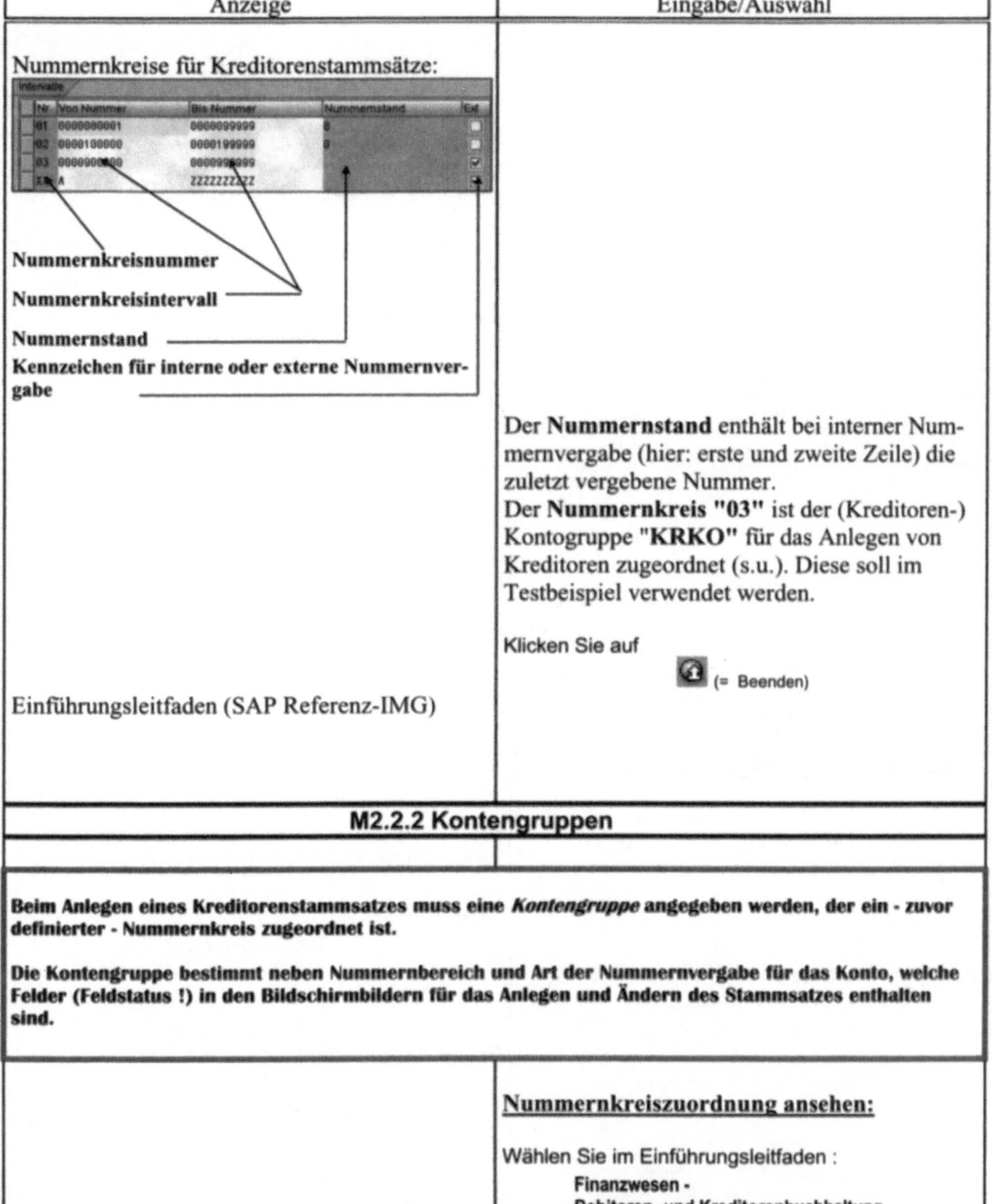

Der **Nummernstand** enthält bei interner Nummernvergabe (hier: erste und zweite Zeile) die zuletzt vergebene Nummer.
Der **Nummernkreis "03"** ist der (Kreditoren-) Kontogruppe **"KRKO"** für das Anlegen von Kreditoren zugeordnet (s.u.). Diese soll im Testbeispiel verwendet werden.

Klicken Sie auf (= Beenden)

Einführungsleitfaden (SAP Referenz-IMG)

M2.2.2 Kontengruppen

Beim Anlegen eines Kreditorenstammsatzes muss eine *Kontengruppe* angegeben werden, der ein - zuvor definierter - Nummernkreis zugeordnet ist.

Die Kontengruppe bestimmt neben Nummernbereich und Art der Nummernvergabe für das Konto, welche Felder (Feldstatus !) in den Bildschirmbildern für das Anlegen und Ändern des Stammsatzes enthalten sind.

Nummernkreiszuordnung ansehen:

Wählen Sie im Einführungsleitfaden :

Finanzwesen -
Debitoren- und Kreditorenbuchhaltung -
Kreditorenkonten -
Stammdaten -
Anlegen der Kreditorenstammdaten vorbereiten -
Nummernkreise den Kontengruppen für Kreditoren zuordnen

<table>
<tr><th>Anzeige</th><th>Eingabe/Auswahl</th></tr>
<tr><td>Bildschirm "Sicht „Zuo. Kontengruppen Kreditoren->Nummernkreis" ändern: Übersicht"

Sicht "Zuo. Kontengruppen Kreditoren->Nu

| Gruppe | Bedeutung | Nummernkreis |
0001	Lieferant	XX
0002	Warenlieferant	XX
0003	Abweichender Zahlungsempfänger	XX
0004	Rechnungssteller	XX
0005	Spediteur	XX
0006	Bestelladresse	XX
0007	Werke	XX
0012	Hierarchieknoten	01
0100	Lieferant-Verteilzentrum	XX
CPD	CPD-Kreditoren (int.NrVergabe)	02
CPDL	CPD-Kreditoren (ext.NrVergabe)	XX
DARL	Darlehensgeber	01
KRED	Kreditoren (int. NrVergabe)	02
KRKO	Kreditoren für Sem. Kore	03
LIEF	Kreditoren (ext. NrVergabe)	XX | © SAP AG</td><td>Klicken Sie auf (= Ändern → Anzeigen) Sie sind vom Änderungsmodus in den Nur-Anzeige-Modus gewechselt. Der Kontengruppe "KRKO" des Testbeispiels ist der Nummernkreis "03" zugeordnet. Klicken Sie auf (= Beenden)</td></tr>
<tr><td>Einführungsleitfaden (SAP Referenz-IMG)

Bildschirm "Sicht „Kontengruppen Kreditoren" ändern: Übersicht"</td><td><u>Feldstatus ansehen:</u>

Wählen Sie im Einführungsleitfaden :
Finanzwesen -
Debitoren- und Kreditorenbuchhaltung -
Kreditorenkonten -
Stammdaten -
Anlegen der Kreditorenstammdaten vorbereiten -
Kontengruppe mit Bildaufbau definieren (Kreditoren)</td></tr>
</table>

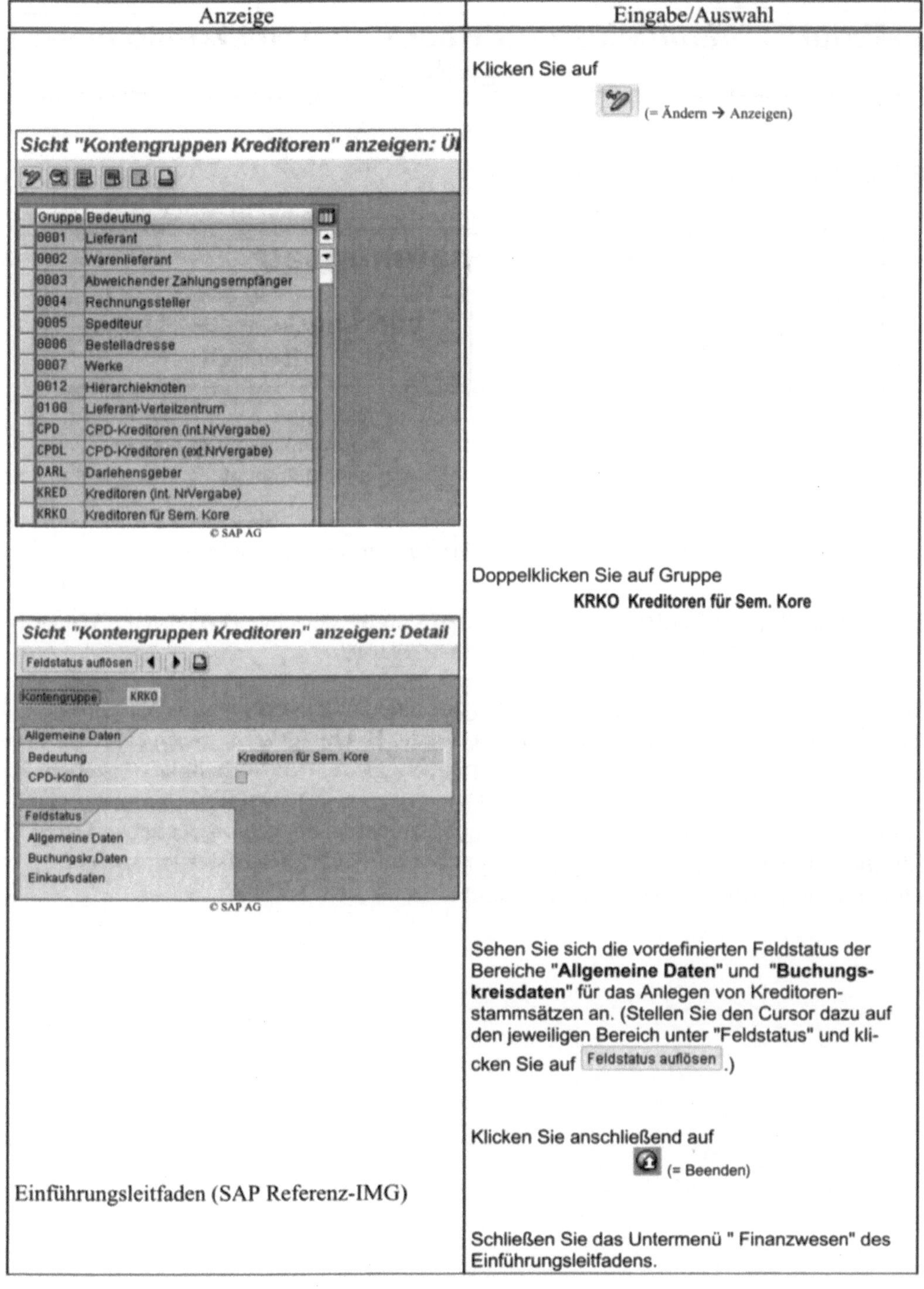

Anzeige	Eingabe/Auswahl
	Klicken Sie auf (= Ändern → Anzeigen)
© SAP AG	Doppelklicken Sie auf Gruppe **KRKO Kreditoren für Sem. Kore**
© SAP AG	Sehen Sie sich die vordefinierten Feldstatus der Bereiche **"Allgemeine Daten"** und **"Buchungskreisdaten"** für das Anlegen von Kreditorenstammsätzen an. (Stellen Sie den Cursor dazu auf den jeweiligen Bereich unter "Feldstatus" und klicken Sie auf Feldstatus auflösen.)
Einführungsleitfaden (SAP Referenz-IMG)	Klicken Sie anschließend auf (= Beenden)
	Schließen Sie das Untermenü " Finanzwesen" des Einführungsleitfadens.

Modul 3: Stammdaten für Haupt- und Nebenbuchhaltung anlegen

Hierarchie der Sachkontenstammdaten

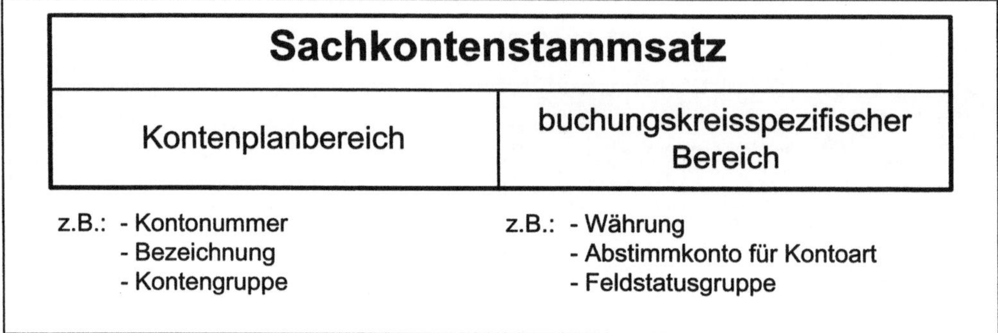

Bild 3.1/22 (Modul 3): Hierarchie der Sachkontenstammdaten

Die **Daten des Sachkontenstammsatzes sind geteilt**: der eine Teil wird auf Kontenplanebene, der andere auf Buchungskreisebene erfasst.

Dieser Sachverhalt der Teilung der Daten des Sachkontenstammsatzes hat für das Testbeispiel allerdings keine Bedeutung, da jeder Buchungskreis seinen eigenen Kontenplan anlegt und somit Kontenplan und Buchungskreis im Verhältnis 1:1 stehen. Mit der Teilungsmöglichkeit der Stammdaten kann man jedenfalls in zentral organisierten Unternehmen erreichen, dass die auf Kontenplanebene vorgegebenen Daten für alle untergeordneten Buchungskreise gelten und dass aber zusätzlich auch buchungskreisspezifische Daten möglich sind.

Integration Neben- und Hauptbuch

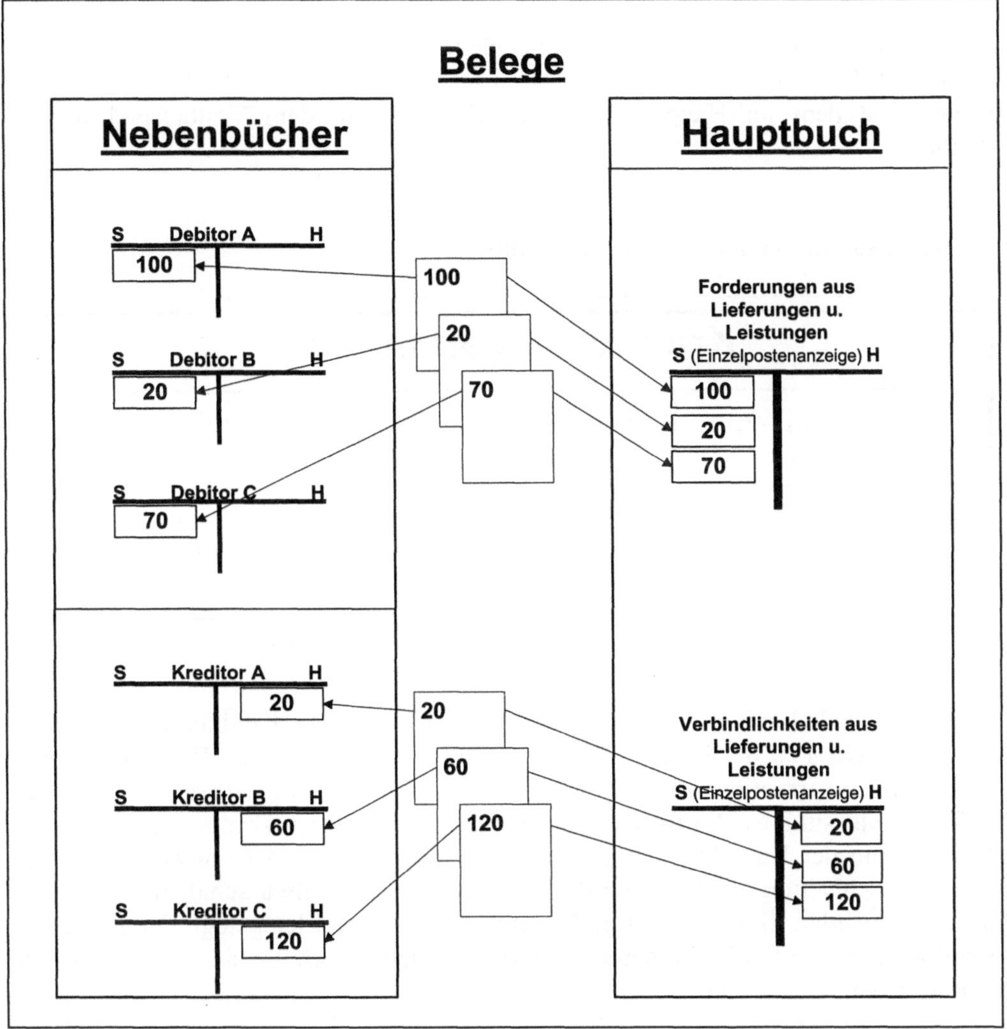

Bild 3.1/23 (Modul 3): Integration Neben- und Hauptbuch

Wenn wie üblich die Debitoren- und Kreditorenkonten in Nebenbuchhaltungen ausgegliedert werden, ist dennoch jederzeit der Zusammenhang zur Hauptbuchhaltung herzustellen. Dies geschieht im SAP-System dadurch, dass z. B. der Debitor (Nebenbuchhaltung) auf dem Konto Forderungen aus Lieferungen und Leistungen (Hauptbuch) gleichzeitig und automatisch mitgebucht wird. Ebenso ist es bei den Kreditoren: der Kreditor wird im Hauptbuch auf dem Konto Verbindlichkeiten aus Lieferungen und Leistungen mitgebucht. Der aktuelle Stand der Forderungen bzw. Verbindlichkeiten ist jederzeit ablesbar ("real-time-Prinzip").

In dem Testbeispiel kommt als Nebenbuchhaltung nur die Kreditorenbuchhaltung vor. Bei der Erfassung der Kreditorenstammsätze ist jeweils ein Abstimmkonto anzugeben, auf dem im Hauptbuch mitgebucht wird (in dem Testbeispiel Konto 160000).

Die Organisation der Kreditorenstammdaten

Kreditorenstammsatz		
Allgemeine Daten (Mandant)	Buchhaltungsdaten (Buchungskreis, FI)	Einkaufsdaten (Einkaufsorganisation, MM)
z.B.: - Name - Anschrift - Sprache	z.B.: - Abstimmkonto - Zahlungs-bedingungen	z.B.: - Daten zu Bestellungen

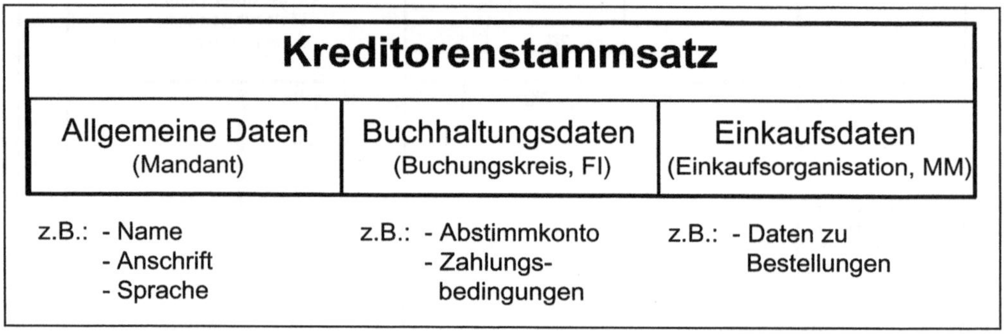

Bild 3.1/24 (Modul 3): Hierarchie der Kreditorenstammdaten

Wieder gilt, ähnlich wie bei den Sachkontenstammsätzen: Die Kreditorenstammdaten sind geteilt, **ein Teil** der Daten (allgemeine Daten) gelten **für alle Buchungskreise** und Einkaufsorganisationen (auf Mandantenebene), z. B. Name, Anschrift, Sprache. **Andere Teile sind buchungskreisspezifisch**, z. B. Abstimmkonto (Kontonummer Mitbuchkonto der Hauptbuchhaltung) und Zahlungsbedingungen. Soweit man über FI Finanzbuchhaltung hinaus noch das Modul MM Materialwirtschaft implementieren würde, würden Einkaufsdaten **je Einkaufsorganisation** festgelegt. Die Einkaufsorganisation ist ein SAP-Abrechnungsbegriff aus dem Bereich der Logistik, der hier nicht interessiert.

Was ist zu tun?

- Sachkonten:

120000 Bank
160000 Verbindlichkeiten
900000 Ergebnis-Vortrag
280000 verr. kalk. Kosten
403000 Verbr. Betriebsstoffe
415000 Energiekosten
...

} Kontengruppe ALLG — *Anlegen in M3.1* ①

- Kreditoren:

900*xx* Müller Baumarkt
910*xx* R W E
...

} Kontengruppe KRKO — *Anlegen in M3.2* ②

Eingaben:

① Kontonummer (120000,...), Schlüssel Buchungskreis (Bxx), Bezeichnung, Kennzeichen für Bestandskonto oder Erfolgskonto, Kontengruppe (ALLG), Standard-Sortierschlüssel (001 Buchungsdatum), Feldstatusgruppe (G005,...), Einzelpostenanzeige, Abstimmkonto (K, nur bei Verbindlichkeiten)

- siehe Anhang: Eingabetabellen, Tabelle 1 -

② Kontonummer (900xx, ...), Buchungskreis (Bnnn), Kontengruppe (KRKO), Anrede, Name, Suchbegriff, Abstimmkonto (160000 Verbindlichkeiten)

- siehe Anhang: Eingabetabellen, Tabelle 2 -

Bild 3.1/25 (Modul 3): Überblick Modul 3

Nach all diesen Vorarbeiten ist es geradezu eine Erholung, jetzt Stammdaten eingeben zu dürfen und zwar für

- Sachkonten
- Kreditoren

Ironisch: Dies könnte man auch einer Hilfskraft übertragen, die man aber kontrollieren muss, also einer zuverlässigen Hilfskraft übertragen oder gleich selber machen.

Anzeige	Eingabe/Auswahl

Modul 3: Stammdaten für Haupt- und Nebenbuchhaltung anlegen

M3.1 Sachkontenstammsätze anlegen

Ein *Sachkontenstammsatz* enthält Informationen, die das Erfassen und Buchen von Geschäftsvorfällen auf das zugehörige Konto und die Verarbeitung der Buchungsdaten steuern.

Die Daten des Stammsatzes sind verteilt auf einen Kontenplanbereich und einen buchungskreisspezifischen Bereich.

Anzeige	Eingabe/Auswahl
	Im Testbeispiel werden die Sachkontenstammsätze "zentral" angelegt, d. h. die Daten des kontenplanspezifischen und des buchungskreisspezifischen Bereichs werden in einer Transaktion erfasst.
SAP Easy Access mit **SAP Menü**	Wechseln Sie (Schaltfläche in der Taskleiste) zum SAP-Menü.
	Wählen Sie im SAP-Menü: **Rechnungswesen -** **Finanzwesen -** **Hauptbuch –** **Stammdaten -** **Einzelbearbeitung –** **Zentral**
Bildschirm "Sachkonto bearbeiten: Zentral", Registerkarte „Typ/Bezeichnung"	Eingabe bzw. Auswahl: Sachkonto: ***120000*** (= Nummer des Sachkontos) *Buchungskreis:* ***Bxx***, xx = Ihre Teilnehmernummer Klicken Sie auf (= Anlegen) Auswahl in Registerkarte „Typ/Bezeichnung": *Kontengruppe:* ***Alle Fibu- und Kore-Konten*** Wählen Sie die Option: **Bestandskonto**

Anzeige	Eingabe/Auswahl
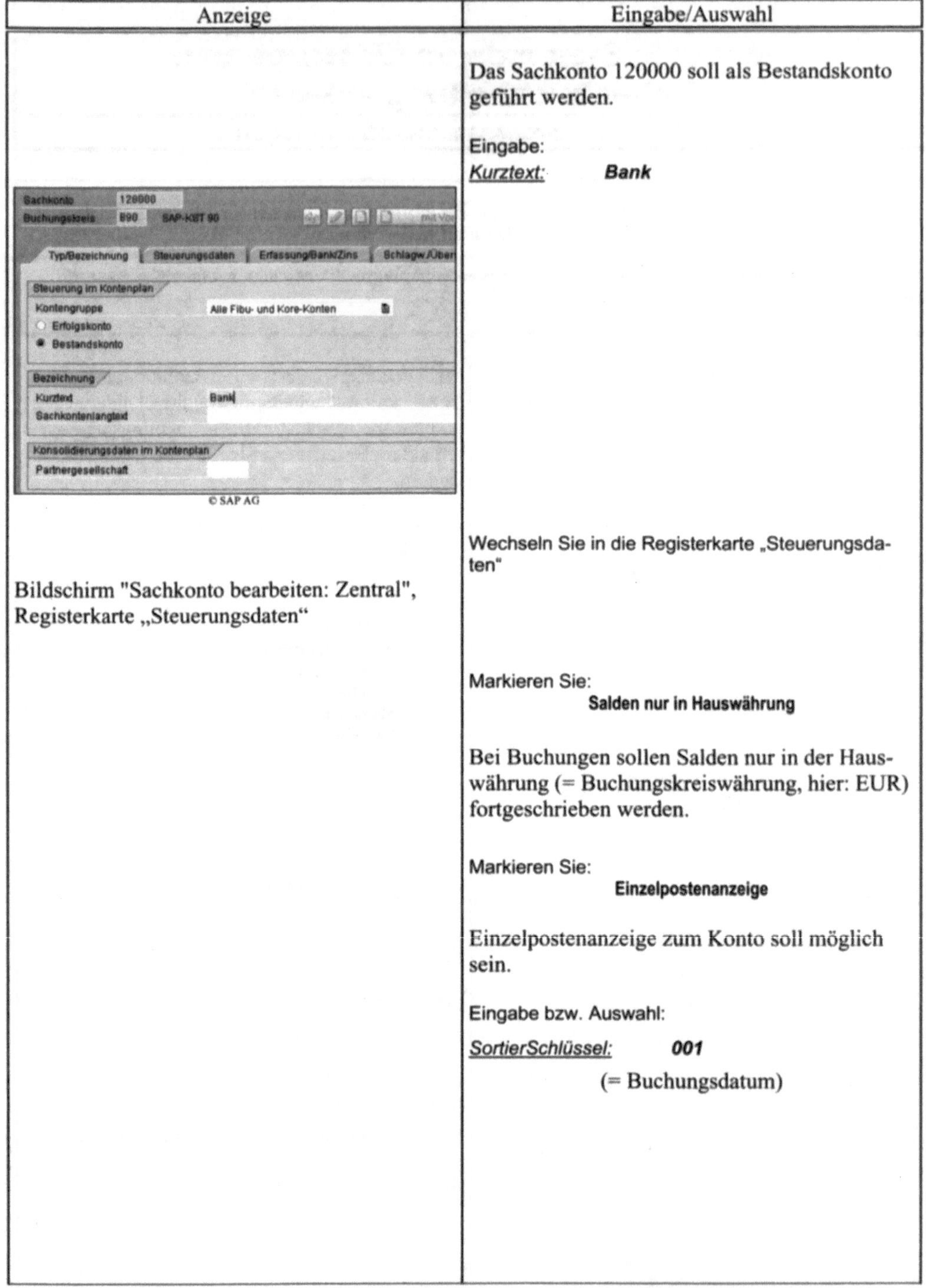 	Das Sachkonto 120000 soll als Bestandskonto geführt werden. Eingabe: *Kurztext:* ***Bank***
Bildschirm "Sachkonto bearbeiten: Zentral", Registerkarte „Steuerungsdaten“	Wechseln Sie in die Registerkarte „Steuerungsdaten“ Markieren Sie: **Salden nur in Hauswährung** Bei Buchungen sollen Salden nur in der Hauswährung (= Buchungskreiswährung, hier: EUR) fortgeschrieben werden. Markieren Sie: **Einzelpostenanzeige** Einzelpostenanzeige zum Konto soll möglich sein. Eingabe bzw. Auswahl: *SortierSchlüssel:* ***001*** (= Buchungsdatum)

Anzeige	Eingabe/Auswahl
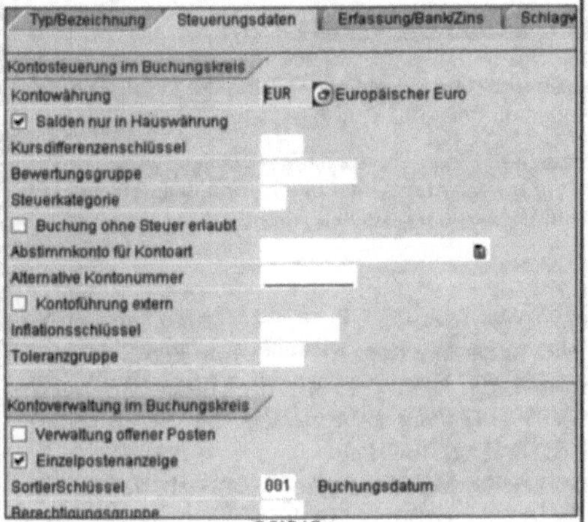 Typ/Bezeichnung / Steuerungsdaten / Erfassung/Bank/Zins / Schlagw Kontosteuerung im Buchungskreis Kontowährung EUR Europäischer Euro ☑ Salden nur in Hauswährung Kursdifferenzenschlüssel Bewertungsgruppe Steuerkategorie ☐ Buchung ohne Steuer erlaubt Abstimmkonto für Kontoart Alternative Kontonummer ☐ Kontoführung extern Inflationsschlüssel Toleranzgruppe Kontoverwaltung im Buchungskreis ☐ Verwaltung offener Posten ☑ Einzelpostenanzeige SortierSchlüssel 001 Buchungsdatum Berechtigungsgruppe © SAP AG	
	Wechseln Sie in die Registerkarte „Erfassung/Bank /Zins"
Bildschirm "Sachkonto bearbeiten: Zentral", Registerkarte „Erfassung/Bank/Zins"	Eingabe bzw. Auswahl: *Feldstatusgruppe*: ***G005*** (=Bankkonten)
Meldung in Statuszeile: *Sicherung durchgeführt.*	Sichern Sie Ihre Eingaben.
	Das Konto ist angelegt.
	Wechseln Sie wieder zur Registerkarte „Typ/Bezeichnung" Legen Sie nun zunächst noch die beiden weiteren **Bestandskonten** **160000 Verbindlichkeiten** und **900000 Ergebnis-Vortrag** nach **Tabelle 1**, Anhang: Eingabetabellen an. Beachten Sie bitte dabei, für Konto "Verbindlichkeiten" in Registerkarte "Steuerungsdaten", Feld "Abstimmkonto für Kontoart" den Wert "Kreditoren" auszuwählen.

Anzeige	Eingabe/Auswahl
	Erfolgskonten anlegen: Legen Sie nun in gleicher Weise die **Erfolgskonten** nach der **Tabelle 1,** Anhang: Eingabetabellen an. Beachten Sie dabei jeweils in Registerkarte "Typ/Bezeichnung" die Option "Erfolgskonto" (anstatt "Bestandskonto") zu wählen. Mit Wahl der Option "Erfolgskonto" ordnen Sie hier implizit jedem Erfolgskonto den Erfolgskontentyp "x" zu, da dies der einzige Eintrag in der Kontenzuordnungstabelle für den Bilanzvortrag ist (vgl. M2.1.4). Enthielte die Kontenzuordnungstabelle weitere Einträge, so müsste an dieser Stelle der Erfolgskontentyp für jedes Konto explizit angegeben werden (der Bildschirm würde in diesem Fall eine entsprechende Werteauswahl anbieten). Beenden Sie anschließend die Transaktion.
SAP Easy Access mit SAP Menü	

Anzeige	Eingabe/Auswahl

M3.2 Kreditorenstammsätze anlegen

Der *Kreditorenstammsatz* wird vom Finanzwesen und vom Einkauf genutzt und enthält alle für die Geschäftsbeziehungen wichtigen Daten.

Er ist in drei Stammsatzbereiche geteilt:
- **Der Bereich *Allgemeine Daten* ist der Mandantenebene zugeordnet und enthält Anschrift, Bankverbindungen, etc. .**
- **Der Bereich *Buchungskreisdaten* (buchungskreisspezifisch) enthält Daten für die Buchhaltung, wie Zahlungskonditionen, Abstimmkonto im Hauptbuch, etc.**
- **Der Bereich *Einkaufsdaten* wird vom Modul MM genutzt (hier nicht relevant).**

Anzeige	Eingabe/Auswahl
	Obwohl die allgemeinen Kreditorendaten buchungskreisübergreifend gelten, soll im Testbeispiel jede Teilnehmergruppe ihre eigenen Kreditoren anlegen. Über die Teilnehmernummer in der Kontonummer können diese mandantenweit eindeutig identifiziert werden.
Bildschirm "Kreditor anlegen: Einstieg"	Wählen Sie im SAP-Menü: **Rechnungswesen -** **Finanzwesen -** **Kreditoren -** **Stammdaten -** **Anlegen**
	Eingabe bzw. Auswahl: _Kreditor_: ***9000xx***, xx = Ihre Teilnehmernummer (= Kontonummer Ihres Kreditors) _Buchungskreis:_ ***Bxx***, xx = Ihre Teilnehmernummer. _Kontengruppe_: ***KRKO*** (= Kreditoren-Kontengruppe für Testbeispiel) ⏎
Bildschirm "Kreditor anlegen: Anschrift"	Eingabe bzw. Auswahl: _Name_: ***Müller Baumarkt*** _Suchbegriff1:_ ***xx*, ,** xx = Ihre Teilnehmernummer (= Sortierfeld zum Wiederauffinden von Daten) _Land_: ***DE***

Anzeige	Eingabe/Auswahl
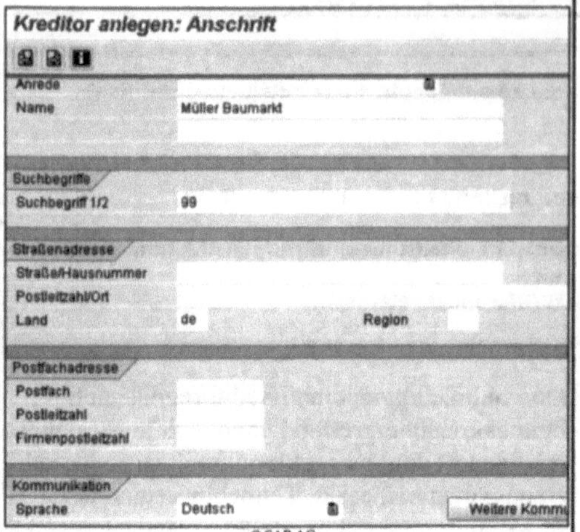 **Kreditor anlegen: Anschrift** Anrede Name Müller Baumarkt Suchbegriffe Suchbegriff 1/2 99 Straßenadresse Straße/Hausnummer Postleitzahl/Ort Land de Region Postfachadresse Postfach Postleitzahl Firmenpostleitzahl Kommunikation Sprache Deutsch Weitere Komm © SAP AG	
	Als Sprache ist im Bildschirm bereits "Deutsch" vorgegeben. ↵ 
Bildschirm "Kreditor anlegen: Steuerung"	
	In den Feldgruppen dieses Bildschirms ("Kontosteuerung", "Steuerinformationen", "Referenzdaten", "Quellensteuerpflichtiger") sind für das Testbeispiel keine Eingaben erforderlich. ↵ 
Bildschirm "Kreditor anlegen: Zahlungsverkehr"	
	Auch die Felder dieses Bildschirms (Feldgruppen "Zahlungsverkehr" und "Bankverbindungen") erfordern für das Beispiel keine Eingaben. ↵ 
Bildschirm "Kreditor anlegen: Kontoführung Buchhaltung"	

Anzeige	Eingabe/Auswahl
	Eingabe bzw. Auswahl: *Abstimmkonto*: ***160000*** (=Verbindlichkeiten)
	Sichern Sie die Eingaben.
Bildschirm "Kreditor anlegen: Einstieg“ Meldung in Statuszeile: *Der Kreditor 00009000xx wurde im Buchungskreis Bxx angelegt*	
	Sie haben Ihren ersten Kreditorenstammsatz angelegt !
	Legen Sie nun in analoger Weise die restlichen Kreditoren aus **Tabelle 2,** Anhang: Eingabetabellen (Kto.-Nr. **9100xx** bis **9300xx**) an.
	Beenden Sie anschließend die Transaktion.
SAP Easy Access mit SAP Menü	

Modul 4: Customizing Organisationsstruktur Kostenrechnung

Kostenrechnungskreis

Wie in Modul 1 schon überblicksweise gesagt (siehe Bild 3.1/3 (Modul 1)), wird unter einem Kostenrechnungskreis eine einheitliche Kostenrechnung betrieben.

Der Kostenrechnungskreis steht entsprechend der SAP-Hierarchie der Organisationseinheiten zwischen Kontenplan und Buchungskreis.

In dem Testbeispiel soll eine 1:1-Beziehung zwischen Kostenrechnungskreis und Buchungskreis herrschen, d. h. Kostenrechnungskreis und Buchungskreis fallen zusammen.

Standardhierarchie

Es wird für die spätere Zuordnung von Kostenstellen zu einer Kostenstellenhierarchie (siehe Modul 5) **der oberste Punkt dieser Hierarchie** als Standardhierarchie definiert. Die Bildung von Hierarchien - das gilt für alle Hierarchien, nicht nur für Kostenstellenhierarchien - dient z. B. folgenden Zwecken:

- für Eingabe/Anzeige auf dem Bildschirm: es kann die ganze Hierarchie bzw. Unterpunkte angesprochen werden und gleichzeitig z. B. für Planungszwecke "aufgerufen" werden

- für Verdichtungen: es können entsprechende Zwischensummen in Auswertungen gebildet werden

*Standard*hierarchie bedeutet, dass die Kostenstellen in unterschiedlichen Hierarchien verdichtet werden können, dass aber eine dieser Hierarchien als Standardhierarchie ausgezeichnet ist. Wie gesagt wird zunächst nur ein Name für die Hierarchie vergeben, dem später die Hierarchieunterpunkte (Knoten) und - auf unterster Ebene - die Kostenstellen zugeordnet werden. Es *muss* eine Standardhierarchie angelegt werden und diese muss auch dem Kostenrechnungskreis zuordnet werden.

Jede Kostenstelle muss beim Anlegen einem Knoten der Standardhierarchie zugeordnet werden; bei Auswertungen über diese Hierarchie werden damit stets sämtliche Kostenstellen erfasst.

Auch für andere Objekte wie Kostenarten, Leistungsarten werden im Allgemeinen Hierarchien gebildet.

Was ist zu tun?

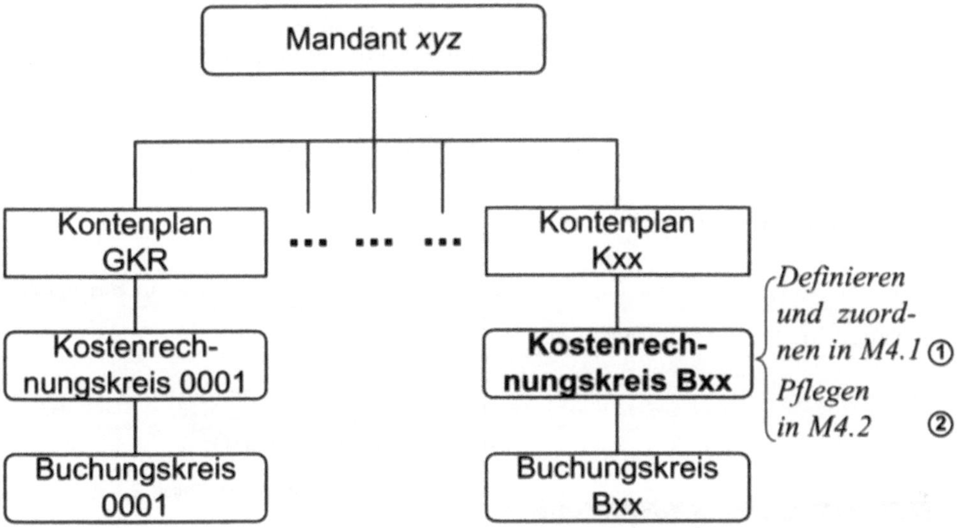

Mandant *xyz*

Kontenplan GKR ... ... Kontenplan Kxx

Kostenrechnungskreis 0001 | **Kostenrechnungskreis Bxx**

Buchungskreis 0001 | Buchungskreis Bxx

Definieren und zuordnen in M4.1 ①
Pflegen in M4.2 ②

Eingaben:

① Kostenrechnungskreis = Buchungskreis, Schlüssel Kostenrechnungskreis (Bxx) Bezeichnung

② Standardhierarchie (KS_HIERxx) und Geschäftsjahr (aktuelles Jahr) zuordnen, Teilkomponenten CO: Kostenstellenrechnung und Auftragsverwaltung aktivieren

Bild 3.1/26 (Modul 4): Überblick Modul 4

Anzeige	Eingabe/Auswahl

Modul 4: Customizing Organisationsstruktur Kostenrechnung

M4.1 Kostenrechnungskreis anlegen

Der *Kostenrechnungskreis* ist die betriebswirtschaftliche Organisationseinheit, innerhalb der eine Kostenrechnung durchgeführt wird. Im Kostenrechungskreis werden die innerbetrieblichen Geschäftsvorfälle abgebildet, wobei die primären Kosten aus dem externen Rechnungswesen übernommen werden.

Im SAP-System ist es möglich, entweder mehrere Buchungskreise zu einer buchungskreisübergreifenden Kostenrechung zusammenzufassen oder die Kostenrechnung auf Buchungskreisebene durchzuführen.

Anzeige	Eingabe/Auswahl
	Im Testbeispiel soll die Kostenrechnung auf Buchungskreisebene durchgeführt werden.
	Kostenrechnungskreis (durch Gleichsetzung mit dem Buchungskreis) definieren:
SAP Easy Access mit SAP Menü	
Einführungsleitfaden (SAP Referenz-IMG)	Wechseln Sie (Schaltfläche in der Taskleiste) zum Einführungsleitfaden.
	Wählen Sie im Einführungsleitfaden: **Controlling -** **Controlling Allgemein -** **Organisation -** **Kostenrechnungskreis pflegen**
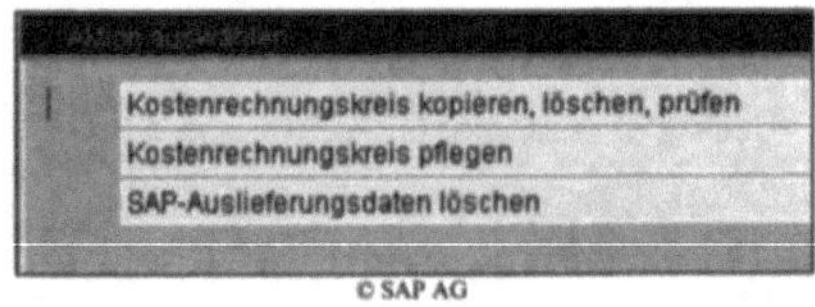 © SAP AG	Doppelklicken Sie im aktuellen Dialogfenster auf **Kostenrechnungskreis pflegen**
Bildschirm "Sicht "Grunddaten" ändern: Übersicht"	Klicken Sie auf Neue Einträge
Bildschirm "Neue Einträge: Detail Hinzugefügte"	

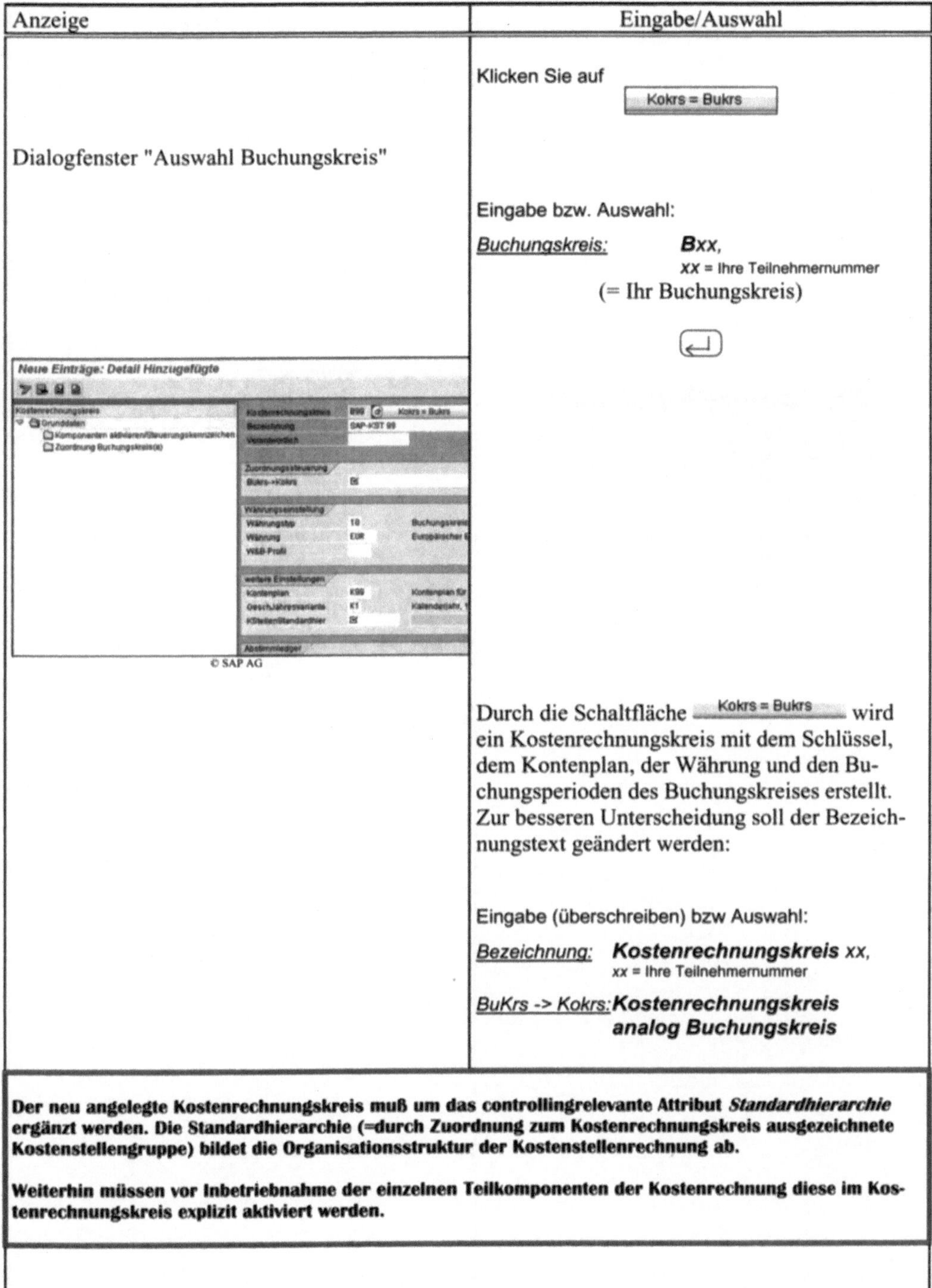

Anzeige	Eingabe/Auswahl
	Klicken Sie auf [Kokrs = Bukrs]
Dialogfenster "Auswahl Buchungskreis"	Eingabe bzw. Auswahl: _Buchungskreis:_ ***Bxx***, *xx* = Ihre Teilnehmernummer (= Ihr Buchungskreis) [Enter]
Neue Einträge: Detail Hinzugefügte © SAP AG	Durch die Schaltfläche [Kokrs = Bukrs] wird ein Kostenrechnungskreis mit dem Schlüssel, dem Kontenplan, der Währung und den Buchungsperioden des Buchungskreises erstellt. Zur besseren Unterscheidung soll der Bezeichnungstext geändert werden: Eingabe (überschreiben) bzw Auswahl: _Bezeichnung:_ ***Kostenrechnungskreis*** *xx*, *xx* = Ihre Teilnehmernummer _BuKrs -> Kokrs:_ ***Kostenrechnungskreis analog Buchungskreis***

Der neu angelegte Kostenrechnungskreis muß um das controllingrelevante Attribut *Standardhierarchie* ergänzt werden. Die Standardhierarchie (=durch Zuordnung zum Kostenrechnungskreis ausgezeichnete Kostenstellengruppe) bildet die Organisationsstruktur der Kostenstellenrechnung ab.

Weiterhin müssen vor Inbetriebnahme der einzelnen Teilkomponenten der Kostenrechnung diese im Kostenrechnungskreis explizit aktiviert werden.

Anzeige	Eingabe/Auswahl
	Als Standardhierarchie wird hier zunächst nur ein Name eingetragen, definiert wird diese Kostenstellengruppe dann später bei der Stammdatenpflege. Eingabe: *KStellen StandardHier:* ***KS_HIER****xx*, *xx* = Ihre Teilnehmernummer (= Name der **Standardhierarchie**) Sichern Sie die Eingaben.
Die Standardhierarchie KS_HIER99 existiert nicht. Soll das System KS_HIER99 als Standardhierarchie anlegen? Ja Nein Abbrechen © SAP AG	Klicken Sie auf  Ja Daten werden gesichert. Kostenrechnungskreis wird angelegt.

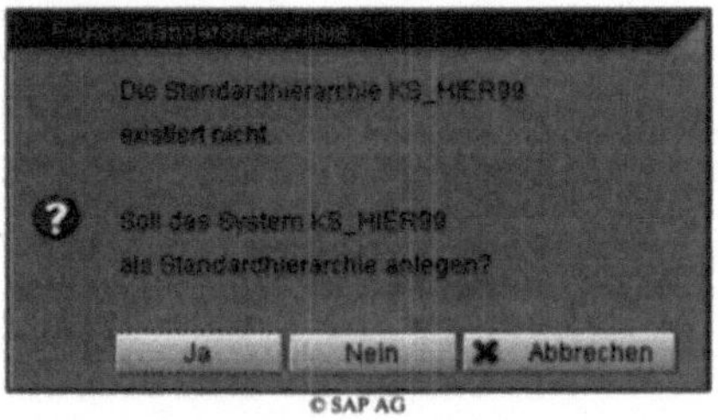

Anzeige	Eingabe/Auswahl
M4.2 Kostenrechnungskreis pflegen	
	Teilkomponenten der Kostenrechnung aktivieren: Doppelklicken Sie auf (Dialogstruktur in linker Fensterseite) **Komponenten aktivieren/Steuerungskennzeichen**
Bildschirm "Sicht "Komponenten aktivieren/Steuerungskennzeichen" ändern: Übersicht"	Klicken Sie auf Neue Einträge
Bildschirm "Neue Einträge: Detail Hinzugefügte"	Eingabe bzw. Auswahl: *Geschäftsjahr*: ***jjjj***, jjjj = aktuelles Jahr *Kostenstellen:* ***Komponente aktiv*** *Auftragsverwaltung:* ***Komponente aktiv***
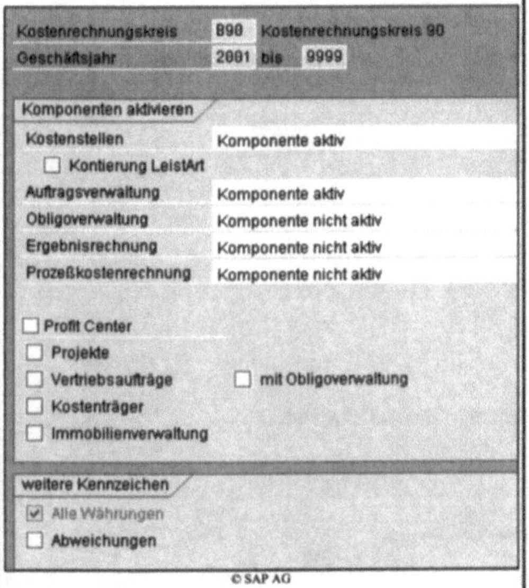 Kostenrechnungskreis 890 Kostenrechnungskreis 90 Geschäftsjahr 2001 bis 9999 Komponenten aktivieren Kostenstellen: Komponente aktiv ☐ Kontierung LeistArt Auftragsverwaltung: Komponente aktiv Obligoverwaltung: Komponente nicht aktiv Ergebnisrechnung: Komponente nicht aktiv Prozeßkostenrechnung: Komponente nicht aktiv ☐ Profit Center ☐ Projekte ☐ Vertriebsaufträge ☐ mit Obligoverwaltung ☐ Kostenträger ☐ Immobilienverwaltung weitere Kennzeichen ☑ Alle Währungen ☐ Abweichungen © SAP AG	
Meldung in Statuszeile: *Daten wurden gesichert*	Sichern Sie die Eingaben.

Anzeige	Eingabe/Auswahl
	Damit haben Sie die **Kostenstellenrechnung** (Kostenstellen können als Kontierungsobjekt verwendet werden) und die **Auftragsverwaltung** (Aufträge können als Kontierungsobjekt verwendet werden) **aktiviert**.
	<u>Buchungskreis zuordnen:</u> Doppelklicken Sie auf (Dialogstruktur in linker Fensterseite) **Zuordnung Buchungskreis(e)**
Bildschirm "Sicht "Zuordnung Buchungskreis(e)" ändern: Übersicht"	Klicken Sie auf Neue Einträge
Bildschirm "Neue Einträge: Detail Hinzugefügte"	Eingabe bzw. Auswahl: *<u>BuKr</u>*: ***Bxx,*** xx = Ihre Teilnehmernummer
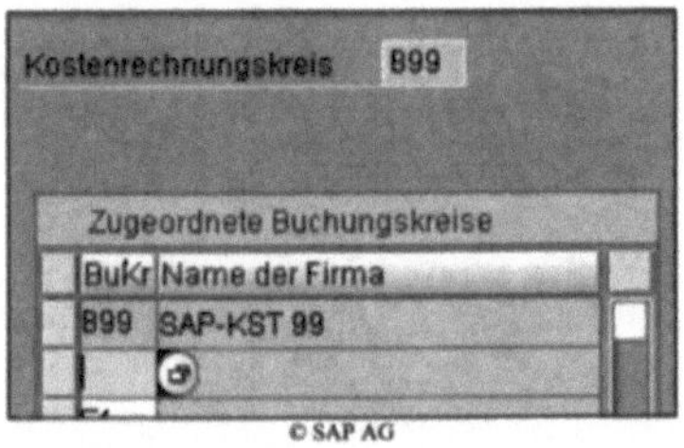 Kostenrechnungskreis B99 Zugeordnete Buchungskreise BuKr Name der Firma B99 SAP-KST 99 © SAP AG	Sichern Sie die Eingaben.
Meldung in Statuszeile: *Daten wurden gesichert*	Klicken Sie auf (= Beenden)
Dialogfenster "Aktion auswählen"	Schließen Sie das Dialogfenster.
Einführungsleitfaden (SAP Referenz-IMG)	

Modul 5: Stammdaten der Kostenrechnung anlegen

In diesem Modul werden die notwendigen Stammdaten der Kostenrechnung angelegt.

Stammdaten der Kostenrechnung

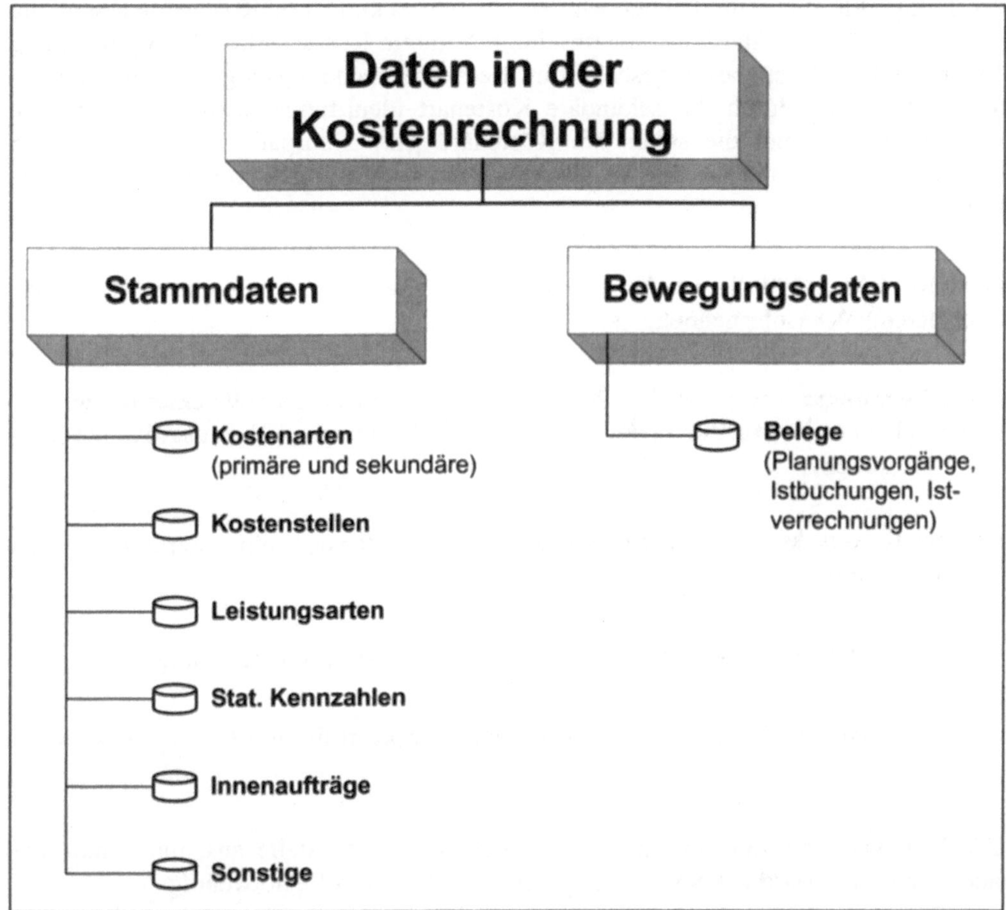

Bild 3.1/27 (Modul 5): Daten der Kostenrechnung

Beim Anlegen der **Kostenarten** wird nach primären und sekundären Kostenarten unterschieden. **Primäre Kostenarten** sind der Ausgangspunkt. Es sind Kostenarten, die durch den „Wertverzehr" im Produktionsprozess entstehen (wie z. B. Personalkosten,

Personalnebenkosten, kalkulatorische Abschreibungen, kalkulatorische Zinsen). Es handelt sich um die Kosten der Produktionsfaktoren, die von außen bezogen werden (Material, Personal, Betriebsmittel/Maschinen).

Die **sekundären Kostenarten** entstehen hingegen bei der innerbetrieblichen Leistungsverrechnung (z. B. Fuhrparkkosten, Wartungskosten). Sie sind in der Regel Kostenstellenkosten, z. B. die Kosten der Kostenstelle Fuhrpark, die an den Empfänger der Fuhrparkleistung verrechnet werden. In den sekundären Kostenarten sind die primären enthalten, allerdings nur für eine bestimmte Kostenstelle. Die Verrechnung der sekundären Kostenarten geschieht im Betriebsabrechnungsbogen in einer gesonderten Zeile, die durch die sekundäre Kostenart identifiziert wird. Beispielsweise wird im Testbeispiel die sekundäre Kostenart „ILV Fuhrpark“ mit der Nummer 510000 angelegt, unter der die Abgabe von Fuhrparkleistungen an die Empfänger erfolgt.

Kostenstellen geben an, wo Kosten angefallen sind, d. h. in welchem Verantwortungsbereich des Unternehmens (z. B. Abteilung).

Unter **Leistungsart** wird im SAP-Sprachgebrauch die Bezugsgröße einer Kostenstelle bezeichnet (z. B. Stunden in der Dreherei). Die Leistungsart/Bezugsgröße hat mehrere Funktionen:

- abhängig von der Leistungsart variiert ein Teil der Kosten, ein anderer Teil ist unabhängig davon

- die Leistungsart ist Basis der innerbetrieblichen Leistungsverrechnung

- die Leistungsart fließt in vielen Fällen auch direkt in die Kostenträgerkalkulation ein.

Häufig reicht *eine* Leistungsart/Bezugsgröße pro Kostenstelle aus, manchmal sind auch mehrere Leistungsarten/Bezugsgrößen pro Kostenstelle notwendig.

In dem einfachen Fall *einer* Leistungsart/Bezugsgröße ist die Einteilung der Kosten in leistungsabhängige und leistungsunabhängige Anteile identisch mit variablen und fixen Kosten. Bei mehreren Bezugsgrößen ist die Begriffsbildung etwas komplizierter. Zunächst muss man sich fragen, welche Kosten den Leistungsarten zurechenbar sind und welche nicht. Bei den einer Leistungsart zurechenbaren Kosten muss man sich weiter fragen, ob sie mit der Leistungsart variieren oder nicht.

Beispiel: eine Kostenstelle Fuhrpark habe zwei Bezugsgrößen PKW-Kilometer und LKW-Kilometer. Die Kosten der gemeinsamen Garage für PKW und LKW wären leistungsartenunabhängig, weil weder den PKW- noch den LKW-Kilometern zurechenbar. Die Abschreibungen des LKW wären zwar der Leistungsart LKW-Kilometer zurechenbar (zugehörig, zuordenbar) aber ersichtlich nicht mit der Bezugsgröße variierend (bezogen auf LKW-Kilometer fix), die Benzinkosten LKW hingegen variieren mit der Leistungsart LKW-Kilometer und sind daher in Bezug auf LKW-Kilometer variabel.

(Im Testbeispiel hat die Kostenstelle Instandhaltung zwei Leistungsarten/Bezugsgrößen (Wartungs- und Reparaturstunden), die übrigen Kostenstellen haben nur eine)

Die Leistungsart spielt wie gesagt auch bei der innerbetrieblichen Leistungsverrechnung eine Rolle. Dann muss allerdings nicht nur die Leistung(sabgabe) der erbringenden Kostenstelle, sondern auch die Leistungsaufnahme der empfangenden Kostenstellen bekannt sein.

Beispiel: Bezugsgröße des Fuhrparks sei km (das ist seine Leistung). Bei der Leistungsartenplanung ist festzustellen, wieviel km der Fuhrpark insgesamt erbringt. Außerdem wird die innerbetriebliche Leistungsverrechnung auf Basis von km durchgeführt, wozu - wie gesagt - noch die Leistungsaufnahme der empfangenden Kostenstellen bekannt sein muss: wie viele km hat der Fuhrpark für Kostenstelle Vertrieb und andere gefahren.

Hilfskostenstellen, die ihre Leistung nicht über innerbetriebliche Leistungsverrechnung abgeben, können nach **statistischen Kennzahlen** (Schlüsseln) umgelegt werden (z. B. Kosten der Heizkostenstelle nach qm auf die empfangenden Kostenstellen) (wird im Testbeispiel nicht angewendet).

Über die aufgeführten Stammdaten der Kostenstellenrechnung (SAP-Komponente CO-OM-CCA) hinaus werden im Testbeispiel noch **Innenaufträge** (=Stammdaten der SAP-Komponente CO-OM-OPA Gemeinkostenaufträge) angelegt (siehe unten).

Integration Finanzbuchhaltung - Kostenrechnung

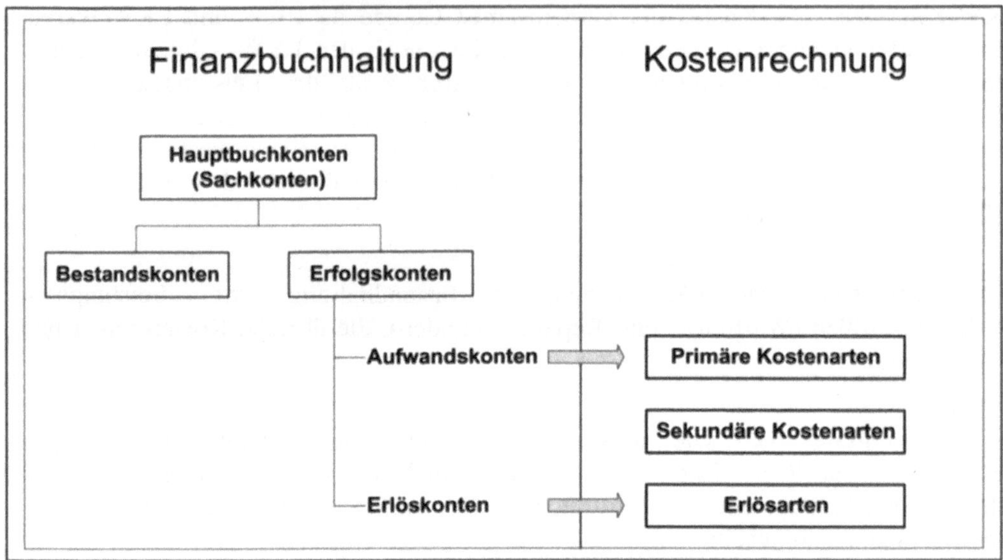

Bild 3.1/28 (Modul 5): Kontengliederung in der Finanzbuchhaltung

Hier wird die Verbindung zwischen den Begriffen „primäre" und „sekundäre Kostenarten" im SAP-Sprachgebrauch und dem Kontensystem der Finanzbuchhaltung gezeigt.

Primäre Kostenarten sind danach im Kontensystem der Finanzbuchhaltung die Aufwandskonten. **Sekundäre Kostenarten** entstehen demgegenüber innerhalb der Kostenrechnung.

Kostenartengruppen

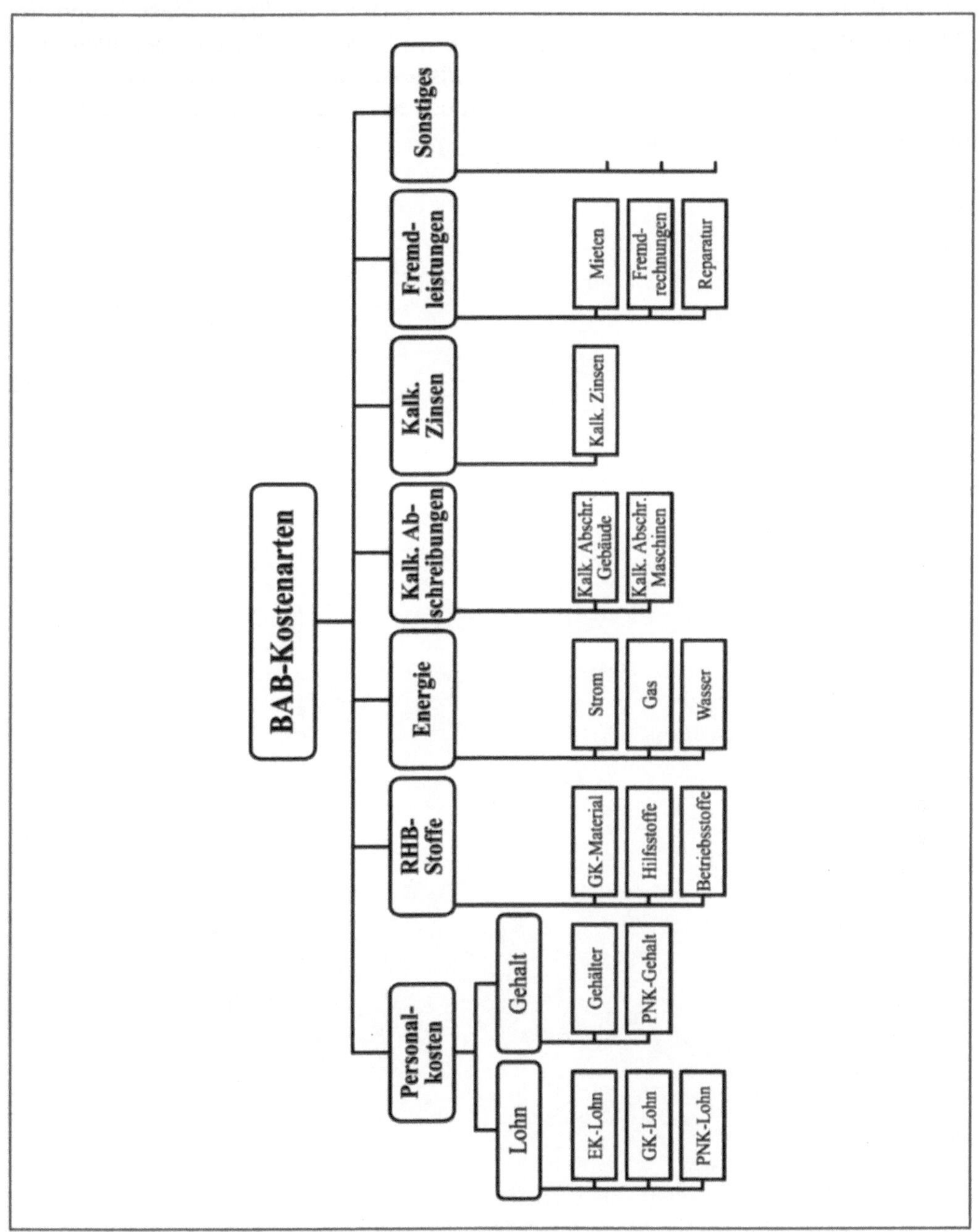

Bild 3.1/29 (Modul 5): Kostenartengruppe: Beispiel

Dieses Bild zeigt, dass für die Kostenarten eine **Gruppenbildung** vorgenommen (mit anderen Worten: eine Kostenartenhierarchie angelegt) werden kann. Diese Gruppenbildung wird benötigt, um später Zwischensummen bilden zu können, aber auch, um in bestimmten Bildschirmbildern eine Gruppe insgesamt anzeigen zu können, statt sie auf einzelne Bildschirme zu verteilen. Dafür muss es aber möglich sein, eine Kostenartengruppe ansprechen zu können.

(Kostenstellen-)Standardhierarchie

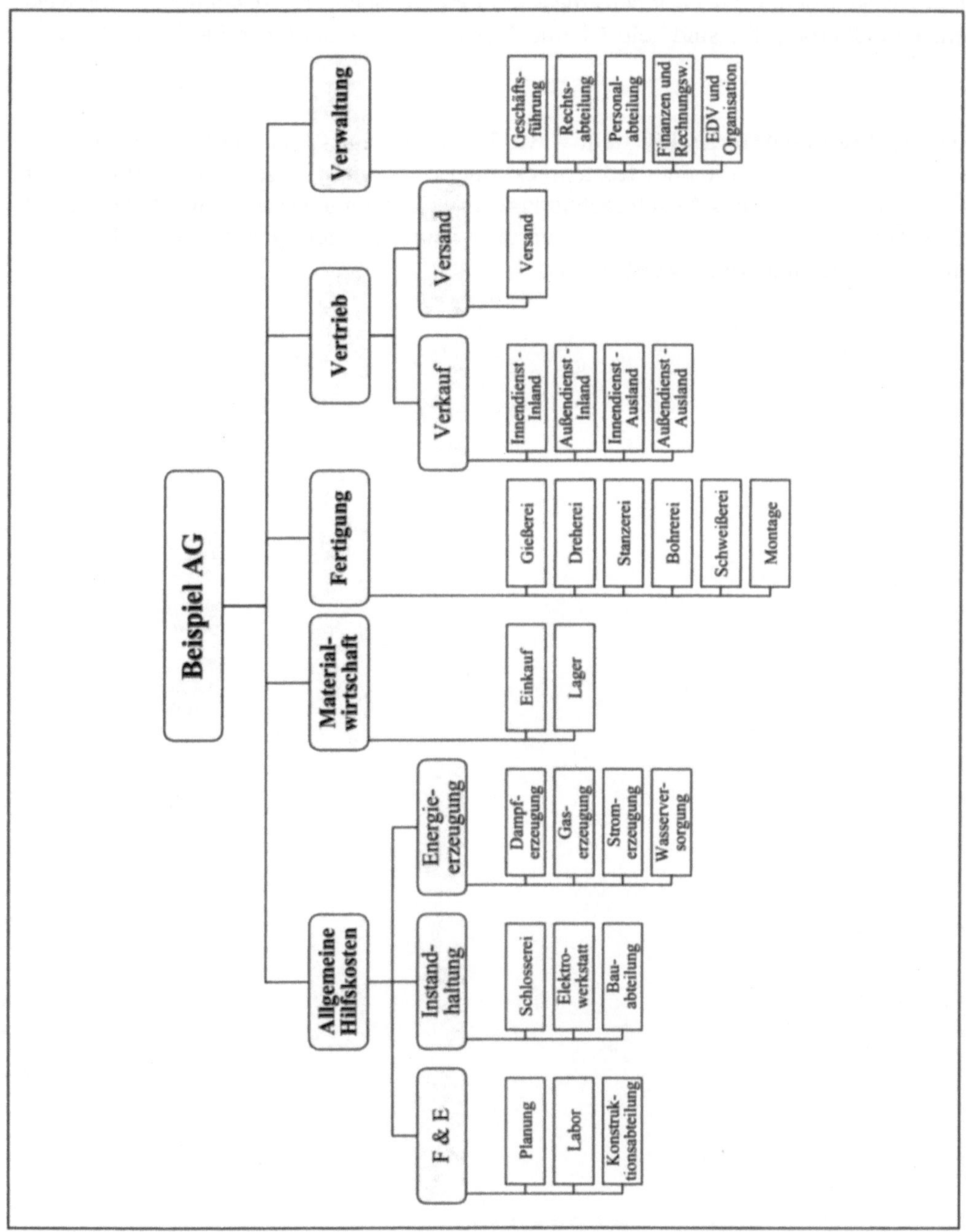

Bild 3.1/30 (Modul 5): Kostenstellengruppe: Beispiel

Ebenso wie für Kostenarten wird auch für **Kostenstellen** eine **Hierarchie** aufgebaut, indem Kostenstellen zu Gruppen, diese zu Obergruppen etc. zusammengefaßt werden. Die Oberbegriffe sind selbst keine Kostenstellen, sondern reine Verdichtungsbegriffe.

Die sog. **Standardhierarchie** stellt – wie bereits gesagt - eine ausgezeichnete Kostenstellengruppe dar, die dem Kostenrechnungskreis direkt zugeordnet ist und in der alle Kostenstellen eines Kostenrechnungskreises zusammengefaßt sind. Letzteres ist dadurch gewährleistet, dass jede Kostenstelle beim Anlegen einem Knoten der Standardhierarchie zugeordnet werden muss.

Was ist zu tun?

Kostenarten:

Primäre:

403000 Verbr. Betriebsstoffe
415000 Energiekosten
...

- *siehe Anhang: Eingabetabellen, Tabelle 3* -

} *Anlegen in M5.1.1*

Sekundäre:

500000 Indir. LV AV
510000 ILV Fuhrpark
...

- *siehe Anhang: Eingabetabellen, Tabelle 4*-

} *Anlegen in M5.1.2*

Kostenartengruppe:

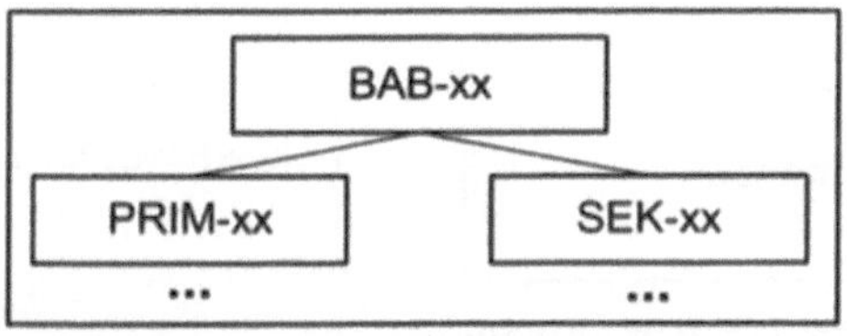

BAB-xx
PRIM-xx ... SEK-xx ...

- *siehe Anhang: Eingabetabellen, Abbildung 2* -

} *Definieren in M5.1.3*

(Kostenstellen-) Standardhierarchie:

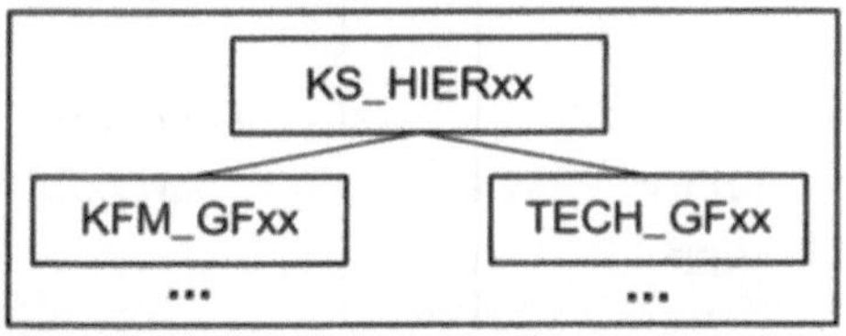

KS_HIERxx
KFM_GFxx ... TECH_GFxx ...

- *siehe Anhang: Eingabetabellen, Abbildung 1* -

} *Definieren in M5.2.1*

Kostenstellen:

1110 Vertrieb
1120 Verwaltung
...

- *siehe Anhang: Eingabetabellen, Abbildung 1* -

} *Anlegen und der Hierarchie zuordnen in M5.2.2*

Bild 3.1/31 (Modul 5): Überblick M5.1 und M5.2

Für das Testbeispiel sind **primäre und sekundäre Kostenarten** anzulegen und es ist eine Kostenartenhierarchie (**Kostenartengruppe**) zu definieren, der die Kostenarten zugeordnet werden.

Da die primären Kostenarten den Aufwandskonten der Buchhaltung entsprechen, können sie nur dann angelegt werden, wenn bereits ein entsprechendes Sachkonto im Finanzwesen existiert. Dagegen lassen sich sekundäre Kostenarten ausschließlich in der Kostenrechnung verwalten und es darf beim Anlegen noch kein entsprechendes Konto in der Finanzbuchhaltung existieren (vgl. auch Bild 3.1/27 (Modul 5).

Beim Anlegen des Kostenrechnungskreises wurde bereits der Name für den obersten Knoten der **Standardhierarchie** "KS_HIER*xx*" festgelegt. Hier wird nun die Struktur der Hierarchie definiert. Danach können die **Kostenstellen** angelegt und den entsprechenden Hierarchieknoten (auf unterster Ebene) zugeordnet werden.

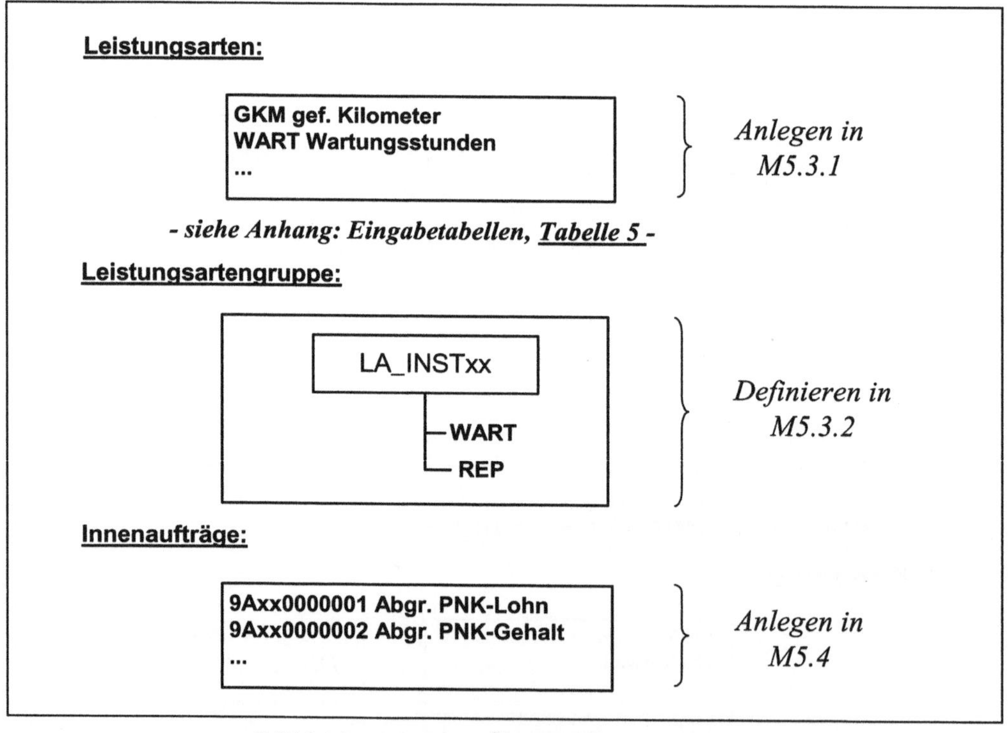

Bild 3.1/32 (Modul 5): Überblick M5.3 und M5.4

Die **Leistungsarten** (=**Bezugsgrößen** der Kostenstelle) sind anzulegen. Auch bei diesem Kostenrechnungsobjekt wird eine Hierarchie definiert, denen die Leistungsarten zugeordnet werden. Die Leistungsartenhierarchie LA-INST wird gebildet, um die zugehörigen Leistungsarten WART und REP gleichzeitig auf den Planungsbildschirm "rufen" zu können.

Schließlich werden noch zwei (Abgrenzungs-)**Innenaufträge** angelegt. Hierbei wird jedoch im Testbeispiel nicht tiefer in die CO-Komponente OPA (Gemeinkostenaufträge) eingestiegen. Der Zweck der Innenaufträge in diesem Testbeispiel ist es, die Differenz zwischen verrechneten (abgegrenzten) und effektiven Personalnebenkosten zu erfassen. Dies wird im Folgenden erläutert.

In der Kostenrechnung werden monatlich für Personalnebenkosten Lohn (und ebenso Gehalt) konstante Prozentsätze auf die Basis Lohn (bzw. Gehalt) verrechnet. Dies dient zur Verstetigung der Kosten (ein Vorgang der auch der Finanzbuchhaltung nicht unbekannt ist und dort meist nur auf Jahresbasis durchgeführt wird).

Anzeige	Eingabe/Auswahl

Modul 5: Stammdaten der Kostenrechnung anlegen

Zu den *Stammdaten der Kostenrechnung* (kostenrechnerische Objekte) zählen Kostenarten, Kostenstellen, Leistungsarten und Innenaufträge.

Sie werden *zeitbezogen* gespeichert. Die Stammdaten werden immer für einen bestimmten Gültigkeitszeitraum angelegt oder geändert.

Anzeige	Eingabe/Auswahl
	Im Testbeispiel soll für alle Objekte nur ein Zeitintervall definiert werden.

M5.1 Kostenarten

Beim Anlegen von Kostenarten muss zwischen primären und sekundären Kostenarten unterschieden werden:

- **eine *primäre Kostenart* kann nur angelegt werden, wenn sie zuvor im Kontenplan als Sachkonto verzeichnet und in der Finanzbuchhaltung als Konto angelegt wurde.**
- ***sekundäre Kostenarten* werden ausschließlich in der Kostenrechnung verwendet und dürfen daher nicht in der Finanzbuchhaltung angelegt werden. Beispiel: Kosten der innerbetrieblichen Leistungsver rechnung, Umlagekosten.**

M5.1.1 Primäre Kostenarten anlegen

Anzeige	Eingabe/Auswahl
SAP Easy Access mit **SAP Menü**	Wechseln Sie zum SAP-Menü. Wählen Sie im SAP-Menü: **Rechnungswesen -** **Controlling -** **Kostenartenartenrechnung -** **Stammdaten -** **Kostenart -** **Einzelbearbeitung -** **Anlegen primär**
Dialogfenster "Kostenrechnungskreis setzen"	Eingabe bzw. Auswahl: <u>Kostenrechnungskreis:</u> ***Bxx,*** *xx* = Ihre Teilnehmernummer (= Ihr Kostenrechnungskreis) ⏎
Bildschirm "Kostenart anlegen: Einstiegsbild"	Eingabe: <u>Kostenart</u>: ***403000***

Anzeige	Eingabe/Auswahl
	Gültig ab: **01.01.jjjj**, jjjj = aktuelles Jahr *gültig bis:* **31.12.9999** (= Gültigkeitszeitraum)
	Beachten Sie bitte auch bei den folgenden Kostenarten, dass die untere Grenze des Gültigkeitszeitraums stets auf den **01.01.jjjj** gesetzt werden muss, unabhängig vom aktuellen Tagesdatum, da sonst die Geschäftsvorgänge des Testbeispiels nicht abbildbar sind!
Bildschirm "Kostenart anlegen: Grundbild", Registerkarte "Grunddaten"	Klicken Sie hinter Feld "Kostenartentyp" auf (= Wertehilfe)
Werteliste für **primäre** Kostenarten: 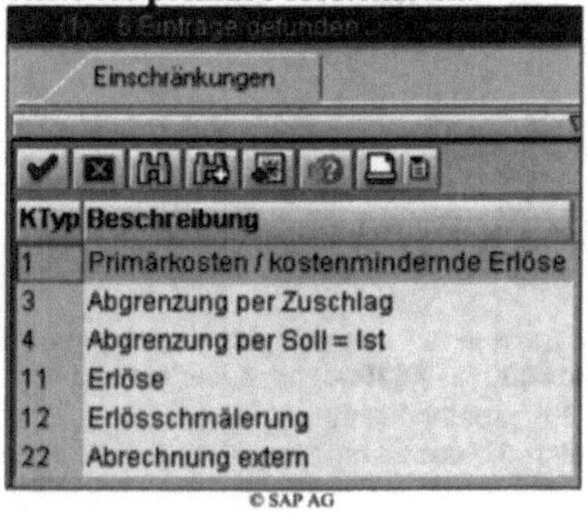 (1) 6 Einträge gefunden Einschränkungen KTyp Beschreibung 1 Primärkosten / kostenmindernde Erlöse 3 Abgrenzung per Zuschlag 4 Abgrenzung per Soll = Ist 11 Erlöse 12 Erlösschmälerung 22 Abrechnung extern © SAP AG	Die Werteliste zeigt alle möglichen (SAP-Standard-) Kostenartentypen für primäre Kostenarten an.

Der *Kostenartentyp* klassifiziert Kostenarten nach ihrer Verwendung und steuert welche Verrechnungsmethoden für eine Kostenart zulässig sind.

So können z. B. primäre Kostenarten des Typs 01 bei allen Primärbuchungen in der Finanzbuchhaltung belastet werden, diejenigen des Typs 03 nur bei der Abgrenzung mit Hilfe des Zuschlagsverfahrens in der Kostenstellenrechnung (s. Modul 6).

Bei den sekundären Kostenarten legt z. B. der Kostenartentyp 43 (Innerbetriebliche Leistungsverrechnung) fest, dass eine Kostenart nur für die Durchführung innerbetrieblicher Leistungsverrechnungen genutzt werden kann (vgl. M5.1.2 und Modul 6).

Anzeige	Eingabe/Auswahl
	Auswahl: *Kostenartentyp*: ***1*** (= Primärkostenart)
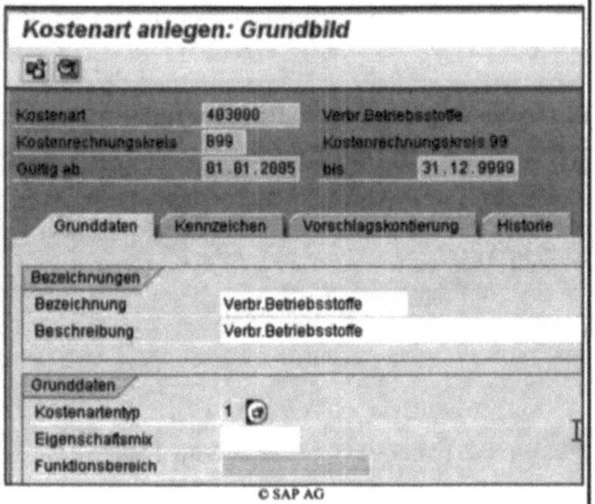 **Kostenart anlegen: Grundbild** Kostenart 403000 Verbr.Betriebsstoffe Kostenrechnungskreis 899 Kostenrechnungskreis 99 Gültig ab 01.01.2005 bis 31.12.9999 Grunddaten | Kennzeichen | Vorschlagskontierung | Historie Bezeichnungen Bezeichnung Verbr.Betriebsstoffe Beschreibung Verbr.Betriebsstoffe Grunddaten Kostenartentyp 1 Eigenschaftsmix Funktionsbereich © SAP AG	
	Sichern Sie die Eingaben.
Bildschirm "Kostenart anlegen: Einstiegsbild" Meldung in Statuszeile: *Kostenart wurde hinzugefügt.*	
	Primärkostenart 403000 ist angelegt.
	Legen Sie nun die weiteren **primären Kostenarten** (von **415000** bis **483000**) nach der **Tabelle 3**, Anhang: Eingabetabellen an. Beachten Sie dabei, bei "verr. PNK-Lohn" und "verr. PNK-Gehalt" (429000 und 439000) in Feld "Kostenartentyp" den Wert **"3"** (= Abgrenzungskostenart für kalk. Zuschläge) einzugeben !
	Beenden Sie nach Eingabe aller primären Kostenarten die Transaktion.
SAP Easy Access mit SAP Menü	
M5.1.2 Sekundäre Kostenarten anlegen	
	Wählen Sie im SAP-Menü: **Rechnungswesen -** **Controlling -** **Kostenartenrechnung –** **Stammdaten -** **Kostenart –** **Einzelbearbeitung -** **Anlegen sekundär**

Anzeige	Eingabe/Auswahl
Bildschirm "Kostenart anlegen: Einstiegsbild"	Eingabe bzw. Auswahl: _Kostenart_: ***500000*** _Gültig ab:_ ***01.01.jjjj***, jjjj = aktuelles Jahr _gültig bis:_ ***31.12.9999*** (= Gültigkeitszeitraum) ⏎
Bildschirm "Kostenart anlegen: Grundbild", Registerkarte "Grunddaten"	Eingabe bzw. Auswahl: _Bezeichnung_: ***Indir. LV AV*** _Kostenartentyp_: ***43*** (= Verrechnung Leistungen/Prozesse) Sichern Sie Ihre Eingaben.
Bildschirm "Kostenart anlegen: Einstiegsbild" Meldung in Statuszeile: *Kostenart wurde hinzugefügt.*	Sekundäre Kostenart 500000 ist angelegt.
	Legen Sie nun die drei weiteren **sekundären Kostenarten** *(*von **510000** bis **530000***)* nach **Tabelle 4**, Anhang: Eingabetabellen an.
SAP Easy Access mit SAP Menü	Beenden Sie nach Eingabe aller sekundären Kostenarten die Transaktion.

M5.1.3 Kostenarten in Kostenartenhierarchie zusammenfassen

Gleichartige Kostenarten (wie auch andere kostenrechnerische Objekte) können in *Hierarchien* (Kostenartenhierarchien, Kostenartengruppen) bzw. Teilhierarchien zusammengefasst werden.

Kostenartenhierarchien können beispielsweise als Zeilenstruktur und für Verdichtungen in Berichten (vgl. M11.3) verwendet werden oder auch zur Vereinfachung der Kostenstellenplanung (vgl. M7.3) oder der Definition von Sender- und Empfängerregeln für die indirekte Leistungsverrechnung (vgl. M6.1.2).

<table>
<tr><th>Anzeige</th><th>Eingabe/Auswahl</th></tr>
<tr><td></td><td><u>Struktur einer Kostenartenhierarchie definieren:</u>

Wählen Sie im SAP-Menü:
Rechnungswesen -
Controlling -
Kostenartenrechnung -
Stammdaten –
Kostenartengruppe
Anlegen</td></tr>
<tr><td>Bildschirm "Kostenartengruppe anlegen: Einstiegsbild"</td><td>Eingabe:
<u>Kostenartengruppe:</u> BAB-xx,
xx = Ihre Teilnehmernummer</td></tr>
<tr><td>Kostenartengruppe anlegen: Struktur
Gleiche Ebene | Ebene darunter | Kostenart
BAB-99
© SAP AG</td><td></td></tr>
<tr><td></td><td>Eingabe (hinter BAB-xx):
Gesamtkosten KoreKrs. Bxx,
xx = Ihre Teilnehmernummer

Klicken Sie auf
Ebene darunter

Eingabe (für neuen Knoten):
PRIM-xx , xx = Ihre Teilnehmernummer
Primäre Kosten

Klicken Sie auf
Gleiche Ebene

Eingabe (für neuen Knoten):
SEK-xx, xx = Ihre Teilnehmernummer
Sekundären Kosten</td></tr>
</table>

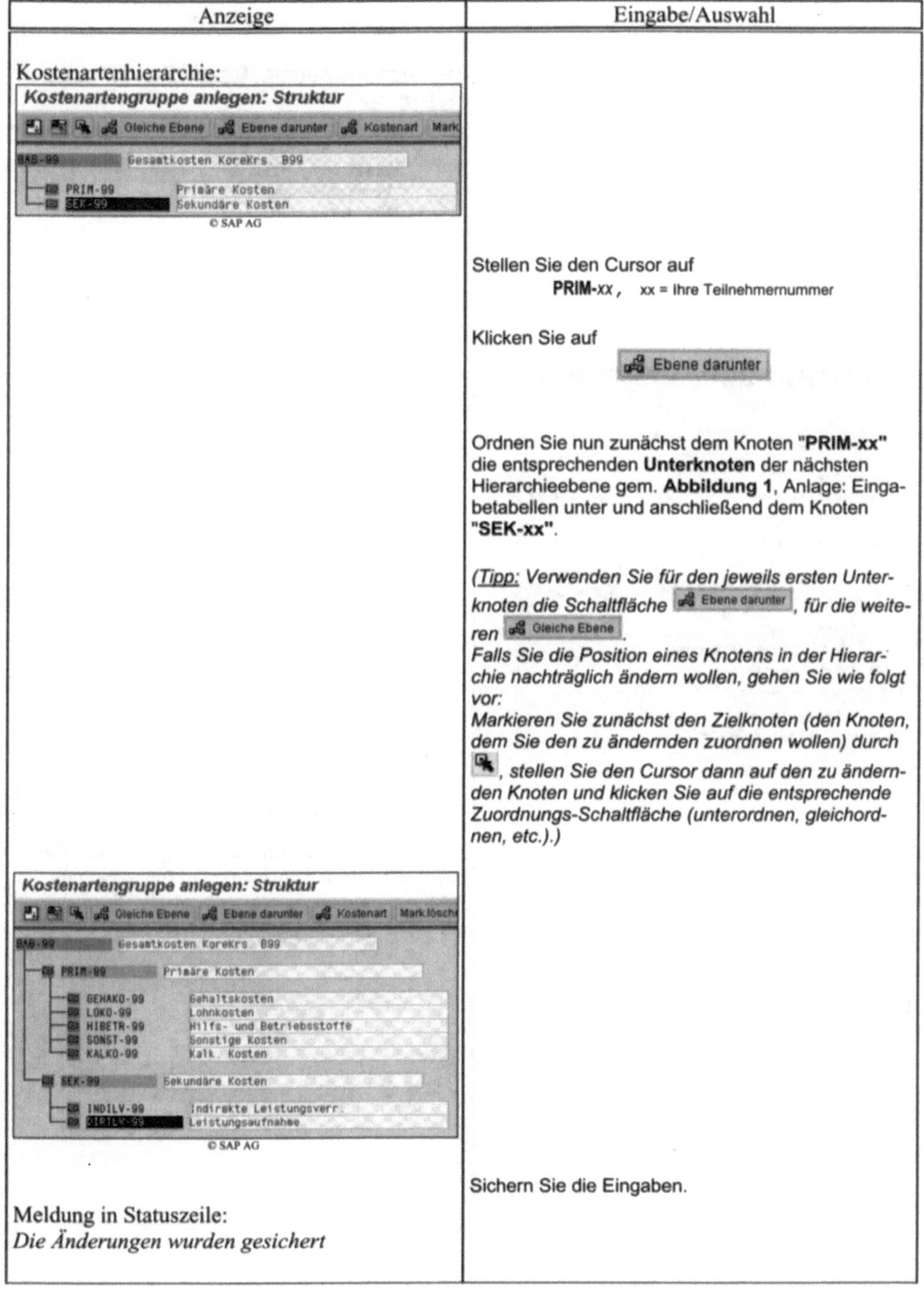

Anzeige	Eingabe/Auswahl
Kostenartenhierarchie: **Kostenartengruppe anlegen: Struktur** Gleiche Ebene · Ebene darunter · Kostenart BAB-99 Gesamtkosten KoreKrs. B99 PRIM-99 Primäre Kosten SEK-99 Sekundäre Kosten © SAP AG	
	Stellen Sie den Cursor auf **PRIM**-*xx*, xx = Ihre Teilnehmernummer
	Klicken Sie auf Ebene darunter
	Ordnen Sie nun zunächst dem Knoten **"PRIM-xx"** die entsprechenden **Unterknoten** der nächsten Hierarchieebene gem. **Abbildung 1**, Anlage: Eingabetabellen unter und anschließend dem Knoten **"SEK-xx"**. *(<u>Tipp:</u> Verwenden Sie für den jeweils ersten Unterknoten die Schaltfläche* Ebene darunter, *für die weiteren* Gleiche Ebene. *Falls Sie die Position eines Knotens in der Hierarchie nachträglich ändern wollen, gehen Sie wie folgt vor:* *Markieren Sie zunächst den Zielknoten (den Knoten, dem Sie den zu ändernden zuordnen wollen) durch* [Symbol]*, stellen Sie den Cursor dann auf den zu ändernden Knoten und klicken Sie auf die entsprechende Zuordnungs-Schaltfläche (unterordnen, gleichordnen, etc.).)*
Kostenartengruppe anlegen: Struktur Gleiche Ebene · Ebene darunter · Kostenart · Mark.lösch BAB-99 Gesamtkosten KoreKrs. B99 PRIM-99 Primäre Kosten GEHAKO-99 Gehaltskosten LOKO-99 Lohnkosten HIBETR-99 Hilfs- und Betriebsstoffe SONST-99 Sonstige Kosten KALKO-99 Kalk. Kosten SEK-99 Sekundäre Kosten INDILV-99 Indirekte Leistungsverr. DIRILV-99 Leistungsaufnahme © SAP AG	
	Sichern Sie die Eingaben.
Meldung in Statuszeile: *Die Änderungen wurden gesichert*	

Anzeige	Eingabe/Auswahl
	Stammdatenprüfung für die Werteeingabe aktivieren:
Dialogfenster "Voreinstellungen"	Wählen Sie im aktuellen Menü: **Zusätze -** **Voreinstellungen** **Struktur** Markieren Sie (durch Anklicken): **Stammdatenprüfung** **Intervalle auflösen** **Texte anzeigen**
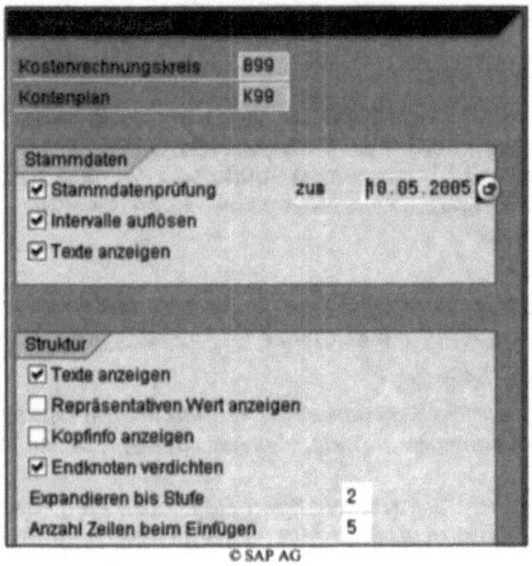 © SAP AG	Als Stichtag ist das aktuelle Datum gesetzt. Damit ist die Stammdatenprüfung und die Eingabehilfe für die nachfolgende Werteeingabe aktiviert, außerdem können nun die Texte zu den Stammsätzen angezeigt werden.
Bildschirm "Kostenartengruppe anlegen: Struktur"	

Anzeige	Eingabe/Auswahl
BAB-99 Gesamtkosten KoreKrs. B99 PRIM-99 Primäre Kosten GEHAKO-99 Gehaltskosten 430000 Gehälter 439000 verr.PNK-Gehalt LOKO-99 Lohnkosten 420000 Fertigungslohn 421000 Gemeinkostenlohn 429000 verr.PNK-Lohn HIBETR-99 Hilfs- und Betriebsstoffe 403000 Verbr.Betriebsstoffe © SAP AG	**Den Endknoten der Hierarchie Kostenarten zuordnen:** Stellen Sie den Cursor auf den (End-)Knoten **GEHAKO-xx**, xx = Ihre Teilnehmernummer Klicken Sie auf Kostenart Eingabe: GEHAKO-99 Gehaltskosten 430000 439000 Damit haben Sie dem Knoten (Set, Kostenartengruppe) "GEHAKO-xx" die primären Kostenarten "430000 Gehälter" und "439000 verr. PNK-Gehalt" zugeordnet. Ordnen Sie in analoger Weise noch den weiteren Endknoten der Hierarchie die **Kostenarten** gem. **Abbildung 1**, Anhang: Eingabetabellen zu.

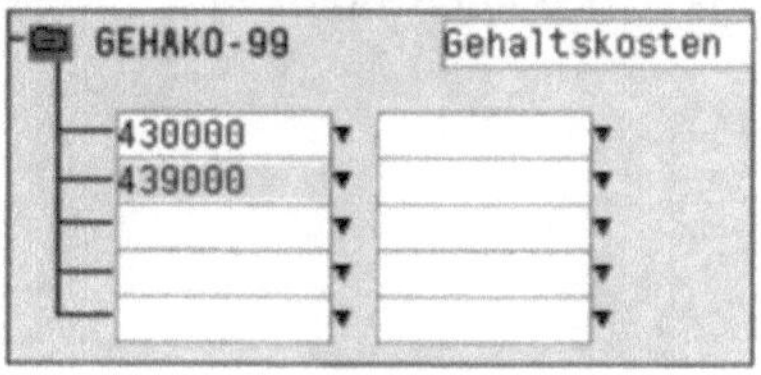

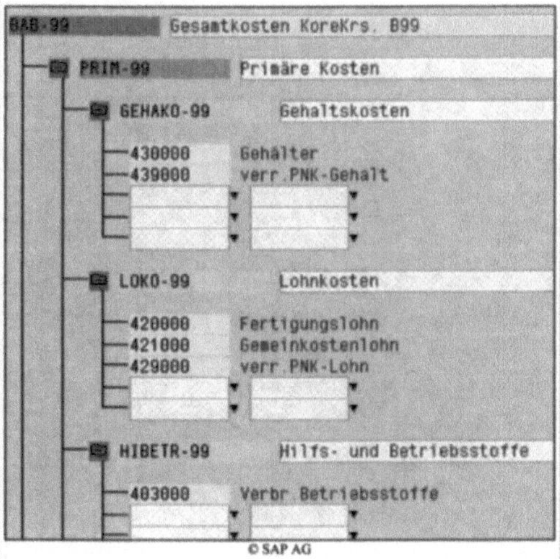

Anzeige	Eingabe/Auswahl
Meldung in Statuszeile: *Die Änderungen wurden gesichert.*	Sichern Sie die anschließend die Eingaben.
	Ihre Kostenartengruppe (-hierarchie) ist angelegt.
SAP Easy Access mit SAP Menü	Beenden Sie die Transaktion.

Anzeige	Eingabe/Auswahl

M5.2 Kostenstellen

Bevor Kostenstellen angelegt werden können, muß eine hierarchische Kostenstellenstruktur definiert sein. Diese wird als *Standardhierarchie* bezeichnet und dem Kostenrechnungskreis direkt zugeordnet. Sie ist damit gegenüber möglichen anderen (alternativen) Kostenstellenhierarchien ausgezeichnet (vgl. auch 4.2).

Jede Kostenstelle muß beim Anlegen einem Knoten (Set, Gruppe, Teilbereich) der Standardhierarchie zugeordnet werden. So werden bei Auswertungen innerhalb der Standardhierarchie alle Kostenstellen vollständig erfasst.

M5.2.1 Struktur der Kostenstellenstandardhierarchie definieren

Anzeige	Eingabe/Auswahl
	Die **Standardhierarchie** wurde bereits unter M4.1 bei der Zuordnung zum Kostenrechnungskreis angelegt, besteht aber bisher lediglich aus dem obersten Knoten "**KS_HIERxx**".
	Wählen Sie im SAP-Menü: **Rechnungswesen -** **Controlling -** **Kostenstellenrechnung -** **Stammdaten -** **Kostenstellengruppe -** **Ändern**
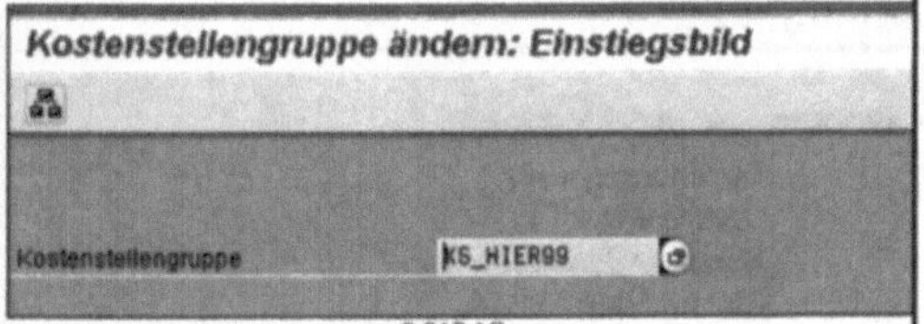 *Kostenstellengruppe ändern: Einstiegsbild* Kostenstellengruppe KS_HIER99 © SAP AG	
	Das Feld Kostenstellengruppe enthält bereits den Namen Ihrer Standardhierarchie.
	⏎
	Definieren Sie nun zunächst die **Knoten (!)** der Kostenstellenstandardhierarchie KS_HIERxx, xx = Ihre Teilnehmernummer, nach **Abbildung 2**, Anhang: Eingabetabellen.
	(Tipp: Gehen Sie dabei analog zur Definition der Struktur einer Kostenartenhierarchie unter M5.1.3 vor.)

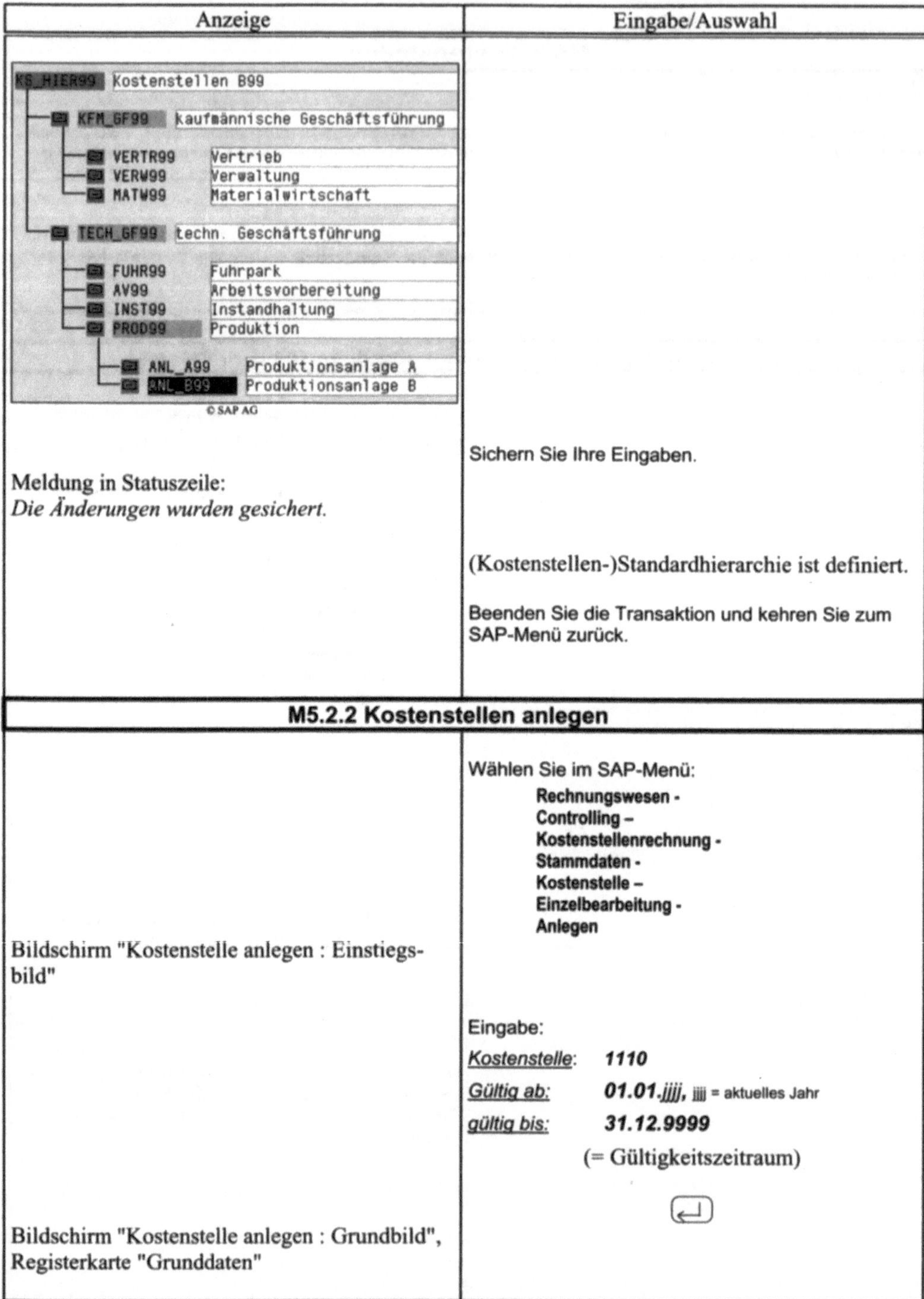

Anzeige	Eingabe/Auswahl
KS_HIER99 Kostenstellen B99 KFM_GF99 kaufmännische Geschäftsführung VERTR99 Vertrieb VERW99 Verwaltung MATW99 Materialwirtschaft TECH_GF99 techn. Geschäftsführung FUHR99 Fuhrpark AV99 Arbeitsvorbereitung INST99 Instandhaltung PROD99 Produktion ANL_A99 Produktionsanlage A ANL_B99 Produktionsanlage B © SAP AG	
Meldung in Statuszeile: *Die Änderungen wurden gesichert.*	Sichern Sie Ihre Eingaben.
	(Kostenstellen-)Standardhierarchie ist definiert.
	Beenden Sie die Transaktion und kehren Sie zum SAP-Menü zurück.
M5.2.2 Kostenstellen anlegen	
	Wählen Sie im SAP-Menü: **Rechnungswesen -** **Controlling –** **Kostenstellenrechnung -** **Stammdaten -** **Kostenstelle –** **Einzelbearbeitung -** **Anlegen**
Bildschirm "Kostenstelle anlegen : Einstiegsbild"	Eingabe: Kostenstelle: ***1110*** Gültig ab: ***01.01.jjjj,*** jjjj = aktuelles Jahr gültig bis: ***31.12.9999*** (= Gültigkeitszeitraum)
Bildschirm "Kostenstelle anlegen : Grundbild", Registerkarte "Grunddaten"	↵

Anzeige	Eingabe/Auswahl
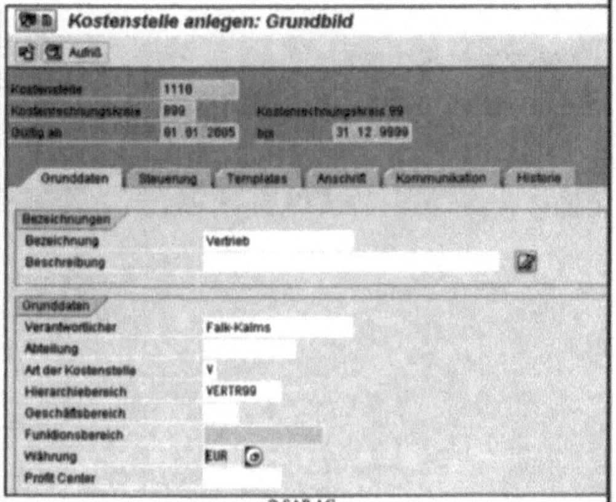	Eingabe bzw. Auswahl: Bezeichnung: ***Vertrieb*** Verantwortlicher: *Name* (= Ihr Name) Art der Kostenstelle: ***V*** (= Vertrieb) Hierarchiebereich: ***VERTR**xx*, xx = Ihre Teilnehmernummer Währung: ***EUR***
© SAP AG	Damit ordnen Sie die neu anzulegende Kostenstelle "1110 Vertrieb" dem Knoten (Hierarchiebereich) "VERTRxx" Ihrer Standardhierarchie zu.
Bildschirm "Kostenstelle anlegen : Einstiegsbild" Meldung in Statuszeile: *Kostenstelle wurde hinzugefügt.*	Sichern Sie Ihre Eingaben.
	Ergänzen Sie nun noch die restlichen **Kostenstellen** gem. **Abbildung 2**, Anhang: Eingabetabellen (unterer Teil: Kostenstellen und Kostenstellen-Arten).
SAP Easy Access mit SAP Menü	Beenden Sie anschließend die Transaktion.

<table>
<tr><th>Anzeige</th><th>Eingabe/Auswahl</th></tr>
<tr><td></td><td>Um noch einmal die vollständige Standardhierarchie anzusehen, gehen Sie wie folgt vor:

Wählen Sie im SAP-Menü:
Rechnungswesen -
Controlling –
Kostenstellenrechnung -
Stammdaten -
Kostenstellengruppe -
Anzeigen</td></tr>
<tr><td>Bildschirm "Kostenstellengruppe anzeigen : Einstiegsbild"</td><td>Eingabe bzw. Auswahl:
<u>Kostenstellengruppe:</u> KS_HIERxx ,
xx = Ihre Teilnehmernummer </td></tr>
<tr><td>Kostenstellengruppe (Struktur): 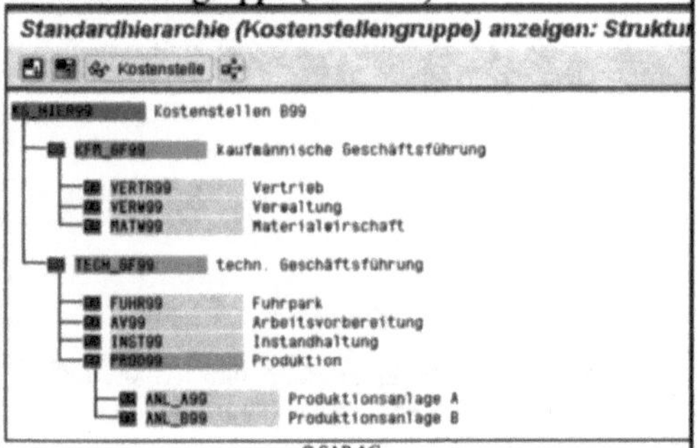

Standardhierarchie (Kostenstellengruppe) anzeigen: Struktu
Kostenstelle
KS_HIER99 Kostenstellen B99
KFM_GF99 kaufmännische Geschäftsführung
VERTR99 Vertrieb
VERW99 Verwaltung
MATW99 Materialwirtschaft
TECH_GF99 techn. Geschäftsführung
FUHR99 Fuhrpark
AV99 Arbeitsvorbereitung
INST99 Instandhaltung
PROD99 Produktion
ANL_A99 Produktionsanlage A
ANL_B99 Produktionsanlage B
© SAP AG</td><td></td></tr>
<tr><td></td><td>Klicken Sie vor allen Knoten der untersten Hierarchiestufe jeweils auf </td></tr>
</table>

Anzeige	Eingabe/Auswahl
Kostenstellengruppe (Struktur mit zugeordneten Kostenstellen):	

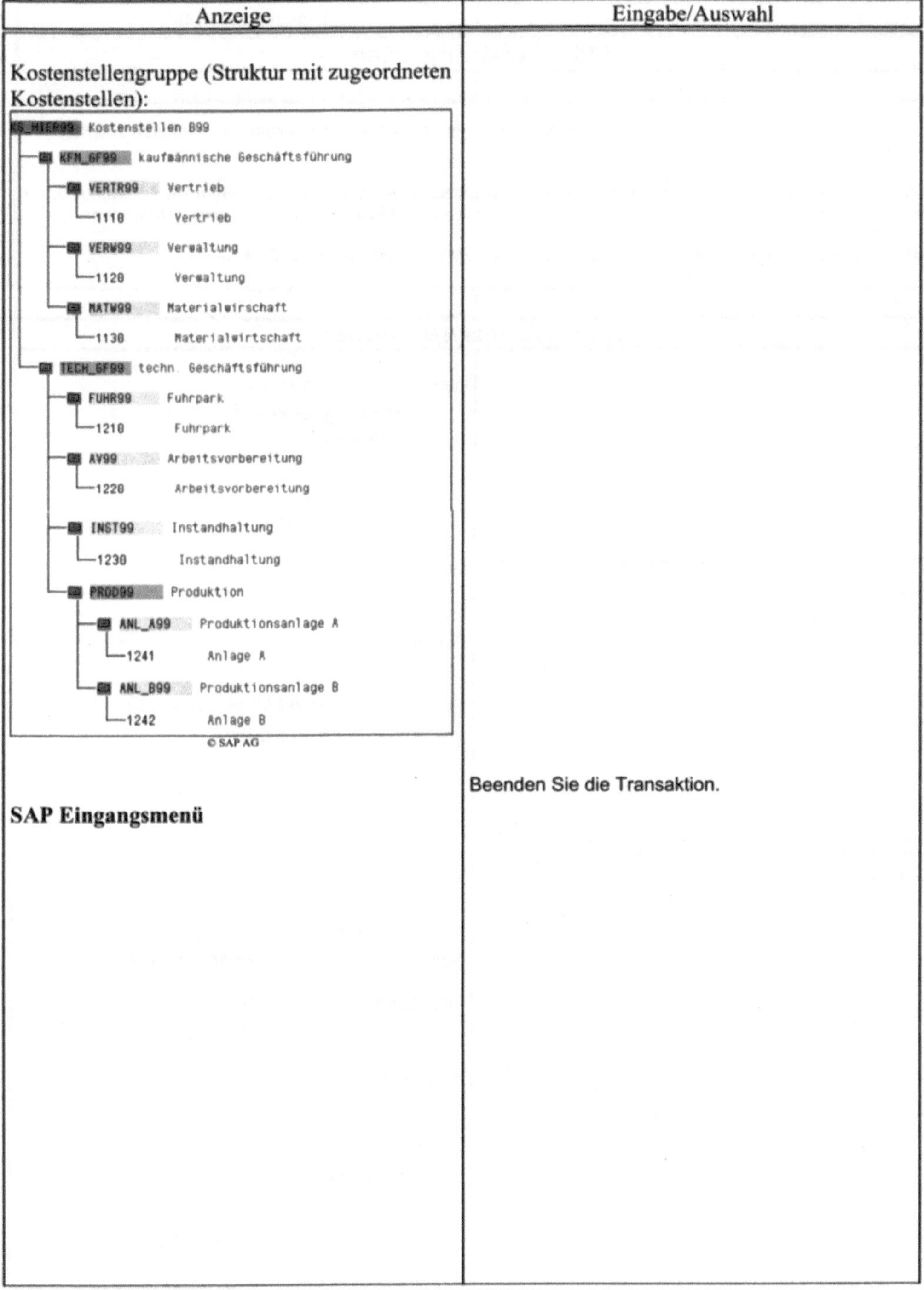

Anzeige	Eingabe/Auswahl
	Beenden Sie die Transaktion.
SAP Eingangsmenü	

Anzeige	Eingabe/Auswahl

M5.3 Leistungsarten

Leistungsarten **sind als Synonym zu dem in der betriebswirtschaftlichen Literatur verwendeten Begriff Bezugsgröße zu sehen.**

Leistungsarten beschreiben den mengenmäßigen Output einer Kostenstelle. Sie dienen zur Leistungskontrolle auf den Kostenstellen und zur Durchführung von innerbetrieblichen Leistungsverrechnungen.

Einer Kostenstelle können eine, mehrere oder keine Leistungsart(en) zugeordnet werden.

M5.3.1 Leistungsarten anlegen

Anzeige	Eingabe/Auswahl
	Wählen Sie im SAP-Menü: **Rechnungswesen - Controlling - Kostenstellenrechnung - Stammdaten - Leistungsart – Einzelbearbeitung - Anlegen**
Bildschirm "Leistungsart anlegen: Einstiegsbild"	Eingabe: Leistungsart: ***GKM*** Gültig ab: ***01.01.jjjj,*** jjjj = aktuelles Jahr bis: ***31.12.9999*** (= Gültigkeitszeitraum) [Enter]
Bildschirm "Leistungsart anlegen: Grundbild", Registerkarte "Grunddaten"	Eingabe bzw. Auswahl: Bezeichnung: ***gefahrene Kilometer*** Leistungseinh.: ***KM*** (= Kilometer) Kostenstellenarten: ***H*** (=Hilfskostenstelle) Leistungsartentyp: ***1*** (= manuelle Erfassung u. Verrechnung) VerrechKostenart: ***510000*** (= ILV Fuhrpark)

Anzeige	Eingabe/Auswahl
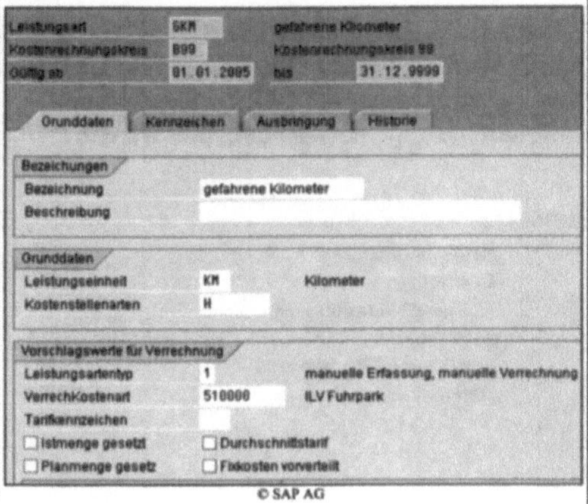 © SAP AG	 Sie legen damit für die neu anzulegende Leistungsart "GKM gefahrene Kilometer" als Maßeinheit Kilometer (KM) fest. Außerdem legen Sie fest, dass GKM nur als Leistungsart für Hilfskostenstellen (Kostenstellen der Kostenstellenart "H") zulässig sein soll, dass die Planung von Leistungen der Leistungsart "GKM" manuell erfolgen soll und Istleistungsmengen manuell (vorgangsbezogen) erfasst (Leistungsartentyp "1") und unter der sekundären Kostenart "510000 ILV Fuhrpark" verrechnet werden sollen.
Bildschirm "Leistungsart anlegen: Einstiegsbild" Meldung in Statuszeile: *Leistungsart wurde hinzugefügt.*	Sichern Sie Ihre Eingaben.
	Legen Sie nun noch die restlichen fünf Leistungsarten gem. **Tabelle 5**, Anhang: Eingabetabellen an. Beachten Sie dabei, der Leistungsart **"AVST"** den Leistungsartentyp **"3"** (=manuelle Erfassung, indirekte Verrechnung) zuzuordnen, den Leistungsarten **"FST"** u. **"MST"** den Leistungsartentyp **"4"** (=manuelle Erfassung, keine Verrechnung).
SAP Easy Access mit SAP Menü	Beenden Sie anschließend die Transaktion.

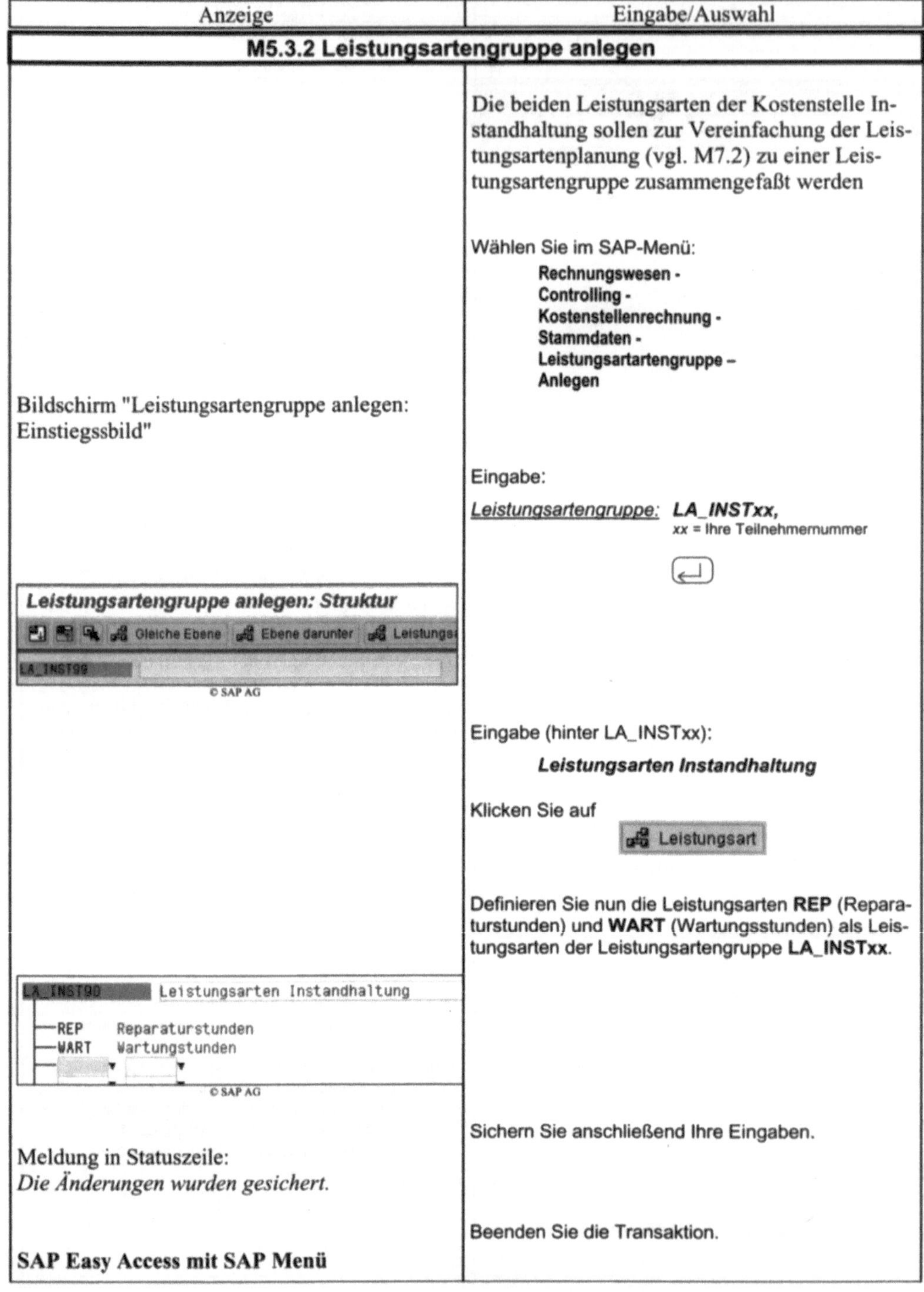

Anzeige	Eingabe/Auswahl
M5.3.2 Leistungsartengruppe anlegen	
	Die beiden Leistungsarten der Kostenstelle Instandhaltung sollen zur Vereinfachung der Leistungsartenplanung (vgl. M7.2) zu einer Leistungsartengruppe zusammengefaßt werden
	Wählen Sie im SAP-Menü: **Rechnungswesen -** **Controlling -** **Kostenstellenrechnung -** **Stammdaten -** **Leistungsartartengruppe –** **Anlegen**
Bildschirm "Leistungsartengruppe anlegen: Einstiegssbild"	Eingabe: _Leistungsartengruppe:_ ***LA_INSTxx,*** *xx* = Ihre Teilnehmernummer
Leistungsartengruppe anlegen: Struktur Gleiche Ebene Ebene darunter Leistungsa LA_INST99 © SAP AG	Eingabe (hinter LA_INSTxx): ***Leistungsarten Instandhaltung*** Klicken Sie auf Leistungsart
	Definieren Sie nun die Leistungsarten **REP** (Reparaturstunden) und **WART** (Wartungsstunden) als Leistungsarten der Leistungsartengruppe **LA_INSTxx**.
LA_INST99 Leistungsarten Instandhaltung —REP Reparaturstunden —WART Wartungstunden © SAP AG	Sichern Sie anschließend Ihre Eingaben.
Meldung in Statuszeile: *Die Änderungen wurden gesichert.*	
SAP Easy Access mit SAP Menü	Beenden Sie die Transaktion.

Anzeige	Eingabe/Auswahl

M5.4 Innenaufträge für Abgrenzung

***Innenaufträge* dienen in der Regel der Planung, Sammlung und Abrechnung der Kosten innerbetrieblicher Maßnahmen und Aufgaben.**

Sie werden gemäß ihrer Verwendung in *Auftragsarten* (z. B. Entwicklungsaufträge, Investitionsaufträge, Fertigungsaufträge, Abgrenzungsaufträge Kostenrechnung, ...) untergliedert.

Für die periodische Abgrenzung der Personalnebenkosten (für Löhne und Gehälter) sollen als Abgrenzungsobjekte innerbetriebliche Aufträge zwischengeschaltet werden, die die monatlichen Entlastungen aufnehmen. Der tatsächlich anfallende Aufwand in der Finanzbuchhaltung wird ebenfalls auf diese Aufträge kontiert.

So läßt sich jederzeit der Saldo der Personalnebenkosten zwischen Finanzbuchhaltung und Kostenrechnung ausweisen und in das Betriebsergebnis übernehmen.

Wählen Sie im SAP-Menü:

Rechnungswesen -
Controlling -
Innenaufträge -
Stammdaten -
Order Manager

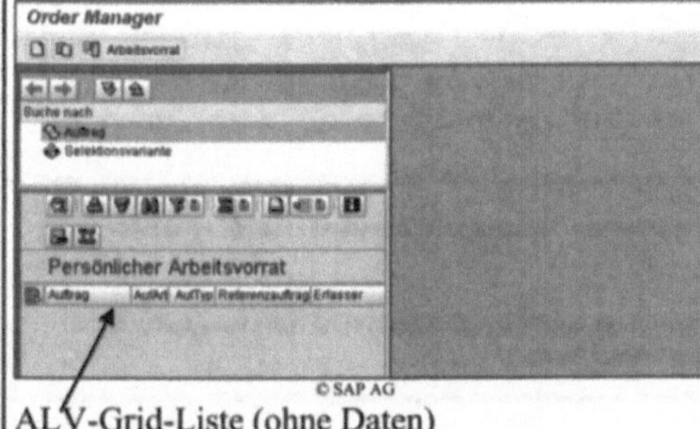

ALV-Grid-Liste (ohne Daten)

Die Einbildtransaktion *Order Manager* dient (ab dem R/3-Release 4.6C) zur Bearbeitung von Innenaufträgen. Sie koppelt die Transaktionen Anlegen / Ändern / Anzeigen der Stammdatenverwaltung in Einzel- und Sammelverarbeitung als integrierte Anwendung mit grafischer Oberfläche.
Verbindendes Element zwischen den einzelnen Arbeitsschritten ist der sogen. *Arbeitsvorrat*, in dem die Stammdatenfelder der Aufträge in einer ALV-Grid-Liste bearbeitet und benutzerspezifisch gespeichert werden können.

Die *ALV-Grid-Liste* (ALV = ABAP List Viewer) dient zur vereinheitlichten Anzeige von tabellarischen Daten im SAP-System und ermöglicht interaktive Funktionen wie Sortieren, Filtern oder Summieren.

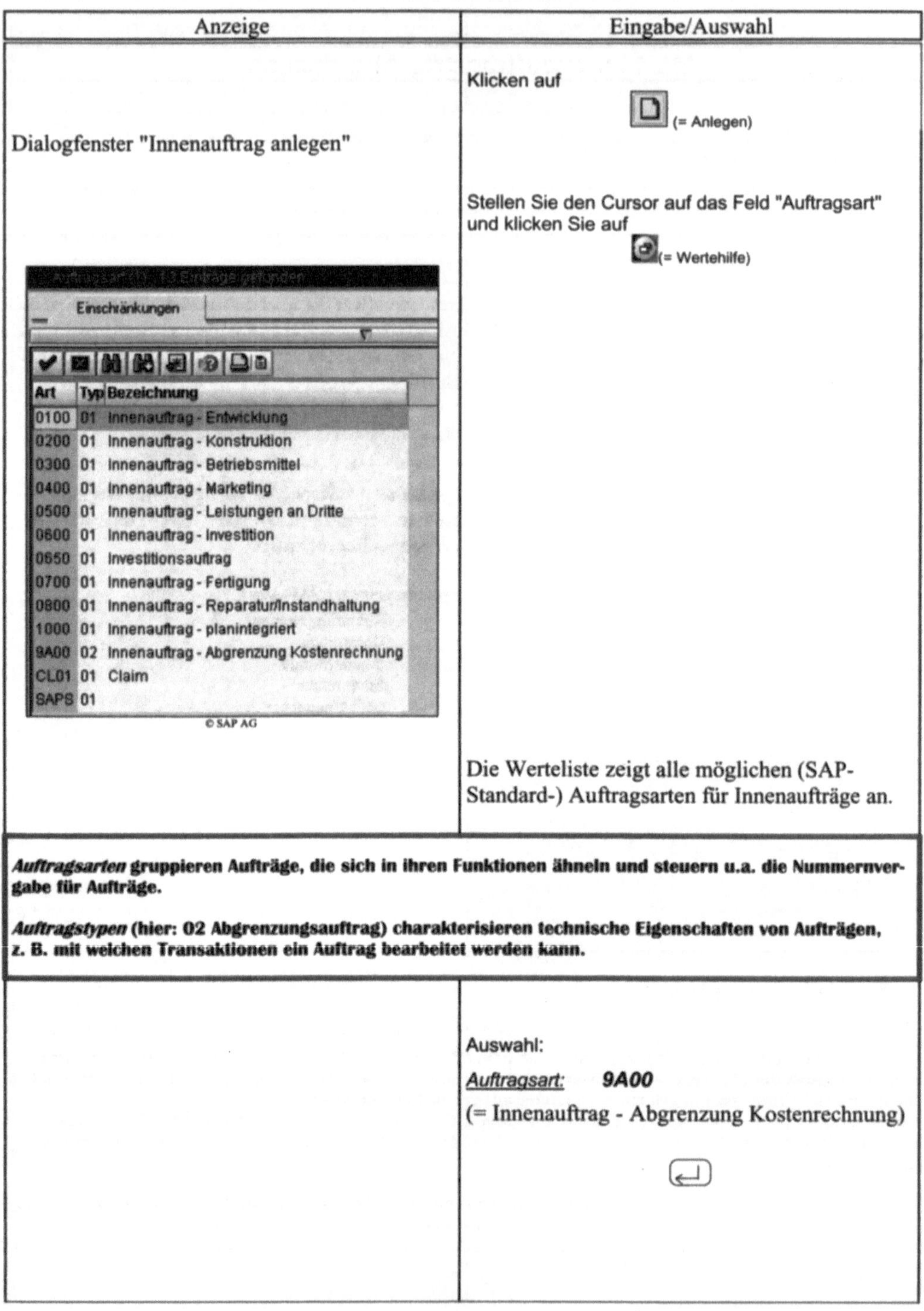

Anzeige	Eingabe/Auswahl
	Klicken auf (= Anlegen)
Dialogfenster "Innenauftrag anlegen"	
	Stellen Sie den Cursor auf das Feld "Auftragsart" und klicken Sie auf (= Wertehilfe)
Einschränkungen Art | Typ | Bezeichnung 0100 | 01 | Innenauftrag - Entwicklung 0200 | 01 | Innenauftrag - Konstruktion 0300 | 01 | Innenauftrag - Betriebsmittel 0400 | 01 | Innenauftrag - Marketing 0500 | 01 | Innenauftrag - Leistungen an Dritte 0600 | 01 | Innenauftrag - Investition 0650 | 01 | Investitionsauftrag 0700 | 01 | Innenauftrag - Fertigung 0800 | 01 | Innenauftrag - Reparatur/Instandhaltung 1000 | 01 | Innenauftrag - planintegriert 9A00 | 02 | Innenauftrag - Abgrenzung Kostenrechnung CL01 | 01 | Claim SAPS | 01 | © SAP AG	Die Werteliste zeigt alle möglichen (SAP-Standard-) Auftragsarten für Innenaufträge an.

***Auftragsarten* gruppieren Aufträge, die sich in ihren Funktionen ähneln und steuern u.a. die Nummernvergabe für Aufträge.**

***Auftragstypen* (hier: 02 Abgrenzungsauftrag) charakterisieren technische Eigenschaften von Aufträgen, z. B. mit welchen Transaktionen ein Auftrag bearbeitet werden kann.**

Anzeige	Eingabe/Auswahl
	Auswahl: *Auftragsart:* ***9A00*** (= Innenauftrag - Abgrenzung Kostenrechnung)

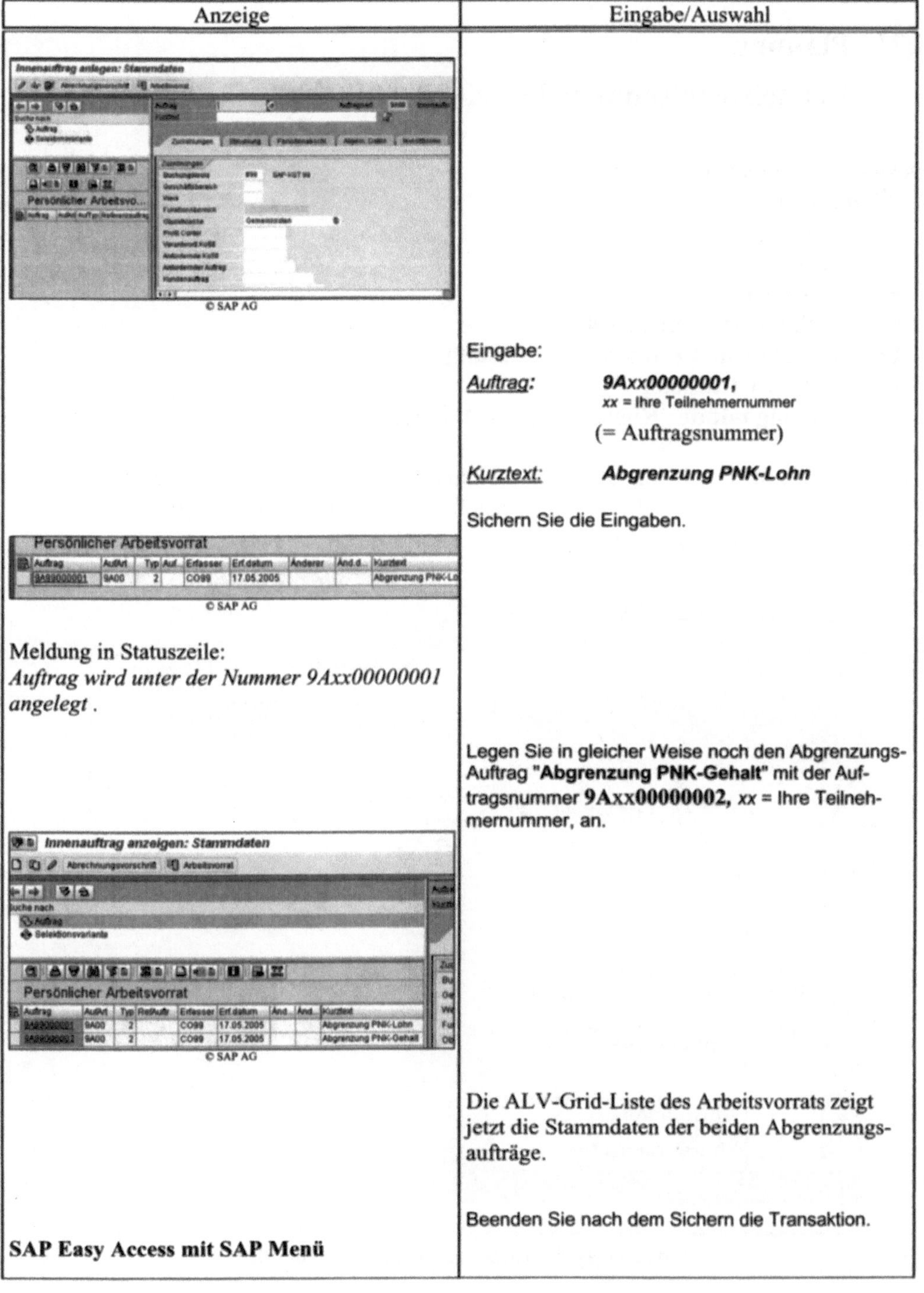

Anzeige	Eingabe/Auswahl
© SAP AG	
	Eingabe: *Auftrag:* ***9Axx00000001,*** *xx* = Ihre Teilnehmernummer (= Auftragsnummer) *Kurztext:* ***Abgrenzung PNK-Lohn*** Sichern Sie die Eingaben.
© SAP AG Meldung in Statuszeile: *Auftrag wird unter der Nummer 9Axx00000001 angelegt .*	
	Legen Sie in gleicher Weise noch den Abgrenzungs-Auftrag **"Abgrenzung PNK-Gehalt"** mit der Auftragsnummer **9Axx00000002,** *xx* = Ihre Teilnehmernummer, an.
© SAP AG	
	Die ALV-Grid-Liste des Arbeitsvorrats zeigt jetzt die Stammdaten der beiden Abgrenzungsaufträge.
SAP Easy Access mit SAP Menü	Beenden Sie nach dem Sichern die Transaktion.

3.2 Planung
Betriebswirtschaftliches Konzept: Plan

Es sind zu besprechen
- **Primärkosten**
  Abgrenzungskostenarten
  variable und fixe Anteile
- **Bezugsgrößen**
  Sonderfall von zwei Bezugsgrößen
- **Innerbetriebliche Leistungsverrechnung**
- **Kalkulationsparameter**
- **Abstimmung mit der Kostenträgerrechnung**

Das Schema gilt sowohl für den Plan als auch für das Ist, allerdings treten im Ist einige Besonderheiten auf, die unter "Betriebswirtschaftliches Konzept: Soll-/Ist-Vergleich" gesondert dargestellt werden.

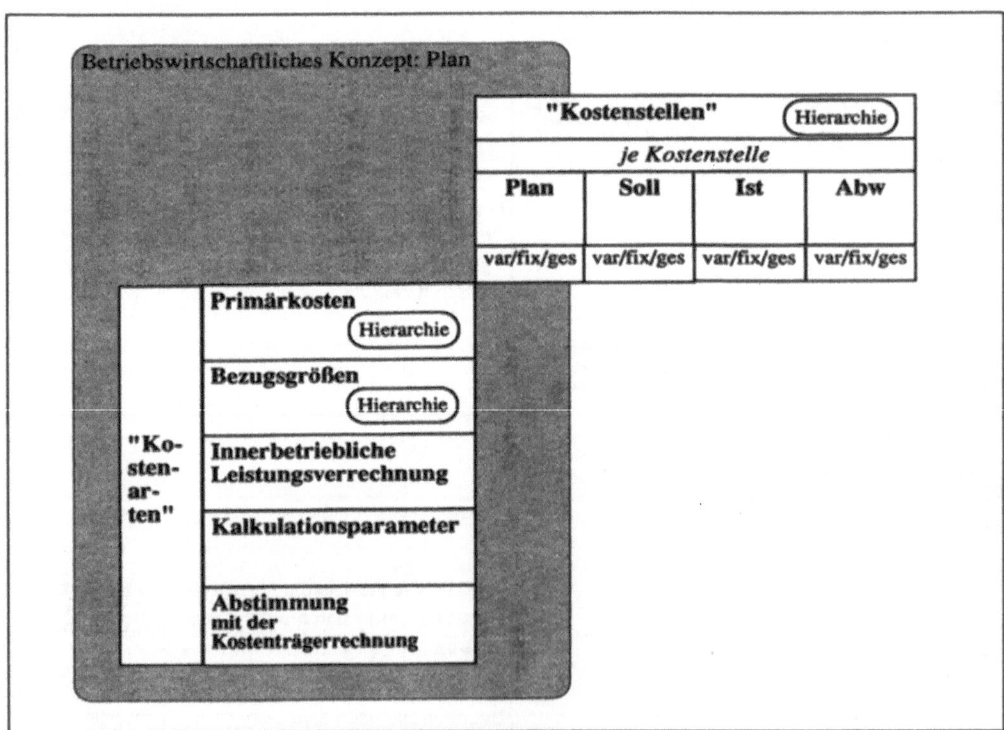

Bild 3.2/1: Betriebswirtschaftliches Konzept: Plan

Primärkosten

PLAN		1210 Fuhrpark Bezugsgröße: gef. Kilometer (GKM)		
Kontonr.	Bezeichnung	Fix	Var	Gesamt
420000	Löhne	0	0	0
421000	GK-Lohn	38.880	0	38.880
429000	verr.PNK-Lohn *	27.216	0	27.216
430000	Gehälter	0	0	0
439000	verr.PNK-Geh. **	0	0	0
481000	kalk. Abschr.	70.000	0	70.000
483000	kalk. Zinsen	14.000	0	14.000
403000	Betriebsstoffe	48.386	5.376	53.762
415000	Energiekosten	9.768	14.652	24.420
417000	Fremdreparat.	12.000	0	12.000
476900	sonst. Kosten	28.354	0	28.354
	Primärkosten	248.604	20.028	268.632

Bild 3.2/2: Planung Primärkosten Fuhrpark (Auszug aus Anhang 4.2)

Unter Primärkosten werden alle "natürlichen" Kostenarten wie Material, Personal, Energie, Abschreibungen, Zinsen, Fremdleistungen, Abgaben verstanden (aus ihnen werden Sekundärkosten, wenn sie unter dem Gesichtspunkt einer Kostenstelle zusammengefaßt werden: Sekundärkosten enthalten die Primärkosten, allerdings ausgefiltert für eine Kostenstelle).

Hinweise zu einzelnen Kostenarten:
Löhne (Fertigungslöhne) werden hier als Einzelkosten verstanden (dem Produkt zurechenbar), während Gemeinkostenlöhne für solche Arbeiten (z. B. Staplerfahren) anfallen, die dem Produkt/Kostenträger nicht zurechenbar sind.
Fertigungslöhne (die sowohl auf Kostenträger wie auf Kostenstelle kontiert werden können) werden hier, obwohl Einzelkosten, durch die Kostenstellenrechnung "gezogen", weil sie Bestandteil des Stundensatzes werden sollen.

Besonderheiten bieten einmal die **kalkulatorischen Kostenarten**, z. B. Abschreibungen und Zinsen. Sie werden in der Kostenrechnung mit anderen Ansätzen als im handelsrechtlichen Jahresabschluss angesetzt (kalkulatorische Abschreibungen werden vom Wiederbeschaffungswert linear bestimmt statt vom Anschaffungswert auch nicht-linear/degressiv; kalkulatorische Zinsen werden auf das betriebsnotwendige Kapital (die Aktivseite der Bilanz ohne die Aktiva, die nicht betriebsnotwendig sind) bezogen und damit so bestimmt, als ob das gesamte betriebsnotwendige Kapital fremdfinanziert werden müßte).

Für das Testbeispiel sind die kalkulatorischen Ansätze für Abschreibungen und Zinsen einfach vorgegeben.

Eine Besonderheit bieten auch die **Abgrenzungskostenarten**.
In der Kostenrechnung werden prozentuale Verrechnungen für Personalnebenkosten Lohn und Gehalt angesetzt, in der Finanzbuchhaltung wird der effektive Anfall gebucht. Personalnebenkosten enthalten Arbeitgeberbeiträge zur Sozialversicherung, Lohnfortzahlung im Krankheitsfall, Unfallversicherung, Mutterschutz, Urlaub, Urlaubsgeld, 13. Gehalt/Weihnachtsgeld, betriebliche Altersversorgung, Vermögensbildung, Sonstiges. Die prozentuale Verrechnung soll den aperiodischen Anfall periodisieren und damit verstetigen.

Im Testbeispiel:

Personalnebenkosten Lohn:
70 % auf die Summe von Fertigungslohn und Gemeinkostenlohn

Personalnebenkosten Gehalt
30 % auf Gehalt

Dies geschieht gleichermaßen für den Plan wie für das Ist. Die Prozentsätze werden so ermittelt, dass in der Summe über das Jahr keine (nur geringe) Differenzen auftreten sollten. Damit sind auch üblicherweise Plan- und Ist-Prozentsätze gleich. Dass der Prozentsatz für PNK-Lohn wesentlich höher als der für PNK-Gehalt ist, liegt an dem alten Brauch, beim Lohn auf die bezahlte Anwesenheit zu beziehen (die auf Grund der Abrechnungsmodalitäten auch ohne Weiteres zur Verfügung steht), während beim Gehalt auf das Monatsgehalt bezogen wird.

Auch wenn die Verrechnungsprozentsätze so bestimmt sind, dass sie aufs Jahr gesehen den effektiven Anfall decken sollten, muss doch die Differenz zwischen "per Prozentsatz verrechnet" und "effektiv" jederzeit nachvollziehbar sein.

Die Differenz wird im Testbeispiel auf "Innenaufträgen" ausgewiesen, die sowohl die Verrechnungsraten wie auch den effektiven Anfall aufnehmen.
In einer "Kurzfristigen Erfolgsrechnung", die auf Monatsbasis das Betriebsergebnis ausweist, sollte die Differenz in der "Überleitung von kalkulatorischem zu bilanziellem Ergebnis" ausgewiesen werden (wo auch die Differenzen zwischen kalkulatorischen und bilanziellen Abschreibungen bzw. Zinsen erfasst werden), um jederzeit

eine Abstimmung zwischen Finanzbuchhaltung und Kostenrechnung zu haben und nicht durch plötzlich auftauchende Differenzen überrascht zu werden.

Übrigens ist der hier beschriebene Mechanismus der Abgrenzung auch in der Buchhaltung bekannt und wird dort über Rechnungsabgrenzungskonten durchgeführt. Da die Finanzbuchhaltung traditionell noch immer auf den *Jahres*Abschluss fixiert ist, wird die Abgrenzungstechnik in der Buchhaltung auch nur jährlich angewendet, innerjährlich aber wegen des Buchungsaufwandes meist nicht. Wenn die Buchhaltung per Abgrenzungskonten nur den periodengerechten Anfall der Personalnebenkosten an die Kostenrechnung weiterleiten bzw. antizipieren würde, bedürfte es natürlich der beschriebenen prozentualen Verrechnung nicht.

Wenn eine Teilkostenrechnung praktiziert wird, müssen schon bei den primären Kosten **variable und fixe Anteile** ausgewiesen werden. Diese Unterscheidung geschieht im Hinblick auf eine Bezugsgröße.

Beispiel: Kostenstelle Fuhrpark
Bezugsgröße seien die vom Fuhrpark geleisteten/gefahrenen Kilometer.
Der Benzinverbrauch (in der Kostenart Betriebsstoffe enthalten) dürfte variabel sein.

Für die Bestimmung der variablen und fixen Anteile einer Kostenart in einer Kostenstelle werden von der Literatur eine Reihe von Methoden geboten. In praxi werden aufgrund von Kenntnis (Strom hat einen Bereitstellungspreis und einen Arbeitspreis) und Schätzung relativ unkompliziert ein variabler und ein fixer Anteil festgelegt.

Fehler in der Schätzung des variablen Anteils führen zu falschen Sollkosten in der Kostenstelle und zu falschen variablen Kosten pro Produkt und damit zu einer falschen Preisuntergrenze.

In den weiteren Stufen der Verarbeitung (innerbetriebliche Leistungsverrechnung, Kalkulationsparameter) sind ebenfalls genau die variablen und fixen Anteile anzugeben.

Hinweis: die Eigenschaft variabel und fix zu sein, kann man nicht allein auf die Kostenart beziehen, sondern man muss sich immer auf die Kombination Kostenart/Kostenstelle ("Kostenart in einer Kostenstelle“) beziehen.

Beispiel: Stromkosten in der Verwaltung sind fix (=vom Produktionsoutput bzw. der Bezugsgröße unabhängig), Stromkosten in der Dreherei sind variabel (=vom Produktionsoutput bzw. der Bezugsgröße Maschinenstunden abhängig). Manche schwachen

Softwareprogramme können einen variablen Anteil nur je Kostenart, nicht aber je Kostenart und Kostenstelle verarbeiten.

Nicht so gut ist es auch, sog. Variatoren zu verwenden, d. h. den variablen und fixen Anteil prozentual statt absolut anzugeben. Mit der Basis steigen dann auch die fixen Kosten, was der Definition von fixen Kosten widerspricht. Beispiel: 90 % Fix-Anteil von 200 =180; steigen die Gesamtkosten auf 250, so steigt der Fix-Anteil ebenfalls (auf 250 x 90 % = 225).

Variabler Anteil von PNK-Lohn bzw. PNK-Gehalt: "teilen das Schicksal der Basis", d. h. ist die Basis variabel, sind auch die PNK variabel und umgekehrt.

Kostenarten-Hierarchien werden gebildet, um Zwischensummen in der Auswertung bilden zu können. Innerhalb der Gesamtkosten einer Kostenstelle möchte man mindestens die Summe der Primärkosten und die der Sekundärkosten (innerbetriebliche Leistungsverrechnung) kennen. Innerhalb der Primärkosten könnte man sich für die Gehaltskosten (als Summe von Gehalt und Personalnebenkosten Gehalt), Lohnkosten (als Summe von Fertigungslohn, Gemeinkostenlohn und PNK-Lohn), kalkulatorischen Kosten (als Summe von kalk. Abschreibungen und kalk. Zinsen) interessieren.

Vgl. Abbildung 1 in 4.3 Anhang: Eingabetabellen.

Die Seminarteilnehmer sind oft erstaunt, dass die **Planzahlen einfach einzugeben** sind und fragen sich, wie diese Vorgaben entwickelt werden und warum deren Ermittlung nicht selbst computerunterstützt erfolgt ("unter Planung war mehr als nur Eingabe verstanden worden").

Die Festlegung der Planzahlen erfolgt einerseits unter Berücksichtigung von Vergangenheitszahlen (Ist des Vorjahres), andererseits unter Berücksichtigung von geänderten Leistungsplänen (Umsatz, Produktion), andererseits unter Vorgaben aus interner Zielsetzung und/oder aufgrund von Wettbewerbsdruck. Darauf, diesen komplexen Prozess abbilden zu wollen, hat man in der SAP-Software zurecht verzichtet.

Bezugsgrößen

Bezugsgrößen (SAP-Begriff: Leistungsart) sind je Kostenstelle anzugeben. Sie sind Angaben über die Kostenursachen ("Kostentreiber"). In Bezug auf die Teilkostenrechnung sind sie von Bedeutung, als anzugeben ist, ob die Kosten mit der Bezugsgröße variieren (variable Kosten) oder nicht (fixe Kosten).

Gern spricht man im Hinblick auf die Bezugsgröße auch von der Leistung einer Kostenstelle. Aber man mache sich klar, dass kein wirkliches Leistungsergebnis bestimmt werden kann, solange der Umsatz nicht der Kostenstelle zurechenbar ist. Wenn mehrere Kostenstellen zum Endprodukt beitragen, kann die Kostenstelle nicht wirklich beurteilt werden. Die Bezugsgröße als Mengenmaßstab sagt nichts über die kostenmäßige Effizienz der Leistungserstellung aus. Auch die Gegenüberstellung von Istkosten in der Kostenstelle zur mit Plankosten bewerteten Leistung ist nur ein Pseudomaßstab, der immerhin Mehrverbräuche sichtbar macht. Ob aber eine marktgerechte Leistung erbracht wird, d. h. ob die Umsätze die Kosten decken und ein Gewinn erzielt wird, kann nur in der Kostenträgerrechnung nachgewiesen werden.

Von Bedeutung ist auch der Fall von **mehr als einer Bezugsgröße** in der Kostenstelle, im Testbeispiel die Kostenstelle Instandhaltung.

Das Schema der Kostenstellenrechnung muss in diesem Fall abgewandelt werden, indem je Kostenstelle angegeben wird

- Kosten, die von allen Bezugsgrößen unabhängig sind
- (je Bezugsgröße) Kosten, die den Bezugsgrößen zurechenbar/zuordenbar sind, davon mit der Bezugsgröße variierend (variabel), davon *nicht* mit der Bezugsgröße variierend (fix).

<table>
<tr><th colspan="11">Plan (bzw. Soll bzw. Ist bzw. Abweichung)</th></tr>
<tr><th colspan="11">je Kostenstelle</th></tr>
<tr><td rowspan="2">von (allen) Bezugsgrößen unabhängig</td><td colspan="3">Bezugsgröße 1</td><td colspan="3">Bezugsgröße 2</td><td colspan="3">...</td><td rowspan="2">Gesamt</td></tr>
<tr><td>Var</td><td>Fix</td><td>Gesamt</td><td>Var</td><td>Fix</td><td>Gesamt</td><td>Var</td><td>Fix</td><td>Gesamt</td></tr>
<tr><td></td><td colspan="3"></td><td colspan="3"></td><td colspan="3"></td><td></td></tr>
</table>

Bild 3.2/3: Schema der Kostenstellenrechnung bei mehr als einer Bezugsgröße

PLAN		KOSTENSTELLEN 1230 Instandhaltung (Bezugsgrößen: Wartungsstd. (WART), Reparaturstd. (REP))	leistungsabhängig (WART)			leistungsabhängig (REP)			
Kontonr.	Bezeichnung	Fix	Fix	Var	Gesamt	Fix	Var	Gesamt	Gesamt
420000	Löhne	0							0
421000	GK-Lohn	38.880							38.880
429000	verr.PNK-Lohn *	27.216							27.216
430000	Gehälter	60.000							60.000
439000	verr.PNK-Geh. **	18.000							18.000
481000	kalk. Abschr.	5.000							5.000
483000	kalk. Zinsen	1.600							1.600
403000	Betriebsstoffe	0	13.296	1.733	15.029	28.092	2.866	30.958	45.987
415000	Energiekosten	0	1.002	1.588	2.590	2.154	3.146	5.300	7.890
417000	Fremdreparat.	23.460							23.460
476900	sonst. Kosten	29.000							29.000
	Primärkosten	203.156	14.298	3.321	17.619	30.246	6.012	36.258	257.033
gefahrene km				15.000		GKM			
510000	ILV Fuhrp.	16.300							16.300
Wartungsstunden									
520000	ILV Inst.Wart		-87.450	-3.321	-90.771				**-90.771**
Reparaturstunden									
530000	ILV Inst.Rep.					-176.550	-6.012	-182.562	**-182.562**
Verr.basis indir. ILV Arbeitsvorb.									
500000	Ind. ILV AV								
	Leistungsverr.	16.300	-87.450	-3.321	-90.771	-176.550	-6.012	-182.562	-257.033
	Gesamt								0
		219.456	73.152 (1/3)		73.152	146.304 (2/3)		146.304	
Plankosten [€]			87.450	3.321	90.771	176.550	6.012	182.562	273.333
Planleistung			1.200		WART	3.000		REP	
Planverrechnungssatz			72,88 € /WART	2,77 € /WART	75,64 € /WART	58,85 € /REP	2,00 € /REP	60,85 € /REP	

Bild 3.2/4: Planung Kostenstelle Instandhaltung (2 Bezugsgrößen) (Auszug aus Anhang 4.2)

In der Kostenstelle Instandhaltung seien zwei Bezugsgrößen gewählt, nämlich die Wartungsstunden und die Instandhaltungsstunden. Derartige Festlegungen entstehen immer aufgrund einer These über das Kostenverhalten: eine Stunde Instandhaltung verursacht mehr/weniger/jedenfalls andere Kosten als eine Stunde Wartung. Wenn eine derartige Vermutung nicht besteht, sollte man sich den Aufwand der Einführung von mehr als einer Bezugsgröße sparen. Oft ist es evident, dass der Verzicht auf Differenzierung zu einer unzulässigen Pauschalierung führt.

Üblich ist die Unterscheidung von Maschinenstunden und Personalstunden, wenn der Personaleinsatz je nach Auftrag variiert. Der Maschinenstundensatz nimmt die Kosten der Maschinenlaufzeit (ohne Personalkosten) auf, der Personalstundensatz nimmt alle Kosten der Bedienungskraft auf. Würde man Maschinenstunden und Personalstunden nicht unterscheiden, würden alle Aufträge mit einem pauschalen Personalanteil belastet: der Auftrag mit wenig Personalstunden würde vergleichsweise zu teuer, der mit viel Personalstunden zu gering kalkuliert.

Zurück zum Beispiel Instandhaltung:
Gelegentlich liegt auch nur der Wille vor, für die Kalkulation die Fälle Wartung und Instandhaltung unterscheiden zu können. Überspitzt: da die Wartungsstunde mehr/weniger kosten *soll* als eine Reparaturstunde, werden zwei Bezugsgrößen eingeführt und die Kosten so zugeordnet, dass die gewünschten Ergebnisse erzielt werden. In der Kalkulation schielt man auf die Preisfindung (für Kunden außerhalb oder innerhalb des Unternehmens), jedenfalls dann, wenn eine kostenorientierte Preisgestaltung im Vordergrund steht (in der Preisgestaltung ist man eigentlich frei bzw. außer von den Kosten nur von Nachfrage und Wettbewerb abhängig).

Die Kosten sind jetzt einzuteilen in

- **von beiden Bezugsgrößen unabhängig:**
  Beispiel: der Einsatzleiter Instandhaltung (Kostenart Gehalt) gehört zu den Fixkosten der Instandhaltung, die weder der Wartung noch der Reparatur zuzuordnen sind.
  Im Beispiel sind auch die Gemeinkostenlöhne weder der Wartung noch der Reparatur zugeordnet worden.

  Die von beiden Bezugsgrößen unabhängigen Fixkosten werden in einem späteren Schritt auf Wartung bzw. Reparatur geschlüsselt, dabei wird im Beispiel ein pauschales Verhältnis von 1/3 Wartung zu 2/3 Reparatur angesetzt. Es handelt sich hierbei um eine Annahme darüber, zu wieviel % der Fixkostenblock Instandhaltung für Wartung und für Reparatur "arbeitet"; der Schlüssel ist nicht unbedingt identisch mit dem Stundenverhältnis Wartung zu Reparatur von im Plan 1.200 zu 3.000.

- **der Wartung zuzuordnen**
  davon fix (unabhängig von der Bezugsgröße Wartungsstunden)
  Beispiel: Prüfgeräte müssen immer betriebsbereit sein, sind immer angeschaltet, verbrauchen Strom
  davon variabel (abhängig von der Bezugsgröße Wartungsstunden)
  Beispiel: Reinigungsmittel, die nur bei der Wartung eingesetzt werden

- **der Reparatur zuzuordnen**
  davon fix (unabhängig von der Bezugsgröße Reparaturstunden)

Beispiel: Energiekosten von Drehbänken und Schmiedeöfen, die kontinuierlich laufen
davon variabel (abhängig von der Bezugsgröße Reparaturstunden)
Beispiel: Öle und Schmierstoffe, die nur bei der Reparatur eingesetzt werden

Für das Testbeispiel sind die Daten als Eingabedaten vorgegeben.

Von den Seminarteilnehmern wird gelegentlich angemerkt, dass sie bei einem praxisnahen Beispiel eigentlich erwartet hätten, dass die Reparaturstunde teurer sein müßte (mehr kosten müßte) als die Wartungsstunde. Begründet wird dies oft mit dem Material für Ersatzteile bei den Reparaturen und auch mit der höheren Qualifikation für die Diagnose des Reparaturfalls. Das Testbeispiel sollte insoweit nicht überfordert werden: Jedenfalls gehört das Material für teure Ersatzteile (nicht Kleinmaterial) nicht in den Stundensatz, sondern würde der empfangenden Kostenstelle getrennt belastet. Was die Qualifikationen für Wartung und Reparatur betrifft, wäre vielleicht eine Differenzierung möglich, wenn es sich um getrennte Personen handeln würde. Im Testbeispiel ist dies nicht der Fall.

Da an einigen Stellen dieses Beispiels mit Annahmen gearbeitet wurde, die gelegentlich den Charakter von "politischen Setzungen" annehmen, beschleicht die Seminarteilnehmer an dieser Stelle oft der Gefühl des Konstruierten. Manche trösten sich damit, dass man erst im Plan sei, die Überprüfung im Ist dann eine Verifizierung oder Falsifizierung der Annahmen bringen würde wie in einem physikalischen Experiment.

Dies ist aber, wie man weiß, nicht der Fall. Schlüssel können nicht experimentell überprüft werden, "sie sind immer falsch".

Das Gegenteil ist richtig: die Konstrukte des Plans werden auch im Ist gebraucht. Im Vorgriff auf das Ist sei schon hier angemerkt: mit der Aufteilung der Istkosten auf Bezugsgrößen und auf variabel und fix hat man seine Probleme, da man dem Beleg nicht ansieht, ob er variabel oder fix ist (auch wird der Beleg im Ist nicht auf die Leistungsart/Bezugsgröße kontiert, sondern nur auf die Kostenstelle Instandhaltung). Daher wird auch im Ist mit den Konstrukten des Plans gearbeitet werden.

Dennoch bleibt es dabei, dass die Unterscheidung von mehreren Bezugsgrößen durchaus ihren Sinn haben kann.

Wenn es wie in diesem Beispiel hauptsächlich um die Verarbeitung des Testbeispiels mit der Software geht, können die kostenrechnerischen Zweifelsfragen als vorab gelöst in den Hintergrund treten.

Immerhin wird aber klar, dass eine Vielzahl von konkreten betriebswirtschaftlichen Konzeptpunkten vorab auf Sinnhaftigkeit zu prüfen und endgültig zu entscheiden sind, damit das Kostenrechnungsproblem danach zum reinen DV-Problem wird.

Die Eingabe der Primärkosten erfolgt in zwei Schritten:

- bezugsgrößenunabhängig
- bezugsgrößenabhängig, diese nach Bezugsgrößen.

Dadurch kommt es zu der etwas kurios anmutenden Teilung der Kostenarten: alle außer Betriebsstoffe und Energie

und dann...

....Betriebsstoffe und Energie.

Innerbetriebliche Leistungsverrechnung

Hilfskostenstellen geben ihre Leistung an Hauptkostenstellen ab, Hauptkostenstellen erbringen ihre Leistung für Kostenträger/Kalkulationsschema.

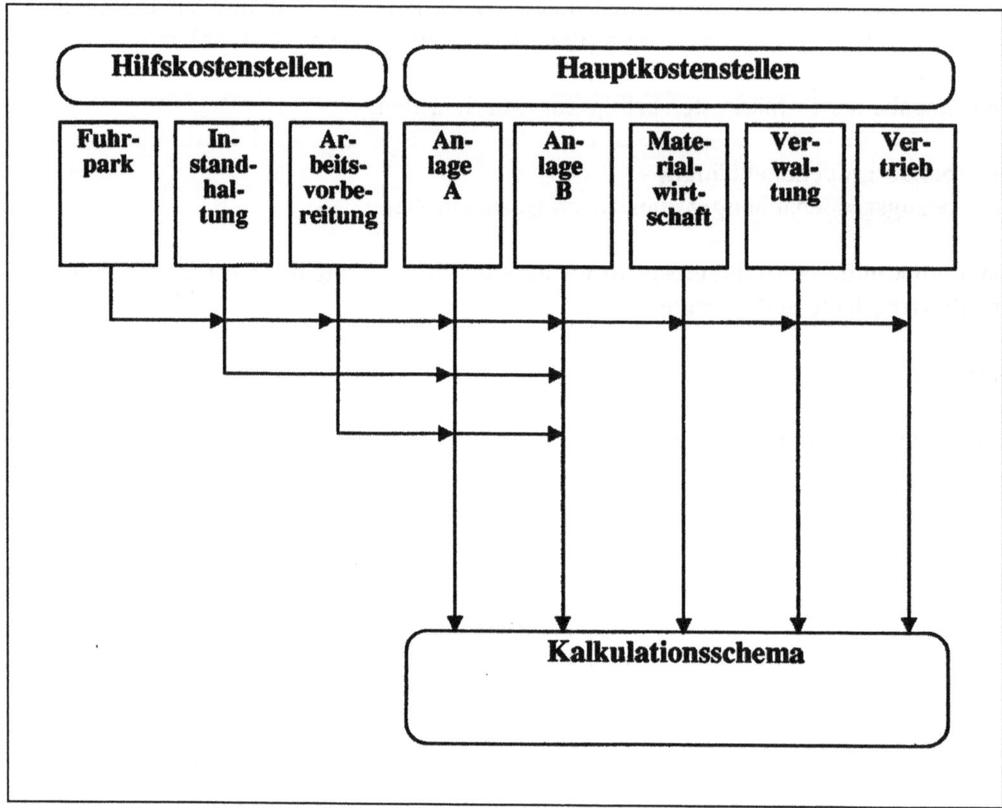

Bild 3.2/5: Innerbetriebliche Leistungsverrechnung

Im Testbeispiel kommen folgende ILV-Schritte vor:

(SAP-Bezeichnung: direkte, vorgangsbezogene ILV im Ist, Leistungsaufnahmeplanung im Plan)

- **ILV Fuhrpark** nach (für die empfangenden Kostenstellen) gefahrenen km
  im Plan: geplante km (*eine* Zahl als Zusammenfassung aller Leistungsabgaben pro Periode von sendender an empfangende Kostenstelle)
  Bewertung: mit Plan-km-Satz

im Ist: nach km-Aufschreibung entsprechend tatsächlichem Anfall (Einzelvorgänge, über die verdichtet werden muss)
Bewertung: mit Plan(!)-km-Satz, s. u.

- **ILV Instandhaltung** nach geleisteten Wartungs- bzw. Reparaturstunden für die empfangenden Kostenstellen Anlage A und Anlage B
im Plan: geplante Wartungs- und Reparaturstunden
Bewertung: mit Plan-Sätzen
im Ist: nach Stundenaufschreibung entsprechend tatsächlichem Anfall
Bewertung: mit Plan(!)-Sätzen, s. u.

(SAP-Bezeichnung: Indirekte ILV)

- **ILV Arbeitsvorbereitung** auf Anlage A und Anlage B im Verhältnis der auf Anlage A und Anlage B "gefahrenen" Stunden als Schlüssel
im Plan: geplante Stunden Anlage A bzw. Anlage B
Bewertung: mit Plan-AV-Satz (je Stunde A bzw. B)
im Ist: Ist-Stunden Anlage A bzw. Anlage B
Bewertung: mit Plan(!)-AV-Satz (je Stunde A bzw. B), s. u.

In SAP-Begriffen gibt es außerhalb der innerbetrieblichen Leistungsverrechnung noch die **Umlage**. Unter Umlage versteht SAP die Verrechnung von Kosten auf Empfänger, während bei der innerbetrieblichen Leistungsverrechnung Leistungsmengen verrechnet werden.

Zur Reihenfolge der ILV
Die Reihenfolge der ILV ist von Bedeutung, wenn Stufenleiterverfahren oder Anbauverfahren verwendet werden, nicht jedoch beim Gleichungssystem.

Im Testbeispiel ist zunächst daran gedacht, den Fuhrpark als erstes zu verrechnen, dann die Instandhaltung (inkl. Fuhrparkkosten), dann die Arbeitsvorbereitung (inkl. Fuhrparkkosten; die Instandhaltung arbeitet nicht für die Arbeitsvorbereitung). Bei dieser Vorgehensweise ist die Reihenfolge von ILV Arbeitsvorbereitung und ILV Instandhaltung ohne Bedeutung, da sie keinen Leistungsaustausch haben. Die Kostenstelle Fuhrpark gibt Leistungen an die anderen Kostenstellen ab, bezieht aber ihrerseits keine Leistungen von den anderen Kostenstellen. Daher muss beim Stufenleiterverfahren der Fuhrpark zuerst umgelegt werden, beim Gleichungsverfahren ist die Reihenfolge ohne Bedeutung.

Da kein gegenseitiger, sondern nur ein einseitiger Leistungsaustausch stattfindet, führen Stufenleiterverfahren und Gleichungsverfahren in diesem Spezialfall zum gleichen Ergebnis.

Da das SAP-System die ILV nach der iterativen Methode ausrechnet, ist die Reihenfolge gleichgültig.

ILV Fuhrpark (vorgangsbezogen)

Der Fuhrpark erbringt eine Kilometerleistung für die empfangenden Kostenstellen. Dividiert man die Gesamtkosten des Fuhrparks durch die insgesamt erbrachte Kilometerleistung, so erhält man einen km-Satz, mit dem die erbrachten km-Leistungen bewertet werden und der empfangenden Kostenstelle belastet werden.

Beispiel:
Fuhrparkkosten im Plan: 268.632 €
Fuhrpark-km Gesamt im Plan: 247.200 GKM (gefahrene Kilometer)
GKM-Satz im Plan: 268.632 € / 247.200 GKM = 1,09 € / GKM

Es ist eine Aufteilung auf variable und fixe Anteile möglich.

PLAN		1210 Fuhrpark Bezugsgröße: gef. Kilometer (GKM)		
Kontonr.	Bezeichnung	Fix	Var	Gesamt
420000	Löhne	0	0	0
421000	GK-Lohn	38.880	0	38.880
429000	verr.PNK-Lohn *	27.216	0	27.216
430000	Gehälter	0	0	0
439000	verr.PNK-Geh. **	0	0	0
481000	kalk. Abschr.	70.000	0	70.000
483000	kalk. Zinsen	14.000	0	14.000
403000	Betriebsstoffe	48.386	5.376	53.762
415000	Energiekosten	9.768	14.652	24.420
417000	Fremdreparat.	12.000	0	12.000
476900	sonst. Kosten	28.354	0	28.354
	Primärkosten	248.604	20.028	268.632
gefahrene km				
510000	ILV Fuhrp.	-248.604	-20.028	**-268.632**
Wartungsstunden				
520000	ILV Inst.Wart			
Reparaturstunden				
530000	ILV Inst.Rep.			
Verr.basis indir. ILV Arbeitsvorb.				
500000	Ind. ILV AV			
	Leistungsverr.	-248.604	-20.028	-268.632
	Gesamt			0
Plankosten [€]		248.604	20.028	268.632
Planleistung		247.200		GKM
Planverrechnungssatz		1,01 €/GKM	0,08 €/GKM	1,09 €/GKM

Bild 3.2/6 (1): ILV Fuhrpark (Auszug aus Anhang 4.2)

Belastung z. B. der Arbeitsvorbereitung mit Fuhrparkkosten im Plan:
13.600 GKM x 1,09 €/GKM = 14.779 €

Andere Kostenstellen entsprechend.

Die Belastung wird beim Empfänger komplett unter Fixkosten eingeordnet, wenn sie - wie hier angenommen - nicht abhängig von der Bezugsgröße des Leistungsempfängers ist, wenn also die für die Arbeitsvorbereitung erbrachten km nicht von der Anzahl der AV-Stunden abhängig sind.

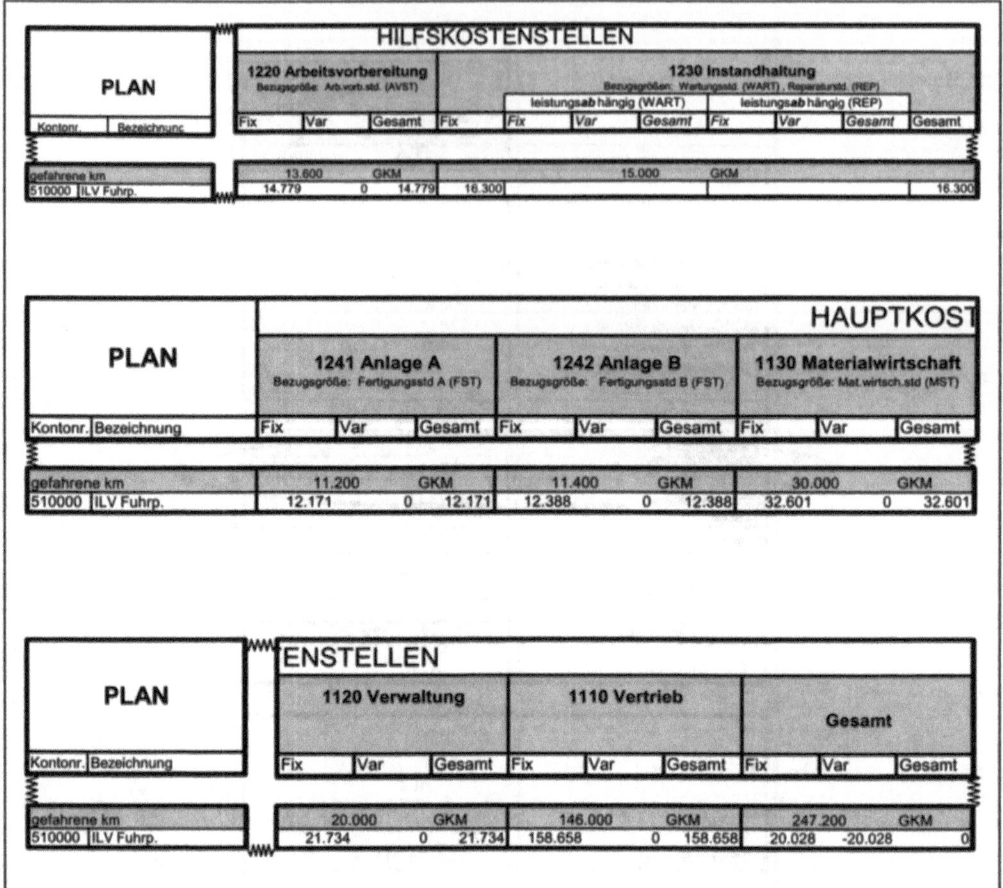

PLAN		HILFSKOSTENSTELLEN										
		1220 Arbeitsvorbereitung Bezugsgröße: Arb.vorb.std. (AVST)			1230 Instandhaltung Bezugsgrößen: Wartungsstd. (WART), Reparaturstd. (REP)							
						leistungsabhängig (WART)			leistungsabhängig (REP)			
Kontonr.	Bezeichnung	Fix	Var	Gesamt	Fix	Fix	Var	Gesamt	Fix	Var	Gesamt	Gesamt
gefahrene km		13.600	GKM		15.000	GKM						
510000	ILV Fuhrp.	14.779	0	14.779	16.300							16.300

PLAN		HAUPTKOST								
		1241 Anlage A Bezugsgröße: Fertigungsstd A (FST)			1242 Anlage B Bezugsgröße: Fertigungsstd B (FST)			1130 Materialwirtschaft Bezugsgröße: Mat.wirtsch.std (MST)		
Kontonr.	Bezeichnung	Fix	Var	Gesamt	Fix	Var	Gesamt	Fix	Var	Gesamt
gefahrene km		11.200	GKM		11.400	GKM		30.000	GKM	
510000	ILV Fuhrp.	12.171	0	12.171	12.388	0	12.388	32.601	0	32.601

PLAN		ENSTELLEN								
		1120 Verwaltung			1110 Vertrieb			Gesamt		
Kontonr.	Bezeichnung	Fix	Var	Gesamt	Fix	Var	Gesamt	Fix	Var	Gesamt
gefahrene km		20.000	GKM		146.000	GKM		247.200	GKM	
510000	ILV Fuhrp.	21.734	0	21.734	158.658	0	158.658	20.028	-20.028	0

Bild 3.2/6 (2): ILV Fuhrpark (Auszug aus Anhang 4.2)

ILV Instandhaltung (vorgangsbezogen)

Die Instandhaltung erbringt ihre Leistung (sowohl Wartung als auch Reparatur) für Anlage A und Anlage B.

Die Fixkosten, die von beiden Bezugsgrößen unabhängig sind, sollen annahmegemäß im Verhältnis 1/3 zu 2/3 auf Wartung und Reparatur verteilt werden. Nach dieser Umlage ergibt sich

Kosten der Wartung im Plan: 90.771 €
Wartungsstunden im Plan: 1.200 WART-Stunden

Wartungs-Stundensatz im Plan: 90.771 € / 1.200 WART-Stunden
= 75,64 € /WART-Stunde.

Kosten der Reparatur im Plan: 182.562 €
Reparaturstunden im Plan: 3.000 REP-Stunden
Reparatur-Stundensatz im Plan: 182.562 € / 3.000 REP-Stunden
= 60,85 € /REP-Stunde.

Belastung der Anlage A mit Wartung im Plan:
500 WART x 75,64 €/WART = 37.821 €

Belastung der Anlage A mit Reparatur im Plan:
1.700 REP x 60,85 €/REP = 103.452 €

dito für Anlage B

Es ist jeweils eine Aufteilung auf variable und fixe Anteile möglich. Beim Empfänger wird die Belastung unter fix eingeordnet.

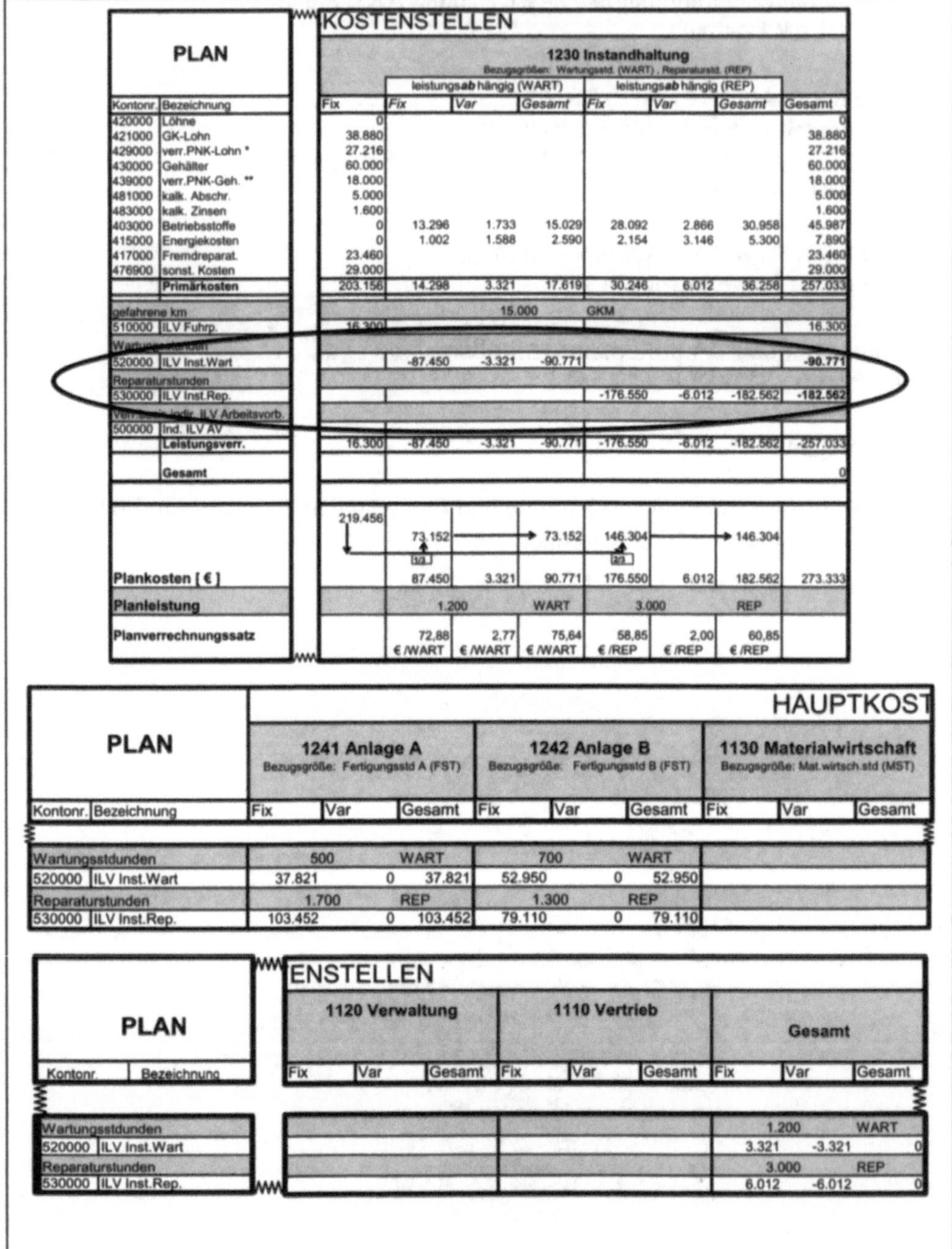

PLAN – KOSTENSTELLEN: 1230 Instandhaltung (Bezugsgrößen: Wartungsstd. (WART), Reparaturstd. (REP))

Kontonr.	Bezeichnung	Fix	leistungsabhängig (WART) Fix	Var	Gesamt	leistungsabhängig (REP) Fix	Var	Gesamt	Gesamt
420000	Löhne	0							0
421000	GK-Lohn	38.880							38.880
429000	verr.PNK-Lohn *	27.216							27.216
430000	Gehälter	60.000							60.000
439000	verr.PNK-Geh. **	18.000							18.000
481000	kalk. Abschr.	5.000							5.000
483000	kalk. Zinsen	1.600							1.600
403000	Betriebsstoffe	0	13.296	1.733	15.029	28.092	2.866	30.958	45.987
415000	Energiekosten	0	1.002	1.588	2.590	2.154	3.146	5.300	7.890
417000	Fremdreparat.	23.460							23.460
476900	sonst. Kosten	29.000							29.000
	Primärkosten	203.156	14.298	3.321	17.619	30.246	6.012	36.258	257.033
gefahrene km				15.000		GKM			
510000	ILV Fuhrp.	16.300							16.300
Wart[illegible]									
520000	ILV Inst.Wart		-87.450	-3.321	-90.771				-90.771
Reparaturstunden									
530000	ILV Inst.Rep.					-176.550	-6.012	-182.562	-182.562
Ver[illegible] indir. ILV Arbeitsvorb.									
500000	Ind. ILV AV								
	Leistungsverr.	16.300	-87.450	-3.321	-90.771	-176.550	-6.012	-182.562	-257.033
	Gesamt								0
		219.456	73.152 (1/3)	→	73.152	146.304 (2/3)	→	146.304	
Plankosten [€]			87.450	3.321	90.771	176.550	6.012	182.562	273.333
Planleistung			1.200		WART	3.000		REP	
Planverrechnungssatz			72,88 € /WART	2,77 € /WART	75,64 € /WART	58,85 € /REP	2,00 € /REP	60,85 € /REP	

PLAN – HAUPTKOSTENSTELLEN

Kontonr.	Bezeichnung	1241 Anlage A (Bezugsgröße: Fertigungsstd A (FST)) Fix	Var	Gesamt	1242 Anlage B (Bezugsgröße: Fertigungsstd B (FST)) Fix	Var	Gesamt	1130 Materialwirtschaft (Bezugsgröße: Mat.wirtsch.std (MST)) Fix	Var	Gesamt
Wartungsstdunden		500		WART	700		WART			
520000	ILV Inst.Wart	37.821	0	37.821	52.950	0	52.950			
Reparaturstunden		1.700		REP	1.300		REP			
530000	ILV Inst.Rep.	103.452	0	103.452	79.110	0	79.110			

PLAN – ENSTELLEN

Kontonr.	Bezeichnung	1120 Verwaltung Fix	Var	Gesamt	1110 Vertrieb Fix	Var	Gesamt	Gesamt Fix	Var	Gesamt
Wartungsstdunden								1.200		WART
520000	ILV Inst.Wart							3.321	-3.321	0
Reparaturstunden								3.000		REP
530000	ILV Inst.Rep.							6.012	-6.012	0

Bild 3.2/7: ILV Instandhaltung (Auszug aus Anhang 4.2)

ILV Arbeitsvorbereitung (periodenbezogen)

Die Arbeitsvorbereitung soll annahmegemäß für die Anlage A und Anlage B arbeiten. Stundenaufschreibungen in der Arbeitsvorbereitung erfolgen hierzu aber nicht, sondern es wird im Verhältnis der Leistungsstunden der Empfänger verteilt (die Annahme lautet: je mehr Anlage A und B "gefahren sind", desto mehr wird wohl auch die Arbeitsvorbereitung für A bzw. B gearbeitet haben).

Stunden in Anlage A im Plan: 36.700 FST Anlage A
(Fertigungsstunden Anlage A)
Stunden in Anlage B im Plan: 24.600 FST Anlage B
(Fertigungsstunden Anlage B)

Stunden der Arbeitsvorbereitung im Plan: 8.000 AVST (Arbeitsvorbereitungsstunden)

Davon werden Anlage A belastet:
8.000 AVST * 36.700 FST Anlage A / (36.700 FST Anlage A + 24.600 FST Anlage B) = 8.000 * 36.700 FST Anlage A / 61.300 FST Anlage A und B
= 4.790 AVST (gerundet)

Davon werden Anlage B belastet:
8.000 AVST * 24.600 FST Anlage B / (36.700 FST Anlage A + 24.600 FST Anlage B) = 8.000 * 24.600 FST Anlage A / 61.300 FST Anlage A und B
= 3.210 AVST (gerundet)

Bewertet werden diese AV-Belastungen mit dem AV-Stundensatz wie folgt:
Kosten der Arbeitsvorbereitung nach Fuhrparkbelastung: 459.677 €
Stunden der Arbeitsvorbereitung im Plan: 8.000 AVST
Stundensatz AV im Plan: 459.677 € / 8.000 AVST = 57,46 €/AVST

Belastung der Anlage A mit Arbeitsvorbereitung im Plan:
4.790 AVST (gerundet) * 57,46 €/AVST = 275.206 €

Belastung der Anlage B mit Arbeitsvorbereitung im Plan:
3.210 AVST (gerundet) * 57,46 €/AVST = 184.471 €

Die Belastung wird beim Empfänger unter fix eingeordnet.

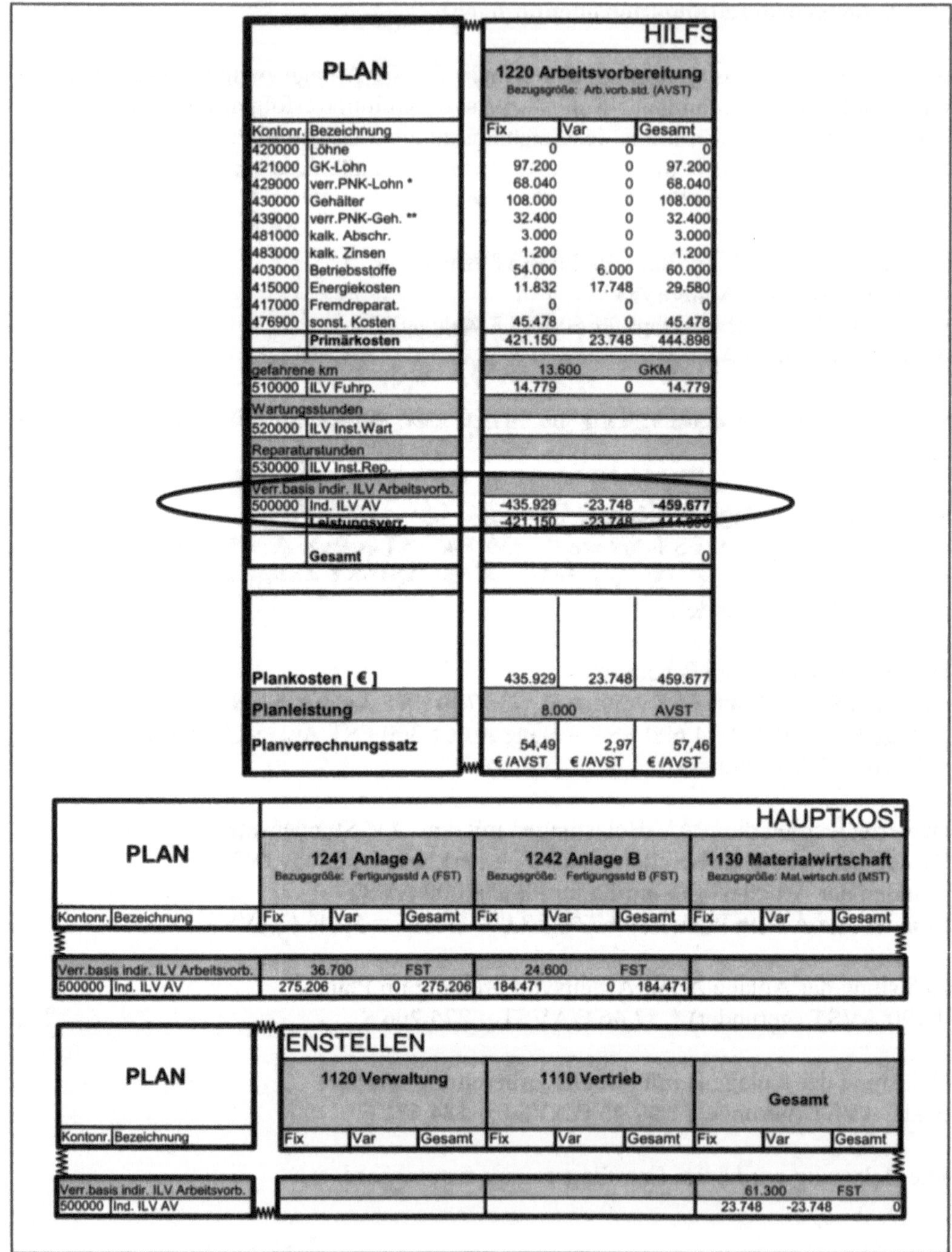

PLAN		HILFS… 1220 Arbeitsvorbereitung (Bezugsgröße: Arb.vorb.std. (AVST))		
Kontonr.	Bezeichnung	Fix	Var	Gesamt
420000	Löhne	0	0	0
421000	GK-Lohn	97.200	0	97.200
429000	verr.PNK-Lohn *	68.040	0	68.040
430000	Gehälter	108.000	0	108.000
439000	verr.PNK-Geh. **	32.400	0	32.400
481000	kalk. Abschr.	3.000	0	3.000
483000	kalk. Zinsen	1.200	0	1.200
403000	Betriebsstoffe	54.000	6.000	60.000
415000	Energiekosten	11.832	17.748	29.580
417000	Fremdreparat.	0	0	0
476900	sonst. Kosten	45.478	0	45.478
	Primärkosten	421.150	23.748	444.898
gefahrene km		13.600 GKM		
510000	ILV Fuhrp.	14.779	0	14.779
Wartungsstunden				
520000	ILV Inst.Wart			
Reparaturstunden				
530000	ILV Inst.Rep.			
Verr.basis indir. ILV Arbeitsvorb.				
500000	Ind. ILV AV	-435.929	-23.748	**-459.677**
	Leistungsverr.	-421.150	-23.748	[illegible]
	Gesamt			0
Plankosten [€]		435.929	23.748	459.677
Planleistung		8.000 AVST		
Planverrechnungssatz		54,49 €/AVST	2,97 €/AVST	57,46 €/AVST

PLAN		HAUPTKOST… 1241 Anlage A (Bezugsgröße: Fertigungsstd A (FST))			1242 Anlage B (Bezugsgröße: Fertigungsstd B (FST))			1130 Materialwirtschaft (Bezugsgröße: Mat.wirtsch.std (MST))		
Kontonr.	Bezeichnung	Fix	Var	Gesamt	Fix	Var	Gesamt	Fix	Var	Gesamt
Verr.basis indir. ILV Arbeitsvorb.		36.700 FST			24.600 FST					
500000	Ind. ILV AV	275.206	0	275.206	184.471	0	184.471			

PLAN		…ENSTELLEN 1120 Verwaltung			1110 Vertrieb			Gesamt		
Kontonr.	Bezeichnung	Fix	Var	Gesamt	Fix	Var	Gesamt	Fix	Var	Gesamt
Verr.basis indir. ILV Arbeitsvorb.								61.300 FST		
500000	Ind. ILV AV							23.748	-23.748	0

Bild 3.2/8: ILV Arbeitsvorbereitung (Auszug aus Anhang 4.2)

Kalkulationsparameter

Es werden die Kalkulationsparameter/Verrechnungssätze der Hilfs- und Hauptkostenstellen berechnet. SAP-Begriff: Tarife.

Für die Hilfskostenstellen ist dies oben schon für Zwecke der ILV geschehen. Bleiben noch die Hauptkostenstellen.

Anlage A:
Kosten nach ILV im Plan: 1.897.960 €
Stunden im Plan: 36.700 FST Anlage A (Fertigungsstunden)
Stundensatz: 1.897.960 € / 36.700 FST Anlage A
= 51,72 € / FST Anlage A

Anlage B: dito Anlage A
= 59,67 € / FST Anlage B

Materialwirtschaft: dito Anlage A
= 61,27 € / MST (Materialwirtschaftsstunde)
(wobei allerdings der hier ausgerechnete Stundensatz für die Kalkulation nicht verwendet wird, da im Kalkulationsschema üblicherweise mit einem Materialgemeinkosten-Prozentsatz auf Einzelkosten-Material gearbeitet wird).

Verwaltung, Vertrieb: in der Kalkulation würde mit einem Prozentsatz auf Herstellkosten gearbeitet. Dazu müßten die Verwaltungs- bzw. Vertriebsgemeinkosten laut Kostenstelle auf die Gesamtherstellkosten im Plan bezogen werden.

PLAN		HAUPTKOST								
		1241 Anlage A Bezugsgröße: Fertigungsstd A (FST)			1242 Anlage B Bezugsgröße: Fertigungsstd B (FST)			1130 Materialwirtschaft Bezugsgröße: Mat.wirtsch.std (MST)		
Kontonr.	Bezeichnung	Fix	Var	Gesamt	Fix	Var	Gesamt	Fix	Var	Gesamt
420000	Löhne	0	555.750	555.750	0	349.160	349.160	0	0	0
421000	GK-Lohn	19.440	0	19.440	38.880	0	38.880	58.320	0	58.320
429000	verr.PNK-Lohn *	13.608	389.025	402.633	27.216	244.412	271.628	40.824	0	40.824
430000	Gehälter	60.000	0	60.000	60.000	0	60.000	156.000	0	156.000
439000	verr.PNK-Geh.**	18.000	0	18.000	18.000	0	18.000	46.800	0	46.800
481000	kalk. Abschr.	72.000	0	72.000	108.768	0	108.768	17.000	0	17.000
483000	kalk. Zinsen	28.800	0	28.800	43.507	0	43.507	6.800	0	6.800
403000	Betriebsstoffe	144.000	16.000	160.000	132.102	14.678	146.780	42.300	4.700	47.000
415000	Energiekosten	16.128	24.192	40.320	33.936	50.904	84.840	3.264	4.896	8.160
417000	Fremdreparat.	8.900	0	8.900	7.980	0	7.980	7.800	0	7.800
476900	sonst. Kosten	103.466	0	103.466	9.358	0	9.358	7.599	0	7.599
	Primärkosten	484.342	984.967	1.469.309	479.747	659.154	1.138.901	386.707	9.596	396.303
gefahrene km		11.200		GKM	11.400		GKM	30.000		GKM
510000	ILV Fuhrp.	12.171	0	12.171	12.388	0	12.388	32.601	0	32.601
Wartungsstdunden		500		WART	700		WART			
520000	ILV Inst.Wart	37.821	0	37.821	52.950	0	52.950			
Reparaturstunden		1.700		REP	1.300		REP			
530000	ILV Inst.Rep.	103.452	0	103.452	79.110	0	79.110			
Verr.basis indir. ILV Arbeitsvorb.		36.700		FST	24.600		FST			
500000	Ind. ILV AV	275.206	0	275.206	184.471	0	184.471			
	Leistungsverr.	428.651	0	428.651	328.919	0	328.919	32.601	0	32.601
	Gesamt			1.897.960			1.467.820			428.904
Plankosten [€]		912.993	984.967	1.897.960	808.666	659.154	1.467.820	419.308	9.596	428.904
Planleistung		36.700		FST	24.600		FST	7.000		MST
Planverrechnungssatz		24,88 € /FST	26,84 € /FST	51,72 € /FST	32,87 € /FST	26,79 € /FST	59,67 € /FST	59,90 € /MST	1,37 € /MST	61,27 € /MST

Bild 3.2/9: Kalkulationsparameter (Auszug aus Anhang 4.2)

Abstimmung mit der Kostenträgerrechnung

In diesem Teil der Kostenstellenrechnung wird eine Abstimmung zur Kostenträgerrechnung hergestellt. Diese ist besonders dann von Bedeutung, wenn nicht alle Kosten der Kostenstellenrechnung auf die Kostenträger verrechnet werden. Dies hat hauptsächlich im Ist Bedeutung, wenn man sich entschließt, im Ist zwar mit Ist-Stunden zu arbeiten, diese aber mit Plan-Stundensätzen zu bewerten. In diesem Fall können von Null verschiedene Kostenstellenergebnisse entstehen.
Das sei hier nur erwähnt, ohne es näher auszuführen, da sich im Testbeispiel auf die Kostenstellenrechnung beschränkt wird.

Modul 6: Customizing für Planung und Istverrechnung in der Kostenrechnung

Abgrenzungsregeln für Personalnebenkosten definieren

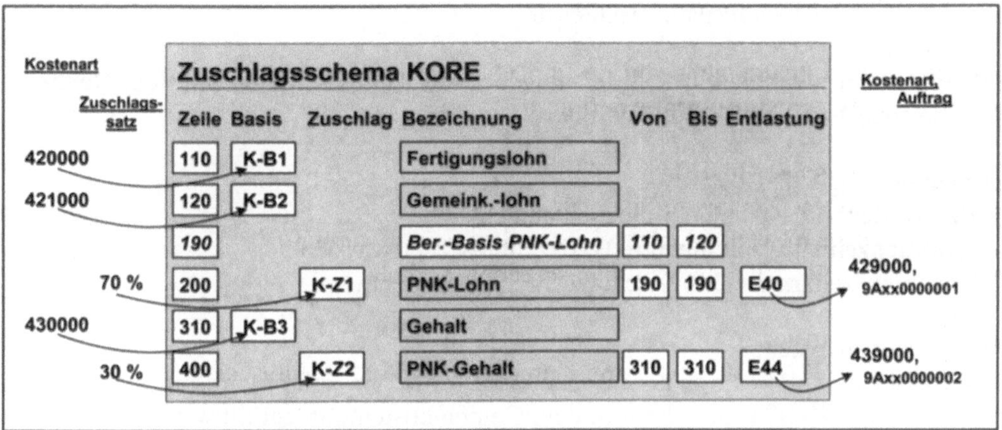

Bild 3.2/10 (Modul 6): Schema für Zuschlagsabgrenzung: Beispiel

Unregelmäßig auftretende Aufwendungen (Beispiel: Urlaubsgeld im Sommer, Sonderzahlung/Weihnachtsgeld im November) werden auf die Monate verteilt, für die sie anfallen bzw. in denen sie erwirtschaftet werden müssen. In der Kostenrechnung wird eine Verstetigung des Aufwands angestrebt.

Technisch geschieht dies durch die monatliche Verrechnung eines Zuschlags, der so bemessen ist, dass er über das Jahr betrachtet die aperiodisch anfallenden Aufwendungen deckt.

Es geht vergleichsweise um eine Banalität: es muss auf eine Basis ein Prozentzuschlag gerechnet werden.
Beispiel: Gehalt = 200, Gehaltsnebenkosten = 30 % auf Gehalt, daher Gehaltsnebenkosten = 30 % von 200 = 60

In einer Tabellenkalkulation wäre dies in Sekundenschnelle und sofort verständlich gelöst. In der SAP-Software hat die Lösung den "Charme einer Siebziger-Jahre-Programmierung in COBOL". Immerhin muss man konzedieren, dass es mit der Angabe des Verrechnungsprozentsatzes nicht getan ist, es ist die Basis für die Prozentrechnung anzugeben und was wichtiger ist, es ist das Schema mit dem konkreten input und output zu verbinden, d. h. es ist eine Verbindung zur bereits angelegten Kontenwelt herzustellen und es muss gesagt werden, wo das Ergebnis der Berechnung schließlich landen soll.

Ähnliche Schemata kommen noch an anderen Stellen der SAP-Software vor (z. B. in der Ergebnisrechnung PA), so dass man, wenn man das umständliche Verfahren einmal verstanden hat, sich später leichter tut.

Zunächst wird unabhängig von der umgebenden Konten-Organisation ein **Rechenschema** sozusagen **stand-alone** definiert.

Es geht um folgende Begriffe:
- **Basiszeilen**: die Zeilen, auf die man aufschlägt
- **Summenzeilen**: wenn mehrere Basiszeilen addiert werden
- **Zuschlagszeilen**: die das Zuschlagsergebnis aufnehmen

Personalnebenkosten:
eine Basiszeile K-B1 (die später mit dem Fertigungslohn gefüllt wird) und
eine Basiszeile K-B2 (die später mit dem Gemeinkostenlohn gefüllt wird)
sollen zunächst addiert werden.

Die Addition wird - umständlich - wie folgt bewerkstelligt. Man numeriere die Summanden (im Beispiel 110 für K-B1 und 120 für K-B2), gebe in der Summenzeile an, von welcher Nummer bis zu welcher Nummer addiert werden soll (dass nur addiert werden soll und nicht etwa multipliziert "weiß das Programm").

Der Zuschlagsprozentsatz wird definiert (im Beispiel als K-Z1), noch ohne den Prozentsatz konkret anzugeben, und es wird gesagt, auf welche Zeile im Rechenschema dieser Zuschlagsprozentsatz anzuwenden ist (Zeile 190).
Ebenso macht man es für das Gehalt, was im Beispiel einfacher ist, weil nur eine Gehaltszeile vorkommt, auf die der Prozentsatz für die Gehaltsnebenkosten anzuwenden ist.

Die Ergebnisse der Berechnung (output/Entlastung) werden auf E 40 bzw. E 44 zur Verfügung gestellt. Was aber E 40 bzw. E 44 ist, muss ebenso noch gesagt werden, wie gesagt werden muss, was in die input-Zeile K-B1, K-B2 und K-B3 eigentlich eingeschleust werden soll.

Soweit ist das Rechenschema noch ohne jede Verbindung zur umgebenden Konten-Organisation.

Es folgt **jetzt** inputseitig die **Verbindung zur umgebenden Kontenwelt**, indem dem System mitgeteilt wird, dass die Lohn-Basiszeilen K-B1 mit der Kostenart/dem Konto Fertigungslohn und die Lohn-Basiszeile K-B2 mit dem Gemeinkostenlohn gefüllt werden soll.
Ebenso soll es mit K-B3 sein, diese Zeile wird mit der Kostenart Gehalt gefüllt.

Es werden die konkreten Zuschlagssätze für K-Z1 und K-Z2 eingegeben, z. B. 30% und 70%.

Jetzt muss noch **outputseitig** angegeben werden, **wo das Rechenergebnis hingeschafft werden soll**.

Die Personalnebenkosten sollen einerseits in der Kostenart 429000 verr. Personalnebenkosten-Lohn bzw. 439000 verr. Personalnebenkosten-Gehalt gebucht werden. Außerdem soll gleichzeitig auch noch auf die Innenauftrage für Abgrenzung gebucht werden, so dass dort die Gegenüberstellung zum effektiven Anfall sichtbar gemacht werden kann, im Beispiel auf Auftrag 9Axx0000001 für PNK-Lohn und 9Axx0000002 für PNK-Gehalt.

Indirekte Leistungsverrechnung

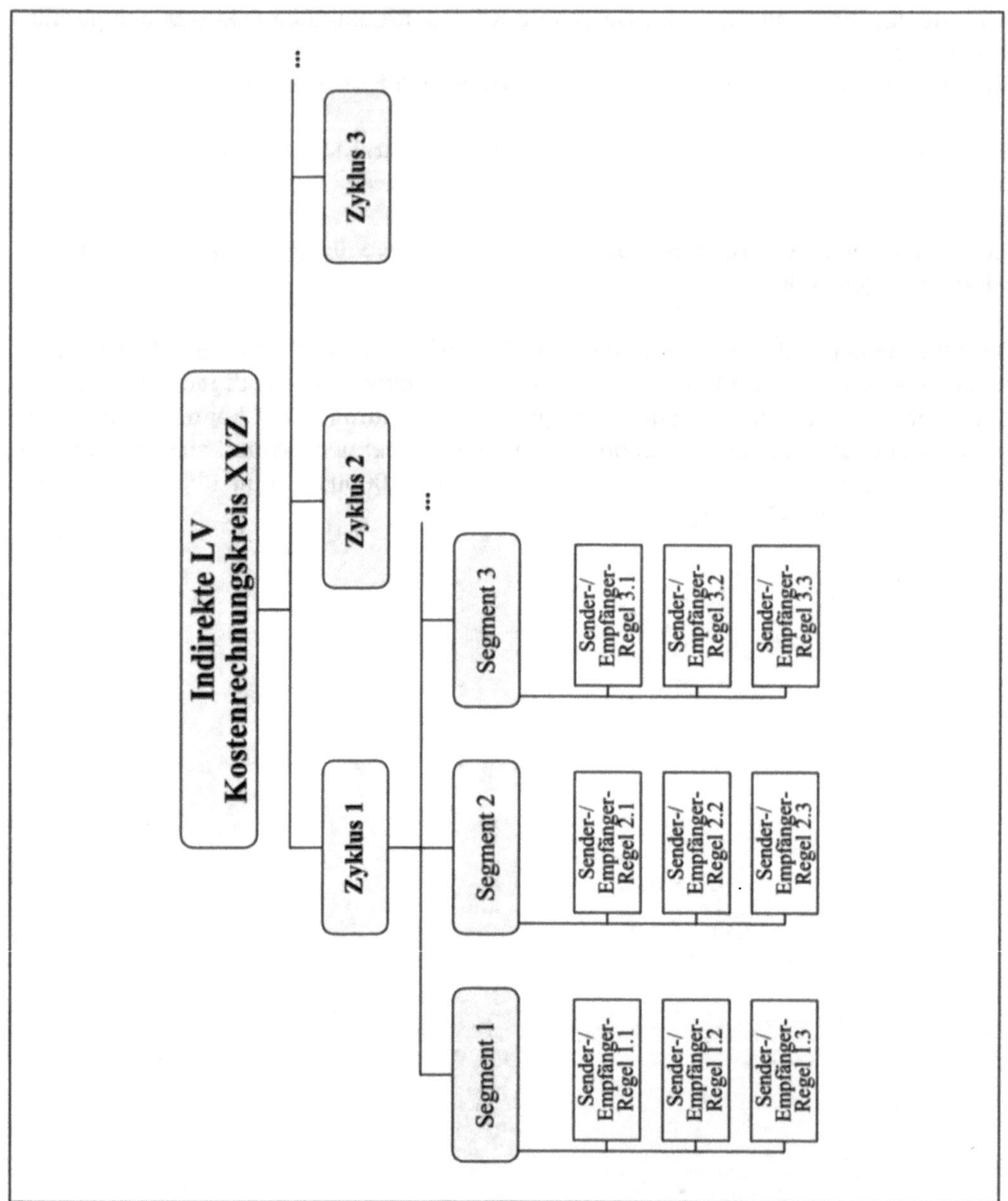

Bild 3.2/11 (Modul 6): Hierarchie der Sender- und Empfängerregeln

Für die indirekte Leistungsverrechnung (Beispiel AV wird nach den Stunden der Empfängerkostenstellen, also nach einem feststehenden Rechenverfahren verrechnet) ist anzugeben, wie die Verrechnung erfolgen soll. Dazu sind Sender- und Empfängerkostenstellen zu spezifizieren (im Beispiel: Sender ist die AV, Empfänger sind die beiden produktiven Kostenstellen Anlage A und B) und es ist der "Schlüssel" anzugeben, nachdem die Verrechnung erfolgen soll (im Beispiel soll im Verhältnis der Stunden der Empfänger verteilt werden, also ist die "Bezugsbasis" die Leistungsart FST Fertigungsstunden der Anlage A und Anlage B. Die mit dem Planverrechnungssatz (€/AV-Stunde) bewerteten Leistungsmengen (AV-Stunden) werden unter der Kostenart 500000 (indirekte Leistungsverrechnung AV) auf Empfängerkostenstellen gebucht.

Im SAP-System erfolgt die vorgenannte Festlegung in **Segmenten** und **Zyklen**. Für das Testbeispiel wird nur je ein Segment und ein Zyklus für Plan bzw. Ist angelegt, um die Anforderungen des Systems zufrieden zu stellen.

Segment: Sender- und Empfängerbeziehungen mit einheitlicher Wert- bzw. Mengenermittlung auf der Senderseite und gleicher Bezugsgrößenermittlung bei den Empfängern werden zu einem Segment zusammengefaßt.

Zyklus: Segmente werden zu Zyklen zusammengefaßt, dabei können auch mehrere Zyklen gebildet werden, die nacheinander in der Reihenfolge der Eingabe abgearbeitet werden. So können Teilbereiche des Unternehmens zeitlich getrennt verrechnet werden oder aufeinander aufbauende Zyklen, z. B. für Hilfs- und Endkostenstellen gebildet werden. Innerhalb eines Zyklus können die Segmente iterativ oder nacheinander verarbeitet werden.

Die Zyklen erlauben den Eingriff in langlaufende Rechenprogramme der Leistungsverrechnungen, um anhand von Zyklusergebnissen eine weitere Verrechnung abbrechen zu können.

Nummernkreise für Geschäftsvorgänge

Vorgänge: Im SAP-Modul CO werden die Geschäftsvorfälle nach Vorgängen klassifiziert.

Beispiel: Vorgang "RKP1 Planung Primärkosten"

Bemerkung: Dass später im Ist für einzelne Buchungen/Geschäftsvorfälle Nummern zur Identifizierung vergeben würden, hatte man sicher nicht anders erwartet. Auch für die Planungsvorgänge, die im Vergleich zum Ist auf aggregiertem Niveau erfolgen, ist im SAP-System eine Nummernvergabe vorgesehen.

Pro Geschäftsvorfall wird eine Belegnummer erzeugt; daher muss jeder Vorgang einem **Nummernkreis*intervall*** zugeordnet sein.

Vorgangsgruppen: Vorgänge werden zu Vorgangsgruppen zusammengefaßt, denen **Nummernkreise** zugeordnet werden.

Beispiel: Vorgang "RKP1 Planung Primärkosten" gehört zu Vorgangsgruppe "Planung".

Was ist zu tun?

Abgrenzungsregeln für Personalnebenkosten (Plan und Ist):

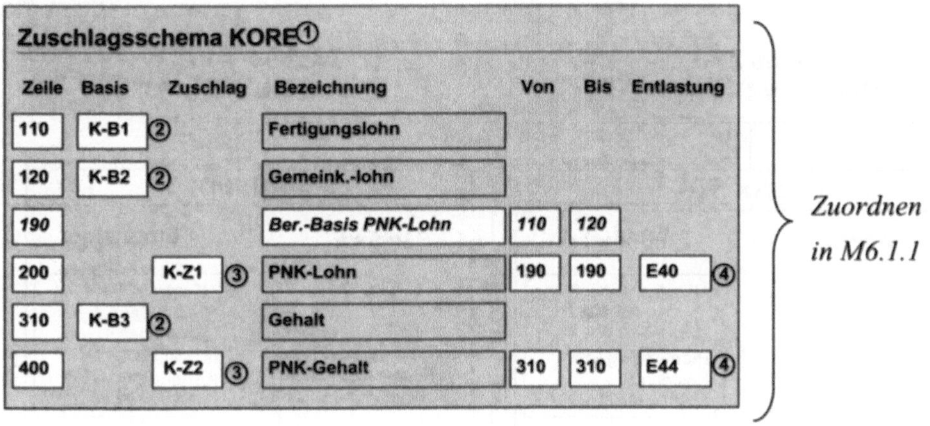

Zuschlagsschema KORE①

Zeile	Basis	Zuschlag	Bezeichnung	Von	Bis	Entlastung
110	K-B1 ②		Fertigungslohn			
120	K-B2 ②		Gemeink.-lohn			
190			*Ber.-Basis PNK-Lohn*	*110*	*120*	
200		K-Z1 ③	PNK-Lohn	190	190	E40 ④
310	K-B3 ②		Gehalt			
400		K-Z2 ③	PNK-Gehalt	310	310	E44 ④

Zuordnen in M6.1.1

① **Gültigkeitszeitraum des Zuschlagsschemas für Plan- und Ist-Abgrenzung pro Kostenrechnungskreis definieren**

② **Basiskostenarten (420000, ...) pro Basis-Schlüssel (K-B1, ...) kostenrechnungskreisspezifisch für Plan und Ist zuordnen**

③ **Zuschlagsprozentsätze (70%, ...) für Ist und Plan pro Zuschlags-Schlüssel (K-Z1, ...) kostenrechnungskreisspezifisch zuordnen**

④ **Abgrenzungsobjekt (Auftrag 9Axx0000001, ...) und Abgrenzungskostenart (429000, ...) pro Entlastungs-Schlüssel (E40, ...) kostenrechnungskreisspezifisch für Plan und Ist zuordnen**

Bild 3.2/12 (Modul 6): Überblick M6.1.1

Das Schema ist kostenrechnungskreisübergreifend auf Mandantenebene anzulegen und wurde für das Testbeispiel bereits in Anlehnung an ein SAP-Standardschema erstellt (vgl. 2.4 Vorbereitung des Systems). Pro Kostenrechnungskreis muss für Plan- und Istabgrenzung festgelegt werden, welches Schema verwendet werden soll; das Schema muss dem Kostenrechnungskreis zeitbezogen zugeordnet werden. Anschließend sind die kostenrechnungskreisspezifischen Basiskostenarten, Zuschlagsprozentsätze sowie Abgrenzungskostenarten und –objekte festzulegen.

Pro Kostenrechnungskreis darf immer nur ein Schema definiert (zugeordnet) sein. Für die Abgrenzung verschiedenartiger Kostenarten kann ein Schema jedoch beliebig viele Subschemata enthalten (im Testbeispiel: Schema KORE mit Subschemata PNK-Lohn und PNK-Gehalt).

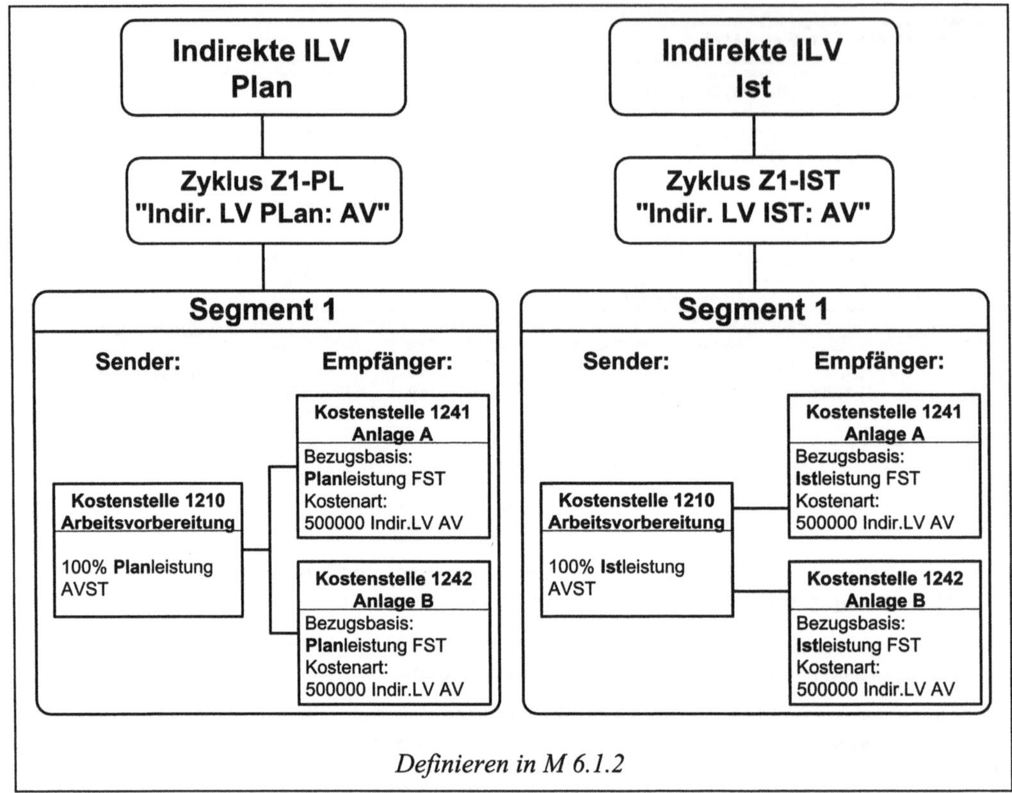

Bild 3.2/13 (Modul 6): Überblick M6.1.2

Bei der Angabe des Rechenverfahrens für die indirekte Leistungsverrechnung ist nach Plan und Ist zu unterscheiden:

Plan	Ist
Sender: Plan-AV-Stunden x Bewertung mit Planverrechnungssatz (€/AV-Stunde) Empfänger: Aufteilung im Verhältnis der Plan-Stunden A zu Plan-Stunden B	Sender: Ist-AV-Stunden x Bewertung mit *Plan*verrechnungssatz (€/AV-Stunde) Empfänger: Aufteilung im Verhältnis der Ist-Stunden A zu Ist-Stunden B

Bemerkung: dass im Ist mit *Plan*verrechnungssätzen gearbeitet werden soll, ist als betriebswirtschaftliche Vorgabe zu betrachten. Es ginge auch mit *Ist*verrechnungssätzen.

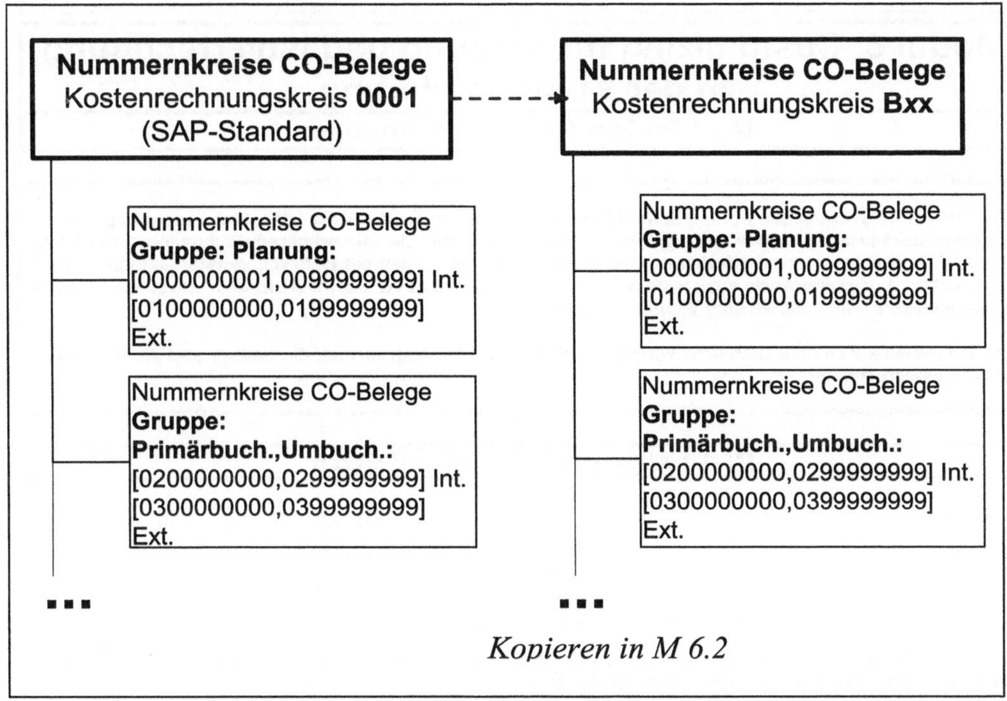

Bild 3.2/14 (Modul 6): Überblick M6.2

Im Testbeispiel werden vordefinierte Nummernkreise (und Zuordnungen zu Vorgangsgruppen) aus dem SAP-Auslieferungs-Kostenrechnungskreis 0001 kopiert.

Pro Vorgangsgruppe sind hier sowohl Nummernkreise für die interne als auch für die externe Nummernvergabe vorgesehen, so z. B. für die Vorgangsgruppe Planung das Nummernkreisintervall von 0000000001 bis 0099999999 bei interner Nummernvergabe und das von 0100000000 bis 0199999999 bei externer Nummernvergabe.

Anzeige	Eingabe/Auswahl

Modul 6: Customizing für Planung und Istverrechnung in der Kostenrechnung

M6.1 Periodische Verrechnungen

Periodische Verrechnungen **werden sowohl bei der Planung als auch bei der Istkostenverrechnung zum Periodenabschluss maschinell durchgeführt, wenn die Planung bzw. alle primären Buchungen der entspr. Periode abgeschlossen sind. Hierbei werden die angefallenen Kosten mit Hilfe von definierten Schlüsseln (Prozentsätze, variable Werte oder feste Beträge) verrechnet. Das ist nur möglich, wenn zuvor die entsprechenden Regeln (im Customizing) gepflegt wurden.**

Zu den periodischen (maschinellen) Verrechnungen zählen die Abgrenzung, die Umlage und die indirekte Leistungsverrechnung.

M6.1.1 Abgrenzungsregeln definieren

Anzeige	Eingabe/Auswahl
	Im Testbeispiel sollen die Personalnebenkosten mit Hilfe des **Zuschlagsverfahrens** verrechnet werden.

Beim ***Zuschlagsverfahren*** **werden die abzugrenzenden Kosten anhand eines prozentualen Zuschlags auf eine Basiskostenart in der Kostenrechnung ermittelt.**

Dafür muss zunächst ein – auf Mandantenebene definiertes - Zuschlagsschema dem Kostenrechnungskreis zugeordnet werden und in diesem dann die Daten der Abgrenzung (zu bezuschlagende Kostenarten, Zuschlags-Sätze, Entlastungskostenarten u. -objekte) kostenrechnungskreisbezogen festgelegt werden.

Anzeige	Eingabe/Auswahl
SAP Easy Access mit SAP Menü	Wechseln Sie zum Einführungsleitfaden.
Einführungsleitfaden (SAP Referenz-IMG)	Wählen Sie im Einführungsleitfaden: **Controlling -** **Kostenstellenrechnung -** **Planung -** **Planungshilfen -** **Abgrenzung -** **Zuschlagsverfahren –** **Zuschlagsschema pflegen**

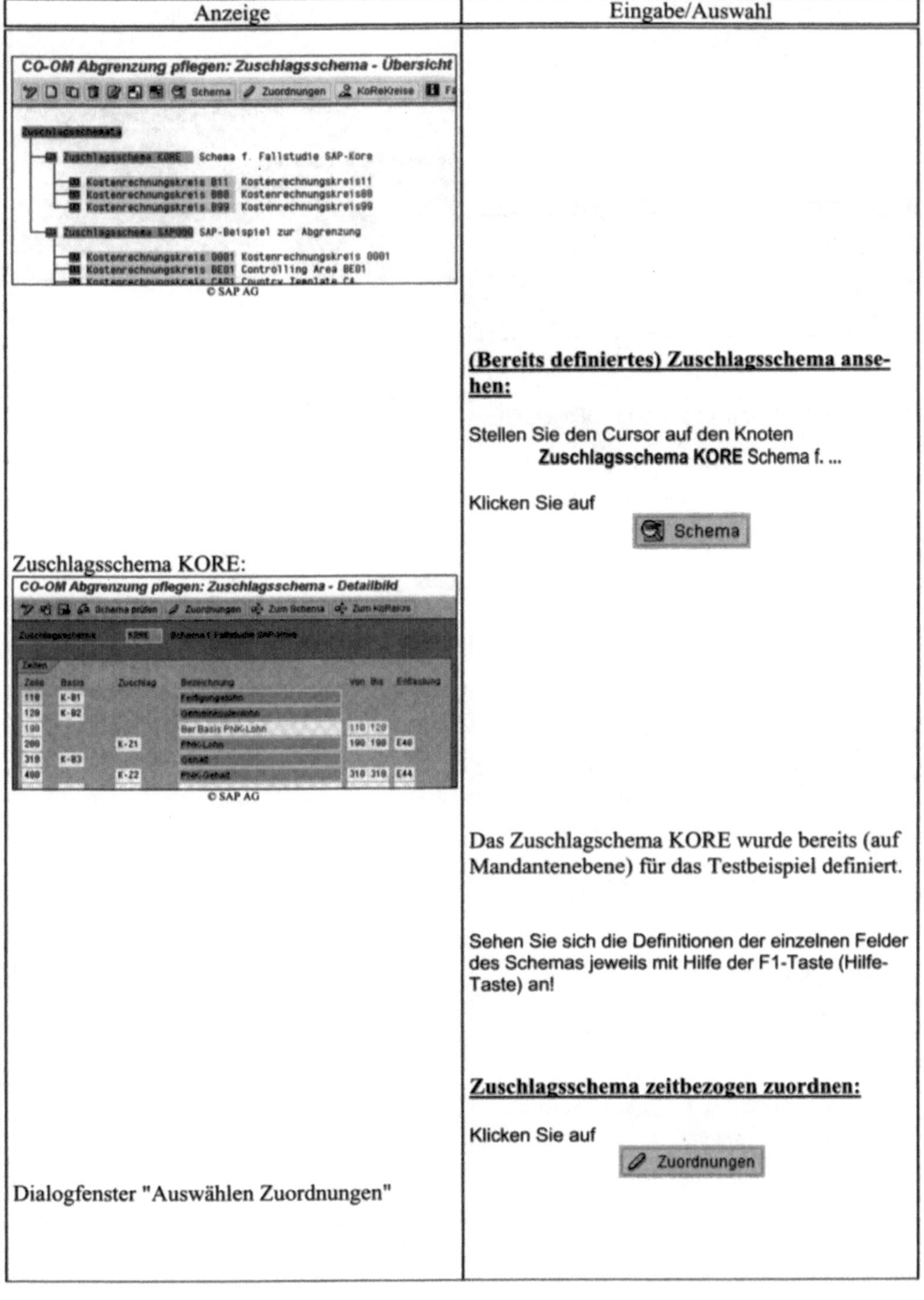

Anzeige	Eingabe/Auswahl
CO-OM Abgrenzung pflegen: Zuschlagsschema - Übersicht © SAP AG	
	(Bereits definiertes) Zuschlagsschema ansehen: Stellen Sie den Cursor auf den Knoten **Zuschlagsschema KORE** Schema f. ... Klicken Sie auf [Schema]
Zuschlagsschema KORE: CO-OM Abgrenzung pflegen: Zuschlagsschema - Detailbild © SAP AG	
	Das Zuschlagschema KORE wurde bereits (auf Mandantenebene) für das Testbeispiel definiert. Sehen Sie sich die Definitionen der einzelnen Felder des Schemas jeweils mit Hilfe der F1-Taste (Hilfe-Taste) an!
Dialogfenster "Auswählen Zuordnungen"	**Zuschlagsschema zeitbezogen zuordnen:** Klicken Sie auf [Zuordnungen]

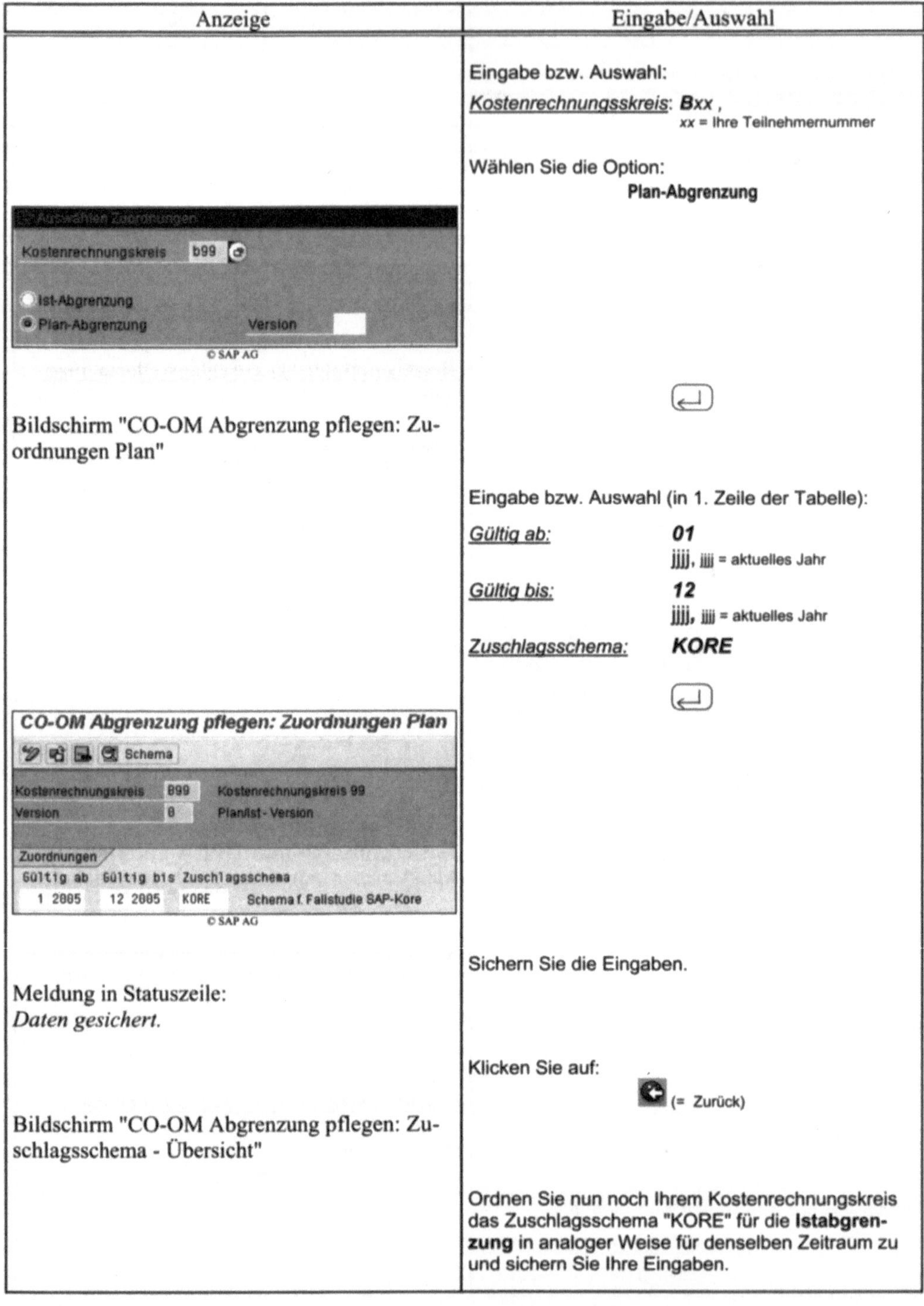

Anzeige	Eingabe/Auswahl
	Eingabe bzw. Auswahl: *Kostenrechnungsskreis*: ***Bxx*** , *xx* = Ihre Teilnehmernummer Wählen Sie die Option: **Plan-Abgrenzung**
Auswählen Zuordnungen Kostenrechnungskreis b99 Ist-Abgrenzung Plan-Abgrenzung Version © SAP AG	[Enter]
Bildschirm "CO-OM Abgrenzung pflegen: Zuordnungen Plan"	Eingabe bzw. Auswahl (in 1. Zeile der Tabelle): *Gültig ab:* ***01*** **jjjj**, jjjj = aktuelles Jahr *Gültig bis:* ***12*** **jjjj**, jjjj = aktuelles Jahr *Zuschlagsschema:* ***KORE*** [Enter]
CO-OM Abgrenzung pflegen: Zuordnungen Plan Schema Kostenrechnungskreis B99 Kostenrechnungskreis 99 Version 0 Plan/Ist-Version Zuordnungen Gültig ab Gültig bis Zuschlagsschema 1 2005 12 2005 KORE Schema f. Fallstudie SAP-Kore © SAP AG	
Meldung in Statuszeile: *Daten gesichert.*	Sichern Sie die Eingaben.
Bildschirm "CO-OM Abgrenzung pflegen: Zuschlagsschema - Übersicht"	Klicken Sie auf: [Zurück-Symbol] (= Zurück)
	Ordnen Sie nun noch Ihrem Kostenrechnungskreis das Zuschlagsschema "KORE" für die **Istabgrenzung** in analoger Weise für denselben Zeitraum zu und sichern Sie Ihre Eingaben.

Anzeige	Eingabe/Auswahl
Bildschirm "CO-OM Abgrenzung pflegen: Zuschlagsschema – Detailbild"	
	<u>Berechnungsbasen für Kostenrechnungskreis pflegen:</u> Doppelklicken Sie (unter Basis) auf **K-B1**
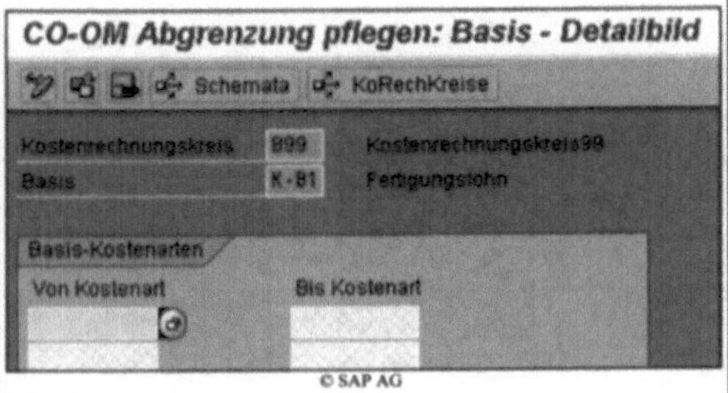 © SAP AG	Eingabe bzw. Auswahl: *<u>Von Kostenart</u>*: ***420000*** (= Fertigungslohn) Damit wird der Berechnungsbasis "K-B1" kostenrechnungskreisspezifisch die Kostenart "Fertigungslohn" zugeordnet.
	Sichern Sie die Eingaben.
Bildschirm "CO-OM Abgrenzung pflegen: Zuschlagsschema – Detailbild" Meldung in Statuszeile: *Daten gesichert.*	
	Pflegen Sie nun noch die Basiskonditionsarten **"K-B2 Gemeinkostenlohn"** (Zuordnung: Kostenart **421000**) und **"K-B3 Gehalt"** (Zuordnung: Kostenart **430000**) in analoger Weise.
Bildschirm "CO-OM Abgrenzung pflegen: Zuschlagsschema - Detailbild"	

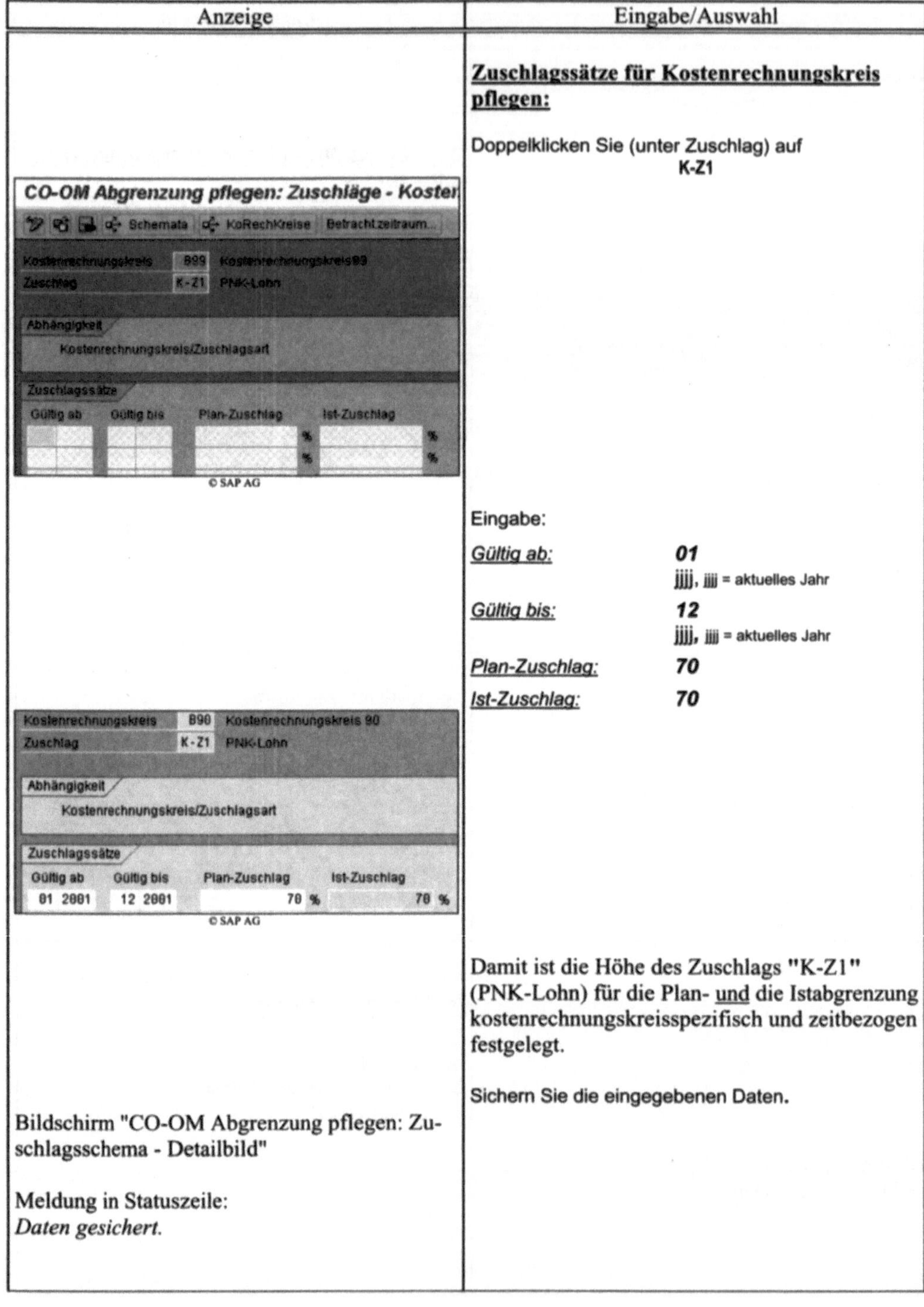

Anzeige	Eingabe/Auswahl
	Zuschlagssätze für Kostenrechnungskreis pflegen: Doppelklicken Sie (unter Zuschlag) auf **K-Z1**
CO-OM Abgrenzung pflegen: Zuschläge - Koster Schemata KoRechKreise Betracht.zeitraum... Kostenrechnungskreis 899 Kostenrechnungskreis 93 Zuschlag K-Z1 PNK-Lohn Abhängigkeit Kostenrechnungskreis/Zuschlagsart Zuschlagssätze Gültig ab Gültig bis Plan-Zuschlag Ist-Zuschlag % % % % © SAP AG	
	Eingabe: *Gültig ab:* ***01*** jjjj, jjjj = aktuelles Jahr *Gültig bis:* ***12*** jjjj, jjjj = aktuelles Jahr *Plan-Zuschlag:* ***70*** *Ist-Zuschlag:* ***70***
Kostenrechnungskreis 890 Kostenrechnungskreis 90 Zuschlag K-Z1 PNK-Lohn Abhängigkeit Kostenrechnungskreis/Zuschlagsart Zuschlagssätze Gültig ab Gültig bis Plan-Zuschlag Ist-Zuschlag 01 2001 12 2001 70 % 70 % © SAP AG	
	Damit ist die Höhe des Zuschlags "K-Z1" (PNK-Lohn) für die Plan- und die Istabgrenzung kostenrechnungskreisspezifisch und zeitbezogen festgelegt. Sichern Sie die eingegebenen Daten.
Bildschirm "CO-OM Abgrenzung pflegen: Zuschlagsschema - Detailbild" Meldung in Statuszeile: *Daten gesichert.*	

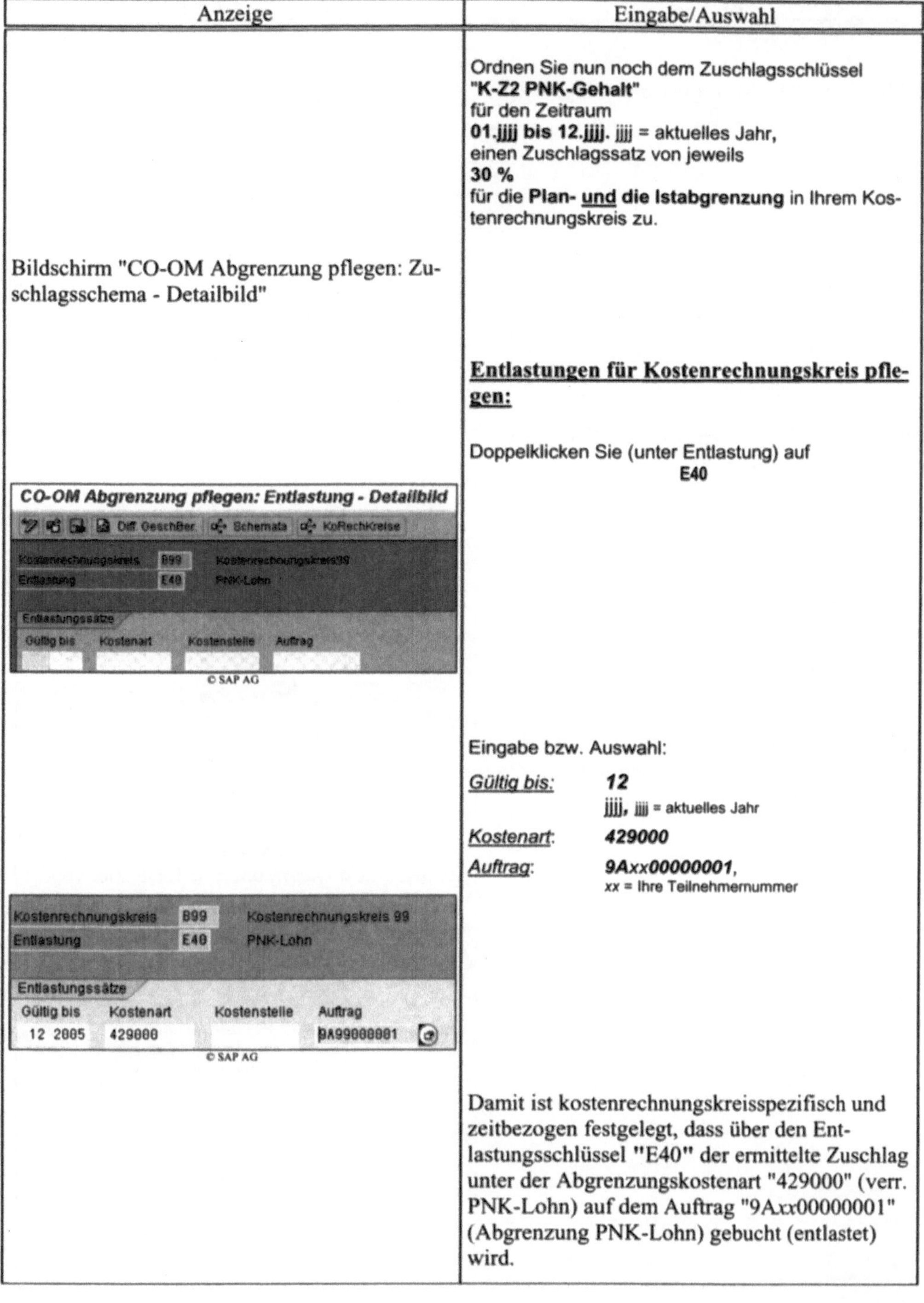

Anzeige	Eingabe/Auswahl
Bildschirm "CO-OM Abgrenzung pflegen: Zuschlagsschema - Detailbild"	Ordnen Sie nun noch dem Zuschlagsschlüssel **"K-Z2 PNK-Gehalt"** für den Zeitraum **01.jjjj bis 12.jjjj.** jjjj = aktuelles Jahr, einen Zuschlagssatz von jeweils **30 %** für die **Plan- und die Istabgrenzung** in Ihrem Kostenrechnungskreis zu.
	Entlastungen für Kostenrechnungskreis pflegen:
CO-OM Abgrenzung pflegen: Entlastung - Detailbild Diff GeschBer · Schemata · KoRechKreise Kostenrechnungskreis B99 Kostenrechnungskreis99 Entlastung E40 PNK-Lohn Entlastungssätze Gültig bis · Kostenart · Kostenstelle · Auftrag © SAP AG	Doppelklicken Sie (unter Entlastung) auf **E40**
Kostenrechnungskreis B99 Kostenrechnungskreis 99 Entlastung E40 PNK-Lohn Entlastungssätze Gültig bis · Kostenart · Kostenstelle · Auftrag 12 2005 · 429000 · · 9A99000001 © SAP AG	Eingabe bzw. Auswahl: *Gültig bis:* **12 jjjj**, jjjj = aktuelles Jahr *Kostenart:* **429000** *Auftrag:* **9Axx00000001**, xx = Ihre Teilnehmernummer
	Damit ist kostenrechnungskreisspezifisch und zeitbezogen festgelegt, dass über den Entlastungsschlüssel "E40" der ermittelte Zuschlag unter der Abgrenzungskostenart "429000" (verr. PNK-Lohn) auf dem Auftrag "9Axx00000001" (Abgrenzung PNK-Lohn) gebucht (entlastet) wird.

Anzeige	Eingabe/Auswahl
	Sichern Sie die eingegebenen Daten.
Bildschirm "CO-OM Abgrenzung pflegen: Zuschlagsschema – Detailbild"	
	Ordnen Sie nun noch für Ihren Kostenrechnungskreis dem Entlastungsschlüssel **"E44"** für den Zeitraum **bis 12.jjjj**, jjjj=aktuelles Jahr die Abgrenzungskostenart **"439000 verr. PNK-Gehalt"** und den Auftrag **"9Axx000002 Abgrenzung PNK-Gehalt"** zu.
Bildschirm "CO-OM Abgrenzung pflegen: Zuschlagsschema - Detailbild"	
	Sie haben jetzt in dem Zuschlagskalkulationsschema "KORE" alle für die Abgrenzung notwendigen kostenrechnungskreisabhängigen Einstellungen vorgenommen.
	Klicken Sie auf (= Zurück)
Bildschirm "CO-OM Abgrenzung pflegen: Zuschlagsschema - Übersicht"	
	Sie sind in das Einstiegsbild der Abgrenzungspflege zurückgekehrt, das eine Liste aller vorhandenen Zuschlagsschemata und deren Verwendung in den verschiedenen Kostenrechnungskreisen zeigt.
	Stellen Sie den Cursor auf den Knoten **Kostenrechnungskreis Bxx,** xx = Ihre Teilnehmernummer
	Klicken Sie auf (=Zuordnung expandieren)

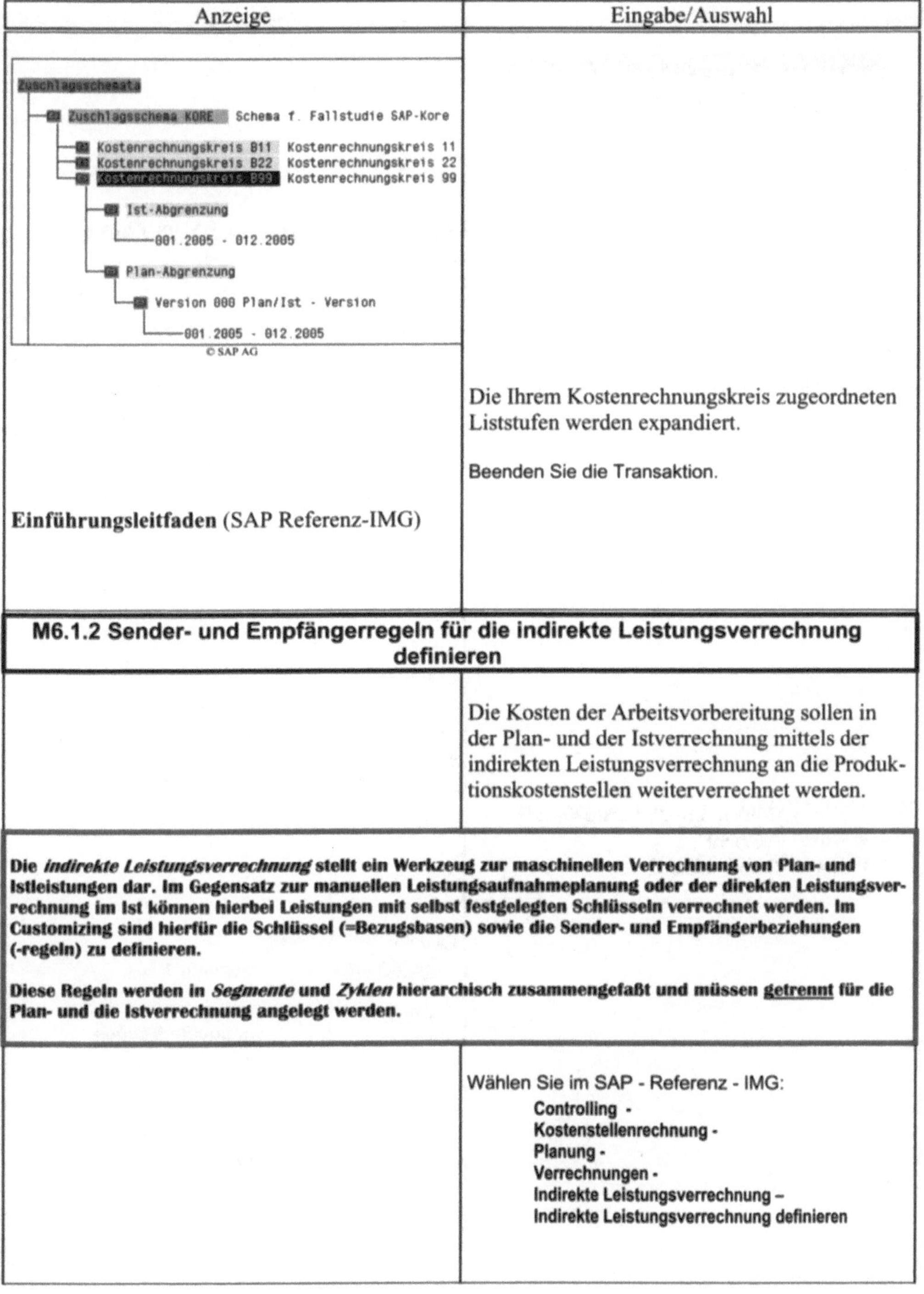

Anzeige	Eingabe/Auswahl
Zuschlagsschemata Zuschlagsschema KORE Schema f. Fallstudie SAP-Kore Kostenrechnungskreis B11 Kostenrechnungskreis 11 Kostenrechnungskreis B22 Kostenrechnungskreis 22 Kostenrechnungskreis B99 Kostenrechnungskreis 99 Ist-Abgrenzung 001.2005 - 012.2005 Plan-Abgrenzung Version 000 Plan/Ist - Version 001.2005 - 012.2005 © SAP AG	Die Ihrem Kostenrechnungskreis zugeordneten Liststufen werden expandiert. Beenden Sie die Transaktion.
Einführungsleitfaden (SAP Referenz-IMG)	

M6.1.2 Sender- und Empfängerregeln für die indirekte Leistungsverrechnung definieren

	Die Kosten der Arbeitsvorbereitung sollen in der Plan- und der Istverrechnung mittels der indirekten Leistungsverrechnung an die Produktionskostenstellen weiterverrechnet werden.

Die *indirekte Leistungsverrechnung* stellt ein Werkzeug zur maschinellen Verrechnung von Plan- und Istleistungen dar. Im Gegensatz zur manuellen Leistungsaufnahmeplanung oder der direkten Leistungsverrechnung im Ist können hierbei Leistungen mit selbst festgelegten Schlüsseln verrechnet werden. Im Customizing sind hierfür die Schlüssel (=Bezugsbasen) sowie die Sender- und Empfängerbeziehungen (-regeln) zu definieren.

Diese Regeln werden in *Segmente* und *Zyklen* hierarchisch zusammengefaßt und müssen <u>getrennt</u> für die Plan- und die Istverrechnung angelegt werden.

	Wählen Sie im SAP - Referenz - IMG: **Controlling -** **Kostenstellenrechnung -** **Planung -** **Verrechnungen -** **Indirekte Leistungsverrechnung –** **Indirekte Leistungsverrechnung definieren**

Anzeige	Eingabe/Auswahl
Indirekte Leistungsverrechnung Plan anlegen Indirekte Leistungsverrechnung Plan ändern © SAP AG	
	Zyklus für die indirekte LV im *Plan* anlegen:
	Doppelklicken Sie auf **Indirekte Leistungsverrechnung Plan anlegen**
Bildschirm "Zyklus Indirekte Leistungsverr. Plan anlegen: Einstieg"	
	Eingabe: *Zyklus:* ***Z1-PL*** *Anfangsdatum:* ***1.1.jjjj***, jjjj = aktuelles Jahr ↵
Bildschirm "Zyklus Indirekte Leistungsverr. Plan anlegen: Kopfdaten"	
	Eingabe: *Text*: ***Indir. LV Plan: AV*** Klicken Sie auf Anhängen Segment
Bildschirm "Zyklus Indirekte Leistungsverr. Plan anlegen: Segment", Registerkarte "Segmentkopf"	
	Eingabe bzw. Auswahl: *Segmentname*: ***Segment1*** *Senderwerte:* *Regel*: ***gebuchte Mengen*** *Anteil in %*: ***100*** *Empfängerbezugsbasis:* *Regel:* ***variable Anteile*** *Art var. Anteile*: ***Planleistung*** Wählen Sie die Option: **Planwerte**

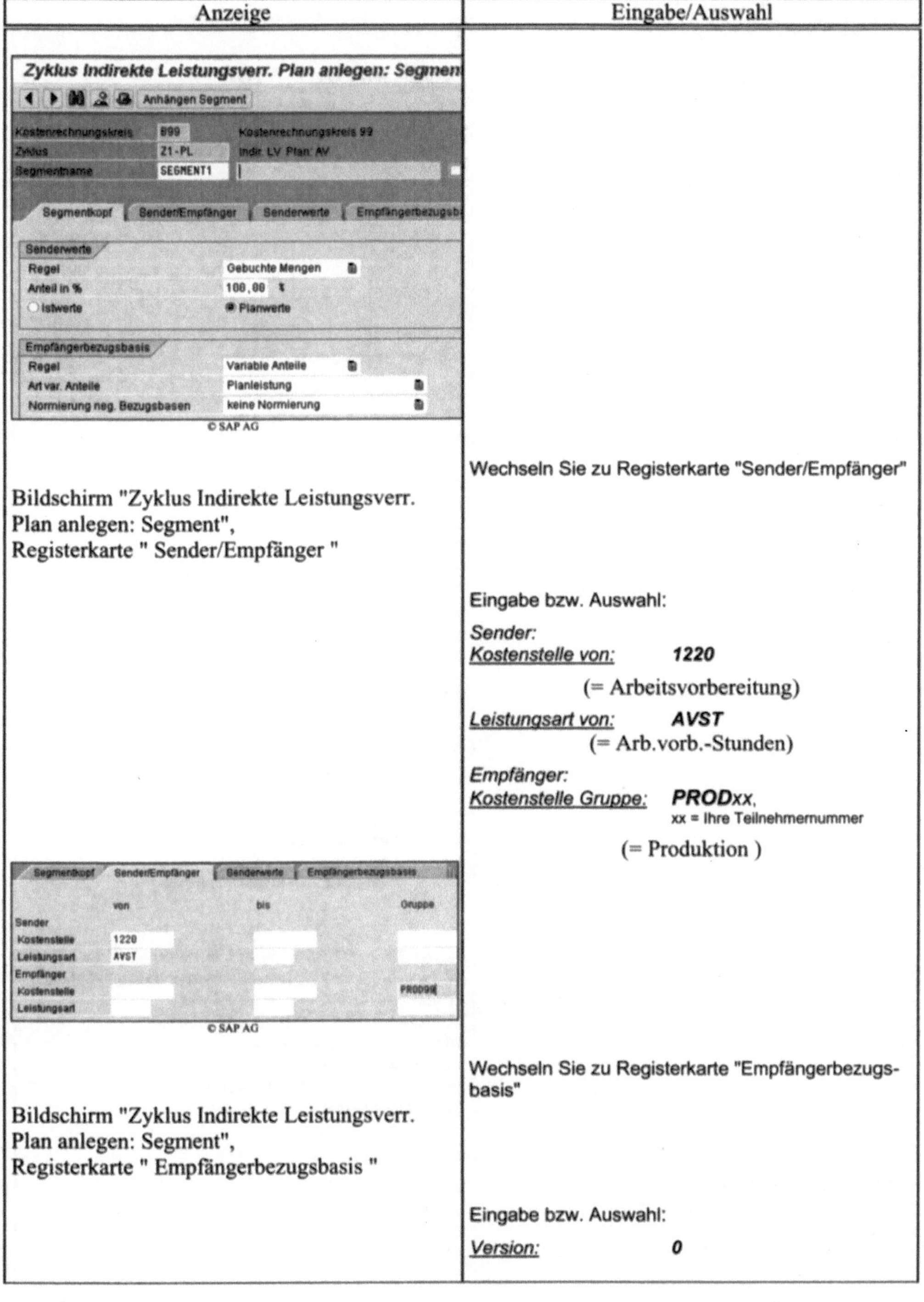

Anzeige	Eingabe/Auswahl
Bildschirm "Zyklus Indirekte Leistungsverr. Plan anlegen: Segment", Registerkarte " Sender/Empfänger "	Wechseln Sie zu Registerkarte "Sender/Empfänger"
	Eingabe bzw. Auswahl: *Sender:* *Kostenstelle von:* **1220** (= Arbeitsvorbereitung) *Leistungsart von:* **AVST** (= Arb.vorb.-Stunden) *Empfänger:* *Kostenstelle Gruppe:* **PROD***xx*, xx = Ihre Teilnehmernummer (= Produktion)
Bildschirm "Zyklus Indirekte Leistungsverr. Plan anlegen: Segment", Registerkarte " Empfängerbezugsbasis "	Wechseln Sie zu Registerkarte "Empfängerbezugs-basis"
	Eingabe bzw. Auswahl: *Version:* **0**

Anzeige	Eingabe/Auswahl
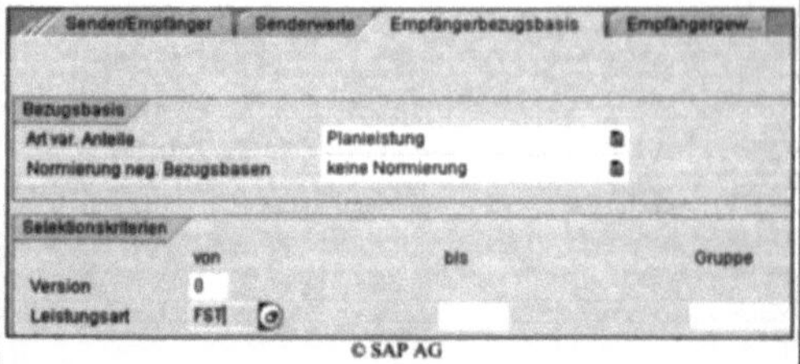 Sender/Empfänger · Senderwerte · Empfängerbezugsbasis · Empfängergew... Bezugsbasis Art var. Anteile: Planleistung Normierung neg. Bezugsbasen: keine Normierung Selektionskriterien von · bis · Gruppe Version: 0 Leistungsart: FST © SAP AG	<u>*Leistungsart von:*</u> ***FST*** (= Fertigungsstunden)
Meldung in Statuszeile: *Zyklus Z1-PL, Anfangsdatum 01.01.jjjj wurde gesichert.*	Sichern Sie Ihre Eingaben.
Dialogfenster "Aktion auswählen:"	Beenden Sie die Transaktion.
Einführungsleitfaden (SAP Referenz-IMG)	Schließen Sie das Dialogfenster.
	<u>**Zyklus für die indirekte LV im *Ist* anlegen:**</u> Wählen Sie im SAP - Referenz - IMG: **Controlling -** **Kostenstellenrechnung -** **Istbuchungen -** **Periodenabschluß -** **Leistungsverrechnung -** **Indirekte Leistungsverrechnung**
	Legen Sie nun analog zur Definition des Plan-Zyklus Z1-PL für die indir. Leistungsverrechnung Ist der Arbeitsvorbereitung den Ist-Zyklus **"Z1-IST"**, Text: **"Indir. LV IST: AV"**, an mit dem Anfangsdatum **1.1.jjjj**, jjjj = aktuelles Jahr und der Empfängerbezugsbasis: **"variable Anteile"**, **"Istleistung"**.
Meldung in Statuszeile: *Zyklus Z1-IST, Anfangsdatum 01.01.jjjj wurde gesichert.*	

Anzeige	Eingabe/Auswahl
Einführungsleitfaden (SAP Referenz-IMG)	Beenden Sie anschließend die Transaktion und schließen Sie das Dialogfenster "Aktion auswählen".

Anzeige	Eingabe/Auswahl
M6.2 Nummernkreise für Geschäftsvorgänge kopieren	
Geschäftsvorfälle **im CO werden nach** ***Vorgängen*** **klassifiziert, die wiederum in** ***Vorgangsgruppen*** **zusammengefaßt werden.** **Pro Geschäftvorfall wird eine Belegnummer erzeugt, daher muss jeder Vorgang einem Nummernkreisintervall zugeordnet sein. Die Nummernkreisintervalle müssen pro Kostenrechrechnungskreis definiert werden.**	
	Für das Testbeispiel sollen die Nummernkreise aus dem von SAP ausgelieferten Kostenrechungskreis 0001 kopiert werden. **Nummernkreise kopieren:** Wählen Sie in der Hierarchiestruktur des SAP-Referenzleitfadens: **Controlling -** **Controlling allgemein -** **Organisation -** **Nummernkreis für CO-Belege pflegen**
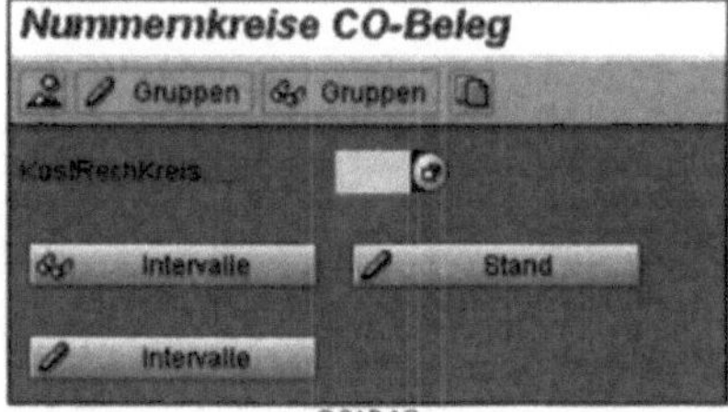 © SAP AG	Eingabe bzw. Auswahl: KostRechKreis: ***Bxx*** , xx = Ihre Teilnehmernummer Klicken Sie auf  (= Kopieren)
Dialogfenster "Kopieren: KostRechKreis"	Eingabe bzw. Auswahl: Von: ***0001*** (= SAP-Standardkostenrechnungskreis) Nach: ***Bxx*** , xx = Ihre Teilnehmernummer (= Ihr Kostenrechnungskreis)
Hilfetext "Transport Nummernkreisintervalle"	

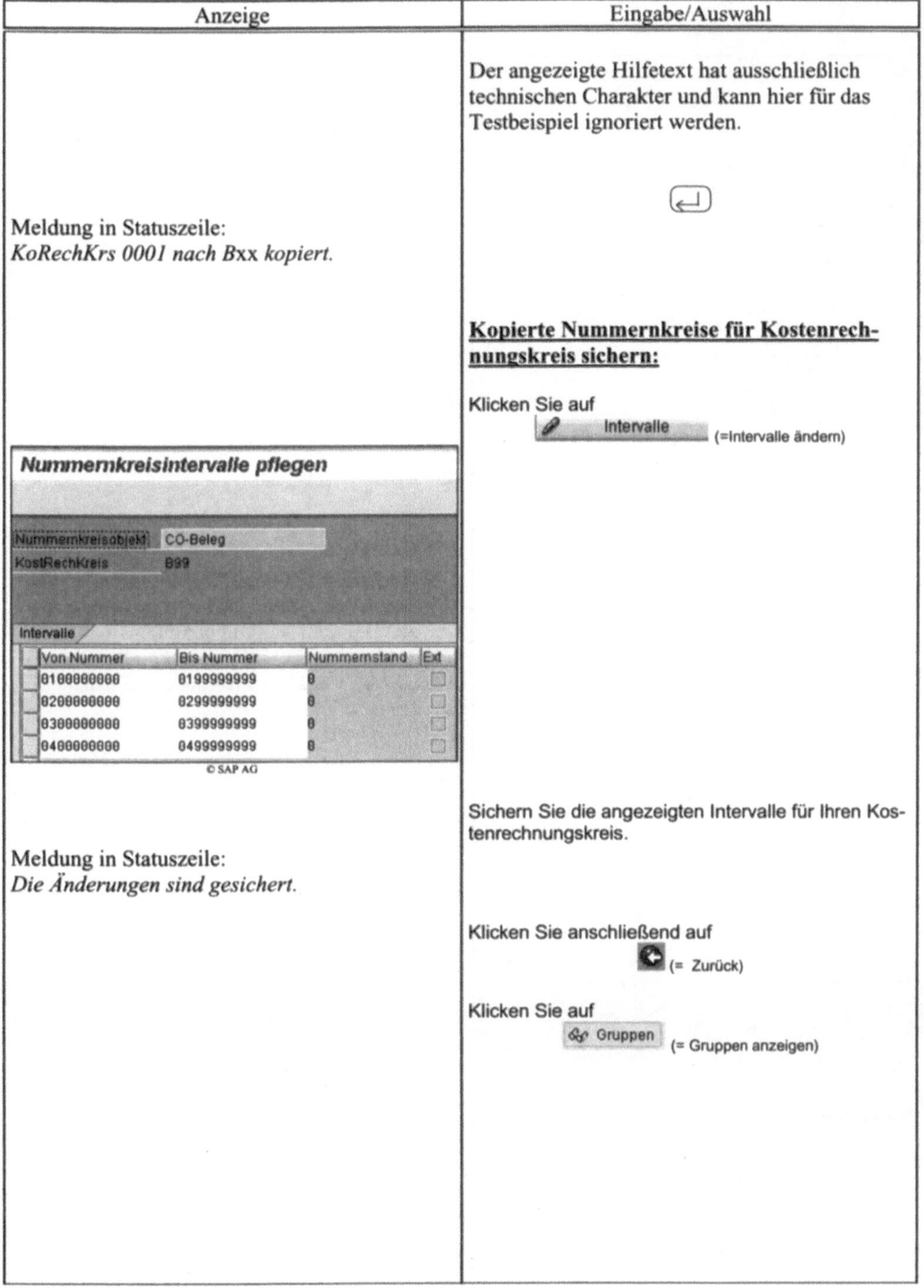

Anzeige	Eingabe/Auswahl
	Der angezeigte Hilfetext hat ausschließlich technischen Charakter und kann hier für das Testbeispiel ignoriert werden.
Meldung in Statuszeile: *KoRechKrs 0001 nach Bxx kopiert.*	(Enter)
	Kopierte Nummernkreise für Kostenrechnungskreis sichern: Klicken Sie auf Intervalle (=Intervalle ändern)
Nummernkreisintervalle pflegen Nummernkreisobjekt CO-Beleg KostRechKreis B99 Intervalle Von Nummer / Bis Nummer / Nummernstand / Ext 0100000000 / 0199999999 / 0 0200000000 / 0299999999 / 0 0300000000 / 0399999999 / 0 0400000000 / 0499999999 / 0 © SAP AG	
	Sichern Sie die angezeigten Intervalle für Ihren Kostenrechnungskreis.
Meldung in Statuszeile: *Die Änderungen sind gesichert.*	Klicken Sie anschließend auf (= Zurück) Klicken Sie auf Gruppen (= Gruppen anzeigen)

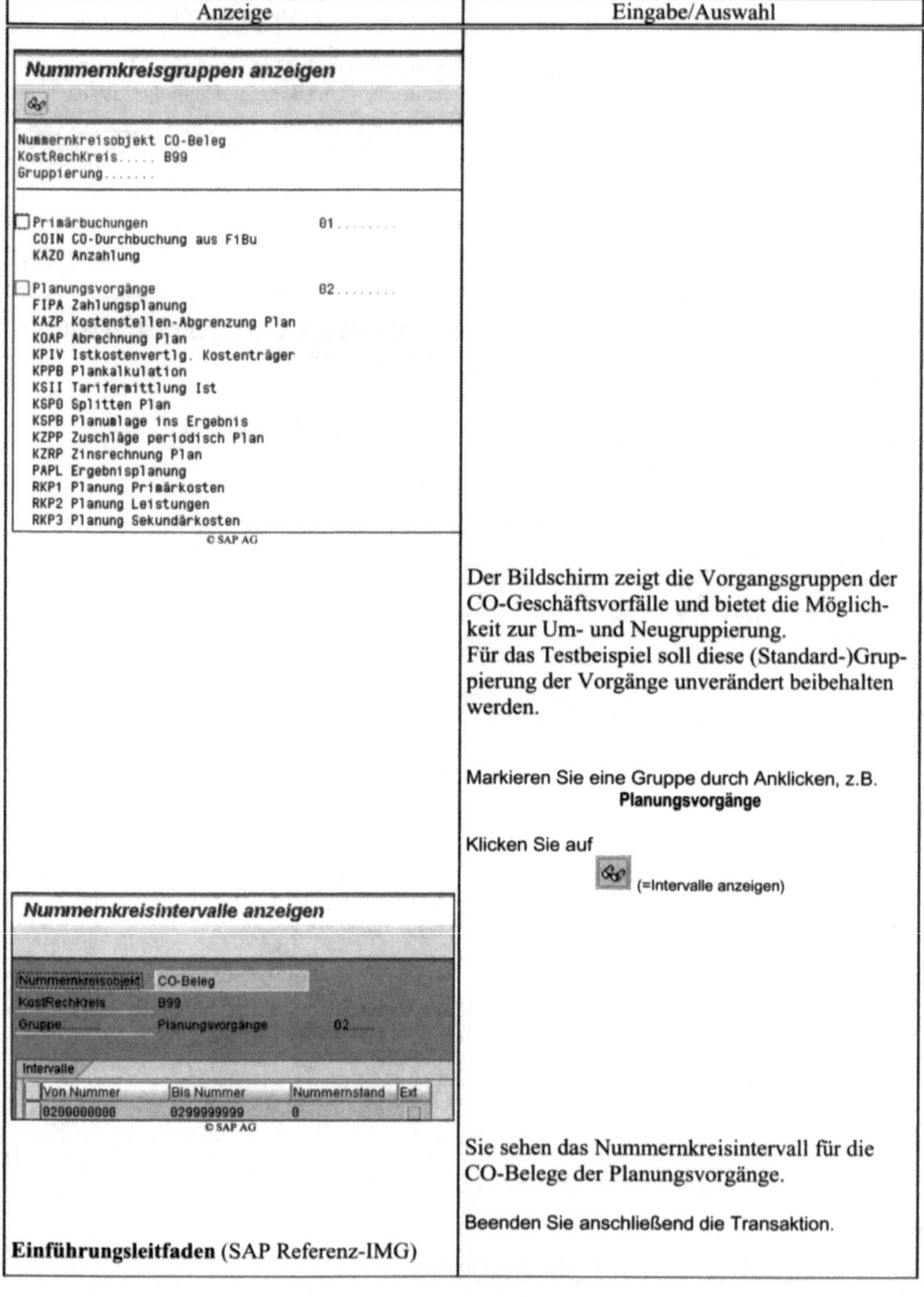

Anzeige	Eingabe/Auswahl
Nummernkreisgruppen anzeigen Nummernkreisobjekt CO-Beleg KostRechKreis..... B99 Gruppierung....... Primärbuchungen 01........ COIN CO-Durchbuchung aus FiBu KAZO Anzahlung Planungsvorgänge 02........ FIPA Zahlungsplanung KAZP Kostenstellen-Abgrenzung Plan KOAP Abrechnung Plan KPIV Istkostenvertlg. Kostenträger KPPB Plankalkulation KSII Tarifermittlung Ist KSP0 Splitten Plan KSPB Planumlage ins Ergebnis KZPP Zuschläge periodisch Plan KZRP Zinsrechnung Plan PAPL Ergebnisplanung RKP1 Planung Primärkosten RKP2 Planung Leistungen RKP3 Planung Sekundärkosten © SAP AG	
	Der Bildschirm zeigt die Vorgangsgruppen der CO-Geschäftsvorfälle und bietet die Möglichkeit zur Um- und Neugruppierung. Für das Testbeispiel soll diese (Standard-)Gruppierung der Vorgänge unverändert beibehalten werden. Markieren Sie eine Gruppe durch Anklicken, z.B. **Planungsvorgänge** Klicken Sie auf (=Intervalle anzeigen)
Nummernkreisintervalle anzeigen Nummernkreisobjekt CO-Beleg KostRechKreis B99 Gruppe........ Planungsvorgänge 02...... Intervalle Von Nummer | Bis Nummer | Nummernstand | Ext 0200000000 | 0299999999 | 0 | © SAP AG	Sie sehen das Nummernkreisintervall für die CO-Belege der Planungsvorgänge. Beenden Sie anschließend die Transaktion.
Einführungsleitfaden (SAP Referenz-IMG)	

Modul 7: Planung

Umfang der Planung

Die Planung umfaßt:
- Kosten
    - Primärkosten
    - Sekundärkosten (ILV)
- Leistungsarten/Bezugsgrößen
- statistische Kennzahlen
- Erlöse

Kosten

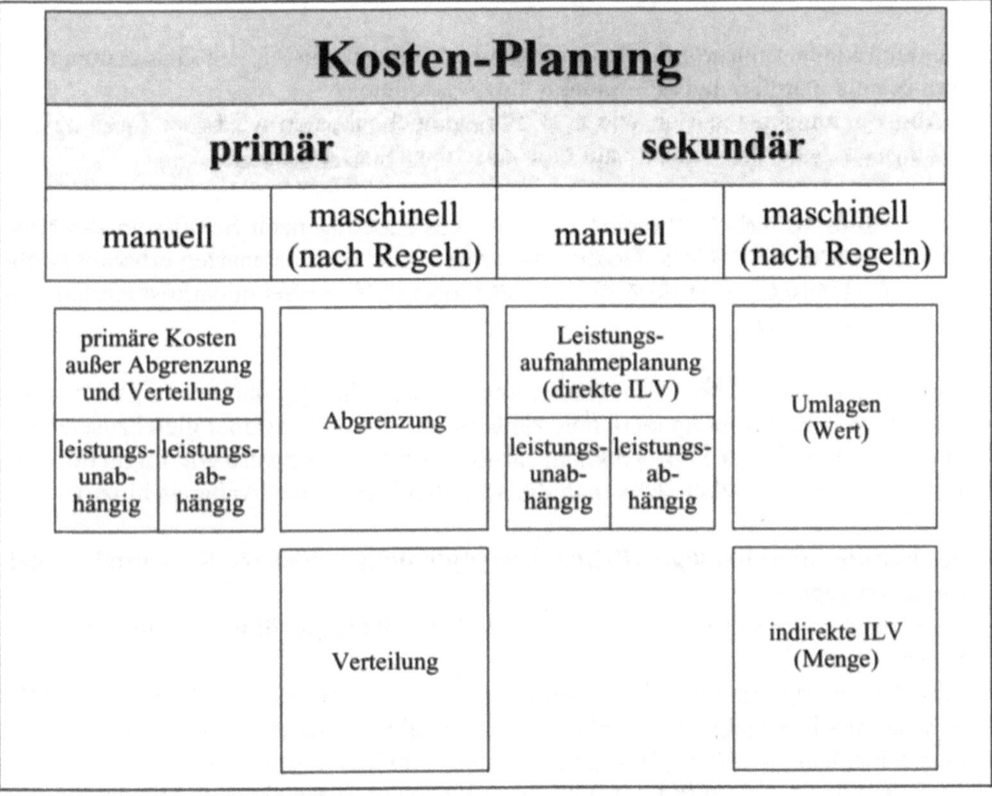

Bild 3.2/15 (Modul 7): Umfang Kostenplanung

Die **primären und sekundären** Kosten werden **manuell bzw. maschinell** geplant.

Die **primären Kosten** werden leistungsunabhängig bzw. leistungsabhängig manuell geplant, d. h. eingegeben, soweit nicht wie bei Abgrenzung und Verteilung maschinell geplant werden kann.

Dass die wesentlichen Kostengruppen manuell (mit fixen und variablen Anteilen) geplant werden, d. h. nur ins System eingegeben werden, ohne dass eine weitere Planungsunterstützung besteht, verwundert, wie schon gesagt, gelegentlich "die Planungsgläubigen", die sich auch beim Planungsvorgang eine Computerunterstützung vorgestellt hatten. Da aber die Planung ein komplexer Vorgang ist, der weder aus der Vergangenheit durch Extrapolation noch aus formellen Unterlagen entwickelt werden kann, sondern im Wesentlichen Vorgaben bedeutet, die am Markt- und Wettbewerbsgeschehen orientiert sind, ist der eigentliche Planungsvorgang als Entwicklung der Planzahlen selbst nicht Gegenstand der Kostenrechnungssoftware, es werden lediglich die Ergebnisse des Planungsvorgangs erfasst.

Maschinell können nur *die* Kostenarten geplant werden, für die ein Berechnungsverfahren besteht, nämlich bei Abgrenzung und Verteilung.
Bei **Abgrenzung**skostenarten wie z. B. Personalnebenkosten wird (bei Zuschlagsabgrenzung) ein fester Prozentsatz auf eine Zuschlagsbasis angesetzt.

Unter **Verteilung** wird verstanden, dass ein Kostenbetrag nach Schlüsseln auf Kostenstellen verteilt wird. Dabei bleiben die ursprünglichen Kostenarten erhalten (während bei der Umlage, siehe dort, die Originalkostenarten in Sekundärkostenarten umgeschlüsselt werden).

Im Testbeispiel werden die Primärkosten leistungsunabhängig und leistungsabhängig geplant. Man könnte geneigt sein, dies zunächst mit fix und variabel gleichzusetzen. Dies ist jedoch nicht der Fall. Vielmehr „denkt" die SAP-Software wie folgt (für das Verständnis des Folgenden ziehe man die Tabellen 7 und 8 des Anhangs hinzu).

In der **leistungsunabhängigen Primärkostenplanung** werden die Kostenstellen und Kostenarten geplant,
- die entweder wie Vertrieb und Verwaltung **keine Bezugsgröße** /Leistungsart haben
- oder die wie Materialwirtschaft, Fuhrpark, Anlage A und Anlage B als Kostenstelle zwar **eine Bezugsgröße**/Leistungsart haben, aber in der jeweiligen Kostenart unabhängig von der Bezugsgröße sind, - im Testbeispiel sind dies alle Kostenarten bis auf Verbrauch Betriebsstoffe sowie Energiekosten. Diejenigen Kostenarten jedoch, die über leistungabhängige Bestandteile verfügen, werden

hier nicht geplant.
- Oder die wie die Instandhaltung **zwei Bezugsgrößen**/Leistungssarten haben. Hierbei werden *die* Kosten geplant, die weder von der einen noch der anderen Bezugsgröße/Leistungsart abhängen

Für die **leistungsabhängige Primärkostenplanung** verbleiben dann folgerichtig noch die Kostenstellen und die Kostenarten, die mindestens eine Bezugsgröße haben und die über leistungsabhängige Bestandteile verfügen (und nicht nur über leistungsunabhängige). Das sind im Testbeispiel die Kostenarten Verbrauch Betriebsstoffe sowie Energiekosten.

Es sei nicht verschwiegen, dass diese Aufteilung der Kostenplanung wenig naheliegend und etwas künstlich erscheint. Allerdings wird man zugeben müssen, dass man im Fall von *zwei* Bezugsgrößen eben nicht nur von leistungsunabhängig und –abhängig reden muss, sondern immer von „in Bezug auf eine oder sogar auf beide Bezugsgrößen leistungsunabhängig und -abhängig. An diesen Hauptfall der zwei und mehr Bezugsgrößen/Leistungsarten hat die SAP-Software wohl gedacht und nicht sosehr an den Fall von einer Bezugsgröße/Leistungsart, den man sicher einfacher lösen könnte.

Von den maschinellen Verfahren wird die Abgrenzung (als Zuschlagsabgrenzung bei Personalnebenkosten) praktiziert, nicht jedoch die Verteilung.

Bei den **sekundären Kosten** werden Leistungsaufnahmen, Umlagen und indirekte Leistungsverrechnungen geplant.

Leistungsaufnahmen können beim Empfänger als leistungsabhängig oder –unabhängig geplant werden.

Indirekte Leistungsverrechnungen und Umlagen und können nach vorher festgelegten Rechenverfahren maschinell geplant werden.
Im SAP-Sprachgebrauch versteht man unter **Umlage** – wie gesagt – die Verrechnung von *Kosten* (wertmäßig), während unter indirekter ILV die Verrechnung von *Leistungen* verstanden wird; bei beiden Verfahren sind zunächst Schlüssel zu bestimmen.

Leistungsarten
Es muss der mengenmäßige output der Kostenstellen geplant werden.

Statistische Kennzahlen

Statistische Kennzahlen dienen als Schlüssel für die innerbetriebliche Verrechnung. Soweit sie nicht aus Vorsystemen zu übernehmen sind, müssen sie manuell geplant werden.
Beispiel: manuelle Kennzahlenplanung: Umlage der Kosten der Personalabteilung nach Köpfen auf die anderen Kostenstellen. Die Kopfzahlen werden manuell eingegeben.
Beispiel maschinelle Kennzahlenplanung: Wenn Vorsysteme wie ein Logistikinformationssystem aktiv sind, können von dort Kennzahlen maschinell übernommen werden und zur Basis von Verrechnungen gemacht werden.

Erlöse

Die Erlöse sind üblicherweise Gegenstand der Kosten*träger*rechnung. Auf den Spezialfall, dass sie einer Kostenstelle zugeordnet werden können, braucht daher hier nicht eingegangen zu werden.

Was ist zu tun?

Planerprofil	*Setzen in M7.1*
Leistungsarten (Bezugsgrößen) mengenmäßiger Output der Kostenstellen *- siehe Anhang: Eingabetabellen, Tabelle 6 -*	*Planen in M7.2 (manuell)*
Primärkosten	
- leistungsunabhängig primäre Kosten pro Kostenstelle(n)/-gruppe und Kostenarten(n)/-gruppe *- siehe Anhang: Eingabetabellen, Tabelle 7 -*	*Planen in M7.3.1 (manuell)*
- leistungsabhängig primäre Kosten pro Kostenstelle(n)/-gruppe und Kostenart(en)/-gruppe in Abhängigkeit von einer Leistungsart(en)/-gruppe *- siehe Anhang: Eingabetabellen, Tabelle 8 –*	*Planen in M7.3.2 (manuell)*
- Planabgrenzung Abgrenzungskosten PNK nach vordefinierten Abgrenzungsregeln	*Durchführen in M7.3.3 (maschinell)*
Sekundärkosten	
- (leistungsunabhängige) Leistungsaufnahme Leistungsaufnahmen (GKM, WART, REP) auf empfangende Kostenstellen *- siehe Anhang: Eingabetabellen, Tabelle 9 –*	*Planen in M7.4.1 (manuell)*
- indirekte Leistungsverrechnung (AV) AVST nach vordef. Sender-/Empfängerregeln	*Durchführen in M7.4.2 (maschinell)*
Tarifermittlung Tarife (Planverrechnungspreise) der geplanten Leistungsarten je Kostenstelle und Leistungsart iterativ (unter Berücksichtigung aller Leistungsbeziehungen zwischen den Kostenstellen)	*Durchführen in M7.5 (maschinell)*
Planungsberichte	*Ansehen in M7.6*

Bild 3.2/16 (Modul 7): Überblick Modul 7

Reihenfolge der Planungsaktivitäten in dem Testbeispiel

Die Planungsaktivitäten sind in 5 Punkte gegliedert, die sich jeweils über mehrere Bildschirme erstrecken können:

- Planerprofil setzen
- Leistungsartenplanung
- Primärkostenplanung
- Sekundärkostenplanung
- Tarifermittlung

Planerprofil setzen

Über Planerprofil können **Vorgaben** für die Planung gemacht werden:

- eigens für die Planung **gestaltete Bildschirme**, die man in von SAP vorgefertigter Form (im Testbeispiel) oder in individuell maßgeschneiderter Form verwenden kann
- Vergabe von Berechtigungen für die Planung
- Vorgabe von Werten für Variablen, Beispiel: Ermittlung von Monatsplanwerten aus Jahresplanwerten, z. B. Gleichverteilung des Jahreswertes auf 12 Monate.

Leistungsartenplanung/Bezugsgrößenplanung

Es wird der mengenmäßige output der Kostenstelle ("die Leistung der Kostenstelle") geplant. Bei mehreren Bezugsgrößen in einer Kostenstelle kann angegeben werden, wie *die* Kosten, die *keiner* der Bezugsgrößen zurechenbar sind, dennoch auf die Bezugsgrößen über "Äquivalenzziffern" zugerechnet werden sollen (im Testbeispiel: das Gehalt des Einsatzleiters Instandhaltung wird im Verhältnis 1:2 auf die Bezugsgrößen Wartung und Reparatur zugerechnet).

Primärkostenplanung

Es werden die Planwerte für eine Periode, aufgeteilt in leistungs*un*abhängig und -abhängig eingegeben. Bei *einer* Leistungsart sind diese Begriffe mit variabel und fix identisch. Bei zwei Leistungsarten (Beispiel: Kostenstelle Instandhaltung) sind die leistungs*un*abhängigen Kosten *die* Kosten, die weder von der einen noch von der anderen Leistungsart abhängen. Beispiel: in der Instandhaltung sind die Kosten des Leiters der Instandhaltung - wie oben gesagt - weder der Wartung noch der Reparatur zuzurechnen, also leistungsunabhängig. Die leistungsabhängigen Kosten, die einer Leistungsart zurechenbar sind, können selbst noch einmal variabel oder fix (SAP-Sprachgebrauch) sein, je nachdem ob sie mit der Leistungsart variieren oder nicht.

Wie vorstehend angegeben werden alle primären Kostenarten geplant, die nicht über Rechenverfahren aus anderen Kostenarten abgeleitet werden. In dem Testbeispiel gibt es für die Abgrenzungskostenarten PNK-Lohn und PNK-Gehalt derartige Rechenregeln. Bei der Planung sind die entsprechend berechneten Planwerte zu buchen.

Sekundärkostenplanung

Da die Leistungserbringung schon in der Leistungsartenplanung geplant wurde, ist jetzt noch die Leistungsaufnahme bei den empfangenden Kostenstellen zu planen. Beispiel: die km-Abgabe des Fuhrparks wurde schon unter Leistungsartenplanung geplant. Jetzt sind noch die Planeingaben für die empfangenden Kostenstellen zu ergänzen. Wieviel km fährt der Fuhrpark für die Empfängerkostenstellen?

Bei den Kostenstellen, die ihre Leistung indirekt verrechnen (Beispiel AV an Anlage A und B) ist das Verfahren in den voranlaufenden Customizing-Punkten festgelegt worden. Es ist jetzt für den Plan anzustoßen, so dass die Verrechnung für den Plan gebucht werden kann.

Tarifermittlung

Wenn alle voranlaufenden Punkte erfolgreich abgeschlossen worden sind, kann jetzt die Ermittlung der Tarife erfolgen (Tarife sind in der SAP-Sprache die Verrechnungssätze bzw. Kalkulationsparameter).

Planungsberichte

Die Ergebnisse werden in den Planungsberichten angesehen.

Tipps:

Wenn wie häufig vorkommend die Tarife nicht auf Anhieb stimmen, setzt jetzt eine Fehlersuche ein. Einige Tipps, woran es liegen kann, wenn die Tarifermittlung nicht stimmt:

Die innerbetriebliche Leistungsverrechnung ist nicht gebucht. Prüfen sie, ob die direkte Leistungsverrechnung (im Plan) der Kostenstellen Fuhrpark und Instandhaltung "angekommen ist". Ebenso die indirekte Leistungsverrechnung AV. Kontrollieren sie die Primärkosten im Plan einschließlich Abgrenzungskostenarten.

Anzeige	Eingabe/Auswahl

Modul 7: Planung

M7.1 Planerprofil setzen

Der Ablauf der Planung wird durch hierarchisch strukturierte *Planerprofile* gesteuert. In einem Planerprofil können folgende Vorgaben für die Planung getroffen werden:
- **Gestaltung der Planungsbildschirme über sog. *Planungslayouts* für die verschiedenen Planungsgebiete,**
- **Vergabe von Berechtigungen für die Planung,**
- **Vorgabe von Werten für Variablen der Planungslayouts (Bildschirme).**

Anzeige	Eingabe/Auswahl
	Für das Testbeispiel sollen die Planerprofile "KORE101" und "KORE102" verwendet werden. Diese wurden bereits im Customizing auf Mandantenebene als leicht modifizierte Kopien der SAP-Standardplanerprofile erstellt. Sie beinhalten Planungslayouts für die Leistungsarten- und Primärkosten- bzw. die Sekundärkostenplanung.
SAP Easy Access mit **SAP Menü**	Wechseln Sie zum SAP-Menü.
	Wählen Sie im SAP-Menü: **Rechnungswesen -** **Controlling -** **Kostenstellenrechnung** **Planung -** **Planerprofil setzen**
Dialogfenster "Planerprofil"	Auswahl: <u>Planerprofil:</u> ***KORE101*** (=Primärkosten/Leistungsart/Stat.Kennzahl) ⏎
	Damit haben Sie das für das Testbeispiel modifizierte Planerprofil anstelle des Standardprofils gesetzt. <u>Achtung</u>: Sollten Sie die SAP-Sitzung vor Ende dieses Moduls unterbrechen, so müssen Sie nach der Neuanmeldung das Planerprofil erneut setzen.
SAP Easy Access mit SAP Menü	

Anzeige	Eingabe/Auswahl
M7.2 Leistungsartenplanung (Bezugsgrößenplanung)	
	Wählen Sie im SAP Eingangsmenü **Rechnungswesen -** **Controlling -** **Kostenstellenrechnung -** **Planung -** **Leistungserbringung/Tarife -** **Ändern**
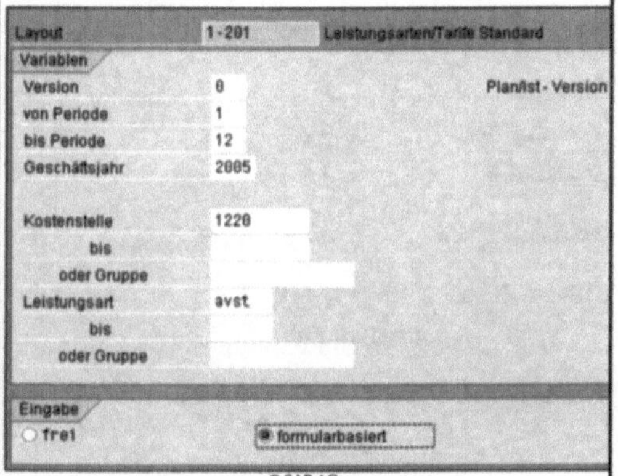 Bildschirm "Planung Leistungen/Tarife ändern: Einstieg"	Eingabe bzw. Auswahl: *Version:* ***0*** (= Planversion) *von Periode:* ***1*** *bis Periode:* ***12*** *Geschäftsjahr:* ***jjjj***, jjjj = aktuelles Jahr *Kostenstelle:* ***1220*** (=Arbeitsvorbereitung) *Leistungsart:* ***AVST*** (= Arb.-Vorb.-Stunden) Wählen Sie die Option: **formularbasiert**
Layout 1-201 Leistungsarten/Tarife Standard Variablen Version 0 Plan/Ist - Version von Periode 1 bis Periode 12 Geschäftsjahr 2005 Kostenstelle 1220 bis oder Gruppe Leistungsart avst bis oder Gruppe Eingabe frei formularbasiert © SAP AG	
	Klicken Sie auf (= Übersichtsbild)
Bildschirm "Planung Leistungen/Tarife ändern: Übersichtsbild"	

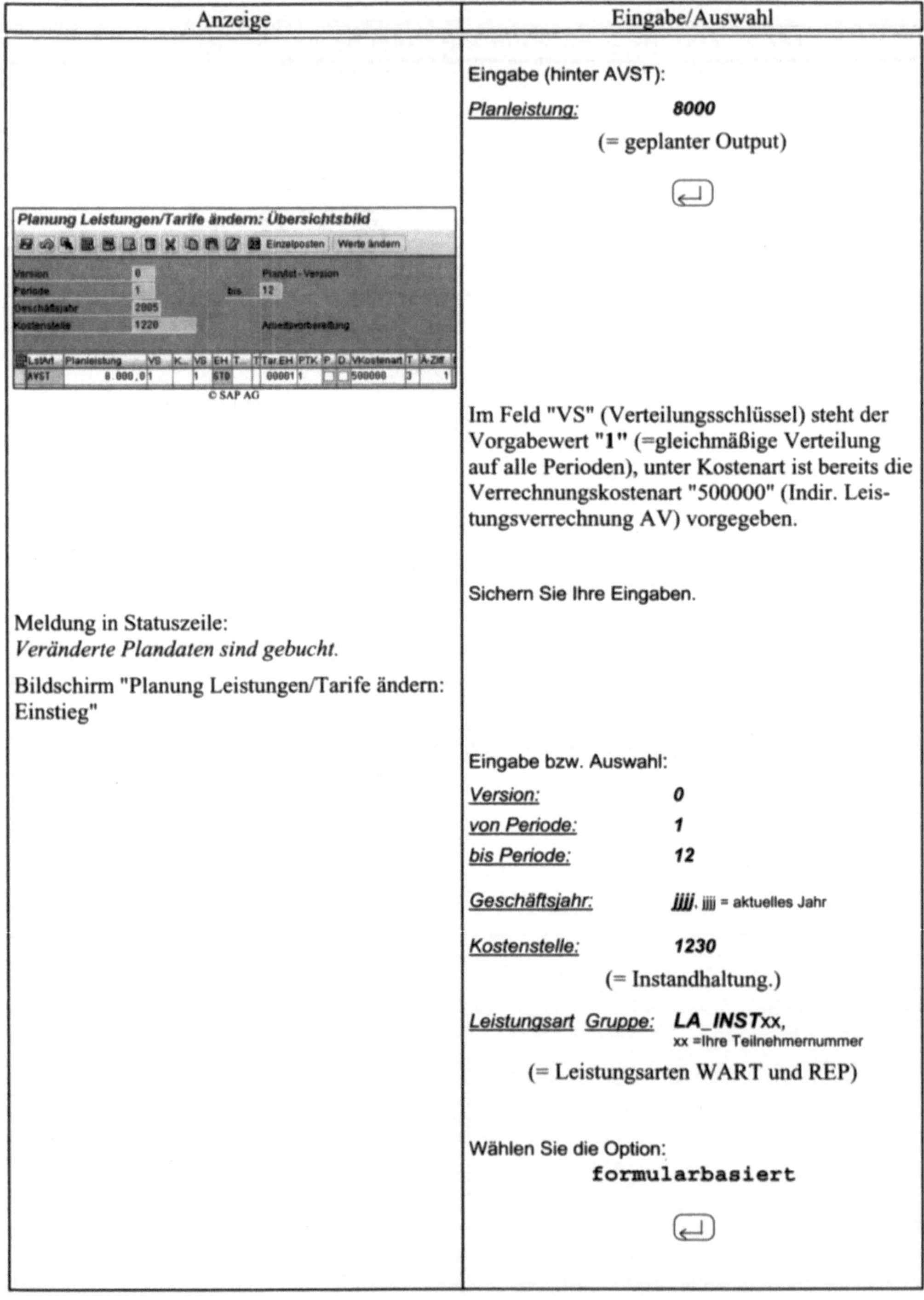

Anzeige	Eingabe/Auswahl
	Eingabe (hinter AVST): *Planleistung:* **8000** (= geplanter Output)
Planung Leistungen/Tarife ändern: Übersichtsbild Einzelposten Werte ändern Version 0 Plan/Ist - Version Periode 1 bis 12 Geschäftsjahr 2005 Kostenstelle 1220 Arbeitsvorbereitung LstArt Planleistung VS K.. VS EH T.. T Tar.EH PTK P D.. VKostenart T A-Ziff AVST 8.000,0 1 1 STD 00001 1 500000 3 1 © SAP AG	Im Feld "VS" (Verteilungsschlüssel) steht der Vorgabewert "**1**" (=gleichmäßige Verteilung auf alle Perioden), unter Kostenart ist bereits die Verrechnungskostenart "500000" (Indir. Leistungsverrechnung AV) vorgegeben.
	Sichern Sie Ihre Eingaben.
Meldung in Statuszeile: *Veränderte Plandaten sind gebucht.* Bildschirm "Planung Leistungen/Tarife ändern: Einstieg"	
	Eingabe bzw. Auswahl: *Version:* **0** *von Periode:* **1** *bis Periode:* **12** *Geschäftsjahr:* ***jjjj***, jjjj = aktuelles Jahr *Kostenstelle:* **1230** (= Instandhaltung.) *Leistungsart Gruppe:* ***LA_INST***xx, xx =Ihre Teilnehmernummer (= Leistungsarten WART und REP) Wählen Sie die Option: **formularbasiert**

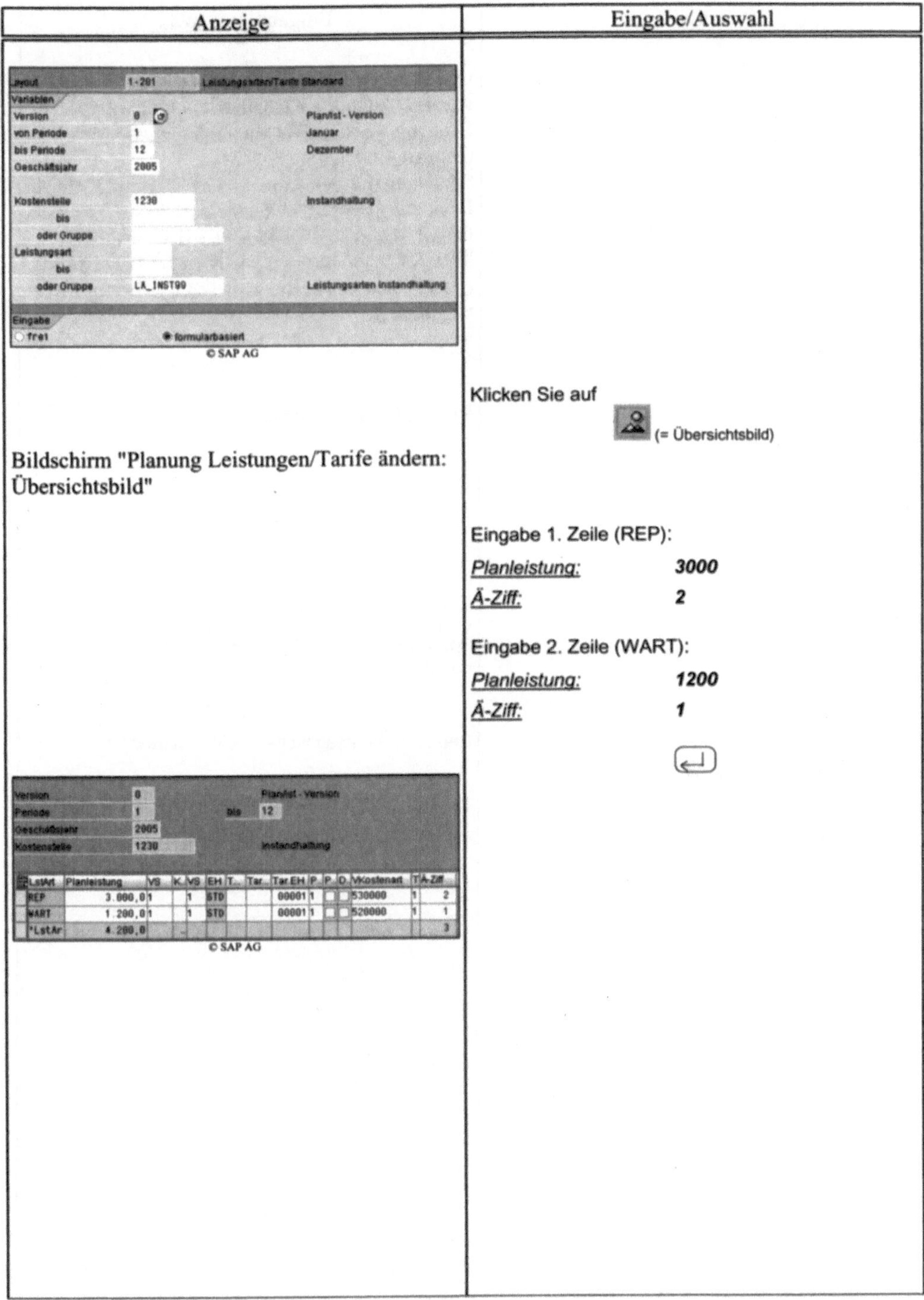

Anzeige	Eingabe/Auswahl
Layout 1-201 Leistungsarten/Tarife Standard Variablen Version 0 Plan/Ist - Version von Periode 1 Januar bis Periode 12 Dezember Geschäftsjahr 2005 Kostenstelle 1230 Instandhaltung bis oder Gruppe Leistungsart bis oder Gruppe LA_INST99 Leistungsarten Instandhaltung Eingabe frei ● formularbasiert © SAP AG	
	Klicken Sie auf (= Übersichtsbild)
Bildschirm "Planung Leistungen/Tarife ändern: Übersichtsbild"	Eingabe 1. Zeile (REP): *Planleistung:* **3000** *Ä-Ziff:* **2** Eingabe 2. Zeile (WART): *Planleistung:* **1200** *Ä-Ziff:* **1**
Version 0 Plan/Ist - Version Periode 1 bis 12 Geschäftsjahr 2005 Kostenstelle 1230 Instandhaltung	

LstArt	Planleistung	VS	K..	VS	EH	T...	Tar...	Tar.EH	P..	P..	D..	VKostenart	T	Ä-Ziff
REP	3.000,0	1		1	STD			00001	1			530000	1	2
WART	1.200,0	1		1	STD			00001	1			520000	1	1
*LstAr	4.200,0													3

© SAP AG

Anzeige	Eingabe/Auswahl
	Im Feld "Ä-Ziff" (Äquivalenzziffer, Vorgabewert =1) kann für Kostenstellen mit mehreren Leistungsarten ein Gewichtungsfaktor pro Leistungsart eingegeben werden. Sie haben durch Eingabe des Wertes "2" für die Leistungsart "REP" festgelegt, dass die von keiner Leistungsart (weder von "REP" noch "WART") abhängigen Kosten im Verhältnis 2:1 (REP:WART) in die Tarife der Leistungsarten eingehen.
	Sichern Sie die Eingaben.
Meldung in Statuszeile: *Veränderte Plandaten sind gebucht.* Bildschirm "Planung Leistungen/Tarife ändern: Einstieg"	
	Planen Sie nun noch analog zur Kostenstelle "Arbeitsvorbereitung" die Leistungsarten für die Kostenstellen **"Fuhrpark"**, **"Anlage A"**, **"Anlage B"** und **"Materialwirtschaft"** gem. **Tabelle 6**, Anhang: Eingabetabellen.
	Beenden Sie anschließend die Transaktion.
SAP Easy Access mit SAP Menü	

Anzeige	Eingabe/Auswahl

M7.3 Primärkostenplanung

M7.3.1 Leistungsunabhängige Primärkostenplanung

Bei der *leistungsunabhängigen Primärkostenplanung* werden Kosten, gegliedert nach Kostenarten, auf den Kostenstellen geplant.

Sind mehrere Leistungsarten auf einer Kostenstelle geplant, so werden die auf der Stelle leistungsunabhängig geplanten Kosten - falls im Customizing keine Einstellungen zur Splittung vorgenommen wurden - nach den im Rahmen der Leistungsartenplanung geplanten Äquivalenzziffern (vgl. M7.2) gesplittet.

Anzeige	Eingabe/Auswahl
	Wählen Sie im SAP-Menü **Rechnungswesen -** **Controlling –** **Kostenstellenrechnung -** **Planung -** **Kosten/Leistungsaufnahmen -** **Ändern**
Bildschirm "Planung Kostenarten/Leistungsaufnahmen ändern: Einstieg"	Eingabe bzw. Auswahl: *Version:* ***0*** *von Periode:* ***1*** *bis Periode:* ***12*** *Geschäftsjahr:* ***jjjj***, jjjj = aktuelles Jahr *Kostenstelle Gruppe:* ***KS_HIERxx***, xx =Ihre Teilnehmernummer (= alle Kostenstellen) *Kostenart Gruppe:* ***PRIM-xx***, xx =Ihre Teilnehmernummer (= alle primären Kostenarten) Wählen Sie die Option: `formularbasiert` ⏎
Kostenstelle bis oder Gruppe KS_HIER99 Kostenstellen B99 Leistungsart bis oder Gruppe Kostenart bis oder Gruppe PRIM-99 Primäre Kosten © SAP AG	

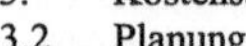

Anzeige	Eingabe/Auswahl

Anmerkung: Bitte beachten Sie, dass bei der leistungsunabhängigen Kostenplanung keines der Felder Leistungsart, (Leistungsart) bis oder (Leistungsarten-)Gruppe gefüllt werden darf.

Klicken Sie auf (= Übersichtsbild)

Bildschirm "Planung Kostenarten/Leistungsaufnahmen ändern: Übersichtsbild"

Es erscheint zunächst das Übersichtsbild für die Kostenstelle "Vertrieb" mit Eingabefeldern für alle primären Kostenarten (PRIMxx) bis auf die beiden Abgrenzungskostenarten.

Eingabe (Kostenstelle **Vertrieb**):

Kostenart	Plankosten fix
430000	576000
420000	
421000	
403000	
415000	18000
417000	8476
476900	5623
481000	13200
483000	5200

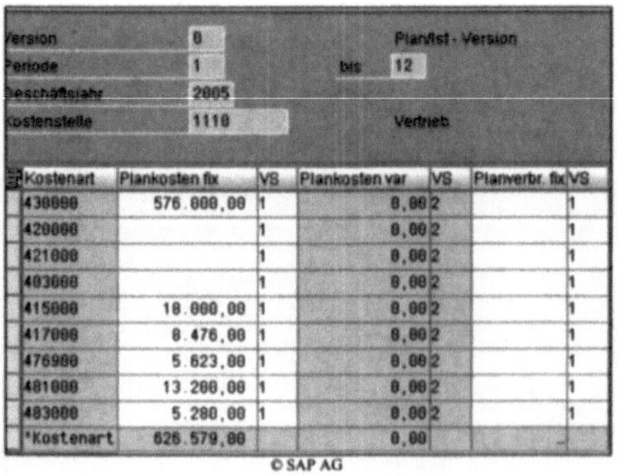

Version 0 Plan/Ist - Version
Periode 1 bis 12
Geschäftsjahr 2005
Kostenstelle 1110 Vertrieb

Kostenart	Plankosten fix	VS	Plankosten var	VS	Planverbr. fix	VS
430000	576.000,00	1	0,00	2		1
420000		1	0,00	2		1
421000		1	0,00	2		1
403000		1	0,00	2		1
415000	18.000,00	1	0,00	2		1
417000	8.476,00	1	0,00	2		1
476900	5.623,00	1	0,00	2		1
481000	13.200,00	1	0,00	2		1
483000	5.200,00	1	0,00	2		1
*Kostenart	626.579,00		0,00			

Klicken Sie auf (= Nächste Kombination)

Anzeige	Eingabe/Auswahl
Kostenstelle **1120 Verwaltung**	
	Geben Sie nun die geplanten leistungsunabhängigen primären Gesamtkosten für die restlichen Kostenstellen ein. (Nach jeder Kostenstelle [icon] =Nächste Kombination!). Die Werte finden Sie in der **Tabelle 7**, Anhang: Eingabetabellen.
Meldung in Statuszeile: *Es gibt keine nächste gültige Kombination.*	
	Sichern Sie Ihre Eingaben.
Meldung in Statuszeile: *Veränderte Plandaten sind gebucht.* Bildschirm "Planung Kostenarten/Leistungsaufnahmen ändern: Einstieg"	
	Sie haben die leistungsunabhängigen (fixen) Kosten für das Geschäftsjahr jjjj geplant.

M7.3.2 Leistungsabhängige Primärkostenplanung

Die *leistungsabhängige Primärkostenplanung* erlaubt, Primärkosten auf einer Kostenstelle(n)/-gruppe pro Kostenart(en)/-gruppe in Abhängigkeit von einer Leistungsart(en)/-gruppe zu planen.
Es kann daher pro Leistungsart ein fixer und ein variabler - d.h. zu der entsprechenden Leistung proportional anfallender - Betrag geplant werden.

Anzeige	Eingabe/Auswahl
	Eingabe bzw. Auswahl: *Version:* ***0*** *von Periode:* ***1*** *bis Periode:* ***12*** *Geschäftsjahr:* ***jjjj***, jjjj = aktuelles Jahr *Kostenstelle Gruppe:* ***KS_HIERxx***, *xx = Ihre Teilnehmernummer* (= Standardhierarchie) *Leistungsart:* ***MST*** (= Mat.Wirt.-Stunden)

Anzeige	Eingabe/Auswahl
	Kostenart Gruppe: **PRIM**-*xx*, *xx = Ihre Teilnehmernummer* (= alle primären Kostenarten) Wählen Sie die Option: **formularbasiert** ⏎
Kostenstelle / bis / oder Gruppe: KS_HIER99 – Kostenstellen B99 Leistungsart: MST – Mat.Wirt.-stunden / bis / oder Gruppe Kostenart / bis / oder Gruppe: PRIM-99 – Primäre Kosten © SAP AG	Klicken Sie auf (= Übersichtsbild)
Bildschirm "Planung Kostenarten/Leistungsaufnahmen ändern: Übersichtsbild"	Es erscheint zunächst das Übersichtsbild für die Leistungsart "MST" auf der Kostenstelle "Materialwirtschaft" mit Eingabefeldern für alle primären Kostenarten außer den beiden Abgrenzungskostenarten. Die Spalten "Plankosten fix" und "Plankosten variabel" sind eingabebereit.

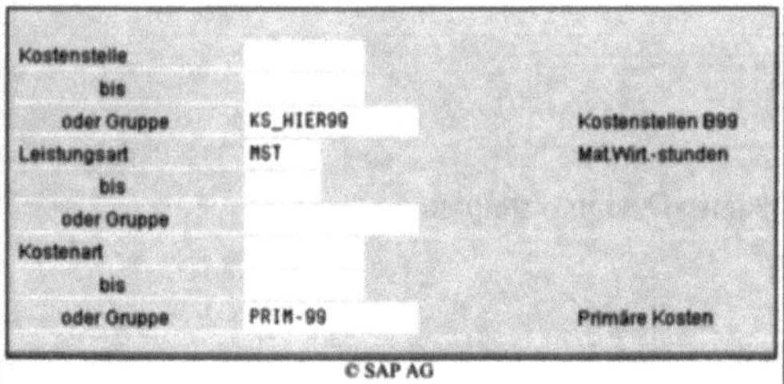

Eingabe (Leistungsart MST, Kostenst. Materialw.):

Kostenart	Plankosten fix	VS	Plankosten var	VS
430000		1		1
420000		1		1
421000		1		1
403000	42300	1	4700	1
415000	3264	1	4896	1
417000		1		1
476900		1		1
481000		1		1
483000		1		1

⏎

Summen:

Kosten fix:	**45.564,00**
Kosten variabel:	**9.596,00**

Anzeige	Eingabe/Auswahl
	Sichern Sie die Eingaben.
Meldung in Statuszeile: *Veränderte Plandaten sind gebucht.* Bildschirm "Planung Kostenarten/Leistungsaufnahmen ändern: Einstieg"	
	Geben Sie nun die geplanten leistungsabhängigen Kosten (fixe und variable) für die restlichen Kombinationen aus Leistungsarten und Kostenstellen ein. Die Werte finden Sie in der **Tabelle 8**, Anhang: Eingabetabellen.
Bildschirm "Planung Kostenarten/Leistungsaufnahmen ändern: Einstieg"	
	Sie haben nun auch die geplanten leistungsabhängigen Kosten für das Geschäftsjahr jjjj erfaßt.
	Beenden Sie die Transaktion.
SAP Easy Access mit SAP Menü	
M7.3.3 Planabgrenzung	
	Im Folgenden soll nun die Planabgrenzung der Personalnebenkosten mit Hilfe des unter M6.1 gepflegten Zuschlagskalkulationsschemas durchgeführt werden. **Abgrenzungs-Testlauf durchführen:** Wählen Sie im SAP-Menü **Rechnungswesen -** **Controlling -** **Kostenstellenrechnung -** **Planung -** **Planungshilfen -** **Abgrenzung**
Bildschirm "Kostenstellen-Abgrenzung Plan: Einstieg"	
	Wählen Sie die Option: `Kostenstellengruppe`

Anzeige	Eingabe/Auswahl

Eingabe bzw. Auswahl:

Kostenstellengruppe: ***KS_HIERxx***,
xx = Ihre Teilnehmernummer
(= Standardhierarchie.)

Version: ***0***
(= Standard-Plan/Ist-Version)

Periode von: ***1***

Periode bis: ***12***
(= Buchungsperioden)

Geschäftsjahr: ***jjjj***, *jjjj = aktuelles Jahr*

Markieren Sie (falls noch nicht geschehen) unter "Ablaufsteuerung":

Testlauf

Detaillisten

D. h. die Abgrenzung soll zunächst nur als Testlauf ohne Datenfortschreibung erfolgen.

Klicken Sie auf (= Ausführen)

Abgrenzungs-Testlauf wird durchgeführt.

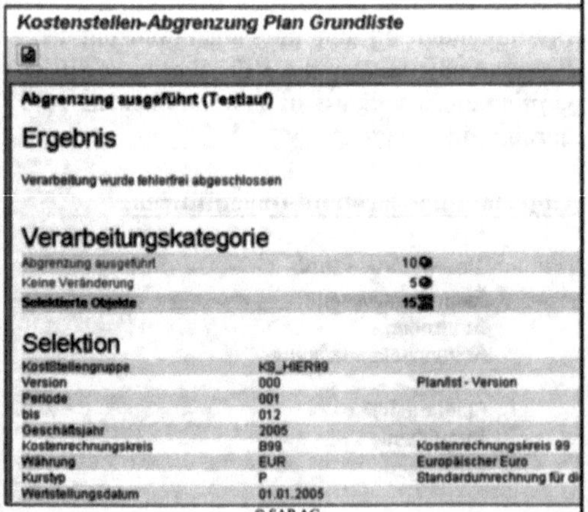

Kostenstellen-Abgrenzung Plan Grundliste

Abgrenzung ausgeführt (Testlauf)

Ergebnis

Verarbeitung wurde fehlerfrei abgeschlossen

Verarbeitungskategorie

Abgrenzung ausgeführt	10
Keine Veränderung	5
Selektierte Objekte	**15**

Selektion

Koststellengruppe	KS_HIER99	
Version	000	Plan/Ist - Version
Periode	001	
bis	012	
Geschäftsjahr	2005	
Kostenrechnungskreis	B99	Kostenrechnungskreis 99
Währung	EUR	Europäischer Euro
Kurstyp	P	Standardumrechnung für di
Wertstellungsdatum	01.01.2005	

Anzeige	Eingabe/Auswahl

Sollten beim Testlauf Fehler aufgetreten sein, erhielten Sie an dieser Stelle entsprechende Meldungen.

Klicken Sie auf

(=Nächste Liststufe)

Gesamtwerte für das Planungsjahr jjjj:

Kostenst	LeistArt	Entlastungsobjekt	Kostenart	Σ	Wert/KWähr
0000001110		AUF 9A99000002	439000		172.800,00
0000001120		AUF 9A99000002			201.600,00
0000001130		AUF 9A99000001	429000		40.824,00
		AUF 9A99000002	439000		46.800,00
0000001210		AUF 9A99000001	429000		27.216,00
0000001220		AUF 9A99000001			68.040,00
		AUF 9A99000002	439000		32.400,00
0000001230		AUF 9A99000001	429000		27.216,00
		AUF 9A99000002	439000		18.000,00
0000001241	FST	AUF 9A99000001	429000		389.025,00
		AUF 9A99000001			13.608,00
		AUF 9A99000002	439000		18.000,00
0000001242	FST	AUF 9A99000001	429000		244.412,00
		AUF 9A99000001			27.216,00
		AUF 9A99000002	439000		18.000,00
				•	1.345.157,00

Vergleichen Sie Ihre Ergebnisse mit den oben links aufgeführten Gesamtwerten.
Eventuell aufgetretene Differenzen sollten jetzt - **vor Ausführung des Echtlaufs** - korrigiert werden.

Klicken Sie zweimal auf

(= Zurück)

Bildschirm "Kostenstellen-Abgrenzung Plan"

Abgrenzung Plan (Echtlauf) durchführen:

Deaktivieren Sie (durch erneutes Anklicken) unter "Ablaufsteuerung" den Parameter:

Testlauf

D. h. die Abgrenzungsdaten sollen jetzt in der Datenbank fortgeschrieben werden.

Klicken Sie auf

(= Ausführen)

Anzeige	Eingabe/Auswahl
	Kostenstellen-Abgrenzung wird durchgeführt.
Bildschirm "Kostenstellen-Abgrenzung Plan Grundliste"	
	Vergleichen Sie Ihre gebuchten Werte noch einmal mit den oben aufgeführten Gesamtwerten.
	Beenden Sie anschließend die Transaktion.
SAP Easy Access mit SAP Menü	

Anzeige	Eingabe/Auswahl

M7.4 Sekundärkostenplanung

M7.4.1 Leistungsaufnahmeplanung

Im Rahmen der manuellen Sekundärkostenplanung können sekundäre Kosten in Form von Leistungsaufnahmen auf Empfänger (Kostenstelle oder Auftrag) mengenmäßig geplant werden.

Bei der *leistungsunabhängigen Leistungsaufnahmeplanung* planen Sie die Aufnahme von Leistung unabhängig von der Leistungsart der Empfängerstelle, bei der *leistungsabhängigen Leistungsaufnahmeplanung* können Sekundärkosten in Abhängigkeit von der Leistungsart des Empfängers geplant werden.

Anzeige	Eingabe/Auswahl
	Hier soll die Aufnahme des Outputs der Kostenstellen Fuhrpark und Instandhaltung auf die Empfängerkostenstellen leistungsunabhängig geplant werden.
	(Anderes) Planerprofil setzen:
	Wählen Sie im SAP-Menü: **Rechnungswesen –** **Controlling –** **Kostenstellenrechnung –** **Planung -** **Planerprofil setzen**
Dialogfenster "Planerprofil setzen"	Eingabe bzw. Auswahl: *Planerprofil:* ***KORE102*** (=LstAufnahm./Leistungsart/Stat.Kennz.) ⏎
SAP Easy Access mit SAP Menü	**Leistungsaufnahme mengenmäßig planen:**
	Wählen Sie: **Rechnungswesen –** **Controlling –** **Kostenstellenrechnung –** **Planung -** **Kosten/Leistungsaufnahmen -** **Ändern**
Bildschirm "Planung Kostenarten/Leistungsaufnahmen ändern: Einstieg"	Eingabe bzw. Auswahl: *Version:* ***0***

Anzeige	Eingabe/Auswahl
	Periode von: **1** *Periode bis:* **12** *Geschäftsjahr:* ***jjjj***, jjjj = aktuelles Jahr *Kostenstelle Gruppe:* ***KS_HIERxx***, xx = Ihre Teilnehmernummer (=Standardhierarchie) *Senderkostenstelle:* ***1210*** (= Fuhrpark) *Senderleistungsart:* ***GKM*** (= gefahrene Kilometer) Wählen Sie die Option: **formularbasiert** Klicken Sie auf (= Übersichtsbild)
Bildschirm "Planung Kostenarten/Leistungsaufnahmen ändern: Übersichtsbild" für Kostenstelle **1110 Vertrieb**	
	Eingabe bzw. Auswahl: *Planverbr.fix:* ***146000*** *VS:* ***1*** Klicken Sie auf (= Nächste Kombination)
Kostenstelle **1120 Verwaltung**	
	Geben Sie nun noch die geplante Leistungsaufnahme vom "Fuhrpark" (= zu fahrenden Kilometer) für die restlichen Kostenstellen ein. (Nach jeder Kostenstelle !). Die Werte finden Sie in der **Tabelle 9,** Anhang: Eingabetabellen (1. Zeile).
Meldung in Statuszeile: *Es gibt keine nächste gültige Kombination.*	
	Sichern Sie die Eingaben.

Anzeige	Eingabe/Auswahl
Bildschirm "Planung Kostenarten/Leistungsaufnahmen ändern: Einstieg" Meldung in Statuszeile: *Veränderte Plandaten sind gebucht.*	
	Führen Sie nun noch die Leistungsaufnahmeplanung für die beiden Leistungsarten der Kostenstelle "Instandhaltung" durch: Kostenstellen-Gruppe: **"PRODxx"**, xx = Ihre Teilnehmernummer, Senderkostenstelle: **"1230"**, Senderleistungsarten-Gruppe: **"LA_INSTxx"**, xx = Ihre Teilnehmernummer. Die Werte können Sie der **Tabelle 9,** Anhang: Eingabetabellen (2. und 3. Zeile) entnehmen.
	Beenden Sie anschließend die Transaktion.
SAP Easy Access mit SAP Menü	
M7.4.2 Indirekte Leistungsverrechnung Plan	
	Es sollen nun die auf der Kostenstelle Arbeitsvorbereitung angefallenen Kosten mittels der indirekten Leistungsverrechnung nach den unter M6.1.2 definierten Regeln weiterverrechnet werden.
	Wählen Sie: **Rechnungswesen –** **Controlling –** **Kostenstellenrechnung –** **Planung -** **Verrechnungen -** **Indirekte LeistVerr.**
Bildschirm "Indirekte Leist.verrechnung Plan ausführen: Einstieg"	**Testlauf durchführen:** Eingabe bzw. Auswahl: *Periode von:* ***1*** *Periode bis:* ***12*** *Geschäftsjahr:* ***jjjj,*** jjjj = aktuelles Jahr

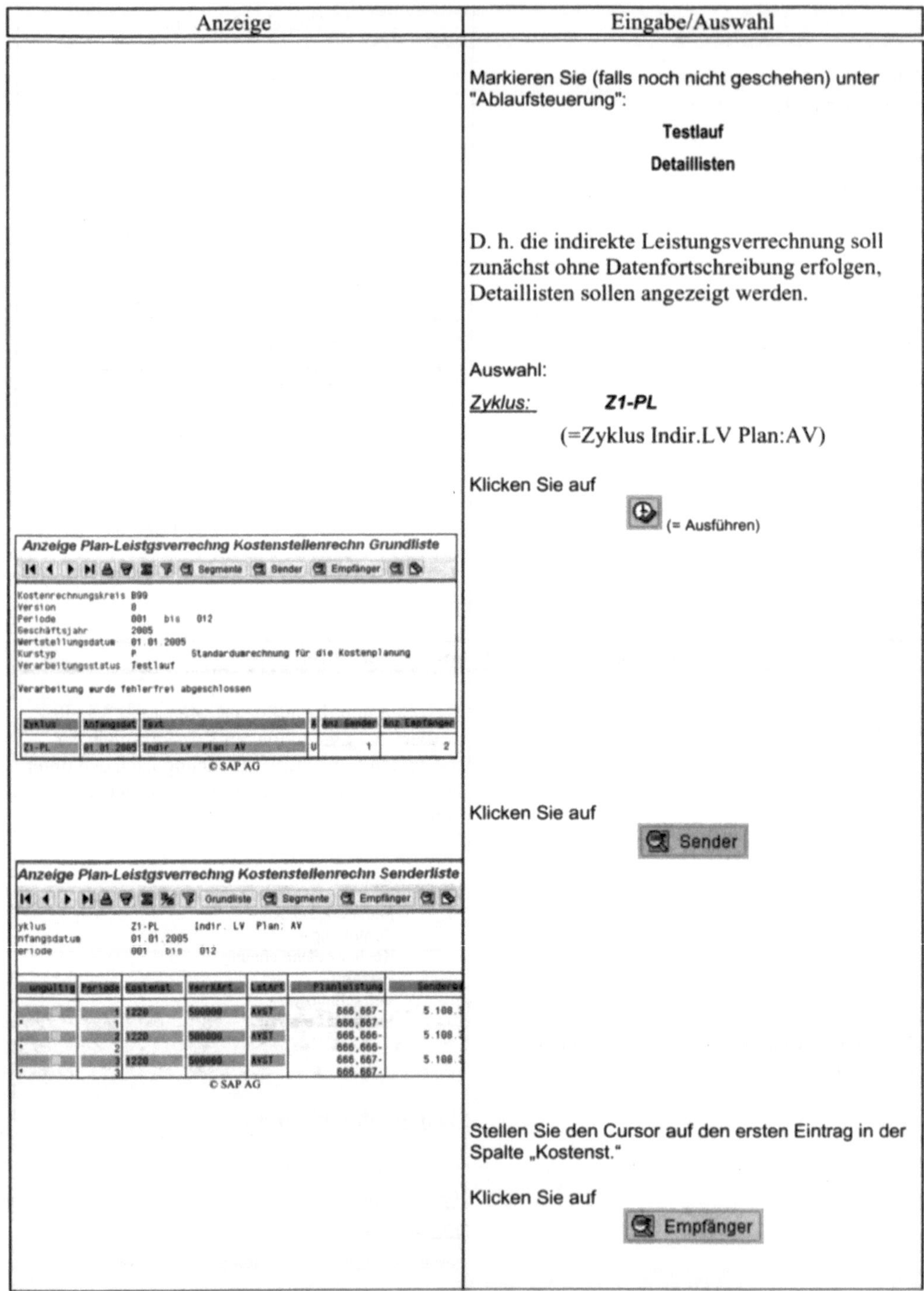

Anzeige	Eingabe/Auswahl

Markieren Sie (falls noch nicht geschehen) unter "Ablaufsteuerung":

Testlauf

Detaillisten

D. h. die indirekte Leistungsverrechnung soll zunächst ohne Datenfortschreibung erfolgen, Detaillisten sollen angezeigt werden.

Auswahl:

Zyklus: ***Z1-PL***

(=Zyklus Indir.LV Plan:AV)

Klicken Sie auf (= Ausführen)

Anzeige Plan-Leistgsverrechng Kostenstellenrechn Grundliste

Segmente Sender Empfänger

```
Kostenrechnungskreis B99
Version              0
Periode              001   bis   012
Geschäftsjahr        2005
Wertstellungsdatum   01.01.2005
Kurstyp              P          Standardumrechnung für die Kostenplanung
Verarbeitungsstatus  Testlauf

Verarbeitung wurde fehlerfrei abgeschlossen
```

Zyklus	Anfangsdat	Text	A	Anz Sender	Anz Empfänger
Z1-PL	01.01.2005	Indir. LV Plan: AV	U	1	2

© SAP AG

Klicken Sie auf **Sender**

Anzeige Plan-Leistgsverrechng Kostenstellenrechn Senderliste

Grundliste Segmente Empfänger

```
yklus           Z1-PL      Indir. LV  Plan: AV
nfangsdatum     01.01.2005
eriode          001   bis   012
```

ungültig	Periode	Kostenst	VerrKArt	LstArt	Planleistung	Senderw
	1	1220	500000	AVST	666,667-	5.100.:
*	1				666,667-	
	2	1220	500000	AVST	666,666-	5.100.:
*	2				666,666-	
	3	1220	500000	AVST	666,667-	5.100.:
*	3				666,667-	

© SAP AG

Stellen Sie den Cursor auf den ersten Eintrag in der Spalte „Kostenst."

Klicken Sie auf **Empfänger**

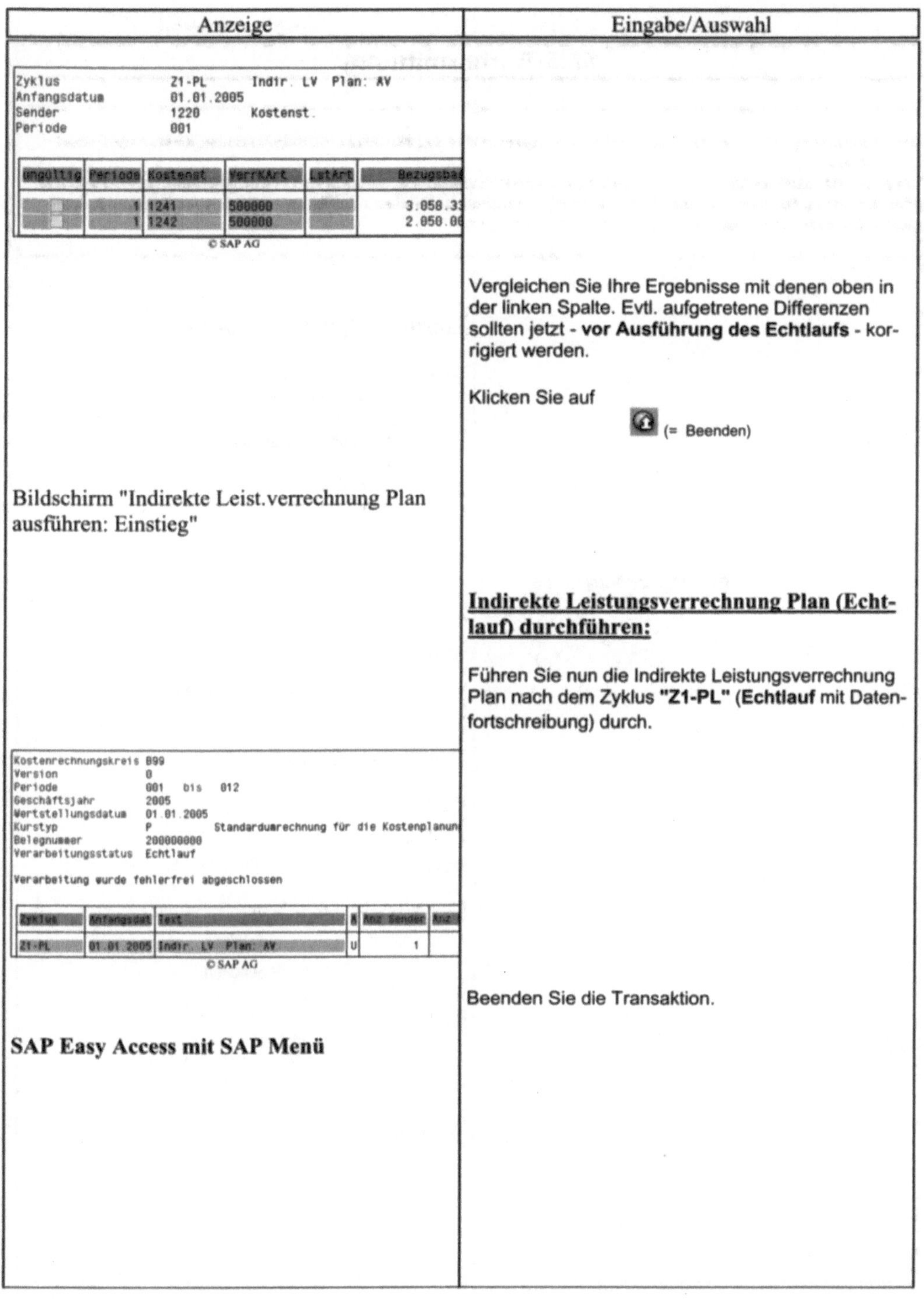

Anzeige	Eingabe/Auswahl

Zyklus Z1-PL Indir. LV Plan: AV
Anfangsdatum 01.01.2005
Sender 1220 Kostenst.
Periode 001

ungültig	Periode	Kostenst	VerrKArt	LstArt	Bezugsba
	1	1241	500000		3.058.33
	1	1242	500000		2.050.00

© SAP AG

Vergleichen Sie Ihre Ergebnisse mit denen oben in der linken Spalte. Evtl. aufgetretene Differenzen sollten jetzt - **vor Ausführung des Echtlaufs** - korrigiert werden.

Klicken Sie auf

(= Beenden)

Bildschirm "Indirekte Leist.verrechnung Plan ausführen: Einstieg"

Indirekte Leistungsverrechnung Plan (Echtlauf) durchführen:

Führen Sie nun die Indirekte Leistungsverrechnung Plan nach dem Zyklus **"Z1-PL"** (**Echtlauf** mit Datenfortschreibung) durch.

Kostenrechnungskreis B99
Version 0
Periode 001 bis 012
Geschäftsjahr 2005
Wertstellungsdatum 01.01.2005
Kurstyp P Standardumrechnung für die Kostenplanun
Belegnummer 200000000
Verarbeitungsstatus Echtlauf

Verarbeitung wurde fehlerfrei abgeschlossen

Zyklus	Anfangsdat	Text	A	Anz Sender	Anz
Z1-PL	01.01.2005	Indir. LV Plan: AV	U	1	

© SAP AG

Beenden Sie die Transaktion.

SAP Easy Access mit SAP Menü

Anzeige	Eingabe/Auswahl
M7.5 Tarifermittlung	
Die *Plantarifermittlung* errechnet Tarife (Planpreise) der geplanten Leistungsarten je Kostenstelle und Leistungsart. **Bei der Plantarifermittlung berücksichtigt das SAP-System alle geplanten Leistungsbeziehungen zwischen den Kostenstellen und errechnet die Tarife iterativ durch Division der Summe aller Kosten einer Kostenstelle (primäre und sekundäre) durch die Planleistung.**	
	Tarife im Testlauf ermitteln: Wählen Sie: **Rechnungswesen –** **Controlling –** **Kostenstellenrechnung –** **Planung -** **Verrechnungen -** **Tarifermittlung**
Bildschirm "Tarifermittlung ausführen: Einstieg"	Wählen Sie die Option: **alle Kostenstellen** Eingabe bzw. Auswahl: *Periode von:* ***1*** *Periode bis:* ***12*** *Geschäftsjahr:* ***jjjj,*** jjjj = aktuelles Jahr Markieren Sie unter "Ablaufsteuerung": **Testlauf** **Detaillisten** Klicken Sie auf (= Ausführen) Testlauf wird durchgeführt.

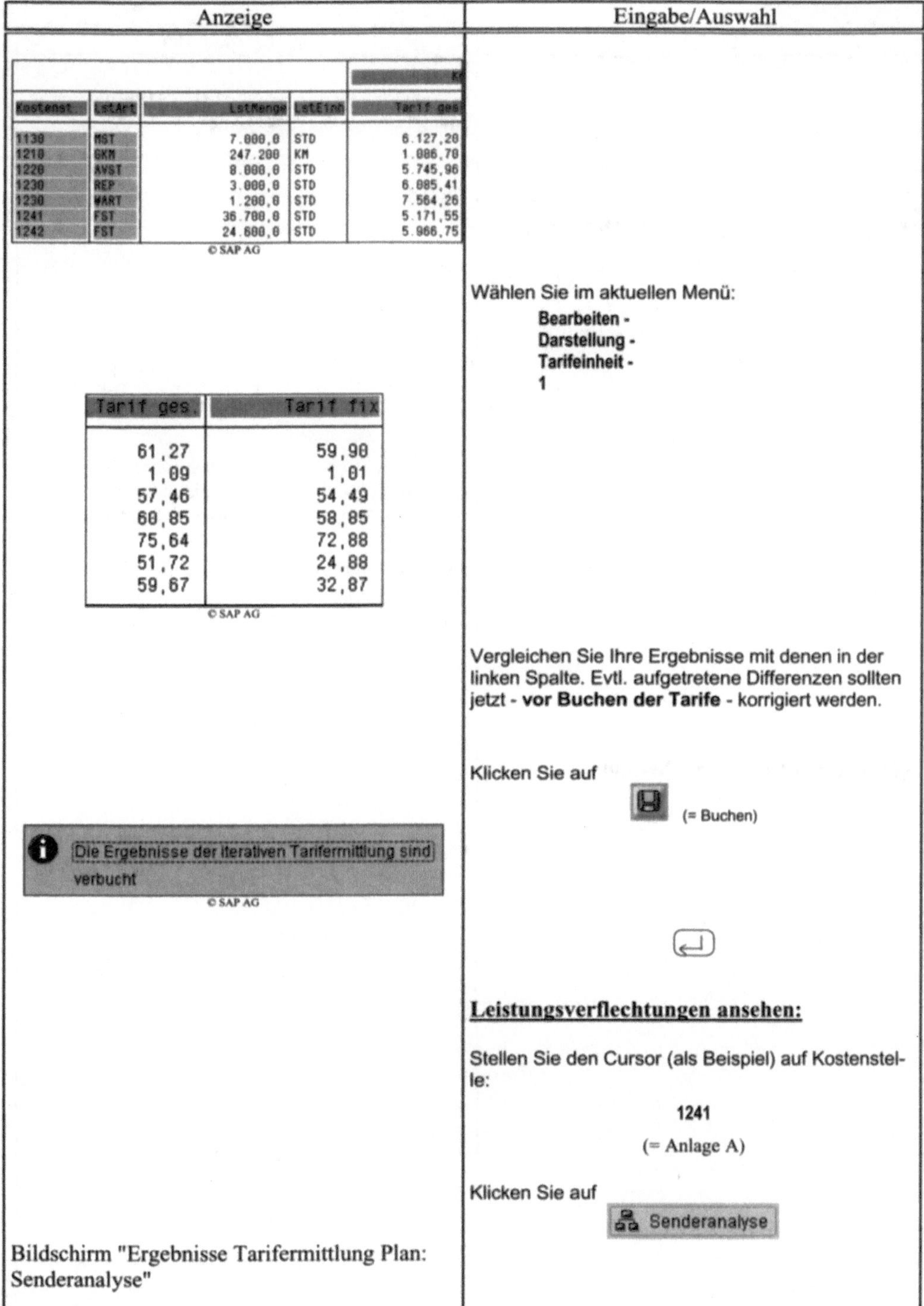

Anzeige	Eingabe/Auswahl

Kostenst.	LstArt	LstMenge	LstEinh	Tarif ges.
1130	MST	7.000,0	STD	6.127,20
1210	GKM	247.200	KM	1.086,70
1220	AVST	8.000,0	STD	5.745,96
1230	REP	3.000,0	STD	6.085,41
1230	WART	1.200,0	STD	7.564,26
1241	FST	36.700,0	STD	5.171,55
1242	FST	24.600,0	STD	5.966,75

© SAP AG

Wählen Sie im aktuellen Menü:

Bearbeiten -
Darstellung -
Tarifeinheit -
1

Tarif ges.	Tarif fix
61,27	59,90
1,09	1,01
57,46	54,49
60,85	58,85
75,64	72,88
51,72	24,88
59,67	32,87

© SAP AG

Vergleichen Sie Ihre Ergebnisse mit denen in der linken Spalte. Evtl. aufgetretene Differenzen sollten jetzt - **vor Buchen der Tarife** - korrigiert werden.

Klicken Sie auf (= Buchen)

Die Ergebnisse der iterativen Tarifermittlung sind verbucht

© SAP AG

Leistungsverflechtungen ansehen:

Stellen Sie den Cursor (als Beispiel) auf Kostenstelle:

1241

(= Anlage A)

Klicken Sie auf Senderanalyse

Bildschirm "Ergebnisse Tarifermittlung Plan: Senderanalyse"

Anzeige	Eingabe/Auswahl

Bringen Sie (durch Anklicken von <+) alle verborgenen Unterebenen der Hierarchie zur Anzeige.

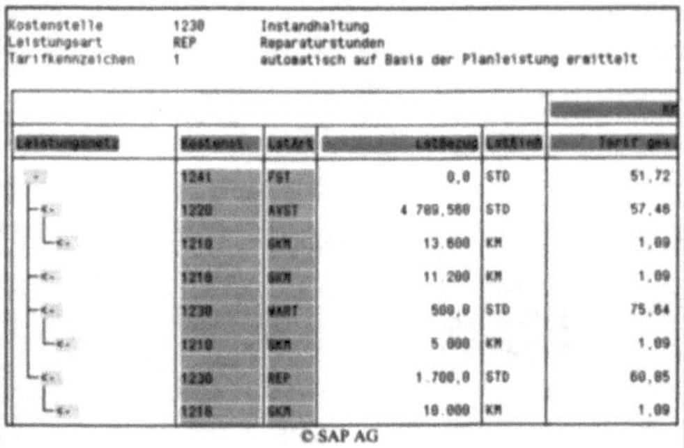

Kostenstelle 1230 Instandhaltung
Leistungsart REP Reparaturstunden
Tarifkennzeichen 1 automatisch auf Basis der Planleistung ermittelt

Leistungsnetz	Kostenst.	LstArt	LstBezug	LstEinh	Tarif ges
<+	1241	FST	0,0	STD	51,72
├<+	1220	AVST	4.709,580	STD	57,46
└<+	1210	GKM	13.600	KM	1,09
├<+	1210	GKM	11.200	KM	1,09
├<+	1230	WART	500,0	STD	75,64
└<+	1210	GKM	5.000	KM	1,09
└<+	1230	REP	1.700,0	STD	60,85
└<+	1210	GKM	10.000	KM	1,09

Der Bildschirm zeigt in einer hierarchischen Anordnung die Leistungsverflechtungen.
Hier: welche Leistungen in welcher Höhe die Kostenstelle 1241 Anlage A von anderen Kostenstellen empfangen hat und welche Leistungen die abgebenden Kostenstellen jeweils selbst zur Erbringung ihrer Leistungen aufgenommen haben.

Beenden Sie die Transaktion.

SAP Easy Access mit SAP Menü

Anzeige	Eingabe/Auswahl

M7.6 Planungsberichte

Wählen Sie:

Rechnungswesen –
Controlling –
Kostenstellenrechnung –
Infosystem -
Berichte zur Kostenstellenrechnung –
Planungsberichte –
Kostenstellen: Planungsübersicht

Bildschirm "Planungsbericht: Einstieg"

Eingabe bzw. Auswahl:

Kostenstelle: ***1110***
(= Vertrieb)

Geschäftsjahr: ***jjjj***, jjjj = aktuelles Jahr

Periode von: ***1***

Periode bis: ***12***
(= Buchungsperioden)

Version: ***0***
(= Standard-Plan/Ist-Version)

Markieren Sie (falls noch nicht geschehen):
Ausgabe im ALV-Grid

Klicken Sie auf
Ausführen

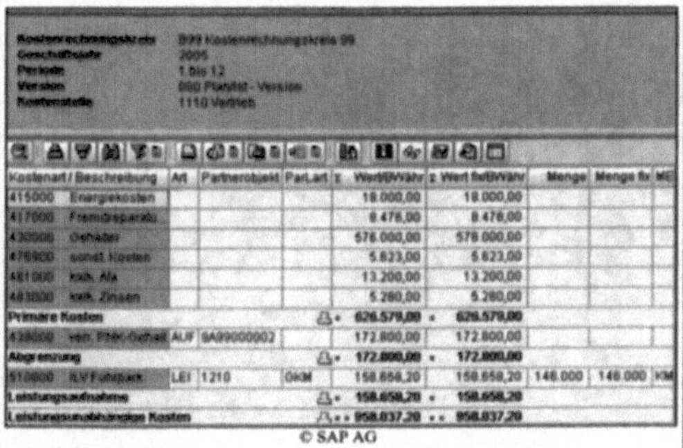

[illegible]	[illegible] Kostenrechnungskreis 99
Geschäftsjahr	2005
Periode	1 bis 12
Version	000 Plan/Ist - Version
Kostenstelle	1110 Vertrieb

Kostenart / Beschreibung	Art	Partnerobjekt	ParLart	Σ Wert/BWähr	Σ Wert fix/BWähr	Menge	Menge fix	ME
415000 Energiekosten				18.000,00	18.000,00			
417000 Fremdreparatu				8.476,00	8.476,00			
430000 Gehälter				576.000,00	576.000,00			
476900 sonst. Kosten				5.623,00	5.623,00			
481000 kalk. Afa				13.200,00	13.200,00			
483000 kalk. Zinsen				5.280,00	5.280,00			
Primäre Kosten				• 626.579,00	• 626.579,00			
[illegible]	AUF	9A99000002		172.800,00	172.800,00			
Abgrenzung				• 172.800,00	• 172.800,00			
[illegible] ILV Fuhrpark	LEI	1210	[illegible]	158.658,20	158.658,20	148.000	148.000	KM
Leistungsaufnahme				• 158.658,20	• 158.658,20			
Leistungsunabhängige Kosten				•• 958.037,20	•• 958.037,20			

Sehen Sie sich noch die Planungsberichte für die restlichen Kostenstellen an.
Vergleichen Sie diese mit den Planungsberichten unter **4.2 Anhang: Testbeispiel als Tabellenkalkulations-Vorlage.**

Beenden Sie anschließend die Transaktion.

SAP Easy Access mit SAP Menü

3.3 Isterfassung

Betriebswirtschaftliches Konzept: Soll-/Ist-Vergleich

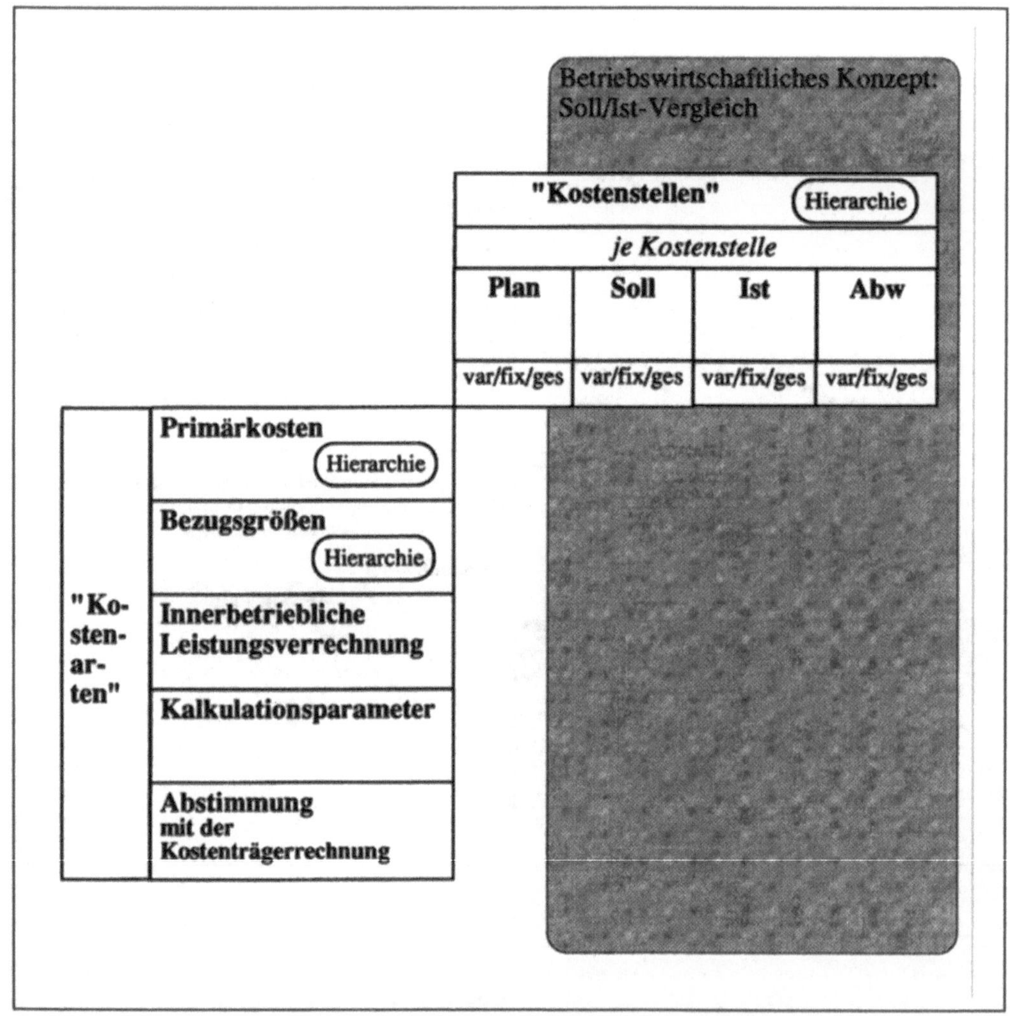

Bild 3.3/1: Betriebswirtschaftliches Konzept: Soll/Ist-Vergleich

Es sind zu besprechen

- **Aufteilung des Jahresplans auf Monate**
- Verschiedene **Detaillierungsniveaus** im Plan und Ist

- Innenaufträge zur Erfassung der **Differenzen zwischen Finanzbuchhaltung und Kostenrechnung**
- **Kalkulatorische Kostenarten im Ist**
- **Soll-/Ist-Vergleich bei *einer* Bezugsgröße**
  (Kostenstelle Fuhrpark als Beispiel)
    - Primärkosten
    - Innerbetriebliche Leistungsverrechnung
- **Soll-/Ist-Vergleich bei *zwei* Bezugsgrößen**
  (Kostenstelle Instandhaltung als Beispiel)
    - Primärkosten
    - Innerbetriebliche Leistungsverrechnung

Aufteilung des Jahresplans auf Monate

Der Plan wurde auf Jahresbasis aufgestellt und muss jetzt für das monatliche Berichtswesen auf Monate heruntergebrochen werden. Dies geschieht im Testbeispiel durch 12-telung (auf SAP-Ebene ist dies im Modul 7 geschehen: „Planerprofil setzen").

Verschiedene Detaillierungsniveaus im Plan und Ist

Die Planung einer Kostenstellenrechnung (BAB) erfolgt je Zelle, d. h. je Kostenstelle und je Kostenart (bei leistungsabhängigen Kosten: zusätzlich je Bezugsgröße/Leistungsart). Das Ist ist dagegen detaillierter: in die Kombination Kostenstelle/Kostenart fallen zumeist mehrere Geschäftsvorfälle/Belege, die zunächst verdichtet werden müssen, um einen Plan/Ist-Vergleich zustande zu bekommen (jedenfalls im Prinzip; im Testbeispiel erfolgt die Dateneingabe auch im Ist in aggregierter Form, um den Eingabeaufwand zu reduzieren).

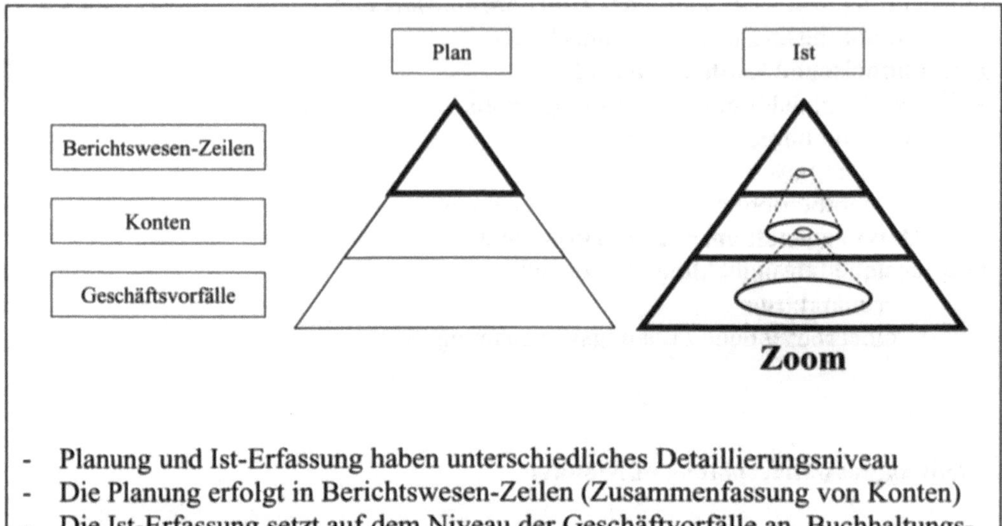

- Planung und Ist-Erfassung haben unterschiedliches Detaillierungsniveau
- Die Planung erfolgt in Berichtswesen-Zeilen (Zusammenfassung von Konten)
- Die Ist-Erfassung setzt auf dem Niveau der Geschäftvorfälle an. Buchhaltungs- und Berichtswesensystem müssen eine Verdichtung gestatten, die eine Gegenüberstellung zum Plan (auf hohem Verdichtungsniveau) erlaubt.

Bild 3.3/2: Detaillierungsniveaus

Das gilt durchgängig auch für die übrigen Bestandteile der Kostenstellenrechnung: Bezugsgrößen und ILV.

Beispiel: Fuhrpark leistet für den Vertrieb
im Plan: 146.000 / 12 = 12.166 km/Monat
im Ist: 12.500 km im Monat Januar (als Summe einzelner Fahrten)

Innenaufträge zur Erfassung der Differenzen zwischen Finanzbuchhaltung und Kostenrechnung

Die **Abgrenzungskostenarten** werden konzeptgemäß mit Ist-Verrechnungssätzen (die zumeist gleich den Planverrechnungssätzen sind) auf die Ist-Basis gerechnet.

Beispiel:
Kostenstelle: Anlage A
Kostenart: verr. PNK-Lohn
Monat: Januar

Plan: 70% auf die Summe von Löhne und GK-Lohn

Löhne Plan + GK-Lohn Plan: 46.313 + 1.620
verr. PNK-Lohn Plan: (46.313 + 1.620) x 70 % = 33.553

Ist: 70% auf die Summe von Löhne und GK-Lohn
Löhne Ist + GK-Lohn Ist: 46.320 + 1.620
verr. PNK-Lohn Ist: (46.320 + 1.620) x 70 % = 33.558

Der **effektive** Anfall ist nur in der Finanzbuchhaltung gebucht. Die Gegenüberstellung zwischen "effektiv gebucht" und "verrechnet" findet auf einem Innenauftrag statt. Der effektive Anfall wird ohne Kostenstelle gebucht, so dass auf dem Innenauftrag nur eine Gegenüberstellung zur Summe der Verrechnungswerte über alle Kostenstellen erfolgt.

Im Testbeispiel:
effektive PNK-Lohn Januar: 100.000 €
verr. PNK-Lohn im Ist über alle Kostenstellen: 77.672 €
Differenz: 22.328

PLAN/SOLL/IST Januar		HAUPTKOSTENSTELLE 1241 Anlage A (Bezugsgröße: Fertigungsstd A (FST))										
		PLAN			SOLL			IST			IST-Plan Abw.	IST-Plan Abw.
Kontonr.	Bezeichnung	Fix	Var	Gesamt	Fix	Var	Gesamt	Fix	Var	Gesamt	(abs.)	(%)
420000	*Löhne*	*0*	*46.313*	*46.313*	*0*	*47.958*	*47.958*	*0*	*46.320*	*46.320*	*8*	*0,02*
421000	GK-Lohn	1.620	0	1.620	1.620	0	1.620	1.620	0	1.620	0	0,00
429000	verr.PNK-Lohn *	1.134	32.419	33.553	1.134	33.571	34.705	1.134	32.424	33.558	5	0,02
430000	Gehälter	5.000	0	5.000	5.000	0	5.000	5.000	0	5.000	0	0,00
439000	verr.PNK-Geh.**	1.500	0	1.500	1.500	0	1.500	1.500	0	1.500	0	0,00
481000	kalk. Abschr.	6.000	0	6.000	6.000	0	6.000	6.000	0	6.000	0	0,00
483000	kalk. Zinsen	2.400	0	2.400	2.400	0	2.400	2.400	0	2.400	0	0,00
403000	*Betriebsstoffe*	*12.000*	*1.333*	*13.333*	*12.000*	*1.381*	*13.381*	*12.000*	*1.323*	*13.323*	*-10*	*-0,08*
415000	*Energiekosten*	*1.344*	*2.016*	*3.360*	*1.344*	*2.088*	*3.432*	*1.344*	*2.076*	*3.420*	*60*	*1,79*
417000	Fremdreparat.	742	0	742	742	0	742	1.100	0	1.100	358	48,31
476900	sonst. Kosten	8.622	0	8.622	8.622	0	8.622	5.400	0	5.400	-3.222	-37,37
	Primärkosten	40.362	82.081	122.442	40.362	84.997	125.359	37.498	82.143	119.641	-2.801	-2,29

Januar

PLAN/IST		1241 Anlage A (Bezugsgröße: Fertigungsstd A (FST))		Gesamt	FIBU	Innenauftrag
Kontonr.	Bezeichnung	PLAN	IST	IST		
420000	*Löhne*	*46.313*	*46.320*	*75.320*		
421000	GK-Lohn	1.620	1.620	35.640		
Summe Lohn		**47.933**	**47.940**	**110.960**		
429000	verr.PNK-Lohn *	verr. 70% 33.553	verr. 70% 33.558	verr. 70% 77.672	effektiv 100.000	eff. minus verr. 22.328

Kostenart	Kostenartenbezeichn.	Σ	Wert/BWähr
425000	**eff. PNK-Lohn**	▪	**100.000,00**
429000	**verr. PNK-Lohn**	▪	**77.672,00-**
		▪▪	**22.328,00**

Bild 3.3/3: Differenzen zwischen Finanzbuchhaltung und Kostenrechnung

Kalkulatorische Kostenarten im Ist

Die **kalkulatorischen Kostenarten** wie kalk. Abschreibungen und kalk. Zinsen werden oft nur Ist=Plan verrechnet, weil man sich nicht die Mühe macht, bei veränderten Basisgrößen die kalkulatorischen Werte neu zu berechnen (Beispiel: bei gestiegenen Vorräten im Ist müßten die kalkulatorischen Zinsen angepaßt werden, weil das betriebsnotwendige Kapital (hier: Vorräte) zugenommen hat)
(im Testbeispiel werden von den Planwerten abweichende Istwerte erfasst).

Soll-/Ist-Vergleich bei *einer* Bezugsgröße
(Kostenstelle Fuhrpark als Beispiel)

Primärkosten

Sollwerte berechnen
Unter Sollkosten werden "Plankosten bei Ist-Beschäftigung" verstanden, wobei Ist-Beschäftigung die Bezugsgröße/Leistungsart der Kostenstelle im Ist meint. Der **fixe Anteil der Sollkosten wird unverändert aus dem Plan** übernommen, der **variable Anteil wird im Verhältnis Plan-Bezugsgröße zu Ist-Bezugsgröße abgewandelt**.

Beispiel:
Kostenstelle: Fuhrpark
Kostenart: Betriebsstoffe
Monat: Januar
Plankosten: 4.480 € (Jahresplan 53.762 / 12 = 4.480), davon 4.032 fix (48.386 / 12 = 4.032) und 448 variabel (5.376 /12 = 448)
Planbezugsgröße: 247.200/12 = 20.600 GKM
Istbezugsgröße: 20.749 GKM (aus Isterfassung)
Sollkosten: 4.032 € fix (wie im Plan), 448*20.749/20.600 = 451 € variabel

Istwerte erfassen und auf variabel und fix aufteilen
"Dem Beleg sieht man nicht an, ob er variabel oder fix ist, sondern die Aufteilung ist ebenso wie im Plan "ein Konstrukt". Üblicherweise hilft man sich so, dass der fixe Anteil einer Kostenart nach Ist=Plan angesetzt wird. Der variable Anteil wird durch Differenzbildung Istkosten-Gesamt minus fixer Anteil Ist (=Plan) berechnet.

Beispiel:
Kostenstelle: Fuhrpark
Kostenart: Betriebsstoffe
Monat: Januar
Istkosten: 4.512 €, davon fix 4.032 € (wie im Plan), davon variabel 4.512 - 4.032 = 480 €

Die Abweichung zwischen Sollkosten und Istkosten ist die Größe, für die die Kostenstelle verantwortlich gemacht werden kann (Verbrauchsabweichung).

PLAN/SOLL/IST		HILFSKOSTENSTELLE 1210 Fuhrpark Bezugsgröße: gef. Kilometer (GKM)										
Januar		PLAN			SOLL			IST			IST-Plan Abw.	IST-Plan Abw.
Kontonr.	Bezeichnung	Fix	Var	Gesamt	Fix	Var	Gesamt	Fix	Var	Gesamt	(abs.)	(%)
420000	*Löhne*	*0*	*0*	*0*	*0*	*0*	*0*	*0*	*0*	*0*	*0*	*0,00*
421000	GK-Lohn	3.240	0	3.240	3.240	0	3.240	3.240	0	3.240	0	0,00
429000	verr.PNK-Lohn *	2.268	0	2.268	2.268	0	2.268	2.268	0	2.268	0	0,00
430000	Gehälter	0	0	0	0	0	0	0	0	0	0	0,00
439000	verr.PNK-Geh.**	0	0	0	0	0	0	0	0	0	0	0,00
481000	kalk. Abschr.	5.833	0	5.833	5.833	0	5.833	5.850	0	5.850	17	0,29
483000	kalk. Zinsen	1.167	0	1.167	1.167	0	1.167	1.120	0	1.120	-47	-4,00
403000	*Betriebsstoffe*	*4.032*	*448*	*4.480*	*4.032*	*451*	*4.483*	*4.032*	*480*	*4.512*	*32*	*0,71*
415000	*Energiekosten*	*814*	*1.221*	*2.035*	*814*	*1.230*	*2.044*	*814*	*1.086*	*1.900*	*-135*	*-6,63*
417000	Fremdreparat.	1.000	0	1.000	1.000	0	1.000	1.500	0	1.500	500	50,00
476900	sonst. Kosten	2.363	0	2.363	2.363	0	2.363	4.140	0	4.140	1.777	75,21
	Primärkosten	20.717	1.669	22.386	20.717	1.681	22.398	22.964	1.566	24.530	2.144	9,58
	Plan- / Ist-leistung	20.600		GKM				20.749		GKM		

Bild 3.3/4: Soll-/Ist-Vergleich Fuhrpark

Innerbetriebliche Leistungsverrechnung

Die Fuhrparkbelastung wird berechnet aus km-Anzahl x km-Satz.

km-Anzahl: Ist (aus der Verdichtung der vorgangsbezogenen km-Aufschreibung)

km-Satz: hierfür gibt es drei Möglichkeiten:

- entweder Plan-Verrechnungssatz 1,09 € /GKM
  (entstanden aus Plankosten durch Planbezugsgröße:
  268.632 € / 247.200 GKM = 1,09 € / GKM)

- oder Ist-Verrechnungssatz: Istkosten durch Istbezugsgröße:
  z. B. Januar
  24.530 € / 20.749 GKM = 1,18 € / GKM

- oder Soll-Verrechnungssatz: Sollkosten durch Istbezugsgröße:
  22.398 € / 20.749 GKM = 1,08 € / GKM

Vieles spricht dafür, auch im Ist mit dem km-Satz des Plans zu rechnen. Die empfangende Kostenstelle hat nur die km-*Anzahl* verursacht durch Anzahl und Länge der Fahrten, nicht aber den km-Satz. Im Sinne einer "innerbetrieblichen Liefer- und Leistungsbeziehung" hat der Fuhrpark das "Angebot" gemacht, zu einem (Plan-) km-Satz (als "Preis") von 1,09 €/km zu fahren. An dieses Angebot sollte sich der Fuhrpark gebunden fühlen. Etwaige Differenzen gehen zu Lasten des Fuhrparkergebnisses, können aber nicht an den Empfänger weitergegeben werden.

Beispiel:
Fuhrpark hat für Arbeitsvorbereitung im Januar 1.000 GKM gefahren, bewertet mit 1,09 € / GKM (Plansatz) ergibt sich eine Belastung von
1.000 GKM x 1,09 € / GKM = 1.100 € (gerundet, exakt 1.087).

Bei dieser Verfahrensweise ist das Fuhrparkergebnis im Januar nicht 0 (wie es bei Wegbelastung mit Ist-km-Sätzen wäre), sondern -1.982 € als Differenz zwischen verrechneten Plankosten (Ist-km zu Plan-km-Satz) und Istkosten (Gesamtabweichung).

Die Soll-Ist-Abweichung beträgt 2.132 € als Kostenüberschreitung (Verbrauchsabweichnung).

Die Beschäftigungsabweichung berechnet sich als Sollkosten minus verrechnete Plankosten: 22.398 € – 22.548 € = -150 €.

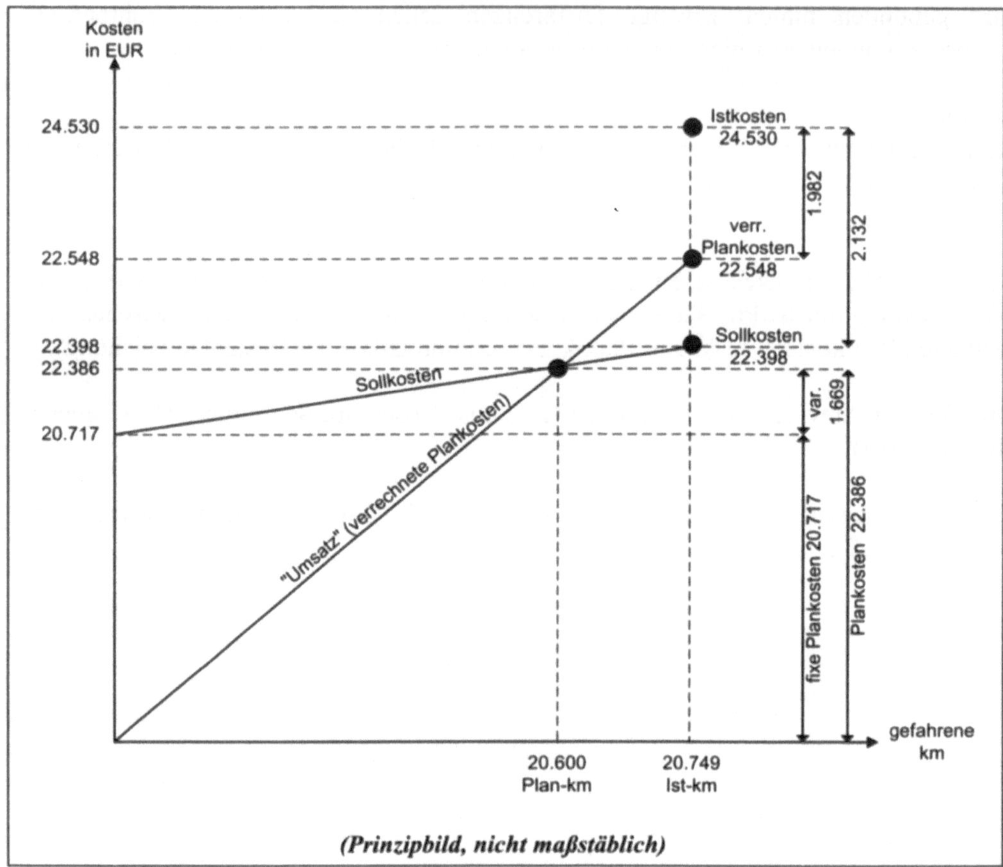

Bild 3.3/5: Kostenstellenergebnis Fuhrpark

Die Arbeitsvorbereitung wird auf Anlage A und B verrechnet. Das Verfahren ist analog zum Fuhrpark zu sehen, allerdings erfolgt die Verrechnung am Periodenende und nicht je Vorgang.

Soll-/Ist-Vergleich bei *zwei* Bezugsgrößen
(Kostenstelle Instandhaltung als Beispiel)

Primärkosten

Da in den Istbuchungen nur die Kostenstelle Instandhaltung angegeben wird und nicht auch eine der beiden Bezugsgrößen/Leistungsarten Wartung und Reparatur kontiert wird, ist die Aufteilung auf Bezugsgrößen/Leistungsarten nach einem Rechenverfahren vorzunehmen.

Sollwerte ermitteln
Es wird das gleiche Verfahren wie bei *einer* Bezugsgröße angewendet: Der fixe Anteil der Sollkosten wird unverändert aus dem Plan übernommen, der variable Anteil wird im Verhältnis Planbezugsgröße zu Ist-Bezugsgröße abgewandelt.

Beispiel:
Kostenstelle: Instandhaltung
Kostenart: Betriebsstoffe
Monat: Januar

Leistungsart WART
Plankosten: 1.252 € (Jahresplan 15.029 / 12 = 1.252), davon 1.108 fix (13.296 / 12 = 1.108) und 144 variabel (1.733 /12 = 144)
Planbezugsgröße: 1.200/12 = 100 WART-Stunden
Istbezugsgröße: 99 WART-Stunden (aus Isterfassung)
Sollkosten: 1.108 € fix (wie im Plan), 144*99/100 = 143 € variabel, Gesamt: 1.251 €

Leistungsart REP
Plankosten: 2.580 € (Jahresplan 30.958 / 12 = 2.580), davon 2.341 fix (28.092 / 12 = 2.341) und 239 variabel (2.866 /12 = 239)
Planbezugsgröße: 3.000/12 = 250 REP-Stunden
Istbezugsgröße: 270 REP-Stunden (aus Isterfassung)
Sollkosten: 2.341 € fix (wie im Plan), 239*270/250 = 258 € variabel, Gesamt: 2.599 €

In der Summe über beide Bezugsgrößen/Leistungsarten WART und REP:

Plankosten: 3.832 € (1.252 + 2.580),
davon 3.449 fix (1.108 + 2.341) und 383 variabel (144 + 239)

Sollkosten: 3.449 € fix (wie im Plan), 401 € variabel (143 + 258),
3.850 € Gesamt (3.449 + 401)

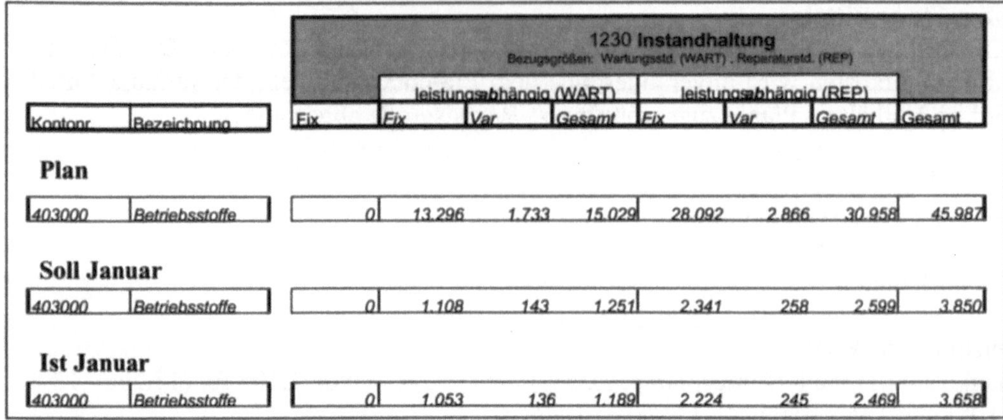

		1230 Instandhaltung Bezugsgrößen: Wartungsstd. (WART), Reparaturstd. (REP)							
			leistungsabhängig (WART)			leistungsabhängig (REP)			
Kontonr	Bezeichnung	Fix	Fix	Var	Gesamt	Fix	Var	Gesamt	Gesamt
Plan									
403000	Betriebsstoffe	0	13.296	1.733	15.029	28.092	2.866	30.958	45.987
Soll Januar									
403000	Betriebsstoffe	0	1.108	143	1.251	2.341	258	2.599	3.850
Ist Januar									
403000	Betriebsstoffe	0	1.053	136	1.189	2.224	245	2.469	3.658

Bild 3.3/6: Plan-/Soll-/Ist-Vergleich (Kostenstelle Instandhaltung)

Istwerte erfassen und aufteilen

Bei der Kontierung der Ist-Belege wird nur die Kostenstelle Instandhaltung angegeben, so dass durch die Kontierung weder eine Aufteilung auf die beiden Bezugsgrößen Wartungs- und Reparaturstunden gegeben ist, noch auf variabel und fix. Wenn eine derartige Aufteilung der Istwerte vorgenommen wird, ist sie daher immer "konstruiert".

Wenn man aus irgendeinem Grunde Ist-Kalkulationsparameter (SAP-Sprache: Tarife) ermitteln möchte (Was hat die Wartungsstunde "wirklich" gekostet?) muss man eine Aufteilung je Leistungsart/Bezugsgröße und auf variabel und fix vornehmen.

Das SAP-System rechnet die Istwerte im Verhältnis der Sollwerte herauf- bzw. herunter, einschließlich der Fixanteile.
(Die Sollwerte sind als Aufteilungsbasis besser geeignet als die Planwerte, weil sie näher an den Istwerten liegen dürften; die Proportionalisierung der Fixanteile ist natürlich nur ein Notbehelf, wie überhaupt die ganze Aufteilung).

Beispiel:
Kostenstelle: Instandhaltung
Kostenart: Betriebsstoffe
Monat: Januar

Istkosten: 3.658 € (Isterfassung),
Sollkosten: 3.850 € (siehe oben)
gibt ein Verhältnis Ist/Soll von 95 % (3.658 / 3850 = 0,95)

In diesem Verhältnis kann man die Sollwerte sämtlicher Bezugsgrößen/Leistungsarten berechnen, um zu Istwerten zu gelangen. Man bemerke: Istwerte, jedenfalls die Verteilung auf Wartung und Reparatur (und jeweils nach variabel und fix) werden *berechnet* und nicht erfasst!

Istkosten Reparatur Gesamt: Sollkosten * 95 % = 2.469 € (2.599 *0,95)
davon fix: Sollkosten * 95 % = 2.224 € (2.341 *0,95)
davon variabel: Sollkosten * 95 % = 245 € (258 *0,95)
Istkosten Wartung Gesamt: Sollkosten * 95 % = 1.189 € (1.251 *0,95)
davon fix: Sollkosten * 95 % = 1.053 € (1.108 *0,95)
davon variabel: Sollkosten * 95 % = 136 € (143 *0,95)

Kontrolle: Istkosten Reparatur + Istkosten Wartung = Istkosten Instandhaltung = 3.658 € (2.469 + 1.189), kein Wunder, denn sie wurden ja nur künstlich aufgeteilt.

Innerbetriebliche Leistungsverrechnung

Keine Besonderheiten gegenüber dem Fall mit einer Bezugsgröße.

Modul 8: Customizing für die Istkostenerfassung in der Finanzbuchhaltung

Allgemeines zum Buchen

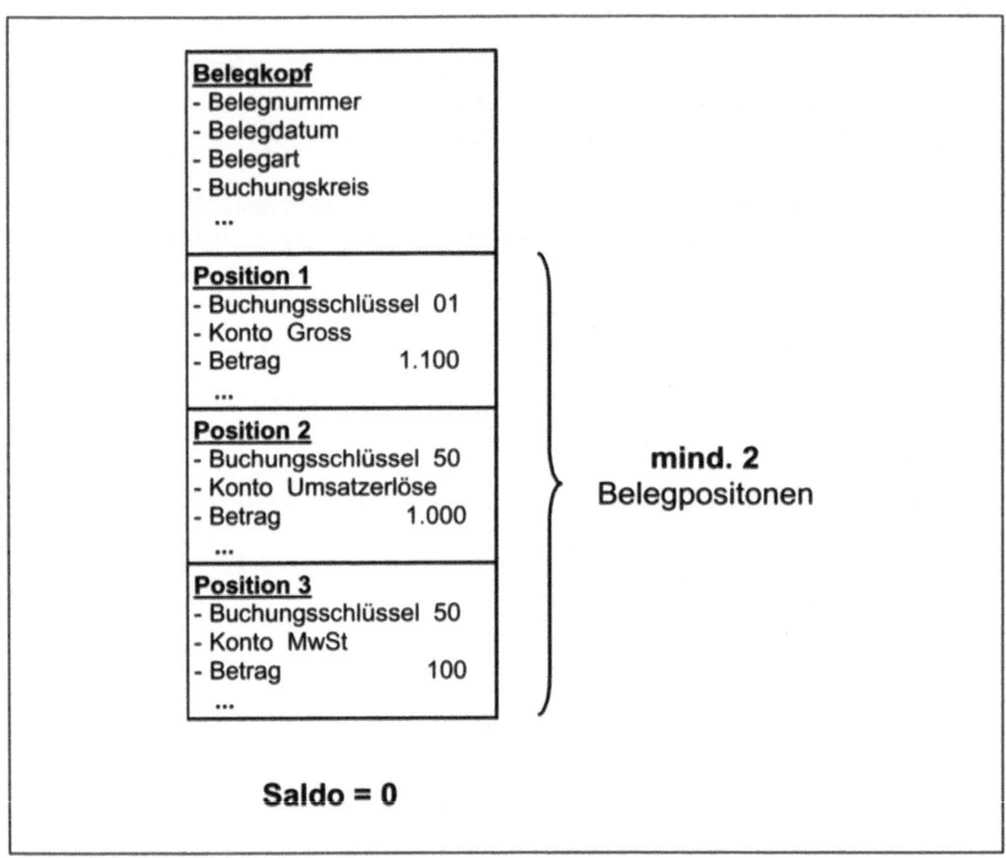

Bild 3.3/7 (Modul 8): Belegstruktur

Wir bewegen uns jetzt auf das Ist zu. Die Kosten/der Aufwand werden in der Finanzbuchhaltung erfasst und stehen dann für die Kostenrechnung zur Verfügung.

Für jeden Buchungssatz wird ein Beleg erzeugt, der die dargestellte Struktur mit Belegkopf und Belegzeilen hat.

Im Beispiel liegt folgender Buchungssatz zugrunde:

Ausgangsrechnung (kommt im Testbeispiel nicht vor)

per Konto Gross	1.100	an Konto Umsatzerlöse	1.000
		an Konto MwSt	100

Der Buchungssatz besteht aus einem linken (Soll) und einem rechten Teil (Haben). Für Nicht-Buchhalter: Soll und Haben heißt nur links und rechts auf einem (T-)Konto, eine weitergehende Interpretation braucht man nicht zu versuchen (nur auf dem persönlichen Bankkonto bedeutet Soll ein Minus oder eine Schuld).

Im Belegkopf werden Belegdatum, Belegart, Buchungsdatum, Währung und Belegnummer erfasst.

In den Buchungszeilen werden die linken und rechten Seiten des Buchungssatzes erfasst. Wenn ein kombinierter Buchungssatz vorliegt, wird jeder Teil in einer gesonderten Zeile erfasst.

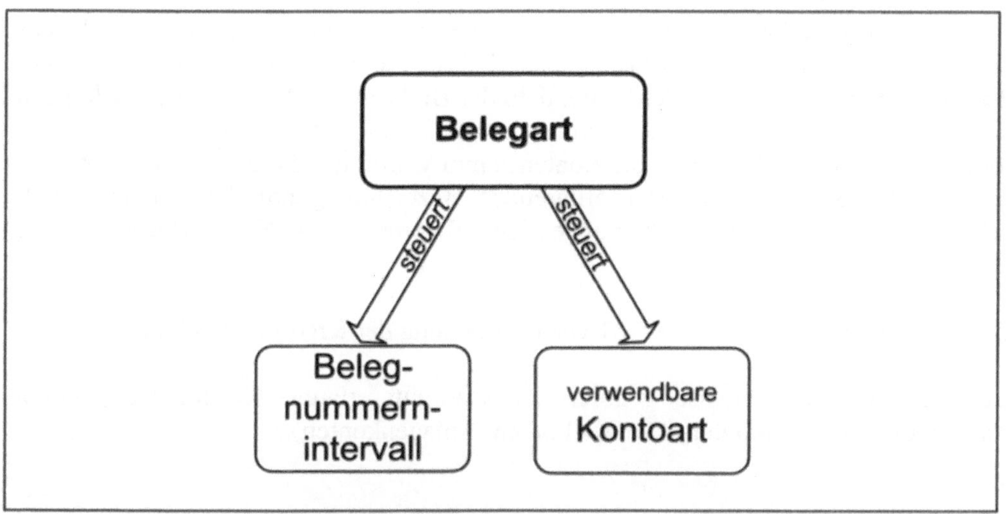

Bild 3.3/8 (Modul 8): Steuerungsfunktionen der Belegart

Die **Belegart** (z. B. Kreditorenrechnung, Kreditorengutschrift, Sachkontenbeleg) steuert das Belegnummernintervall und schränkt die Kontoarten z. B. Kreditoren, Debitoren, Sachkonten) ein.
Im Beispiel müßte als Belegart DR Debitorenrechnung stehen.

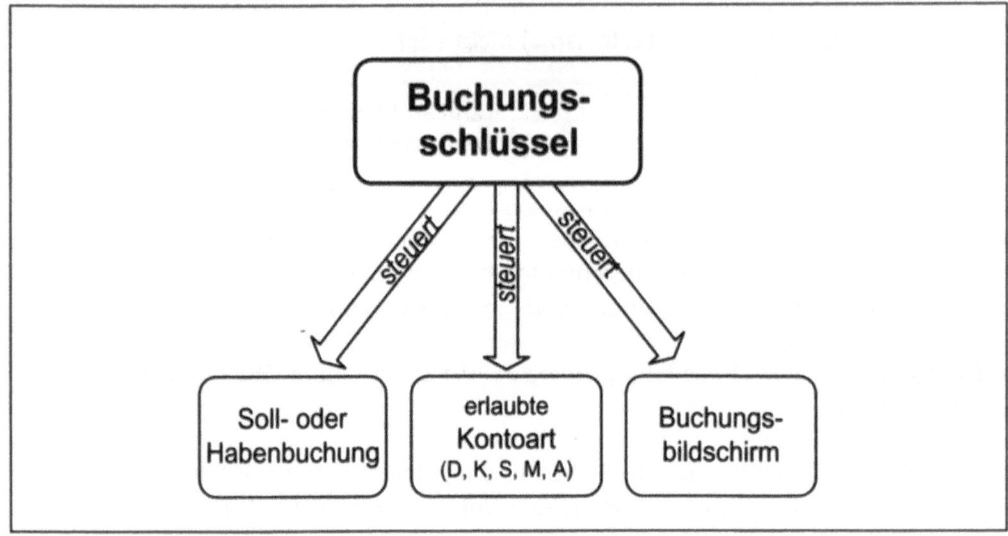

Bild 3.3/9 (Modul 8): Steuerungsfunktionen des Buchungsschlüssels

Der **Buchungsschlüssel** steuert zum einen die Seite der Buchung (Soll- oder Habenbuchung). Weiterhin steuert der Buchungsschlüssel zusammen mit der Kontonummer die Verbuchung auf Belegzeilenebene, d. h. der Bildschirmaufbau für die Buchungen der einzelnen Belegzeilen wird bestimmt durch den Buchungsschlüssel *und* die Kontonummer (man erinnere sich, im Kontenstamm wurde das Feld "Feldstatusgruppe" eingegeben, das entgegen der irreführenden Bezeichnung nur den Buchungsbildschirm bzw. Prüfroutinen für Buchungen identifizierte, z. B. G005 für Buchungen auf Bankkonten).

Beispiel für Buchungsschlüssel: 31 Haben-Buchung der Kreditorenrechnung

Zu einem Buchungsschlüssel gehören nur bestimmte erlaubte **Kontoarten** (Debitoren, Kreditoren, Sachkonten, Materialkonten, Anlagenkonten) .

Was ist zu tun?

Belegarten (SAP-Standard)

AB Buchhaltungsbeleg
KR Kreditorenrechnung
KA Kreditorenbeleg
...

Ansehen und ...

Nummernkreise für Belegarten

Mandantenebene:

Belegart	Nummernkreis
AB	01
KR	19
...	

Buchungskreis Bxx:

Nummernkreis	Jahr	von Nr. bis Nr.
01	jjjj	100000-199999
19	jjjj	200000-299999
...		

interne Nummernvergabe

... definieren in M8.1

Buchungsschlüssel (SAP-Standard)

31 kreditorische Rechnung
40 Sachkontenbuchung im Soll
50 Sachkontenbuchung im Haben
...

Ansehen in M8.2

Betragsgrenzen

Toleranzgruppe Txx:

Betrag pro Beleg <= 1.000.000,00 €
Skonto pro Belegposition <= 50 %
...

Benutzerzuordnung:
Benutzer **COxx** → Toleranzgruppe **Txx**

Definieren und zuordnen in M8.3

Buchungsperioden

Variante für offene Buchungsperioden KORE:

erlaubter Buchungszeitraum: 01/jjjj – 12/jjjj
Kontoart: + (=alle Kontoarten)

Zuordnung zum Buchungskreis:
Variante **KORE** → Buchungskreis **Bxx**

Zuordnen in M8.4

Bild 3.3/10 (Modul 8): Überblick Modul 8

Belegarten ansehen und Nummernkreise für Belegarten definieren
Im SAP-System sind auf Mandantenebene Belegarten für Kreditorenrechnung, Sachkontenbeleg, Buchhaltungsbeleg (Stornierungen), Kreditorenrechnung und andere angelegt.

Diesen Belegarten sind Nummernkreisnummern zugeordnet, für welche buchungskreis- und zeitbezogen Nummernintervalle definiert werden müssen.

Buchungsschlüssel ansehen
Es werden die SAP-Standardbuchungsschlüssel dargestellt.

Betragsgrenzen bestimmen
Es werden sog. Toleranzgruppen definiert, die angeben, welche Buchungsbeträge in der Toleranzgruppe zulässig sein sollen. Durch die Zuordnung der Toleranzgruppen zu Benutzern/Systemanwendern wird damit festgelegt, bis zu welchem Betrag der jeweilige Benutzer Buchungen vornehmen darf, eine der Vorsichtsmaßnahmen, um Manipulationen zu erschweren bzw. in diesem Fall über die Betragsbegrenzung in Grenzen zu halten.

Buchungsperioden festlegen
Es sind die Buchungsperioden festzulegen, die für Buchungen offenstehen. Dies ist ebenfalls eine der Vorsichtsmaßnahmen, um z. B. nachträgliche Manipulationen zu verhindern. Nachbuchungen werden verhindert, indem die Buchungsperioden nicht mehr "geöffnet" sind.

Entsprechend der schon bekannten SAP-Vorgehensweise sind derartige Festlegungen auf Mandantenebene zentralisiert, um sie in verschiedenen Buchungskreisen nutzen zu können.

Im Testbeispiel ist auf Mandantenebene die Variante KORE für offene Buchungsperioden bereits angelegt, die die offenen Buchungsperioden für alle Kontoarten gleich festlegt (könnte auch pro Konto oder pro Kontoart unterschiedlich festgelegt werden). Durch Zuordnung zum Buchungskreis gilt diese Festlegung auch für den Buchungskreis.

Anzeige	Eingabe/Auswahl

Modul 8: Customizing für die Istkostenerfassung in der Finanzbuchhaltung

Damit Sie Belege buchen können, müssen Belegart und Buchungsschlüssel, die Basisparameter für Belege, definiert sein.

M8.1 Belegarten ansehen und Nummernkreise für Belegarten definieren

Die *Belegart* dient u.a. zur Differenzierung der zu buchenden Geschäftsvorfälle und zur Steuerung der Belegablage. Sie wird auf Mandantenebene definiert und gilt somit für alle Buchungskreise.

Anzeige	Eingabe/Auswahl
	Im Testbeispiel werden nur Belegarten verwendet, die bereits im Standardsystem enthalten sind.
SAP Easy Access mit SAP Menü	
Einführungsleitfaden (SAP Referenz-IMG)	Wechseln Sie zum Einführungsleitfaden.
	<u>Belegarten ansehen:</u> Wählen Sie im Einführungsleitfaden: **Finanzwesen -** **Grundeinstellungen Finanzwesen -** **Beleg -** **Belegkopf –** **Belegarten definieren**
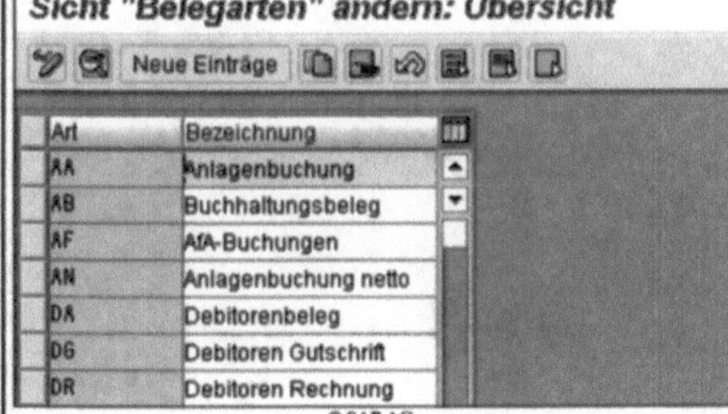	
	Die Liste zeigt alle SAP-Standard-Belegarten. Für die Buchungen des Testbeispiels werden später aus dieser Liste die Belegarten "**KR Kreditoren-Rechnung**" und "**SA Sachkontenbeleg**" verwendet.

© SAP AG

Anzeige	Eingabe/Auswahl
Einführungsleitfaden (SAP Referenz-IMG)	Bei evtl. Stornierungen schreibt das System Belege der Belegarten "**AB Buchhaltungsbeleg**" und "**KA Kreditorenbeleg**". Diesen Belegarten sind die Nummernkreise "**01**", "**19**" und "**17**" zugeordnet. Beenden Sie die Transaktion.
Jeder Beleg erhält im System eine Nummer, die innerhalb eines Geschäftsjahres in einem Buchungskreis eindeutig ist. Die Nummernvergabe kann extern oder intern erfolgen.	
	Sie müssen für Ihren Buchungskreis den benötigten Belegarten Nummernkreise zuordnen. **Nummernkreise definieren:** Wählen Sie im Einführungsleitfaden: **Finanzwesen -** **Grundeinstellungen Finanzwesen -** **Beleg -** **Belegnummernkreise –** **Belegnummernkreise definieren**
Bildschirm "Nummernkreise für den Buchhaltungsbeleg"	Eingabe bzw. Auswahl: *Buchungskreis*: ***Bxx***, xx = Ihre Teilnehmernummer (= Ihr Buchungskreis) Klicken Sie auf Intervalle (= Intervalle ändern)
Bildschirm "Nummernkreisintervalle pflegen"	Klicken Sie auf Intervall (= Intervall einfügen)
Dialogfenster "Intervall einfügen"	Eingabe: *Nr:* ***01*** *Jahr:* ***jjjj***, jjjj = aktuelles Jahr *Von Nummer:* ***1000000***

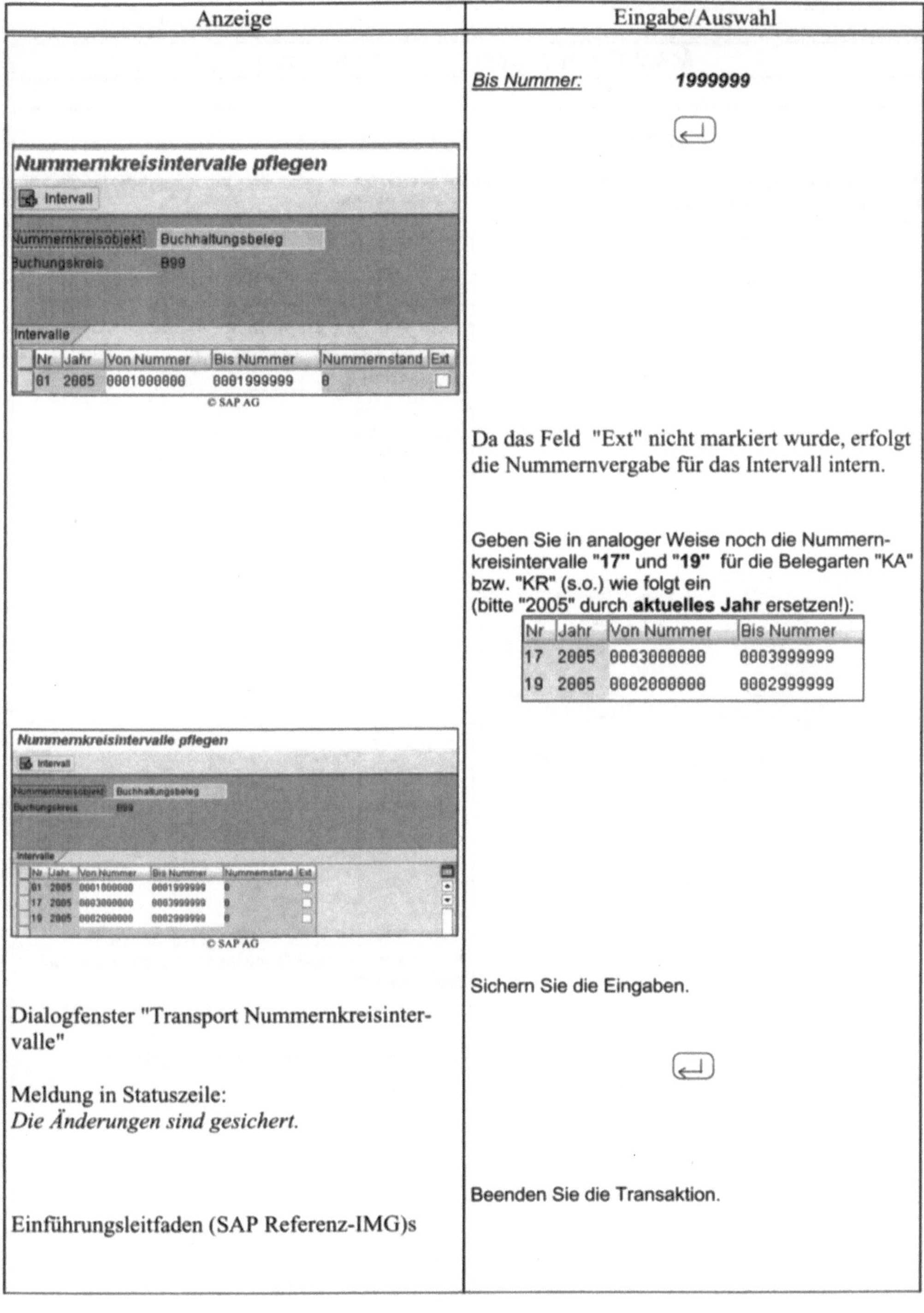

Anzeige	Eingabe/Auswahl
	Bis Nummer: ***1999999***
	↵
Nummernkreisintervalle pflegen Intervall Nummernkreisobjekt: Buchhaltungsbeleg Buchungskreis: 899 Intervalle Nr | Jahr | Von Nummer | Bis Nummer | Nummernstand | Ext 01 | 2005 | 0001000000 | 0001999999 | 0 | ☐ © SAP AG	
	Da das Feld "Ext" nicht markiert wurde, erfolgt die Nummernvergabe für das Intervall intern.
	Geben Sie in analoger Weise noch die Nummernkreisintervalle **"17"** und **"19"** für die Belegarten "KA" bzw. "KR" (s.o.) wie folgt ein (bitte "2005" durch **aktuelles Jahr** ersetzen!): Nr | Jahr | Von Nummer | Bis Nummer 17 | 2005 | 0003000000 | 0003999999 19 | 2005 | 0002000000 | 0002999999
Nummernkreisintervalle pflegen Intervall Nummernkreisobjekt: Buchhaltungsbeleg Buchungskreis: 899 Intervalle Nr | Jahr | Von Nummer | Bis Nummer | Nummernstand | Ext 01 | 2005 | 0001000000 | 0001999999 | 0 | ☐ 17 | 2005 | 0003000000 | 0003999999 | 0 | ☐ 19 | 2005 | 0002000000 | 0002999999 | 0 | ☐ © SAP AG	
	Sichern Sie die Eingaben.
Dialogfenster "Transport Nummernkreisintervalle"	↵
Meldung in Statuszeile: *Die Änderungen sind gesichert.*	
	Beenden Sie die Transaktion.
Einführungsleitfaden (SAP Referenz-IMG)s	

Anzeige	Eingabe/Auswahl

M8.2 Buchungsschlüssel ansehen

Buchungsschlüssel **werden, wie Belegarten, auf Mandantenebene definiert.**

Der Buchungsschlüssel steuert die Erfassung der Belegpositionen und beinhaltet Buchungsinformationen, wie Seite (Soll oder Haben) und Kontoart des zu bebuchenden Kontos.

Im Testbeispiel werden keine eigenen Buchungsschlüssel definiert, sondern - wie allgemein von SAP empfohlen - die Standardbuchungsschlüssel übernommen.
Hier sollen diese lediglich gezeigt werden.

Wählen Sie im Einführungsleitfaden:

Finanzwesen -
Grundeinstellungen Finanzwesen -
Beleg -
Belegposition -
Steuerung –
Buchungsschlüssel definieren

Buchungsschl.	Bedeutung	Soll/Haben	Kontoart
00	Kontierungsmuster		
01	Rechnung	Soll	Debitor
02	Storno Gutschrift	Soll	Debitor
03	Spesen	Soll	Debitor
04	Sonstige Forderung	Soll	Debitor
05	Zahlungsausgang	Soll	Debitor
06	Zahlungsdifferenz	Soll	Debitor
07	Sonstige Verrechnung	Soll	Debitor
08	Zahlungsverrechnung	Soll	Debitor
09	Sond.Hauptb. D/Soll	Soll	Debitor
11	Gutschrift	Haben	Debitor
12	Storno Rechnung	Haben	Debitor

Suchen Sie die Buchungsschlüssel für **"Soll-Buchung"**, **"Haben-Buchung"** und **"Kreditoren-Rechnung"**!

Beenden Sie anschließend die Transaktion.

Einführungsleitfaden (SAP Referenz-IMG).

Anzeige	Eingabe/Auswahl

M8.3 Betragsgrenzen bestimmen

Um Belege buchen zu können, benötigt ein Mitarbeiter die entsprechende Berechtigung im Benutzerstammsatz (darauf soll hier jedoch nicht näher eingegangen werden) und muss außerdem mindestens einer *Toleranzgruppe* zugeordnet sein.

Über die Toleranzgruppen werden je Buchungskreis *Betragsgrenzen* für das Buchen von Belegen und Belegpositionen und *Toleranzgrenzen* (Berechtigungsgrenzen) für Skonti und Zahlungsdifferenzen festgelegt.

Anzeige	Eingabe/Auswahl
	Toleranzgruppe definieren:
	Wählen Sie im Einführungsleitfaden: **Finanzwesen -** **Grundeinstellungen Finanzwesen -** **Beleg -** **Belegposition -** **Toleranzgruppen für Mitarbeiter definieren**
Bildschirm "Sicht "FI-Toleranzgruppen für Benutzer" ändern: Übersicht"	Klicken Sie auf Neue Einträge
Bildschirm "Neue Einträge: Detail Hinzugefügte"	Eingabe bzw. Auswahl: Gruppe: ***Txx***, xx = Ihre Teilnehmernummer (= Toleranzgruppe f. Mitarbeiter) Buchungskreis: ***Bxx***, xx = Ihre Teilnehmernummer Betrag pro Beleg: ***1000000*** Betrag pro Kontkorrent-P.: ***1000000*** Skonto pro Belegpos.: ***50***

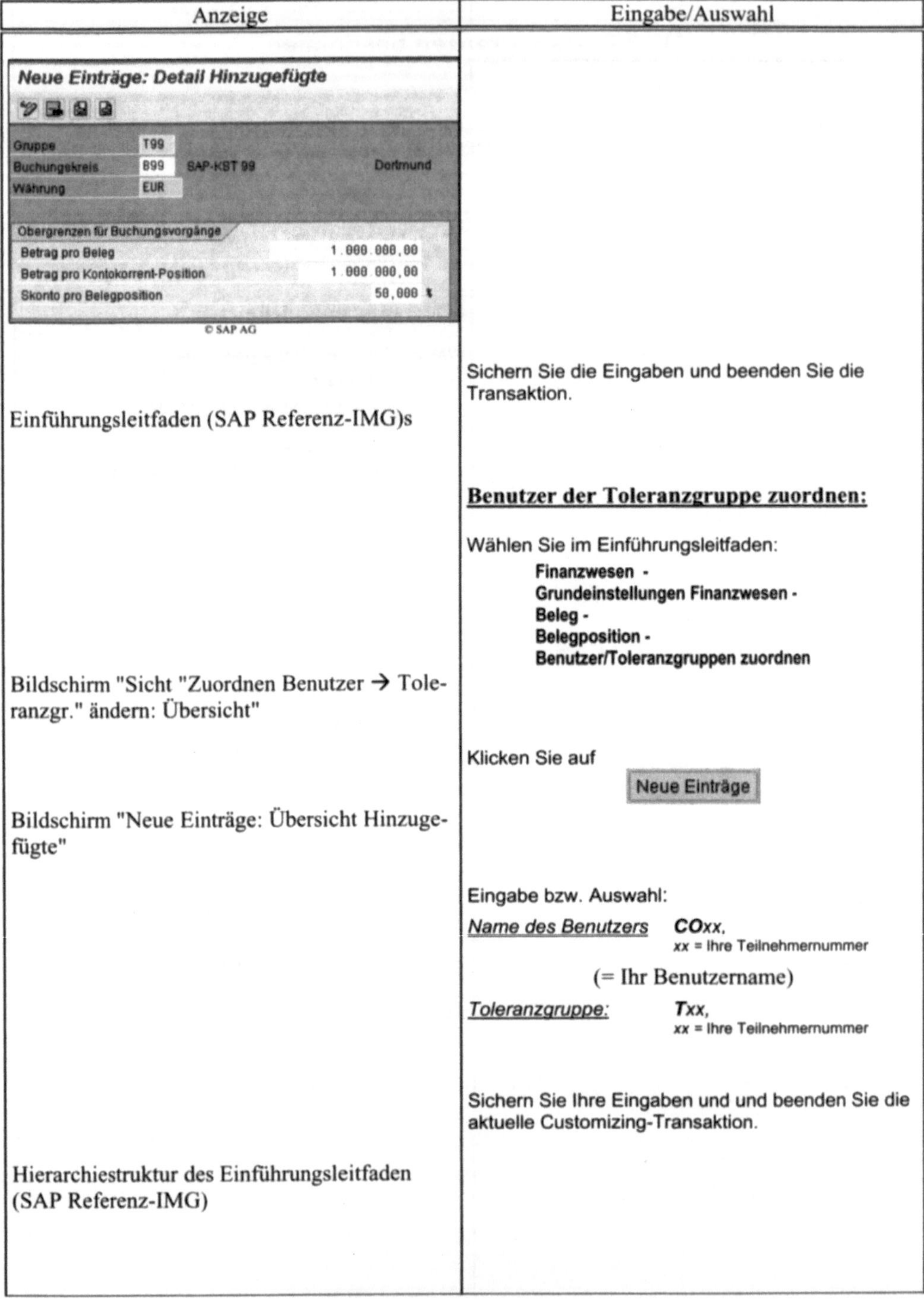

Anzeige	Eingabe/Auswahl
Neue Einträge: Detail Hinzugefügte Gruppe T99 Buchungskreis B99 SAP-KBT 99 Dortmund Währung EUR Obergrenzen für Buchungsvorgänge Betrag pro Beleg 1.000.000,00 Betrag pro Kontokorrent-Position 1.000.000,00 Skonto pro Belegposition 50,000 % © SAP AG	
	Sichern Sie die Eingaben und beenden Sie die Transaktion.
Einführungsleitfaden (SAP Referenz-IMG)s	
	Benutzer der Toleranzgruppe zuordnen: Wählen Sie im Einführungsleitfaden: **Finanzwesen -** **Grundeinstellungen Finanzwesen -** **Beleg -** **Belegposition -** **Benutzer/Toleranzgruppen zuordnen**
Bildschirm "Sicht "Zuordnen Benutzer → Toleranzgr." ändern: Übersicht"	Klicken Sie auf Neue Einträge
Bildschirm "Neue Einträge: Übersicht Hinzugefügte"	Eingabe bzw. Auswahl: *Name des Benutzers* ***CO**xx*, *xx* = Ihre Teilnehmernummer (= Ihr Benutzername) *Toleranzgruppe:* ***T**xx*, *xx* = Ihre Teilnehmernummer Sichern Sie Ihre Eingaben und und beenden Sie die aktuelle Customizing-Transaktion.
Hierarchiestruktur des Einführungsleitfaden (SAP Referenz-IMG)	

Anzeige	Eingabe/Auswahl

M8.4 Buchungsperioden festlegen

Beim Buchen eines Belegs prüft das System, ob die ermittelte Periode bebucht werden kann.

Die Festlegung, welche Buchungskreise wann zum Buchen offen sind, wird buchungskreisübergreifend über *Varianten für offene Buchungsperioden* festgelegt. Diese können in beliebig vielen Buchungskreisen verwendet werden.

Für das Testbeispiel wurde die Variante "KORE" angelegt. Sie sollen im folgenden Ihren Buchungskreis dieser Variante zuordnen.

Varianten für offene Buchungsperioden ansehen:

Wählen Sie im Einführungsleitfaden:

Finanzwesen -
Grundeinstellungen Finanzwesen -
Beleg -
Buchungsperioden –
Varianten für offene Buchungsperioden definieren

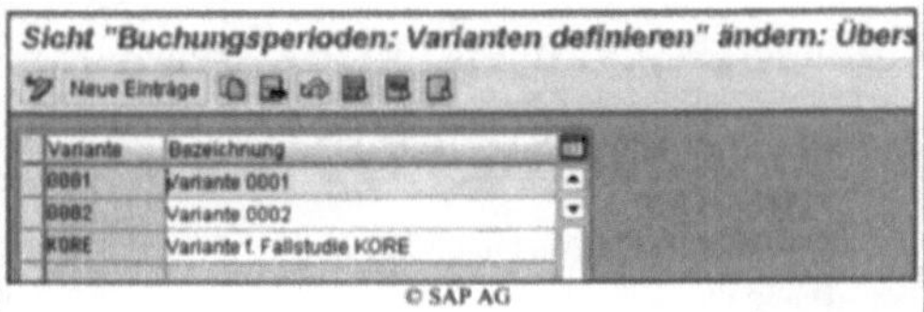

Sicht "Buchungsperioden: Varianten definieren" ändern: Übers

Neue Einträge

Variante	Bezeichnung
0001	Variante 0001
0002	Variante 0002
KORE	Variante f. Fallstudie KORE

Sie bekommen alle im aktuellen Mandanten definierten Varianten für offene Buchungsperioden aufgelistet.

Beenden Sie die Transaktion.

Einführungsleitfaden (SAP Referenz-IMG)

Wählen Sie im Einführungsleitfaden:

Finanzwesen -
Grundeinstellungen Finanzwesen -
Beleg -
Buchungsperioden –
Buchungsperioden öffnen und schließen

<table>
<tr><th>Anzeige</th><th>Eingabe/Auswahl</th></tr>
<tr><td>

Sicht "Buchungsperioden: Zeiträume festlegen"

Neue Einträge

Var.	K	Von Konto	Bis Konto	Von Per. 1	Jahr	Bis Per. 1	Jahr
0001	+			1	2000	12	2000
0001	+	111999	112001	1	0199	12	2000
0001	A		ZZZZZZZZZZ	1	2000	12	2000
0001	D		ZZZZZZZZZZ	1	2000	12	2000
0001	K		ZZZZZZZZZZ	1	2000	12	2000
0001	M		ZZZZZZZZZZ	1	2000	12	2000
0001	S		ZZZZZZZZZZ	1	2000	12	2000
0002	+			1	2000	12	2000
KORE	+			1	2000	12	2010

© SAP AG
</td><td></td></tr>
<tr><td></td><td>Die Variante "KORE" legt den Zeitraum von Periode 01 im Jahre 2000 bis Periode 12 im Jahre 2010 als erlaubten Buchungszeitraum für alle Kontoarten (K = +) fest.</td></tr>
<tr><td></td><td>Beenden Sie die Transaktion.</td></tr>
<tr><td>Einführungsleitfaden (SAP Referenz-IMG)</td><td><u>Buchungskreis Variante "KORE" zuordnen:</u>

Wählen Sie im Einführungsleitfaden:
Finanzwesen -
Grundeinstellungen Finanzwesen -
Beleg -
Buchungsperioden –
Buchungskreis Varianten zuordnen</td></tr>
<tr><td>Bildschirm "Sicht: Bukrs. -> Variante Buchungsperioden" ändern: Übersicht"</td><td>Eingabe (hinter Ihrem Buchungskreis):
<u>Variante:</u> KORE</td></tr>
<tr><td></td><td>Sichern Sie Ihre Eingabe.</td></tr>
<tr><td>Meldung in der Statuszeile:
Daten wurden gesichert.</td><td>Beenden Sie die Transaktion.</td></tr>
<tr><td>Einführungsleitfaden (SAP Referenz-IMG)</td><td></td></tr>
</table>

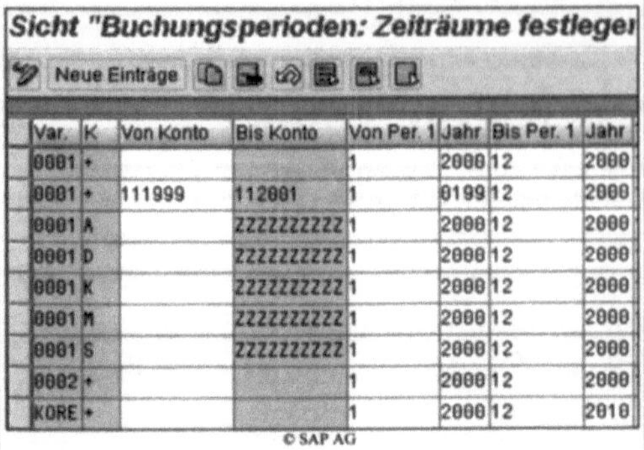

Modul 9: Istkostenerfassung in der Finanzbuchhaltung

Umfang Kosten-Erfassung und -Verrechnung Ist

Kosten-Erfassung und -Verrechnung Ist			
primär		**sekundär**	
vorgangs-bezogen	periodenbezogen (nach Regeln)	vorgangs-bezogen	periodenbezogen (nach Regeln)
Kosten-Buchungen / -Belege	Abgrenzung	direkte ILV (Menge)	Umlagen (Wert)
	Verteilung		indirekte ILV (Menge)

Bild 3.3./11 (Modul 9): Umfang der Kosten-Erfassung und -Verrechnung Ist

Das Bild ist analog aufgebaut zu dem Bild „Planungsumfang" in Modul 7 mit folgenden Unterschieden.

Im Plan waren *alle* Angaben periodenbezogen, so dass dieses Stichwort (periodenbezogen) nicht zur Unterscheidung eingesetzt werden brauchte. Stattdessen wurde unterschieden, ob manuell (Eingabe) oder maschinell (nach Regeln) geplant wurde.

Im Ist muss zunächst zwischen vorgangsbezogen und periodenbezogen unterschieden werden, je nachdem ob pro Vorgang bzw. Beleg unmittelbar oder erst am Periodenende (nach vordefinierten Regeln) gebucht wird.

Beispiel: Kostenstelle x, Kostenart y wurde als *ein* aggregierter Wert geplant (der noch in leistungsabhängig und unabhängig aufgeteilt werden musste). Im Ist entsteht der zum Plan vergleichbare Wert durch die Verdichtung all jener Belege, die Kostenstelle x und Kostenart y aufweisen (das können im allgemeinen Fall mehrere Belege sein).
Was im Plan maschinell (nach Regeln) geplant wurde, beispielsweise die Abgrenzung, wird auch im Ist maschinell (nach Regeln) berechnet. Maschinelle Vorgänge sind im Plan wie im Ist periodenbezogen.

Die hier für das Ist besprochene Unterscheidung in vorgangsbezogen und periodenbezogen findet sowohl auf primäre wie sekundäre Kosten Anwendung.

Beispiel aus dem sekundären Bereich: Die Leistung des Fuhrparks für den Vertrieb wird im Plan in *einer* Zahl angegeben, im Ist wird die Leistung vorgangsbezogen (einzelne Fahrten) erbracht.

Isterfassung

Es sind **Kreditorenrechnungen** zu erfassen und **Sachkontenbuchungen** durchzuführen. Die Erfassungsmöglichkeiten haben sich seit dem R/3-Release 4.6 gegenüber früher verändert. Es besteht die Möglichkeit der **Einbildtransaktion**, d. h. die Buchung lässt sich in einem Bildschirm komplett erledigen und ist nicht über mehrere Buchungsbildschirme verteilt.

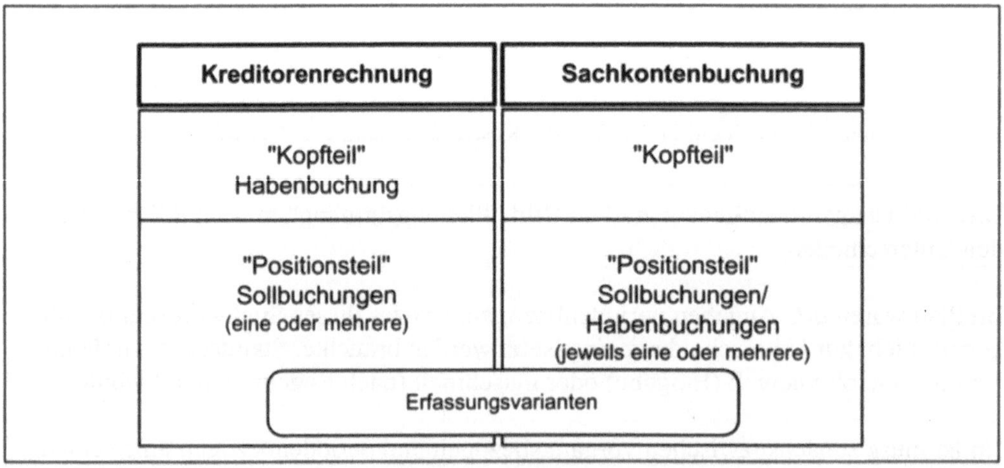

Kreditorenrechnung	**Sachkontenbuchung**
"Kopfteil" Habenbuchung	"Kopfteil"
"Positionsteil" Sollbuchungen (eine oder mehrere)	"Positionsteil" Sollbuchungen/ Habenbuchungen (jeweils eine oder mehrere)

Erfassungsvarianten

Bild 3.3./12 (Modul 9): Gegenüberstellung der Einbildstransaktionen "Kreditorenrechnung" und "Sachkontenbuchung"

Für beide Vorgänge gibt es eigene Erfassungsbildschirme, die jeweils in einen „Kopfteil“ und einen "Positionsteil" gegliedert sind.

Bei der **Kreditorenrechnung** wird im Kopfteil (unter Grunddaten) die Habenbuchung erfasst und im Positionsteil (= Erfassungsbereich) eine oder mehrere Sollbuchungen.

Bei **Sachkontenbuchungen** ist es ein wenig anders: im Kopfteil werden nur allgemeine Daten wie Belegdatum, Währung und Buchungsdatum erfasst. Im Positionsteil werden je Buchungsvorgang eine oder mehrere Sollbuchungen und eine oder mehrere Habenbuchungen erfasst (wobei die Reihenfolge von Soll- und Habenbuchungen beliebig ist).

Der Kopfteil ist sowohl für Kreditorenrechnungen wie Sachkontenbuchungen vorgegeben (siehe unten).

Für den **Positionsteil** kann aus vorgefertigten **Erfassungsvarianten** (= Festlegung der möglichen Eingabefelder bzw. der Spalten der ALV-Grid-Liste) ausgewählt werden und diese können auf die spezifischen Erfassungsbelange hin modifiziert werden. Im Testbeispiel wird für **Kreditorenrechnungen** aus den vorgefertigten Varianten eine Variante (Standard 2) ausgewählt, die die Belange des Testbeispiels schon recht gut trifft, d. h. dass die Daten des Testbeispiels ohne ständiges Scrollen erfasst werden können. Für **Sachkontenbuchungen** wird im Testbeispiel eine eigene Variante konfiguriert.

Beispiel Kreditorenrechnung

In einem Buchhaltungskurs hätte man folgenden Buchungssatz gebildet:

per Verbrauch Rohstoffe an Kreditor Müller Baumarkt 3.832 EUR

(statt auf ein Bestandskonto Rohstoffe (Zugang) wird im Testbeispiel vereinfachend gleich in den Verbrauch (Abgang) gebucht. Mehrwertsteuer ist weggelassen)

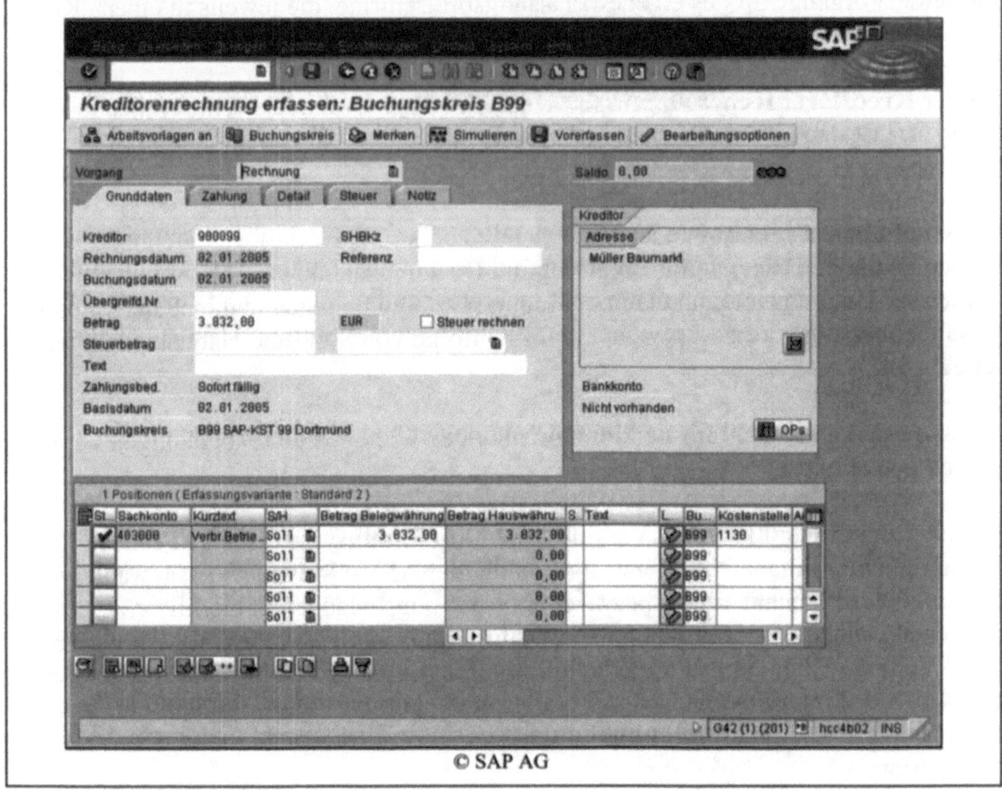

Bild 3.3./13 (Modul 9): Erfassungsbildschirm Kreditorenrechnung

Im **Kopfteil** (unter Grunddaten) wird die Kreditorennummer, das Rechnungsdatum, das Buchungsdatum und der Betrag 3.832 (Haben) erfasst. Die Ampel zeigt dann zunächst rot (Saldo ungleich null).

Im unteren Teil (= **Positionsteil**, Erfassungsbereich als ALV-Grid-Liste) wird die Sollbuchung (im Testbeispiel nur eine) erfasst mit Sachkonto, Betrag Belegwährung 3.832, Kostenstelle. Man bemerke: An dieser unscheinbaren Stelle wird die Voraussetzung für eine kostenstellenmäßige Auswertung geschaffen! Nach „Abschicken" der Sollbuchung zeigt die Ampel grün (wenn richtig gebucht wurde).

Warum man mit der Habenbuchung (im Kopfteil) beginnt und dann zur Sollbuchung im Positionsteil übergeht? Im Prinzip ist es natürlich für das Ergebnis gleichgültig, in welcher Reihenfolge die beiden Buchungshalbsätze eingegeben werden; außer der Gewohnheit spricht nichts für die Reihenfolge erst Soll, dann Haben. Es dürfte der praktische Grund gewesen sein, dass man bei der Kreditorenrechnung mit *einer* Habenbuchung auskommt, während durchaus mehrere Sollbuchungen vorkommen können (man denke an Rechnungsbetrag und Vorsteuer), der bei der Kreditorenrechnung zur Reihenfolge erst Haben dann Soll geführt hat.

Für den späteren Vergleich mit der Sachkontenbuchung wird zusammengefasst:

Buchung Kreditorenrechnung:

- Betrag der Habenbuchung in den Grunddaten ("Kopfteil")
- "Positionsteil" zunächst nur für Sollbuchungen vorgesehen (Habenbuchungen aber auch möglich)
- ein Saldofeld mit Ampel
  (gelb: Einstiegsstatus, rot: Saldo ungleich Null, grün: Saldo gleich Null)

Beispiel Sachkontenbuchung

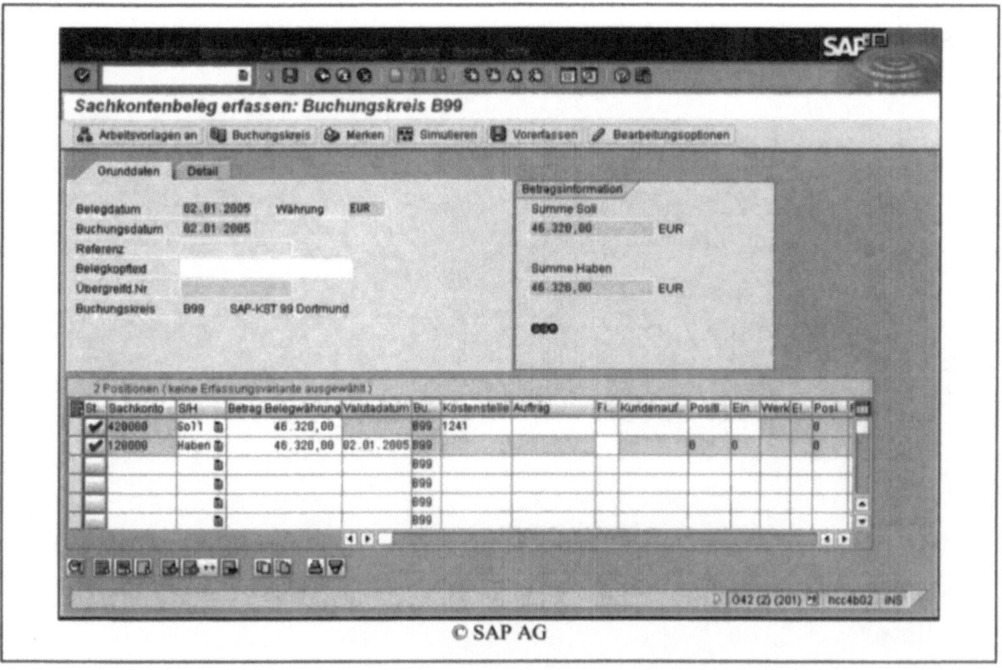

© SAP AG

Bild 3.3./14 (Modul 9): Erfassungsbildschirm Sachkontenbuchung

Im **Kopfteil** (unter Grunddaten) werden wie gesagt nur allgemeine Daten der Buchung erfasst wie Belegdatum, Währung und Buchungsdatum.

Im **Positionsteil** werden je Zeile entweder Soll- oder Habenbuchungen (im allgemeinen Fall mit mehreren Teilsätzen) erfasst. Wir haben die gewohnte Reihenfolge: erst Soll-, dann Habenbuchung gewählt.

Ansonsten gehen die Sachkontenbuchungen analog zu den Kreditorenrechnungen vor sich.

Im Vergleich zur Buchung Kreditorenrechnung:

Sachkontenbuchung:

- Im Positionsteil werden sowohl Soll- als auch Habenbuchungen erfasst
- Feld für Summe Soll und für Summe Haben mit "Saldenampel".

Beispiel Integration zwischen Finanzbuchhaltung und Kostenrechnung

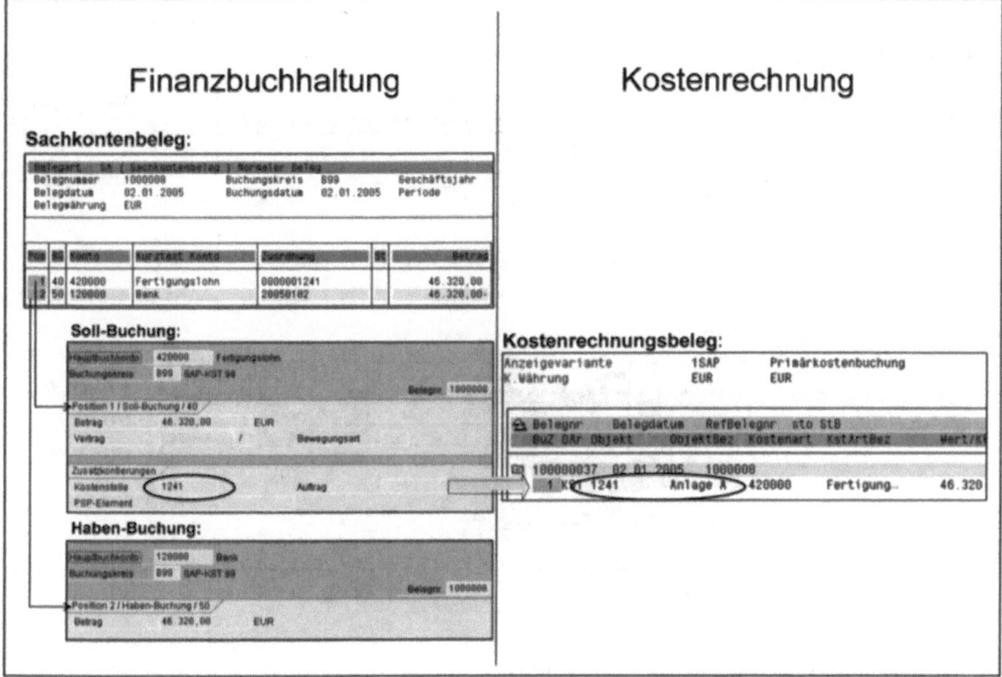

Bild 3.3./15 (Modul 9): Integration Finanzbuchhaltung – Kostenrechnung (Beispiel)

Das Bild zeigt die Belege, die bei obiger Sachkontenbuchung (per Fertigungslohn an Bank 46.320 EUR) im SAP-System angelegt wurden. Der Sachkontenbeleg der Finanzbuchhaltung (Beleg-Nr. 1000008, vgl. Nummernkreise Buchhaltungsbelege, Belegart SA in M8.1) zeigt in der Sollbuchung der Position 1 unter Zusatzkontierungen die Kostenstelle 1241 (= Anlage A), die bei der Belegerfassung als CO-Kontierungsobjekt angegeben wurde.

Der - vom System gleichzeitig erstellte - Kostenrechnungsbeleg (Beleg-Nr. 100000037, vgl. CO-Nummernkreise für Primärbuchungen in M6.2) zeigt, dass der Betrag 46.320, der in der Finanzbuchhaltung auf dem Hauptbuchkonto 420000 gebucht wurde, in der Kostenrechnung unter der Kostenart 420000 (= Fertigungslohn) auf der Kostenstelle 1241 (= Anlage A) kontiert wurde.

Was ist zu tun?

Kreditorenrechnungen

Kreditor (*)	Rechnungs-datum (**)	Buchungs-datum (**)	Betrag	Sachkonto	Betrag Belegwährung	Kostenstelle
9000xx	02.01.jjjj	02.01.jjjj	3.832	403000	3.832	1130
9000xx	04.01.jjjj	04.01.jjjj	5.147	403000	5.147	1220
9000xx	08.01.jjjj	08.01.jjjj	4.512	403000	4.512	1210

...

- siehe Anhang:Eingabetabellen, Tabelle 10.1 -

Erfassen in M9.1 (manuell)

Sachkontenbuchungen

Beleg-datum (**)	Währung	Buchungs-datum (**)	Sachkonto	S/H	Betrag Belegwährung	Kosten-stelle	Auftrag (*)	Konto	S/H	Betrag Belegwährung
03.01.jjjj	EUR	03.01.jjjj	481000	Soll	1.100	1110		280000	Haben	1.100
04.01.jjjj	EUR	04.01.jjjj	481000	Soll	1.000	1120		280000	Haben	1.000
05.01.jjjj	EUR	05.01.jjjj	481000	Soll	1.420	1130		280000	Haben	1.420

...

- siehe Anhang:Eingabetabellen, Tabelle 10.2 -

Erfassen in M9.2 (manuell)

Bild 3.3/16 (Modul 9): Überblick Modul 9

In diesem Punkt ist "Massenarbeit" zu leisten. Nachdem alle Vorbereitungen getroffen sind, kann jetzt im Ist gebucht werden.

Bei den **kalkulatorischen Buchungen** (Afa, Zins) wird das Abschlusskonto (im Testbeispiel 280000) angesprochen.

Das **Valutadatum** ist bei Bankkonten anzugeben (120000 Bank)
(Valutadatum heißt Wertstellungsdatum, ab dem ein Betrag zur Verfügung steht; solange er nicht zur Verfügung steht, wären bei Überziehung Zinsen zu zahlen).

In den beiden letzten Buchungssätzen wird der Effektivanfall der Personalnebenkosten-Lohn und –Gehalt mit Angabe des **Innenauftrags für Abgrenzung** erfasst. In der Kostenrechnung wird die Verrechnungsrate maschinell gebucht werden unter Angabe der Kostenstelle und des Innenauftrags für Abgrenzung (vgl. M10.2.1). Dadurch wird es später möglich, auf dem Innenauftrag Effektivanfall einerseits und Verrechnungsraten andererseits gegenüberzustellen.

Anzeige	Eingabe/Auswahl

Modul 9. Istkostenerfassung in der Finanzbuchhaltung

M9.1 Kreditorenrechnungen erfassen

Anzeige	Eingabe/Auswahl
	Um über die für das Testbeispiel notwendigen Istkosten zu verfügen, kehren Sie nun in die Finanzbuchhaltung (FI) zurück. Hier werden Kreditoren-Rechnungen und Sachkonten-Buchungen erfasst. **Rechnung erfassen:** Wechseln Sie zum SAP-Menü.
SAP Easy Access mit **SAP Menü**	Wählen Sie im SAP-Menü: **Rechnungswesen -** **Finanzwesen -** **Kreditoren –** **Buchung -** **Rechnung**
Dialogfenster „**Buchungskreis eingeben**“	Eingabe: *Buchungskreis:* ***Bxx***, *xx=Ihre Teilnehmernummer* [Enter]
Bildschirm "Kreditorenrechnung erfassen: Buchungskreis Bxx", Registerkarte "Grunddaten"	Eingabe bzw. Auswahl:: *Kreditor:* ***9000xx***, *xx=Ihre Teilnehmernummer* *Rechnungsdatum:* ***2.1. jjjj***, jjjj = aktuelles Jahr *Buchungsdatum:* ***2.1. jjjj***, jjjj = aktuelles Jahr *Betrag:* ***3832***
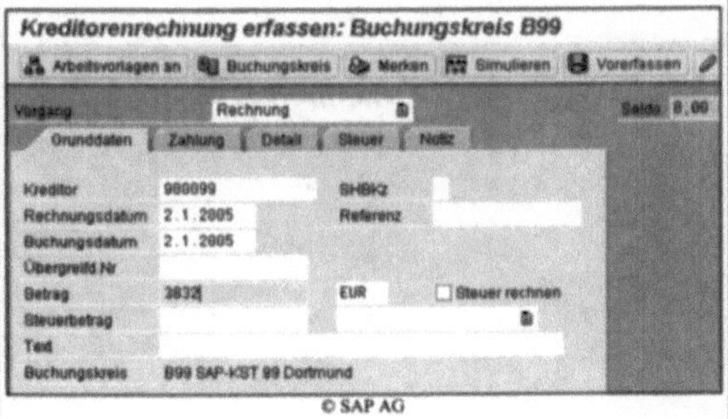 © SAP AG	Die Kopfdaten der Rechnung sind erfasst.

Anzeige	Eingabe/Auswahl
	Für die Belegpositionen, die in der ALV-Grid-Liste im unteren Bildschirmbereich erfasst werden, soll nun zunächst eine (SAP-Standard-) Erfassungsvariante gewählt werden.

Eine *Erfassungsvariante* legt die Eingabefelder der Belegpositionen (= Spalten der ALV-Grid-Liste) und deren Reihenfolge fest. Mit Hilfe einer Erfassungsvariante kann das maximale Feldangebot des SAP-Standards auf eine Auswahl nach spezifischen Anforderungen beschränkt werden.

Anzeige	Eingabe/Auswahl
	Wählen Sie aus der Menüleiste: **Bearbeiten –** **Erfassungsvariante -** **Erfassungsvariante auswählen**
	Abhängig vom Zeitpunkt des Durcharbeitens des Testbeispiels könnten an dieser Stelle und im weiteren Verlauf des Moduls die nachfolgend aufgeführte oder eine ähnliche Warnmeldung (bzw. Meldungen) in der Statuszeile erscheinen. Quittieren Sie die Meldungen - wie alle Warnmeldungen - jeweils mit der Return-Taste:
(Warn-)Meldung in der Statuszeile: *Belegdatum liegt in der Zukunft, bitte prüfen*	↵
(Warn-)Meldung in der Statuszeile: *Periode .. (=akt.Periode) wird an Buchungsdatum tt.mm..jjjj angepasst.*	↵
Dialogfenster „**Erfassungsvariante auswählen**"	Auswahl: Erfassungsvariante: ***Standard 2*** ↵
Erfassungsvariante: 0 Positionen (Erfassungsvariante : Standard 2) © SAP AG	

Anzeige	Eingabe/Auswahl
Spalten des Erfassungsbereichs: © SAP AG	Die Spaltenanzahl der Erfassungstabelle (=Felder der Belegpositionen) wurde reduziert.
© SAP AG	Die Ampel rechts neben dem Register zeigt **rot** (d.h. Saldo ist ungleich Null) und einen negativen Saldo von –3.832,00 (Habenbuchung).
	<u>Rechnungsposition (Sollbuchung der 1. Rechnung) erfassen:</u> Eingabe bzw. Auswahl (in der Erfassungstabelle): *<u>Sachkonto:</u>* ***403000*** (=Verbrauch Betriebsstoffe) *<u>Betrag Belegwährung:</u>* ***3832*** *<u>Kostenstelle:</u>* ***1130*** (=Instandhaltung) [Enter]
	Auch an dieser Stelle können wieder, je nach Zeitpunkt der Durcharbeitung des Testbeispiels, Warnmeldungen, wie z. B. die nachfolgende, in der Statuszeile erscheinen. Diese können ebenfalls ignoriert werden.
(Warn-)Meldung in der Statuszeile: *Nettofälligkeit am 02.01.jjjj liegt in der Vergangenheit.*	[Enter]

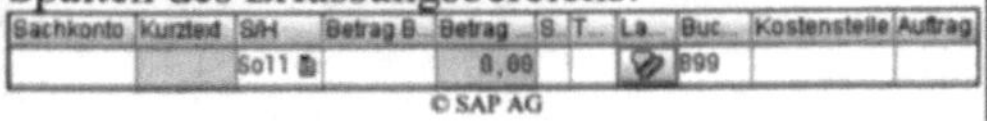

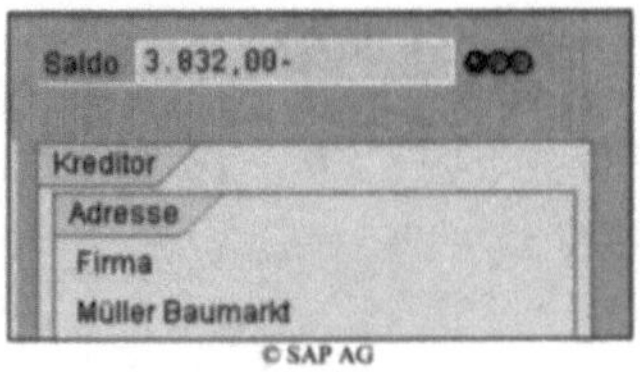

Anzeige	Eingabe/Auswahl
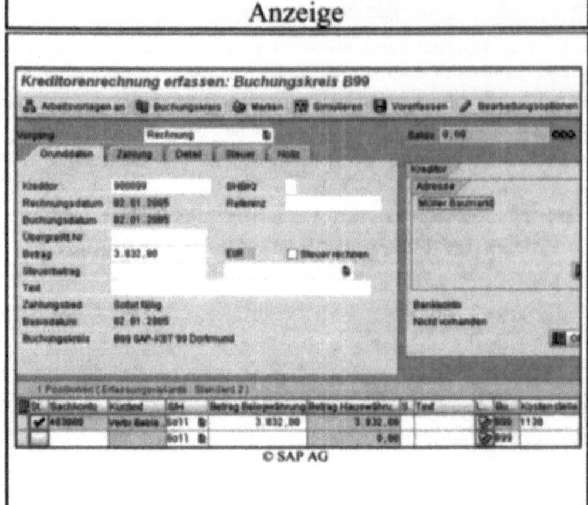 © SAP AG	
	Die Soll-Position der Rechnung ist erfasst, die Ampel zeigt **grün** (d.h. Saldo ist gleich Null). Klicken Sie auf  (= Sichern)
Meldung in der Statuszeile: *Beleg 2000000 wurde im Buchungskreis BKxx gebucht.*	
	Ihre erste Kreditorenrechnung ist gebucht. (Vgl. Belegnummer mit den Nummernkreisintervallen unter M8.1.) **<u>Zuletzt gebuchten Beleg anzeigen:</u>** Wählen Sie im aktuellen Anwendungs-Menü: **Beleg -** **Anzeigen**
Zuletzt gebuchter Beleg : Belegart KR (Kreditoren Rechnung) Normaler Beleg Belegnummer 2000000 Buchungskreis B99 Geschäftsjahr Belegdatum 02.01.2005 Buchungsdatum 02.01.2005 Periode Belegwährung EUR Pos | BS | Konto | Kurztext Konto | Zuordnung | St | Betra 1 | 31 | 900099 | Müller Baumarkt | | | 3.832,00 2 | 40 | 403000 | Verbr.Betriebsstoffe | 0000001130 | | 3.832,00 © SAP AG	
	Dem Beleg der Belegart "KR" sind in der Spalte "BS" die Buchungsschlüssel der jeweiligen Position zu entnehmen, hier "31" für die Habenposition und "40" für die Sollposition (vgl. M8.2). Klicken Sie auf 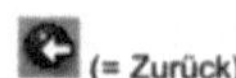 (= Zurück)

Anzeige	Eingabe/Auswahl
Bildschirm "Kreditoren Rechnung erfassen", Registerkarte "Grunddaten"	**2. Rechnung erfassen:** Eingabe bzw. Auswahl (Grunddaten): *Kreditor:* ***9000xx,*** xx=Ihre Teilnehmernummer *Rechnungsdatum:* ***4.1. jjjj***, jjjj = aktuelles Jahr *Buchungsdatum:* ***4.1. jjjj***, jjjj = aktuelles Jahr *Betrag:* ***5147*** Eingabe bzw. Auswahl (unter Positionen): *Sachkonto:* ***403000*** (=Verbrauch Betriebsstoffe) *Betrag Belegwährung:* ***5147*** *Kostenstelle:* ***1220*** (=Instandhaltung) Wählen Sie im aktuellen Menü : **System -** **Benutzervorgaben -** **Halten Daten**
Meldung in Statuszeile: *Daten wurden gehalten.*	Sichern Sie Ihre Eingaben.
(Warn-)Meldung in der Statuszeile: *Periode .. (=akt.Periode) wird an Buchungsdatum tt.mm..jjjj angepasst.*	↵
(Warn-)Meldung in der Statuszeile: *Nettofälligkeit am 04.01.jjjj liegt in der Vergangenheit.*	↵
Meldung in Statuszeile: *Beleg 2000001 wurde in Buchungskreis B*xx *gebucht.*	
Bildschirm "Kreditoren Rechnung erfassen", Registerkarte "Grunddaten"	

Anzeige	Eingabe/Auswahl
	Der Bildschirm enthält (durch das Ausführen der Funktion "Halten Daten" s. o.) noch sämtliche Daten des zuletzt gebuchten Belegs.
	Weitere Rechnungen erfassen:
	Buchen Sie nun noch die restlichen Kreditorenrechnungen nach **Tabelle 10.1**, Anhang: Eingabetabellen.
	Tipps: *1) Wählen Sie bei Wechsel des Kreditors und des Soll-Kontos wieder die Funktion* ***"Halten Daten"****; Sie müssen dann jeweils in den Bildschirmen nur die Felder Buchungs- und Belegdatum, Betrag und Kostenstelle(!) ändern bzw. eingeben.* *2) Sollten Sie versehentlich einen Beleg falsch gebucht haben, so können Sie diesen mit folgender Transaktion* ***stornieren****:* *Rechnungswesen – Finanzwesen – Kreditoren – Beleg – Stornieren – Einzelstorno.*
SAP Easy Access mit SAP Menü	Beenden Sie nach dem Buchen sämtlicher Kreditorenrechnungen die Transaktion.
	Belege anzeigen:
	Wählen Sie im SAP-Menü: **Rechnungswesen -** **Finanzwesen -** **Kreditoren –** **Beleg -** **Anzeigen**
Bildschirm "Beleg anzeigen: Einstieg"	Eingabe bzw. Auswahl: *Buchungskreis:* ***Bxx***, xx = Ihre Teilnehmernummer *Geschäftsjahr:* ***jjjj***, jjjj = aktuelles Jahr
	Falls das Feld "Belegnummer" Daten enthält, löschen Sie diese.
	Klicken Sie auf Belegliste
Bildschirm "Liste Belege"	

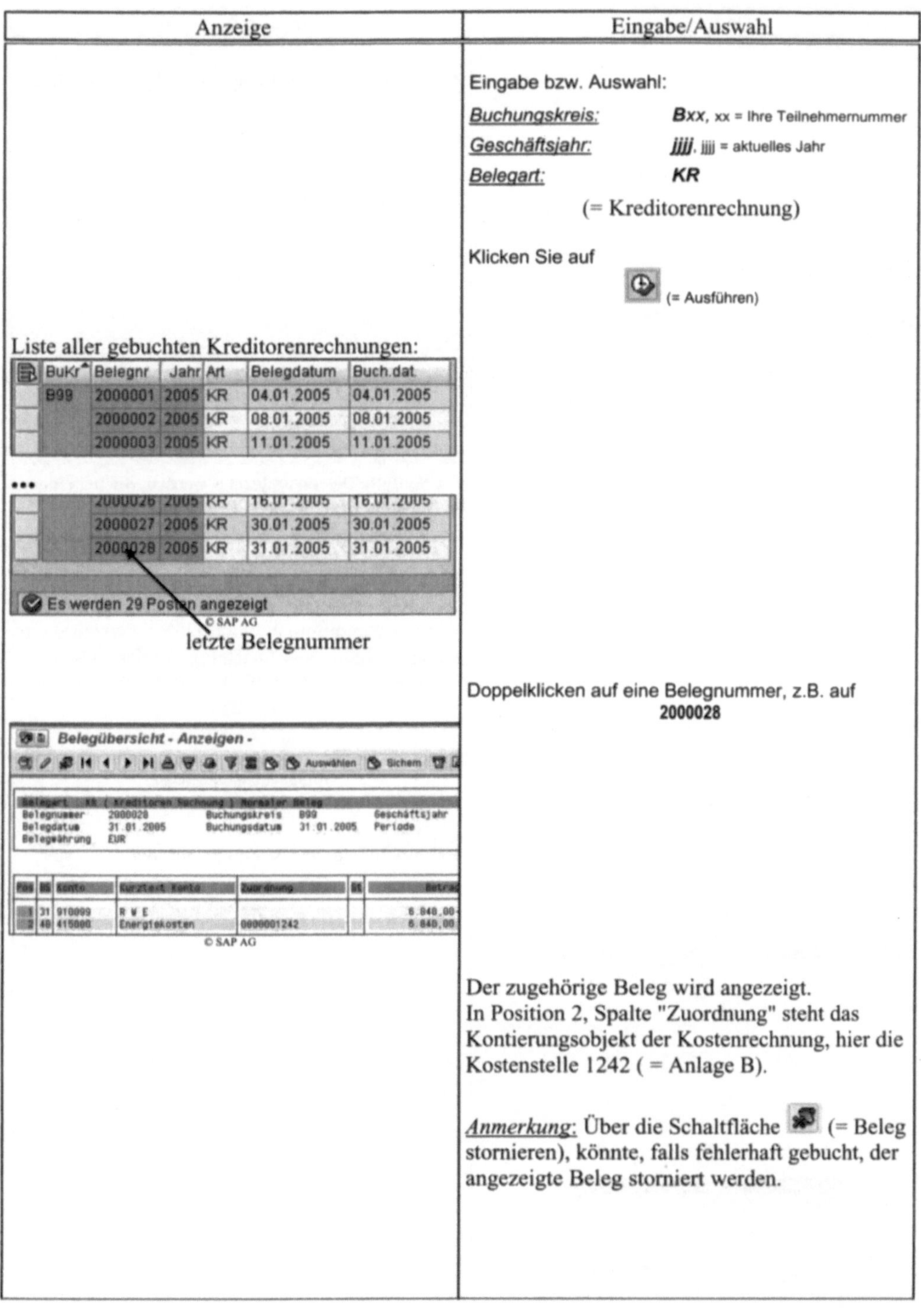

Anzeige	Eingabe/Auswahl
	Eingabe bzw. Auswahl: *Buchungskreis:* **Bxx**, xx = Ihre Teilnehmernummer *Geschäftsjahr:* **jjjj**, jjjj = aktuelles Jahr *Belegart:* **KR** (= Kreditorenrechnung) Klicken Sie auf (= Ausführen)
Liste aller gebuchten Kreditorenrechnungen:	
	Doppelklicken auf eine Belegnummer, z.B. auf **2000028**
	Der zugehörige Beleg wird angezeigt. In Position 2, Spalte "Zuordnung" steht das Kontierungsobjekt der Kostenrechnung, hier die Kostenstelle 1242 (= Anlage B). *Anmerkung*: Über die Schaltfläche (= Beleg stornieren), könnte, falls fehlerhaft gebucht, der angezeigte Beleg storniert werden.

BuKr	Belegnr	Jahr	Art	Belegdatum	Buch.dat
B99	2000001	2005	KR	04.01.2005	04.01.2005
	2000002	2005	KR	08.01.2005	08.01.2005
	2000003	2005	KR	11.01.2005	11.01.2005

...

BuKr	Belegnr	Jahr	Art	Belegdatum	Buch.dat
	2000026	2005	KR	16.01.2005	16.01.2005
	2000027	2005	KR	30.01.2005	30.01.2005
	2000028	2005	KR	31.01.2005	31.01.2005

Pos	BS	Konto	Kurztext Konto	Zuordnung	St	Betrag
1	31	910099	R W E			6.840,00-
2	40	415000	Energiekosten	0000001242		6.840,00

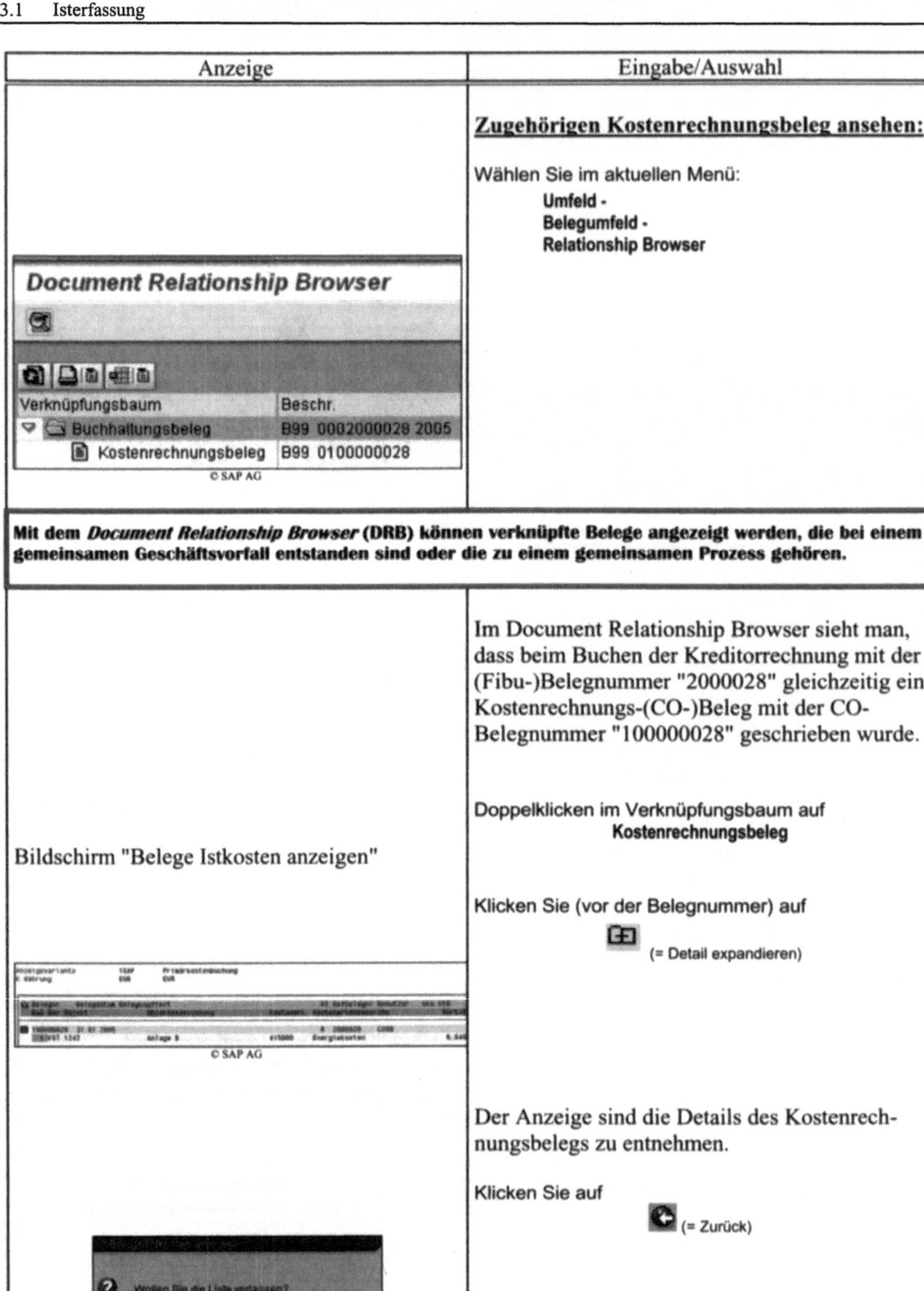

Anzeige	Eingabe/Auswahl
Document Relationship Browser Verknüpfungsbaum / Beschr. Buchhaltungsbeleg B99 0002000028 2005 Kostenrechnungsbeleg B99 0100000028 © SAP AG	<u>**Zugehörigen Kostenrechnungsbeleg ansehen:**</u> Wählen Sie im aktuellen Menü: **Umfeld -** **Belegumfeld -** **Relationship Browser**
Mit dem *Document Relationship Browser* (DRB) können verknüpfte Belege angezeigt werden, die bei einem gemeinsamen Geschäftsvorfall entstanden sind oder die zu einem gemeinsamen Prozess gehören.	
Bildschirm "Belege Istkosten anzeigen" © SAP AG	Im Document Relationship Browser sieht man, dass beim Buchen der Kreditorrechnung mit der (Fibu-)Belegnummer "2000028" gleichzeitig ein Kostenrechnungs-(CO-)Beleg mit der CO-Belegnummer "100000028" geschrieben wurde. Doppelklicken im Verknüpfungsbaum auf **Kostenrechnungsbeleg** Klicken Sie (vor der Belegnummer) auf (= Detail expandieren)
Wollen Sie die Liste verlassen? Ja / Nein / Abbrechen © SAP AG	Der Anzeige sind die Details des Kostenrechnungsbelegs zu entnehmen. Klicken Sie auf (= Zurück)

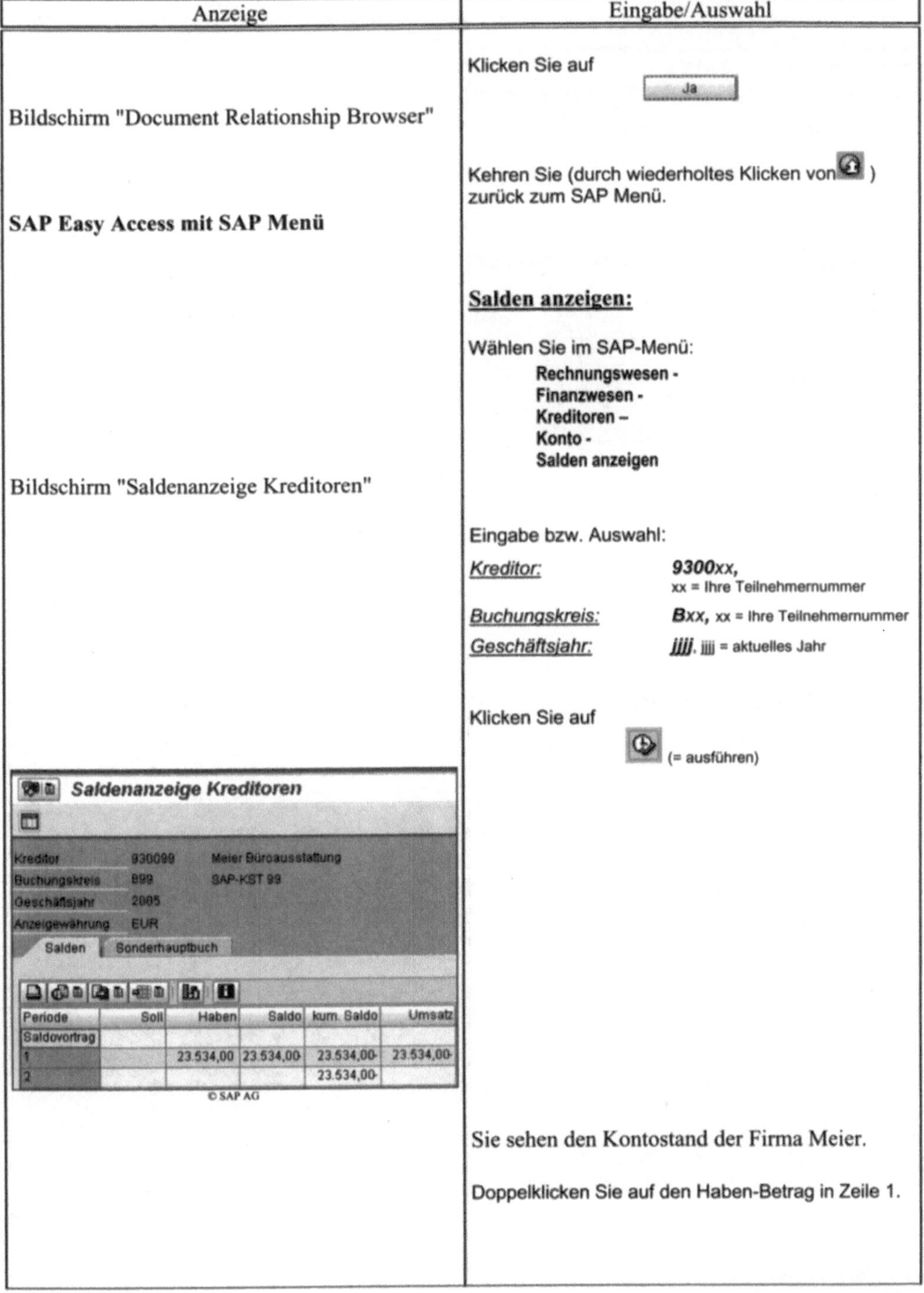

Anzeige	Eingabe/Auswahl
	Klicken Sie auf [Ja]
Bildschirm "Document Relationship Browser"	Kehren Sie (durch wiederholtes Klicken von [Icon]) zurück zum SAP Menü.
SAP Easy Access mit SAP Menü	**Salden anzeigen:** Wählen Sie im SAP-Menü: **Rechnungswesen -** **Finanzwesen -** **Kreditoren –** **Konto -** **Salden anzeigen**
Bildschirm "Saldenanzeige Kreditoren"	Eingabe bzw. Auswahl: *Kreditor:* ***9300****xx,* xx = Ihre Teilnehmernummer *Buchungskreis:* ***B****xx,* xx = Ihre Teilnehmernummer *Geschäftsjahr:* *jjjj*, jjjj = aktuelles Jahr Klicken Sie auf [Icon] (= ausführen)
[Screenshot: Saldenanzeige Kreditoren] © SAP AG	Sie sehen den Kontostand der Firma Meier. Doppelklicken Sie auf den Haben-Betrag in Zeile 1.

Saldenanzeige Kreditoren

Kreditor 930099 Meier Büroausstattung
Buchungskreis B99 SAP-KST 99
Geschäftsjahr 2005
Anzeigewährung EUR

Salden | Sonderhauptbuch

Periode	Soll	Haben	Saldo	kum. Saldo	Umsatz
Saldovortrag					
1		23.534,00	23.534,00-	23.534,00-	23.534,00-
2				23.534,00-	

© SAP AG

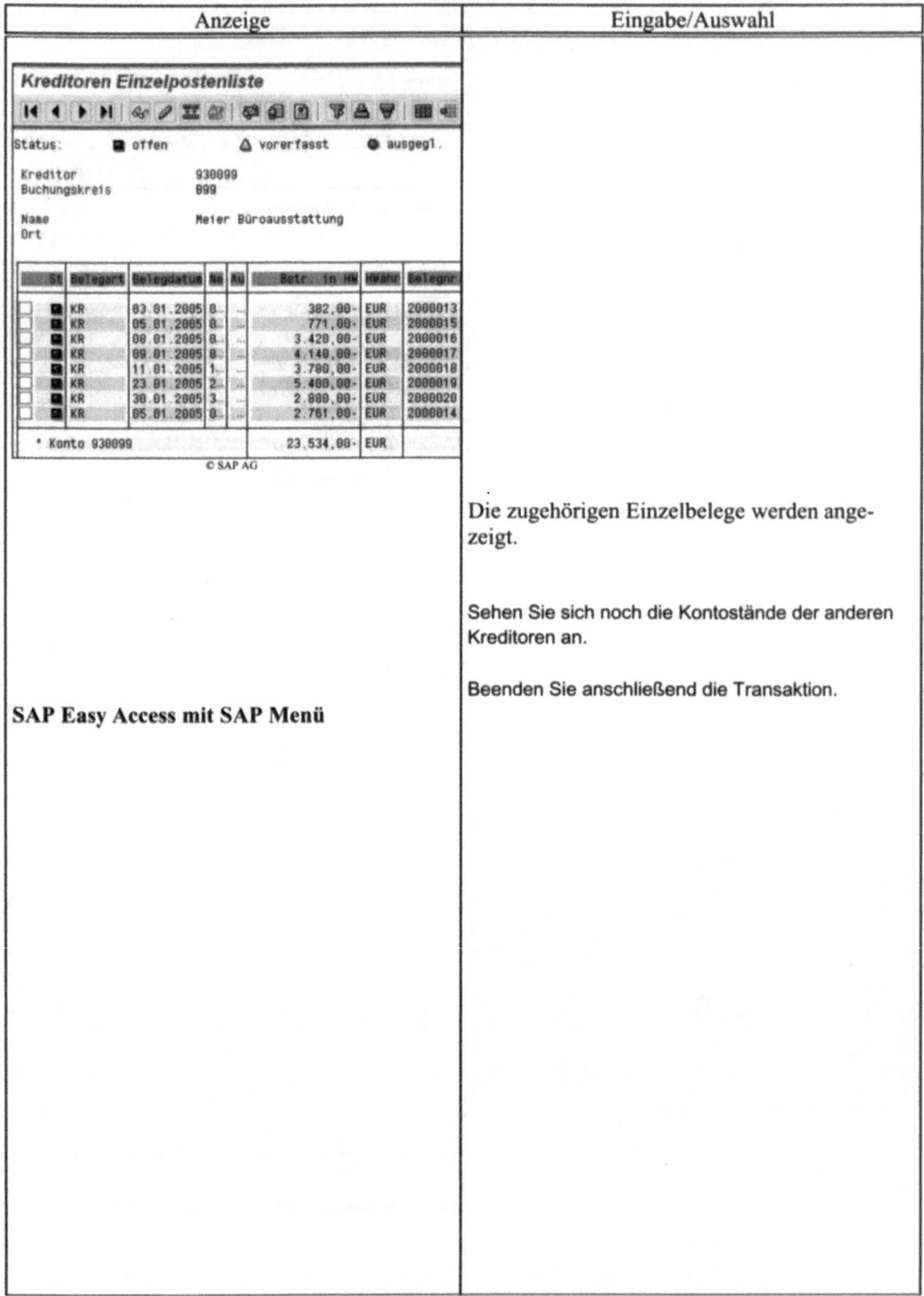

Anzeige	Eingabe/Auswahl
Kreditoren Einzelpostenliste (Screenshot, siehe unten) © SAP AG	Die zugehörigen Einzelbelege werden angezeigt.
	Sehen Sie sich noch die Kontostände der anderen Kreditoren an.
SAP Easy Access mit SAP Menü	Beenden Sie anschließend die Transaktion.

Kreditoren Einzelpostenliste

Status: offen | vorerfasst | ausgegl.

Kreditor 930099
Buchungskreis 899

Name Meier Büroausstattung
Ort

St	Belegart	Belegdatum	Ne	Au	Betr. in HW	HWähr	Belegnr
	KR	03.01.2005	0...	...	382,00-	EUR	2000013
	KR	05.01.2005	0...	...	771,00-	EUR	2000015
	KR	08.01.2005	0...	...	3.420,00-	EUR	2000016
	KR	09.01.2005	0...	...	4.140,00-	EUR	2000017
	KR	11.01.2005	1...	...	3.780,00-	EUR	2000018
	KR	23.01.2005	2...	...	5.400,00-	EUR	2000019
	KR	30.01.2005	3...	...	2.880,00-	EUR	2000020
	KR	05.01.2005	0...	...	2.761,00-	EUR	2000014
* Konto 930099					23.534,00-	EUR	

© SAP AG

Anzeige	Eingabe/Auswahl

M9.2 Sachkontenbuchungen

Anzeige	Eingabe/Auswahl
Bildschirm "Sachkontenbeleg erfassen: Buchungskreis Bxx", Registerkarte "Grunddaten"	Wählen Sie im SAP-Menü: **Rechnungswesen -** **Finanzwesen -** **Hauptbuch -** **Buchung -** **Sachkontenbeleg erfassen**
	Erfassungsbereich konfigurieren: Da für die Erfassung der Belegpositionen des Testbeispiels (vgl. Anhang: Eingabetabellen, Tabelle 10.2) keine der SAP-Standard-Erfassungsvarianten geeignet erscheint, soll zur Erleichterung der Eingabe der tabellarische Erfassungsbereich zunächst benutzerabhängig eingerichtet werden: Blenden Sie die folgenden Spalten aus (durch Ziehen der Begrenzungslinie rechts neben der Spaltenüberschrift auf Spaltenbreite 0): **Kurztext** **Betrag Hauswährung** **Steuerkennzeichen** **Taxjurisdictioncode** **Ohne Skonto** **Zuordnungsnummer** **Text** **Langtext** **Partnergesellschaft** **Geschäftsbereich** **Partnergeschäftsbereich**
Erfassungsbereich: Positionen (keine Erfassungsvariante ausgewählt) Sachkonto | S/H | Betrag Belegwährung | Valutadatum | Buchungskreis | Kostenstelle | Auftrag B99 © SAP AG	Die ersten sieben eingabebereiten Spalten Ihres Erfassungsbereichs sollten nun wie links abgebildet aussehen.
Dialogfenster „**Tabelleneinstellungen**"	Klicken Sie rechts oben im Erfassungsbereich auf [Symbol]

<table>
<tr><th>Anzeige</th><th>Eingabe/Auswahl</th></tr>
<tr><td>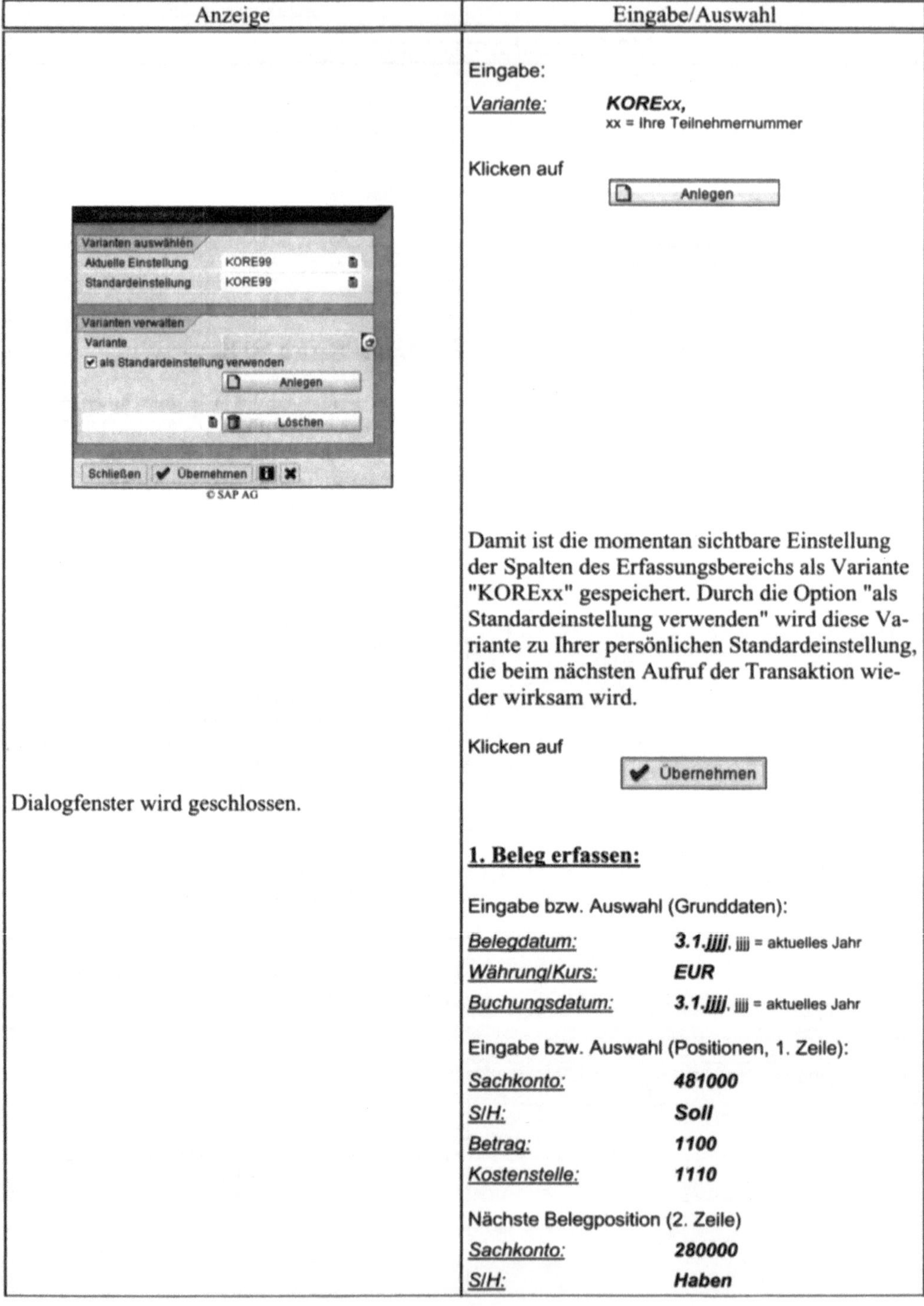

© SAP AG</td><td>Eingabe:
<u>Variante:</u> KORExx,
xx = Ihre Teilnehmernummer

Klicken auf Anlegen

Damit ist die momentan sichtbare Einstellung der Spalten des Erfassungsbereichs als Variante "KORExx" gespeichert. Durch die Option "als Standardeinstellung verwenden" wird diese Variante zu Ihrer persönlichen Standardeinstellung, die beim nächsten Aufruf der Transaktion wieder wirksam wird.

Klicken auf ✔ Übernehmen</td></tr>
<tr><td>Dialogfenster wird geschlossen.</td><td><u>1. Beleg erfassen:</u>

Eingabe bzw. Auswahl (Grunddaten):
<u>Belegdatum:</u> 3.1.jjjj, jjjj = aktuelles Jahr
<u>Währung/Kurs:</u> EUR
<u>Buchungsdatum:</u> 3.1.jjjj, jjjj = aktuelles Jahr

Eingabe bzw. Auswahl (Positionen, 1. Zeile):
<u>Sachkonto:</u> 481000
<u>S/H:</u> Soll
<u>Betrag:</u> 1100
<u>Kostenstelle:</u> 1110

Nächste Belegposition (2. Zeile)
<u>Sachkonto:</u> 280000
<u>S/H:</u> Haben</td></tr>
</table>

Anzeige	Eingabe/Auswahl
	<u>Betrag:</u> ***1100***
	Wählen Sie im aktuellen Menü: **System -** **Benutzervorgaben -** **Halten Daten**
Meldung in Statuszeile: *Daten wurden gehalten.*	
	Sichern Sie die Eingaben.
	Sollte an dieser Stelle eine Warnmeldung erscheinen, die das Buchungs- oder das Belegdatum betrifft, so quittieren Sie diese mit der Return-Taste.
Meldung in Statuszeile: *Beleg 1000000. wurde in Buchungskreis B*xx *gebucht.*	
	Der erste Beleg ist gebucht!
	<u>Restliche Belege buchen:</u>
	Führen Sie nun noch die restlichen Sachkontenbuchungen nach **Tabelle 10.2,** Anhang: Eingabetabellen durch.
	<u>Tipps</u>: *1) Wählen Sie bei jedem Wechsel des Soll-Kontos wieder die Funktion **"Halten Daten"**. Damit sparen Sie die wiederholte Eingabe der Kontonummern.* *2) Bei versehentlicher Falschbuchung eines Belegs können Sie diesen mit folgender Transaktion **stornieren**:* *Rechnungswesen – Finanzwesen – Hauptbuch – Beleg – Stornieren – Einzelstorno.*
	Beenden Sie anschließend die Transaktion.
SAP Easy Access mit SAP Menü	
	<u>Salden anzeigen:</u>
	Wählen Sie im SAP-Menü: **Rechnungswesen -** **Finanzwesen -** **Hauptbuch -** **Konto -** **Salden anzeigen**
Bildschirm "Saldenanzeige Hauptbuchkonten"	

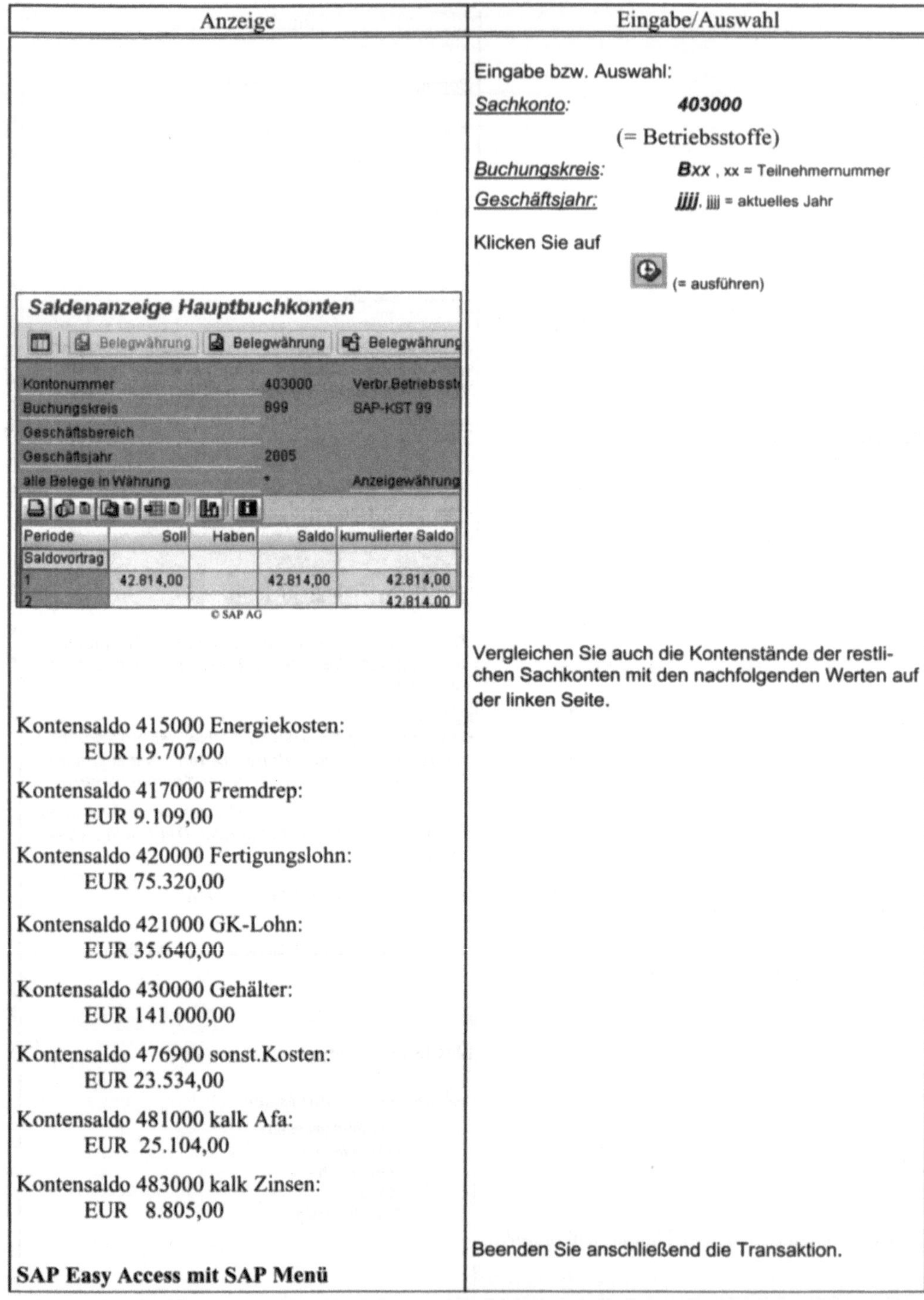

Anzeige	Eingabe/Auswahl
	Eingabe bzw. Auswahl: *Sachkonto*: **403000** (= Betriebsstoffe) *Buchungskreis*: **Bxx** , xx = Teilnehmernummer *Geschäftsjahr*: ***jjjj***, jjjj = aktuelles Jahr Klicken Sie auf (= ausführen)
Saldenanzeige Hauptbuchkonten (© SAP AG)	
Kontensaldo 415000 Energiekosten: EUR 19.707,00 Kontensaldo 417000 Fremdrep: EUR 9.109,00 Kontensaldo 420000 Fertigungslohn: EUR 75.320,00 Kontensaldo 421000 GK-Lohn: EUR 35.640,00 Kontensaldo 430000 Gehälter: EUR 141.000,00 Kontensaldo 476900 sonst.Kosten: EUR 23.534,00 Kontensaldo 481000 kalk Afa: EUR 25.104,00 Kontensaldo 483000 kalk Zinsen: EUR 8.805,00	Vergleichen Sie auch die Kontenstände der restlichen Sachkonten mit den nachfolgenden Werten auf der linken Seite.
SAP Easy Access mit SAP Menü	Beenden Sie anschließend die Transaktion.

Modul 10: Istkostenverrechnung in der Kostenrechnung

Was ist zu tun?

Vorgangsbezogene Verrechnungen

- Direkte innerbetriebliche Leistungsverrechnung

Leistungsverrechnungs-Belege (GKM, WART, REP):

	Beleg-datum (**)	Buchungs-datum (**)		SendStelle	SLstArt	EmpfStelle	Menge gesamt
1. Beleg	30.01.jjjj	30.01.jjjj	1. Zeile	1210	GKM	1220	1.000
			2. Zeile	1210	GKM	1230	1.333
2. Beleg	30.01.jjjj	30.01.jjjj	1. Zeile	1210	GKM	1241	833
			2. Zeile	1210	GKM	1242	1.000

...

- siehe Anhang:Eingabetabellen, Tabelle 11 -

} *Erfassen in M10.1.1 (manuell)*

- Leistungserfassung

Nicht verrechenbare (Hauptkostenstellen-) Leistungen (FST, MST) und indirekt verrechenbare Leistungen (AVST):

	Beleg-datum (**)	Buchungs-datum (**)		SendStelle	LstArt	Leistungs-menge
1. Beleg	30.01.jjjj	30.01.jjjj	1. Zeile	1241	FST	3.167
			2. Zeile	1242	FST	2.000
2. Beleg	30.01.jjjj	30.01.jjjj	1. Zeile	1220	AVST	690
3. Beleg	30.01.jjjj	30.01.jjjj	1. Zeile	1130	MST	550

- siehe Anhang:Eingabetabellen, Tabelle 12 -

} *Erfassen in M10.1.2 (manuell)*

Periodische Verrechnungen

- Abgrenzung

Istabgrenzung Personal-Nebenkosten nach vordefinierten (Zuschlags-) Abgrenzungsregeln

} *Durchführen in M10.2.1 (maschinell)*

- Indirekte innerbetriebliche Leistungsverrechnung

AVST Ist nach vordefinierten Zyklen (Sender-/Empfängerregeln)

} *Durchführen in M10.2.2 (maschinell)*

Bild 3.3/17 (Modul 10): Überblick Modul 10

Für die Senderkostenstellen ergibt sich ihre Leistung durch die Summierung aller Leistungsvorgänge, an denen sie als Sender beteiligt sind. Die einzelnen Belege sind zu erfassen.
Beispiel: Wenn alle Fahrten des Fuhrparks für unterschiedliche Empfänger erfasst sind, hat man in der Summe auch die Leistung des Fuhrparks.

Für Kostenstellen, die nicht im Leistungsaustausch mit anderen Kostenstellen stehen, ist noch ihre Leistung zu erfassen. Es sind hauptsächlich die Hauptkostenstellen, die für Kostenträger arbeiten (d. h. letztlich für verkaufsfähige Produkte).
Die Periodenleistung ergibt sich wieder durch Summierung über alle Einzelleistungen (z. B. 5 Stunden für Produkt 1; 7 Stunden für Produkt 2 usw.). Im Testbeispiel ist nur die Summenleistung erfasst, wobei offen bleibt, wie diese in einem Vorsystem oder in einem anderen Teil der SAP-Software erfasst und verdichtet wurde.

Hilfskostenstellen (im Testbeispiel die AV), bei denen es nicht möglich oder nicht praktikabel ist, Einzelleistungen zu erfassen und zu verrechnen, werden mit ihrer Gesamtleistung (Anwesenheitsstunden) erfasst. Diese werden - wie besprochen - mit dem Plansatz bewertet und an die Empfänger Anlage A und B verrechnet. Es verbleibt das Kostenstellenergebnis als Differenz zwischen Istkosten und per Plansatz verrechneten Ist-AV-Stunden.

Periodische Verrechnungen sind Verrechnungen, die für die Gesamtperiode vorgenommen werden. Das kann nur am Ende der Periode, bzw. genauer nach Erfassung aller Istbuchungen und vorgangsbezogenen Daten erfolgen, da diese teilweise als Basis für die periodische Verrechnung herangezogen werden.
Beispiel: PNK-Lohn braucht als Basis den Lohn, der schon komplett gebucht sein muss.

Periodisch verrechnet werden einmal die **Abgrenzungskostenarten** wie PNK-Lohn und PNK-Gehalt. Die Regeln, nach denen dies zu geschehen hat (%-Satz auf Basiszeilen berechnen) sind im Customizing festgelegt worden. Jetzt ist nur noch der Buchungsvorgang anzustoßen.

Zum anderen zählen zu den periodischen Verrechnungen die **indirekte Leistungsverrechnung**, deren Regeln ebenfalls im Customizing festgelegt worden sind und die jetzt lediglich nach diesen Regeln durchzuführen ist.
Beispiel: AV siehe oben.

Anzeige	Eingabe/Auswahl

Modul 10: Istkostenverrechnung in der Kostenrechnung

Die aus den Vorsystemen (im Testbeispiel: FI) erfassten primären Kosten werden im Rahmen von internen Verrechnungen (verursachungsgerecht) weiterverrechnet. Dabei wird unterschieden zwischen:

- ***vorgangsbezogenen Verrechnungen*:**
  Kosten werden pro Geschäftsvorgang aus den bewerteten Leistungen ermittelt und realtime auf Sender und Empfängerobjekte gebucht. Zu den vorgangsbezogene Verrechnungen gehören interne Umbuchung und direkte innerbetriebliche Leistungsverrechnung.
- ***periodische Verrechnungen*:**
  diese werden in der Regel nach Periodenende, wenn alle primären Buchungen abgeschlossen sind, durchgeführt. Hierzu zählen periodische Umbuchung, Abgrenzung, indirekte Leistungsverrechnung und Umlage.

M10.1 Vorgangsbezogene Verrechnungen

M10.1.1 Direkte innerbetriebliche Leistungsverrechnung

Anzeige	Eingabe/Auswahl
SAP Easy Access mit **SAP Menü**	Wählen Sie im SAP-Menü: **Rechnungswesen - Controlling - Kostenstellenrechnung - Istbuchungen - Leistungsverrechnung - Erfassen**
Bildschirm: "Direkte Leistungsverrechnung erfassen", Registerkarte "Erfassungsdaten"	Eingabe bzw. Auswahl: <u>*Belegdatum:*</u> ***30.1. jjjj***, jjjj = aktuelles Jahr <u>*Buchungsdatum:*</u> ***30.1.jjjj***, jjjj = aktuelles Jahr Eingabe bzw. Auswahl (Tabelle: 1. Zeile): <u>*SendStelle:*</u> ***1210*** <u>*SLstArt:*</u> ***GKM*** <u>*EmpfStelle:*</u> ***1220*** <u>*Menge gesamt:*</u> ***1000*** Eingabe bzw. Auswahl (Tabelle: 2. Zeile): <u>*SendStelle:*</u> ***1210*** <u>*SLstArt:*</u> ***GKM*** <u>*EmpfStelle:*</u> ***1230*** <u>*Menge gesamt:*</u> ***1333***

Anzeige	Eingabe/Auswahl
	Sichern Sie die Eingaben.
Meldung in Statuszeile: *Beleg wird unter der Nummer 300000000 gebucht*	
	Erfassen Sie nun noch - mit demselben Beleg- und Buchungsdatum - die restlichen Belege (2. bis 6.) nach **Tabelle 11**, Anhang: Eingabetabellen.
	Beenden Sie anschließend die Transaktion.
SAP Easy Access mit SAP Menü	
M10.1.2 Leistungserfassung	
	Wählen Sie im SAP-Menü: **Rechnungswesen -** **Controlling -** **Kostenstellenrechnung –** **Istbuchungen -** **Senderleistungen -** **Erfassen**
Bildschirm: "Leistungen erfassen", Registerkarte "Erfassungsdaten"	
	Eingabe bzw. Auswahl: *Belegdatum:* **30.1.jjjj**, jjjj = aktuelles Jahr *Buchungsdatum:* **30.1.jjjj**, jjjj = aktuelles Jahr
	Eingabe bzw. Auswahl (Tabelle: 1. Zeile): *SendStelle:* **1241** *SLstArt:* **FST** *Menge gesamt:* **3167**
	Eingabe bzw. Auswahl (Tabelle: 2. Zeile): *SendStelle:* **1242** *SLstArt:* **FST** *Menge gesamt:* **2000**
	Sichern Sie die Eingaben.
Meldung in Statuszeile: *Beleg wird unter der Nummer 300000006 gebucht*	

Anzeige	Eingabe/Auswahl
	Erfassen Sie in analoger Weise noch die restlichen Belege (2. und 3.) nach **Tabelle 12**, Anhang: Eingabetabellen.
SAP Easy Access mit SAP Menü	Beenden Sie anschließend die Transaktion.

Anzeige	Eingabe/Auswahl
M10.2 Periodische Verrechnungen	
M10.2.1 Abgrenzung	
	Wählen Sie im SAP-Menü: **Rechnungswesen -** **Controlling -** **Kostenstellenrechnung –** **Periodenabschluß -** **Einzelfunktionen -** **Abgrenzung**
Bildschirm: "Kostenstellen-Abgrenzung Ist"	**Abgrenzungs-Testlauf ISTdurchführen:** Wählen Sie die Option **Kostenstellengruppe** Eingabe bzw. Auswahl: *Kostenstellengruppe:* ***KS_HIERxx,*** xx = Ihre Teilnehmernummer (=Standardhierarchie, d.h. alle Kostenstellen) *Periode:* ***1*** *Geschäftsjahr:* ***jjjj,*** jjjj = aktuelles Jahr Markieren Sie unter "Ablaufsteuerung": **Testlauf** **Detaillisten** Die Abgrenzung soll also auch zunächst als Testlauf ohne Datenfortschreibung durchgeführt werden. Klicken Sie auf (= Ausführen) Abgrenzungs-Testlauf wird durchgeführt.

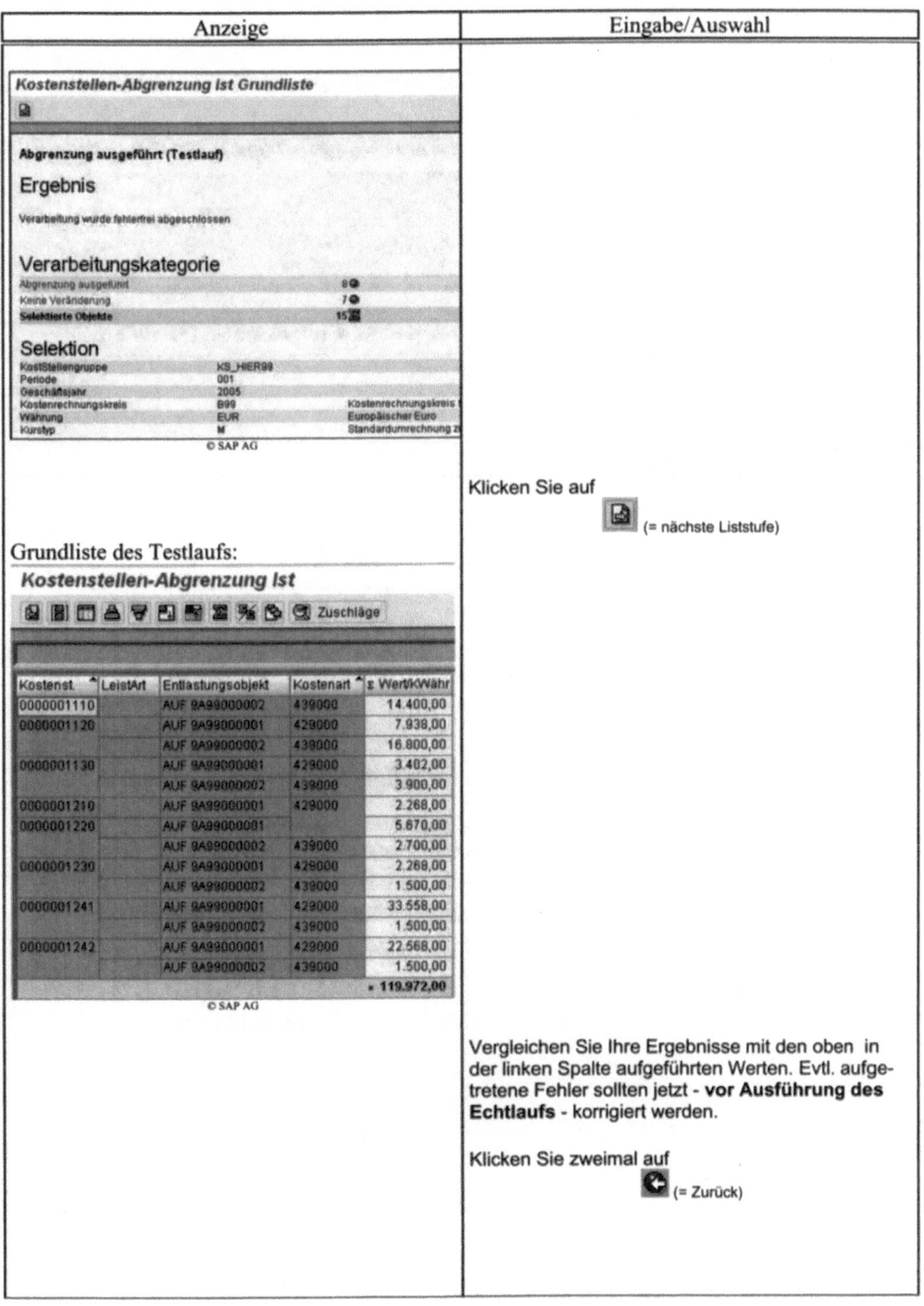

Anzeige	Eingabe/Auswahl

Klicken Sie auf (= nächste Liststufe)

Grundliste des Testlaufs:

Kostenstellen-Abgrenzung Ist

Kostenst.	LeistArt	Entlastungsobjekt	Kostenart	Σ Wert/KWähr
0000001110		AUF 9A99000002	439000	14.400,00
0000001120		AUF 9A99000001	429000	7.938,00
		AUF 9A99000002	439000	16.800,00
0000001130		AUF 9A99000001	429000	3.402,00
		AUF 9A99000002	439000	3.900,00
0000001210		AUF 9A99000001	429000	2.268,00
0000001220		AUF 9A99000001		5.670,00
		AUF 9A99000002	439000	2.700,00
0000001230		AUF 9A99000001	429000	2.268,00
		AUF 9A99000002	439000	1.500,00
0000001241		AUF 9A99000001	429000	33.558,00
		AUF 9A99000002	439000	1.500,00
0000001242		AUF 9A99000001	429000	22.568,00
		AUF 9A99000002	439000	1.500,00
				▪ 119.972,00

Vergleichen Sie Ihre Ergebnisse mit den oben in der linken Spalte aufgeführten Werten. Evtl. aufgetretene Fehler sollten jetzt - **vor Ausführung des Echtlaufs** - korrigiert werden.

Klicken Sie zweimal auf (= Zurück)

<table>
<tr><th>Anzeige</th><th>Eingabe/Auswahl</th></tr>
<tr><td>Abgrenzung ausgeführt
Ergebnis
Verarbeitung wurde fehlerfrei abgeschlossen
© SAP AG

SAP Easy Access mit SAP Menü</td><td><u>Abgrenzung IST (Echtlauf) durchführen:</u>
Führen Sie nun die Ist-Abgrenzung für die Periode 1 des aktuellen Jahres (Echtlauf mit Datenfortschreibung) durch.

Beenden Sie anschließend die Transaktion.</td></tr>
<tr><td colspan="2">M10.2.2 Indirekte Leistungsverrechnung</td></tr>
<tr><td>Bildschirm: "Indirekte Leist.verrechnung Ist ausführen: Einstieg"</td><td>Wählen Sie im SAP-Menü:
Rechnungswesen -
Controlling -
Kostenstellenrechnung –
Periodenabschluß –
Einzelfunktionen -
Verrechnungen -
Indirekte Leistungsverrech nung

<u>Testlauf durchführen:</u>
Eingabe bzw. Auswahl:
<u>Periode von:</u> 1
<u>Periode bis:</u> 1
<u>Geschäftsjahr:</u> jjjj, jjjj = aktuelles Jahr
Markieren Sie unter "Ablaufsteuerung":
Testlauf
Detaillisten

Auswahl:
<u>Zyklus:</u> Z1-IST
(=Zyklus Indir.LV IST:AV)
Klicken Sie auf
(= Ausführen)

Testlauf wird durchgeführt.</td></tr>
</table>

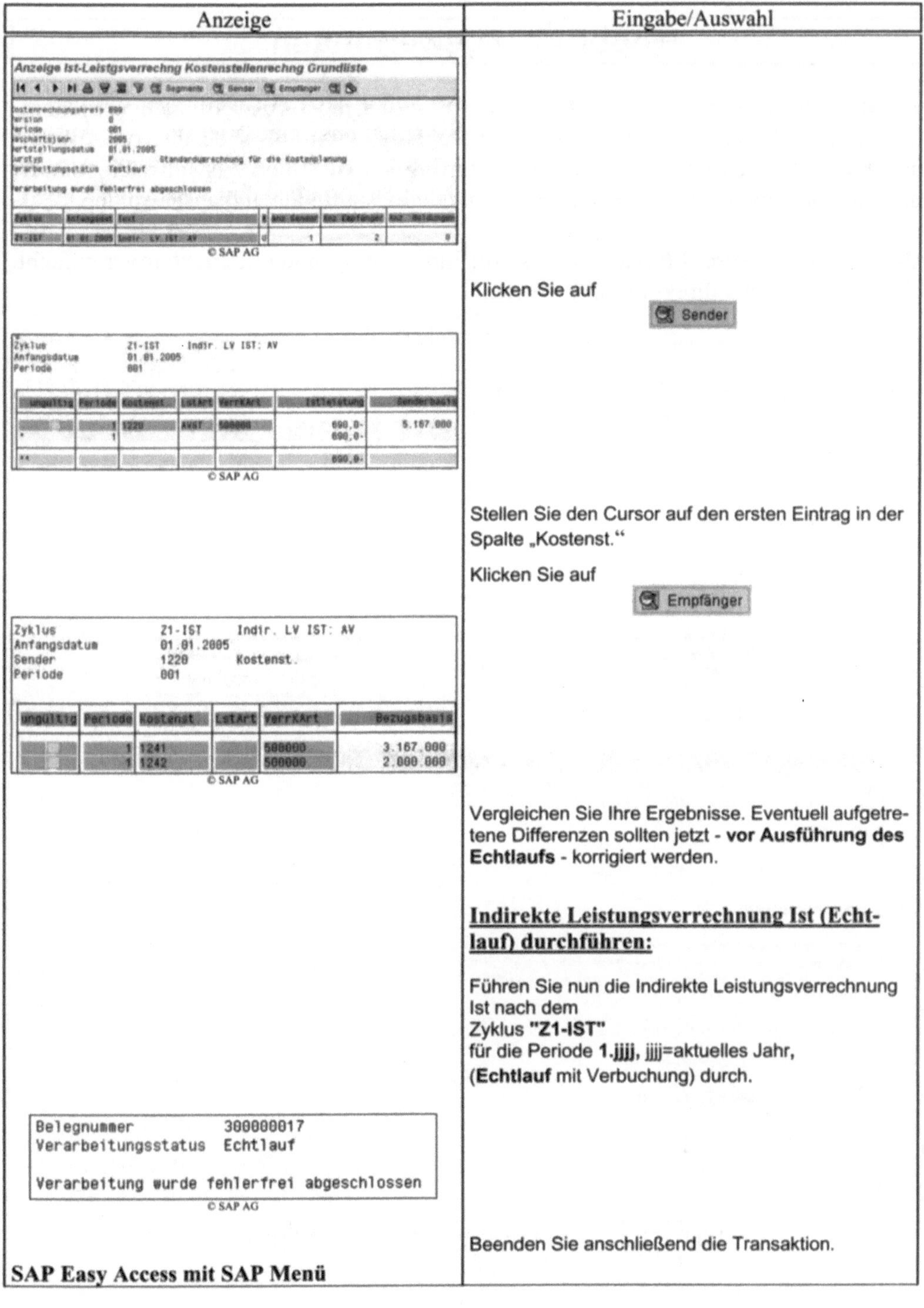

Anzeige	Eingabe/Auswahl
© SAP AG	Klicken Sie auf **Sender**
© SAP AG	Stellen Sie den Cursor auf den ersten Eintrag in der Spalte „Kostenst." Klicken Sie auf **Empfänger**
© SAP AG	Vergleichen Sie Ihre Ergebnisse. Eventuell aufgetretene Differenzen sollten jetzt - **vor Ausführung des Echtlaufs** - korrigiert werden.
	Indirekte Leistungsverrechnung Ist (Echtlauf) durchführen: Führen Sie nun die Indirekte Leistungsverrechnung Ist nach dem Zyklus **"Z1-IST"** für die Periode **1.jjjj**, jjjj=aktuelles Jahr, (**Echtlauf** mit Verbuchung) durch.
© SAP AG	Beenden Sie anschließend die Transaktion.
SAP Easy Access mit SAP Menü	

Modul 11: Auswertungen

Nachdem die Isterfassung abgeschlossen ist, sollen jetzt Auswertungen vorgenommen werden. Es gilt als Vorteil des SAP-Systems, dass eine Vielzahl von Auswertungsmöglichkeiten vorbedacht und vorgefertigt ist. Aus einer Vielzahl von Auswertungsmöglichkeiten ist die geeignete Variante herauszufinden und auszuwählen.

Ab dem R/3-Release 4.6 hat sich das Auffinden von Standardberichten vereinfacht. Man findet sie jetzt direkt im SAP-Menü.

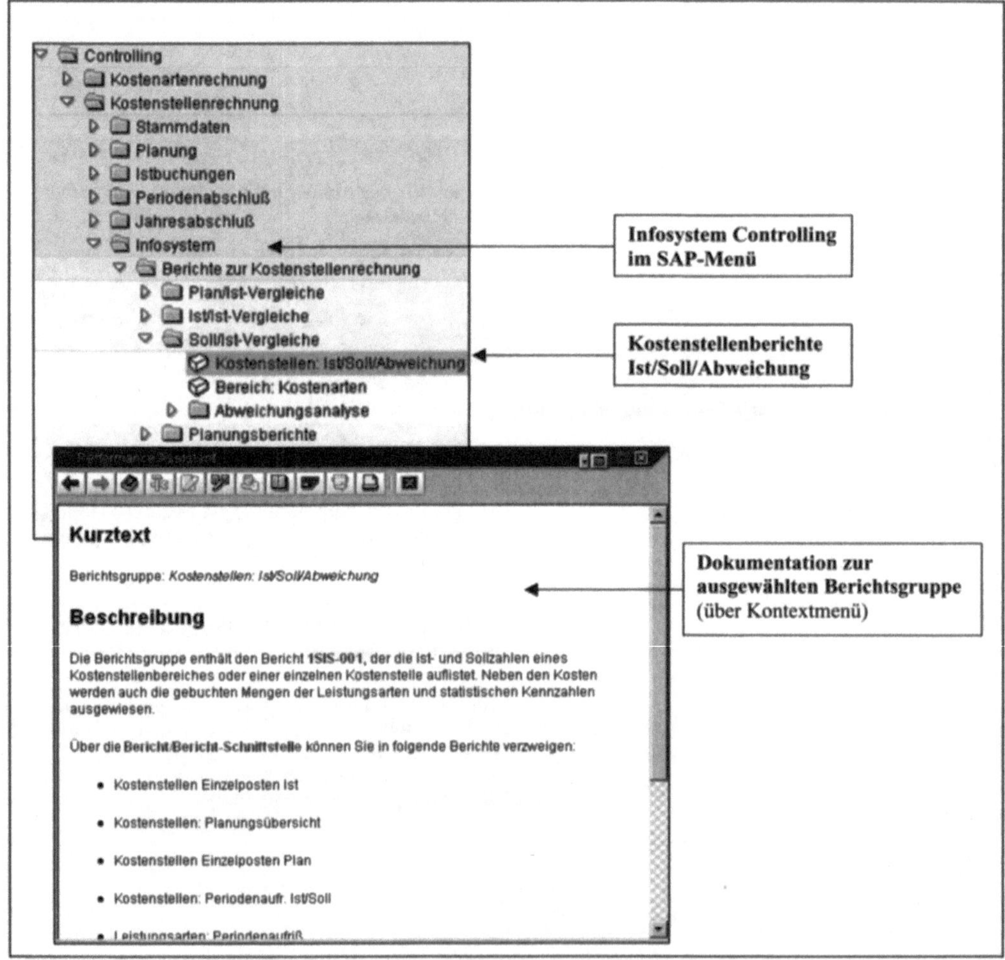

Bild 3.3/18 (Modul 11): Standardberichte im SAP-Menü

Für das Testbeispiel wird ein bestimmter Bericht namens "1SIS-001" aus der Berichtsgruppe "Kostenstellen: Ist/Soll/Abweichung" ausgewählt, der die gewünschte Struktur eines Kostenstellen-Soll-Ist-Vergleichs am ehesten trifft.

Für diesen Standardbericht wird durch die Zuordnung der Kostenartenhierarchie BAB-xx (xx Teilnehmer- bzw. Gruppennummer) beim Berichtsaufruf eine eigene Zeilenstruktur definiert.

Was ist zu tun?

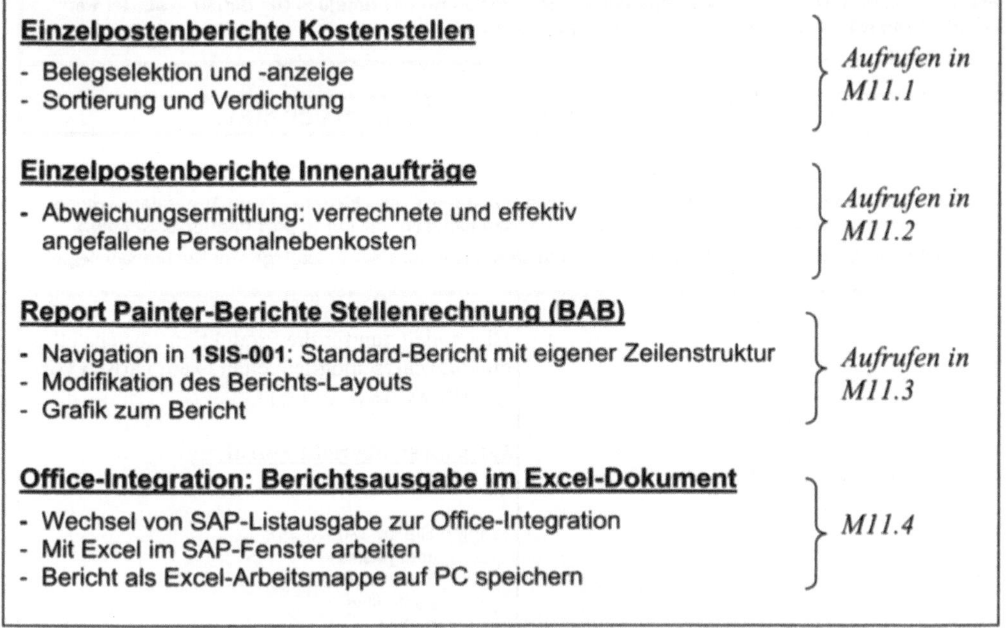

Bild 3.3/19 (Modul 11): Überblick Modul 11

In diesem Punkt können Einzelpostenberichte aufgerufen werden und der Standardbericht "1SIS-001" modifiziert und graphisch angezeigt werden.

Über die Office Integration hat sich die Schnittstelle zu Excel wesentlich verbessert. Es ist der jederzeitige Wechsel zwischen der SAP-Listausgabe und der Ausgabe des Berichts in einer – in das SAP-Fenster integrierten – Excel-Arbeitsmappe möglich.

Anzeige	Eingabe/Auswahl

Modul 11: Auswertungen

Zur Auswertung gebuchter Daten bietet das SAP-System sowohl ein interaktives als auch ein periodisches Infosystem im Modul CO.

Interaktives Infosystem:
Gebuchte Daten können zur zeitnahen Verfolgung und Analyse direkt am Bildschirm ausgewertet werden. Sämtliche Geschäftsvorgänge können sowohl einzeln als auch verdichtet, z.B. nach Kostenstelle/Kostenart analysiert werden.
Hierfür steht im Modul CO ein von SAP ausgelieferter Standardberichtsvorrat zur Verfügung. Unterschieden werden hierbei *Einzelpostenberichte* und Berichte, die mit dem *Report Painter*, einem speziellen Werkzeug zum Anlegen von Berichten, definiert wurden und verdichtete Auswertungen in Form von Matrix-Berichten ermöglichen.

Periodisches Infosystem:
Berichte können zu vordefinierten Zeitpunkten innerhalb von Hintergrundjobs (im Batch) gestartet werden. (Dies soll jedoch nicht Thema des Testbeispiels sein.).

M11.1 Einzelpostenberichte: Stellenrechnung

Im *CO-Einzelpostenbericht* können Einzelbewegungen im Ist nach verschiedenen, vom Anwender vorgegebenen Kriterien, analysiert werden. (Einzelposten im Plan dagegen nur mit Report Painter-Berichten.)

Der Einzelpostenbericht hat die Funktion eines Istkostennachweises auf Grundlage von Buchungsbelegen.

Anzeige	Eingabe/Auswahl
	Hier sollen nun für die Produktionskostenstellen einige Analysemöglichkeiten exemplarisch vorgestellt werden.
	Einzelpostenbericht aufrufen:
SAP Easy Access mit **SAP Menü**	Wählen Sie im SAP-Menü: **Infosysteme -** **Rechnungswesen -** **Controlling –** **Berichte zur Kostenstellenrechnung –** **Einzelposten –** **Kostenstellen Einzelposten Ist**
Bildschirm "Kostenstellen Einzelposten Istkosten anzeigen: Einstieg"	

Der Listaufbau der Einzelpostenberichte wird mit Hilfe von *Anzeigevarianten* definiert.

Mit dem R/3-System werden eine Reihe von Standard-Varianten ausgeliefert, die kopiert und verändert oder durch benutzerdefinierte Varianten ergänzt werden können.

Anzeige	Eingabe/Auswahl

Eingabe bzw. Auswahl:

Kostenstellengruppe: ***PRODxx***,
xx = Ihre Teilnehmernummer

Kostenartengruppe: ***BAB-xx***
xx = Ihre Teilnehmernummer

Buchungsdatum von: ***1.1. jjjj***, jjjj = aktuelles Jahr

bis: ***31.1. jjjj***, jjjj = aktuelles Jahr

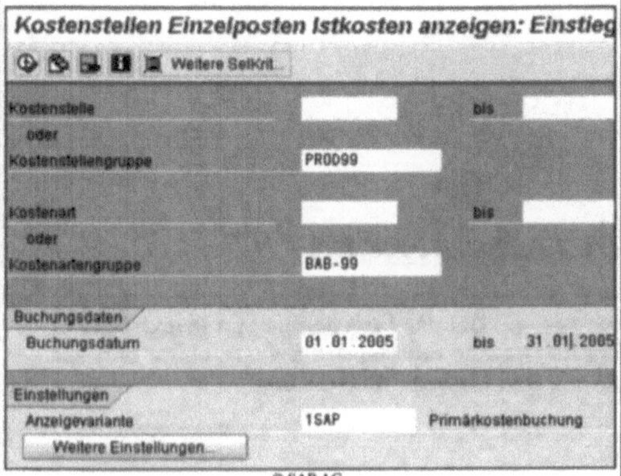

Kostenstellen Einzelposten Istkosten anzeigen: Einstieg

Weitere SelKrit.

Kostenstelle		bis	
oder			
Kostenstellengruppe	PROD99		
Kostenart		bis	
oder			
Kostenartengruppe	BAB-99		

Buchungsdaten

Buchungsdatum	01.01.2005	bis	31.01.2005

Einstellungen

Anzeigevariante	1SAP	Primärkostenbuchung

Weitere Einstellungen...

Die voreingestellte Standard-Anzeigenvariante "1SAP" soll beibehalten werden.

Klicken Sie auf (= Ausführen)

Einzelposten Januar, Anlage A:

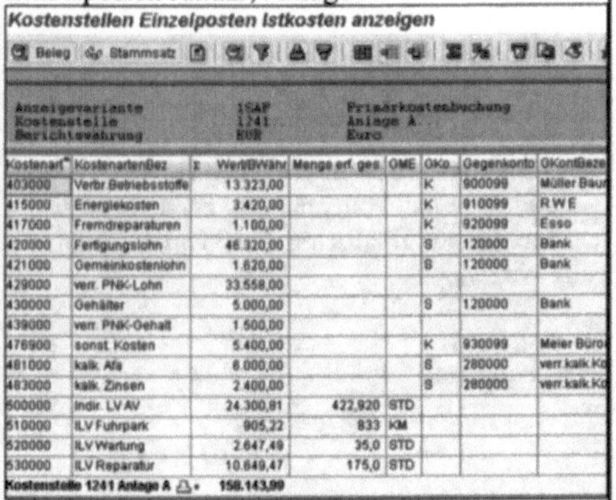

Kostenstellen Einzelposten Istkosten anzeigen

Beleg Stammsatz

Anzeigevariante	1SAP	Primärkostenbuchung
Kostenstelle	1241	Anlage A
Berichtswährung	EUR	Euro

Kostenart	KostenartenBez	Σ Wert/BWähr	Menge erf. ges.	OME	GKo	Gegenkonto	GKontBeze
403000	Verbr.Betriebsstoffe	13.323,00			K	900099	Müller Bau
415000	Energiekosten	3.420,00			K	910099	RWE
417000	Fremdreparaturen	1.100,00			K	920099	Esso
420000	Fertigungslohn	46.320,00			S	120000	Bank
421000	Gemeinkostenlohn	1.620,00			S	120000	Bank
429000	verr. PNK-Lohn	33.558,00					
430000	Gehälter	5.000,00			S	120000	Bank
439000	verr. PNK-Gehalt	1.500,00					
476900	sonst. Kosten	5.400,00			K	930099	Meier Büro
481000	kalk. Afa	6.000,00			S	280000	verr.kalk.Ko
483000	kalk. Zinsen	2.400,00			S	280000	verr.kalk.Ko
600000	indir. LV AV	24.300,81	422,920	STD			
610000	ILV Fuhrpark	905,22	833	KM			
620000	ILV Wartung	2.647,49	35,0	STD			
630000	ILV Reparatur	10.649,47	175,0	STD			
Kostenstelle 1241 Anlage A		158.143,99					

Einzelpostenbericht wird als ALV-Grid-Liste ausgegeben.

Anzeige	Eingabe/Auswahl

Einzelposten Januar, Anlage B und Summe:

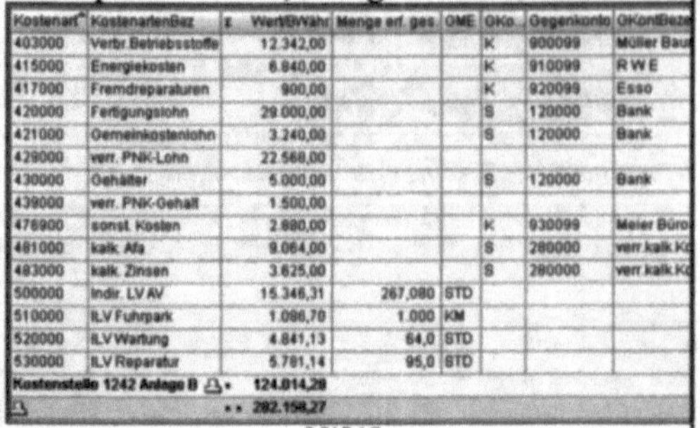

Kostenart	KostenartenBez	z	Wert/BWähr	Menge erf. ges.	OME	GKo.	Gegenkonto	GKontBeze
403000	Verbr.Betriebsstoffe		12.342,00			K	900099	Müller Bau
415000	Energiekosten		6.840,00			K	910099	R W E
417000	Fremdreparaturen		900,00			K	920099	Esso
420000	Fertigungslohn		29.000,00			S	120000	Bank
421000	Gemeinkostenlohn		3.240,00			S	120000	Bank
429000	verr. PNK-Lohn		22.568,00					
430000	Gehälter		5.000,00			S	120000	Bank
439000	verr. PNK-Gehalt		1.500,00					
476900	sonst. Kosten		2.880,00			K	930099	Meier Büro
481000	kalk. Afa		9.064,00			S	280000	verr.kalk.K
483000	kalk. Zinsen		3.625,00			S	280000	verr.kalk.K
500000	Indir. LV AV		15.346,31	267,080	STD			
510000	ILV Fuhrpark		1.096,70	1.000	KM			
520000	ILV Wartung		4.841,13	64,0	STD			
530000	ILV Reparatur		5.781,14	95,0	STD			
Kostenstelle 1242 Anlage B		•	124.014,28					
		••	282.158,27					

Originalbeleg anzeigen:

Die Anwendungen CO und FI erzeugen jeweils gesonderte Belege. Bei der Übernahme von Primärbuchungen aus der Finanzbuchhaltung werden im CO entsprechende Belege mit eigener Belegnummer erzeugt. Weitere CO-Belege entstehen durch CO-interne Vorgänge wie ILV, Umlage, Abgrenzung.

Doppelklicken Sie (exemplarisch) auf den Betrag:
5.400,00
(Kostenstelle 1241, Kostenart 476900)

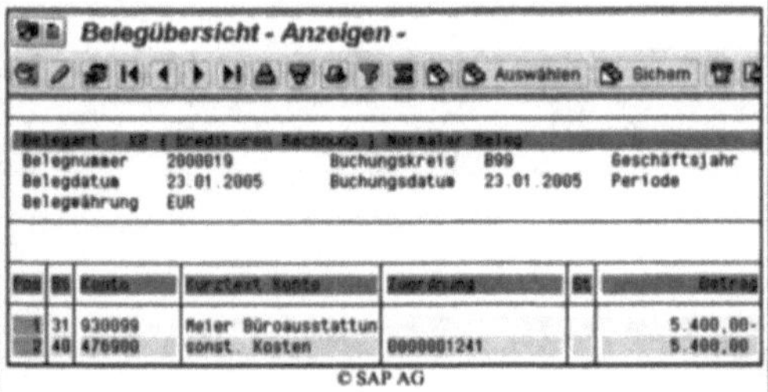

Belegübersicht - Anzeigen -

Auswählen Sichern

Belegart KR (Kreditoren Rechnung) Normaler Beleg

Belegnummer	2000019	Buchungskreis	B99	Geschäftsjahr	
Belegdatum	23.01.2005	Buchungsdatum	23.01.2005	Periode	
Belegwährung	EUR				

Pos	BS	Konto	Kurztext Konto	Zuordnung	St	Betrag
1	31	930099	Meier Büroausstattun			5.400,00-
2	40	476900	sonst. Kosten	0000001241		5.400,00

Der Einzelposten ist durch einen Buchungsvorgang in der Finanzbuchhaltung entstanden. Es wird in den Originalbeleg der Finanzbuchhaltung verzweigt.

Klicken Sie auf (= Zurück)

Bildschirm "Kostenstelle: Einzelposten Istkosten anzeigen"

Doppelklicken Sie auf den Betrag:
905,22
(Kostenstelle 1241, Kostenart 510000)

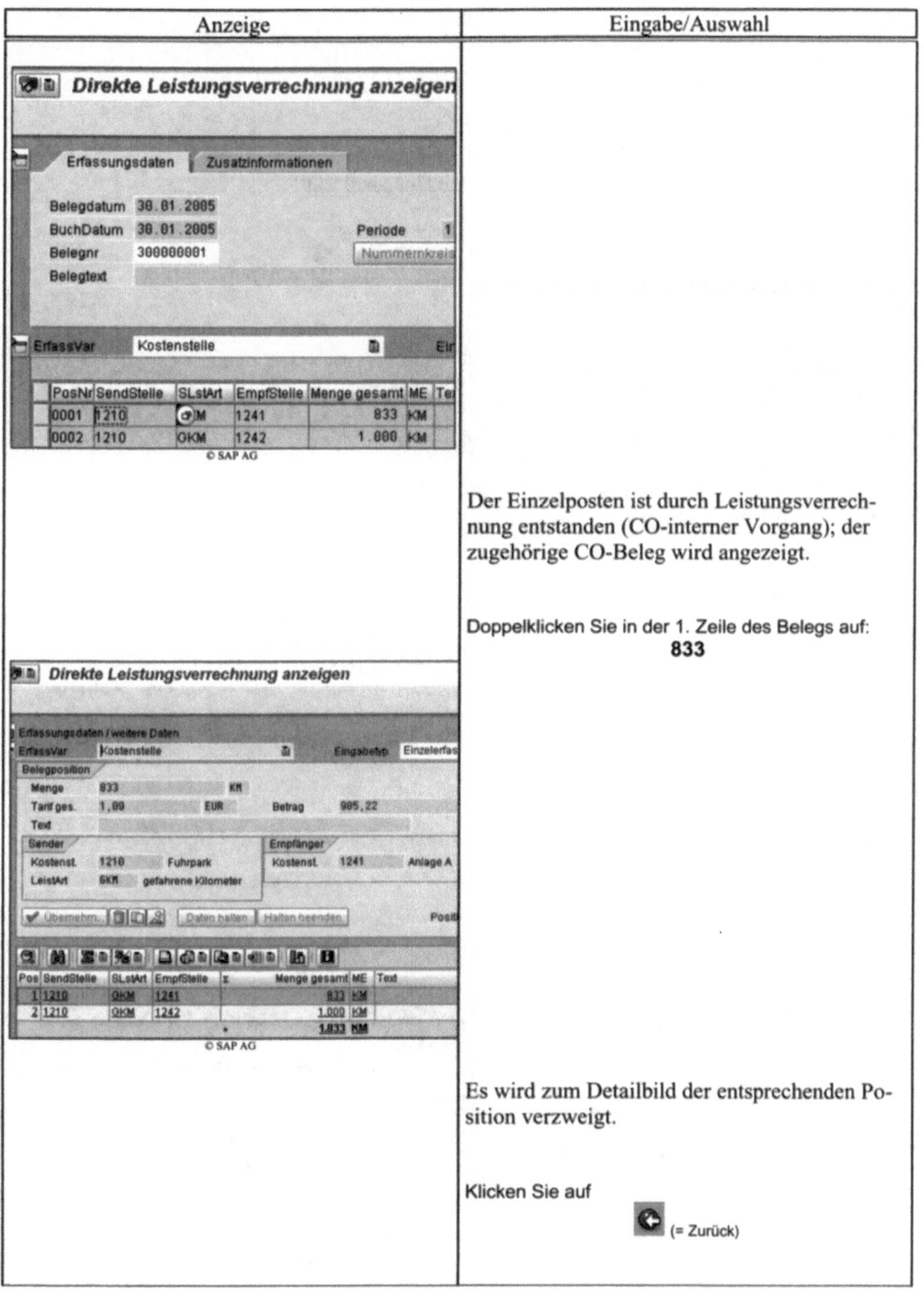

Anzeige	Eingabe/Auswahl
	Der Einzelposten ist durch Leistungsverrechnung entstanden (CO-interner Vorgang); der zugehörige CO-Beleg wird angezeigt. Doppelklicken Sie in der 1. Zeile des Belegs auf: **833**
	Es wird zum Detailbild der entsprechenden Position verzweigt. Klicken Sie auf (= Zurück)

Anzeige	Eingabe/Auswahl
Dialogfenster „Kostenstellen Einzelposten Istkosten anzeigen" 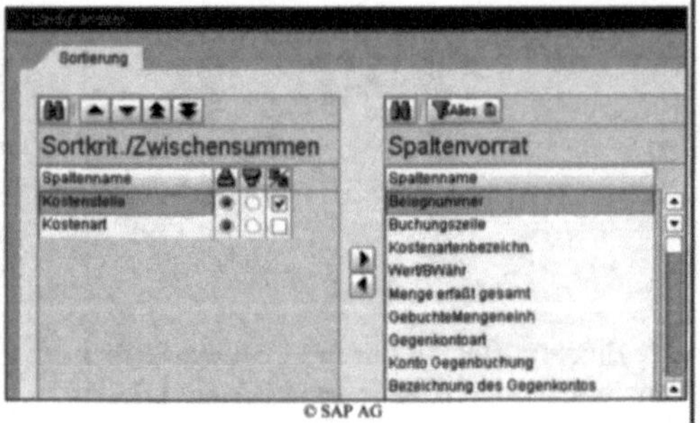	**Posten sortieren:** Klicken Sie auf (= Sortieren absteigend)
© SAP AG	Unter „Sortierkrit./Zwischensummen" sind die Merkmale aufgeführt, nach denen der Einzelpostenbericht standardmäßig sortiert ist; unter „Spaltenvorrat" stehen alle zur Verfügung stehenden Merkmale, nach denen eine Sortierung vorgenommen werden kann. Die Standardsortierung soll im Folgenden abgeändert werden.
	Markieren Sie unter „Sortierkrit./Zwischensummen" (links) das Merkmal: **Kostenstelle** Klicken Sie auf (= Sortierkriterium wegnehmen)
	Markieren Sie unter „Spaltenvorrat" (rechts) das Merkmal: **Menge erfaßt gesamt** Klicken Sie auf (=Sortierkriterium hinzunehmen)
	Wählen Sie nun noch unter „Sortierkrit./ Zwischensummen" für das Merkmal „Kostenart" die Option: (=Absteigend sortieren)

Anzeige	Eingabe/Auswahl

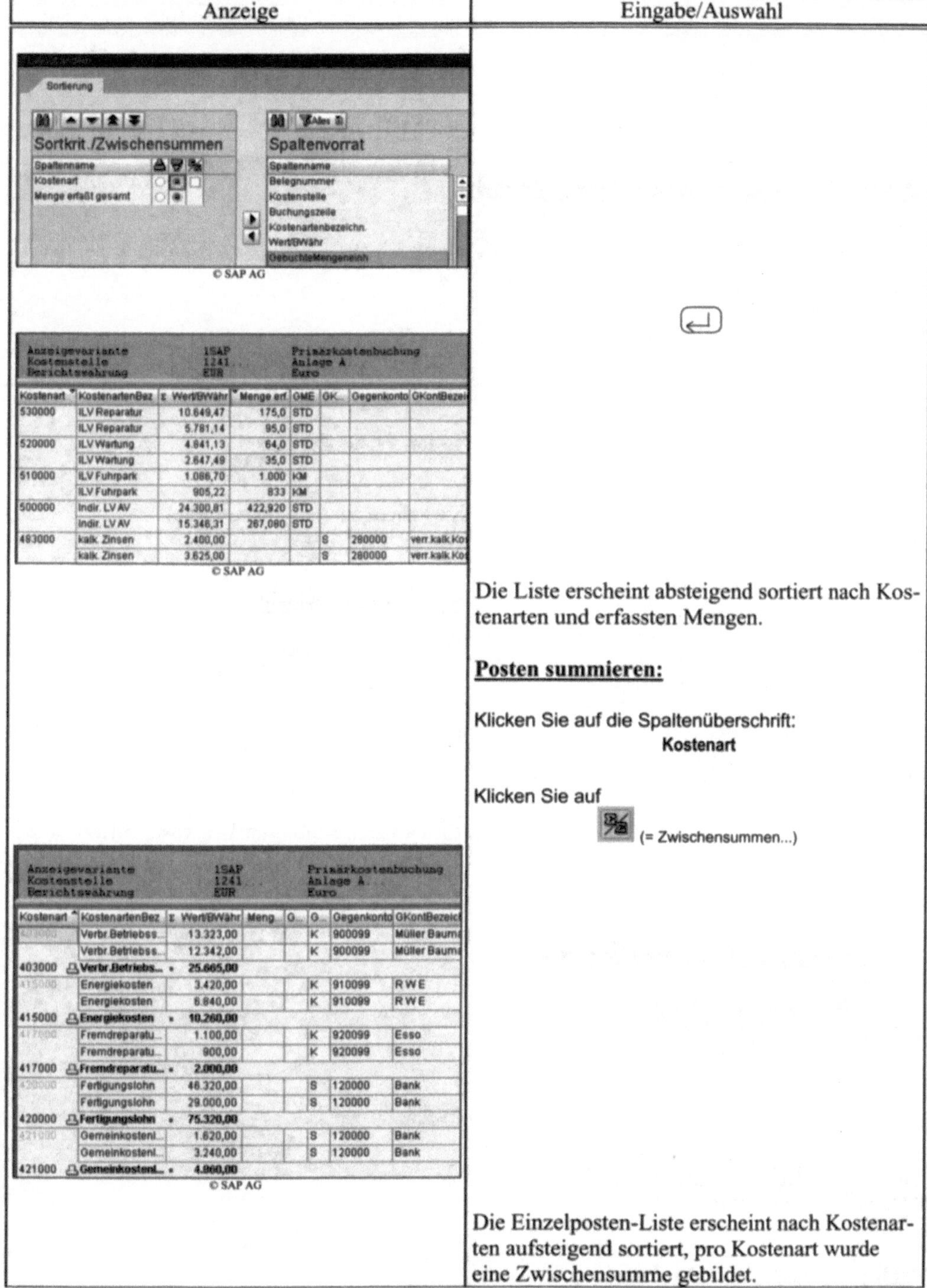

Die Liste erscheint absteigend sortiert nach Kostenarten und erfassten Mengen.

Posten summieren:

Klicken Sie auf die Spaltenüberschrift:
Kostenart

Klicken Sie auf
(= Zwischensummen...)

Die Einzelposten-Liste erscheint nach Kostenarten aufsteigend sortiert, pro Kostenart wurde eine Zwischensumme gebildet.

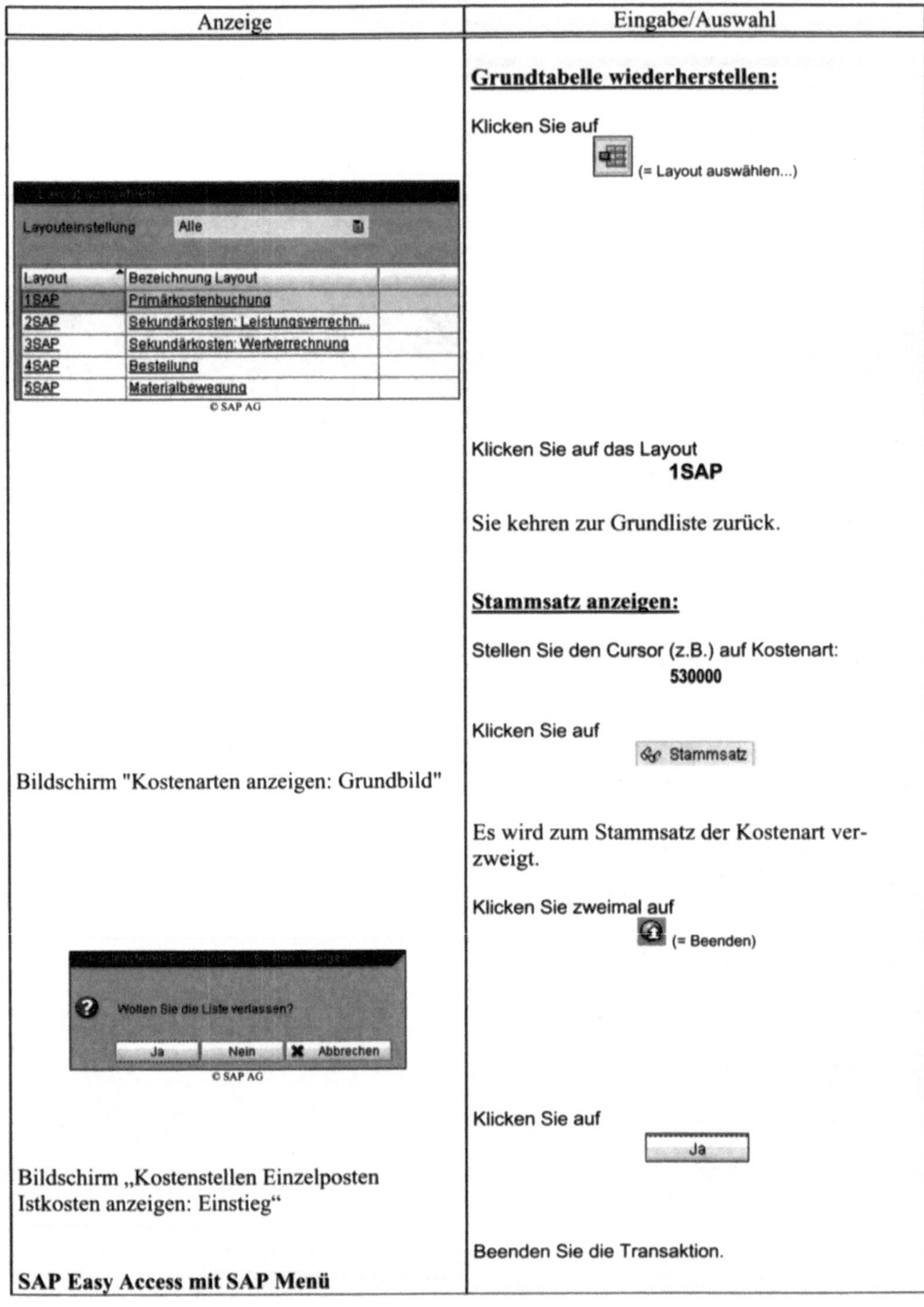

Anzeige	Eingabe/Auswahl
	<u>Grundtabelle wiederherstellen:</u> Klicken Sie auf (= Layout auswählen...)
Layouteinstellung: Alle Layout / Bezeichnung Layout 1SAP Primärkostenbuchung 2SAP Sekundärkosten: Leistungsverrechn... 3SAP Sekundärkosten: Wertverrechnung 4SAP Bestellung 5SAP Materialbewegung © SAP AG	Klicken Sie auf das Layout **1SAP** Sie kehren zur Grundliste zurück.
Bildschirm "Kostenarten anzeigen: Grundbild"	**<u>Stammsatz anzeigen:</u>** Stellen Sie den Cursor (z.B.) auf Kostenart: **530000** Klicken Sie auf Stammsatz Es wird zum Stammsatz der Kostenart verzweigt. Klicken Sie zweimal auf (= Beenden)
Wollen Sie die Liste verlassen? Ja / Nein / Abbrechen © SAP AG	Klicken Sie auf Ja
Bildschirm „Kostenstellen Einzelposten Istkosten anzeigen: Einstieg"	
SAP Easy Access mit SAP Menü	Beenden Sie die Transaktion.

Anzeige	Eingabe/Auswahl
M11.2 Einzelpostenberichte: Innenaufträge	
	Es sollen im Folgenden die Abweichungen zwischen den effektiv angefallenen und den verrechneten Personalnebenkosten auf den dafür angelegten Aufträgen ermittelt werden. Für die erforderliche Selektion der Daten in den Einzelpostenberichten sind dazu zunächst noch zwei Kostenartengruppen anzulegen.
	Kostenartengruppen anlegen:
	Wählen Sie im SAP-Menü: **Rechnungswesen -** **Controlling –** **Kostenartenrechnung –** **Stammdaten –** **Kostenartengruppe –** **Anlegen**
Bildschirm „Kostenartengruppe anlegen: Einstiegsbild“	Fassen Sie die Kostenarten **"425000 eff. PNK-Lohn"** und **"429000 verr. PNK-Lohn"** zur Kostenartengruppe **"LOHN-NK*xx* Lohnnebenkosten"**, *xx*=Ihre Teilnehmernummer, zusammen. *Tipp: Gehen Sie analog zu M5.3.2 vor.*
LOHN-NK90 Lohnnebenkosten 425000 eff. PNK-Lohn 429000 verr. PNK-Lohn © SAP AG	Fassen Sie die Kostenarten **"435000 eff. PNK-Gehalt"** und **"439000 verr. PNK-Gehalt"** zur Kostenartengruppe **"GEH-NK*xx* Gehaltsnebenkosten"**, *xx*=Ihre Teilnehmernummer, zusammen.
GEH-NK90 Gehaltsnebenkosten 435000 eff. PNK-Gehalt 439000 verr. PNK-Gehalt © SAP AG	Beenden Sie anschließend die Transaktion.
SAP Easy Access mit SAP Menü	

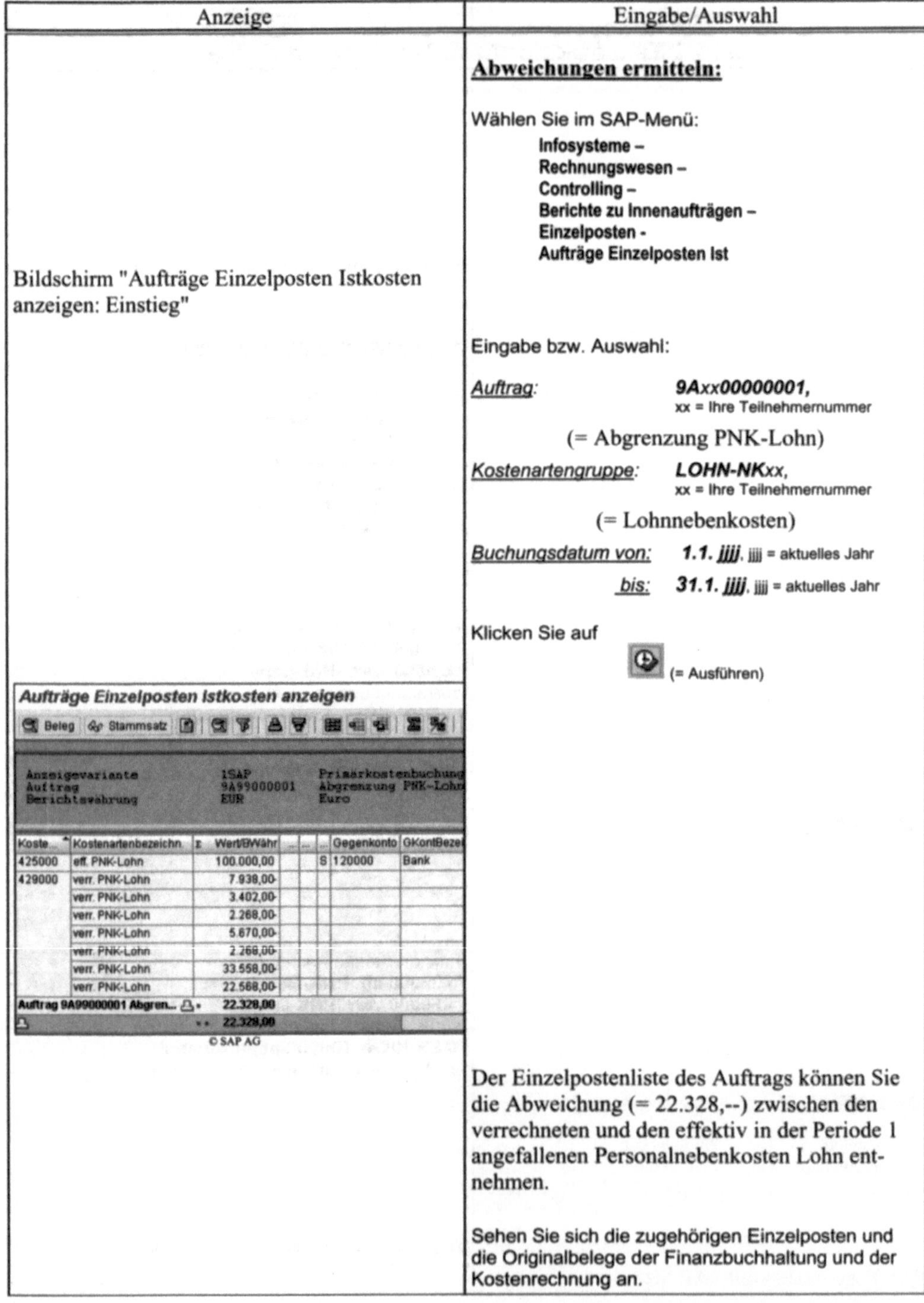

Anzeige	Eingabe/Auswahl
	Abweichungen ermitteln: Wählen Sie im SAP-Menü: **Infosysteme –** **Rechnungswesen –** **Controlling –** **Berichte zu Innenaufträgen –** **Einzelposten -** **Aufträge Einzelposten Ist**
Bildschirm "Aufträge Einzelposten Istkosten anzeigen: Einstieg"	Eingabe bzw. Auswahl: *Auftrag:* ***9Axx00000001,*** xx = Ihre Teilnehmernummer (= Abgrenzung PNK-Lohn) *Kostenartengruppe:* ***LOHN-NKxx,*** xx = Ihre Teilnehmernummer (= Lohnnebenkosten) *Buchungsdatum von:* ***1.1. jjjj***, jjjj = aktuelles Jahr *bis:* ***31.1. jjjj***, jjjj = aktuelles Jahr Klicken Sie auf (= Ausführen)
(Bildschirm "Aufträge Einzelposten Istkosten anzeigen", siehe unten)	Der Einzelpostenliste des Auftrags können Sie die Abweichung (= 22.328,--) zwischen den verrechneten und den effektiv in der Periode 1 angefallenen Personalnebenkosten Lohn entnehmen. Sehen Sie sich die zugehörigen Einzelposten und die Originalbelege der Finanzbuchhaltung und der Kostenrechnung an.

Aufträge Einzelposten Istkosten anzeigen

Beleg Stammsatz

Anzeigevariante 1SAP Primärkostenbuchung
Auftrag 9A99000001 Abgrenzung PNK-Lohn
Berichtswährung EUR Euro

Koste...	Kostenartenbezeichn.	Σ	Wert/BWähr	...	...	...	Gegenkonto	GKontBeze
425000	eff. PNK-Lohn		100.000,00			S	120000	Bank
429000	verr. PNK-Lohn		7.938,00-					
	verr. PNK-Lohn		3.402,00-					
	verr. PNK-Lohn		2.268,00-					
	verr. PNK-Lohn		5.670,00-					
	verr. PNK-Lohn		2.268,00-					
	verr. PNK-Lohn		33.558,00-					
	verr. PNK-Lohn		22.568,00-					
Auftrag 9A99000001 Abgren...		•	22.328,00					
		••	22.328,00					

Anzeige	Eingabe/Auswahl

Ermitteln Sie auch die Abweichung zwischen verrechneten und effektiven **Personalnebenkosten Gehalt** im Januar.

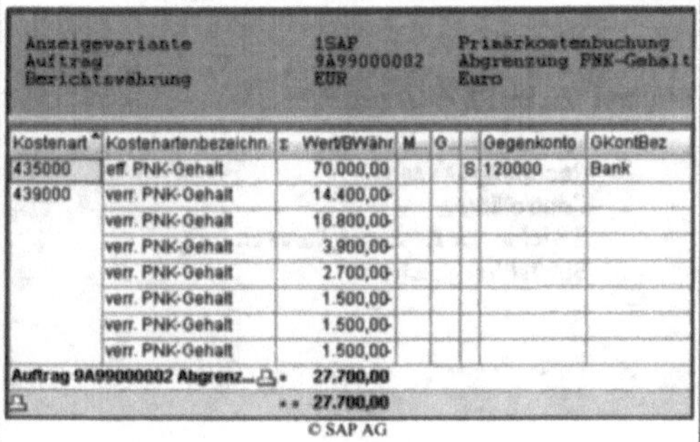

```
Anzeigevariante      1SAP         Primärkostenbuchung
Auftrag              9A99000002   Abgrenzung PNK-Gehalt
Berichtswährung      EUR          Euro
```

Kostenart	Kostenartenbezeichn.	Σ Wert/BWähr	M...	G...	...	Gegenkonto	GKontBez
435000	eff. PNK-Gehalt	70.000,00			S	120000	Bank
439000	verr. PNK-Gehalt	14.400,00-					
	verr. PNK-Gehalt	16.800,00-					
	verr. PNK-Gehalt	3.900,00-					
	verr. PNK-Gehalt	2.700,00-					
	verr. PNK-Gehalt	1.500,00-					
	verr. PNK-Gehalt	1.500,00-					
	verr. PNK-Gehalt	1.500,00-					
Auftrag 9A99000002 Abgrenz... •		**27.700,00**					
••		**27.700,00**					

Beenden Sie anschließend die Transaktion.

SAP Easy Access mit SAP Menü

M11.3 Report Painter-Berichte: Stellenrechnung (BAB)

Mit dem SAP-System werden eine Reihe von vorgefertigten Berichten im SAP-Mandanten 000 ausgeliefert. Die gewünschten Berichte können dann vom Kunden in den jeweiligen Produktivmandanten importiert und in den Berichtsvorrat aufgenommen werden .

Darüber hinaus gibt es die Möglichkeit, mit Hilfe der Werkzeuge *Report Painter* und *Report Writer* eigene individuelle Berichte zu erstellen.

Mit Report Writer- und Report Painter-Berichten können alle im Rahmen der Planung und Istverrechnung gebuchten Mengen und Werte verdichtet, in Form eines Matrix-Berichts ausgewertet werden.

Im Testbeispiel soll exemplarisch ein Report Painter-Bericht, der Standardbericht "Kostenstellen: Ist/Soll/Abweichung", aufgerufen werden. Dieser bildet einen Bertriebsabrechnungsbogen (BAB) ab.

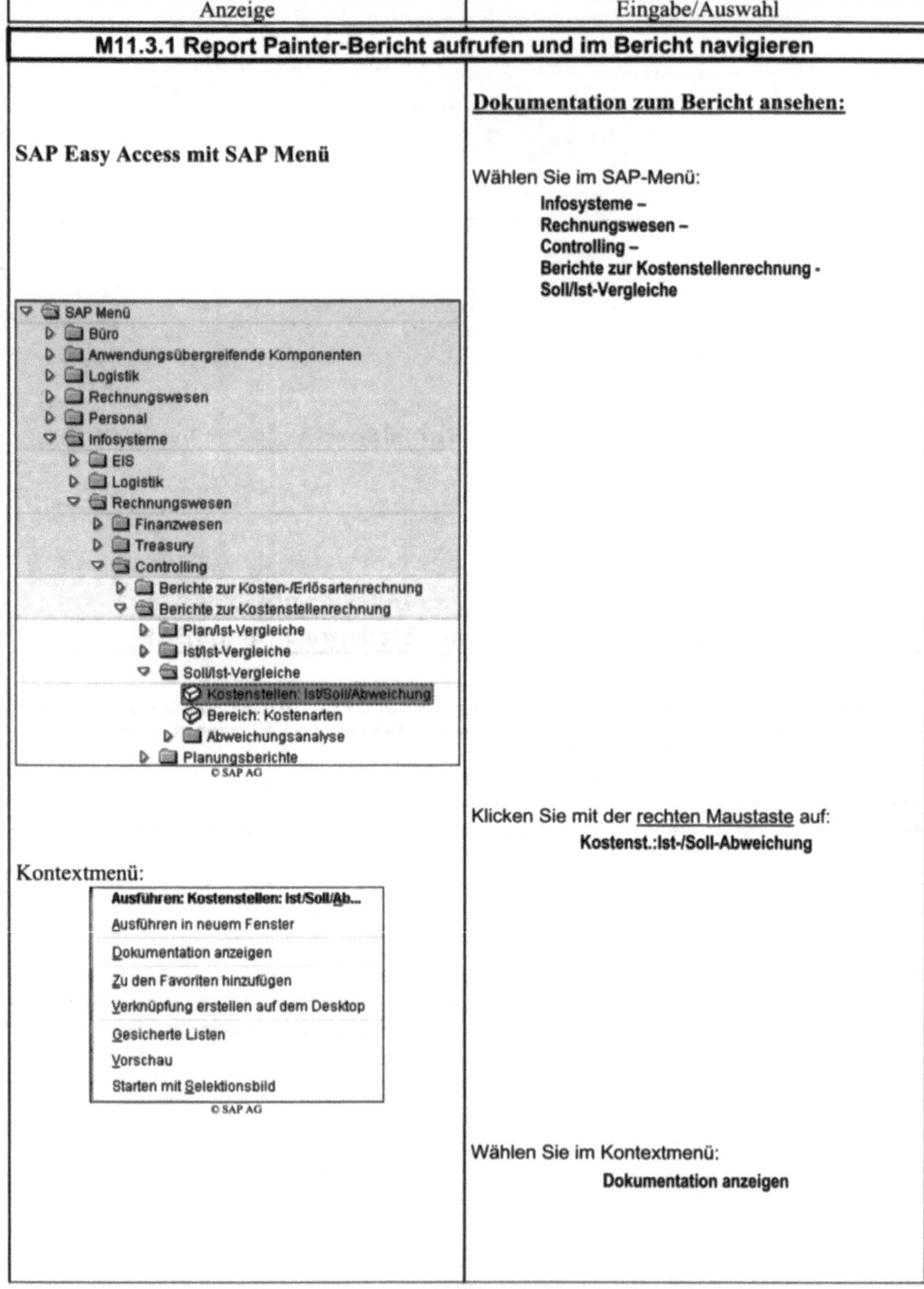

Anzeige	Eingabe/Auswahl
M11.3.1 Report Painter-Bericht aufrufen und im Bericht navigieren	
	Dokumentation zum Bericht ansehen:
SAP Easy Access mit SAP Menü	Wählen Sie im SAP-Menü: **Infosysteme – Rechnungswesen – Controlling – Berichte zur Kostenstellenrechnung - Soll/Ist-Vergleiche**
SAP Menü Büro Anwendungsübergreifende Komponenten Logistik Rechnungswesen Personal Infosysteme EIS Logistik Rechnungswesen Finanzwesen Treasury Controlling Berichte zur Kosten-/Erlösartenrechnung Berichte zur Kostenstellenrechnung Plan/Ist-Vergleiche Ist/Ist-Vergleiche Soll/Ist-Vergleiche Kostenstellen: Ist/Soll/Abweichung Bereich: Kostenarten Abweichungsanalyse Planungsberichte © SAP AG	
	Klicken Sie mit der rechten Maustaste auf: **Kostenst.:Ist-/Soll-Abweichung**
Kontextmenü: **Ausführen: Kostenstellen: Ist/Soll/Ab...** Ausführen in neuem Fenster Dokumentation anzeigen Zu den Favoriten hinzufügen Verknüpfung erstellen auf dem Desktop Gesicherte Listen Vorschau Starten mit Selektionsbild © SAP AG	
	Wählen Sie im Kontextmenü: **Dokumentation anzeigen**

<table>
<tr><th>Anzeige</th><th>Eingabe/Auswahl</th></tr>
<tr><td> 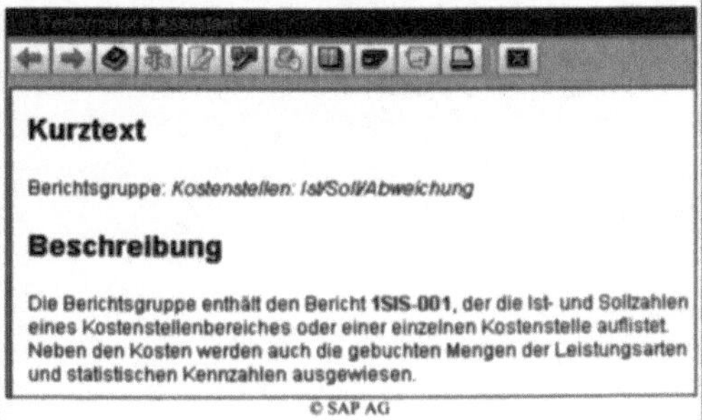Kurztext
Berichtsgruppe: Kostenstellen: Ist/Soll/Abweichung
Beschreibung
Die Berichtsgruppe enthält den Bericht 1SIS-001, der die Ist- und Sollzahlen eines Kostenstellenbereiches oder einer einzelnen Kostenstelle auflistet. Neben den Kosten werden auch die gebuchten Mengen der Leistungsarten und statistischen Kennzahlen ausgewiesen.
© SAP AG</td><td>Schließen Sie nach dem Lesen der Dokumentation das Dialogfenster "Performance Assistant".</td></tr>
<tr><td>SAP Easy Access mit SAP Menü</td><td><u>Bericht aufrufen:</u>
Wählen Sie im SAP-Menü:
Infosysteme –
Rechnungswesen –
Controlling –
Berichte zur Kostenstellenrechnung -
Soll/Ist-Vergleiche
Kostenst.: Ist/Soll/Abweichung</td></tr>
<tr><td>Bildschirm "Kostenstellen: Ist/Soll/Abweichung: Selektieren"</td><td>Eingabe bzw. Auswahl:
<u>Kostenrechungskreis:</u> Bxx, xx = Ihre Teilnehmernummer
<u>Geschäftsjahr:</u> <u>jjjj</u>. jjjj = aktuelles Jahr
<u>Von Periode:</u> 1
<u>Bis Periode:</u> 1
<u>Planversion:</u> 0
<u>Kostenstellengruppe:</u> KS_HIERxx, xx = Ihre Teilnehmernummer
(= Standardhierarchie)
<u>Kostenartengruppe:</u> BAB-xx, xx = Ihre Teilnehmernummer
(= Gesamtkosten Kostenrechnungskrs. xx)</td></tr>
</table>

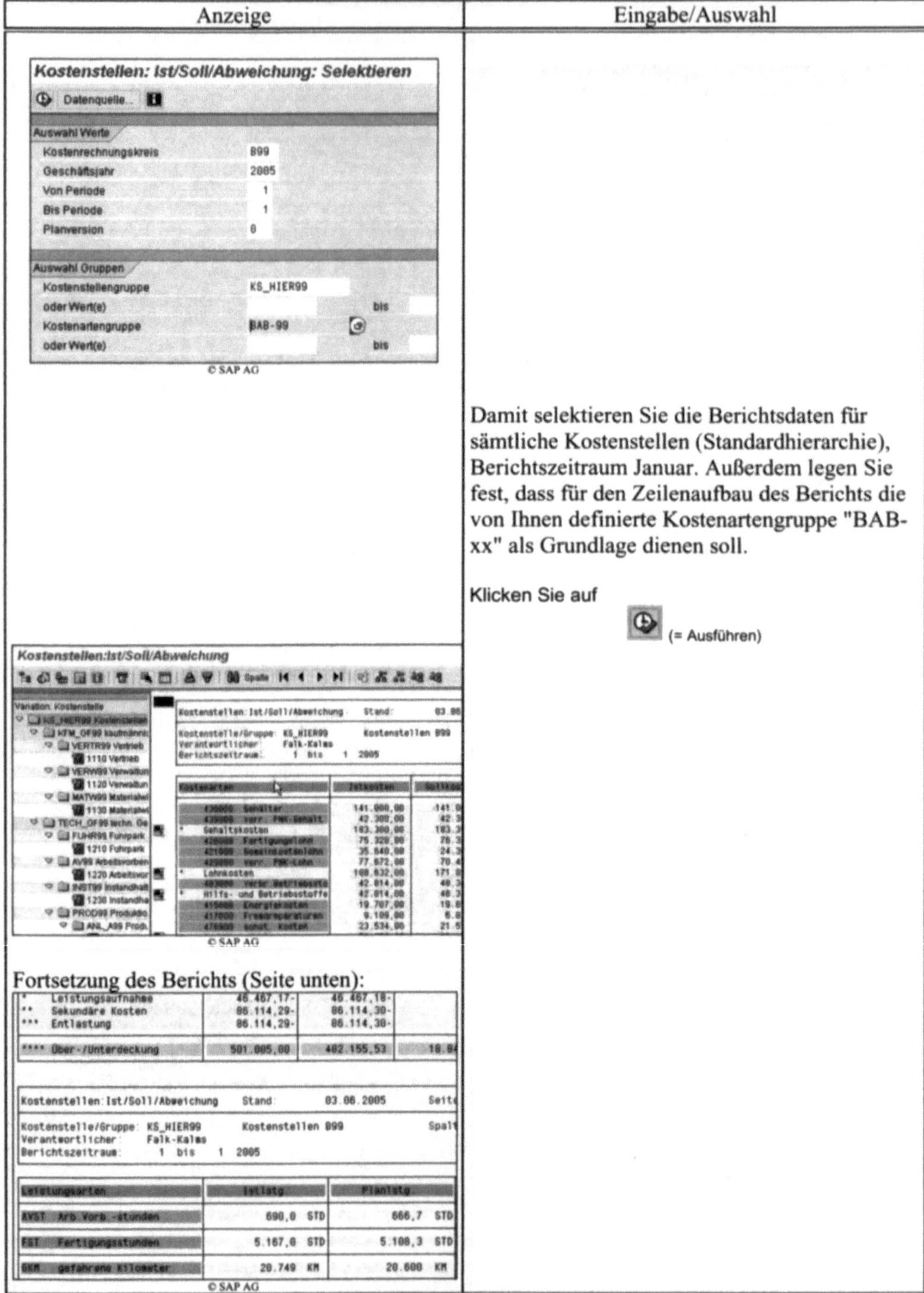

Anzeige	Eingabe/Auswahl
© SAP AG	Damit selektieren Sie die Berichtsdaten für sämtliche Kostenstellen (Standardhierarchie), Berichtszeitraum Januar. Außerdem legen Sie fest, dass für den Zeilenaufbau des Berichts die von Ihnen definierte Kostenartengruppe "BAB-xx" als Grundlage dienen soll. Klicken Sie auf (= Ausführen)
© SAP AG Fortsetzung des Berichts (Seite unten): © SAP AG	

Anzeige	Eingabe/Auswahl

Der Bericht zeigt die Januarwerte in verdichteter Form für die selektierte Kostenstellenhierarchie, hier die Standardhierarchie "KS_HIERxx", d. h. über sämtliche Kostenstellen.
Der Zeilenaufbau des Berichtes entspricht der selektierten Kostenartenhierarchie "BAB-xx".

Vergleichen Sie die **Ist- und Sollwerte** Ihres Berichts mit denen des Testbeispiels (s. 4.2 Anhang, letzte Seite: alle Kostenstellen Januar, PLAN/SOLL/IST).

Klicken Sie auf

▶ (= Seite rechts)

Fortsetzung des Berichts (Seite rechts):

Kostenarten	Istkosten	Plankosten
415000 Energiekosten	19.707,00	19.667,58
417000 Fremdreparaturen	9.109,00	6.876,33
476900 sonst. Kosten	23.534,00	21.572,49
* Sonstige Kosten	52.350,00	48.116,40
481000 kalk. Afa	25.104,00	25.080,67
483000 kalk. Zinsen	8.805,00	8.832,25
* Kalk. Kosten	33.909,00	38.912,92
** Primäre Kosten	501.005,00	483.149,92
500000 Indir. LV AV	39.647,12	38.306,42
* Indirekte Leistungsverr.	39.647,12	38.306,42
510000 ILV Fuhrpark	22.547,94	22.386,03
520000 ILV Wartung	7.488,62	7.564,26
530000 ILV Reparatur	16.430,61	15.213,53
* Leistungsaufnahme	46.467,17	45.163,82
** Sekundäre Kosten	86.114,29	83.470,24
*** Belastung	587.119,29	566.620,16
500000 Indir. LV AV	39.647,12-	38.306,42-
* Indirekte Leistungsverr.	39.647,12-	38.306,42-
510000 ILV Fuhrpark	22.547,94-	22.386,03-
520000 ILV Wartung	7.488,62-	7.564,26-
530000 ILV Reparatur	16.430,61-	15.213,53-
* Leistungsaufnahme	46.467,17-	45.163,82-
** Sekundäre Kosten	86.114,29-	83.470,24-
*** Entlastung	86.114,29-	83.470,24-
**** Über-/Unterdeckung	501.005,00	483.149,92

Vergleichen Sie auch **Plankosten und Planleistungen** für den Monat Januar Ihres Berichts mit den Werten des Testbeispiels (s. 4.2 Anhang, letzte Seite: alle Kostenstellen Januar, PLAN/SOLL/IST).

Bericht für einzelne Kostenstelle ausführen:

Klicken Sie in der Kostenstellenhierarchie (linke Fensterseite) auf die Kostenstelle:

1230 Instandhaltung

Anzeige	Eingabe/Auswahl

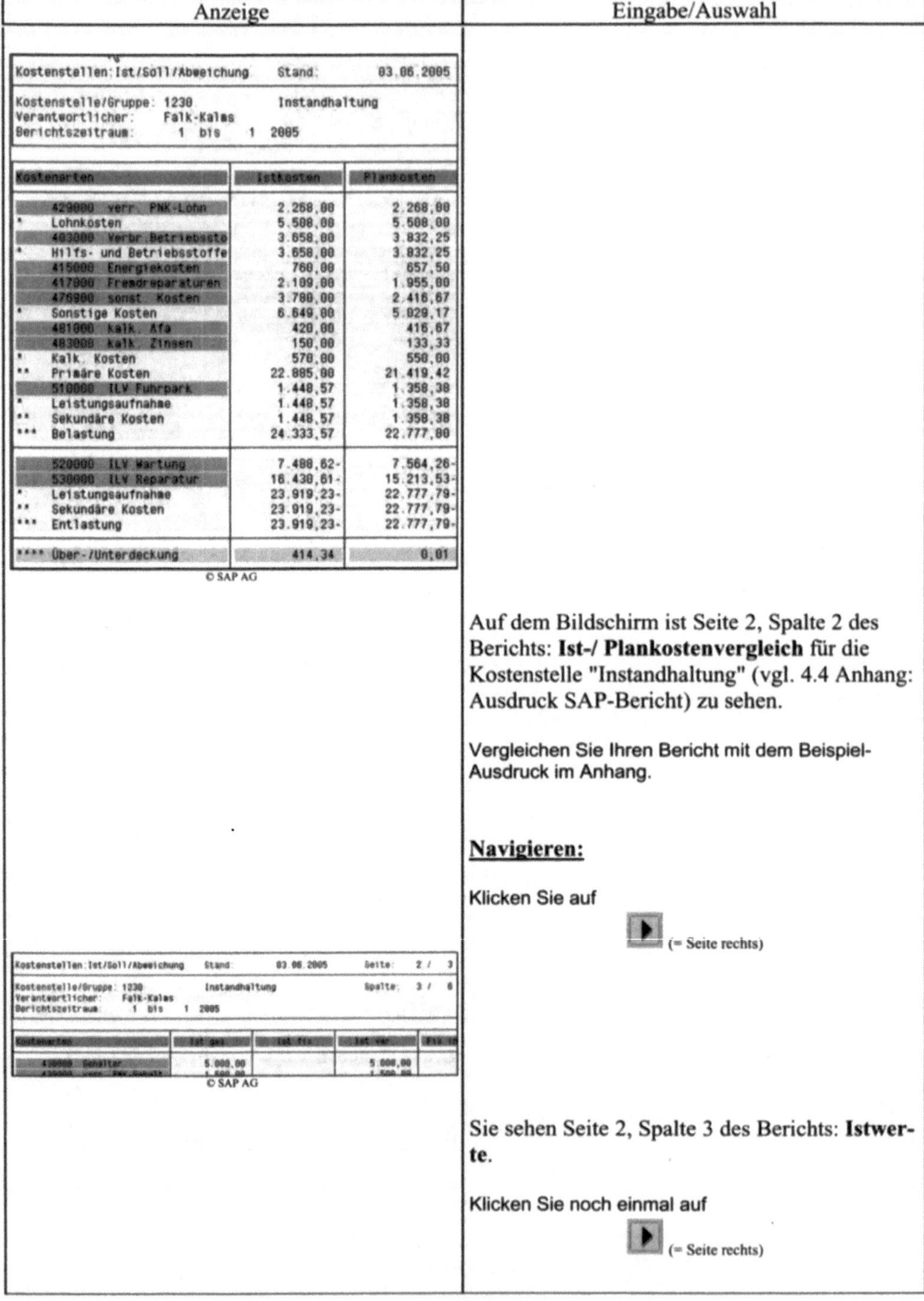

Kostenstellen:Ist/Soll/Abweichung   Stand: 03.06.2005

Kostenstelle/Gruppe: 1230   Instandhaltung
Verantwortlicher: Falk-Kalms
Berichtszeitraum: 1 bis 1 2005

Kostenarten	Istkosten	Plankosten
429000 verr. PNK-Lohn	2.268,00	2.268,00
* Lohnkosten	5.508,00	5.508,00
403000 Verbr.Betriebssto	3.658,00	3.832,25
* Hilfs- und Betriebsstoffe	3.658,00	3.832,25
415000 Energiekosten	760,00	657,50
417000 Fremdreparaturen	2.109,00	1.955,00
476900 sonst. Kosten	3.780,00	2.416,67
* Sonstige Kosten	6.649,00	5.029,17
481000 kalk. Afa	420,00	416,67
483000 kalk. Zinsen	150,00	133,33
* Kalk. Kosten	570,00	550,00
** Primäre Kosten	22.885,00	21.419,42
510000 ILV Fuhrpark	1.448,57	1.358,38
* Leistungsaufnahme	1.448,57	1.358,38
** Sekundäre Kosten	1.448,57	1.358,38
*** Belastung	24.333,57	22.777,80
520000 ILV Wartung	7.488,62-	7.564,26-
530000 ILV Reparatur	16.430,61-	15.213,53-
* Leistungsaufnahme	23.919,23-	22.777,79-
** Sekundäre Kosten	23.919,23-	22.777,79-
*** Entlastung	23.919,23-	22.777,79-
**** Über-/Unterdeckung	414,34	0,01

Auf dem Bildschirm ist Seite 2, Spalte 2 des Berichts: **Ist-/ Plankostenvergleich** für die Kostenstelle "Instandhaltung" (vgl. 4.4 Anhang: Ausdruck SAP-Bericht) zu sehen.

Vergleichen Sie Ihren Bericht mit dem Beispiel-Ausdruck im Anhang.

Navigieren:

Klicken Sie auf

(= Seite rechts)

Kostenstellen:Ist/Soll/Abweichung   Stand: 03.06.2005   Seite: 2 / 3

Kostenstelle/Gruppe: 1230   Instandhaltung   Spalte: 3 / 6
Verantwortlicher: Falk-Kalms
Berichtszeitraum: 1 bis 1 2005

Kostenarten	Ist ges	Ist fix	Ist var	Fix
430000 Gehälter	5.000,00		5.000,00	

Sie sehen Seite 2, Spalte 3 des Berichts: **Istwerte.**

Klicken Sie noch einmal auf

(= Seite rechts)

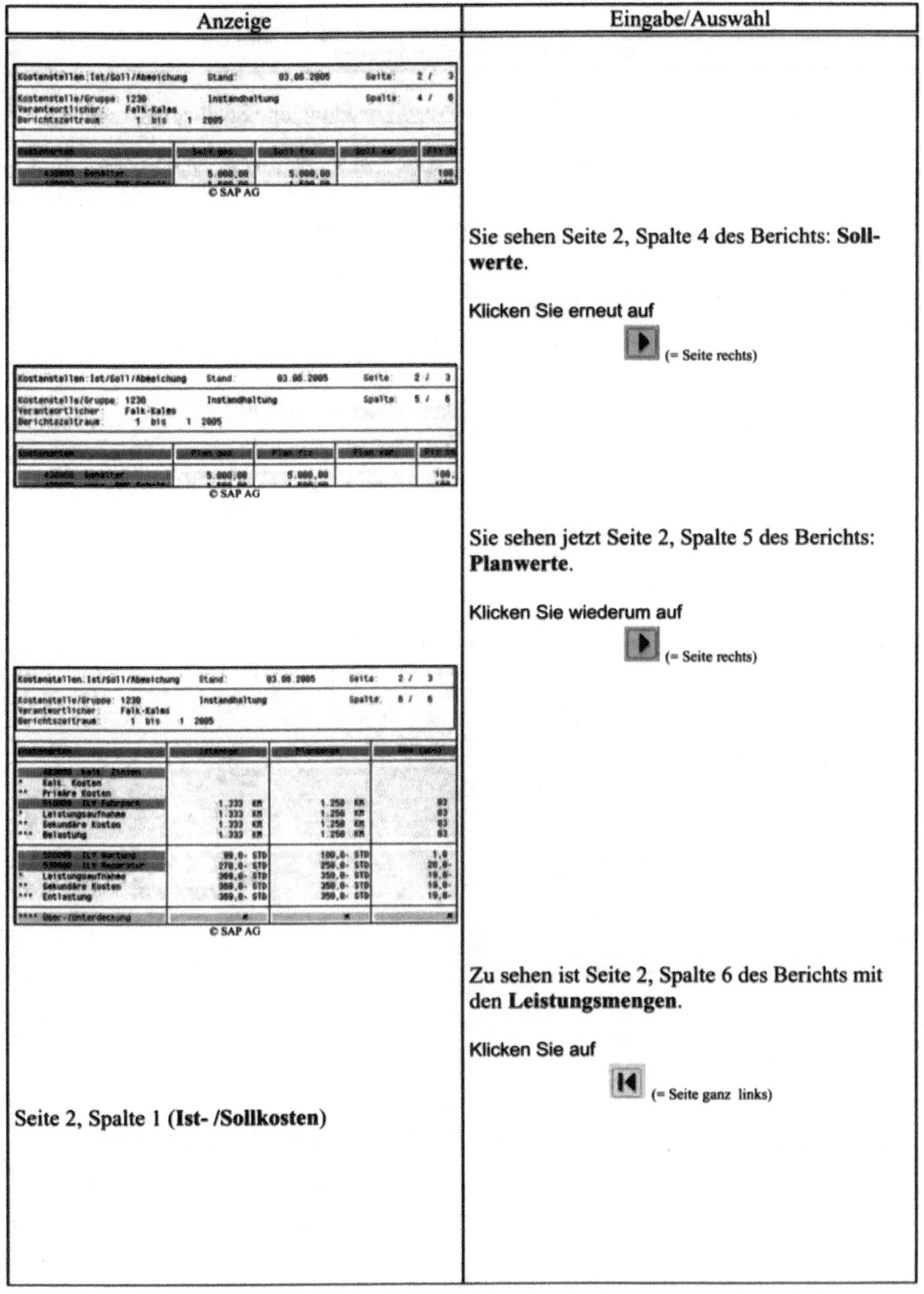

Anzeige	Eingabe/Auswahl
© SAP AG	Sie sehen Seite 2, Spalte 4 des Berichts: **Soll-werte**. Klicken Sie erneut auf (= Seite rechts)
© SAP AG	Sie sehen jetzt Seite 2, Spalte 5 des Berichts: **Planwerte**. Klicken Sie wiederum auf (= Seite rechts)
© SAP AG	Zu sehen ist Seite 2, Spalte 6 des Berichts mit den **Leistungsmengen**. Klicken Sie auf (= Seite ganz links)
Seite 2, Spalte 1 **(Ist- /Sollkosten)**	

Anzeige	Eingabe/Auswahl

M11.3.2 Layout modifizieren

Wertdarstellung und Spaltenbreite ändern:

Positionieren Sie den Cursor auf die Spalte "Istkosten".

Wählen Sie im aktuellen Menü:
Einstellungen - Spaltenattribute...

Dialogfenster "Spaltenattribute Formatgruppe 0"

Eingabe (Änderung):

Spaltenbreite: **12**

Dezimalstellen: **0**

Wählen Sie die Option
Einheit einblenden

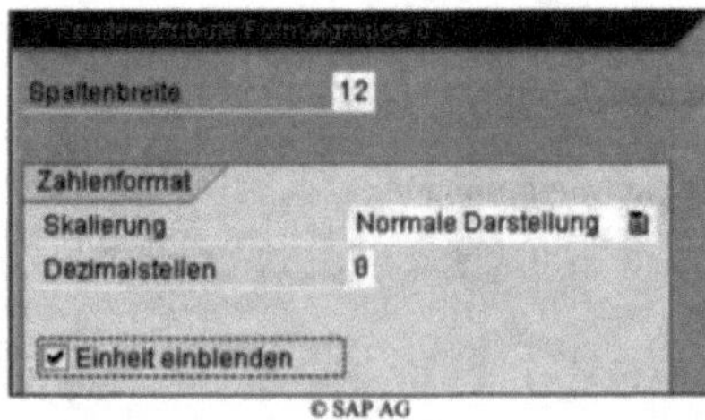

© SAP AG

Kostenarten	Istkosten	Sollkosten	Abw (abs)
430000 Gehälter	5.000 EUR	5.000 EUR	
439000 verr. PNK-Gehalt	1.500 EUR	1.500 EUR	
* Gehaltskosten	6.500 EUR	6.500 EUR	
421000 Gemeinkostenlohn	3.240 EUR	3.240 EUR	
429000 verr. PNK-Lohn	2.268 EUR	2.268 EUR	
* Lohnkosten	5.508 EUR	5.508 EUR	
403000 Verbr.Betriebssto	3.658 EUR	3.850 EUR	192- EUR
* Hilfs- und Betriebsstoffe	3.658 EUR	3.850 EUR	192- EUR
415000 Energiekosten	760 EUR	677 EUR	83 EUR
417000 Fremdreparaturen	2.109 EUR	1.955 EUR	154 EUR
476000 sonst. Kosten	3.780 EUR	2.417 EUR	1.363 EUR
* Sonstige Kosten	6.649 EUR	5.049 EUR	1.600 EUR

© SAP AG

Das Layout des Berichts hat sich Ihren Einstellungen entsprechend geändert.

Hierarchie um eine Stufe komprimieren:

Klicken Sie vor jeder Summenzeile mit einem " * " auf

(= Komprimieren)

Anzeige	Eingabe/Auswahl

Kostenarten	Istkosten	Sollkosten
* Gehaltskosten	6.500 EUR	6.500 EUR
* Lohnkosten	5.508 EUR	5.508 EUR
* Hilfs- und Betriebsstoffe	3.658 EUR	3.850 EUR
* Sonstige Kosten	6.649 EUR	5.049 EUR
* Kalk. Kosten	570 EUR	550 EUR
** Primäre Kosten	22.885 EUR	21.457 EUR
* Leistungsaufnahme	1.449 EUR	1.358 EUR
** Sekundäre Kosten	1.449 EUR	1.358 EUR
*** Belastung	24.334 EUR	22.815 EUR
* Leistungsaufnahme	23.919- EUR	23.919- EUR
** Sekundäre Kosten	23.919- EUR	23.919- EUR
*** Entlastung	23.919- EUR	23.919- EUR
**** Über-/Unterdeckung	414 EUR	1.104- EUR

Alle Ebenen unterhalb der Summenzeilen (hier: alle Kostenarten) werden verborgen.

M11.3.3 Grafik anzeigen

Grafik aufrufen:

Stellen Sie den Cursor auf **6.500 EUR** (= Gehaltskosten Istkosten)

Klicken Sie auf (= Markieren)

Die Zahl 6.500 ist markiert.

Stellen Sie Cursor auf **550 EUR** (= Kalk. Kosten Sollkosten)

Klicken Sie auf (= Markieren)

Block (= primäre Kosten Ist und Soll) ist markiert.

Wählen Sie im aktuellen Menü: **Einstellungen - Optionen**

Dialogfenster "Optionen"

Wählen Sie die Option **Expertenmodus**

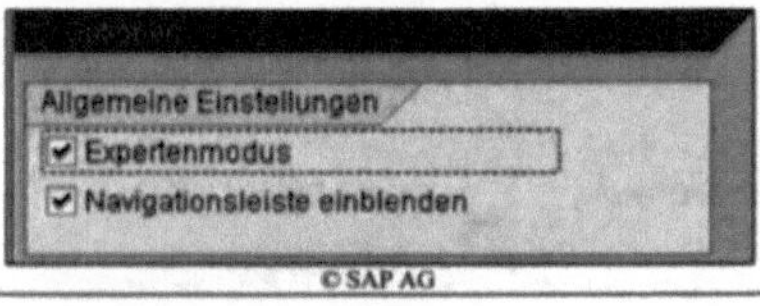

Allgemeine Einstellungen
☑ Expertenmodus
☑ Navigationsleiste einblenden

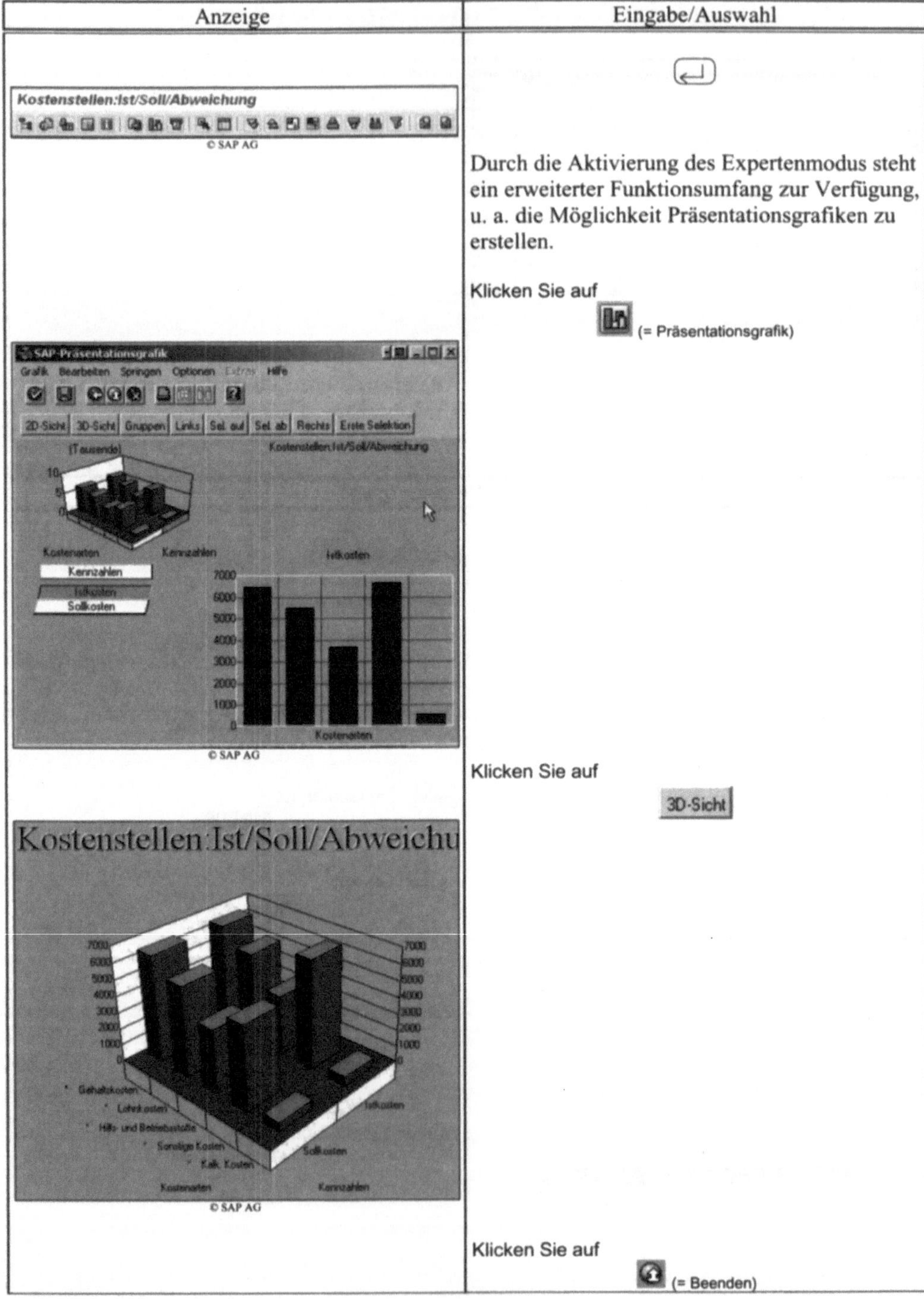

Anzeige	Eingabe/Auswahl
© SAP AG	Durch die Aktivierung des Expertenmodus steht ein erweiterter Funktionsumfang zur Verfügung, u. a. die Möglichkeit Präsentationsgrafiken zu erstellen. Klicken Sie auf (= Präsentationsgrafik)
© SAP AG	Klicken Sie auf 3D-Sicht
© SAP AG	Klicken Sie auf (= Beenden)

Anzeige	Eingabe/Auswahl

Bildschirm "Kostenstellen: Ist/Soll/Abweichung"

Kostenarten	Istkosten	Sollkosten
430000 Gehälter	5.000 EUR	5.000 EUR
439000 verr. PNK-Gehalt	1.500 EUR	1.500 EUR
* Gehaltskosten	6.500 EUR	6.500 EUR
421000 Gemeinkostenlohn	3.240 EUR	3.240 EUR
429000 verr. PNK-Lohn	2.260 EUR	2.260 EUR
* Lohnkosten	5.500 EUR	5.500 EUR
403000 Verbr.Betriebssto	3.650 EUR	3.850 EUR
* Hilfs- und Betriebsstoffe	3.650 EUR	3.850 EUR
415000 Energiekosten	760 EUR	677 EUR
417000 Fremdreparaturen	2.109 EUR	1.955 EUR
476900 sonst. Kosten	3.780 EUR	2.417 EUR
* Sonstige Kosten	6.649 EUR	5.049 EUR
481000 kalk. Afa	420 EUR	417 EUR
483000 kalk. Zinsen	150 EUR	133 EUR
* Kalk. Kosten	570 EUR	550 EUR
** Primäre Kosten	22.885 EUR	21.457 EUR
510000 ILV Fuhrpark	1.449 EUR	1.358 EUR
* Leistungsaufnahme	1.449 EUR	1.358 EUR
** Sekundäre Kosten	1.449 EUR	1.358 EUR
*** Belastung	24.334 EUR	22.815 EUR
520000 ILV Wartung	7.489- EUR	7.489- EUR
530000 ILV Reparatur	16.431- EUR	16.431- EUR
* Leistungsaufnahme	23.919- EUR	23.919- EUR
** Sekundäre Kosten	23.919- EUR	23.919- EUR
*** Entlastung	23.919- EUR	23.919- EUR
**** Über-/Unterdeckung	414 EUR	1.104- EUR

Das Grafikfenster wurde geschlossen; Sie befinden sich wieder im Bericht " Kostenstellen: Ist/Soll/Abweichung" für die Kostenstelle "Instandhaltung".
Die Markierung des Primärkostenblocks ist noch aktiv, der Bericht noch komprimiert.

Wählen Sie im aktuellen Menü:

Bearbeiten -
Block entmarkieren

Die Blockmarkierung wird wieder aufgehoben.

Wählen Sie im aktuellen Menü:

Sicht -
Abschnitt vollständig expandieren

Die gesamte Hierarchie wurde wieder expandiert, alle Kostenstellen sind wieder sichtbar.

Anzeige	Eingabe/Auswahl
M11.4 MS Office – Integration: Berichtsausgabe im Excel-Dokument	

Als Alternative zur Listausgabe eines Berichtes (s. unter 11.3) wird im SAP Enterprise-System die *Office Integration* angeboten. Diese ermöglicht eine interaktive Ausgabe von Berichten in Office-Dokumenten (hier: Excel-Arbeitsblätter). Dabei läuft die Office-Anwendung (hier: Microsoft Excel) innerhalb des SAP-Fensters und ermöglicht SAP- Funktionen auf dem Arbeitsblatt der Office-Anwendung. In der Berichtsausgabe kann jederzeit zwischen der Listausgabe und der Office-Integration gewechselt werden.

Anzeige	Eingabe/Auswahl
	Wechsel von der Listausgabe zur Office-Integration:
	Wählen Sie im aktuellen Menü: **Einstellungen - Optionen**
Dialogfenster "Optionen"	
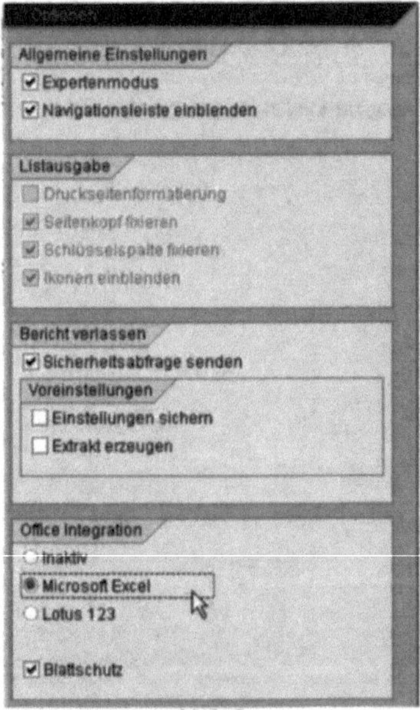 © SAP AG	Wählen Sie unter "Office Integration" die Option **Microsoft Excel**
	Durch die Aktivierung von "Blattschutz" (=Standardeinstellung) werden die vom SAP-System gefüllten Arbeitsblätter mit einem Blattschutz versehen, um die Konsistenz zwischen dem Excel-Arbeitsblatt und dem SAP-Bericht zu gewährleisten. 

Anzeige	Eingabe/Auswahl

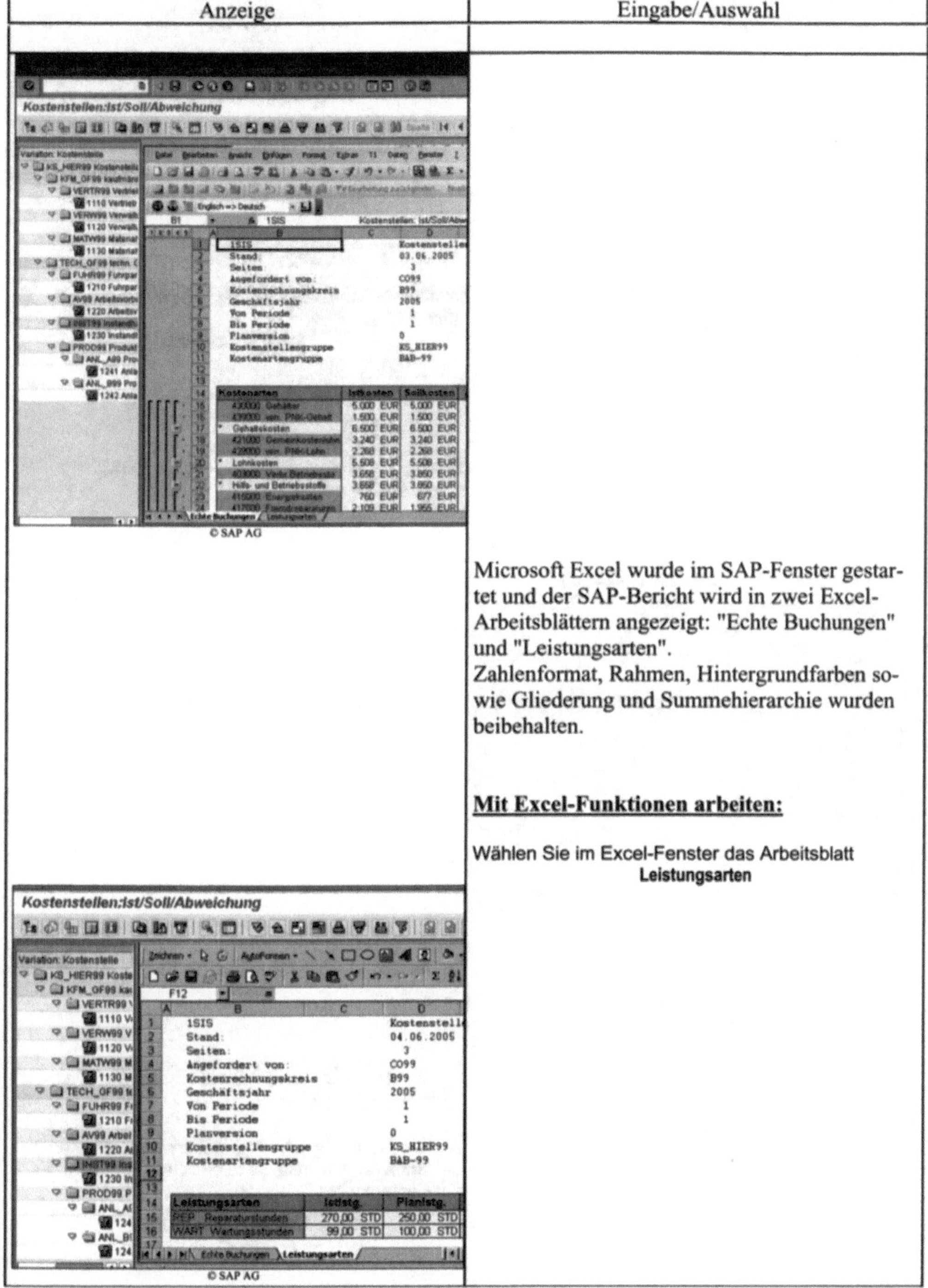

Microsoft Excel wurde im SAP-Fenster gestartet und der SAP-Bericht wird in zwei Excel-Arbeitsblättern angezeigt: "Echte Buchungen" und "Leistungsarten".
Zahlenformat, Rahmen, Hintergrundfarben sowie Gliederung und Summehierarchie wurden beibehalten.

Mit Excel-Funktionen arbeiten:

Wählen Sie im Excel-Fenster das Arbeitsblatt **Leistungsarten**

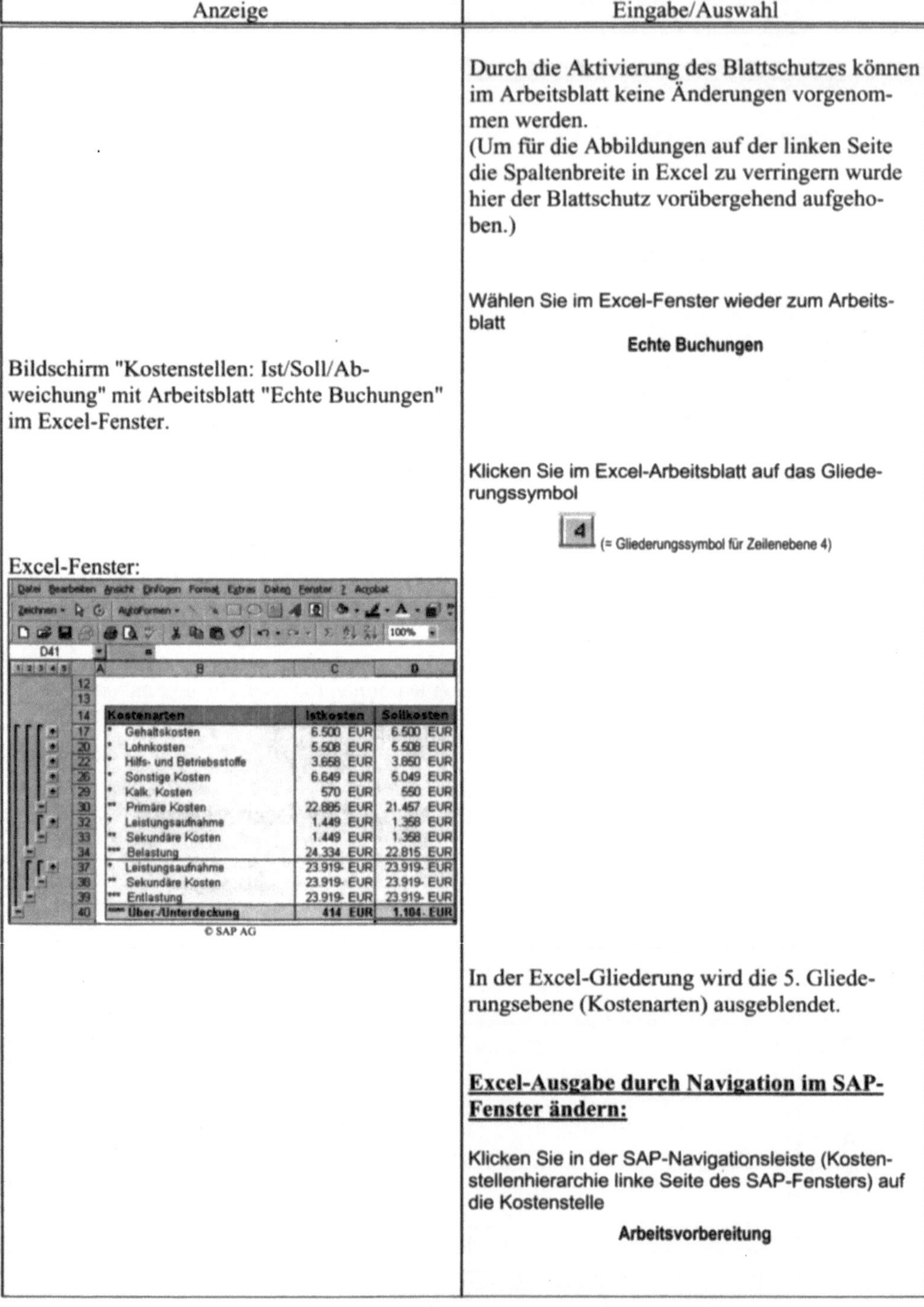

Anzeige	Eingabe/Auswahl
	Durch die Aktivierung des Blattschutzes können im Arbeitsblatt keine Änderungen vorgenommen werden. (Um für die Abbildungen auf der linken Seite die Spaltenbreite in Excel zu verringern wurde hier der Blattschutz vorübergehend aufgehoben.)
Bildschirm "Kostenstellen: Ist/Soll/Abweichung" mit Arbeitsblatt "Echte Buchungen" im Excel-Fenster.	Wählen Sie im Excel-Fenster wieder zum Arbeitsblatt **Echte Buchungen**
Excel-Fenster: (see below)	Klicken Sie im Excel-Arbeitsblatt auf das Gliederungssymbol 4 (= Gliederungssymbol für Zeilenebene 4)
	In der Excel-Gliederung wird die 5. Gliederungsebene (Kostenarten) ausgeblendet.
	Excel-Ausgabe durch Navigation im SAP-Fenster ändern: Klicken Sie in der SAP-Navigationsleiste (Kostenstellenhierarchie linke Seite des SAP-Fensters) auf die Kostenstelle **Arbeitsvorbereitung**

Excel-Fenster:

	Kostenarten	Istkosten	Sollkosten
12			
13			
14	Kostenarten	Istkosten	Sollkosten
17	* Gehaltskosten	6.500 EUR	6.500 EUR
20	* Lohnkosten	5.508 EUR	5.508 EUR
22	* Hilfs- und Betriebsstoffe	3.658 EUR	3.850 EUR
26	* Sonstige Kosten	6.649 EUR	5.049 EUR
29	* Kalk. Kosten	570 EUR	550 EUR
30	** Primäre Kosten	22.885 EUR	21.457 EUR
32	* Leistungsaufnahme	1.449 EUR	1.358 EUR
33	** Sekundäre Kosten	1.449 EUR	1.358 EUR
34	*** Belastung	24.334 EUR	22.815 EUR
37	* Leistungsaufnahme	23.919- EUR	23.919- EUR
38	** Sekundäre Kosten	23.919- EUR	23.919- EUR
39	*** Entlastung	23.919- EUR	23.919- EUR
40	**** Über-/Unterdeckung	414 EUR	1.104- EUR

© SAP AG

<table>
<tr><th>Anzeige</th><th>Eingabe/Auswahl</th></tr>
<tr><td>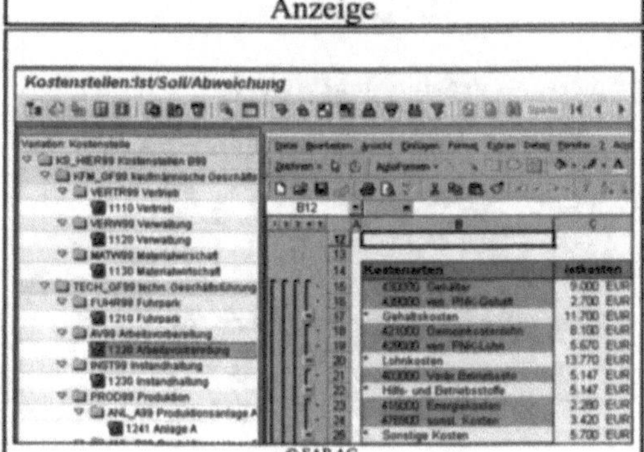
© SAP AG</td><td>In Excel werden die Zahlen der Kostenstelle "Arbeitsvorbereitung" angezeigt.

<u>Bericht als Excel-Arbeitsmappe auf dem PC speichern:</u>

Wählen Sie in der Excel-Menüleiste:
Datei</td></tr>
<tr><td>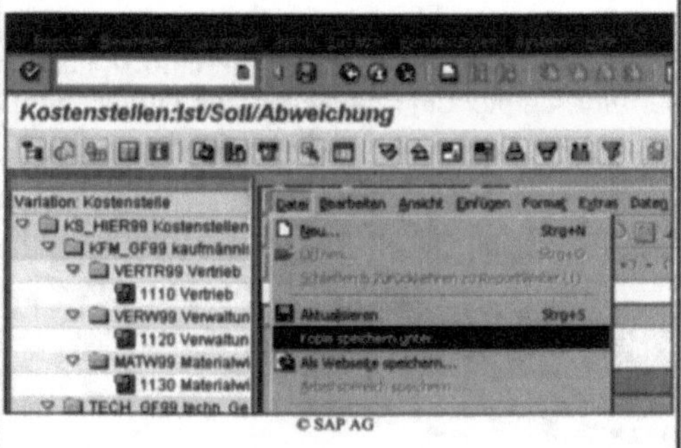
© SAP AG</td><td>Wählen Sie im (Excel-) Pulldown Menü:
Kopie speichern unter...</td></tr>
<tr><td>Windows-Dialogfenster „Speichern unter“</td><td>Geben Sie im Windows-Dialogfenster "Speichern unter" Dateiname und Ort für die Speicherung der Excel-Arbeitsmappe mit dem SAP-Bericht auf Ihrer lokalen Festplatte an.
<u>Anmerkung:</u>
- Achten Sie beim Speichern darauf, dass der gewählte Dateityp zur Excel-Installation Ihres PCs passt.
- Nach Aufhebung des Blattschutzes (über Extras - Schutz - Blattschutz aufheben) kann der Bericht später in Excel weiterverarbeitet werden.</td></tr>
</table>

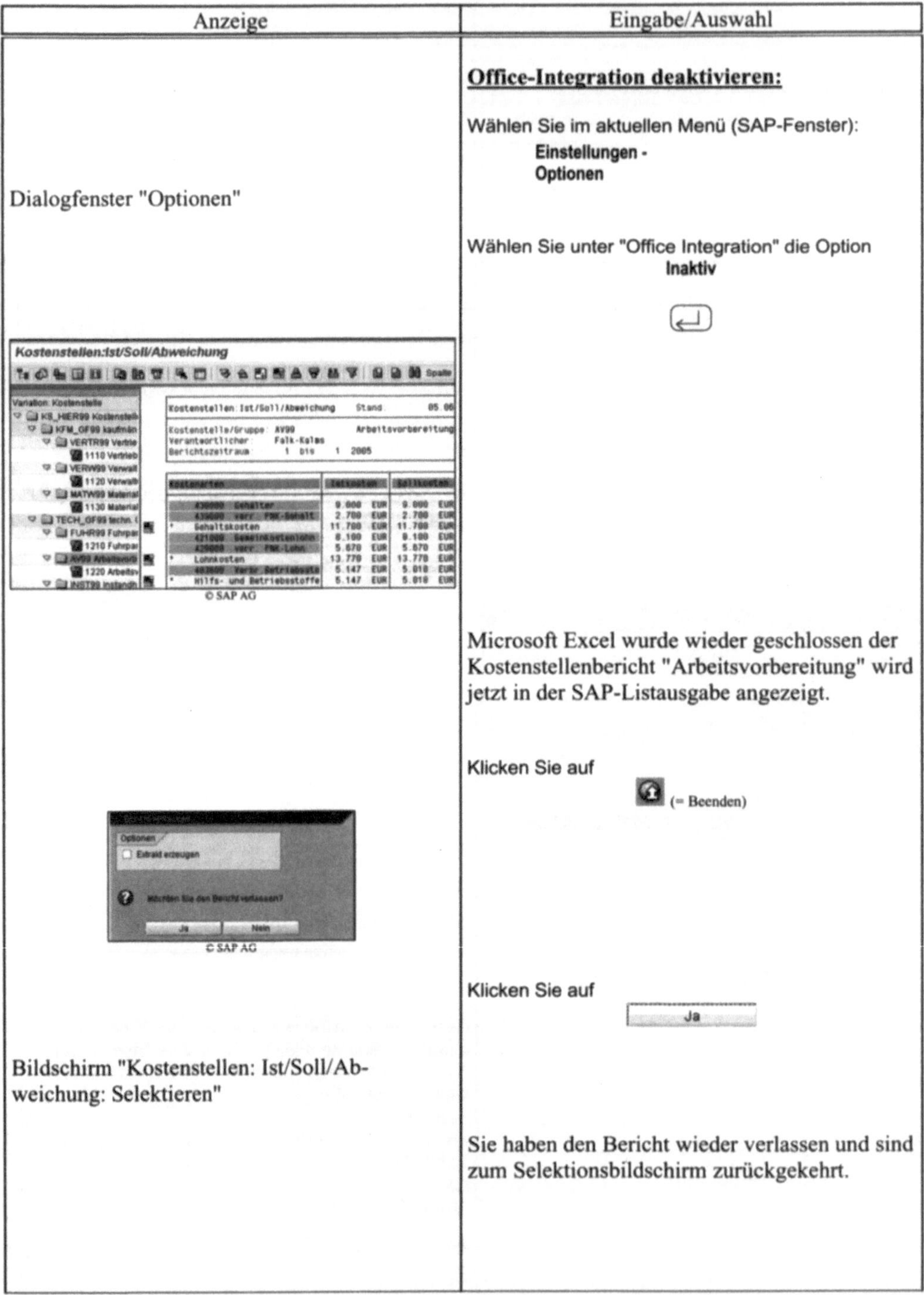

Anzeige	Eingabe/Auswahl
	Office-Integration deaktivieren:
	Wählen Sie im aktuellen Menü (SAP-Fenster): **Einstellungen - Optionen**
Dialogfenster "Optionen"	Wählen Sie unter "Office Integration" die Option **Inaktiv**
	↵
Kostenstellen:Ist/Soll/Abweichung (© SAP AG)	Microsoft Excel wurde wieder geschlossen der Kostenstellenbericht "Arbeitsvorbereitung" wird jetzt in der SAP-Listausgabe angezeigt.
	Klicken Sie auf (= Beenden)
© SAP AG	Klicken Sie auf Ja
Bildschirm "Kostenstellen: Ist/Soll/Abweichung: Selektieren"	Sie haben den Bericht wieder verlassen und sind zum Selektionsbildschirm zurückgekehrt.

Anzeige	Eingabe/Auswahl
	Bericht für restliche Kostenstellen aufrufen:
	Rufen Sie nun noch den Kostenstellen-Bericht **"Kostenstellen: Ist/Soll/Abweichung"** für die restlichen Kostenstellen auf und vergleichen Sie Ihre Ergebnisse mit den Tabellen in der Aufgabenstellung (s. Anhang: Testbeispiel als Tabellenkalkulations-Vorlage).
	Beenden Sie anschließend die Transaktion.
SAP Easy Access mit SAP Menü	

3.4 Schnittstelle für Eigenprogrammierung

Modul 12: Unternehmensdatenmodell und ABAP Dictionary

Anhand eines kleinen Ausschnitts des Controlling-Datenmodells - in dem einige der im Testbeispiel tangierten betriebswirtschaftlichen Informationsobjekte abgebildet sind – werden Verbindungen zwischen dem SAP-Unternehmensdatenmodell und den Datenstrukturen der unterliegenden Datenbank gezeigt.

Das SAP-Unternehmensdatenmodell (SAP-UDM)

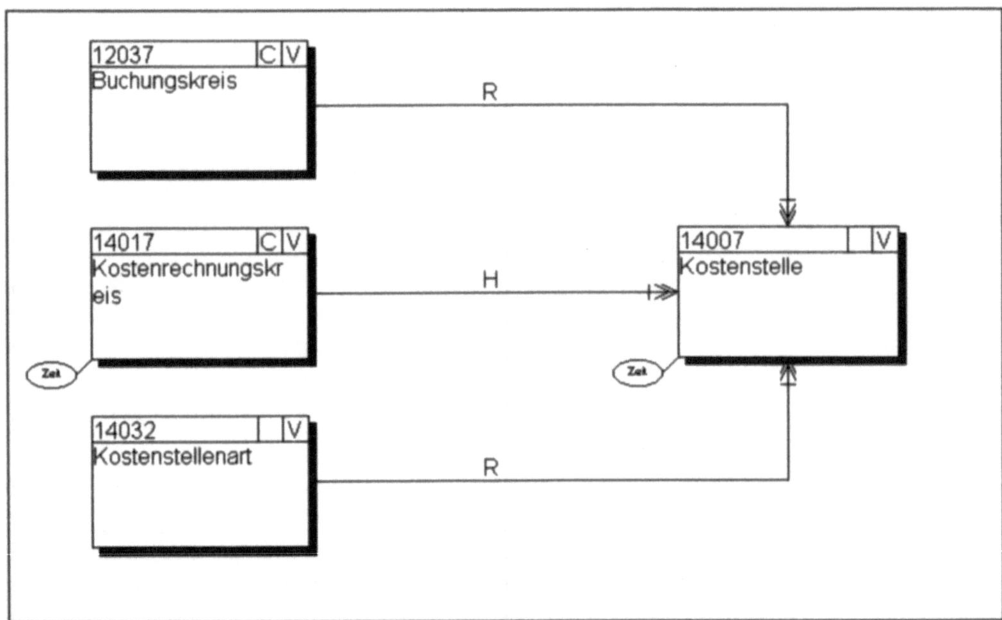

Bild 3.4/1(Modul 12): Ausschnitt aus dem Teilmodell Gemeinkosten-Controlling des SAP-Unternehmensdatenmodells

Das **SAP-Unternehmensdatenmodell** stellt die im SAP-System enthaltenen Informationsobjekte (Entitätstypen) und deren Beziehungen zueinander (Relationen) aus betriebswirtschaftlicher Sicht sowohl textuell als auch grafisch dar.

Die grafische Darstellung hat die Form eines Strukturierten Entity-Relationship-Modells (SAP-SERM):

Entitätstypen werden in der Grafik durch Rechtecke dargestellt. Ihre Anordnung ist durch den Abhängigkeitsgrad vorgegeben ('Strukturiertes' ERM): sind zwei Entitätstypen über eine Beziehung miteinander verbunden, so steht der Start-Entitätstyp (referenzierter Entitätstyp) immer links vom Ziel-Entitätstyp (abhängiger Entitätstyp). Im obigen Ausschnitt stehen die Entitätstypen *Kostenstellart*, *Buchuchungskreis*, *Kostenrechnungskreis* z. B. links von der *Kostenstelle* als abhängiger Entitätstyp.

Das *V* im oberen rechten Feld des Rechtecks zeigt an, dass dem Entitätstyp im Dictionary (s.u.) ein Datenbank-View zugeordnet ist, d. h. er wird auf eine oder auf mehrere Data Dictionary-Tabellen mit Hilfe eines Views abgebildet (siehe auch Bild 3.4/4). Weitere mögliche Arten der Dictionary-Zuordnung: *T* : genau eine Tabelle zugeordnet, *Blank* : keine Tabelle/kein View zugeordnet.

Das Feld links daneben enthält das sogenannte Customizing-Kennzeichen: *C* : Entitätstyp wird nur im Customizing verwendet, *A* : Entitätstyp wird allgemein verwendet, *Blank* : Entitätstyp wird nicht im Customizing verwendet.

Das Zeit-Symbol (im Ausschnitt den Entitätstypen *Kostenrechnungskreis* und *Kostenstelle* zugeordnet) symbolisiert die Zeitabhängigkeit von Entitätstypen. So ist zum Beispiel beim Anlegen einer Kostenstelle (=Ausprägung des Entitätstypen *Kostenstelle*) ein Gültigkeitszeitraum (vgl. M5.2.2) anzugeben.

Beziehungen zwischen den Entitätstypen sind gerichtet (vom unabhängigen zum abhängigen Entitätstypen) und erscheinen in der Grafik als Pfeilsymbole. Die Buchstaben an den Pfeillinien geben die Art der Beziehung wieder (*H* : hierarchisch, *A* : aggregierend, *R* : referentiell, *X* : extern), der Darstellung der Pfeilspitzen ist die rechte Seite der Kardinalität der Beziehung zu entnehmen
(——> : 1, ——+> : c (0 oder 1), ——>> : n (1 oder n), ——+>> : cn (0, 1 oder n)).

Beispiel:

Zwischen den Entitätstypen *Kostenrechnungskreis* und *Kostenstelle* besteht eine hierarchische 1:cn-Beziehung: ein *Kostenrechnungskreis* kann sich in mehrere Kostenstellen gliedern; eine *Kostenstelle* gehört zu genau einem *Kostenrechnungskreis*.

Architektur des SAP-UDM

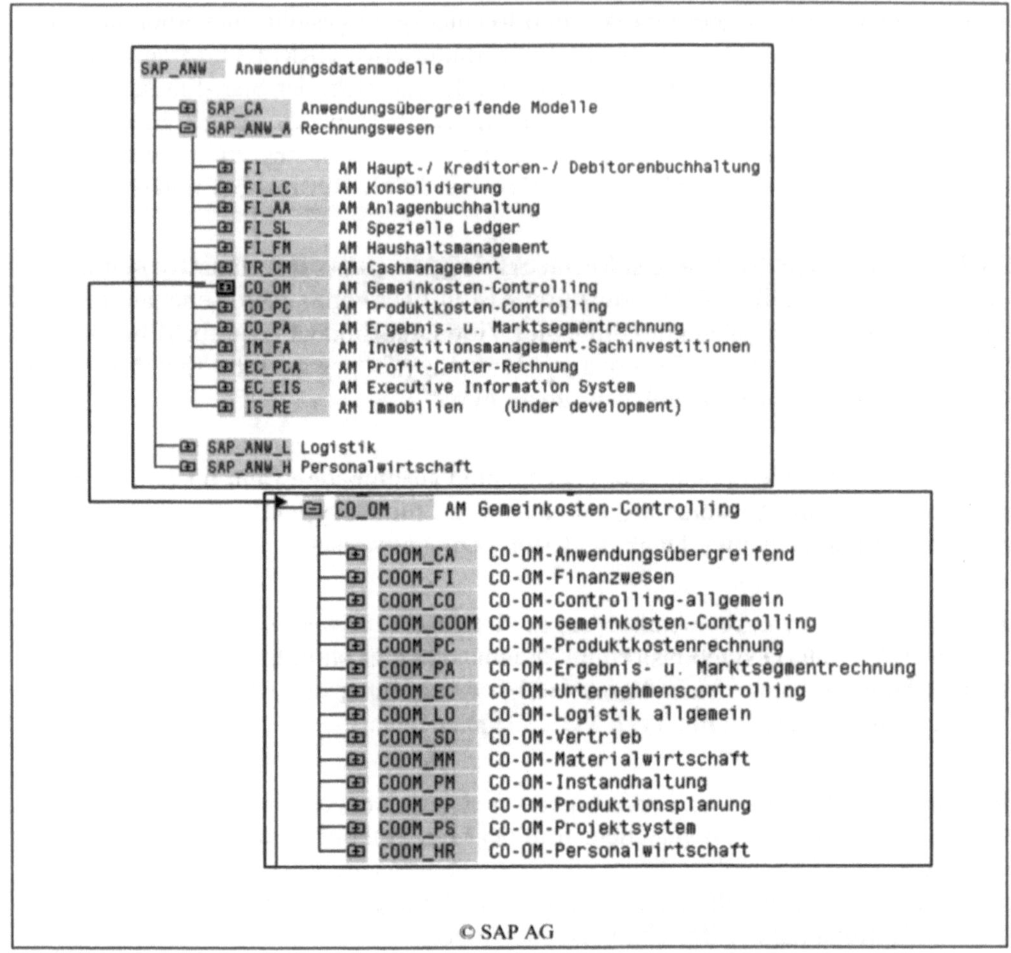

Bild 3.4/2(Modul 12): Hierarchie und Bereichsstruktur der Anwendungsdatenmodelle; Beispiel: Datenmodell Gemeinkosten-Controlling

Das SAP-Unternehmensdatenmodell ist in Teilmodelle für die einzelnen R/3-Anwendungsmodule untergliedert. Ein **Anwendungsdatenmodell (AM)** repräsentiert die Daten eines abgeschlossenen betriebswirtschaftlichen Sachverhalts, z. B. AM FI: *Haupt-/ Kreditoren-/ Debitorenbuchhaltung*, AM CO_OM: *Gemeinkosten-Controlling*.

Damit ist natürlich nicht gemeint, dass jeder Anwendungsbereich "seine eigenen" Daten hat; im Gegenteil: alle Anwendungsbereiche greifen auf dieselben Daten zurück.

Ein Anwendungsdatenmodell repräsentiert für einen Anwendungsbereich *die* Daten, die von diesem Bereich benötigt werden. Dies ist eine Untermenge (Projektion) aus dem Gesamtdatenmodell.

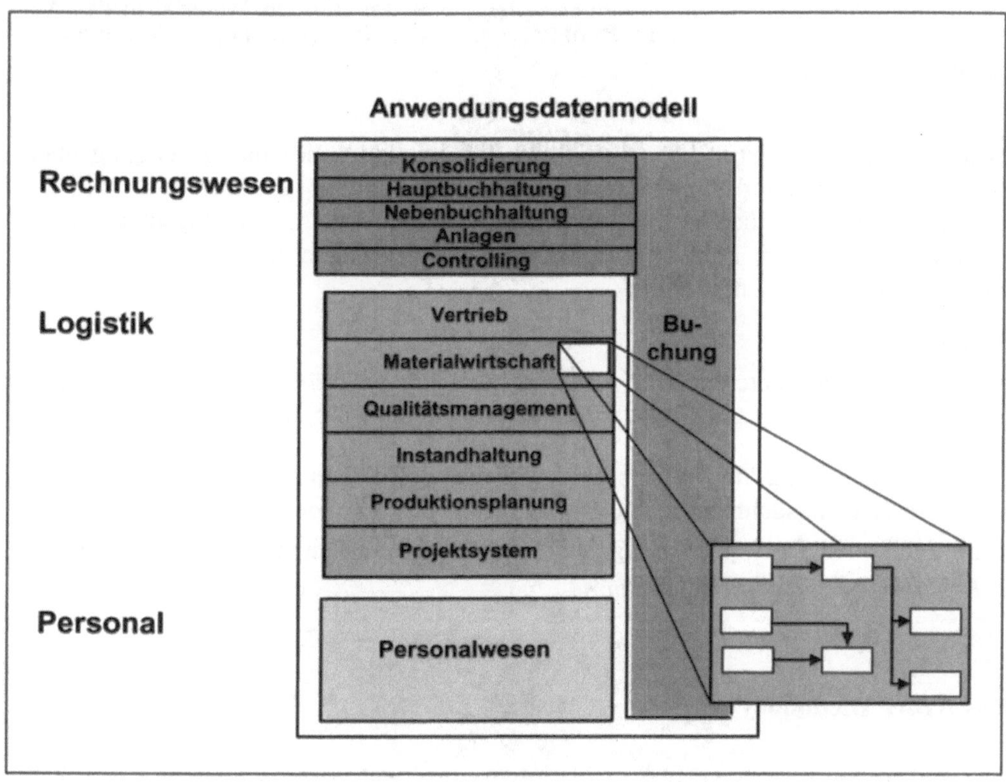

Bild 3.4/3(Modul 12): Architektur der Anwendungsdatenmodelle

Alle Anwendungsdatenmodelle sind wiederum nach einer einheitlichen Grundstruktur (Gesamtarchitektur) in abgegrenzte betriebswirtschaftliche Teilbereiche der drei großen R/3-Einsatzbereiche **Rechnungswesen**, **Logistik** und **Personal** untergliedert. Diese Bereiche fassen Entitätstypen (betriebliche Informationsobjekte) und deren Beziehungen zueinander zusammen und können hierarchisch in weitere Bereiche untergliedert sein. Die grafische Anordnung der Bereiche ist in allen Anwendungsdatenmodellen gleich: aufbauend auf dem Personalwesen folgen die Sachgebiete der internen Produktion, danach Materialwirtschaft und Vertrieb und schließlich die Komponenten des Rechnungswesens von der Kostenrechnung über die Finanzbuchhaltung bis hin zur Konsolidierung. Die Buchung (= Zuordnung der aus den Geschäftsvorfällen hergeleiteten Werte zu Konten) stellt die Schnittstelle zwischen Rechnungswesen, Logistik und Personal dar.

Die Zuordnung von Entitätstypen zu einem Bereich ist datenmodellübergreifend eindeutig, ein Entitätstyp ist immer dem gleichen Bereich zugeordnet. Jedoch hängt die Anzahl der Entitätstypen in einem Bereich von der Nutzung des Bereiches durch die jeweilige Anwendung ab. So enthält beispielsweise der Bereich Material in der Anwendung Finanzwesen weniger Entitätstypen als in der Anwendung Materialwirtschaft.

Diese Bereichsarchitektur der Anwendungsdatenmodelle, die eine anwendungsübergreifende Integration des SAP-Unternehmensdatenmodells gewährleisten soll, bewirkt also, dass Teilmodelle und Entitätstypen in mehreren Anwendungsdatenmodellen verwendet werden können, die Nutzung jedoch je nach Anwendung mit unterschiedlichem Schwerpunkt erfolgt.

Beispiele:
- Die Anwendungsdatenmodelle *FI Haupt-/Kreditoren-/Debitorenbuchhaltung* und *CO_OM Gemeinkosten-Controlling* enthalten beide das Teilmodell *Vertrieb*.
- Den Entitätstyp *12001 Kontenplan* findet man sowohl im Teilmodell *Finanzwesen* des Anwendungsdatenmodells *CO_OM Gemeinkosten-Controlling* als auch im Teilmodell *Finanzwesen allgemein* des Anwendungsdatenmodells *FI Haupt-/ Kreditoren-/Debitorenbuchhaltung.*

Das ABAP Dictionary

Das **ABAP Dictionary** beschreibt als integriertes, aktives Data Dictionary das logische Datenmodell und dessen Abbildung in Strukturen der unterliegenden Datenbank.

Es dient zur Erfassung und Verwaltung der Eigenschaften sämtlicher Daten (Metadaten) des unterliegenden Datenbanksystems; dazu zählen Datendefinitionen (Typ, Länge, Format, etc.), Tabellenstrukturen und -beziehungen ebenso wie Zugriffsrechte auf Tabellen und Integritätsbedingungen.

Integriert bedeutet die vollständige Einbettung in die R/3-Entwicklungsumgebung (Development-Workbench): die im ABAP Dictionary zentral gespeicherten Informationen stehen jederzeit für die Anwendungsentwicklung zur Verfügung. Im ABAP-Editor können z. B. Tabellenstrukturen aus dem ABAP Dictionary direkt angezeigt werden (siehe Modul 13). Die Eigenschaft **aktiv** besagt, dass sich Änderungen im ABAP Dictionary sofort auf alle betroffenen Programme auswirken.

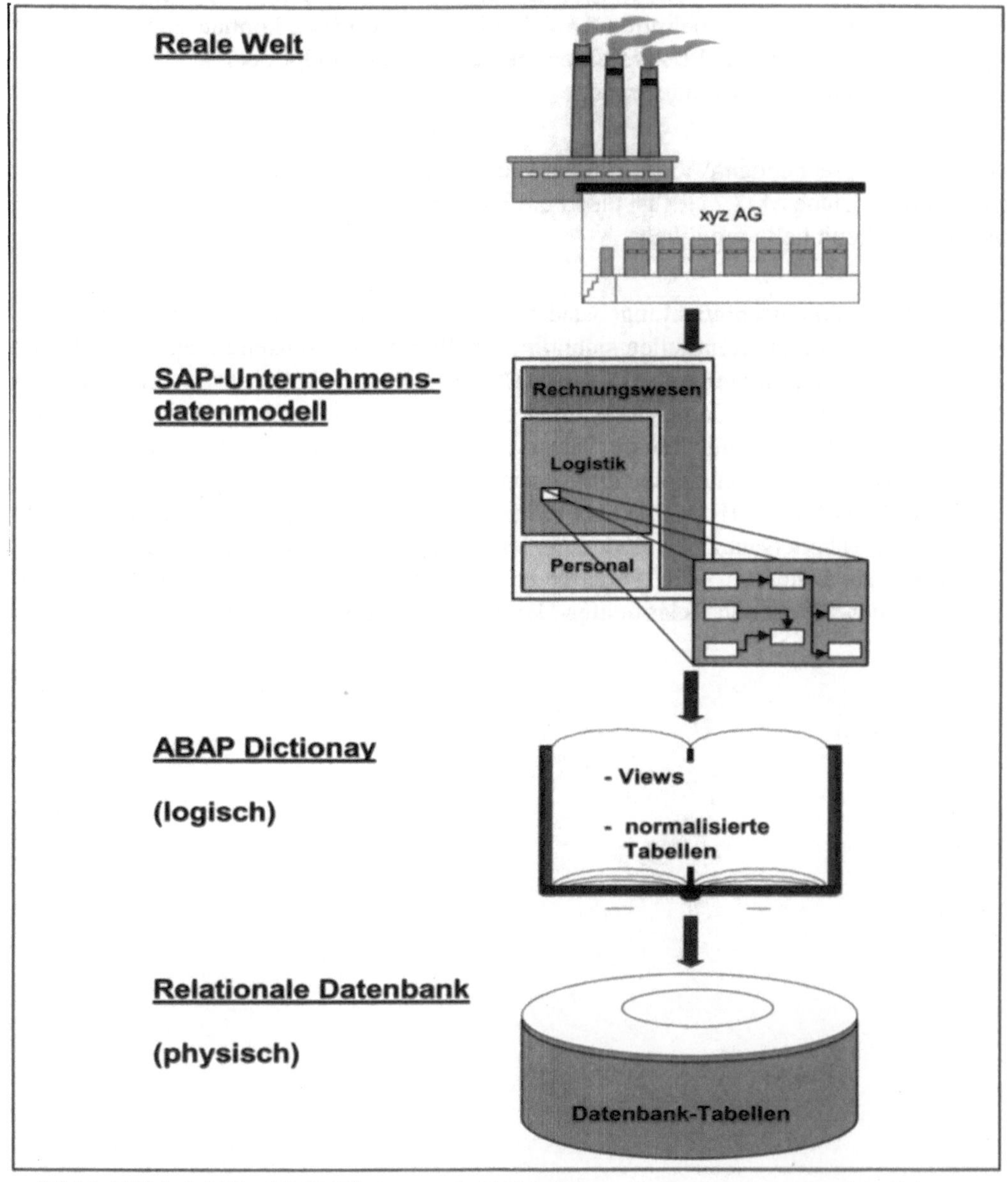

Bild 3.4/4(Modul 12): ABAP Dictionary als Verbindung zwischen SAP-UDM und realisierten Datenstrukturen

Die Verbindung zwischen den Entitätstypen des SAP-Unternehmensdatenmodells (betriebswirtschaftliche **Objekte der realen Welt**) und den Tabellen des ABAP Dictionary (**normalisierte Tabellen**) erfolgt durch die Zuordnung von **Views**. Dabei können Entitätstypen auf mehreren Tabellen basieren oder es können auch mehrere Entitätstypen in einer Tabelle zusammengefaßt sein. Die Felder der Tabellen entsprechen den Attributen der Entitätstypen.

Über die entsprechenden Views können die Ausprägungen von Entitätstypen angezeigt werden (siehe M12.2), es ist also ein Durchgriff vom Unternehmensdatenmodell bis auf Tabelleninhalte möglich.

Die R/3-Anwendungsentwicklung basiert auf einem relationalem Datenmodell. Für den ABAP-Programmierer stellen sich alle Tabellen der R/3-Datenmodelle im ABAP Dictionary als **normalisiert** dar (**logische Ebene**). Diese Tabellenstrukturen stimmen jedoch nicht immer mit den Strukturen der Tabellen im unterliegenden Datenbanksystem überein (**physische Ebene**). Sie sind also logischer Natur und unabhängig von den spezifischen Gegebenheiten der möglichen Datenbanksysteme (z. B. ORACLE, INFORMIX, DB2 von IBM, ADABAS), wie etwa Beschränkungen hinsichtlich der Anzahl von Tabellen und der Felder in den Tabellen. Die datenbank-unabhängigen Tabellendefinitionen des ABAP Dictionary werden automatisch in Definitionen des jeweiligen unterliegenden Relationalen Datenbanksystems (RDBMS) transformiert.

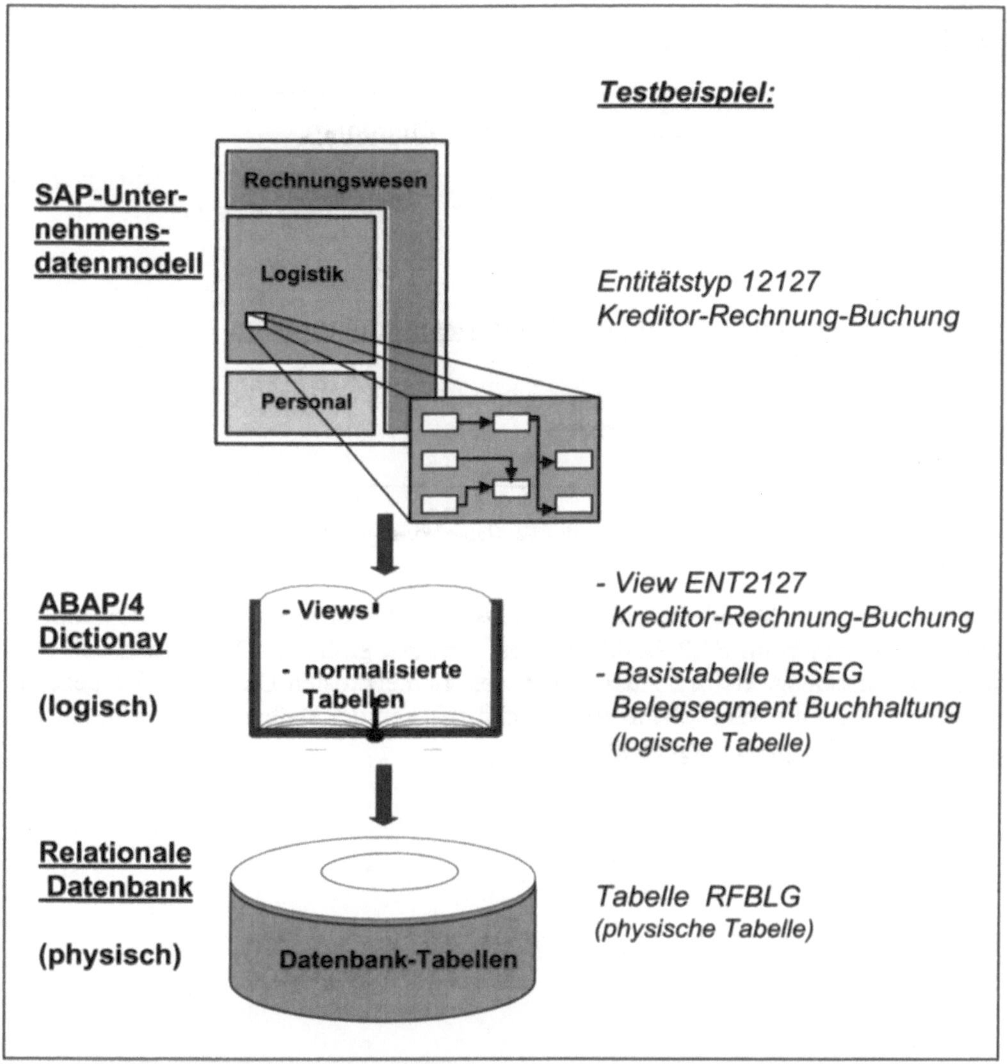

Bild 3.4/5(Modul 12): Durchgriff vom Datenmodell auf Tabellen im Testbeispiel

Im Testbeispiel wird auf logischer Ebene die Tabelle BSEG (Belegsegmente Buchhaltung) gefunden, die die Buchungszeilen enthält.

Auf physischer Ebene befindet sich der Inhalt von BSEG in der Tabelle RFBLG (die neben BSEG noch die Inhalte anderer logischer Tabellen enthält).

Was ist zu tun ?

SAP-Unternehmensdatenmodell und ABAP Dictionary - Navigation mit dem Data Modeler - Entitäts- und Beziehungstypen des Datenmodells Controlling - Datenmodell-Ausschnitte im Grafik-Editor	*Navigieren in M12.1*
Verbindung zwischen Datenmodell und Datenstrukturen im ABAP Dictionary - Entitätstyp – Dictionary-View – Datenbanktabelle - Durchgriff auf Daten des Testbeispiels	*Ansehen in M12.2*

Bild 3.4/6 (Modul 12): Überblick Modul 12

Mit Hilfe des Data Modelers, einem Werkzeug zur Erstellung eigener Datenmodelle und zur Navigation im SAP-UDM, werden zunächst grafische Darstellung und textuelle Beschreibung kleiner Ausschnitte des Gemeinkosten-Datenmodells gezeigt. Schließlich wird die Möglichkeit des Durchgriffs von der Datenmodellgrafik auf die Daten des Testbeispiels vorgestellt.

Anzeige	Eingabe/Auswahl

Modul 12: Unternehmensdatenmodell und ABAP Dictionary

Im *Unternehmensdatenmodell* (SAP-UDM) werden die vom SAP-System bearbeiteten betriebswirtschaftlichen Informationsobjekte (Entitäten) und deren Beziehungen (Relationen) zueinander dargestellt. Es ist in Teilmodelle für die einzelnen SAP-Anwendungen untergliedert.

Das *ABAP Dictionary* ist das in die Entwicklungsumgebung des SAP-Systems eingebettete Data Dictionary. Es beschreibt - u.a. - die logische Struktur dieser betriebswirtschaftlichen Objekte und deren Abbildungen in Strukturen der unterliegenden relationalen Datenbank (logische Ebene in SAP).

ABAP (= Advanced Business Application) ist eine von SAP-Entwicklern entworfene Programmiersprache der 4. Generation, die in das SAP-System für die Durchführung von Eigenentwicklungen integriert ist (s. auch unter Modul 14).

Es sollen nun Möglichkeiten aufgezeigt werden, die Objekte und Daten aus dem Testbeispiel im SAP-UDM bzw. in den Datenbanktabellen wiederzufinden und sich die zugehörigen Datenstrukturen anzusehen:

- Die betriebswirtschaftlichen Informationsobjekte (Entitäten) werden im **Datenmodell** identifiziert (Beisp.: Kostenstelle, Kreditor-Rechnung).
- Den betriebswirtschaftlichen Infoobjekten sind bei SAP Views zugeordnet. Die in der Datenbank realisierten (physischen) Basistabellen dieser Views werden ermittelt. Die Strukturen der Datenbanktabellen werden durch Ausgabe der an technischen Gesichtspunkten orientierten Tabellendefinitionen aus dem **ABAP Dictionary** transparent gemacht, die Ausprägungen der Attribute (aktuellen Werte, hier: Daten des Testbeispiels) ausgemacht.

Später wird dann noch (unter Modul 13) in der Programmiersprache **ABAP** ein Report erstellt, der die Möglichkeit des Zugriffs auf Datenbanktabellen durch Eigenprogrammierung und damit der Erstellung individueller Datenauswertungen zeigt.

Anzeige	Eingabe/Auswahl
M12.1 Mit dem Data Modeler im SAP-Unternehmensdatenmodell navigieren	
Der *Data Modeler* ist sowohl ein in SAP integriertes Werkzeug, das sowohl zur Erstellung eigener Datenmodelle als auch zur Navigation im SAP-Unternehmendatenmodell dient.	
	Entitätstypen und Definitionen des Datenmodells "Controlling" anzeigen:
SAP Easy Access mit **SAP Menü**	Wählen Sie im SAP-Menü: **Werkzeuge -** **ABAP Workbench** **Entwicklung –** **Data Modeler**
Data Modeler: Einstieg SAP Anwendungen · SAP Architektur Modellierungsobjekt · Datenmodell Auswahl: Datenmodell · Entitätstyp Anzeigen · Ändern · Anlegen · Suchen © SAP AG	Klicken Sie auf SAP Anwendungen
Datenmodell anzeigen: Hierarchie (Standard-Sicht) Knoten · Teilbaum · Reduzierte Sicht SAP_ANW Anwendungsdatenmodelle SAP_CA Anwendungsübergreifende Modelle SAP_ANW_A Rechnungswesen SAP_ANW_L Logistik SAP_ANW_H Personalwirtschaft © SAP AG	Der Bildschirm zeigt den Hierarchiebaum der SAP-Anwendungsdatenmodelle.

Anzeige	Eingabe/Auswahl
SAP_ANW Anwendungsdatenmodelle SAP_CA Anwendungsübergreifende Modelle SAP_ANW_A Rechnungswesen FI AM Haupt-/ Kreditoren-/ Debitorenbuchhaltung FI_LC AM Konsolidierung FI_AA AM Anlagenbuchhaltung FI_SL AM Spezielle Ledger FI_FM AM Haushaltsmanagement TR_CM AM Cashmanagement CO_OM AM Gemeinkosten-Controlling COOM_CA CO-OM-Anwendungsübergreifend COOM_FI CO-OM-Finanzwesen COOM_CO CO-OM-Controlling-allgemein COOM_COOM CO-OM-Gemeinkosten-Controlling COOM_10161 Kostenstellengruppierung COOM_10157 Kostenstelle 14007 Kostenstelle 14026 Kostenstelle-Leistungsart © SAP AG	Wählen Sie in der Hierarchie: **SAP_ANW_A Rechnungswesen -** **CO_OM AM Gemeinkostencontrolling -** **COOM_COOM CO-OM Gemeinkosten-Controlling –** **COOM-10157 Kostenstelle** Auf der untersten Ebene der Hierarchie ist unter dem Knoten "COOM-10157 Kostenstelle" der **Entitätstyp "14007 Kostenstelle"** angehängt.
Bildschirm "Entitätstyp anzeigen: Definition":	Doppelklicken Sie auf Entitätstyp **14007 Kostenstelle** Die Definition des Entitätstyps "14007 Kostenstelle" ist nachzulesen.
	Ausschnitt aus SAP-Datenmodell mit Grafikeditor erstellen:

Die Anwendungsdatenmodelle werden grafisch in Form eines erweiterten strukturierten Entity-Relationship-Modells (*SAP-SERM*) dargestellt. Der Aufbau der Anwendungsmodelle orientiert sich an der Gesamtbereichsarchitektur.

Die grafische Darstellung beinhaltet Entitätstypen, Beziehungstypen und Spezialisierungen. Die Anordnung der Entitätstypen gibt den Grad der Existenzabhängigkeit wieder: Je abhängiger ein Entitätstyp von anderen ist, um so weiter wird er rechts positionier.

	Klicken Sie auf (= Grafik)

Anzeige	Eingabe/Auswahl
	Der SAP-Grafikeditor wurde gestartet und ein zusätzliches (Grafik-)Fenster geöffnet, das die grafische Darstellung des Entitätstyps "14007 Kostenstelle" zeigt.
	Markieren Sie (durch Anklicken) Entitätstyp: **14007** Klicken Sie auf (= Holen Vorgänger)
	Alle **Vorgänger**, das sind alle Entitätstypen mit eingehenden (links stehenden) Beziehungen, des Entitätstyps "14007" sind zur Selektion aufgelistet.
	Markieren Sie die Entitätstypen: **14017 Kostenrechnungskreis** **17461 Kostenstellenverantwortlicher** **12037 Buchungskreis** **14032 Kostenstellenart** (Heben Sie durch Anklicken die Markierungen aller anderen Entitätstypen auf.)

Anzeige	Eingabe/Auswahl
Darstellungsbereich des Grafikfenster: 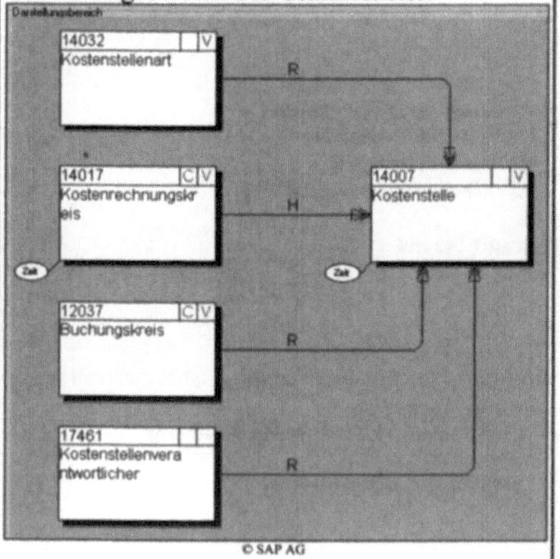 14032 Kostenstellenart (V) —R→ 14007 Kostenstelle (V) 14017 Kostenrechnungskreis (C, V) —H→ 14007 Kostenstelle 12037 Buchungskreis (C, V) —R→ 14007 Kostenstelle 17461 Kostenstellenverantwortlicher —R→ 14007 Kostenstelle © SAP AG	Klicken Sie auf Übernehmen In die Grafik wurden alle selektierten (das sind nur die im Testbeispiel verwendeten) Objekte (Entitätstypen) übernommen.

Beschriftung der Entitätstypen:
- *C*: Objekt, das im Customizing gepflegt wird
- *V* und A: dem Objekt ist ein Datenbank-View zugeordnet

Beschriftung der Beziehungstypen:
- *R*: referentielle Beziehung
- *H*: hierarchische Beziehung

Das "*Zeitei*" (an Kostenrechnungskreis und Kostenstelle) symbolisiert die Zeitabhängigkeit von Entitätstypen.

Entitätstyp Buchungskreis ist markiert.	Markieren Sie (durch Anklicken) Entitätstyp: **12037 Buchungskreis**
Bildschirm "Umfeld holen: Entitätstypen auswählen"	Klicken Sie auf  (= Holen Nachfolger)

Anzeige	Eingabe/Auswahl
Ausschnitt aus dem Darstellungsbereich des Grafikfensters: 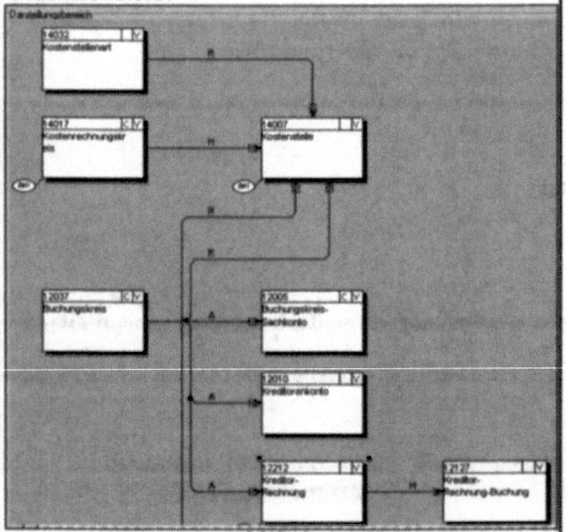 © SAP AG	Der Bildsschirm zeigt eine Liste aller **Nachfolger** des Entitätstyps "12037 Buchungskreis", das sind alle (weiter rechts stehenden) Entitätstypen, die vom Buchungskreis abhängig sind. Markieren Sie Entitätstypen: **12212 Kreditor-Rechnung** **12010 Kreditorenkonto** **12005 Buchungskreis-Sachkonto** Klicken Sie auf Übernehmen Erweitern Sie nun den Datenmodell-Ausschnitt noch um den Nachfolger **"12127 Kreditor-Rechnung-Buchung"** des Entitätstyps **1** **"2212 Kreditor-Rechnung".**

Anzeige	Eingabe/Auswahl

M12.2 Verbindung zwischen Datenmodell und realisierten Datenbankstrukturen des ABAP Dictionary

Das *ABAP Dictionary* (Repository) stellt eine zentrale Quelle von Informationen über die Daten des Unternehmens (Meta-Daten) sowie über alle übrigen Entwicklungsobjekte wie ABAP-Programme, Bildschirmbeschreibungen, Dokumente, etc. dar.

Die Verbindung zwischen den Entitätstypen des Datenmodells und den Tabellen des ABAP Dictionary werden durch Datenbank-Views beschrieben. Die Felder der Tabellen entsprechen dabei den Attributen der Entitätstypen.
Entitätstypen können sowohl auf mehrere Datenbanktabellen verteilt, als auch mehrere Entitätstypen in einer Tabelle zusammengefaßt sein.

Von der grafischen Darstellung aus kann in die textuelle Beschreibung gewechselt werden, da die Grafik aus den aktuellen Daten im ABAP Dictionary aufgebaut wird. Es besteht eine Verbindung zum SAP Repository bis auf die Ausprägungsebene.

Textuelle Beschreibungen zu den einzelnen Modellierungskonstrukten nachlesen:

Doppelklicken Sie auf das Beziehungstyp-Symbol (den Pfeil) zwischen den Entitäten "**12212**" und "**12127**":

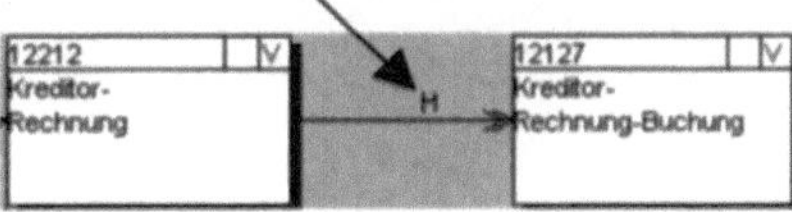

Beziehung anzeigen: Definition

von Entitätstyp	12212	Kreditor-Rechnung
zu Entitätstyp	12127	Kreditor-Rechnung-Buchung
Rolle	1	

Eigenschaften
Art H
Kardinalität 1 : N
Zeitweilige Referenz

Bezeichnung (je nach Richtung)
>>
<<

Definition

```
* -->
Eine KREDITOR-RECHNUNG faßt mehrere KREDITOR-RECHNUNG-BUCHUNGen
zusammen.
* <--
Eine KREDITOR-RECHNUNG-BUCHUNG gehört zu genau einer KREDITOR-RECHN
```


Definition der Beziehung ist nachzulesen.

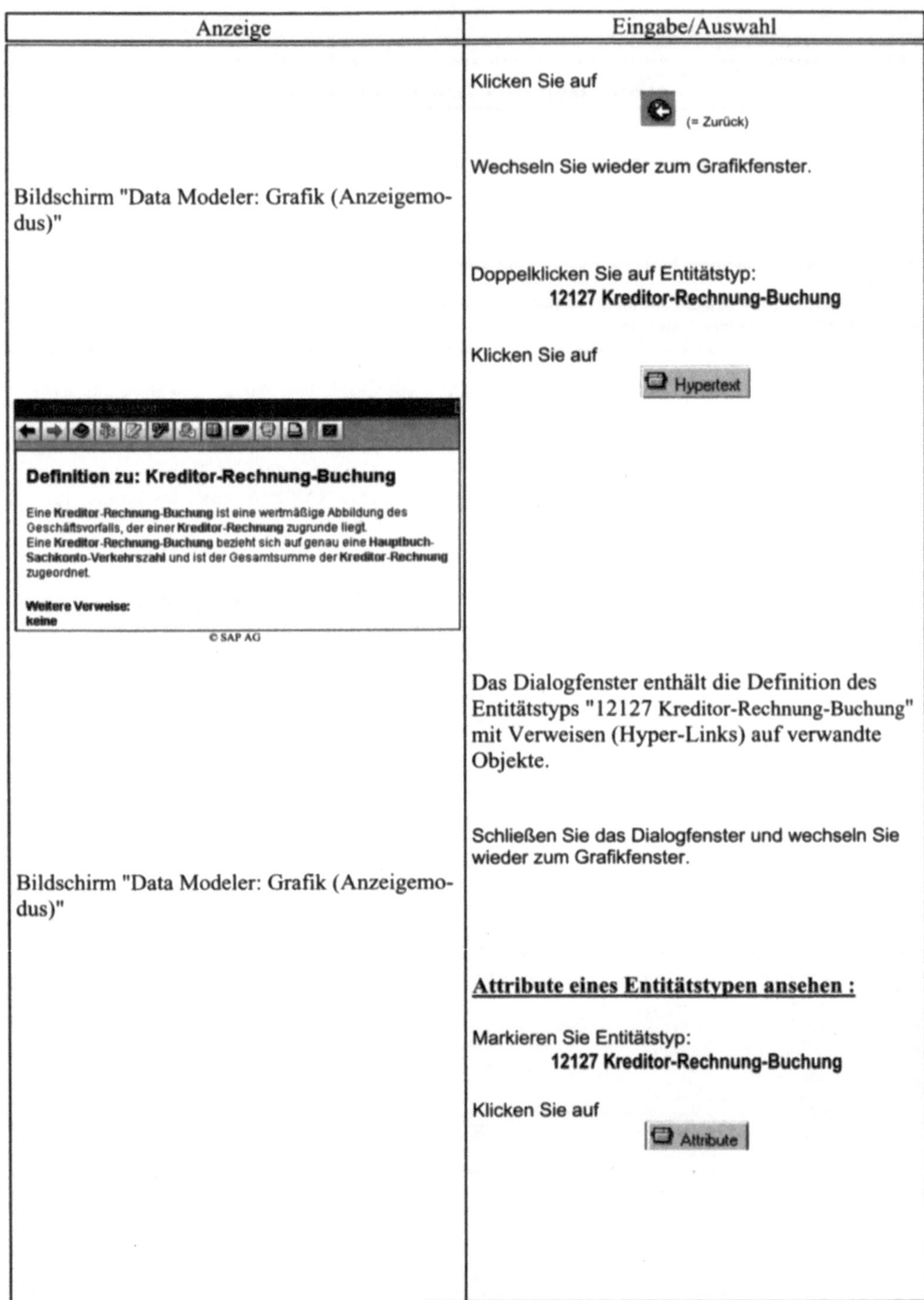

Anzeige	Eingabe/Auswahl
	Klicken Sie auf (= Zurück)
Bildschirm "Data Modeler: Grafik (Anzeigemodus)"	Wechseln Sie wieder zum Grafikfenster.
	Doppelklicken Sie auf Entitätstyp: **12127 Kreditor-Rechnung-Buchung**
	Klicken Sie auf Hypertext
Definition zu: Kreditor-Rechnung-Buchung Eine **Kreditor-Rechnung-Buchung** ist eine wertmäßige Abbildung des Geschäftsvorfalls, der einer **Kreditor-Rechnung** zugrunde liegt. Eine **Kreditor-Rechnung-Buchung** bezieht sich auf genau eine **Hauptbuch-Sachkonto-Verkehrszahl** und ist der Gesamtsumme der **Kreditor-Rechnung** zugeordnet. **Weitere Verweise:** **keine** © SAP AG	Das Dialogfenster enthält die Definition des Entitätstyps "12127 Kreditor-Rechnung-Buchung" mit Verweisen (Hyper-Links) auf verwandte Objekte.
Bildschirm "Data Modeler: Grafik (Anzeigemodus)"	Schließen Sie das Dialogfenster und wechseln Sie wieder zum Grafikfenster.
	Attribute eines Entitätstypen ansehen :
	Markieren Sie Entitätstyp: **12127 Kreditor-Rechnung-Buchung**
	Klicken Sie auf Attribute

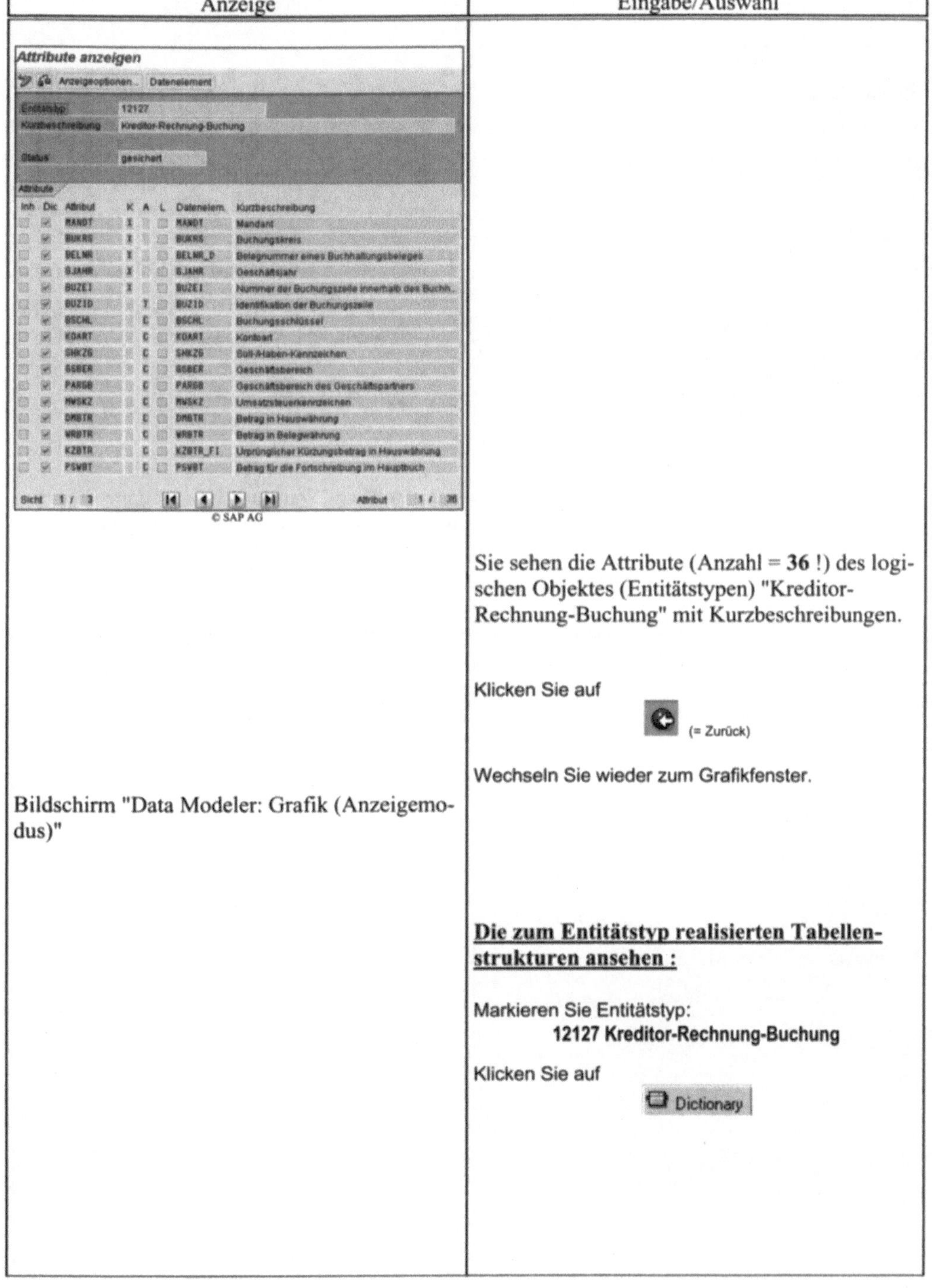

Anzeige	Eingabe/Auswahl
 © SAP AG	
	Sie sehen die Attribute (Anzahl = **36** !) des logischen Objektes (Entitätstypen) "Kreditor-Rechnung-Buchung" mit Kurzbeschreibungen. Klicken Sie auf (= Zurück) Wechseln Sie wieder zum Grafikfenster.
Bildschirm "Data Modeler: Grafik (Anzeigemodus)"	
	Die zum Entitätstyp realisierten Tabellenstrukturen ansehen : Markieren Sie Entitätstyp: **12127 Kreditor-Rechnung-Buchung** Klicken Sie auf Dictionary

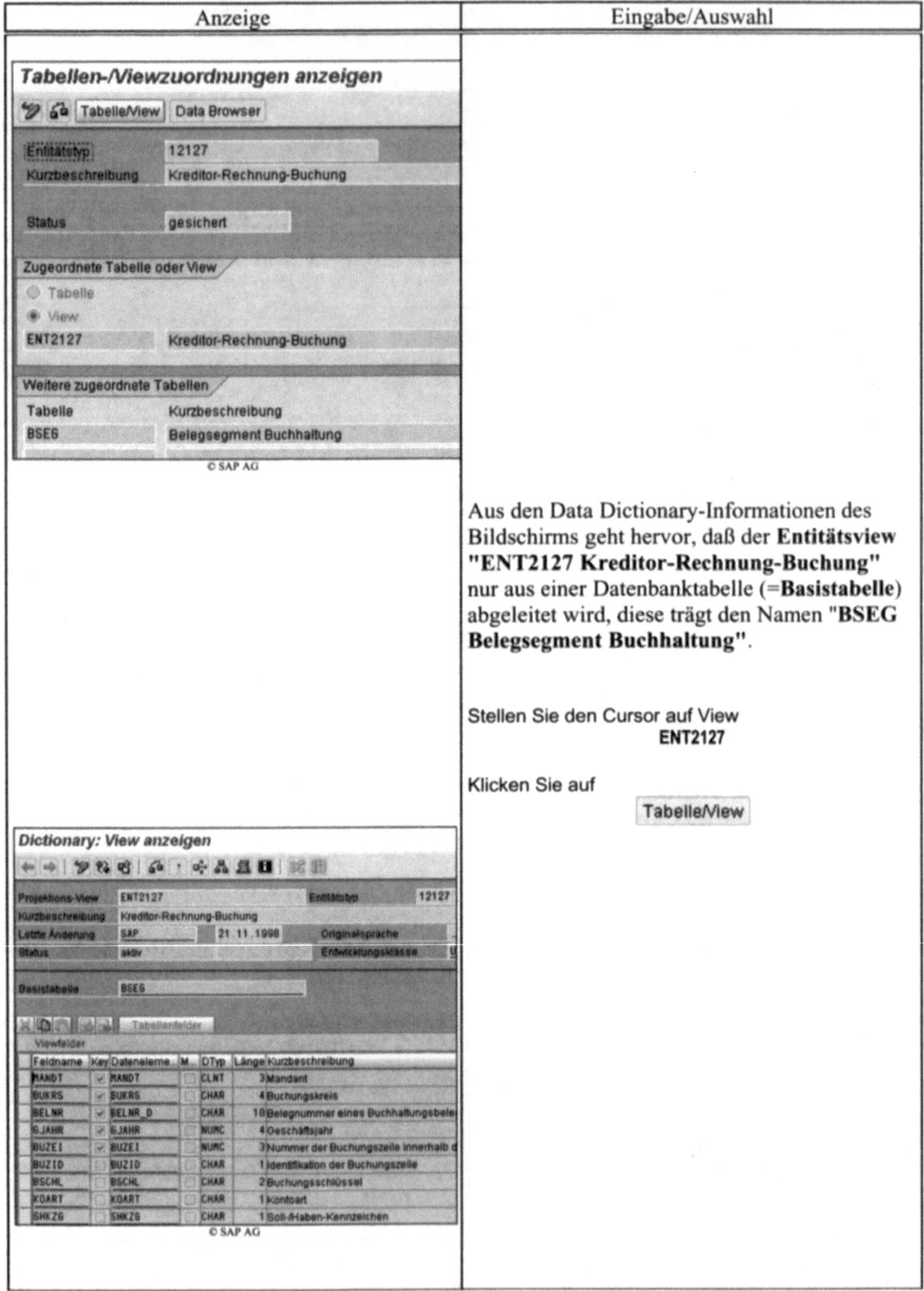

Aus den Data Dictionary-Informationen des Bildschirms geht hervor, daß der **Entitätsview "ENT2127 Kreditor-Rechnung-Buchung"** nur aus einer Datenbanktabelle (=**Basistabelle**) abgeleitet wird, diese trägt den Namen **"BSEG Belegsegment Buchhaltung"**.

Stellen Sie den Cursor auf View
ENT2127

Klicken Sie auf
Tabelle/View

Anzeige	Eingabe/Auswahl
	Dem Bildschirm ist die Struktur des zugeordneten Views (Basistabelle, Felder und techn. Feldbeschreibungen) zu entnehmen. Der View umfaßt **36** Felder, die den Attributen entsprechen (s.o.).
Bildschirm "Tabellen-/Viewzuordnungen anzeigen"	Klicken Sie auf (= Zurück)
	Stellen Sie den Cursor auf Tabelle **BSEG**
	Klicken Sie auf Tabelle/View
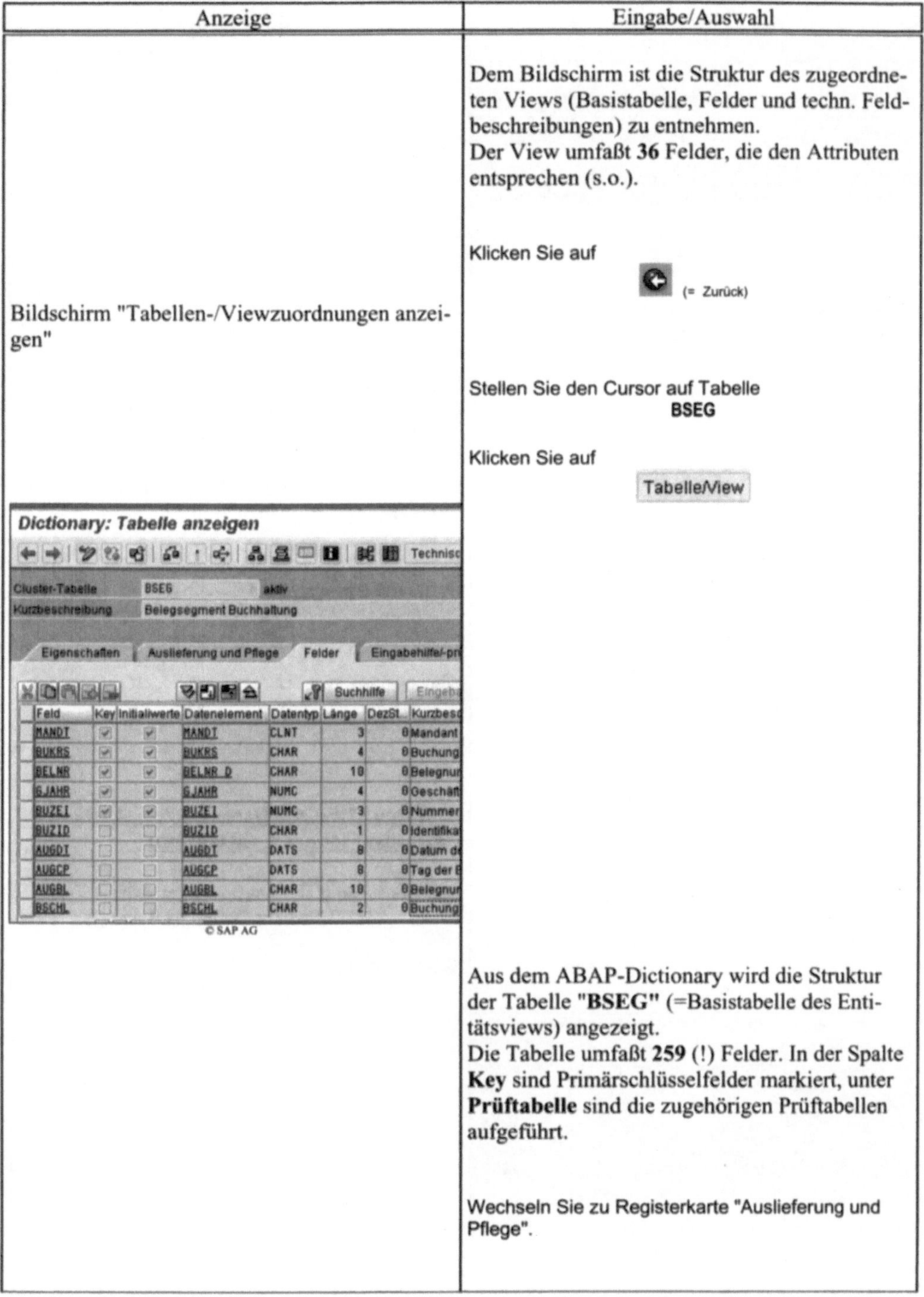	Aus dem ABAP-Dictionary wird die Struktur der Tabelle **"BSEG"** (=Basistabelle des Entitätsviews) angezeigt. Die Tabelle umfaßt **259** (!) Felder. In der Spalte **Key** sind Primärschlüsselfelder markiert, unter **Prüftabelle** sind die zugehörigen Prüftabellen aufgeführt.
	Wechseln Sie zu Registerkarte "Auslieferung und Pflege".

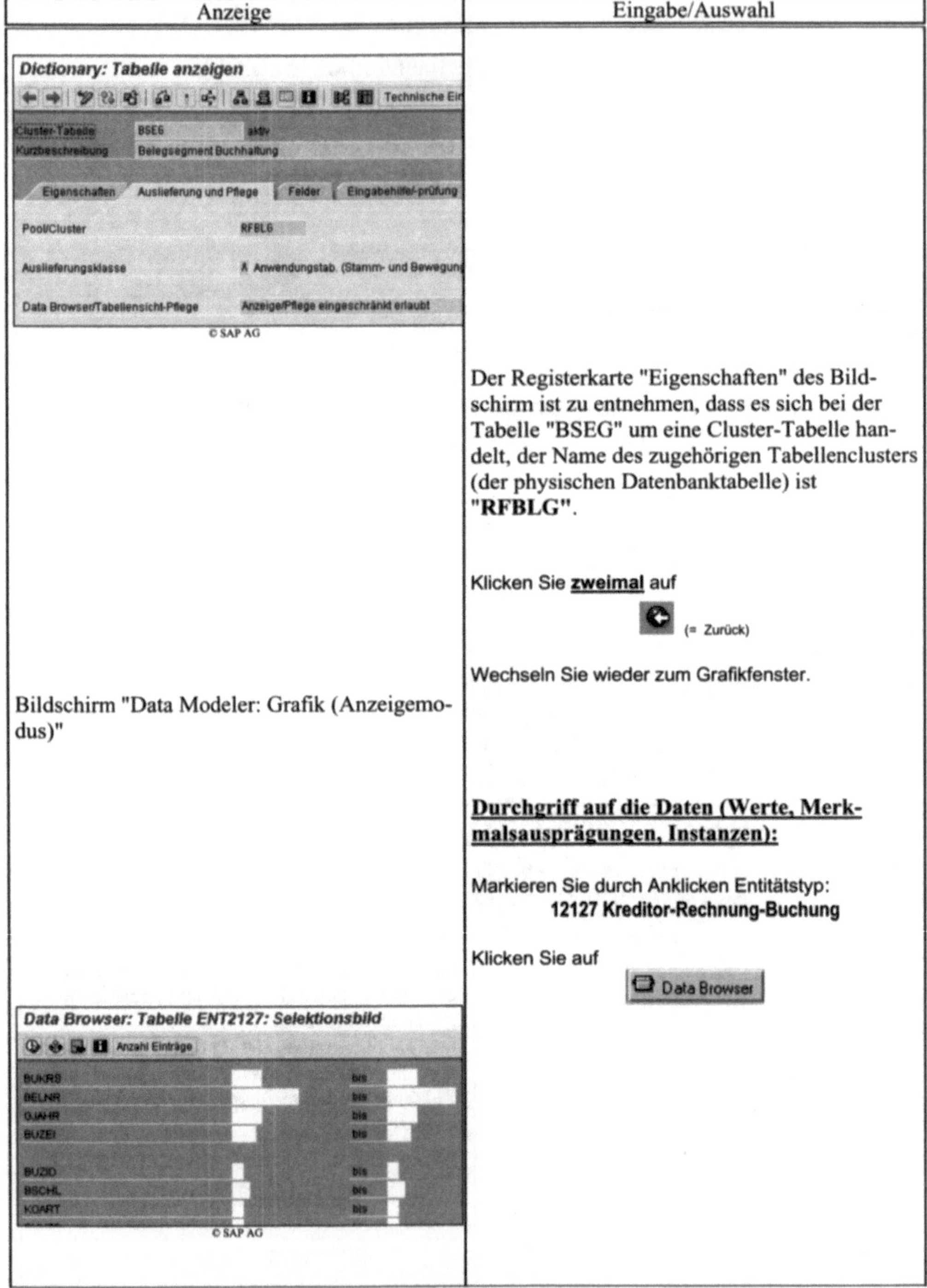

Anzeige	Eingabe/Auswahl
Dictionary: Tabelle anzeigen Cluster-Tabelle BSEG aktiv Kurzbeschreibung Belegsegment Buchhaltung Eigenschaften / Auslieferung und Pflege / Felder / Eingabehilfe/-prüfung Pool/Cluster RFBLG Auslieferungsklasse A Anwendungstab. (Stamm- und Bewegun Data Browser/Tabellensicht-Pflege Anzeige/Pflege eingeschränkt erlaubt © SAP AG	
	Der Registerkarte "Eigenschaften" des Bildschirm ist zu entnehmen, dass es sich bei der Tabelle "BSEG" um eine Cluster-Tabelle handelt, der Name des zugehörigen Tabellenclusters (der physischen Datenbanktabelle) ist **"RFBLG"**.
	Klicken Sie **zweimal** auf (= Zurück)
	Wechseln Sie wieder zum Grafikfenster.
Bildschirm "Data Modeler: Grafik (Anzeigemodus)"	
	Durchgriff auf die Daten (Werte, Merkmalsausprägungen, Instanzen):
	Markieren Sie durch Anklicken Entitätstyp: **12127 Kreditor-Rechnung-Buchung**
	Klicken Sie auf Data Browser
Data Browser: Tabelle ENT2127: Selektionsbild Anzahl Einträge BUKRS bis BELNR bis GJAHR bis BUZEI bis BUZID bis BSCHL bis KOART bis © SAP AG	

Anzeige	Eingabe/Auswahl
	Es können Selektionsbedingungen zur Anzeige von Merkmalsausprägungen des Entitätstyps im aktuellen Mandanten eingegeben werden. <u>Selektion (Zeilenauswahl):</u> Eingabe bzw. Auswahl: *<u>BUKRS</u>*: ***Bxx***, *xx* = Ihre Teilnehmernummer (= Ihr Buchungskreis) *<u>GJAHR</u>*: ***jjjj***, jjjj = aktuelles Jahr
Data Browser: Spaltenauswahl für Tabelle ENT2127 Feldname / Feldbezeichner MANDT Mandant BUKRS Buchungskreis BELNR Belegnummer GJAHR Geschäftsjahr BUZEI Position BUZID Buchungszeilen-Id BSCHL Buchungsschlüssel KOART Kontoart SHKZG Soll/Haben-Kennz. GSBER Geschäftsbereich © SAP AG	<u>Projektion (Spaltenauswahl):</u> Wählen Sie im aktuellen Menü: **Einstellungen - Listaufbereitung - Feldauswahl...**
Markierungen der Felder sind gelöscht.	Klicken Sie auf: (= Alle Mark. löschen)
Bildschirm "Data Browser: Tabelle ENT2127: Selektionsbild"	Markieren Sie die Felder: **MANDT Mandant** **BUKRS Buchungskreis** **BELNR Belegnummer** **GJAHR Geschäftsjahr** **BUZEI Position** **BSCHL Buchungsschlüssel** **KOART Kontoart** **SHKZG Soll/Haben-Kennz.** **DMBTR Betrag Hauswährung**

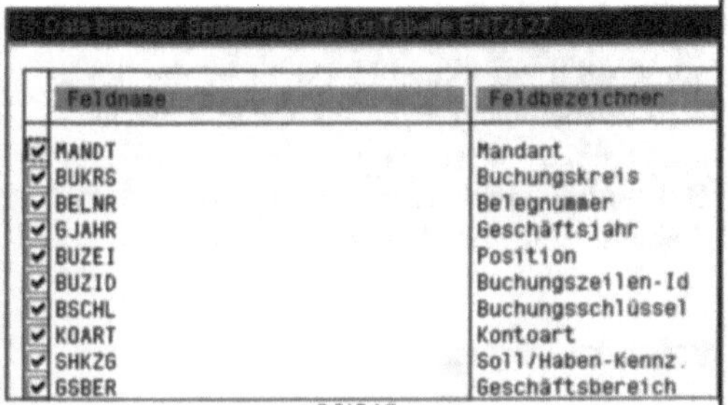

Anzeige	Eingabe/Auswahl
	Klicken Sie auf (= Ausführen)

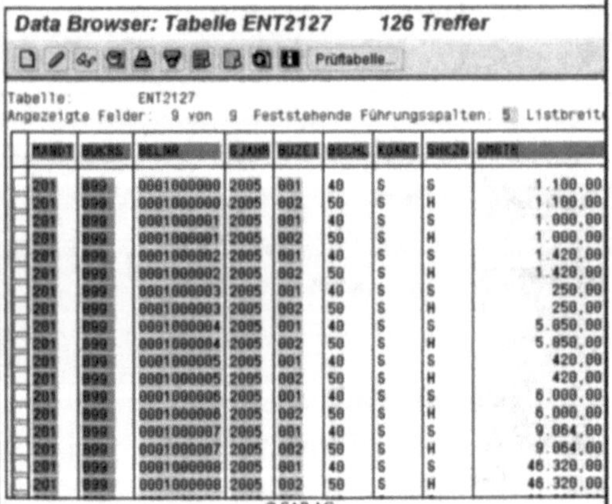

Data Browser: Tabelle ENT2127 126 Treffer

Prüftabelle...

Tabelle: ENT2127
Angezeigte Felder: 9 von 9 Feststehende Führungsspalten: 5 Listbreit

MANDT	BUKRS	BELNR	GJAHR	BUZEI	BSCHL	KOART	SHKZG	DMBTR
201	899	0001000000	2005	001	40	S	S	1.100,00
201	899	0001000000	2005	002	50	S	H	1.100,00
201	899	0001000001	2005	001	40	S	S	1.000,00
201	899	0001000001	2005	002	50	S	H	1.000,00
201	899	0001000002	2005	001	40	S	S	1.420,00
201	899	0001000002	2005	002	50	S	H	1.420,00
201	899	0001000003	2005	001	40	S	S	250,00
201	899	0001000003	2005	002	50	S	H	250,00
201	899	0001000004	2005	001	40	S	S	5.850,00
201	899	0001000004	2005	002	50	S	H	5.850,00
201	899	0001000005	2005	001	40	S	S	420,00
201	899	0001000005	2005	002	50	S	H	420,00
201	899	0001000006	2005	001	40	S	S	6.000,00
201	899	0001000006	2005	002	50	S	H	6.000,00
201	899	0001000007	2005	001	40	S	S	9.064,00
201	899	0001000007	2005	002	50	S	H	9.064,00
201	899	0001000008	2005	001	40	S	S	46.320,00
201	899	0001000008	2005	002	50	S	H	46.320,00

Anzeige	Eingabe/Auswahl
	Ausprägungen der Attribute des Datenbank-Views (d.h. die aktuellen Daten, Werte, Instanzen) werden nach den selektierten Kriterien ausgegeben; Sie sehen die von Ihnen gebuchten Belege (vgl. auch Tabellen 10.1 und 10.2 im Anhang: Eingabetabellen).
	Klicken Sie **zweimal** auf (= Symbol Zurück)
	Wechseln Sie wieder zum Grafikfenster.
Bildschirm "Data Modeler: Grafik (Anzeigemodus)"	Wählen Sie im Menü des Grafikfensters: **Grafik - Beenden**
Bildschirm "Entitätstyp anzeigen: Definition"	Das Grafikfenster wurde geschlossen.
	Beenden Sie die Transaktion, kehren Sie zum SAP-Menü zurück.
SAP Easy Access mit SAP Menü	

Modul 13: Datenzugriff mit OPEN-SQL im ABAP-Report

Abschließend soll nun noch kurz die Möglichkeit des Zugriffs auf Datenbanktabellen durch Eigenprogrammierung im SAP-System gezeigt werden. Dazu wird ein Programm (ein ganz einfacher Report (s.u.)) in der SAP-eigenen Programmiersprache ABAP erstellt, das einen eingebetteten SQL-Befehl für den Datenbankzugriff enthält.

ABAP

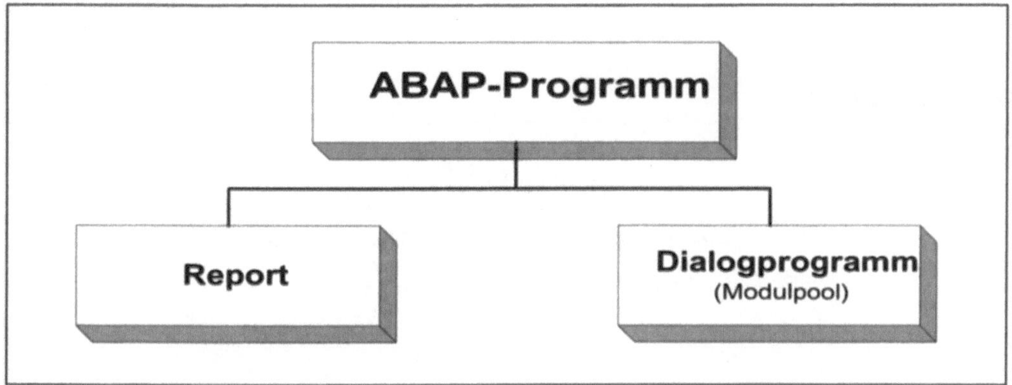

Bild 3.4/7(Modul 13): Prinzipielle Arten von ABAP-Anwendungsprogrammen

ABAP steht für "Advanced Business Application Programming" und ist die SAP-eigene Programmiersprache, die zunächst für interne Verwendung von der Fa. SAP AG entwickelt wurde und in der sämtliche betriebswirtschaftlichen Anwendungen des R/3-Systems programmiert sind. Innerhalb der integrierten Entwicklungsumgebung ABAP Development Workbench steht ABAP auch für kundenspezifische Neuentwicklungen, Erweiterungen und Modifikationen der R/3-Anwendungen zur Verfügung.

ABAP-Programme (umgangssprachlich auch "ABAPs" genannt) werden interpretativ abgearbeitet. Beim ersten Aufruf erfolgt die Generierung eines Zwischencodes, der vom R/3-Laufzeitsystem interpretiert wird und bei Änderung von verwendeten externen Daten unter Kontrolle des ABAP Dictionaries automatisch nachgeneriert wird, ohne dass eine Änderung des Programms notwendig ist.

Grundsätzlich kann man ABAP-Anwendungsprogramme in **Reports** und **Dialogprogramme** unterteilen.

- **Reports** greifen lesend auf die Datenbank zu und erzeugen Listen zur Ergebnisausgabe. Einfache Reports können durch die Programmierung entsprechender Verarbeitungsblöcke zu **interaktiven Reports** erweitert werden, bei denen die Bildschirmausgabe der Listen vom Anwender im Dialog beeinflußt werden kann.
- **Dialogprogramme** dienen dem Ausführen von Transaktionen und damit im wesentlichen dem ändernden Zugriff auf die Datenbank. Dialogprogramme gliedern sich in Dialogmodule (daher die Bezeichnung **Modulpools**), deren Aufrufe von einer Bildschirmablauflogik gesteuert werden.

Datenbankzugriffe

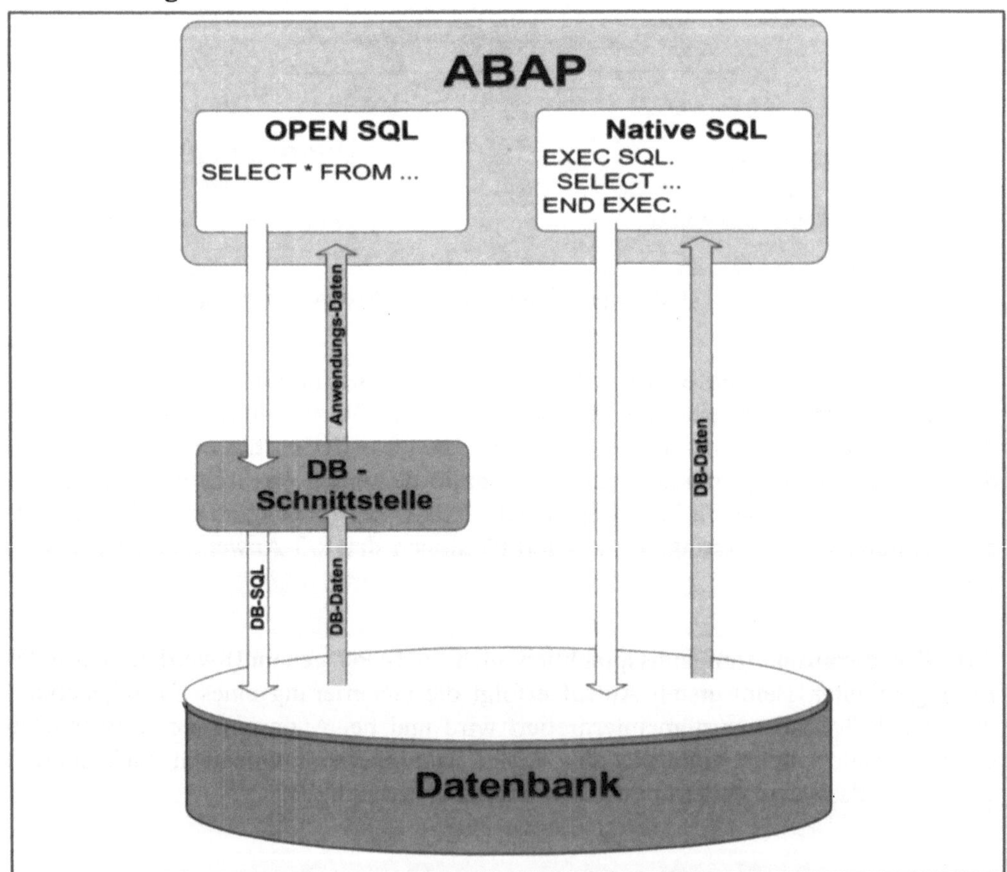

Bild 3.4/8(Modul 13): Unterschied zwischen Open SQL und Native SQL

Für den Zugriff auf die Daten der unterliegenden Datenbank verwendet das R/3-System ausschließlich Befehle der 'Structured Query Language' (SQL), der Sprache für Datendefinition, -abfrage und –manipulation in relationalen Datenbanksystemen. Die SQL-Befehle werden in ABAP eingebettet.

Die ABAP-Entwicklungsumgebung stellt zwei SQL-Level zur Verfügung:

- **OPEN SQL** (SAP-SQL)
  ist in ABAP integriert und enthält eine Untermenge der Standard-SQL-Anweisungen sowie SAP-spezifische Spracherweiterungen. Es bietet unabhängig von den unterschiedlichen SQL- Dialekten der unterstützen Datenbanksysteme lesende und verändernde Zugriffe auf die logischen Tabellen des ABAP Dictionaries. Eine Datenbankschnittstelle übersetzt die OPEN SQL-Kommandos in datenbankspezifische SQL-Anweisungen, die von der installierten Datenbank abhängen.
- **Native SQL** (datenbankspezifisches SQL)
  greift direkt auf die Datenbank zu. Native SQL-Anweisungen werden uninterpretiert weitergeleitet und können nicht auf Pool- oder Clustertabellen zugreifen. Native SQL ist im Gegensatz zu OPEN SQL nicht uneingeschränkt portabel zwischen verschiedenen Datenbanken.

Was ist zu tun ?

ABAP-Report - ABAP-Editor und -Syntax - Datenzugriff mittels OPEN SQL - Ausgabe der Testbeispiel-Daten im selbsterstellten Report	} *Erstellen und ausführen in M13*

Bild 3.4/9 (Modul 13): Überblick Modul 13

Es wird der ABAP-Report mit dem Namen ZPROGxx, xx = Teilnehmer- bzw. Gruppennummer programmiert, in dem diesmal die Daten des Testbeispiels aus der Tabelle BSEG (vgl. Modul 12) durch eine OPEN SQL-Anweisung selektiert und in Listenform ausgegeben werden.

Anzeige	Eingabe/Auswahl
Modul 13: Datenzugriff mit Open-SQL im ABAP-Report	
	Im Folgenden soll nun noch ein (ganz einfacher) ABAP-Report erstellt werden, der die Möglichkeit des Zugriffs auf Datenbanktabellen durch Eigenprogrammierung mittels eines **SQL-Befehls** zeigt. Der Report selektiert die Sachkontenbuchungen eines bestimmten Buchungskreises und Geschäftsjahres mit den jeweils belasteten Kostenstellen bzw. Aufträgen mittels einer OPEN-SQL SELECT-Anweisung und gibt sie anschließend in Listenform aus. Alle hierzu benötigten Daten sind in der Tabelle BSEG (s. Modul 12) vorhanden.
	ABAP-Editor starten und Report-Attribute festlegen:
SAP Easy Access mit **SAP Menü**	Wählen Sie im SAP-Menü: **Werkzeuge -** **ABAP Workbench** **Entwicklung –** **ABAP Editor**
Bildschirm "ABAP Editor: Einstieg"	Sie befinden sich in der ABAP Development Workbench, der grafischen Entwicklungsumgebung der SAP. Eingabe: *Programm*: ***zprogxx***, *xx* = Ihre Teilnehmernummer (= Name des zu erstellenden Programms)
	Anmerkung: *Nach den SAP-Namens-konventionen bedeutet ein **Z** als erster Buchstabe eines Programmnamens, dass es sich um ein Kundenprogramm handelt. Daher bitte stets für selbst erstellte Programme einen Namen wählen, der mit Z beginnt!*

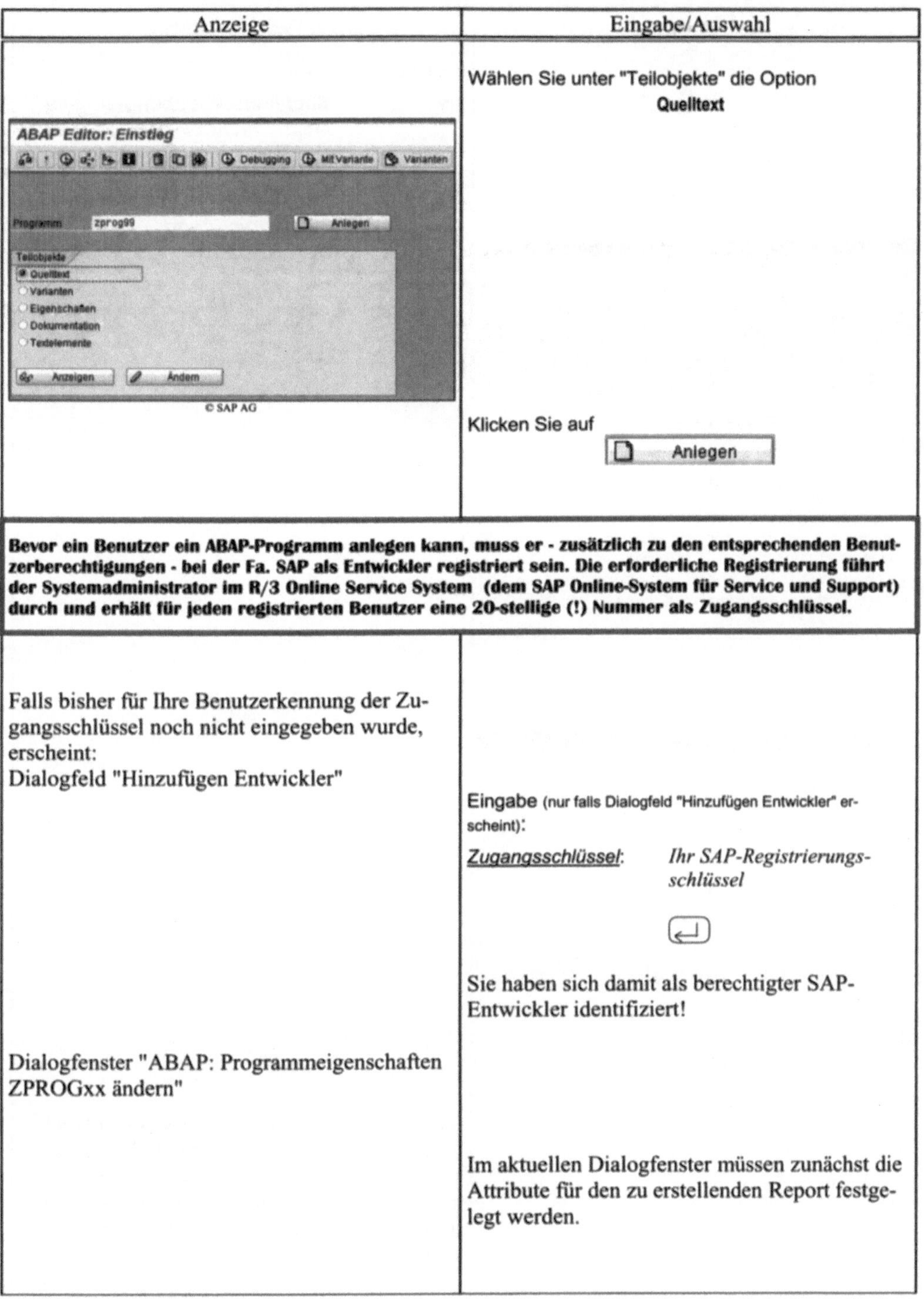

Anzeige	Eingabe/Auswahl
(Screenshot: ABAP Editor: Einstieg) © SAP AG	Wählen Sie unter "Teilobjekte" die Option **Quelltext** Klicken Sie auf Anlegen

Bevor ein Benutzer ein ABAP-Programm anlegen kann, muss er - zusätzlich zu den entsprechenden Benutzerberechtigungen - bei der Fa. SAP als Entwickler registriert sein. Die erforderliche Registrierung führt der Systemadministrator im R/3 Online Service System (dem SAP Online-System für Service und Support) durch und erhält für jeden registrierten Benutzer eine 20-stellige (!) Nummer als Zugangsschlüssel.

Anzeige	Eingabe/Auswahl
Falls bisher für Ihre Benutzerkennung der Zugangsschlüssel noch nicht eingegeben wurde, erscheint: Dialogfeld "Hinzufügen Entwickler"	Eingabe (nur falls Dialogfeld "Hinzufügen Entwickler" erscheint): <u>Zugangsschlüssel</u>: *Ihr SAP-Registrierungsschlüssel* ↵ Sie haben sich damit als berechtigter SAP-Entwickler identifiziert!
Dialogfenster "ABAP: Programmeigenschaften ZPROGxx ändern"	Im aktuellen Dialogfenster müssen zunächst die Attribute für den zu erstellenden Report festgelegt werden.

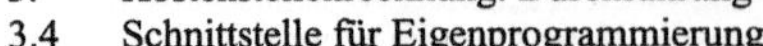

Anzeige	Eingabe/Auswahl
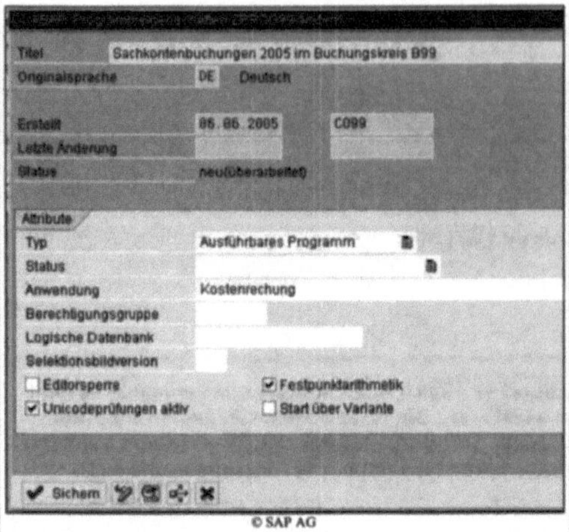	Eingabe bzw. Auswahl: *Titel*: ***Sachkontenbuchungen jjjj im Buchungskreis Bxx*** jjjj = aktuelles Jahr, xx = Ihre Teilnehmernummer *Typ:* ***Ausführbares Programm*** *Anwendung*: ***Kostenrechnung*** 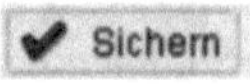
Titel Sachkontenbuchungen 2005 im Buchungskreis B99 Originalsprache DE Deutsch Erstellt 06.06.2005 C099 Letzte Änderung Status neu(überarbeitet) Attribute Typ Ausführbares Programm Status Anwendung Kostenrechnung Berechtigungsgruppe Logische Datenbank Selektionsbildversion ☐ Editorsperre ☑ Festpunktarithmetik ☑ Unicodeprüfungen aktiv ☐ Start über Variante ✔ Sichern © SAP AG	Klicken Sie auf ✔ Sichern
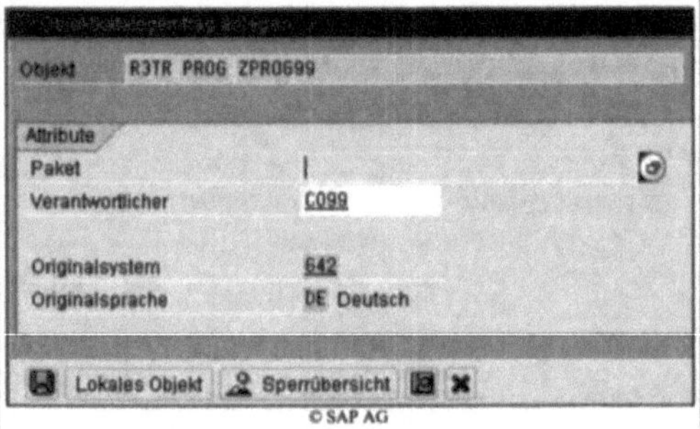 Objekt R3TR PROG ZPRO699 Attribute Paket Verantwortlicher C099 Originalsystem 642 Originalsprache DE Deutsch Lokales Objekt Sperrübersicht © SAP AG	Klicken Sie auf  Lokales Objekt Ihr Programm wird damit als **lokales Entwicklungsumgebungsobjekt** definiert, d.h. es wird ausgeschlossen vom integrierten SAP-Korrektur- und Transportsystem für die Verwaltung der Softwareentwicklung und für den Transport von Software zwischen verschiedenen SAP-Systemen.

Anzeige	Eingabe/Auswahl
Bildschirm "ABAP Editor: Report ZPROGxx ändern" Meldung in der Statuszeile: *Attribute für Programm ZPROGxx wurden gesichert*	Ihr Quelltext kann jetzt im Editor-Fenster erfasst werden. **Report-Coding mit dem ABAP-Editor erfassen:**

Mit dem *ABAP-Editor* können Quellprogramme erfasst und bearbeitet werden.

Neben den standardmäßigen SAP-Hilfefunktionen erhält man im SAP-Editor zusätzliche Hilfe zur Programmiersprache ABAP.

Außerdem bietet der Editor Sonderfunktionen für die Programmentwicklung, z.B.:
- **systemweite Navigation und Anzeige von Entwicklungsobjekte (z.B. Tabellendefinitionen)**
- **Prüfen der syntaktischen Korrektheit**
- **Testen von ABAP-Reports**
- **etc.**

Anzeige	Eingabe/Auswahl
Dialogfenster "Hilfe" 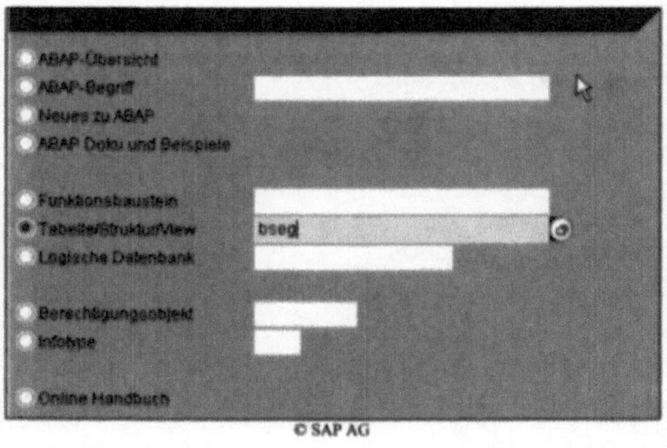 ABAP-Übersicht ABAP-Begriff Neues zu ABAP ABAP Doku und Beispiele Funktionsbaustein Tabelle/Struktur/View bseg Logische Datenbank Berechtigungsobjekt Infotype Online Handbuch © SAP AG	Klicken Sie auf (= Hilfe zu ...) Wählen Sie die Option **Tabelle/Struktur/View** Eingabe: *Tabelle/Struktur/View*: ***bseg***

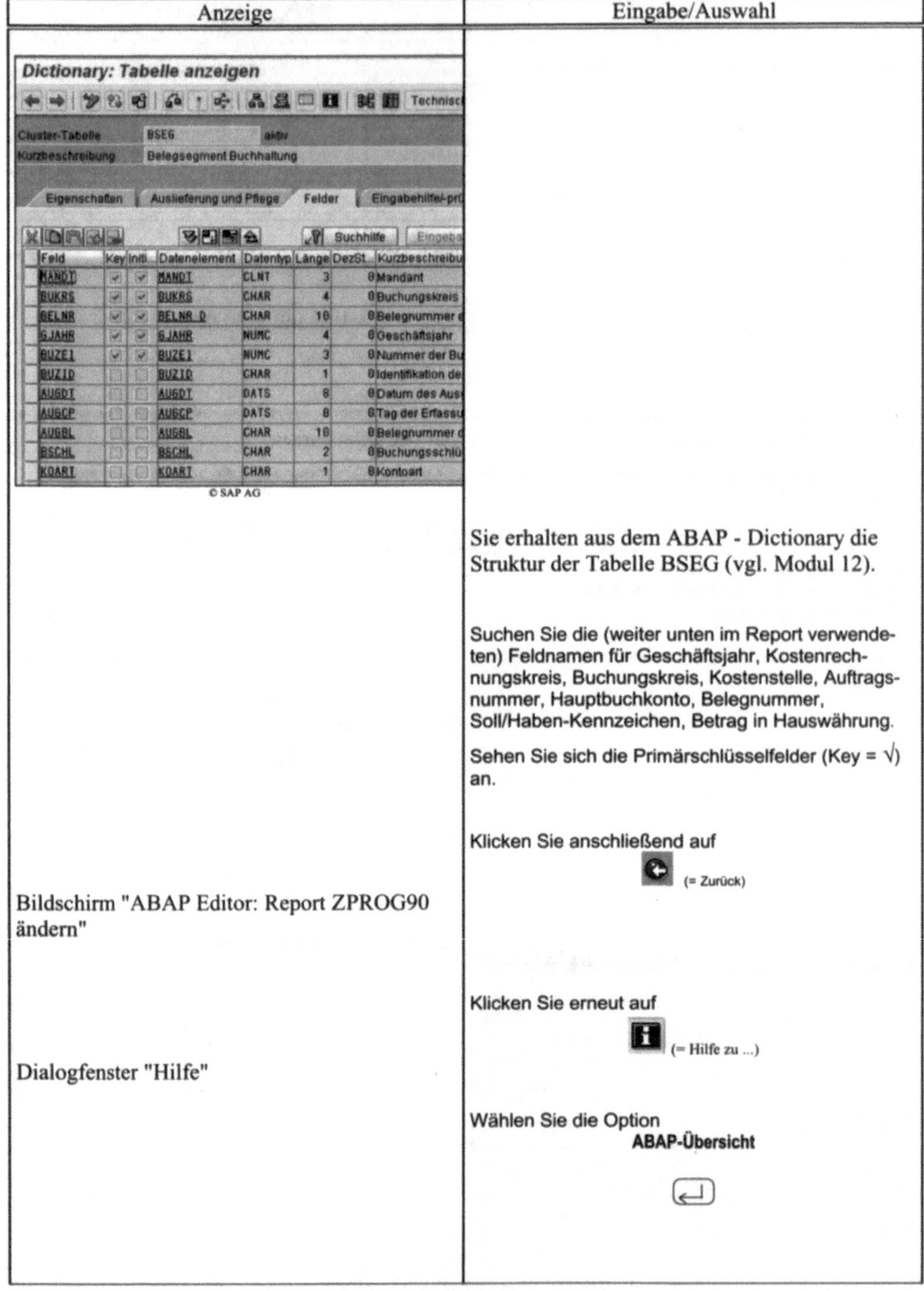

Anzeige	Eingabe/Auswahl
	Sie erhalten aus dem ABAP - Dictionary die Struktur der Tabelle BSEG (vgl. Modul 12).
	Suchen Sie die (weiter unten im Report verwendeten) Feldnamen für Geschäftsjahr, Kostenrechnungskreis, Buchungskreis, Kostenstelle, Auftragsnummer, Hauptbuchkonto, Belegnummer, Soll/Haben-Kennzeichen, Betrag in Hauswährung. Sehen Sie sich die Primärschlüsselfelder (Key = √) an.
	Klicken Sie anschließend auf (= Zurück)
Bildschirm "ABAP Editor: Report ZPROG90 ändern"	Klicken Sie erneut auf (= Hilfe zu ...)
Dialogfenster "Hilfe"	Wählen Sie die Option **ABAP-Übersicht**

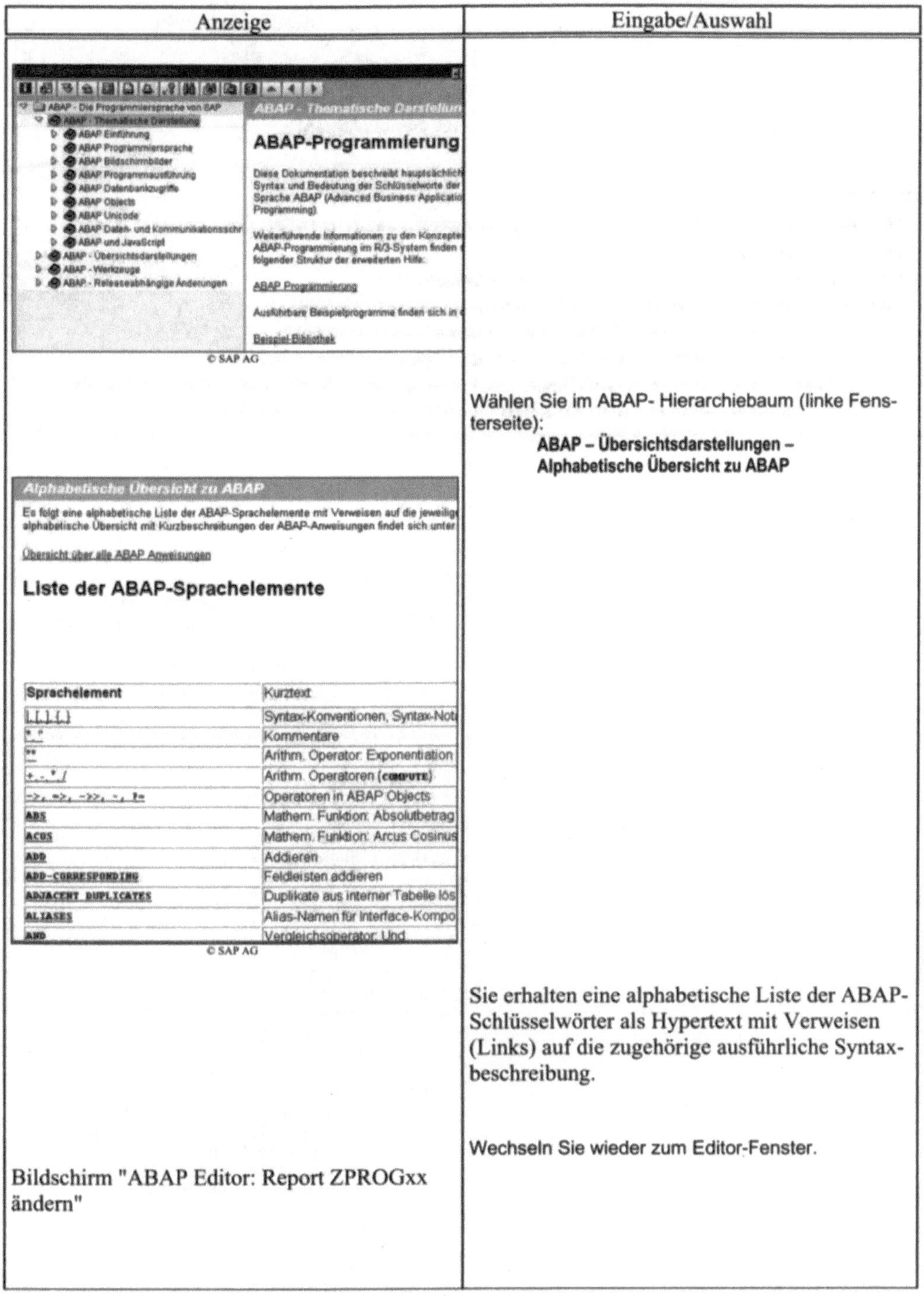

Anzeige	Eingabe/Auswahl
© SAP AG	Wählen Sie im ABAP- Hierarchiebaum (linke Fensterseite): **ABAP – Übersichtsdarstellungen – Alphabetische Übersicht zu ABAP**
© SAP AG	Sie erhalten eine alphabetische Liste der ABAP-Schlüsselwörter als Hypertext mit Verweisen (Links) auf die zugehörige ausführliche Syntaxbeschreibung.
Bildschirm "ABAP Editor: Report ZPROGxx ändern"	Wechseln Sie wieder zum Editor-Fenster.

Anzeige	Eingabe/Auswahl
	Bevor Sie nun (den sehr einfachen) Quelltext des Reports erfassen, zunächst kurz einige wichtige Syntaxregeln:

ABAP - Syntax:

- **Ein *ABAP-Programm* besteht aus einzelnen Sätzen (Anweisungen), jeder Satz muss mit einem Punkt abgeschlossen werden.**
- **Das erste Wort innerhalb eines Satzes ist das *Schlüsselwort*.**
- ***Wörter* werden durch mindestens ein Leerzeichen voneinander getrennt.**
- ***Sätze* dürfen eingerückt werden und sich über mehrere Zeilen erstrecken.**
- ***Kommentare* können durch einen Stern (*) in Spalte 1 (gesamte Zeile) oder durch Anführungszeichen in einer beliebigen Spalte (dahinterliegender Zeilenrest) gekennzeichnet werden.**
- **Ein ABAP-Programm muss mit einer *PROGRAM-* oder *REPORT-Anweisung* beginnen.**

Anzeige	Eingabe/Auswahl
	Geben Sie nun den nachfolgenden Quelltext in den Eingabebereich des Editors ein:

(Anmerkungen zur Eingabe:
- *ABAP-Schlüsselwörter, Tabellen- und Feldnamen können in Klein- oder Großbuchstaben eingegeben werden,*
- *anstelle von **Bxx** geben Sie bitte den Namen Ihres Buchungskreises und anstelle von **jjjj** die aktuelle Jahreszahl ein*
- *am Ende jeder Zeile drücken Sie die ⏎ -Taste!)*

```
REPORT ZPROGxx.
* Tabellendeklaration:
tables: bseg.
* Überschriften:
write: /'Buchungskrs.',
        'Kostenst.',
        'Auftrags-Nr.',
        'Konto-Nr.',
        'Beleg-Nr.',
        'S/H',
     70 'Betrag'.
* Datenselektion und Ausgabe:
select * from bseg
    where   gjahr = jjjj
      and   kokrs = 'Bxx'
    order by primary key.
  write: / bseg-bukrs,
           bseg-kostl under 'Kostenst.',
           bseg-aufnr under 'Auftrags-Nr.',
           bseg-hkont under 'Konto-Nr.',
           bseg-belnr under 'Beleg-Nr.',
           bseg-shkzg under 'S/H',
        65 bseg-dmbtr.
endselect.
```

Anzeige	Eingabe/Auswahl
	Erläuterungen zu den Anweisungen im Quelltext:

- **Mit der <u>REPORT-Anweisung</u> (hier mit Reportname ZPROGxx) wird der Report dem System bekannt gemacht.**
- **Mit der <u>TABLES-Anweisung</u> wird die Struktur einer Datenbanktabelle (hier BSEG) dem ABAP-Programm bekannt gemacht. Die Felder können im Programm über den Tabellennamen gefolgt von dem Feldnamen (mit Bindestrich) angesprochen werden.**
- **Die <u>WRITE-Anweisung</u> gibt den Inhalt von Datenfeldern und Konstanten (in Hochkommata) typgerecht aus. Ein Schrägstrich (/) vor einem Ausgabewert erzeugt einen Zeilenvorschub, eine Zahl bestimmt die Anfangsspalte der Ausgabe. Mit der Option UNDER ... kann ein Wert spaltengerecht zu einem zuvor ausgegebenen Wert angezeigt werden.**
- **Mit der <u>SELECT-Anweisung</u>, die zum Sprachumfang von OPEN-SQL (s.o.) gehört, können Werte entsprechend der hinter WHERE angegebenen Bedingungen aus einer Datenbanktabelle selektiert werden.
Hier ist die Schleifenanweisung, eine von drei SELECT-Versionen, programmiert: Jede ABAP-Anweisung innerhalb des mit SELECT und ENDSELECT erzeugten Schleifenblocks (hier nur WRITE) wird für jeden gelesen Datensatz ausgeführt.**

Anzeige	Eingabe/Auswahl
	<u>Report auf syntaktische Richtigkeit prüfen und sichern</u>:
	Wählen Sie im aktuellen Menü: **Programm - Prüfen - Syntax**
	Der von Ihnen eingegebene Quelltext wird auf syntaktische Richtigkeit geprüft. Etwaige Fehler werden angezeigt.
Meldung in der Statuszeile: *Es wurden keine Syntaxfehler in Programm ZPROGxx gefunden.*	Korrigieren Sie, falls vorhanden, Ihre Syntaxfehler und führen Sie erneut den Syntaxcheck durch.
Meldung in der Statuszeile: *Programm ZPROGxx wurde gesichert.*	Sichern Sie Ihren Quelltext.
	Ihr ABAP-Programm wird in der Programm-Bibliothek des ABAP-Dictionary festgeschrieben.

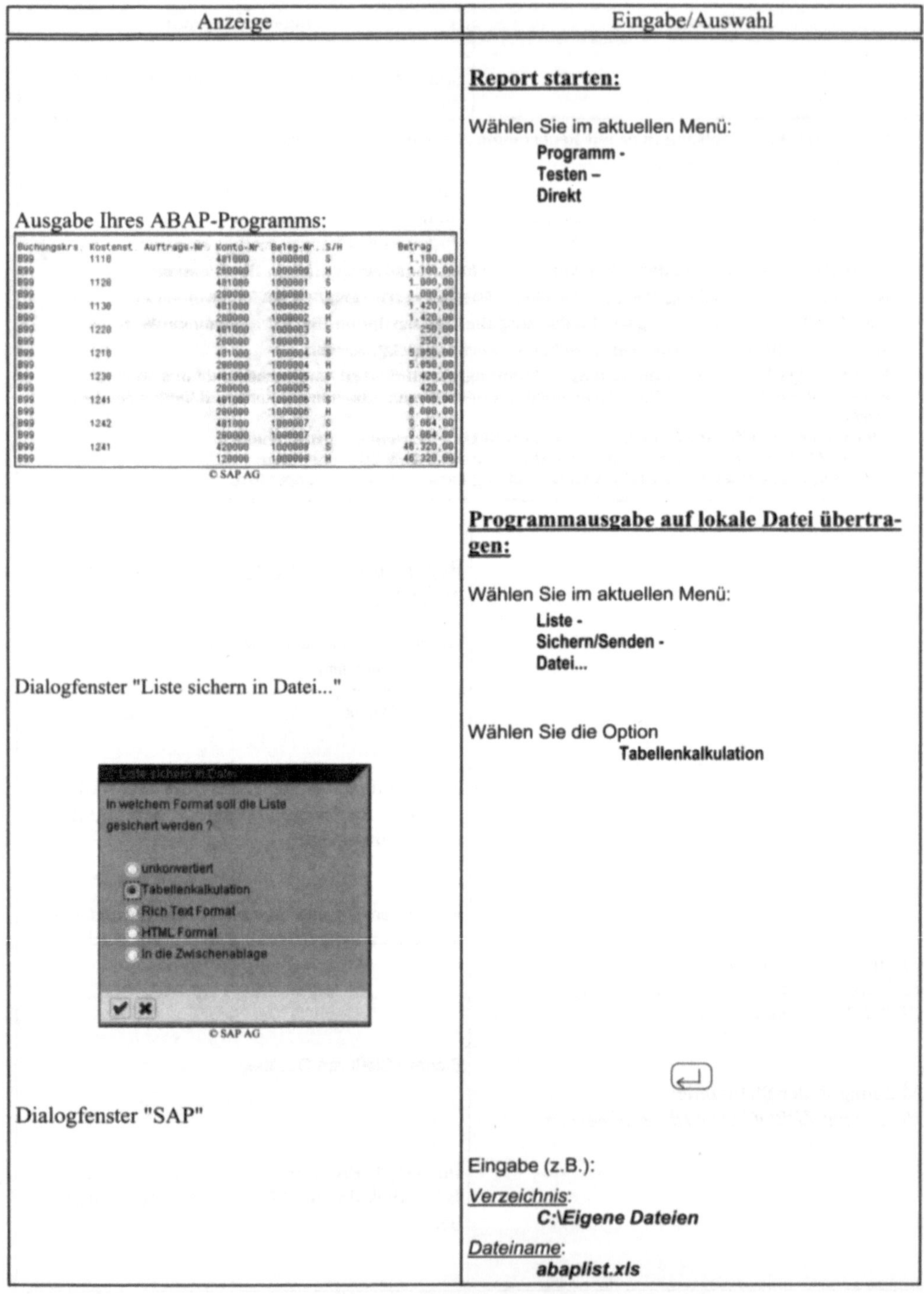

Anzeige	Eingabe/Auswahl
	Report starten: Wählen Sie im aktuellen Menü: **Programm -** **Testen –** **Direkt**
Ausgabe Ihres ABAP-Programms: (see listing below) © SAP AG	**Programmausgabe auf lokale Datei übertragen:** Wählen Sie im aktuellen Menü: **Liste -** **Sichern/Senden -** **Datei...**
Dialogfenster "Liste sichern in Datei..." (dialog below) © SAP AG	Wählen Sie die Option **Tabellenkalkulation** ⏎
Dialogfenster "SAP"	Eingabe (z.B.): *Verzeichnis*: ***C:\Eigene Dateien*** *Dateiname*: ***abaplist.xls***

Ausgabe Ihres ABAP-Programms:

Buchungskrs	Kostenst	Auftrags-Nr	Konto-Nr	Beleg-Nr	S/H	Betrag
899	1110		481000	1000000	S	1.100,00
899			280000	1000000	H	1.100,00
899	1120		481000	1000001	S	1.000,00
899			280000	1000001	H	1.000,00
899	1130		481000	1000002	S	1.420,00
899			280000	1000002	H	1.420,00
899	1220		481000	1000003	S	250,00
899			280000	1000003	H	250,00
899	1210		481000	1000004	S	5.050,00
899			280000	1000004	H	5.050,00
899	1230		481000	1000005	S	420,00
899			280000	1000005	H	420,00
899	1241		481000	1000006	S	8.000,00
899			280000	1000006	H	8.000,00
899	1242		481000	1000007	S	9.064,00
899			280000	1000007	H	9.064,00
899	1241		420000	1000008	S	46.320,00
899			120000	1000008	H	46.320,00

© SAP AG

© SAP AG

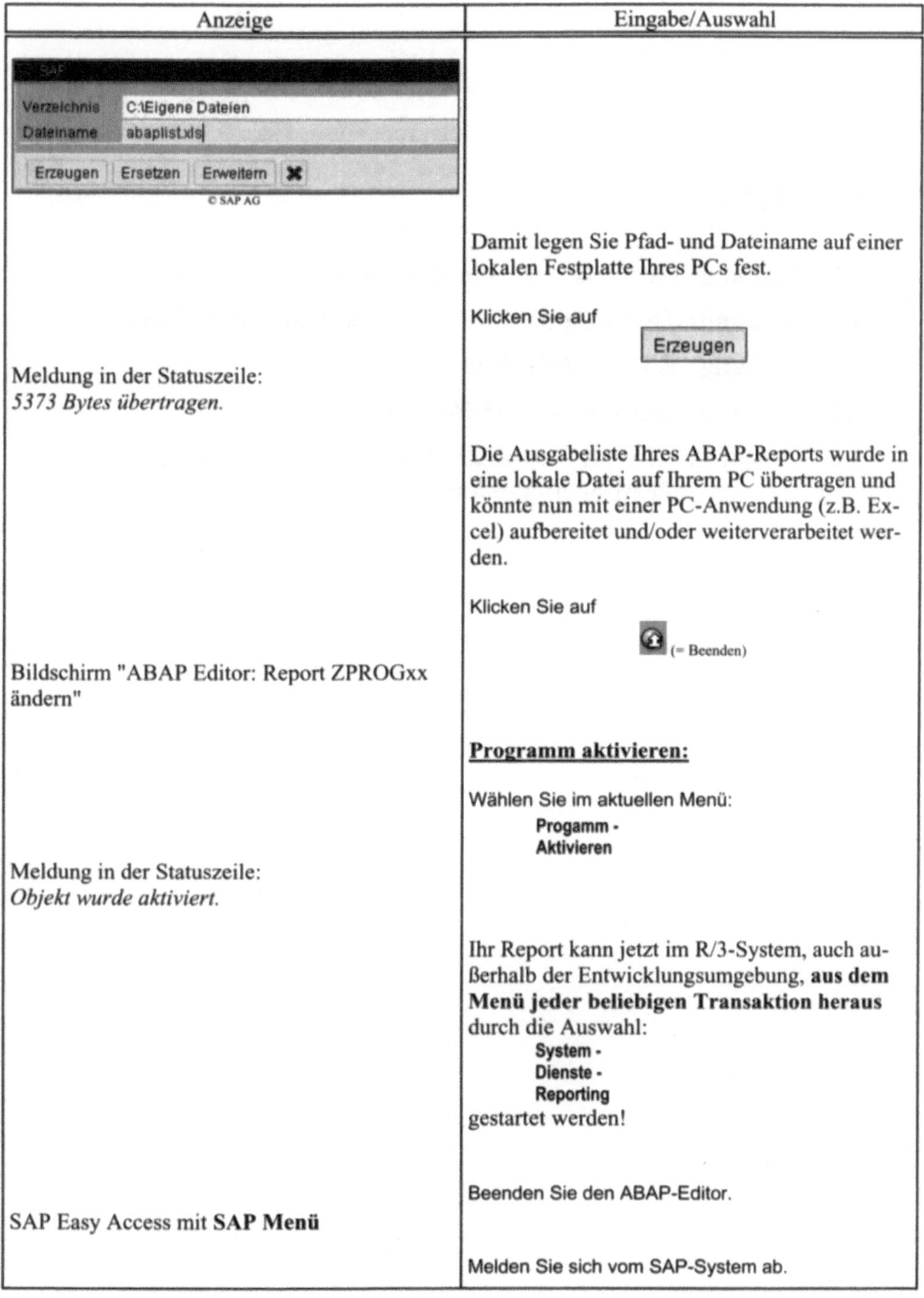

Anzeige	Eingabe/Auswahl
SAP Verzeichnis C:\Eigene Dateien Dateiname abaplist.xls Erzeugen Ersetzen Erweitern © SAP AG	
	Damit legen Sie Pfad- und Dateiname auf einer lokalen Festplatte Ihres PCs fest.
	Klicken Sie auf Erzeugen
Meldung in der Statuszeile: *5373 Bytes übertragen.*	
	Die Ausgabeliste Ihres ABAP-Reports wurde in eine lokale Datei auf Ihrem PC übertragen und könnte nun mit einer PC-Anwendung (z.B. Excel) aufbereitet und/oder weiterverarbeitet werden.
	Klicken Sie auf (= Beenden)
Bildschirm "ABAP Editor: Report ZPROGxx ändern"	
	Programm aktivieren:
	Wählen Sie im aktuellen Menü: **Progamm -** **Aktivieren**
Meldung in der Statuszeile: *Objekt wurde aktiviert.*	
	Ihr Report kann jetzt im R/3-System, auch außerhalb der Entwicklungsumgebung, **aus dem Menü jeder beliebigen Transaktion heraus** durch die Auswahl: **System -** **Dienste -** **Reporting** gestartet werden!
	Beenden Sie den ABAP-Editor.
SAP Easy Access mit **SAP Menü**	
	Melden Sie sich vom SAP-System ab.

4. Anhänge

4.1 Anhang: Hinweise für den Systemadministrator

4.2 Anhang: Testbeispiel als Tabellenkalkulations-Vorlage

4.3 Anhang: Eingabetabellen

4.4 Anhang: Ausdruck SAP-Bericht

4.5 Anhang: Glossar von SAP-Begriffen, soweit für das Testbeispiel erforderlich

4. Anhänge

4.1 Anhang: Hinweise für den Systemadministrator

Das Testbeispiel wird bereits seit vielen Jahren regelmäßig mehrmals pro Semester im Rahmen von Kostenrechnungsseminaren durchgeführt. Zuletzt in einem **SAP-System des Release-Standes R/3 Enterprise 4.70** in einer **Kopie des SAP-Auslieferungsmandanten 000**. Die Teilnehmer benutzten dabei Client-PCs unter **Windows XP** auf denen das **SAP-GUI, Version 6.20** als Präsentationsschnittstelle zum SAP-System installiert ist.

In der Mandantenkopie (im Beispiel Mandant 201) wurden die folgenden, für das Testbeispiel notwendigen Einstellungen vorgenommen:

1) Mandantenpflege:

- Auswahl im **SAP-Menü**:
  Werkzeuge –
  Administration –
  Mandantenverwaltung –
  Mandantenpflege
  (Transaktion SCC4)
- Einstellungen:

Mandant 201 Klenger/Falk kst-Master

Ort Dortmund
Letzter Änderer FALK
Logisches System 642CLNT201
Datum 05.05.2004
Std.Währung EUR
Rolle des Mandanten Training/Education

Änderungen und Transporte für mandantenabhängige Objekte
- (●) Änderungen ohne automat. Aufzeichnung
- ( ) automatische Aufzeichnung von Änderungen
- ( ) keine Änderungen erlaubt
- ( ) Änderungen ohne autom. Aufz., keine Transporte erlaubt

Änderungen an mandantenübergreifenden Objekten
keine Änderung von mand.unabh. Customizing-Objekten

Schutz bzgl. Mandantenkopierer und Vergleichstool
Schutzstufe 1: kein Überschreiben

2) Einrichtung von Benutzerstammsätzen:

- Auswahl im **SAP-Menü**:
  Werkzeuge –
  Administration –
  Benutzerpflege –
  Benutzer
  (Transaktion SU01)

- Anlegen eines eigenen **Benutzerstammsatzes CO*xx*** (xx ist dabei durch zwei Ziffern zu ersetzen) mit dem **Initialkennwort sapkost** für jeden Teilnehmer bzw. jede Teilnehmergruppe.

  Anmerkung: "***xx***" entsprach in den bereits durchgeführten Seminaren immer zweistelligen Teilnehmer(gruppen)nummern. Diese Nummern dienen im Testbeispiel auch zur Identifikation betriebswirtschaftlicher Objekte der einzelnen Teilnehmer bzw. Teilnehmergruppen (Beispiel aus dem Tastenteil: "Eingabe in Feld Buchungskreis: B*xx*, *xx* = Ihre Teilnehmernummer").

- Zuordnung der nachfolgenden **SAP-Standard-Berechtigungsprofile** zu allen angelegten Benutzerstammsätzen:

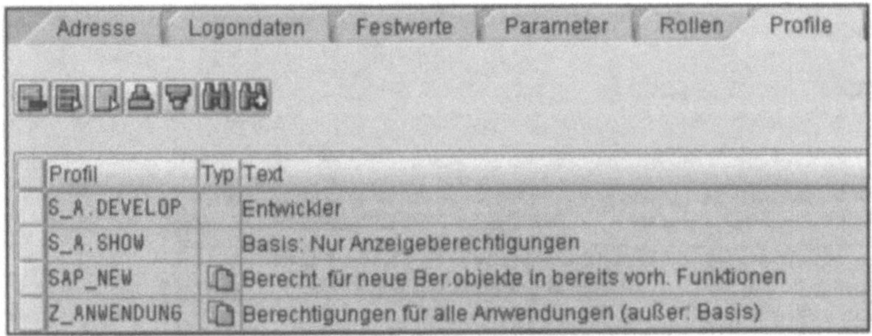

Profil	Typ	Text
S_A.DEVELOP		Entwickler
S_A.SHOW		Basis: Nur Anzeigeberechtigungen
SAP_NEW		Berecht. für neue Ber.objekte in bereits vorh. Funktionen
Z_ANWENDUNG		Berechtigungen für alle Anwendungen (außer: Basis)

Anmerkung: Bitte beachten Sie, dass sich unter R/3 Enterprise 4.70 Berechtigungsprüfungen geändert haben. Daher sollte bei eventuell auftretenden Fehlern wegen fehlender Berechtigungen zunächst überprüft werden, ob im Profil SAP_NEW alle Teilprofile älterer Releases enthalten sind. Falls dies nicht der Fall ist, können mit dem Report PRGN_CREATE_SAP_NEW_SUBPROFILE fehlende Teilprofile nachgeneriert werden, die dann in das Sammelprofil SAP_NEW aufgenommen werden müssen.

3) Einrichtung einer Kreditorenkontengruppe (zu Modul 2, Tastenteil M2.2):

- Pfad in der Hierarchiestruktur des **SAP Referenz-IMG**:

  Finanzwesen –
  Debitoren- und Kreditorenbuchhaltung –
  Kreditorenkonten –
  Stammdaten –
  Anlegen der Kreditorenstammdaten vorbereiten

- **Kontengruppe mit Bildaufbau definieren (Kreditoren)**
  (Transaktion OBD3)

  ◦ Neuer Eintrag:

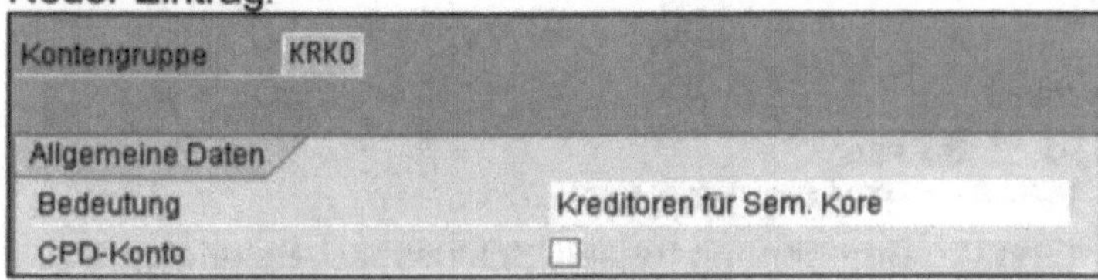

  ◦ Pflege Feldstatusgruppen:

Allgemeine Daten:	*Name 1*	→ Musseingabe
	Suchbegriff	→ Musseingabe
Buchungskreisdaten:	*Abstimmkonto*	→ Musseingabe

Für alle restlichen Felder wurde Feldstatus 'Kanneingabe' beibehalten.

- **Nummernkreise den für Kreditorenkonten anlegen**
  (Transaktion XKN1)

Eingefügtes Intervall:

Neues Intervall

Nr	Von Nummer	Bis Nummer	Nummernstand	Ext
03	0000900000	0000999999	0	☑

- **Nummernkreise den Kontengruppen für Kreditoren zuordnen**
  (Transaktion OBAS)

Zuordnung:

Gruppe	Bedeutung	Nummernkreis
KRKO	Kreditoren für Sem. Kore	03

4) Definition eines Zuschlagsschemas für die Abgrenzung (zu Modul 6, Tastenteil M6.1.1):

- Pfad in der Hierarchiestruktur des **SAP Referenz-IMG:**

  Controlling –
  Kostenstellenrechnung –
  Planung –
  Planungshilfen –
  Abgrenzung -
  Zuschlagsverfahren

- **Zuschlagsschema pflegen**
  (Transaktion KSAZ)

  ° Menüauswahl:
  Umfeld - Basen
  Basis - Basis anlegen...
  Eingabe Berechnungsbasen(Schlüssel u. Bezeichnung):

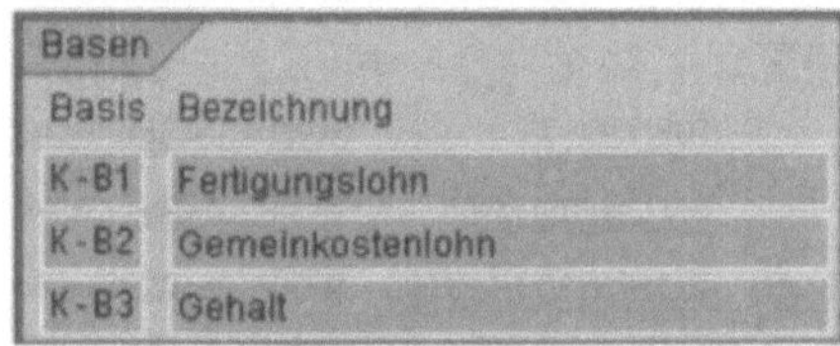

Basen

Basis	Bezeichnung
K-B1	Fertigungslohn
K-B2	Gemeinkostenlohn
K-B3	Gehalt

  ° Menüauswahl:
  Umfeld - Zuschlagssätze
  Zuschlag - Zuschlag anlegen...
  Eingabe Zuschlagsschlüssel, Bezeichnung u. Abhängigkeit:

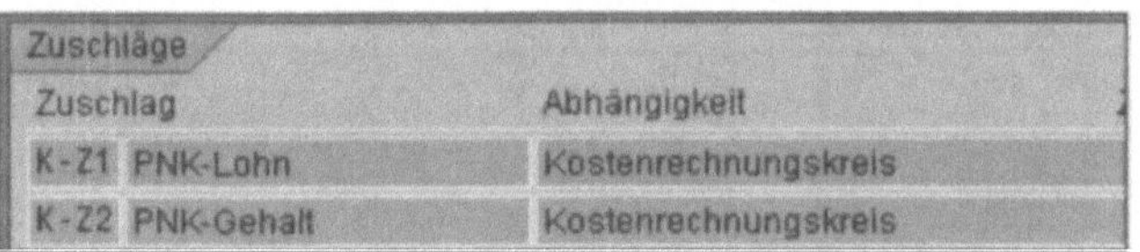

Zuschläge

Zuschlag		Abhängigkeit
K-Z1	PNK-Lohn	Kostenrechnungskreis
K-Z2	PNK-Gehalt	Kostenrechnungskreis

  ° Menüauswahl:
  Umfeld - Entlastungen
  Entlastung - Entlastung anlegen...
  Eingabe Entlastung (Schlüssel u. Bezeichnung):

Entlastungen

Entl.	Bezeichnung
E40	PNK-Lohn
E44	PNK-Gehalt

° Menüauswahl:

Zuschlagsschema - Schema anlegen

Eingabe Zuschlagsschema (Schlüssel und Bezeichnung):

Zuschlagsschema	KORE
Bezeichnung	Schema f. Fallstudie SAP-Kore

Eingabe Zuschlagsschema (Struktur):

Zuschlagsschema KORE Schema f. Fallstudie SAP-Kore

Zeilen

Zeile	Basis	Zuschlag	Bezeichnung	Von	Bis	Entlastung
110	K-B1		Fertigunglohn			
120	K-B2		Gemeinkostenlohn			
190			Ber.Basis PNK-Lohn	110	120	
200		K-Z1	PNK-Lohn	190	190	E40
310	K-B3		Gehalt			
400		K-Z2	PNK-Gehalt	310	310	E44

5) Planerprofile kopieren und modifizieren (zu Modul 7, Tastenteil M7.1):

- Pfad in der Hierarchiestruktur des **SAP Referenz-IMG:**
  Controlling –
  Kostenstellenrechnung –
  Planung –
  Manuelle Planung

- **Eigene Planerprofile definieren**
  (Transaktion KP34)

° Kopieren der SAP-Planerprofile

SAP101 3.0/1:CO-OM: Primärksten/Leistungsart./Stat.Kennz.

bzw.

SAP102 3.0/1:CO-OM: LstAufnahm./Leistungsart./Stat.Kennz.

nach

KORE101 Primärksten/Leistungsart./Stat.Kennz.

bzw.

KORE102 LstAufnahm./Leistungsart./Stat.Kennz.

mit allen abhängigen Einträgen.

° Änderung der Verteilungsschlüssel Währung und Mengen in den **beiden** kopierten Planerprofilen:

°° Planerprofil markieren

- ▽ Controlling allgemein

- Eingabe:

WaVS	MeVS
1	1

(= gleichmäßige Verteilung für Währungs- und für Mengenfelder) für **alle** Planungsgebiete

6) Variante für offene Buchungsperioden anlegen (zu Modul 8, Tastenteil M8.4):

- Pfad in der Hierarchiestruktur des **SAP Referenz-IMG:**

  Finanzwesen –
  Grundeinstellungen Finanzwesen –
  Beleg –
  Buchungsperioden

- **Varianten für offen Buchungsperioden definieren**
  (Transaktion OBBO)

  - Neuer Eintrag:

Variante	Bezeichnung
KORE	Variante f. Fallstudie Kore

- **Buchungsperioden öffnen und schließen**
  (Transaktion OB52)

  - Neuer Eintrag:

Var.	K	Von Konto	Bis Konto	Von Per. 1	Jahr	Bis Per. 1	Jahr
KORE	+			1	2000	12	2010

7) Benutzerregistrierung im SAPNet bzw. OSS (zu Modul 13, Tastenteil M13):

- Anmeldung an das SAPNet bzw. OSS (Online Service System) über Auswahl im **SAP-Menü:**

  System –
  Dienste –
  SAP Service
  (Transaktion OSS1)

- Registrierung der unter 2) angelegten Benutzer als **Entwickler** über die entsprechende Schaltfläche des SAPNet-Bildschirms.

4.2 Anhang: Testbeispiel als Tabellenkalkulations-Vorlage

PLAN		HILFSKOSTENSTELLEN													
		1210 Fuhrpark Bezugsgröße: gef. Kilometer (GKM)			1220 Arbeitsvorbereitung Bezugsgröße: Arb.vorb.std. (AVST)			1230 Instandhaltung Bezugsgrößen: Wartungsstd. (WART), Reparaturstd. (REP)							
									leistungsabhängig (WART)			leistungsabhängig (REP)			
Kontonr.	Bezeichnung	Fix	Var	Gesamt	Fix	Var	Gesamt	Fix	Fix	Var	Gesamt	Fix	Var	Gesamt	Gesamt
420000	Löhne	0	0	0	0	0	0	0							0
421000	GK-Lohn	38.880	0	38.880	97.200	0	97.200	38.880							38.880
429000	verr.PNK-Lohn *	27.216	0	27.216	68.040	0	68.040	27.216							27.216
430000	Gehälter	0	0	0	108.000	0	108.000	60.000							60.000
439000	verr.PNK-Geh. **	0	0	0	32.400	0	32.400	18.000							18.000
481000	kalk. Abschr.	70.000	0	70.000	3.000	0	3.000	5.000							5.000
483000	kalk. Zinsen	14.000	0	14.000	1.200	0	1.200	1.600							1.600
403000	Betriebsstoffe	48.386	5.376	53.762	54.000	6.000	60.000	0	13.296	1.733	15.029	28.092	2.866	30.958	45.987
415000	Energiekosten	9.768	14.652	24.420	11.832	17.748	29.580	0	1.002	1.588	2.590	2.154	3.146	5.300	7.890
417000	Fremdreparat.	12.000	0	12.000	0	0	0	23.460							23.460
476900	sonst. Kosten	28.354	0	28.354	45.478	0	45.478	29.000							29.000
	Primärkosten	248.604	20.028	268.632	421.150	23.748	444.898	203.156	14.298	3.321	17.619	30.246	6.012	36.258	257.033
gefahrene km					13.600	GKM				15.000	GKM				
510000	ILV Fuhrp.	-248.604	-20.028	**-268.632**	14.779	0	14.779	16.300							16.300
Wartungsstunden															
520000	ILV Inst.Wart								-87.450	-3.321	-90.771				**-90.771**
Reparaturstunden															
530000	ILV Inst.Rep.											-176.550	-6.012	-182.562	**-182.562**
Verr.basis indir. ILV Arbeitsvorb.															
500000	Ind. ILV AV				-435.929	-23.748	**-459.677**								
	Leistungsverr.	-248.604	-20.028	-268.632	-421.150	-23.748	-444.898	16.300	-87.450	-3.321	-90.771	-176.550	-6.012	-182.562	-257.033
	Gesamt			0			0								0

	1210 Fix	1210 Var	1210 Gesamt	1220 Fix	1220 Var	1220 Gesamt	1230 Fix	WART Fix	WART Var	WART Gesamt	REP Fix	REP Var	REP Gesamt	Gesamt
							219.456	73.152 (1/3)		→ 73.152	146.304 (2/3)		→ 146.304	
Plankosten [€]	248.604	20.028	268.632	435.929	23.748	459.677		87.450	3.321	90.771	176.550	6.012	182.562	273.333
Planleistung	247.200		GKM	8.000		AVST		1.200		WART	3.000		REP	
Planverrechnungssatz	1,01 €/GKM	0,08 €/GKM	1,09 €/GKM	54,49 €/AVST	2,97 €/AVST	57,46 €/AVST		72,88 €/WART	2,77 €/WART	75,64 €/WART	58,85 €/REP	2,00 €/REP	60,85 €/REP	

Bild 4.2/1(1): Testbeispiel: PLAN Gesamtjahr (alle Kostenstellen)

PLAN		HAUPTKOSTENSTELLEN																	
		1241 Anlage A Bezugsgröße: Fertigungsstd A (FST)			1242 Anlage B Bezugsgröße: Fertigungsstd B (FST)			1130 Materialwirtschaft Bezugsgröße: Mat.wirtsch.std (MST)			1120 Verwaltung			1110 Vertrieb			Gesamt		
Kontonr.	Bezeichnung	Fix	Var	Gesamt	Fix	Var	Gesamt	Fix	Var	Gesamt	Fix	Var	Gesamt	Fix	Var	Gesamt	Fix	Var	Gesamt
420000	Löhne	0	555.750	555.750	0	349.160	349.160	0	0	0	0	0	0	0	0	0	0	904.910	904.910
421000	GK-Lohn	19.440	0	19.440	38.880	0	38.880	58.320	0	58.320	0	0	0	0	0	0	291.600	0	291.600
429000	verr.PNK-Lohn *	13.608	389.025	402.633	27.216	244.412	271.628	40.824	0	40.824	0	0	0	0	0	0	204.120	633.437	837.557
430000	Gehälter	60.000	0	60.000	60.000	0	60.000	156.000	0	156.000	672.000	0	672.000	576.000	0	576.000	1.692.000	0	1.692.000
439000	verr.PNK-Geh.**	18.000	0	18.000	18.000	0	18.000	46.800	0	46.800	201.600	0	201.600	172.800	0	172.800	507.600	0	507.600
481000	kalk. Abschr.	72.000	0	72.000	108.768	0	108.768	17.000	0	17.000	12.000	0	12.000	13.200	0	13.200	300.968	0	300.968
483000	kalk. Zinsen	28.800	0	28.800	43.507	0	43.507	6.800	0	6.800	4.800	0	4.800	5.280	0	5.280	105.987	0	105.987
403000	Betriebsstoffe	144.000	16.000	160.000	132.102	14.678	146.780	42.300	4.700	47.000	66.251	0	66.251	0	0	0	528.427	51.353	579.780
415000	Energiekosten	16.128	24.192	40.320	33.936	50.904	84.840	3.264	4.896	8.160	22.800	0	22.800	18.000	0	18.000	118.884	117.126	236.010
417000	Fremdreparat.	8.900	0	8.900	7.980	0	7.980	7.800	0	7.800	13.900	0	13.900	8.476	0	8.476	82.516	0	82.516
476900	sonst. Kosten	103.466	0	103.466	9.358	0	9.358	7.599	0	7.599	29.992	0	29.992	5.623	0	5.623	258.870	0	258.870
	Primärkosten	484.342	984.967	1.469.309	479.747	659.154	1.138.901	386.707	9.596	396.303	1.023.343	0	1.023.343	799.379	0	799.379	4.090.972	1.706.826	5.797.798
gefahrene km		11.200		GKM	11.400		GKM	30.000		GKM	20.000		GKM	146.000		GKM	247.200		GKM
510000	ILV Fuhrp.	12.171	0	12.171	12.388	0	12.388	32.601	0	32.601	21.734	0	21.734	158.658	0	158.658	20.028	-20.028	0
Wartungsstdunden		500		WART	700		WART										1.200		WART
520000	ILV Inst.Wart	37.821	0	37.821	52.950	0	52.950										3.321	-3.321	0
Reparaturstunden		1.700		REP	1.300		REP										3.000		REP
530000	ILV Inst.Rep.	103.452	0	103.452	79.110	0	79.110										6.012	-6.012	0
Verr.basis indir. ILV Arbeitsvorb.		36.700		FST	24.600		FST										61.300		FST
500000	Ind. ILV AV	275.206	0	275.206	184.471	0	184.471										23.748	-23.748	0
	Leistungsverr.	428.651	0	428.651	328.919	0	328.919	32.601	0	32.601	21.734	0	21.734	158.658	0	158.658	53.109	-53.109	0
	Gesamt			1.897.960			1.467.820			428.904			1.045.077			958.037			5.797.798

Plankosten [€]	912.993	984.967	1.897.960	808.666	659.154	1.467.820	419.308	9.596	428.904
Planleistung	36.700		FST	24.600		FST	7.000		MST
Planverrechnungssatz	24,88 €/FST	26,84 €/FST	51,72 €/FST	32,87 €/FST	26,79 €/FST	59,67 €/FST	59,90 €/MST	1,37 €/MST	61,27 €/MST

Planabgrenzung:

* Zuschlagssatz: **70 %**, Basiskostenarten: **420000, 421000**

** Zuschlagssatz: **30 %**, Basiskostenart: **430000**

Bild 4.2/1(2): Testbeispiel: PLAN Gesamtjahr (alle Kostenstellen)

IST Jan.		HILFSKOSTENSTELLEN													
		1210 Fuhrpark Bezugsgröße: gef. Kilometer (GKM)			1220 Arbeitsvorbereitung Bezugsgröße: Arb.vorb.std. (AVST)			1230 Instandhaltung Bezugsgrößen: Wartungsstd. (WART), Reparaturstd. (REP)							
									leistungsabhängig (WART)			leistungsabhängig (REP)			
Kontonr.	Bezeichnung	Fix	Var	Gesamt	Fix	Var	Gesamt	Fix	Fix	Var	Gesamt	Fix	Var	Gesamt	Gesamt
420000	Löhne	0	0	0	0	0	0	0							0
421000	GK-Lohn	3.240	0	3.240	8.100	0	8.100	3.240							3.240
429000	verr.PNK-Lohn *	2.268	0	2.268	5.670	0	5.670	2.268							2.268
430000	Gehälter	0	0	0	9.000	0	9.000	5.000							5.000
439000	verr.PNK-Geh. **	0	0	0	2.700	0	2.700	1.500							1.500
481000	kalk. Abschr.	5.850	0	5.850	250	0	250	420							420
483000	kalk. Zinsen	1.120	0	1.120	100	0	100	150							150
403000	Betriebsstoffe	4.032	480	4.512	4.500	647	5.147	0	1.108	81	1.189	2.341	128	2.469	3.658
415000	Energiekosten	814	1.086	1.900	986	1.294	2.280	0	84	158	241	180	340	520	761
417000	Fremdreparat.	1.500	0	1.500	0	0	0	2.109							2.109
476900	sonst. Kosten	4.140	0	4.140	3.420	0	3.420	3.780							3.780
	Primärkosten	22.964	1.566	24.530	34.726	1.941	36.667	18.467	1.192	238	1.430	2.521	469	2.989	22.886
gefahrene km					1.000		GKM			1.333		GKM			
510000	ILV Fuhrp.	-20.867	-1.681	**-22.548**	1.087	0	1.087	1.449							1.449
Wartungsstunden															
520000	ILV Inst.Wart								-7.215	-274	-7.489				**-7.489**
Reparaturstunden															
530000	ILV Inst.Rep.											-15.890	-541	-16.431	**-16.431**
Verr.basis indir. ILV Arbeitsvorb.															
500000	Ind. ILV AV				-37.599	-2.048	**-39.647**								
	Leistungsverr.	-20.867	-1.681	-22.548	-36.512	-2.048	-38.560	1.449	-7.215	-274	-7.489	-15.890	-541	-16.431	-22.471
	Gesamt			1.982			-1.893								415

							19.916	6.639 (1/3) →		6.639	13.277 (2/3) →		13.277	
Istkosten [€]	22.964	1.566	24.530	35.813	1.941	37.754		7.830	238	8.068	15.798	469	16.266	24.335
Istleistung	20.749		GKM	690		AVST		99		WART	270		REP	
Planverrechnungssatz	1,01 €/GKM	0,08 €/GKM	1,09 €/GKM	54,49 €/AVST	2,97 €/AVST	57,46 €/AVST		72,88 €/WART	2,77 €/WART	75,64 €/WART	58,85 €/REP	2,00 €/REP	60,85 €/REP	

Bild 4.2/2(1): Testbeispiel: IST Januar (alle Kostenstellen)

IST Jan.		HAUPTKOSTENSTELLEN																	
		1241 Anlage A Bezugsgröße: Fertigungsstd A (FST)			1242 Anlage B Bezugsgröße: Fertigungsstd B (FST)			1130 Materialwirtschaft Bezugsgröße: Mat.wirtsch.std (MST)			1120 Verwaltung			1110 Vertrieb			Gesamt		
Kontonr.	Bezeichnung	Fix	Var	Gesamt	Fix	Var	Gesamt	Fix	Var	Gesamt	Fix	Var	Gesamt	Fix	Var	Gesamt	Fix	Var	Gesamt
420000	Löhne	0	46.320	46.320	0	29.000	29.000	0	0	0	0	0	0	0	0	0	0	75.320	75.320
421000	GK-Lohn	1.620	0	1.620	3.240	0	3.240	4.860	0	4.860	11.340	0	11.340	0	0	0	35.640	0	35.640
429000	verr.PNK-Lohn *	1.134	32.424	33.558	2.268	20.300	22.568	3.402	0	3.402	7.938	0	7.938	0	0	0	24.948	52.724	77.672
430000	Gehälter	5.000	0	5.000	5.000	0	5.000	13.000	0	13.000	56.000	0	56.000	48.000	0	48.000	141.000	0	141.000
439000	verr.PNK-Geh.**	1.500	0	1.500	1.500	0	1.500	3.900	0	3.900	16.800	0	16.800	14.400	0	14.400	42.300	0	42.300
481000	kalk. Abschr.	6.000	0	6.000	9.064	0	9.064	1.420	0	1.420	1.000	0	1.000	1.100	0	1.100	25.104	0	25.104
483000	kalk. Zinsen	2.400	0	2.400	3.625	0	3.625	570	0	570	400	0	400	440	0	440	8.805	0	8.805
403000	Betriebsstoffe	12.000	1.323	13.323	11.009	1.335	12.343	3.525	307	3.832	0	0	0	0	0	0	38.515	4.300	42.815
415000	Energiekosten	1.344	2.076	3.420	2.828	4.012	6.840	272	678	950	2.417	0	2.417	1.140	0	1.140	10.064	9.644	19.708
417000	Fremdreparat.	1.100	0	1.100	900	0	900	900	0	900	1.600	0	1.600	1.000	0	1.000	9.109	0	9.109
476900	sonst. Kosten	5.400	0	5.400	2.880	0	2.880	771	0	771	2.761	0	2.761	382	0	382	23.534	0	23.534
	Primärkosten	37.498	82.143	119.641	42.314	54.647	96.960	32.620	985	33.605	100.256	0	100.256	66.462	0	66.462	359.019	141.988	501.007
gefahrene km		833		GKM	1.000		GKM	2.333		GKM	1.750		GKM	12.500		GKM	20.749		GKM
510000	ILV Fuhrp.	905	0	905	1.087	0	1.087	2.535	0	2.535	1.902	0	1.902	13.584	0	13.584	1.681	-1.681	0
Wartungsstunden		35		WART	64		WART										99		WART
520000	ILV Inst.Wart	2.647	0	2.647	4.841	0	4.841										274	-274	0
Reparaturstunden		175		REP	95		REP										270		REP
530000	ILV Inst.Rep.	10.649	0	10.649	5.781	0	5.781										541	-541	0
Verr.basis indir. ILV Arbeitsvorb.		3.167		FST	2.000		FST										5.167		FST
500000	Ind. ILV AV	24.301	0	24.301	15.346	0	15.346										2.048	-2.048	0
	Leistungsverr.	38.503	0	38.503	27.055	0	27.055	2.535	0	2.535	1.902	0	1.902	13.584	0	13.584			0
	Gesamt			158.144			124.015			36.140			102.158			80.046			501.007

Istkosten [€]	76.001	82.143	158.144	69.369	54.647	124.015	35.155	985	36.140
Istleistung	3.167		FST	2.000		FST	550		MST
Planverrechnungssatz	24,88 €/FST	26,84 €/FST	51,72 €/FST	32,87 €/FST	26,79 €/FST	59,67 €/FST	59,90 €/MST	1,37 €/MST	61,27 €/MST

Istabgrenzung:

* Zuschlagssatz : **70 %**, Basiskostenarten: **420000, 421000**

** Zuschlagssatz : **30 %**, Basiskostenart: **430000**

Bild 4.2/2(2): Testbeispiel: IST Januar (alle Kostenstellen)

SOLL Jan.		HILFSKOSTENSTELLEN													
		1210 Fuhrpark Bezugsgröße: gef. Kilometer (GKM)			1220 Arbeitsvorbereitung Bezugsgröße: Arb.vorb.std. (AVST)			1230 Instandhaltung Bezugsgrößen: Wartungsstd. (WART), Reparaturstd. (REP)							
									leistungsabhängig (WART)			leistungsabhängig (REP)			
Kontonr.	Bezeichnung	Fix	Var	Gesamt	Fix	Var	Gesamt	Fix	Fix	Var	Gesamt	Fix	Var	Gesamt	Gesamt
420000	Löhne	0	0	0	0	0	0	0							0
421000	GK-Lohn	3.240	0	3.240	8.100	0	8.100	3.240							3.240
429000	verr.PNK-Lohn *	2.268	0	2.268	5.670	0	5.670	2.268							2.268
430000	Gehälter	0	0	0	9.000	0	9.000	5.000							5.000
439000	verr.PNK-Geh. **	0	0	0	2.700	0	2.700	1.500							1.500
481000	kalk. Abschr.	5.833	0	5.833	250	0	250	417							417
483000	kalk. Zinsen	1.167	0	1.167	100	0	100	133							133
403000	Betriebsstoffe	4.032	451	4.483	4.500	518	5.018	0	1.108	143	1.251	2.341	258	2.599	3.850
415000	Energiekosten	814	1.230	2.044	986	1.531	2.517	0	84	131	215	180	283	463	677
417000	Fremdreparat.	1.000	0	1.000	0	0	0	1.965							1.965
476900	sonst. Kosten	2.363	0	2.363	3.790	0	3.790	2.417							2.417
	Primärkosten	20.717	1.681	22.398	35.096	2.048	37.144	16.930	1.192	274	1.465	2.521	541	3.062	21.457
gefahrene km					1.000		GKM			1.333		GKM			
510000	ILV Fuhrp.	-20.867	-1.681	**-22.548**	1.232	0	1.232	1.358							1.358
Wartungsstunden															
520000	ILV Inst.Wart								-7.215	-274	-7.489				**-7.489**
Reparaturstunden															
530000	ILV Inst.Rep.											-15.890	-541	-16.431	**-16.431**
Verr.basis indir. ILV Arbeitsvorb.															
500000	Ind. ILV AV				-37.599	-2.048	**-39.647**								
	Leistungsverr.	-20.867	-1.681	-22.548	-36.367	-2.048	-38.416	1.358	-7.215	-274	-7.489	-15.890	-541	-16.431	-22.561
	Gesamt			-150			-1.271								-1.104

	1210 Fix	1210 Var	1210 Gesamt	1220 Fix	1220 Var	1220 Gesamt	1230 Fix	WART Fix	WART Var	WART Gesamt	REP Fix	REP Var	REP Gesamt	Gesamt
							18.288	6.096 (1/3)	→	6.096	12.192 (2/3)	→	12.192	
Sollkosten [€]	20.717	1.681	22.398	36.327	2.048	38.376		7.288	274	7.561	14.713	541	15.254	22.815
Istleistung	20.749		GKM	690		AVST		99		WART	270		REP	
Planverrechnungssatz	1,01 €/GKM	0,08 €/GKM	1,09 €/GKM	54,49 €/AVST	2,97 €/AVST	57,46 €/AVST		72,88 €/WART	2,77 €/WART	75,64 €/WART	58,85 €/REP	2,00 €/REP	60,85 €/REP	

Bild 4.2/3(1): Testbeispiel: SOLL Januar (alle Kostenstellen)

SOLL Jan.		HAUPTKOSTENSTELLEN																	
		1241 Anlage A Bezugsgröße: Fertigungsstd A (FST)			1242 Anlage B Bezugsgröße: Fertigungsstd B (FST)			1130 Materialwirtschaft Bezugsgröße: Mat.wirtsch.std (MST)			1120 Verwaltung			1110 Vertrieb			Gesamt		
Kontonr.	Bezeichnung	Fix	Var	Gesamt	Fix	Var	Gesamt	Fix	Var	Gesamt	Fix	Var	Gesamt	Fix	Var	Gesamt	Fix	Var	Gesamt
420000	Löhne	0	47.958	47.958	0	28.387	28.387	0	0	0	0	0	0	0	0	0	0	76.345	76.345
421000	GK-Lohn	1.620	0	1.620	3.240	0	3.240	4.860	0	4.860	0	0	0	0	0	0	24.300	0	24.300
429000	verr. PNK-Lohn	1.134	33.571	34.705	2.268	19.871	22.139	3.402	0	3.402	0	0	0	0	0	0	17.010	53.442	70.452
430000	Gehälter	5.000	0	5.000	5.000	0	5.000	13.000	0	13.000	56.000	0	56.000	48.000	0	48.000	141.000	0	141.000
439000	verr. PNK-Geh.	1.500	0	1.500	1.500	0	1.500	3.900	0	3.900	16.800	0	16.800	14.400	0	14.400	42.300	0	42.300
481000	kalk. Abschr.	6.000	0	6.000	9.064	0	9.064	1.417	0	1.417	1.000	0	1.000	1.100	0	1.100	25.081	0	25.081
483000	kalk. Zinsen	2.400	0	2.400	3.626	0	3.626	567	0	567	400	0	400	440	0	440	8.832	0	8.832
403000	Betriebsstoffe	12.000	1.381	13.381	11.009	1.193	12.202	3.525	369	3.894	5.521	0	5.521	0	0	0	44.036	4.313	48.349
415000	Energiekosten	1.344	2.088	3.432	2.828	4.139	6.967	272	385	657	1.900	0	1.900	1.500	0	1.500	9.907	9.786	19.693
417000	Fremdreparat.	742	0	742	665	0	665	650	0	650	1.158	0	1.158	706	0	706	6.876	0	6.876
476900	sonst. Kosten	8.622	0	8.622	780	0	780	633	0	633	2.499	0	2.499	469	0	469	21.573	0	21.573
	Primärkosten	40.362	84.997	125.359	39.979	53.590	93.569	32.226	754	32.980	85.279	0	85.279	66.615	0	66.615	340.914	143.885	484.799
gefahrene km		833		GKM	1.000		GKM	2.333		GKM	1.750		GKM	12.500		GKM	20.749		GKM
510000	ILV Fuhrp.	1.014	0	1.014	1.032	0	1.032	2.717	0	2.717	1.811	0	1.811	13.222	0	13.222	1.519	-1.681	-162
Wartungsstunden		35		WART	64		WART										99		WART
520000	ILV Inst.Wart	3.152	0	3.152	4.412	0	4.412										350	-274	76
Reparaturstunden		175		REP	95		REP										270		REP
530000	ILV Inst.Rep.	8.621	0	8.621	6.593	0	6.593										-676	-541	-1.217
Verr.basis indir. ILV Arbeitsvorb.		3.167		FST	2.000		FST										5.167		FST
500000	Ind. ILV AV	22.934	0	22.934	15.373	0	15.373										708	-2.048	-1.341
	Leistungsverr.	35.721	0	35.721	27.410	0	27.410	2.717	0	2.717	1.811	0	1.811	13.222	0	13.222	1.900	-4.544	-2.644
	Gesamt			161.080			120.979			35.696			87.090			79.836			482.155

Sollkosten [€]	76.083	84.997	161.080	67.389	53.590	120.979	34.942	754	35.696
Istleistung	3.167		FST	2.000		FST	550		MST
Planverrechnungssatz	24,88 €/FST	26,84 €/FST	51,72 €/FST	32,87 €/FST	26,79 €/FST	59,67 €/FST	59,90 €/MST	1,37 €/MST	61,27 €/MST

Bild 4.2/3(2): Testbeispiel: SOLL Januar (alle Kostenstellen)

PLAN/SOLL/IST Januar		HILFSKOSTENSTELLE 1210 Fuhrpark Bezugsgröße: gef. Kilometer (GKM)										
		PLAN			SOLL			IST			IST-Plan Abw.	IST-Plan Abw.
Kontonr.	Bezeichnung	Fix	Var	Gesamt	Fix	Var	Gesamt	Fix	Var	Gesamt	(abs.)	(%)
420000	Löhne	0	0	0	0	0	0	0	0	0	0	0,00
421000	GK-Lohn	3.240	0	3.240	3.240	0	3.240	3.240	0	3.240	0	0,00
429000	verr.PNK-Lohn *	2.268	0	2.268	2.268	0	2.268	2.268	0	2.268	0	0,00
430000	Gehälter	0	0	0	0	0	0	0	0	0	0	0,00
439000	verr.PNK-Geh.**	0	0	0	0	0	0	0	0	0	0	0,00
481000	kalk. Abschr.	5.833	0	5.833	5.833	0	5.833	5.850	0	5.850	17	0,29
483000	kalk. Zinsen	1.167	0	1.167	1.167	0	1.167	1.120	0	1.120	-47	-4,00
403000	Betriebsstoffe	4.032	448	4.480	4.032	451	4.483	4.032	480	4.512	32	0,71
415000	Energiekosten	814	1.221	2.035	814	1.230	2.044	814	1.086	1.900	-135	-6,63
417000	Fremdreparat.	1.000	0	1.000	1.000	0	1.000	1.500	0	1.500	500	50,00
476900	sonst. Kosten	2.363	0	2.363	2.363	0	2.363	4.140	0	4.140	1.777	75,21
	Primärkosten	20.717	1.669	22.386	20.717	1.681	22.398	22.964	1.566	24.530	2.144	9,58
gefahrene km												
510000	ILV Fuhrp.	-20.717	-1.669	**-22.386**	-20.867	-1.681	**-22.548**	-20.867	-1.681	**-22.548**		
Wartungsstdunden												
520000	ILV Inst.Wart											
Reparaturstunden												
530000	ILV Inst.Rep.											
Verr.basis indir. ILV Arbeitsvorb.												
500000	Ind. ILV AV											
	Leistungsverr.	-20.717	-1.669	-22.386	-20.867	-1.681	-22.548	-20.867	-1.681	-22.548		
	Gesamt			0			-150			1.982		
	Soll-Ist Abweichung									-2.132		

	PLAN			SOLL			IST		
Plan- / Soll- / Ist-kosten [€]	20.717	1.669	22.386	20.717	1.681	22.398	22.964	1.566	24.530
Plan- / Ist-leistung	20.600		GKM				20.749		GKM
Planverrechnungssatz	1,01 €/GKM	0,08 €/GKM	1,09 €/GKM						

Planabbrenzung = Istabgrenzung :

* Zuschlagssatz : **70 %**, Basiskostenarten: **420000, 421000**

** Zuschlagssatz : **30 %**, Basiskostenart: **430000**

Bild 4.2/4: Testbeispiel: Januar Fuhrpark

PLAN/SOLL/IST Januar		HILFSKOSTENSTELLE 1220 Arbeitsvorbereitung Bezugsgröße: Arb.vorb.std. (AVST)										
		PLAN			SOLL			IST			IST-Plan Abw. (abs.)	IST-Plan Abw. (%)
Kontonr.	Bezeichnung	Fix	Var	Gesamt	Fix	Var	Gesamt	Fix	Var	Gesamt		
420000	Löhne	0	0	0	0	0	0	0	0	0	0	0,00
421000	GK-Lohn	8.100	0	8.100	8.100	0	8.100	8.100	0	8.100	0	0,00
429000	verr.PNK-Lohn *	5.670	0	5.670	5.670	0	5.670	5.670	0	5.670	0	0,00
430000	Gehälter	9.000	0	9.000	9.000	0	9.000	9.000	0	9.000	0	0,00
439000	verr.PNK-Geh.**	2.700	0	2.700	2.700	0	2.700	2.700	0	2.700	0	0,00
481000	kalk. Abschr.	250	0	250	250	0	250	250	0	250	0	0,00
483000	kalk. Zinsen	100	0	100	100	0	100	100	0	100	0	0,00
403000	Betriebsstoffe	4.500	500	5.000	4.500	518	5.018	4.500	647	5.147	147	2,94
415000	Energiekosten	986	1.479	2.465	986	1.531	2.517	986	1.294	2.280	-185	-7,51
417000	Fremdreparat.	0	0	0	0	0	0	0	0	0	0	0,00
476900	sonst. Kosten	3.790	0	3.790	3.790	0	3.790	3.420	0	3.420	-370	-9,76
	Primärkosten	35.096	1.979	37.075	35.096	2.048	37.144	34.726	1.941	36.667	-408	-1,10
gefahrene km					1.000		GKM	1.000		GKM		
510000	ILV Fuhrp.	1.232	0	1.232	1.232	0	1.232	1.087	0	1.087		
Wartungsstdunden												
520000	ILV Inst.Wart											
Reparaturstunden												
530000	ILV Inst.Rep.											
Verr.basis indir. ILV Arbeitsvorb.												
500000	Ind. ILV AV	-36.327	-1.979	**38.306**	-37.599	-2.048	**39.647**	-37.599	-2.048	**39.647**		
	Leistungsverr.	-35.096	-1.979	-37.075	-36.367	-2.048	-38.416	-36.512	-2.048	-38.560		
	Gesamt			0			-1.271			-1.893		
	Soll-Ist Abweichung									622		

Plan- / Soll- / Ist-kosten [€]	36.327	1.979	38.306	36.327	2.048	38.376	35.813	1.941	37.754
Plan- / Ist-leistung	667		AVST				690		AVST
Planverrechnungssatz	54,49 €/AVST	2,97 €/AVST	57,46 €/AVST						

Planabbrenzung = Istabgrenzung :

* Zuschlagssatz : **70 %**, Basiskostenarten: **420000, 421000**

** Zuschlagssatz : **30 %**, Basiskostenart: **430000**

Bild 4.2/5: Testbeispiel: Januar Arbeitsvorbereitung

PLAN/SOLL/IST Januar		HILFSKOSTENSTELLE – 1230 Instandhaltung (Bezugsgrößen: Wartungsstd. (WART), Reparaturstd. (REP))										
		PLAN			SOLL			IST			IST-Plan Abw.	IST-Plan Abw.
Kontonr.	Bezeichnung	Fix	Var	Gesamt	Fix	Var	Gesamt	Fix	Var	Gesamt	(abs.)	(%)
420000	Löhne	0	0	0	0	0	0	0	0	0	0	0,00
421000	GK-Lohn	3.240	0	3.240	3.240	0	3.240	3.240	0	3.240	0	0,00
429000	verr.PNK-Lohn *	2.268	0	2.268	2.268	0	2.268	2.268	0	2.268	0	0,00
430000	Gehälter	5.000	0	5.000	5.000	0	5.000	5.000	0	5.000	0	0,00
439000	verr.PNK-Geh.**	1.500	0	1.500	1.500	0	1.500	1.500	0	1.500	0	0,00
481000	kalk. Abschr.	417	0	417	417	0	417	420	0	420	3	0,80
483000	kalk. Zinsen	133	0	133	133	0	133	150	0	150	17	12,50
403000	Betriebsstoffe	3.449	383	3.832	3.449	401	3.850	3.449	209	3.658	-174	-4,55
415000	Energiekosten	263	395	658	263	414	677	263	498	761	104	15,74
417000	Fremdreparat.	1.955	0	1.955	1.955	0	1.955	2.109	0	2.109	154	7,88
476900	sonst. Kosten	2.417	0	2.417	2.417	0	2.417	3.780	0	3.780	1.363	56,41
	Primärkosten	20.642	778	21.419	20.642	815	21.457	22.179	707	22.886	1.467	6,85
gefahrene km		15.000	GKM		1.333	GKM		1.333	GKM			
510000	ILV Fuhrp.	1.358	0	1.358	1.358	0	1.358	1.449	0	1.449		
Wartungsstunden												
520000	ILV Inst.Wart	-7.288	-277	**-7.564**	-7.215	-274	**-7.489**	-7.215	-274	**-7.489**		
Reparaturstunden												
530000	ILV Inst.Rep.	-14.713	-501	**-15.214**	-15.890	-541	**-16.431**	-15.890	-541	**-16.431**		
Verr.basis indir. ILV Arbeitsvorb.												
500000	Ind. ILV AV											
	Leistungsverr.	-20.642	-778	-21.419	-21.746	-815	-22.561	-21.656	-815	-22.471		
	Gesamt			0			-1.104			415		
Soll-Ist Abweichung										-1.519		

Plan- / Soll- / Ist-kosten [€]	22.000	778	22.778	22.000	815	22.815	23.628	707	24.335
Plan- / Ist-leistung	100 250		WART REP				99 270		WART REP
Planverrechnungssätze	72,88 €/WART 58,85 €/REP	2,77 €/WART 2,00 €/REP	75,64 €/WART 60,85 €/REP						

Planabbrenzung = Istabgrenzung :

* Zuschlagssatz : **70 %**, Basiskostenarten: **420000, 421000**

** Zuschlagssatz : **30 %**, Basiskostenart: **430000**

Bild 4.2/6: Testbeispiel: Januar Instandhaltung

PLAN/SOLL/IST Januar		HAUPTKOSTENSTELLE										
		1241 Anlage A Bezugsgröße: Fertigungsstd A (FST)										
		PLAN			SOLL			IST			IST-Plan Abw. (abs.)	IST-Plan Abw. (%)
Kontonr.	Bezeichnung	Fix	Var	Gesamt	Fix	Var	Gesamt	Fix	Var	Gesamt		
420000	Löhne	0	46.313	46.313	0	47.958	47.958	0	46.320	46.320	8	0,02
421000	GK-Lohn	1.620	0	1.620	1.620	0	1.620	1.620	0	1.620	0	0,00
429000	verr.PNK-Lohn *	1.134	32.419	33.553	1.134	33.571	34.705	1.134	32.424	33.558	5	0,02
430000	Gehälter	5.000	0	5.000	5.000	0	5.000	5.000	0	5.000	0	0,00
439000	verr.PNK-Geh. **	1.500	0	1.500	1.500	0	1.500	1.500	0	1.500	0	0,00
481000	kalk. Abschr.	6.000	0	6.000	6.000	0	6.000	6.000	0	6.000	0	0,00
483000	kalk. Zinsen	2.400	0	2.400	2.400	0	2.400	2.400	0	2.400	0	0,00
403000	Betriebsstoffe	12.000	1.333	13.333	12.000	1.381	13.381	12.000	1.323	13.323	-10	-0,08
415000	Energiekosten	1.344	2.016	3.360	1.344	2.088	3.432	1.344	2.076	3.420	60	1,79
417000	Fremdreparat.	742	0	742	742	0	742	1.100	0	1.100	358	48,31
476900	sonst. Kosten	8.622	0	8.622	8.622	0	8.622	5.400	0	5.400	-3.222	-37,37
	Primärkosten	40.362	82.081	122.442	40.362	84.997	125.359	37.498	82.143	119.641	-2.801	-2,29
gefahrene km		933		GKM	833		GKM	833		GKM		
510000	ILV Fuhrp.	1.014	0	1.014	1.014	0	1.014	905	0	905		
Wartungsstdunden		42		WART	35		WART	35		WART		
520000	ILV Inst.Wart	3.152	0	3.152	3.152	0	3.152	2.647	0	2.647		
Reparaturstunden		142		REP	175		REP	175		REP		
530000	ILV Inst.Rep.	8.621	0	8.621	8.621	0	8.621	10.649	0	10.649		
Verr.basis indir. ILV Arbeitsvorb		3.058		FST	3.167		FST	3.167		FST		
500000	Ind. ILV AV	22.934	0	22.934	22.934	0	22.934	24.301	0	24.301		
	Leistungsverr.	35.721	0	35.721	35.721	0	35.721	38.503	0	38.503		
	Gesamt			158.163			161.080			158.144		
Soll-Ist Abweichung										2.936		

	PLAN			SOLL			IST		
Plan- / Soll- / Ist-kosten [€]	76.083	82.081	158.163	76.083	84.997	161.080	76.001	82.143	158.144
Plan- / Ist-leistung	3.058		FST				3.167		FST
Planverrechnungssatz	24,88 €/FST	26,84 €/FST	51,72 €/FST						

Planabbrenzung = Istabgrenzung :

* Zuschlagssatz : **70 %**, Basiskostenarten: **420000, 421000**

** Zuschlagssatz : **30 %**, Basiskostenart: **430000**

Bild 4.2/7: Testbeispiel: Januar Anlage A

PLAN/SOLL/IST Januar		HAUPTKOSTENSTELLE 1242 Anlage B Bezugsgröße: Fertigungsstd B (FST)										
		PLAN			SOLL			IST			IST-Plan Abw. (abs.)	IST-Plan Abw. (%)
Kontonr.	Bezeichnung	Fix	Var	Gesamt	Fix	Var	Gesamt	Fix	Var	Gesamt		
420000	Löhne	0	29.097	29.097	0	28.387	28.387	0	29.000	29.000	-97	-0,33
421000	GK-Lohn	3.240	0	3.240	3.240	0	3.240	3.240	0	3.240	0	0,00
429000	verr. PNK-Lohn *	2.268	20.368	22.636	2.268	19.871	22.139	2.268	20.300	22.568	-68	-0,30
430000	Gehälter	5.000	0	5.000	5.000	0	5.000	5.000	0	5.000	0	0,00
439000	verr. PNK-Geh.**	1.500	0	1.500	1.500	0	1.500	1.500	0	1.500	0	0,00
481000	kalk. Abschr.	9.064	0	9.064	9.064	0	9.064	9.064	0	9.064	0	0,00
483000	kalk. Zinsen	3.626	0	3.626	3.626	0	3.626	3.625	0	3.625	-1	-0,02
403000	Betriebsstoffe	11.009	1.223	12.232	11.009	1.193	12.202	11.009	1.335	12.343	111	0,91
415000	Energiekosten	2.828	4.242	7.070	2.828	4.139	6.967	2.828	4.012	6.840	-230	-3,25
417000	Fremdreparat.	665	0	665	665	0	665	900	0	900	235	35,34
476900	sonst. Kosten	780	0	780	780	0	780	2.880	0	2.880	2.100	269,31
	Primärkosten	39.979	54.930	94.908	39.979	53.590	93.569	42.314	54.647	96.960	2.052	2,16
gefahrene km		950		GKM	1.000		GKM	1.000		GKM		
510000	ILV Fuhrp.	1.032	0	1.032	1.032	0	1.032	1.087	0	1.087		
Wartungsstdunden		58		WART	64		WART	64		WART		
520000	ILV Inst.Wart	4.412	0	4.412	4.412	0	4.412	4.841	0	4.841		
Reparaturstunden		108		REP	95		REP	95		REP		
530000	ILV Inst.Rep.	6.593	0	6.593	6.593	0	6.593	5.781	0	5.781		
Verr.basis indir. ILV Arbeitsvorb.		2.050		FST	2.000		FST	2.000		FST		
500000	Ind. ILV AV	15.373	0	15.373	15.373	0	15.373	15.346	0	15.346		
	Leistungsverr.	27.410	0	27.410	27.410	0	27.410	27.055	0	27.055		
	Gesamt			122.318			120.979			124.015		
Soll-Ist Abweichung										-3.037		

Plan- / Soll- / Ist-kosten [€]	67.389	54.930	122.318	67.389	53.590	120.979	69.369	54.647	124.015
Plan- / Ist-leistung	2.050		FST				2.000		FST
Planverrechnungssatz	32,87 €/FST	26,79 €/FST	59,67 €/FST						

Planabbrenzung = Istabgrenzung :

* Zuschlagssatz : **70 %**, Basiskostenarten: **420000, 421000**

** Zuschlagssatz : **30 %**, Basiskostenart: **430000**

Bild 4.2/8: Testbeispiel: Januar Anlage B

PLAN/SOLL/IST Januar		HAUPTKOSTENSTELLE 1130 Materialwirtschaft (Bezugsgröße: Mat.wirtsch.std (MST))										
		PLAN			SOLL			IST			IST-Plan Abw.	IST-Plan Abw.
Kontonr.	Bezeichnung	Fix	Var	Gesamt	Fix	Var	Gesamt	Fix	Var	Gesamt	(abs.)	(%)
420000	Löhne	0	0	0	0	0	0	0	0	0	0	0,00
421000	GK-Lohn	4.860	0	4.860	4.860	0	4.860	4.860	0	4.860	0	0,00
429000	verr.PNK-Lohn *	3.402	0	3.402	3.402	0	3.402	3.402	0	3.402	0	0,00
430000	Gehälter	13.000	0	13.000	13.000	0	13.000	13.000	0	13.000	0	0,00
439000	verr.PNK-Geh. **	3.900	0	3.900	3.900	0	3.900	3.900	0	3.900	0	0,00
481000	kalk. Abschr.	1.417	0	1.417	1.417	0	1.417	1.420	0	1.420	3	0,24
483000	kalk. Zinsen	567	0	567	567	0	567	570	0	570	3	0,59
403000	Betriebsstoffe	3.525	392	3.917	3.525	369	3.894	3.525	307	3.832	-85	-2,16
415000	Energiekosten	272	408	680	272	385	657	272	678	950	270	39,71
417000	Fremdreparat.	650	0	650	650	0	650	900	0	900	250	38,46
476900	sonst. Kosten	633	0	633	633	0	633	771	0	771	138	21,75
	Primärkosten	32.226	800	33.025	32.226	754	32.980	32.620	985	33.605	580	1,76
gefahrene km		2.500		GKM	2.333		GKM	2.333		GKM		
510000	ILV Fuhrp.	2.717	0	2.717	2.717	0	2.717	2.535	0	2.535		
Wartungsstdunden												
520000	ILV Inst.Wart											
Reparaturstunden												
530000	ILV Inst.Rep.											
Verr.basis indir. ILV Arbeitsvorb.												
500000	Ind. ILV AV											
	Leistungsverr.	2.717	0	2.717	2.717	0	2.717	2.535	0	2.535		
	Gesamt			35.742			35.696			36.140		
Soll-Ist Abweichung										-444		

	PLAN Fix	PLAN Var	PLAN Gesamt	SOLL Fix	SOLL Var	SOLL Gesamt	IST Fix	IST Var	IST Gesamt
Plan- / Soll- / Ist-kosten [€]	34.942	800	35.742	34.942	754	35.696	35.155	985	36.140
Plan- / Ist-leistung	583		MST				550		MST
Planverrechnungssatz	59,90 €/MST	1,37 €/MST	61,27 €/MST						

Planabbrenzung = Istabgrenzung :

* Zuschlagssatz : **70 %**, Basiskostenarten: **420000, 421000**

** Zuschlagssatz : **30 %**, Basiskostenart: **430000**

Bild 4.2/9: Testbeispiel: Januar Materialwirtschaft

PLAN/SOLL/IST Januar		HAUPTKOSTENSTELLE 1120 Verwaltung										
		PLAN			SOLL			IST			IST-Plan Abw.	IST-Plan Abw.
Kontonr.	Bezeichnung	Fix	Var	Gesamt	Fix	Var	Gesamt	Fix	Var	Gesamt	(abs.)	(%)
420000	Löhne	0	0	0	0	0	0	0	0	0	0	0,00
421000	GK-Lohn	0	0	0	0	0	0	11.340	0	11.340	11.340	100,00
429000	verr.PNK-Lohn *	0	0	0	0	0	0	7.938	0	7.938	7.938	100,00
430000	Gehälter	56.000	0	56.000	56.000	0	56.000	56.000	0	56.000	0	0,00
439000	verr.PNK-Geh.**	16.800	0	16.800	16.800	0	16.800	16.800	0	16.800	0	0,00
481000	kalk. Abschr.	1.000	0	1.000	1.000	0	1.000	1.000	0	1.000	0	0,00
483000	kalk. Zinsen	400	0	400	400	0	400	400	0	400	0	0,00
403000	Betriebsstoffe	5.521	0	5.521	5.521	0	5.521	0	0	0	-5.521	-100,00
415000	Energiekosten	1.900	0	1.900	1.900	0	1.900	2.417	0	2.417	517	27,21
417000	Fremdreparat.	1.158	0	1.158	1.158	0	1.158	1.600	0	1.600	442	38,13
476900	sonst. Kosten	2.499	0	2.499	2.499	0	2.499	2.761	0	2.761	262	10,47
	Primärkosten	85.279	0	85.279	85.279	0	85.279	100.256	0	100.256	14.977	17,56
gefahrene km		1.667		GKM	1.750		GKM	1.750		GKM		
510000	ILV Fuhrp.	1.811	0	1.811	1.811	0	1.811	1.902	0	1.902		
Wartungsstdunden												
520000	ILV Inst.Wart											
Reparaturstunden												
530000	ILV Inst.Rep.											
Verr.basis indir. ILV Arbeitsvorb.												
500000	Ind. ILV AV											
	Leistungsverr.	1.811	0	1.811	1.811	0	1.811	1.902	0	1.902		
	Gesamt			87.090			87.090			102.158		
Soll-Ist Abweichung										-15.068		

Planabbrenzung = Istabgrenzung :

* Zuschlagssatz : **70 %**, Basiskostenarten: **420000, 421000**

** Zuschlagssatz : **30 %**, Basiskostenart: **430000**

Bild 4.2/10: Testbeispiel: Januar Verwaltung

PLAN/SOLL/IST Januar		HAUPTKOSTENSTELLE 1110 Vertrieb										
		PLAN			SOLL			IST			IST-Plan Abw.	IST-Plan Abw.
Kontonr.	Bezeichnung	Fix	Var	Gesamt	Fix	Var	Gesamt	Fix	Var	Gesamt	(abs.)	(%)
420000	Löhne	0	0	0	0	0	0	0	0	0	0	0,00
421000	GK-Lohn	0	0	0	0	0	0	0	0	0	0	0,00
429000	verr. PNK-Lohn *	0	0	0	0	0	0	0	0	0	0	0,00
430000	Gehälter	48.000	0	48.000	48.000	0	48.000	48.000	0	48.000	0	0,00
439000	verr. PNK-Geh. **	14.400	0	14.400	14.400	0	14.400	14.400	0	14.400	0	0,00
481000	kalk. Abschr.	1.100	0	1.100	1.100	0	1.100	1.100	0	1.100	0	0,00
483000	kalk. Zinsen	440	0	440	440	0	440	440	0	440	0	0,00
403000	Betriebsstoffe	0	0	0	0	0	0	0	0	0	0	0,00
415000	Energiekosten	1.500	0	1.500	1.500	0	1.500	1.140	0	1.140	-360	-24,00
417000	Fremdreparat.	706	0	706	706	0	706	1.000	0	1.000	294	41,58
476900	sonst. Kosten	469	0	469	469	0	469	382	0	382	-87	-18,48
	Primärkosten	66.615	0	66.615	66.615	0	66.615	66.462	0	66.462	-153	-0,23
gefahrene km		12.167		GKM	12.500		GKM	12.500		GKM		
510000	ILV Fuhrp.	13.222	0	13.222	13.222	0	13.222	13.584	0	13.584		
Wartungsstdunden												
520000	ILV Inst. Wart.											
Reparaturstunden												
530000	ILV Inst. Rep.											
Verr. basis indir. ILV Arbeitsvorb.												
600000	Ind. ILV AV											
	Leistungsverr.	13.222	0	13.222	13.222	0	13.222	13.584	0	13.584		
	Gesamt			79.836			79.836			80.046		
Soll-Ist Abweichung										-209		

Planabbrenzung = Istabgrenzung :

* Zuschlagssatz : **70 %**, Basiskostenarten: **420000, 421000**

** Zuschlagssatz : **30 %**, Basiskostenart: **430000**

Bild 4.2/11: Testbeispiel: Januar Vertrieb

Januar		alle Kostenstellen										
		PLAN			SOLL			IST			IST-Plan Abw.	IST-Plan Abw.
Kontonr.	Bezeichnung	Fix	Var	Gesamt	Fix	Var	Gesamt	Fix	Var	Gesamt	(abs.)	(%)
420000	Löhne	0	75.409	75.409	0	76.345	76.345	0	75.320	75.320	-89	-0,12
421000	GK-Lohn	24.300	0	24.300	24.300	0	24.300	35.640	0	35.640	11.340	46,67
429000	verr.PNK-Lohn *	17.010	52.786	69.796	17.010	53.442	70.452	24.948	52.724	77.672	7.876	11,28
430000	Gehälter	141.000	0	141.000	141.000	0	141.000	141.000	0	141.000	0	0,00
439000	verr.PNK-Geh.**	42.300	0	42.300	42.300	0	42.300	42.300	0	42.300	0	0,00
481000	kalk. Abschr.	25.081	0	25.081	25.081	0	25.081	25.104	0	25.104	23	0,09
483000	kalk. Zinsen	8.832	0	8.832	8.832	0	8.832	8.805	0	8.805	-27	-0,31
403000	Betriebsstoffe	44.036	4.279	48.315	44.036	4.313	48.349	38.515	4.300	42.815	-5.500	-11,38
415000	Energiekosten	9.907	9.761	19.668	9.907	9.786	19.693	10.064	9.644	19.708	41	0,21
417000	Fremdreparat.	6.876	0	6.876	6.876	0	6.876	9.109	0	9.109	2.233	32,47
476900	sonst. Kosten	21.573	0	21.573	21.573	0	21.573	23.534	0	23.534	1.962	9,09
	Primärkosten	340.914	142.236	483.150	340.914	143.885	484.799	359.019	141.988	501.007	17.857	3,70
gefahrene km		20.600		GKM				20.749		GKM		
510000	ILV Fuhrp.	1.669	-1669	0	1.519	-1681	-162	1.681	-1681	0		
Wartungsstdunden		100		WART				99		WART		
520000	ILV Inst.Wart	277	-277	0	350	-274	76	274	-274			
Reparaturstunden		250		REP				270		REP		
530000	ILV Inst.Rep.	501	-501	0	-676	-541	-1217	541	-541	0		
Verr.basis indir. ILV Arbeitsvorb.		667		AVST				690		AVST		
500000	Ind. ILV AV	1.979	-1979	0	708	-2048	-1341	2.048	-2048	0		
	Leistungsverr.	4.426	-4426	0	1.900	-4544	-2644	4.544	-4544	0		
	Gesamt			483.150			482.155			501.007		
Soll-Ist Abweichung												

Planabbrenzung = Istabgrenzung :

* Zuschlagssatz : **70 %**, Basiskostenarten: **420000, 421000**

** Zuschlagssatz : **30 %**, Basiskostenart: **430000**

Bild 4.2/12: Testbeispiel: Januar alle Kostenstellen

4.3 Anhang: Eingabetabellen

Tabelle 1: Sachkontenstammsätze

		Typ/Bezeichnug				Steuerungsdaten					Erfassung/ Bank/Zins
Sachkonto	**Buchungskreis (*)**	**Kontengruppe**	**Erfolgskonto**	**Bestandskonto**	**Kurztext**	**Kontowährung**	**Salden nur in Hauswährung**	**Abstimmkonto für Kontoart**	**Einzelpostenanz.**	**Sortierschlüssel**	**Feldstatusgruppe**
120000	Bxx	Alle FIBU- und KORE-Konten		●	Bank	EUR	✔		✔	001	G005
160000	Bxx	Alle FIBU- und KORE-Konten		●	Verbindlichkeiten	EUR		Kreditoren	✔	001	G067
900000	Bxx	Alle FIBU- und KORE-Konten		●	Ergebnis-Vortrag	EUR	✔		✔	001	G001
280000	Bxx	Alle FIBU- und KORE-Konten	●		verr.kalk.Kosten	EUR			✔	001	G001
403000	Bxx	Alle FIBU- und KORE-Konten	●		Verbr.Betriebsstoffe	EUR			✔	008	G003
415000	Bxx	Alle FIBU- und KORE-Konten	●		Energiekosten	EUR			✔	008	G004
417000	Bxx	Alle FIBU- und KORE-Konten	●		Fremdreparaturen	EUR			✔	008	G004
420000	Bxx	Alle FIBU- und KORE-Konten	●		Fertigungslohn	EUR			✔	008	G004
421000	Bxx	Alle FIBU- und KORE-Konten	●		Gemeinkostenlohn	EUR			✔	008	G004
425000	Bxx	Alle FIBU- und KORE-Konten	●		eff. PNK-Lohn	EUR			✔	008	G004
429000	Bxx	Alle FIBU- und KORE-Konten	●		verr. PNK-Lohn	EUR			✔	008	G004
430000	Bxx	Alle FIBU- und KORE-Konten	●		Gehälter	EUR			✔	008	G004
435000	Bxx	Alle FIBU- und KORE-Konten	●		eff. PNK-Gehalt	EUR			✔	008	G004
439000	Bxx	Alle FIBU- und KORE-Konten	●		verr. PNK-Gehalt	EUR			✔	008	G004
476900	Bxx	Alle FIBU- und KORE-Konten	●		sonst.Kosten	EUR			✔	008	G004
481000	Bxx	Alle FIBU- und KORE-Konten	●		kalk.Afa	EUR			✔	008	G004
483000	Bxx	Alle FIBU- und KORE-Konten	●		kalk.Zinsen	EUR			✔	008	G004

*: *Bitte verwenden Sie jeweils Ihre zweistellige Teilnehmernummer anstelle von xx*

Bild 4.3/1: Tabelle 1: Sachkontenstammsätze

Tabelle 2: Kreditorenstammsätze						
Kreditor (*)	Buchungs-kreis (*)	Konten-gruppe	Name	Such-begriff 1 (*)	Land	Abstimm-konto
9000xx	Bxx	KRKO	Müller Baumarkt	xx	DE	160000
9100xx	Bxx	KRKO	R W E	xx	DE	160000
9200xx	Bxx	KRKO	Esso	xx	DE	160000
9300xx	Bxx	KRKO	Meier Büroausstattung	xx	DE	160000
*: *Bitte verwenden Sie jeweils Ihre zweistellige Teilnehmernummer anstelle von xx*						

Bild 4.3/2: Tabelle 2: Kreditorenstammsätze

Tabelle 3: Primäre Kostenarten

Einstiegsbildschirm			Grunddaten	
Kosten-art	**Gültig ab (**)**	**Gültig bis**	**Bezeichnung**	**Kostenartentyp**
403000	01.01.jjjj	31.12.9999	Verbr.Betriebsstoffe	1
415000	01.01.jjjj	31.12.9999	Energiekosten	1
417000	01.01.jjjj	31.12.9999	Fremdreparaturen	1
420000	01.01.jjjj	31.12.9999	Fertigungslohn	1
421000	01.01.jjjj	31.12.9999	Gemeinkostenlohn	1
425000	01.01.jjjj	31.12.9999	eff. PNK-Lohn	1
429000	01.01.jjjj	31.12.9999	verr. PNK-Lohn	3
430000	01.01.jjjj	31.12.9999	Gehälter	1
435000	01.01.jjjj	31.12.9999	eff.PNK-Gehalt	1
439000	01.01.jjjj	31.12.9999	verr. PNK-Gehalt	3
476900	01.01.jjjj	31.12.9999	sonst.Kosten	1
481000	01.01.jjjj	31.12.9999	kalk.Afa	1
483000	01.01.jjjj	31.12.9999	kalk.Zinsen	1

**: *Bitte verwenden Sie jeweils das aktuelle Jahr anstelle von jjjj*

Bild 4.3/3: Tabelle 3: Primäre Kostenarten

Tabelle 4: Sekundäre Kostenarten				
Einstiegsbildschirm			Grunddaten	
Kosten- art	Gültig ab (**)	Gültig bis	Bezeichnung	Kostenartentyp
500000	01.01.jjjj	31.12.9999	Indir. LV AV	43
510000	01.01.jjjj	31.12.9999	ILV Fuhrpark	43
520000	01.01.jjjj	31.12.9999	ILV Wartung	43
530000	01.01.jjjj	31.12.9999	ILV Reparatur	43
**: *Bitte verwenden Sie jeweils das aktuelle Jahr anstelle von jjjj*				

Bild 4.3/4: Tabelle 4: Sekundäre Kostenarten

Tabelle 5: Leistungsarten

Einstiegsbildschirm			Grunddaten				
Leistungs-art	**Gültig ab (**)**	**Gültig bis (**)**	**Bezeichnung**	**Leistungs-einh.**	**Kosten-stellen-arten**	**Leistungs-artentyp**	**Verrech-Kostenart**
GKM	01.01.jjjj	31.12.9999	gefahrene Kilometer	KM	H	1	510000
WART	01.01.jjjj	31.12.9999	Wartungsstunden	STD	H	1	520000
REP	01.01.jjjj	31.12.9999	Reparaturstunden	STD	H	1	530000
AVST	01.01.jjjj	31.12.9999	Arb.Vorb.-stunden	STD	H	3	500000
MST	01.01.jjjj	31.12.9999	Mat.Wirt.-stunden	STD	M	4	
FST	01.01.jjjj	31.12.9999	Fertigungsstunden	STD	F	4	

**: *Bitte verwenden Sie jeweils das aktuelle Jahr anstelle von jjjj*

Bild 4.3/5: Tabelle 5: Leistungsarten

Tabelle 6: Planleistung										
Einstiegsbildschirm								Übersichtsbild		
Version	von Periode	bis Periode	Geschäfts-jahr (**)	Kosten-stelle	Leistungs-art	Leistungs-arten-gruppe	formular-basiert	Leistungs-art	Plan-leistung	ÄZiff
0	1	12	jjjj	1220	AVST		●	AVST	8.000	1
0	1	12	jjjj	1230		LA_INST	●	REP	3.000	2
								WART	1.200	1
0	1	12	jjjj	1210	GKM		●	GKM	247.200	1
0	1	12	jjjj	1241	FST		●	FST	36.700	1
0	1	12	jjjj	1242	FST		●	FST	24.600	1
0	1	12	jjjj	1130	MST		●	MST	7.000	1
**: Bitte verwenden Sie jeweils das aktuelle Jahr anstelle von jjjj										

Bild 4.3/6: Tabelle 6: Planleistung

Tabelle 7: Leistungsunabhängige Primärkostenplanung

Übersichtsbild

Kostenart		1110 Vertrieb		1120 Verwaltung		1130 Material-wirtschaft		1210 Fuhr-park		1220 Arbeits-vorbe-reitung		1230 Instand-haltung		1241 Anlage A		1242 Anlage B	
		Kosten fix	VS	Kosten fix	VS	Kosten fix	VS	Kosten fix	VS	Kosten fix	VS	Kosten fix	VS	Kosten fix	VS	Kosten fix	VS
430000	Gehälter	576.000	1	672.000	1	156.000	1		1	108.000	1	60.000	1	60.000	1	60.000	1
420000	Fertigungslohn		1		1		1		1		1		1		1		1
421000	Gemeinkostenlohn		1		1	58.320	1	38.880	1	97.200	1	38.880	1	19.440	1	38.880	1
403000	Verbr.Betriebsst.		1	66.251	1		1		1		1		1		1		1
415000	Energiekosten	18.000	1	22.800	1		1		1		1		1		1		1
417000	Fremdreparaturen	8.476	1	13.900	1	7.800	1	12.000	1		1	23.460	1	8.900	1	7.980	1
476900	sonst.Kosten	5.623	1	29.992	1	7.599	1	28.354	1	45.478	1	29.000	1	103.466	1	9.358	1
481000	kalk.Afa	13.200	1	12.000	1	17.000	1	70.000	1	3.000	1	5.000	1	72.000	1	108.768	1
483000	kalk.Zinsen	5.280	1	4.800	1	6.800	1	14.000	1	1.200	1	1.600	1	28.800	1	43.507	1
Summen:		626.579		821.743		253.519		163.234		254.878		157.940		292.606		268.493	

Bild 4.3/7: Tabelle 7: Leistungsunabhängige Primärkostenplanung

Tabelle 8: Leistungsabhängige Primärkostenplanung

Übersichtsbild

	Kostenstelle	1130 Material-wirtschaft		1210 Fuhrpark		1220 Arbeits-vorbereitung		1230 Instandhaltung				1241 Anlage A		1242 Anlage B	
	Leistungsart	MST		GKM		AVST		REP		WART		FST		FST	
Kostenart		Kosten fix	Kosten variabel	Kosten fix	Kosten variabel	Kosten fix	Kosten variabel	Kosten fix	Kosten variabel	Kosten fix	Kosten variabel	Kosten fix	Kosten variabel	Kosten fix	Kosten variabel
430000	Gehälter														
420000	Fertigungslohn												555.750		349.160
421000	Gemeinkostenlohn														
403000	Verbr.Betriebsstoffe	42.300	4.700	48.386	5.376	54.000	6.000	28.092	2.866	13.296	1.733	144.000	16.000	132.102	14.678
415000	Energiekosten	3.264	4.896	9.768	14.652	11.832	17.748	2.154	3.146	1.002	1.588	16.128	24.192	33.936	50.905
417000	Fremdreparaturen														
476900	sonst.Kosten														
481000	kalk.Afa														
483000	kalk.Zinsen														
Summen:		45.564	9.596	58.154	20.028	65.832	23.748	30.246	6.012	14.298	3.321	160.128	595.942	166.038	414.743

VS jeweils = 1 (für Kosten fix und Kosten variabel)

Bild 4.3/8: Tabelle 8: Leistungsabhängige Primärkostenplanung

Tabelle 9: Leistungsaufnahme-Planung

Übersichtsbild

Senderkostenstelle		Sender-leistungsart	Planverbrauch fix / Kostenstelle: 1110 Vertrieb	1120 Verwaltung	1130 Material-wirtschaft	1210 Fuhr-park	1220 Arbeits-vorbereitung	1230 Instand-haltung	1241 Anlage A	1242 Anlage B
1210	Fuhrpark	GKM	146.000	20.000	30.000	-	13.600	15.000	11.200	11.400
1230	Instandhalt.	REP	-	-	-	-	-	-	1.700	1.300
		WART	-	-	-	-	-	-	500	700

VS jeweils = 1

Bild 4.3/9: Tabelle 9: Leistungsaufnahme-Planung

Tabelle 10.1: Istbuchungen : Kreditorenrechnungen

Grunddaten				Positionen		
Kreditor (*)	Rechnungs-datum (**)	Buchungs-datum (**)	Betrag	Sachkonto	Betrag Belegwährung	Kostenstelle
9000xx	02.01.jjjj	02.01.jjjj	3.832	403000	3.832	1130
9000xx	04.01.jjjj	04.01.jjjj	5.147	403000	5.147	1220
9000xx	08.01.jjjj	08.01.jjjj	4.512	403000	4.512	1210
9000xx	11.01.jjjj	11.01.jjjj	3.658	403000	3.658	1230
9000xx	23.01.jjjj	23.01.jjjj	13.323	403000	13.323	1241
9000xx	26.01.jjjj	26.01.jjjj	12.342	403000	12.342	1242
9200xx	02.01.jjjj	02.01.jjjj	1.000	417000	1.000	1110
9200xx	05.01.jjjj	05.01.jjjj	1.600	417000	1.600	1120
9200xx	05.01.jjjj	05.01.jjjj	900	417000	900	1130
9200xx	08.01.jjjj	08.01.jjjj	1.500	417000	1.500	1210
9200xx	11.01.jjjj	11.01.jjjj	2.109	417000	2.109	1230
9200xx	23.01.jjjj	23.01.jjjj	1.100	417000	1.100	1241
9200xx	26.01.jjjj	26.01.jjjj	900	417000	900	1242
9300xx	03.01.jjjj	03.01.jjjj	382	476900	382	1110
9300xx	05.01.jjjj	05.01.jjjj	2.761	476900	2.761	1120
9300xx	05.01.jjjj	05.01.jjjj	771	476900	771	1130
9300xx	08.01.jjjj	08.01.jjjj	3.420	476900	3.420	1220
9300xx	09.01.jjjj	09.01.jjjj	4.140	476900	4.140	1210
9300xx	11.01.jjjj	11.01.jjjj	3.780	476900	3.780	1230
9300xx	23.01.jjjj	23.01.jjjj	5.400	476900	5.400	1241
9300xx	30.01.jjjj	30.01.jjjj	2.880	476900	2.880	1242
9100xx	02.01.jjjj	02.01.jjjj	1.140	415000	1.140	1110
9100xx	04.01.jjjj	04.01.jjjj	2.417	415000	2.417	1120
9100xx	08.01.jjjj	08.01.jjjj	950	415000	950	1130
9100xx	11.01.jjjj	11.01.jjjj	2.280	415000	2.280	1220
9100xx	12.01.jjjj	12.01.jjjj	1.900	415000	1.900	1210
9100xx	16.01.jjjj	16.01.jjjj	760	415000	760	1230
9100xx	30.01.jjjj	30.01.jjjj	3.420	415000	3.420	1241
9100xx	31.01.jjjj	31.01.jjjj	6.840	415000	6.840	1242

*: *Bitte verwenden Sie jeweils Ihre zweistellige Teilnehmernummer anstelle von xx*

**: *Bitte verwenden Sie jeweils das aktuelle Jahr anstelle von jjjj*

Bild 4.3/10: Tabelle 10.1: Istbuchungen: Kreditorenrechnungen

Tabelle 10.2: Istbuchungen : Sachkontobuchungen											
Grunddaten			Positionen (1. Zeile)					Positionen (2. Zeile)			
Beleg-datum (**)	Währung	Buchungs-datum (**)	Sachkonto	S/H	Betrag Belegwährung	Kosten-stelle	Auftrag (*)	Konto	S/H	Betrag Belegwährung	Valuta-datum
03.01.jjjj	EUR	03.01.jjjj	481000	Soll	1.100	1110		280000	Haben	1.100	
04.01.jjjj	EUR	04.01.jjjj	481000	Soll	1.000	1120		280000	Haben	1.000	
05.01.jjjj	EUR	05.01.jjjj	481000	Soll	1.420	1130		280000	Haben	1.420	
08.01.jjjj	EUR	08.01.jjjj	481000	Soll	250	1220		280000	Haben	250	
10.01.jjjj	EUR	10.01.jjjj	481000	Soll	5.850	1210		280000	Haben	5.850	
11.01.jjjj	EUR	11.01.jjjj	481000	Soll	420	1230		280000	Haben	420	
20.01.jjjj	EUR	20.01.jjjj	481000	Soll	6.000	1241		280000	Haben	6.000	
26.01.jjjj	EUR	26.01.jjjj	481000	Soll	9.064	1242		280000	Haben	9.064	
02.01.jjjj	EUR	02.01.jjjj	420000	Soll	46.320	1241		120000	Haben	46.320	02.01.jjjj
08.01.jjjj	EUR	08.01.jjjj	420000	Soll	29.000	1242		120000	Haben	29.000	08.01.jjjj
02.01.jjjj	EUR	02.01.jjjj	421000	Soll	11.340	1120		120000	Haben	11.340	02.01.jjjj
04.01.jjjj	EUR	04.01.jjjj	421000	Soll	4.860	1130		120000	Haben	4.860	04.01.jjjj
08.01.jjjj	EUR	08.01.jjjj	421000	Soll	8.100	1220		120000	Haben	8.100	08.01.jjjj
11.01.jjjj	EUR	11.01.jjjj	421000	Soll	3.240	1210		120000	Haben	3.240	11.01.jjjj
23.01.jjjj	EUR	23.01.jjjj	421000	Soll	3.240	1230		120000	Haben	3.240	23.01.jjjj
24.01.jjjj	EUR	24.01.jjjj	421000	Soll	1.620	1241		120000	Haben	1.620	24.01.jjjj
26.01.jjjj	EUR	26.01.jjjj	421000	Soll	3.240	1242		120000	Haben	3.240	26.01.jjjj
03.01.jjjj	EUR	03.01.jjjj	430000	Soll	48.000	1110		120000	Haben	48.000	03.01.jjjj
04.01.jjjj	EUR	04.01.jjjj	430000	Soll	56.000	1120		120000	Haben	56.000	04.01.jjjj
08.01.jjjj	EUR	08.01.jjjj	430000	Soll	13.000	1130		120000	Haben	13.000	08.01.jjjj
11.01.jjjj	EUR	11.01.jjjj	430000	Soll	9.000	1220		120000	Haben	9.000	11.01.jjjj
16.01.jjjj	EUR	16.01.jjjj	430000	Soll	5.000	1230		120000	Haben	5.000	16.01.jjjj
24.01.jjjj	EUR	24.01.jjjj	430000	Soll	5.000	1241		120000	Haben	5.000	24.01.jjjj
30.01.jjjj	EUR	30.01.jjjj	430000	Soll	5.000	1242		120000	Haben	5.000	30.01.jjjj
02.01.jjjj	EUR	02.01.jjjj	483000	Soll	440	1110		280000	Haben	440	
04.01.jjjj	EUR	04.01.jjjj	483000	Soll	400	1120		280000	Haben	400	
05.01.jjjj	EUR	05.01.jjjj	483000	Soll	570	1130		280000	Haben	570	
09.01.jjjj	EUR	09.01.jjjj	483000	Soll	100	1220		280000	Haben	100	
10.01.jjjj	EUR	10.01.jjjj	483000	Soll	1.120	1210		280000	Haben	1.120	
12.01.jjjj	EUR	12.01.jjjj	483000	Soll	150	1230		280000	Haben	150	
18.01.jjjj	EUR	18.01.jjjj	483000	Soll	2.400	1241		280000	Haben	2.400	
27.01.jjjj	EUR	27.01.jjjj	483000	Soll	3.625	1242		280000	Haben	3.625	
31.01.jjjj	EUR	31.01.jjjj	425000	Soll	100.000		9Axx00000001	120000	Haben	100.000	31.01.jjjj
31.01.jjjj	EUR	31.01.jjjj	435000	Soll	70.000		9Axx00000002	120000	Haben	70.000	31.01.jjjj

*: *Bitte verwenden Sie jeweils Ihre zweistellige Teilnehmernummer anstelle von xx*

**: *Bitte verwenden Sie jeweils das aktuelle Jahr anstelle von jjjj*

Bild 4.3/11: Tabelle 10.2: Istbuchungen: Sachkontenbuchungen

Tabelle 11: Leistungsverrechnung Ist

	Erfassungsdaten		Tabelle				
	Beleg-datum (**)	**Buchungs-datum (**)**		**SendStelle**	**SLstArt**	**EmpfStelle**	**Menge gesamt**
1. Beleg	30.01.jjjj	30.01.jjjj	1. Zeile	1210	GKM	1220	1.000
			2. Zeile	1210	GKM	1230	1.333
2. Beleg	30.01.jjjj	30.01.jjjj	1. Zeile	1210	GKM	1241	833
			2. Zeile	1210	GKM	1242	1.000
3. Beleg	30.01.jjjj	30.01.jjjj	1. Zeile	1210	GKM	1130	2.333
			2. Zeile	1210	GKM	1120	1.750
4. Beleg	30.01.jjjj	30.01.jjjj	1. Zeile	1210	GKM	1110	12.500
5. Beleg	30.01.jjjj	30.01.jjjj	1. Zeile	1230	REP	1241	175
			2. Zeile	1230	REP	1242	95
6. Beleg	30.01.jjjj	30.01.jjjj	1. Zeile	1230	WART	1241	35
			2. Zeile	1230	WART	1242	64

**: *Bitte verwenden Sie jeweils das aktuelle Jahr anstelle von jjjj*

Bild 4.3/12: Tabelle 11: Leistungsverrechnung Ist

Tabelle 12: Leistungserfassung Ist						
	Einstiegsbildschirm		Listbild			
	Beleg-datum (**)	**Buchungs-datum (**)**		**SendStelle**	**LstArt**	**Leistungs-menge**
1. Beleg	30.01.jjjj	30.01.jjjj	1. Zeile	1241	FST	3.167
			2. Zeile	1242	FST	2.000
2. Beleg	30.01.jjjj	30.01.jjjj	1. Zeile	1220	AVST	690
3. Beleg	30.01.jjjj	30.01.jjjj	1. Zeile	1130	MST	550
**: *Bitte verwenden Sie jeweils das aktuelle Jahr anstelle von jjjj*						

Bild 4.3/13: Tabelle 12: Leistungserfassung Ist

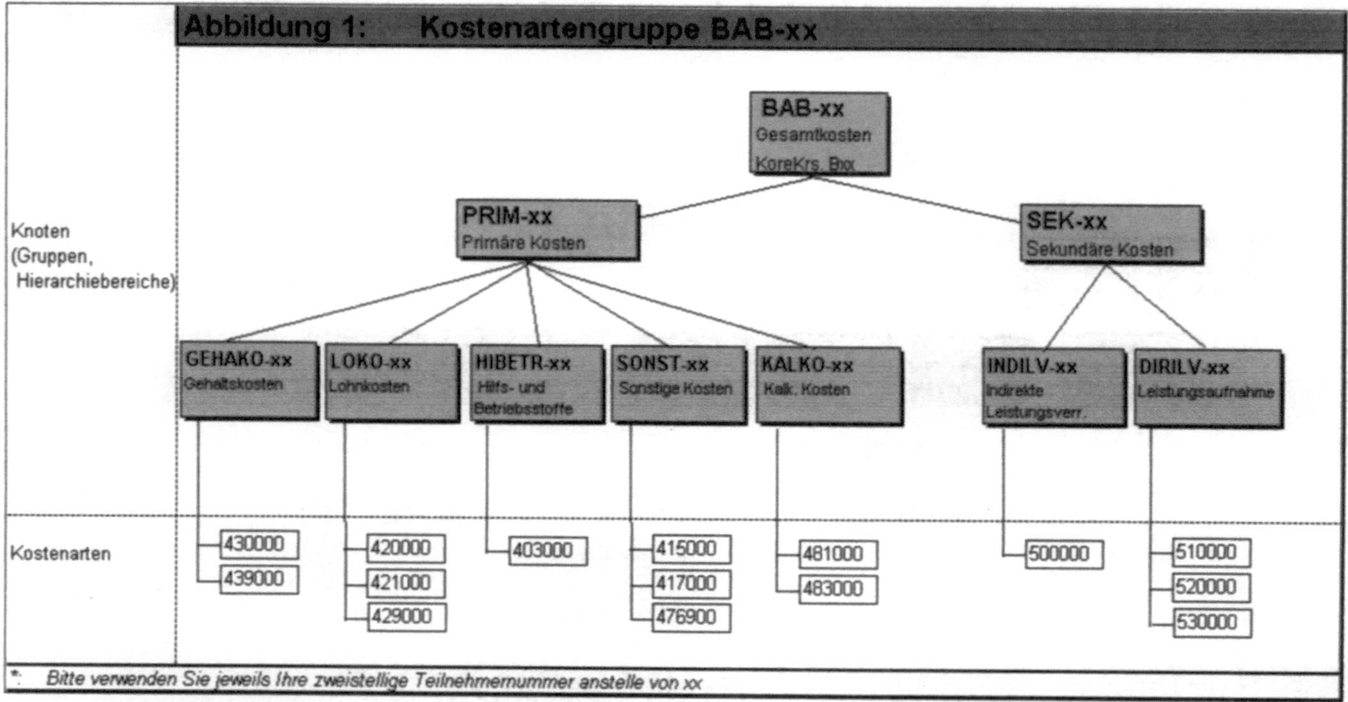

Bild 4.3/14: Abbildung1: Kostenartengruppe BAB-xx mit zugehörigen Kostenarten

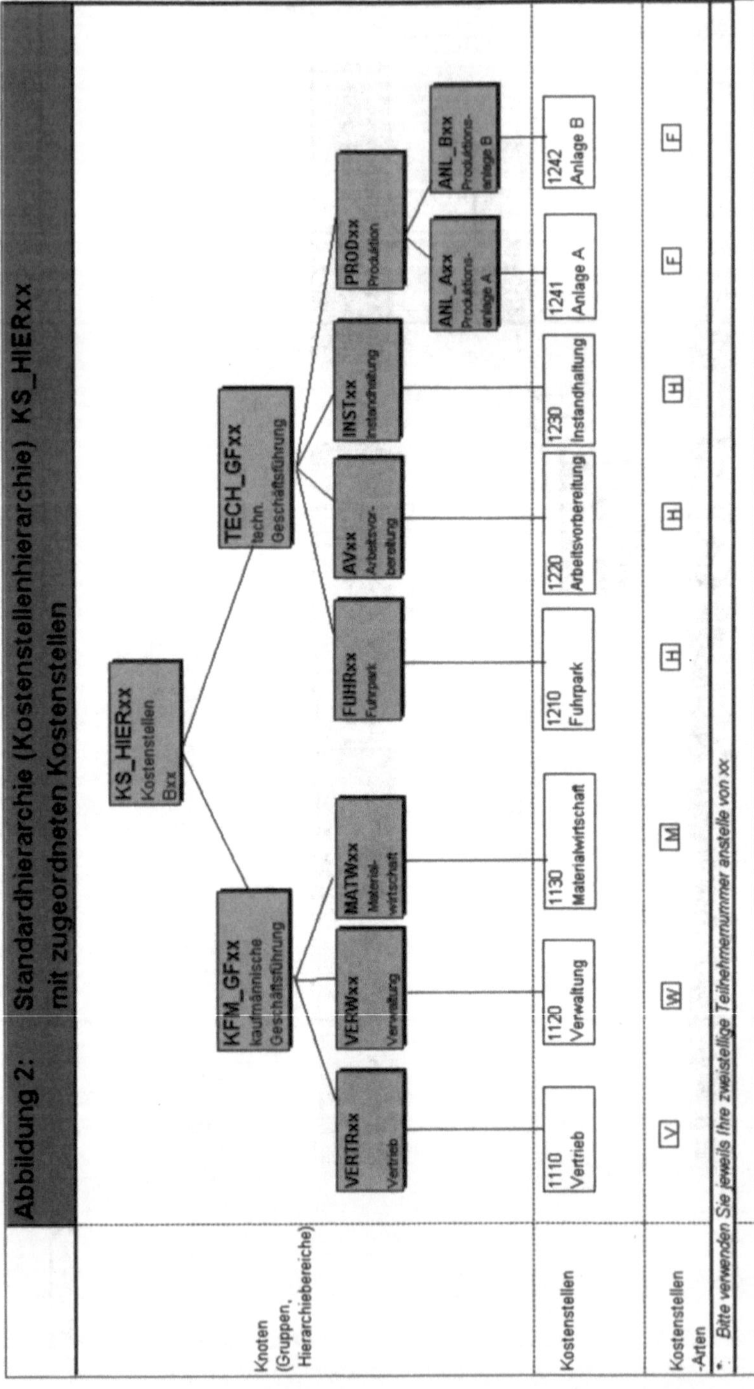

Bild 4.3/15: Abbildung2: Standardhierarchie (Kostenstellenhierarchie) mit zugehörigen Kostenstellen

4.4 Anhang: Ausdruck SAP-Bericht

1SIS-001	Kostenstellen:Ist/Soll/Abweichung	
Stand:	03.06.2005	
Seiten:	3	
Angefordert von:	C099	
Kostenrechnungskreis	B99	Kostenrechnungskreis 99
Geschäftsjahr	2005	
Von Periode	1	
Bis Periode	1	
Planversion	0	
Kostenstelle/Gruppe	1230	Instandhaltung
Kostenartengruppe	BAB-99	Gesamtkosten KoreKrs. B99

Bild 4.4/1(2): SAP-Bericht „1SIS-001 Kostenstellen: Ist/Soll/Abweichung“

Kostenstellen:Ist/Soll/Abweichung	Stand:	03.06.2005	Seite:	2 / 3
Kostenstelle/Gruppe: 1230	Instandhaltung		Spalte:	1 / 6
Verantwortlicher: Falk-Kalms				
Berichtszeitraum: 1 bis 1 2005				

Kostenarten	Istkosten	Sollkosten	Abw (abs)	Abw (%)
430000 Gehälter	5.000,00	5.000,00		
439000 verr. PNK-Gehalt	1.500,00	1.500,00		
* Gehaltskosten	6.500,00	6.500,00		
421000 Gemeinkostenlohn	3.240,00	3.240,00		
429000 verr. PNK-Lohn	2.268,00	2.268,00		
* Lohnkosten	5.508,00	5.508,00		
403000 Verbr.Betriebssto	3.658,00	3.849,92	191,92-	4,99-
* Hilfs- und Betriebsstoffe	3.658,00	3.849,92	191,92-	4,99-
415000 Energiekosten	760,00	677,15	82,85	12,24
417000 Fremdreparaturen	2.109,00	1.955,00	154,00	7,88
476900 sonst. Kosten	3.780,00	2.416,67	1.363,33	56,41
* Sonstige Kosten	6.649,00	5.048,82	1.600,18	31,69
481000 kalk. Afa	420,00	416,67	3,33	0,80
483000 kalk. Zinsen	150,00	133,33	16,67	12,50
* Kalk. Kosten	570,00	550,00	20,00	3,64
** Primäre Kosten	22.885,00	21.456,74	1.428,26	6,66
510000 ILV Fuhrpark	1.448,57	1.358,38	90,19	6,64
* Leistungsaufnahme	1.448,57	1.358,38	90,19	6,64
** Sekundäre Kosten	1.448,57	1.358,38	90,19	6,64
*** Belastung	24.333,57	22.815,12	1.518,45	6,66
520000 ILV Wartung	7.488,62-	7.488,62-		
530000 ILV Reparatur	16.430,61-	16.430,61-		
* Leistungsaufnahme	23.919,23-	23.919,23-		
** Sekundäre Kosten	23.919,23-	23.919,23-		
*** Entlastung	23.919,23-	23.919,23-		
**** Über-/Unterdeckung	414,34	1.104,11-	1.518,45	137,53-

Bild 4.4/1(2): SAP-Bericht „1SIS-001 Kostenstellen: Ist/Soll/Abweichung“

Kostenstellen: Ist/Soll/Abweichung Stand: 03.06.2005 Seite: 2 / 3

Kostenstelle/Gruppe: 1230 Instandhaltung Spalte: 2 / 6
Verantwortlicher: Falk-Kalms
Berichtszeitraum: 1 bis 1 2005

Kostenarten	Istkosten	Plankosten	Abw (abs)	Abw (%)
430000 Gehälter	5.000,00	5.000,00		
439000 verr. PNK-Gehalt	1.500,00	1.500,00		
* Gehaltskosten	6.500,00	6.500,00		
421000 Gemeinkostenlohn	3.240,00	3.240,00		
429000 verr. PNK-Lohn	2.268,00	2.268,00		
* Lohnkosten	5.508,00	5.508,00		
403000 Verbr.Betriebssto	3.658,00	3.832,25	174,25-	4,55-
* Hilfs- und Betriebsstoffe	3.658,00	3.832,25	174,25-	4,55-
415000 Energiekosten	760,00	657,50	102,50	15,59
417000 Fremdreparaturen	2.109,00	1.955,00	154,00	7,88
476900 sonst. Kosten	3.780,00	2.416,67	1.363,33	56,41
* Sonstige Kosten	6.649,00	5.029,17	1.619,83	32,21
481000 kalk. Afa	420,00	416,67	3,33	0,80
483000 kalk. Zinsen	150,00	133,33	16,67	12,50
* Kalk. Kosten	570,00	550,00	20,00	3,64
** Primäre Kosten	22.885,00	21.419,42	1.465,58	6,84
510000 ILV Fuhrpark	1.448,57	1.358,38	90,19	6,64
* Leistungsaufnahme	1.448,57	1.358,38	90,19	6,64
** Sekundäre Kosten	1.448,57	1.358,38	90,19	6,64
*** Belastung	24.333,57	22.777,80	1.555,77	6,83
520000 ILV Wartung	7.488,62-	7.564,26-	75,64	1,00-
530000 ILV Reparatur	16.430,61-	15.213,53-	1.217,08-	8,00
* Leistungsaufnahme	23.919,23-	22.777,79-	1.141,44-	5,01
** Sekundäre Kosten	23.919,23-	22.777,79-	1.141,44-	5,01
*** Entlastung	23.919,23-	22.777,79-	1.141,44-	5,01
**** Über-/Unterdeckung	414,34	0,01	414,33	*43300,00

Bild 4.4/1(3): SAP-Bericht „1SIS-001 Kostenstellen: Ist/Soll/Abweichung“

Kostenstellen:Ist/Soll/Abweichung	Stand:	03.06.2005	Seite:	2 / 3
Kostenstelle/Gruppe: 1230	Instandhaltung		Spalte:	3 / 6
Verantwortlicher: Falk-Kalms				
Berichtszeitraum: 1 bis 1 2005				

Kostenarten	Ist ges.	Ist fix	Ist var.	Fix in %
430000 Gehälter	5.000,00		5.000,00	
439000 verr. PNK-Gehalt	1.500,00		1.500,00	
* Gehaltskosten	6.500,00		6.500,00	
421000 Gemeinkostenlohn	3.240,00		3.240,00	
429000 verr. PNK-Lohn	2.268,00		2.268,00	
* Lohnkosten	5.508,00		5.508,00	
403000 Verbr.Betriebssto	3.658,00		3.658,00	
* Hilfs- und Betriebsstoffe	3.658,00		3.658,00	
415000 Energiekosten	760,00		760,00	
417000 Fremdreparaturen	2.109,00		2.109,00	
476900 sonst. Kosten	3.780,00		3.780,00	
* Sonstige Kosten	6.649,00		6.649,00	
481000 kalk. Afa	420,00		420,00	
483000 kalk. Zinsen	150,00		150,00	
* Kalk. Kosten	570,00		570,00	
** Primäre Kosten	22.885,00		22.885,00	
510000 ILV Fuhrpark	1.448,57	1.340,57	108,00	92,54
* Leistungsaufnahme	1.448,57	1.340,57	108,00	92,54
** Sekundäre Kosten	1.448,57	1.340,57	108,00	92,54
*** Belastung	24.333,57	1.340,57	22.993,00	5,51
520000 ILV Wartung	7.488,62-	7.214,64-	273,98-	96,34
530000 ILV Reparatur	16.430,61-	15.889,53-	541,08-	96,71
* Leistungsaufnahme	23.919,23-	23.104,17-	815,06-	96,59
** Sekundäre Kosten	23.919,23-	23.104,17-	815,06-	96,59
*** Entlastung	23.919,23-	23.104,17-	815,06-	96,59
**** Über-/Unterdeckung	414,34	21.763,60-	22.177,94	5.252,59-

Bild 4.4/1(4): SAP-Bericht „1SIS-001 Kostenstellen: Ist/Soll/Abweichung“

Kostenstellen: Ist/Soll/Abweichung	Stand:	03.06.2005	Seite:	2 / 3
Kostenstelle/Gruppe: 1230	Instandhaltung		Spalte:	4 / 6
Verantwortlicher: Falk-Kalms				
Berichtszeitraum: 1 bis 1 2005				

Kostenarten	Soll ges.	Soll fix	Soll var.	Fix in %
430000 Gehälter	5.000,00	5.000,00		100,00
439000 verr. PNK-Gehalt	1.500,00	1.500,00		100,00
* Gehaltskosten	6.500,00	6.500,00		100,00
421000 Gemeinkostenlohn	3.240,00	3.240,00		100,00
429000 verr. PNK-Lohn	2.268,00	2.268,00		100,00
* Lohnkosten	5.508,00	5.508,00		100,00
403000 Verbr.Betriebssto	3.849,92	3.449,00	400,92	89,59
* Hilfs- und Betriebsstoffe	3.849,92	3.449,00	400,92	89,59
415000 Energiekosten	677,15	263,00	414,15	38,84
417000 Fremdreparaturen	1.955,00	1.955,00		100,00
476900 sonst. Kosten	2.416,67	2.416,67		100,00
* Sonstige Kosten	5.048,82	4.634,67	414,15	91,80
481000 kalk. Afa	416,67	416,67		100,00
483000 kalk. Zinsen	133,33	133,33		100,00
* Kalk. Kosten	550,00	550,00		100,00
** Primäre Kosten	21.456,74	20.641,67	815,07	96,20
510000 ILV Fuhrpark	1.358,38	1.358,38		100,00
* Leistungsaufnahme	1.358,38	1.358,38		100,00
** Sekundäre Kosten	1.358,38	1.358,38		100,00
*** Belastung	22.815,12	22.000,05	815,07	96,43
520000 ILV Wartung	7.488,62-	7.214,63-	273,99-	96,34
530000 ILV Reparatur	16.430,61-	15.889,53-	541,08-	96,71
* Leistungsaufnahme	23.919,23-	23.104,16-	815,07-	96,59
** Sekundäre Kosten	23.919,23-	23.104,16-	815,07-	96,59
*** Entlastung	23.919,23-	23.104,16-	815,07-	96,59
**** Über-/Unterdeckung	1.104,11-	1.104,11-		100,00

Bild 4.4/1(5): SAP-Bericht „1SIS-001 Kostenstellen: Ist/Soll/Abweichung“

Kostenstellen:Ist/Soll/Abweichung	Stand:	03.06.2005	Seite:	2 / 3
Kostenstelle/Gruppe: 1230	Instandhaltung		Spalte:	5 / 6
Verantwortlicher: Falk-Kalms				
Berichtszeitraum: 1 bis 1 2005				

Kostenarten	Plan ges.	Plan fix	Plan var.	Fix in %
430000 Gehälter	5.000,00	5.000,00		100,00
439000 verr. PNK-Gehalt	1.500,00	1.500,00		100,00
* Gehaltskosten	6.500,00	6.500,00		100,00
421000 Gemeinkostenlohn	3.240,00	3.240,00		100,00
429000 verr. PNK-Lohn	2.268,00	2.268,00		100,00
* Lohnkosten	5.508,00	5.508,00		100,00
403000 Verbr.Betriebssto	3.832,25	3.449,00	383,25	90,00
* Hilfs- und Betriebsstoffe	3.832,25	3.449,00	383,25	90,00
415000 Energiekosten	657,50	263,00	394,50	40,00
417000 Fremdreparaturen	1.955,00	1.955,00		100,00
476900 sonst. Kosten	2.416,67	2.416,67		100,00
* Sonstige Kosten	5.029,17	4.634,67	394,50	92,16
481000 kalk. Afa	416,67	416,67		100,00
483000 kalk. Zinsen	133,33	133,33		100,00
* Kalk. Kosten	550,00	550,00		100,00
** Primäre Kosten	21.419,42	20.641,67	777,75	96,37
510000 ILV Fuhrpark	1.358,38	1.358,38		100,00
* Leistungsaufnahme	1.358,38	1.358,38		100,00
** Sekundäre Kosten	1.358,38	1.358,38		100,00
*** Belastung	22.777,80	22.000,05	777,75	96,59
520000 ILV Wartung	7.564,26-	7.287,51-	276,75-	96,34
530000 ILV Reparatur	15.213,53-	14.712,53-	501,00-	96,71
* Leistungsaufnahme	22.777,79-	22.000,04-	777,75-	96,59
** Sekundäre Kosten	22.777,79-	22.000,04-	777,75-	96,59
*** Entlastung	22.777,79-	22.000,04-	777,75-	96,59
**** Über-/Unterdeckung	0,01	0,01		100,00

Bild 4.4/1(6): SAP-Bericht „1SIS-001 Kostenstellen: Ist/Soll/Abweichung“

Kostenstellen:Ist/Soll/Abweichung	Stand:	03.06.2005	Seite:	2 / 3
Kostenstelle/Gruppe: 1230	Instandhaltung		Spalte:	6 / 6
Verantwortlicher: Falk-Kalms				
Berichtszeitraum: 1 bis 1 2005				

Kostenarten	Istmenge	Planmenge	Abw (abs)	Abw (%)
430000 Gehälter				
439000 verr. PNK-Gehalt				
* Gehaltskosten				
421000 Gemeinkostenlohn				
429000 verr. PNK-Lohn				
* Lohnkosten				
403000 Verbr.Betriebssto				
* Hilfs- und Betriebsstoffe				
415000 Energiekosten				
417000 Fremdreparaturen				
476900 sonst. Kosten				
* Sonstige Kosten				
481000 kalk. Afa				
483000 kalk. Zinsen				
* Kalk. Kosten				
** Primäre Kosten				
510000 ILV Fuhrpark	1.333 KM	1.250 KM	83 KM	6,64
* Leistungsaufnahme	1.333 KM	1.250 KM	83 KM	6,64
** Sekundäre Kosten	1.333 KM	1.250 KM	83 KM	6,64
*** Belastung	1.333 KM	1.250 KM	83 KM	6,64
520000 ILV Wartung	99,0- STD	100,0- STD	1,0 STD	1,00-
530000 ILV Reparatur	270,0- STD	250,0- STD	20,0- STD	8,00
* Leistungsaufnahme	369,0- STD	350,0- STD	19,0- STD	5,43
** Sekundäre Kosten	369,0- STD	350,0- STD	19,0- STD	5,43
*** Entlastung	369,0- STD	350,0- STD	19,0- STD	5,43
**** Über-/Unterdeckung	*	*	*	*

Bild 4.4/1(7): SAP-Bericht „1SIS-001 Kostenstellen: Ist/Soll/Abweichung“

Kostenstellen: Ist/Soll/Abweichung	Stand:	03.06.2005	Seite:	3 / 3
Kostenstelle/Gruppe: 1230	Instandhaltung		Spalte:	1 / 6
Verantwortlicher: Falk-Kalms				
Berichtszeitraum: 1 bis 1 2005				

Leistungsarten	Istlstg.	Planlstg.	Abw (abs)	Abw (%)
REP Reparaturstunden	270,0 STD	250,0 STD	20,0 STD	8,00
WART Wartungsstunden	99,0 STD	100,0 STD	1,0- STD	1,00-

© SAP AG

Bild 4.4/1(8): SAP-Bericht „1SIS-001 Kostenstellen: Ist/Soll/Abweichung“

4.5 Anhang: Glossar von SAP-Begriffen, soweit für das Testbeispiel erforderlich

SAP-Begriff	**Übersetzung/Erläuterung**
Abgrenzung	Periodengerechte Zurechnung. Verfahren: z. B. die prozentuale Verrechnung von Personalnebenkosten in der Kostenrechnung, während in der Finanzbuchhaltung der effektive Anfall gebucht wird. Abgrenzung könnte buchhalterisch in der Finanzbuchhaltung erfolgen durch antizipative und transitorische Posten. Dies geschieht dort aber meist nur auf Jahresbasis, innerjährlich wird in der Kostenrechnung abgegrenzt.
Buchungskreis	Unter der Nummer des Buchungskreises werden alle zugehörigen Buchungen erfaßt. Selbständig bilanzierende Einheit. Kleinste organisatorische Einheit, für die eine in sich abgeschlossene Buchhaltung abgebildet werden kann, erstellt einen Jahresabschluß. Ist dem Mandaten untergeordnet.
customizing	Anpassung der SAP-Software an das Kundenproblem durch Auswahl aus vorgedachten Lösungsalternativen.
Einführungsleitfaden	Integriertes Werkzeug, das alle Funktionen und Dokumentation für die Einrichtung (das Customizing) des SAP R/3-Systems beinhaltet.
Empfängerregeln	Siehe innerbetriebliche Verrechnungen.
Feldgruppe	Eine Gruppe von Feldern im Erfassungsbildschirm. Die Eingabefelder im Bildschirm werden zu Gruppen zusammengefaßt, um die lange Liste übersichtlicher zu machen. Beispiel: Feldgruppe Kontosteuerung im Standardbildschirm für Sachkontenstammsätze (erfaßt Währung, Kursdifferenzenschlüssel, Steuerkategorie, Abstimmkonto für Kontoart).

	Feldgruppen dienen der Gliederung, sind Zwischenüberschriften
Feldstatus	Kennzeichen, ob ein Feld im Erfassungsbildschirm ein- oder ausgeblendet wird oder ein Kann- oder ein Mußfeld ist.
Feldstatusgruppe (irreführend)	SAP-Fehlbezeichnung für Angabe/Identifizierung des Bildschirms für die Buchung von Geschäftsvorfällen/Belegerfassung. Man unterscheide den Stammdatenbildschirm (Bildschirm zur Erfassung von Stammdaten) und den Buchungsbildschirm (Bildschirm zur Erfassung von Buchungen). Die Nummer des Buchungsbildschirms (z. B. G003 für Materialverbrauchskonten) wird im Stammdatenbildschirm (Sachkonto) angegeben.
Feldstatusvariante	Zusammenfassung von Feldstatusgruppen, d. h. von Bildschirmen für die Belegerfassung.
Geschäftsjahresvariante	Einteilung des Geschäftsjahres für Abrechnungszwecke. Beispiel: 12 Perioden + Zusatzperiode für Abschlußbuchungen.
IMG (Implementation Guide)	= Einführungsleitfaden, siehe dort.
indirekte Leistungsverrechnung	Siehe innerbetriebliche Verrechnungen.
Innenaufträge	Dienen allgemein der Planung, Sammlung und Abrechnung von Kosten innerbetrieblicher Maßnahmen. Im Testbeispiel dienen sie lediglich als Kontierungsobjekt, um Differenzen zwischen Finanzbuchhaltung (effektiv) und Kostenrechnung (verrechnet) aufzufangen und auszuweisen.

innerbetriebliche Verrechnungen/ sekundär

Direkte Leistungsverrechnung

erfolgt vorgangsbezogen.

SAP reserviert diesen Begriff für das Ist und meint damit die sofortige Verbuchung von Einzelvorgängen. Geplant werden die direkten Leistungsverrechnungen in der Leistungsaufnahmeplanung.

Beispiel: Fuhrpark leistet für Empfänger (einzelne Fahrten).

Indirekte Leistungsverrechnung

erfolgt periodenbezogen, d. h. am Periodenende nach Regeln/Schlüsseln.

Bei der indirekten Leistungsverrechnung sind **Sender- und Empfängerregeln** zu definieren. Diese legen u. a. die Sender- und Empfängerkostenstellen sowie das Rechenverfahren fest.

Gleichartige Sender- und Empfängerregeln können zu **Segmenten** zusammengefaßt werden, genauer: Sender- und Empfängerregeln mit einheitlicher Wert- bzw. Mengenermittlung auf der Senderseite und gleicher Bezugsgrößenermittlung auf der Empfängerseite werden zu einem Segment zusammengefaßt.

Segmente können zu **Zyklen** zusammengefaßt werden, die der zeitlich getrennten Verrechnung dienen. Zwischen verschiedenen Zyklen dürfen keine wechselseitigen Leistungsbeziehungen bestehen.

Bei **Umlage** erfolgt die Verrechnung von Kosten (Werte) nach Regeln/Schlüsseln (kommt im Testbeispiel nicht vor).

Kontengruppe

Steuert

1. Bildschirmlayout für die Erfassung der Kontenstammsätze und
2. Nummernkreise für die Kontonummern.

Kontenplan

Unter der Nummer des Kontenplans werden alle zugehörigen Konten erfaßt.

Die Nummer des Kontenplans ist (auf Mandantenebene) in

einem Kontenplanverzeichnis eingetragen.

Der Kontenplan im betriebswirtschaftlichen Sinn (nicht als Nummer sondern als Gesamtheit von Konten) entsteht, wenn unter der Kontenplannummer die Stammsätze der Konten angelegt werden.

Dies geschieht auf Kontenplan- und teilweise auf Buchungskreisebene.

Erstreckt sich über Finanzbuchhaltung und Kostenrechnung.

Kontenplanverzeichnis

Auf Mandantenebene wird ein Verzeichnis aller Kontenpläne geführt, d. h. der Kontenplannummern (Schlüssel), der Bezeichnung der Kontenpläne, der Sprache und der Länge der Sachkontennummern.

Die Konten selber werden im Kontenplan erfaßt.

Kostenrechnungskreis

Unter der Nummer des Kostenrechnungskreises wird eine in sich geschlossene Kostenrechnung durchgeführt.

Kann mehrere Buchungskreise umfassen und ist dann dem Buchungskreis übergeordnet.

Leistungsart

= Bezugsgröße

Mißt die "Leistung" einer Kostenstelle (Beispiel km, Stunden usw.) und dient
1) zur Abwandlung der variablen Kosten (im Verhältnis Istbezugsgröße zu Planbezugsgröße), um zu Sollkosten zu gelangen
2) zur Durchführung der innerbetrieblichen Leistungsverrechnung
3) als Grundlage für die Kostenträgerkalkulation.

Mandant

Oberster Abrechnungsbegriff im SAP-System, (logisches) System, in dem alle betriebswirtschaftlichen Anwendungen integriert mit derselben Datenbasis arbeiten.

Der Mandantennummer werden die anderen Begriffe wie Buchungskreis usw. untergeordnet.

Festlegungen auf Mandantenebene gelten für alle untergeordneten SAP-Organisationseinheiten, insbesondere Buchungskreise.

Auf Mandantenebene wird z. B. festgelegt: ein Teil des Kreditorenstammsatzes (der Rest ist auf Buchungskreis

	und Einkaufsorganisation verteilt), das Kontenplanverzeichnis.
Organisationseinheiten/ Organisationsobjekte/ Organisationsstruktur	Keine Einheiten im Sinne des Organisationsplans/Organigramms, sondern DV-technische Abrechnungsbegriffe. Beispiele: Mandant, siehe dort Kontenplan, siehe dort Kostenrechnungskreis, siehe dort Buchungskreis, siehe dort Gesellschaft Geschäftsbereich Profit Center.
periodenbezogen	Siehe vorgangsbezogen/periodenbezogen.
primäre/sekundäre Kostenarten	**primäre Kostenarten:** Ursprüngliche Kostenarten wie Material, Personal, Energie, Abschreibung, Zinsen, Abgaben (auch Buchhaltungskostenarten genannt). **sekundäre Kostenarten:** Zusammenfassung von primären Kostenarten unter Kostenstellenaspekt (Kostenstellenkosten) insbesondere die ILV (innerbetriebliche Leistungsverrechnung) erfolgt mit sekundären Kosten. Beispiel: der Fuhrpark verrechnet seine Leistungen an den Empfänger mit Anzahl km mal km-Satz; im km-Satz der Kostenstelle Fuhrpark sind alle primären Kostenarten enthalten. Auch die Kalkulation verwendet sekundäre Kosten, jedenfalls in den Gemeinkostenzeilen, die per Zuschlag oder Stundensatz verrechnet werden.
Segment	Siehe innerbetriebliche Verrechnungen.
sekundäre Kostenart	Siehe primäre/sekundäre Kostenarten.
Senderregeln	Siehe innerbetriebliche Verrechnungen.

Tarif (Plantarif; Isttarif)	Verrechnungssatz (Planverrechnungssatz, Standard; Istverrechnungssatz).
Umlage	Siehe innerbetriebliche Verrechnungen
Verteilung	Periodenbezogene Verrechnung von Kosten, bei der die primären Kostenarten erhalten bleiben (wohingegen bei Umlagen umgeschlüsselt wird und die primären Kostenarten nicht mehr erkennbar sind) (kommt im Testbeispiel nicht vor). Beispiel: Heizölkosten werden am Periodenende nach Quadratmetern beheizter Fläche von der Energiekostenstelle auf die Produktions- und Verwaltungskostenstellen verteilt.
vorgangsbezogen/ periodenbezogen	**vorgangsbezogen:** Für einzelne Geschäftsvorfälle werden Belege geschrieben und unmittelbar verrechnet. Beispiel: Instandhaltung schreibt pro ausgeführte Reparatur einen Beleg. **periodenbezogen:** Für eine Gesamtperiode berechnete Werte (nach Regeln).
Zyklus	Siehe innerbetriebliche Verrechnungen.

Abbildungsverzeichnis

Literaturverzeichnis

Buck-Emden, Rüdiger:
Die Technologie des SAP-Systems R/3.
Basis für betriebswirtschaftliche Anwendungssysteme
Addison-Wesley, 4. Aufl., 1998

Friedl, Gunther / Hilz, Christian / Pedell, Burkhard:
Controlling mit SAP R/3
Vieweg Verlag, 3. Aufl., 2003

Hagemann, Sigrid / Will, Liane:
SAP R/3 Systemadministration
Galileo Press, 2003

Hummel, Siegfried / Männel, Wolfgang:
Kostenrechnung
Gabler Verlag, 1993

Klenger, Franz:
DV für Controller
Oldenbourg Verlag, 1995

Klenger, Franz:
Operatives Controlling
Oldenbourg Verlag, 5. Aufl., 2000

Klenger, Franz / Falk-Kalms, Ellen:
Kostenträgerrechnung mit SAP R/3
Vieweg Verlag, 2003

Lüers, Sandra / Schulze, Susanne:
Implementierung der Kundenerfolgs-/Artikelergebnisrechnung
(Kostenträgerrechnung) im SAP R/3 System
Diplomarbeit am Fachbereich Wirtschaft der FH-Dortmund, WS 97/98

Maassen, Andre / Schoenen, Markus / Werr, Ina:
Grundkurs SAP R/3
Vieweg Verlag, 3. Aufl., 2005

Mennenöh, Hartwig:
DV-Arbeitsplatz für Controller
Unveröffentlichtes Arbeitspapier, Arbeitskreis Controlling, Fachbereich Wirtschaft, FH Dortmund, 1992

SAP AG:
Online-Dokumentation (http://help.sap.com)
SAP R/3 Enterprise 4.70
März 2004

Stichwortverzeichnis